Anna Minta

Israel bauen

Architektur, Städtebau und
Denkmalpolitik
nach der Staatsgründung 1948

REIMER

Gedruckt mit Unterstützung der Axel Springer Stiftung, der Ludwig Siewers Stiftung und der Deutschen Forschungsgemeinschaft im Rahmen des SFB 537 der Technischen Universität Dresden

Bibliografische Information Der Deutschen Bibliothek
Die Deutsche Bibliothek verzeichnet diese Publikation in der Deutschen Nationalbibliografie; detaillierte bibliografische Daten sind im Internet über http://dnb.ddb.de abrufbar.

Umschlaggestaltung: Bayerl & Ost, Frankfurt am Main
Photo: Luftbild von Jerusalem, Regierungsviertel
und Israel Museum, 1995 (s. Abb. 17)

© 2004 by Dietrich Reimer Verlag GmbH
   www.dietrichreimerverlag.de

Alle Rechte vorbehalten
Printed in Germany
Gedruckt auf alterungsbeständigem Papier

ISBN 3-496-01318-4

Dank

Die vorliegende Arbeit wurde im Dezember 2002 unter dem Titel „Nation Building in Israel. Architektur, Städtebau und Denkmalpolitik zwischen dem Unabhängigkeitskrieg von 1948/49 und dem Sechs-Tage-Krieg von 1967" als Dissertation im Fach Kunstgeschichte an der Christian-Albrechts-Universität zu Kiel eingereicht und im Mai 2003 verteidigt. Die Drucklegung erfolgte während meiner Zeit als wissenschaftliche Angestellte in dem von der Deutschen Forschungsgemeinschaft geförderten Sonderforschungsbereich „Institutionalität und Geschichtlichkeit" an der Technischen Universität Dresden, durch dessen theoretischen Ansatz und methodischen Diskurse ich bei der Überarbeitung weitere wichtige Anregungen erfahren habe.

Mein aufrichtiger und inniger Dank gilt den folgenden Personen, ohne deren tatkräftige Unterstützung und stete Ermutigung diese Arbeit nicht zustande gekommen wäre. An vorderster Stelle stehen hier die Architekten, Stadtplaner, Archäologen und Politiker, die mir ihr persönliches Material uneingeschränkt zur Verfügung stellten und meine Arbeit durch wertvolle Hinweise und intensive Diskussionen kontinuierlich gefördert haben: Yael Aloni (Tel Aviv), Yoel Bar-Dor (Jerusalem), Peter Bugod (Jerusalem), Ada und Ram Carmi (Tel Aviv), Eliezer Frenkel (Tel Aviv), Shalom Gardi (Mevaseret Zion), Teddy Kollek (Jerusalem), Moshe Lofenfeld (Tel Aviv), Michael Mansfeld (Haifa), Shulamit Nadler und Moshe Gil (Tel Aviv), Ehud Netzer (Jerusalem), Amnon Niv (Tel Aviv), Yaacov Prag (Haifa), Moshe Safdie (Jerusalem/Boston MA), Avraham und Yuval Yaski (Tel Aviv) sowie David Zifroni (Jerusalem). Auch den Mitarbeiterinnen und Mitarbeitern zahlreicher Institutionen, Archive und Bibliotheken möchte ich für ihre Geduld und ihre zum Teil sehr phantasievolle Hilfe beim Auffinden von Quellenmaterial danken. Hierzu zählen insbesondere Amnon Beeri (The Jerusalem Foundation), Joshua Bar-On (David Tuviyahu Archives, Beer Sheva), Orna Cheynna (Wohnungsbauministerium (= Misrad Ha'shikun), Jerusalem), Noemi Nagy (Jewish National and University Library, Jerusalem), Moshe Perets (Plansammlung der Ben-Gurion-Universität, Beer Sheva), Daniella Rohan und Frank Remus (Canadian Architecture Collection, McGill University, Montreal), Susan Hattis Rolef (Knesset Archives, Jerusalem) sowie die Angestellten des Central Zionist Archives, des Israel State Archives und des Jerusalemer Stadtarchivs.

Der Deutsche Akademische Austauschdienst und die Minerva Stiftung der Max-Planck-Gesellschaft bewilligten großzügige Reiseforschungsstipendien, die diese umfassenden Recherchen und wissenschaftlichen Kontakte in Israel erst ermöglichten.

Von ganzem Herzen möchte ich mich bei meinen lieben, geduldigen, inspirierenden, aber auch kritischen Freundinnen und Freunden, Kolleginnen und Kollegen bedanken, die mir uneingeschränkt und jederzeit mit ihrer Hilfe und Aufmunterung zur Seite standen. Aus ihrer großen Zahl sind vor allem Tanja Soroka und folgende Personen ganz besonders hervorzuheben: Tanja Baensch, Nikolaus Bernau, Sven Düfer, Sven Kuhrau, Sabine Lemke, Jörg Matthies, Joe Perry, Barbara Segelken und Kerstin Storm. In Israel sind allen voran Yona und Haim Fireberg zu nennen sowie Samuel Albert, Hilda Betzer, Michael Birenbaum, Diana Dolev, Edina Meyer-Maril und Adi Muria.

Großer und herzlicher Dank gilt weiterhin den beiden Betreuern und Gutachtern meiner Doktorarbeit, Prof. Dr. Adrian von Buttlar und Prof. Dr. Lars Olof Larsson. Sie haben meine Arbeit mit großem Interesse verfolgt, vorbehaltlos unterstützt und mir geholfen, meine Gedanken und Theorien in konstruktiven Diskussionen weiterzuentwickeln.

Die Axel Springer Stiftung, die Ludwig Siewers Stiftung sowie die Deutsche Forschungsgemeinschaft im Rahmen des SFB 537 haben die Drucklegung finanziell großzügig gefördert. Dafür bin ich ihnen sehr dankbar, denn ohne sie wäre diese Publikation nicht möglich gewesen.

Meiner Familie widme ich dieses Buch – sie hat gespannt darauf gewartet!

Inhaltsverzeichnis

1. **Einleitung** 11
1.1 Die Traditionen der zionistischen Kolonisierungs- und Kulturarbeiten 16
1.2 Nationalismuskonstruktionen und Erinnerungsstrategien als Grundlage
    der Staats- und Identitätsbildung 22
1.3 Forschungsstand und Quellenlage 36

2. **Der Nationalplan – Landesentwicklungsplanung in Israel und
   ihre staatsbildenden und ideologischen Grundlagen** 41
2.1 Geographischer und demographischer Hintergrund der israelischen
    Raumplanung 43
2.2 Der gesetzliche, administrative und institutionelle Rahmen
    der israelischen Raumpolitik und Landesentwicklungsplanung 45
2.3 Der Nationalplan unter Arieh Sharon (1948-1953) 51
2.4 Israels Landesentwicklungsplanung im Kontext zeitgenössischer
    europäischer Städtebauideen 66
2.5 Raumplanung und die zionistisch-ideologischen Grundlagen
    der territorialen Inbesitznahme des Landes 83

3. **Jerusalem – Zentrum des Judentums und Hauptstadt Israels:
   Aufbau nationaler Institutionen und Inszenierung denkmal-
   politischer Projekte** 90
3.1 Status und Bedeutung der Stadt Jerusalem 92

3.2	Die städtebauliche Entwicklung der Stadt Jerusalem und ihre Stellung im Nationalplan	98
3.3	Aufbau nationaler Institutionen als kollektive Bedeutungsträger in Jerusalem nach dem Unabhängigkeitskrieg 1948/49	111
3.3.1	Die Knesset – das israelische Parlamentsgebäude als architektonisches Zeichen dauerhafter Nationalstaatlichkeit	114
3.3.2	Die Kongresshalle (Binyanei Ha'Umma), das Israel-Museum und der Schrein des Buches – Kulturinstitutionen als politisch-territoriale Zeichen und kulturhistorische Symbole nationaler Identifikation	136
3.3.3	Yad Vashem und der Berg der Erinnerung (Har Ha'Zikaron) – Inszenierung einer räumlichen und architektonischen Ikonographie des nationalen Erinnerns	166
3.4	Wiederaufbau des jüdischen Viertels nach 1967 – Denkmalpolitik im Konflikt zwischen staatlicher Repräsentation, religiöser Verheißung und dem Bedürfnis nach historischer Präsenz	199
4.	**Neue Entwicklungsstädte in Israel – Städtebau als geopolitische Strategie am Beispiel von Beer Sheva**	**247**
4.1	Neue Entwicklungsstädte – Modell und Instrument israelischer Landesplanung	248
4.2	Stadtplanung und Wohnungsbau in Beer Sheva – ein Beispiel israelischer Planungspraxis in den neuen Städten	253
4.2.1	Geschichte der Stadt Beer Sheva und ihres Städtebaus bis 1948	254
4.2.2	Städtebauliche Entwicklung nach 1948	258
4.3	„Conquest of the Desert" – Geschichte, Bedeutung und Funktion des Negev in der Siedlungspolitik	269
4.4.	Beer Sheva und die Ziele des Nationalplans	281
4.5	Der Wandel städtebaulicher Leitbilder und die Arbeit an einem neuen Masterplan für Beer Sheva seit Ende der 1950er Jahre	285
4.6	Städtebauliche und architektonische Modellsiedlungen der 1960er Jahre im Kontext der architektonischen und gesellschaftlichen Identitätsfindung	301
4.6.1	Modellsiedlung „Shikun Le-dogma" – die verdichtete Stadt als regionales Experiment	303
4.6.2	„Schubladen-Häuser" (Beit Diroth), „Pyramiden-Häuser" (Beit Piramidoth) und das Nachbarschaftszentrum „Merkaz Ha'Negev" – städtebauliche Mikrokosmen	315

| 4.7 | Generationswechsel in der Architektenschaft und seine Auswirkungen auf das künstlerische Selbstverständnis | 326 |

5.	**„Land Settlement and Education" – der neue städtebauliche und architektonische Kurs des Staatsaufbaus**	**330**
5.1	Stadt und Monument: Bau der Ben-Gurion-Universität des Negev	335
5.2	Bildungs- und Erziehungseinrichtungen als Kristallisationspunkte zionistischer Kultur- und Siedlungsarbeit im Kontext nationaler Identitätsbildung	359
5.2.1	Das Herzlia-Gymnasium in Tel Aviv (1909) – Synthese zionistischer Visionen und messianischer Verheißung	365
5.2.2	Die Hebräische Universität in Jerusalem (1918/1925) – Symbol nationaler Aspirationen	381
5.2.3	Die Ben-Gurion-Universität des Negev in Beer Sheva (1969) – Repräsentation eines neuen nationalen Bewußtseins	388
5.3	Nationale Repräsentation – architektonische Präsenz und symbolische Qualität statt nationalem Stil	391

6.	**Anhang**	**407**
6.1	Abkürzungen	407
6.2	Interviews und Gespräche	407
6.3	Archive und Sammlungen	408
6.4	Quellenschriften- und Literaturverzeichnis	410
6.5	Abbildungsnachweis	446
6.6	Personenregister und Register biblischer Gestalten	447
6.7	Ort- und Sachregister	454

1. Einleitung

Mit der Proklamation des Staates Israel am 14. Mai 1948 durch David Ben Gurion, den Vorsitzenden des Nationalrates der Juden in Palästina (Vaad Leumi) und daraufhin erster Premierminister Israels, ist das politische Ziel des Zionismus erreicht. Der Zionistenführer Theodor Herzl (1860 – 1904) hatte dieses Ziel in seiner Publikation „Der Judenstaat: Versuch einer modernen Lösung der jüdischen Frage" (1896) formuliert. Der von ihm ein Jahr später einberufene erste Zionisten-Kongress in Basel greift diese nationalstaatliche Forderung auf, indem seine Delegierten in ihrer Grundsatzerklärung, dem Basler Programm, erklären, dass „der Zionismus für das jüdische Volk die Schaffung einer öffentlich-rechtlich gesicherten Heimstätte in Palästina [erstrebt]."[1] Die britische Regierung, die im Ersten Weltkrieg Palästina erobert und 1922 das Völkerbundmandat über Palästina erhält, verspricht durch die Erklärung ihres Außenministers Arthur J. Balfour am 2. November 1917, die nationalen Bestrebungen des jüdischen Volkes wohlwollend zu unterstützen.[2] Das Votum der UN-Vollversammlung am 29. November 1947 für eine Teilung Palästinas in einen jüdischen und einen arabischen Staat sanktioniert die Hoffnungen des jüdischen Volkes auf eine „öffentlich-rechtlich gesicherte Heimstätte in Palästina." (Abb. 1) Im Mai 1948 erfolgt schließlich die Gründung des Staates Israel. Nun gilt es, den

---

1 Zit. Basler Programm 1897.
2 Bei dieser sogenannten „Balfour-Deklaration" handelt es sich um einen Brief des britischen Außenministers vom 2. November 1917 an Lord Lionel Walter Rothschild, in dem er die Unterstützung für den Aufbau einer jüdischen Heimstätte in Palästina zusichert. Dabei müssen aber, so fügt Balfour hinzu, auch die Interessen der nicht-jüdischen Bewohner Palästinas gewahrt werden: „His Majesty's Government view with favour the establishment in Palestine of a national home for the Jewish people […]it being clearly understood that nothing shall be done which may prejudice the civil and religious rights of existing non-Jewish communities in Palestine." Zit. Balfour-Deklaration, in: Schreiber/Wolffsohn 1993: 30. Die nur kurze Zeit später, am 8. Januar 1918, von dem amerikanischen Präsidenten Woodrow Wilson abgegebene „Erklärung der Vierzehn Punkte", in der er das Selbstbestimmungsrecht der Völker zur Friedenssicherung nach dem Ersten Weltkrieg fordert, wird von den Vertretern des politischen Zionismus für ihre Forderung nach einem souveränen Staat vereinnahmt.

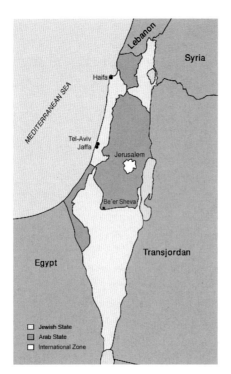

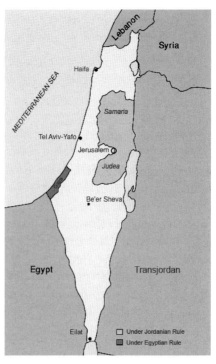

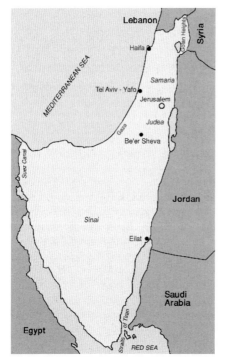

Abb. 1 (links oben): UN-Teilungsplan vom November 1947 (Resolution 181) mit den Gebietszuweisungen für einen jüdischen und einen arabischen Staat sowie eine international verwaltete Stadt Jerusalem

Abb. 2 (rechts oben): Waffenstillstandslinie 1949. Israel annektiert die im Unabhängigkeitskrieg eroberten Gebiete

Abb. 3 (links unten): Waffenstillstandlinien nach dem Sechs-Tage-Krieg von 1967. Nach dem israelisch-ägyptischen Friedensvertrag vom 26.03.1979 zieht sich Israel im April 1982 von der Sinai-Halbinsel zurück

Yishuv³, die jüdische Siedlergemeinschaft in Palästina, in eine israelische Nation umzuwandeln und einen funktionierenden Staat als neue nationale Heimat aufzubauen. Innen- wie außenpolitisch ist die Regierung dabei gezwungen, die Existenz der jüdischen Nation und ihr Recht auf einen souveränen Staat im politischen und kulturellen Machtdiskurs zu behaupten. Die außenpolitische Opposition gegen den Staat Israel spiegelt sich in der teils nur zögerlichen internationalen Anerkennung des Staates wider.⁴ Der arabische Widerstand gegen einen jüdischen Staat in Palästina findet in der Ablehnung des UN-Teilungsplans und der Kriegserklärung der Arabischen Liga gegen Israel noch in der Nacht des 14. Mai 1948 seine Fortsetzung. Bis zu den einzelnen Waffenstillstandsabkommen mit Ägypten, dem Libanon, mit Transjordanien und Syrien Mitte 1949 muss Israel im Unabhängigkeitskrieg um die staatliche Existenz in Palästina kämpfen. (Abb. 2) Auch innenpolitisch ist Israel aufgrund der heterogenen Bevölkerung und ihrer unterschiedlichen Ansprüche an einen jüdischen Staat zur ständigen Rechtfertigung der eigenen Politik gezwungen. Die Bevölkerung Israels, die sich zusammensetzt aus dem Yishuv und den heterogenen Gruppen der Neueinwanderer, die sich durch die kulturelle Prägung ihrer Herkunftsländer, ihre Formen der Religionsausübung sowie durch ihren finanziellen und sozialen Status stark unterscheiden, müssen in einer neuen nationalstaatlichen Gemeinschaft zusammengeführt und sozialisiert werden. Die Regierung steht daher vor der Aufgabe, ein autoritatives System politischer, sozialer und kultureller Werte zu etablieren, um mit einem größtmöglichen Konsens innerhalb der jüdischen Gemeinschaft die Stabilität des Staates zu sichern.⁵

Diese Arbeit untersucht, welche kulturelle, politische und ideologische Funktion und Bedeutung Städtebau, Architektur und Denkmalpolitik im Kontext des Staats- und Nationsaufbaus (nation building) in Israel besitzen. Es wird nachgewiesen, dass diese drei Sparten des Baugeschehens einen wichtigen Bestandteil im Aufbau des

---

3   Es wird unterschieden zwischen dem alten Yishuv, der vor 1880 eingewanderten, religiös orientierten Siedlergemeinschaft, und dem neuen Yishuv, der modernen, vor allem zionistisch motivierten Siedlergemeinschaft der nachfolgenden Jahre bis zur Staatsgründung.
4   Zur politischen Geschichte der Staatsgründung Israels vgl. beispielsweise Halpern 1966, Vital 1975, 1982 und 1987 sowie Schreiber / Wolffsohn 1933. Zur Herausforderung der etablierten Historiographie durch die sogenannten „New Israeli Historians" vgl. Kapitel 1.3 dieser Arbeit.
5   Der DFG-Sonderforschungsbereich „Institutionalität und Geschichtlichkeit" an der Technischen Universität Dresden arbeitet in diesem Zusammenhang mit einem institutionsanalytischen Ansatz. Herrschaftssysteme werden als institutionelle und symbolische Ordnungen aufgefasst, die die sozialen Beziehungen zwischen den Menschen regulieren. Diese Ordnungen sind dem historischen Wandel ausgesetzt und bedürfen daher der ständigen Selbstbehauptung ihrer Geltungsansprüche. Konstruierte Eigengeschichten, Selbsthistorisierungen, Ordnungs- und Kontinuitätsbehauptungen erbringen institutionelle Stabilisierungsleistungen, die politische, soziale und kulturelle Systeme auf Dauer stellen. Vgl. Melville 1997, Blänker / Jussen 1998, Melville 2001, Rehberg 2001, Melville / Vorländer 2002, Müller / Schaal / Tiersch 2002 und Schönrich / Baltzer 2002.

Staates und in der kulturellen Konstruktion einer nationalen Identität bilden. Ihre Aufgabe besteht nicht allein darin, dem neu gegründeten Staat eine Baustruktur zu verleihen, sondern auch eine Form für ihn zu finden, die das Bedürfnis nach einer kulturellen und symbolischen Repräsentation der jüdischen Nation befriedigt. Vor allem in Zeiten politischer und gesellschaftlicher Umbrüche, wie nach dem Unabhängigkeitskrieg von 1948/49 und dem Sechs-Tage-Krieg von 1967 (Abb. 3), werden Städtebau, Architektur und Denkmalpolitik zu wichtigen geo- und kulturpolitischen Instrumentarien des Staates, um der Bevölkerung sowohl eine physische als auch eine identitätsstiftende Heimat aufzubauen. Sie schaffen eine architektonische Präsenz und zugleich eine ideologisch aufgeladene Repräsentanz, die innen- wie außenpolitisch eingesetzt werden, den Staat in seiner Existenz zu sichern und ihn über eine in der Architektur ablesbare nationale Identitätskonstruktion zu legitimieren. Planen und Bauen bilden einen Akt territorialer Aneignung, der die Ausdehnung und Grenzen der nationalen Geographie definiert und in die Landkarte einschreibt. Zur Rechtfertigung dieser Strategie des territorialen „fait accompli"[6] wird eine nationale Historiographie etabliert, in der die israelische Staatsgründung – und in diesem Sinne auch das nachfolgende Baugeschehen – als eine Synthese aus messianischen Erwartungen und der Erfüllung zionistischer Forderungen propagiert wird. Ereignisse und Zeugnisse dieser nationalen Narration, die ihren Ursprung in den biblischen Erzählungen besitzt, werden als Dokumente nationalstaatlicher Legitimation zu Gedächtnisorten inszeniert, aus denen sich in historisch-teleologischer Konsequenz die Ansprüche auf die jüdische Heimstätte in Palästina begründen.

Der Untersuchungszeitraum für die israelische Planungs-, Bau- und Denkmalpolitik konzentriert sich auf die Jahrzehnte nach der Staatsgründung 1948 und reicht bis in die Zeit nach dem Sechs-Tage-Krieg 1967, in dem Israel den arabischen Teil Palästinas besetzt. In dieser Zeit, die von politisch-militärischen Auseinandersetzungen und territorialer Expansion geprägt ist, erhalten raumplanerische Prozesse eine besonders strategische Funktion. Planen und Bauen sowie die politische und ideologische Rechtfertigung des Baugeschehens dienen dazu, den physischen wie den kulturellen Raum in Palästina zu besetzen und den territorialen Ansprüchen Israels einen sichtbaren und möglichst dauerhaften Ausdruck zu verleihen. Planungspolitik ist ein Instrument, den Raum geopolitisch aber auch kulturell-symbolisch neu zu organisieren. Die nach 1948 eingeleitete Bau- und Siedlungspolitik schreibt, wie

---

6 In einem vertraulichem Bericht Ben Gurions an die Jewish Agency und die Zionistische Weltorganisation (wohl an Moshe Shertok) vom 04.06.1935: The land problem with the special regard to negev and akaba, in: CZA, S25/9945, spricht sich Ben Gurion am Beispiel von Akaba nachdrücklich dafür aus, mit Landkauf und Siedlungsbau vollendete Tatsachen zu schaffen: „It is of the greates economic and political importance that a Jewish settlement be established there as soon as possible, in order to create a political fait accompli." (Hervorhebungen im Original). Diese Strategie setzt Ben Gurion nach der Staatsgründung fort.

Ben Gurion in Zusammenhang mit der Vorbereitung der Lausanner Konferenz im Jahre 1949 erklärt, die territorialen Errungenschaften des Unabhängigkeitskrieges fort: „We have conquered territories, but without settlements they have no decisive value, not in the Negev, nor in Galilee, nor in Jerusalem. Settlement – that is the real conquest."[7] Vor allem auf die militärisch eroberten Gebiete wie den Westteil Jerusalems und die Wüstenstadt Beer Sheva sowie auf die nur dünn besiedelten, peripheren Regionen konzentrieren sich die staatlichen Planungsaktivitäten, da ihre Zugehörigkeit zum Staatsgebiet aufgrund der Territorialkonflikte mit den arabischen Nachbarländern besonders gefährdet ist. Der gleich nach der Staatsgründung erarbeitete Landesentwicklungsplan (Nationalplan), der den Ausgangspunkt dieser Arbeit bildet, legt die Richtlinien physischer Planung und infrastruktureller Förderung für Israel fest. In dem ersten Teil werden daher zunächst die geographischen, demographischen und machtpolitischen Strukturen kurz skizziert sowie die regionalplanerischen und städtebaulichen Vorbilder offengelegt, um die israelische Landesplanung in ihrer grundlegenden Bedeutung für den Staatsaufbau evaluieren zu können. Darauf aufbauend werden anschließend aus dem Nationalplan exemplarisch die Entwicklung Jerusalems zur Landeshauptstadt und die von Beer Sheva als Zentrum der Wüsten-Kolonisierung herausgegriffen, um die politischen Intentionen und die planerischen Strategien der israelischen Regierung in bezug auf Siedlungs- und Kulturarbeiten darzulegen.

Am Beispiel von Jerusalem wird dokumentiert, auf welche Weise Israel versucht, mit dem Aufbau nationaler Institutionen und der Inszenierung denkmalpolitischer Projekte die territorialen Ansprüche auf Jerusalem in die Landkarte einzuschreiben. Welche architektonische und räumliche Gestaltung erfahren diese Institutionen, um die Bedürfnisse nach staatlicher Repräsentation und nationaler Einheit zu befriedigen? Und inwieweit spiegeln die verschiedenen Institutionen in ihrer Funktion, Gestaltung und ideologischen Aufladung die vielfältigen Ansprüche der heterogenen gesellschaftlichen Gruppierungen an diese Stadt wider? Am Beispiel von Beer Sheva hingegen wird analysiert, welche plantheoretischen Programme und ideologischen Strategien Israel entwickelt, um eine maximale jüdische Siedlungspräsenz im gesamten Staatsgebiet – und damit auch in der Wüste – aufzubauen. Welche geo- und sicherheitspolitischen Argumente treiben die Dezentralisierungsstrategien an und welchen Einfluss haben sie auf die städtebauliche und architektonische Gestaltung der neuen Siedlungen? Zu welchen architektonischen, infrastrukturellen und gesellschaftlichen Missständen führen ideologische Indoktrinationen im Siedlungs- und Bauwesen? Und welche Ansätze werden seit den 1960er Jahren entwickelt, um

---

7 Ben Gurion, ISA, Außenministerium, 130.02/2447/3: Konsultationen 4.12.49, zit. nach Segev 1998: 97. Auf der Lausanner Konferenz werden nach den arabisch-israelischen Waffenstillstandsvereinbarungen zur Beendigung des Unabhängigkeitskrieges 1949 erste „Versöhnungsverhandlungen" zwischen Israel, Ägypten, Jordanien und Syrien geführt.

über neue strukturräumliche Konzeptionen und Regionalismen in der Architektur die Bauten und ihre Bewohner am Ort zu verankern? In beiden Städten, so wird nachgewiesen, werden Entwicklungsförderung und Siedlungsbau als geopolitische Strategie betrieben, um die militärischen Gebietseroberungen nun auch infrastrukturell in das Staatsterritorium zu integrieren. Dabei gelangen die zionistischen Traditionen der Kolonisierungs- und Kulturarbeiten in beiden Städten völlig unterschiedlich zur Anwendung. Abschließend wird daher die Funktion von Bildungseinrichtung im Siedlungs- und Nationsbildungsprozess sowie ihre Wertschätzung in den unterschiedlichen Phasen der jüdisch Besiedlung von Palästina / Israel diskutiert.

1.1 Die Traditionen der zionistischen Kolonisierungs- und Kulturarbeiten

Jerusalem und Beer Sheva stehen exemplarisch für die Strategien der israelischen Landesentwicklungsplanung, die von der Regierung nicht nur für den Aufbau des Staates, sondern auch für die Formung der Nation betrieben wird. Für beide Ziele setzt die Regierung die Methoden der zionistischen Bewegung im Hinblick auf die Siedlungs- und die Kulturarbeit fort. In den verschiedenen Projekten erhalten – so zeigt die Analyse der Planungs- und Bauprozesse sowie die plantheoretische und ideologische Diskussion der beteiligten Architekten und Politiker – die Aspekte der Kultur- und Siedlungsarbeit meist einen unterschiedlichen Stellenwert. Beide stellen hegemoniale Praktiken dar, mit denen Israel den Kultur- und Siedlungsraum in Palästina besetzt. Das Ziehen von Grenzen ist dabei im öffentlichen Diskurs untrennbar verbunden mit der Konstruktion einer nationalen Identität und einer nationalen Historiographie, in der die Vergangenheit den Interpretations- und Legitimationsrahmen für die Gegenwart bildet. Das wichtigste Dokument, das die grundlegenden Aussagen zum Charakter und den Ansprüchen des jüdisch-israelischen Staates beinhaltet und die Richtlinien zukünftiger Regierungspolitik darlegt, ist die Unabhängigkeitserklärung von 1948. Die biblische Geschichte wird hier einer historischen Realität gleichgesetzt, die sowohl auf religiöser als auch auf säkularer Ebene der Rechtfertigung des Staates und der Definition nationaler Gemeinsamkeiten dient. Die in der Unabhängigkeitserklärung eingeschriebene nationale Narration führt den israelischen Staat auf den staatsähnlichen Verband der Israeliten in der Antike zurück und sieht im Bundesschluss der Israeliten mit Gott am Berg Horeb im Sinai die Entstehung der jüdischen Nation und die Quelle jüdischer Kollektividentität: „The Land of Israel was the birthplace of the Jewish people. Here their spiritual, religious and national identity was formed. Here they achieved independence and created a culture of national and universal significance. Here they wrote and gave the Bible to the world."[8] Der Bundesschluss macht aus dem „auserwählten Volk" eine Nation, definiert seine kulturell-religiöse Identität und bestimmt im Namen Gottes das „gelobte Land" als das für sich zu erobernde Siedlungsgebiet. Die Verbindung von materiellen und spirituellen Werten, von Heimat und Identität findet hier in der rückwirkenden Erfindung der jüdischen Nation durch die Setzung der Bibel als historischer Realität ihren Ursprung.[9]

Diese Verknüpfung materieller und spiritueller Werte, das heißt die Forderung nach einer nationalen Heimat und dem Status als Nation, besitzt eine lange Tradition im Zionismus. Bereits im offiziellen Gründungsdokument der zionistischen Bewegung, dem Basler Programm von 1897, werden die beiden Operationsbereiche im Sinne des Staats- und Nationsaufbaus benannt: „Der Zionismus erstrebt […] die zweckdienliche Förderung der Besiedlung Palästinas [und] die Stärkung des jüdischen Volksgefühls und Volksbewusstseins."[10] Dementsprechend wird zum einen die praktische Kolonisierung Palästinas, zum anderen die Rückbesinnung der Juden auf die tradierten kulturellen Werte des Judentums als Grundlage der Nationsbildung eingefordert. Die Frage, ob der Siedlungs- oder der Kulturarbeit Vorrang gegeben werden müsse, wird innerhalb der zionistischen Bewegung kontrovers diskutiert.[11] Ein Forum für die Diskussion über die Maßnahmen zur „Lösung der jüdischen Frage"[12] bilden die Zionisten-Kongresse, die erstmals 1897 als repräsentatives Organ der zionistischen Bewegung von Theodor Herzl einberufen werden. Innerhalb der zionistischen Gruppierungen, die sich zum Teil in sozialen, kulturellen und politischen Forderungen stark voneinander unterscheiden, kristallisieren sich drei Hauptströmungen: Der praktische Zionismus fordert zur Existenzsicherung der durch Antisemitismus bedrohten Juden eine sofortige und umfassende jüdische Einwanderung in Palästina. Schwere antisemitische Pogrome in Ost-Europa im 19. Jahrhundert führen vor allem in Russland zur Gründung zionistischer Verbände wie „Hibbat Zion" und „Hovevei Zion", die eine aktive Siedlungspolitik und die jüdische Auswanderung nach Palästina betreiben. Der politische Zionismus definiert die jüdische Frage als eine nationale Frage, in der die jüdische Gemeinschaft

---

8 Zlt. Unabhängigkeitserklärung 1948.
9 Vgl. Zari Gurevitch/Gideon Aran: The Land of Israel. Myth and Phenomenon, in: Frankel 1994: 195–210.
10 Zit. Basler Programm 1897.
11 Die Geschichte des Zionismus und seiner pluralistischen Gruppierungen kann hier nur verkürzt in den Hauptströmungen dargestellt werden. Eine Reduktion muss auch im Hinblick auf die verschiedenen gesellschaftlichen Gruppierungen und ihr Verhältnis zu Religion und Judentum vorgenommen werden. Im Kontext dieser Arbeit werden die Positionen der säkularen Zionisten, der nationalreligiösen Zionisten und der religiösen/orthodoxen Juden einander gegenübergestellt. Zur Einführung in den Zionismus vgl. Hertzberg 1959, Halpern 1969, Vital 1975, 1982 und 1987, Laqueur 1975 und Shimoni 1995.
12 Titel von Theodor Herzls Publikation: Der Judenstaat: Versuch einer modernen Lösung der jüdischen Frage, Wien 1896.

als Nation das natürliche Recht auf einen gleichberechtigten Platz im Kanon anderer Nationalstaaten besitzt. Erst müsse dieses Recht auf einen jüdischen Staat international anerkannt werden, bevor man mit einer Masseneinwanderung nach Palästina beginnen könne. Da Palästina im Machtkampf der Großmächte einer jüdischen Masseneinwanderung und Staatsgründung verschlossen scheint, erwägen die politischen Zionisten unter ihrem Führer Theodor Herzl eine jüdische Auswanderung nach Argentinien oder Uganda, wo Landerwerb möglich zu sein scheint. Eine solche Lösung könne als Interimslösung zur Erprobung der nationalen Einheit und zur Ausbildung der national-jüdischen Gemeinschaft dienen.[13] Nach kontroversen Diskussionen auf dem sechsten Zionisten-Kongress 1903 zwischen den Territorialisten und den Anhängern von Eretz-Israel als einziges mögliches jüdisches Siedlungsgebiet legt sich der siebte Zionisten-Kongress auf Palästina als Ziel nationalstaatlicher Bestrebungen fest. Der kulturelle Zionismus wiederum kritisiert diese Beschränkung auf territoriale und politische Fragen. Seine Anhänger sehen nicht nur im Antisemitismus, sondern vor allem in der geistigen und kulturellen Entfremdung vom Judentum eine Gefährdung der jüdischen Nation. Die individuelle, bürgerliche Emanzipation der Juden in Europa sei gescheitert und habe das jüdische Volk durch seine Assimilationsbestrebungen in eine Identitätskrise und zur Entfremdung von der jüdischen Kultur und Tradition geführt. Neben einer aktiven Siedlungstätigkeit in Palästina, mit dem Ziel dort ein kulturelles und spirituelles Zentrum des Judentums zu errichten, sei daher besonders die jüdische Kulturarbeit zu fördern. Eine kulturelle und spirituelle Stärkung und Erziehung der Juden, die grundlegend für eine Renaissance des Judentums sei, müsse sowohl in Palästina als auch in der Diaspora erfolgen.[14]

Insbesondere auf dem fünften Zionisten-Kongress 1901 entbrennt zwischen Max Nordau, einem Vertreter der Kolonisierungsarbeiten, und Martin Buber, dem Anhänger des Kulturzionismus, der Streit um die Bedeutung und Stellung der Kulturarbeiten innerhalb der zionistischen Bewegung. In seinem Vortrag „Fragen der körperlichen, geistigen und wirtschaftlichen Hebung der Juden" bezeichnet Max Nordau die Juden als ein „Luftvolk [...] denn es hat keinen Fußbreit eigenen Bodens und hängt vollständig in der Luft."[15] Damit fehle dem jüdischen Volk die wichtigste Grundlage, um eine Gesellschaft mit einer funktionierenden Wirtschaft und sozialisierenden Kultur aufzubauen, die vom Judentum geprägt seien. Siedeln und

---

13 Territoriale Alternativen zu Palästina werden bereits von Leo Pinsker in seiner Schrift „Auto-Emancipation" (1882) und von Theodor Herzl in „Der Judenstaat" (1896) aufgezeigt. Zum politischen Zionismus vgl. auch Ludger Heid: „In Basel habe ich den Judenstaat gegründet": Theodor Herzl – Wegbereiter des politischen Zionismus, Schriftenreihe Verein für jüdische Geschichte und Religion e. V., Dorsten 1999.
14 Vgl. Laqueur 1975: 181–185.
15 Zit. Nordau auf dem V. Zionisten-Kongress 1901: 103

das Erlernen praktischer Arbeiten, das heißt Boden fassen und Land bearbeiten, müssten daher Vorrang vor einer geistigen Volksbildung besitzen: „Die wirtschaftliche Hebung des jüdischen Volkes [...] ist die dringendste und wichtigste Aufgabe. Die körperliche, die geistige Hebung kommt später."[16] Nordau glaubt an einen Automatismus durch Siedlungstätigkeit, der den jüdischen „Luftmenschen" zu einem Produzenten im eigenen Land verwandelt und ihn dort als „Muskeljude" zum Träger einer neuen jüdischen Kultur macht.[17] Martin Buber hingegen fordert in seinem Vortrag „Die jüdische Kunst", dass einer Revitalisierung des Judentums und der Vermittlung eines neuen – nationalen – jüdischen Bewusstseins in Palästina und der Diaspora die gleiche Bedeutung wie der praktischen Kolonisierungsarbeit beigemessen werden müsse.[18] Unter Rückgriff auf Ahad Ha'ams[19] Forderung, in Palästina ein geistiges und spirituelles Zentrum des Judentums aufzubauen, aus dem die Juden weltweit ihre Kraft und nationale Gesinnung schöpfen, auch ohne dort einzuwandern, setzt sich Buber verstärkt für die Förderung kunst-, kultur- und bildungspolitischer Unternehmungen ein. „Kunst", so Buber, „ist [...] der schönste Weg unseres Volkes zu sich selbst."[20] Sie sei nicht nur der reinste Ausdruck der spezifischen Eigenschaften der Nation, sondern zugleich auch deren „Erzieher zum wahren Judenthum". Sie vervollständige den Menschen, und „nur voll entwickelte, nur ganze Menschen könnten ganze Juden sein – die fähig und würdig sind, eine eigene Heimat sich zu erschaffen."[21]

In diesen beiden Vorträgen von Max Nordau und Martin Buber wird die Polarisierung zwischen den Anhängern des praktischen und des kulturellen Zionismus besonders deutlich. Obwohl Kultur- und Bildungsfragen in ihrer nationalen Bedeutung

---

16 Zit. Nordau auf dem V. Zionisten-Kongress 1901: 110.
17 Nordau führt den Begriff „Muskeljude" bereits auf dem II. Zionisten-Kongress 1898 in Basel ein. Im Juni 1903 publiziert er in der Jüdischen Turnzeitung unter dem Titel „Muskeljudentum" (Abdruck in: Max Nordau, Zionistische Schriften, Köln/Leipzig 1909: 379–381) einen Artikel, in dem er nicht nur ein neues körperliches Bewusstsein und eine physische Stärkung fordert, sondern zu einem neuen physischen und moralischen Heldentum aufruft. Zum zionistischen Ideal des neuen jüdischen Menschen und Helden vgl. Berkowitz 1996: 99–118 und Kapitel 2.5 dieser Arbeit.
18 Vortrag von Martin Buber auf dem V. Zionisten-Kongress 1901: 151–168.
19 Ahad Ha'Am (1856–1927), ehemals Asher Ginsberg, übt mit seiner Publikation 1889 „Der Falsche Weg" (Lo zeh ha'derekh) öffentlich Kritik an der Siedlungspolitik in Palästina. Selbst unter günstigsten Bedingungen könne nur ein geringer Teil aller Juden in Palästina leben, das Problem der Juden in der Diaspora bliebe daher weiter bestehen. Daher müssten sich die zionistischen Aktivitäten vor allem auf den Aufbau eines spirituellen Zentrums in Palästina konzentrieren, das als Vorbild und Identifikationsort des gesamten Judentums wirken soll. Vgl. Vital 1975: 135–200.
20 Zit. Buber auf dem V. Zionisten-Kongress 1901: 156.
21 Zit. Buber auf dem V. Zionisten-Kongress 1901: 156. In seinem Vortrag listet Buber einige Fördermöglichkeiten der jüdischen Kunst und Kultur auf, wie beispielsweise Wanderausstellungen jüdischer Kunst, jüdische Verlage zum Publizieren jüdischer Literatur und Dichtung oder jüdische Liederabende. Vgl. ebenda: 164–168.

für den Nationsbildungsprozess anerkannt werden, haben sie einen schweren Stand, sich gegen das Primat der Kolonisierungsarbeiten durchzusetzen. Die zionistischen Organisationen bemühen sich, beide Bereiche möglichst gleichermaßen zu fördern. Um die Kolonisierungsarbeiten, dass heißt die Siedlungsplanung, den Landerwerb und den Heimstättenbau in Palästina zentral zu organisieren, werden 1891 die „Jewish Colonization Association", 1901 der „Jüdische Nationalfond" und 1908 die „Palestine Land Development Company Ltd." (PLDC) gegründet. Landwirtschaftliche Siedlungen – Kibbuzim und Moshavim – werden Nordaus Ideal des landarbeitenden „Muskeljuden" entsprechend besonders gefördert.[22] Mit der Gründung der „Commission für die Erforschung Palästinas" unter dem Vorsitz von Otto Warburg beginnen die systematische topographische Vermessung und Kartierung Palästinas, die Untersuchung der Bodenqualität sowie medizinisch-hygienische Forschungen zur Eindämmung regionaler Krankheiten.[23] Im Bereich der Kulturarbeiten konzentriert sich das Engagement philanthropischer Organisationen wie der „Alliance Israélite Universelle" (gegründet 1860), der „Anglo-Jewish Association" (gegründet 1871) und des „Hilfsvereins deutscher Juden" (gegründet 1901) vor allem auf die Einrichtung eines hebräischen Schulsystems in Palästina.[24] In ihm sollen Kinder vorbereitet werden, „nützliche Mitglieder" der jüdischen Gemeinschaft zu werden: „The child must be imbued with a love for Palestine and a desire to live in it. […] He must acquire a strong nationalist consciousness and loyalty [and] he must be trained to think of himself as a builder of the Jewish National Home, a pioneer who should prepare himself for productive labor as farmer or industrial worker."[25] Zionistische Kulturarbeiten bleiben nicht auf Palästina beschränkt. Auch in Europa werden jü-

---

22 Kibbuzim und Moshavim sind kollektive Siedlungsformen. Während im Kibbuz fast alles der Gemeinschaft gehört und durch sie bewirtschaftet und konsumiert wird, bewirtschaften die Mitglieder eines Moshavs jeweils den eigenen Boden. Nur der Vertrieb der Produkte und der Einkauf werden über die Genossenschaft organisiert.
23 Vgl. Shilony 1998: 55–101 und Myers 1995: 89–102. Der Botaniker Otto Warburg (1859–1938) gehört 1896 zu den Gründern des Deutschen Kolonialwirtschaftskomitees und wird 1901 Mitglied der Preußischen Ansiedlungskommission für die deutsche Kolonisierung der Provinz Posen. Zugleich wird er als Berater für Landwirtschafts- und Kolonisierungsfragen für Theodor Herzl tätig. 1903 wird er vom fünften Zionisten-Kongress zum Vorsitzenden der Palästina-Kommission gewählt, deren Aufgabe in der Organisation von Siedlungsprojekten bestand. 1905 wird er in das interne Aktionskomitee, 1907 in das Direktorium des Jüdischen Nationalfonds und 1911 zum Präsidenten der Zionistischen Weltorganisation gewählt. Er setzt sich vor allem für die wissenschaftliche Erforschung und organisierte Kolonisierung Palästinas ein, ist aber auch ein Befürworter kultureller Unternehmungen, wie beispielsweise der Gründung einer jüdischen Universität. Zur Biographie Warburgs vgl. Shilony 1998: 44–46 und Derek J. Penslar: Zionism, Colonialism, and Technocracy: Otto Warburg and the Commission for the Exploration of Palestine, 1903–1907, in: Journal of Contemporary History, No. 25, 1990: 142–160.
24 Zu Bildungs- und Erziehungsfragen im Zionismus vgl. Kapitel 5.2 dieser Arbeit.
25 Zit. Nardi 1945: 199.

dische Wissenschaftsinstitutionen gegründet, um Kenntnisse über die eigene Kultur und Geschichte zu fördern. Vor allem Berlin etabliert sich als Zentrum jüdischer Wissenschaft. Im Kontext der europäischen Nationsbildung und der Erkenntnis über die Rolle von Historiographie und Wissenschaft für die Formung eines nationalen Bewusstseins werden dort 1919 der „Verein für Cultur und Wissenschaft der Juden" und die „Akademie für die Wissenschaft des Judentums" gegründet.[26]

Kultur- und Siedlungsarbeit bilden die beiden Schwerpunkte im Aktionsrahmen der zionistischen Bewegung. Auch nach der Staatsgründung behalten sie im Regierungsprogramm ihre Funktion und ihre Bedeutung im Staats- und Nationsaufbau bei: „[The] concern for the security of the State, for the ingathering of the Exiles and their integration, and for the speedy development of the Land and its natural resources will be in the forefront of the activities of the Government."[27] Bereits in der Unabhängigkeitserklärung wird das jüdische Volk aufgerufen, sich an dieser komplexen Herausforderung zu beteiligen: „Our call goes out to the Jewish people all over the world to rally to our side in the task of immigration and development and to stand by us in the great struggle for the fulfillment of the dream of generations – the redemption of Israel."[28] Das uneingeschränkte Recht der Juden auf Rückkehr nach Israel[29] führt zu massiven Einwanderungswellen, zunächst vor allem von mittellosen Holocaust-Überlebenden, die den Staat zwingen, in einer großangelegten Siedlungspolitik möglichst schnell umfangreichen Wohnraum zur Verfügung zu stellen. Rationalisierung, Standardisierung, Reduktion der Baukosten und Beschleunigung der Bauzeiten werden zu obersten Prämissen der israelischen Bauwirtschaft. Kulturfragen müssen dabei zwangsläufig zurückgestellt werden.

Das israelische Planungs- und Bauwesen unterliegt stets einer geopolitischen Strategie, in der der Staat Israel über eine bauliche Präsenz repräsentiert und konsolidiert wird. Staatliche Aktivitäten – und damit auch das Baugeschehen – werden von existentiellen Problemen wie der Verteidigung des staatlichen Existenzrechtes, dem Aufbau des Staates und dem Absorbieren zahlreicher Immigranten dominiert, die Kulturfragen oder auch die Suche nach einem nationalen Ausdruck in der Architektur stark einschränken. Städtebau, Architektur und Denkmalpolitik werden ver-

---

26 Zur jüdischen Historiographie und ihren Stellenwert im Judentum vgl. beispielsweise Frankel 1994, Myers 1995 und Myers/Ruderman 1998. Forschungen zur eigenen Geschichte, Kultur und Religion unterstützen über eine nationale Historiographie und die Formulierung einer jüdischen Kollektividentität den Anspruch auf eine jüdische Nationalstaatlichkeit. Zur Rolle der kulturellen Eliten im Nationalismus vgl. Hroch 1968, ders. 1994 und Kapitel 1.3 dieser Arbeit.

27 Zit. Basic Outline of the Policy of the Government as Presented to the Knesseth by the Prime Minister, Mr. David Ben Gurion, October 7, 1951, in: Government Year Book 5712 (1951/1952): L.

28 Zit. Unabhängigkeitserklärung 1948.

29 Das Recht auf uneingeschränkte jüdische Einwanderung wird in der Unabhängigkeitserklärung zugesichert und durch den Beschluss der Knesset am 5. Juli 1950 als Gesetz des Rechts auf Rückkehr (Law of Return) verabschiedet. Vgl. Mendes-Flohr/Reinharz 1980: 481.

mehrt zu ideologischen und strategischen Instrumenten, die allein schon durch das Volumen der Bauvorhaben und die Verortung einzelner Projekte in der Siedlungskarte dem kulturellen und nationalstaatlichen Selbstverständnis des neuen Staates baulichen Ausdruck verleihen. Sie bilden eine Synthese aus den zionistischen Praktiken der Siedlungs- und Kulturarbeit, indem sie nicht nur einen konkreten Ort auf der Siedlungskarte einnehmen, sondern in ihrer symbolischen und ideologischen Aufladung zugleich der Formung, Erziehung und Repräsentation des Staates und der Nation dienen. Planungs- und Baupolitik werden politisch und ideologisch funktionalisiert und verfolgen vor allem zwei Ziele. Zum einen soll die heterogene Bevölkerung zu einer Nation verschmolzen werden, wobei die verschiedenen nationalen Institutionen als Erzieher und Identifikationsorte dienen.[30] Die Probleme, die nationale Form und den Inhalt dieser Institutionen zu bestimmen, verweisen dabei auf die Schwierigkeiten, die multikulturelle, multiethnische und unterschiedlich stark religiös beziehungsweise säkular orientierte Bevölkerung in einem Nationalstaat zu vereinen. Zum anderen manifestiert sich über die Demonstration einer kulturellen und letztlich nationalen Einheit hinausgehend in den großen Bauprojekten der Staatsgründungsphase der Anspruch auf eine national-jüdische Heimstätte in Palästina. Architektur und Städtebau schaffen möglichst irreversible Tatsachen, die das Volk im Land verankern – beheimaten – und zugleich Demonstration der Anwesenheit und des Anspruchs auf Dauerhaftigkeit sind.[31] Beides, die physische und die kulturelle Aneignung von Raum, sind Gegenstand dieser Arbeit.

1.2 Nationalismuskonstruktionen und Erinnerungsstrategien als Grundlage der Staats- und Identitätsbildung

Staatsbildung und Herrschaftssicherung erfolgen in Israel nicht nur über die Raum- und Baupolitik, sondern auch über die Produktion und Reproduktion einer kollektiven Identität und eines nationalen Bewusstseins, die in nationalen und internatio-

---

30 Zur Idee des „Schmelztiegels" durch Siedeln und Leben in Palästina/ Israel vgl. Yosef Gorny: The „Melting Pot" in Zionist Thought, in: Israel Studies, Vol. 6, No. 3, Fall 2001: 54–70.
31 Noch symbolträchtiger als das Baugeschehen sind im Hinblick auf das dauerhafte Verwurzeln des jüdischen Volkes in der neu-alten Heimat Pflanzungen von Wäldern, wie sie im Kontext der sogenannten Ölbaumspende in den 1930er Jahren großflächig in Palästina unternommen. Chaim Weizmann, Präsident der Zionistischen Weltorganisation und nach 1948 der erster Staatspräsident Israels, verkündet bei einer solchen Ölbaumpflanzung 1935: „was bedeuten uns, der heimkehrenden Generation, Bäume? In der ersten Reihe sind sie ein Symbol aufrechter Kraft: wir möchten hier ein starkes, aufrechtes, würdiges Volk haben, das fest im Boden wurzelt." Zit. aus Karnenu. Organ des Hauptbüros des KKL (Jüdischer Nationalfond), Tweeth 5696 (Jan. 1936), in: CZA, A238: 13.

nalen Diskursen verbreitet und als normativ anerkannt werden müssen. Kollektiv verbindliche Symbole, Rituale, Mythen und auch Bau- und Siedlungsprojekte sind Ausdruck dieser nationalen Selbstinszenierung. Die Formen der Inszenierung, ihre Bestandteile sowie die Mechanismen ihrer Konstruktion und (Re-)Affirmation bilden einen wichtigen Bestandteil dieser Studie, um die Tragweite und die politische, ideologische sowie identitätskonstruierende Bedeutung von Architektur, Städtebau und Denkmalpolitik analysieren zu können.[32] Der Zionismus und der Staat Israel sind dabei von einer spezifischen Form der Nations- und Identitätskonstruktion geprägt, in der Erinnerungsstrategien eine große Rolle spielen. Im Folgenden werden daher die nationskonstituierenden und mnemotechnischen Mechanismen und Traditionen des israelisch-jüdischen Nations- und Identitätsbildungsprozesses dargelegt.

Die politische, kulturelle und soziale Formung des Staates und der Nation – das sogenannte „nation building" – stellen komplexe Prozesse dar, an denen verschiedene Mechanismen, Faktoren und Kulturpraktiken beteiligt sind. Gesellschafts- und politikwissenschaftliche Forschungen, die sich mit den Phänomenen des Nationalismus beschäftigen, haben zahlreiche Nationalismustheorien entwickelt, die das Entstehen von Nationen und Nationalstaaten sowie das Formulieren eines nationalen Bewusstseins und einer kollektiven Identität zu erklären versuchen. Dabei sind die klassischen Modelle der Nationalismustheorien – wie die Staatsnation als souveräne politische Entscheidung der Gruppenzugehörigkeit und das organische Modell der Kulturnation als kulturelle und sprachliche Volksgemeinschaft mit primordialem Ursprung – durch eine Vielzahl poststrukturalistischer Theorien ersetzt worden. Es ist nicht das Ziel, hier die Entwicklungen und den Stand der Nations- und Nationalismusforschung zu referieren.[33] Es geht vielmehr darum, den Zionismus als nationaljüdische Bewegung innerhalb der Nationalismusforschung zu positionieren und die Mechanismen der israelischen Nations- und Identitätsbildung aufzuzeigen. Das zionistische Verständnis von der jüdischen Nation bildet die ideologische Grundlage, eine nationale Einheit zu konstruieren und ihr nationales Bewusstsein zu formulieren. Dieses nationale Selbstverständnis wiederum nimmt starken Einfluss auf die zionistische und später israelische Bau- und Kulturpolitik. Um die Baupolitik und das Baugeschehen in Israel einordnen zu können, muss daher untersucht werden, welche Bedeutung das israelische Nationsbewusstsein und die jüdische Kollektiv-

---

32 Zur Sichtbarkeit und Unsichtbarkeit von Machtstrukturen vgl. auch Göhler 1995, Melville 2001 und Blume 2002.
33 Für eine Übersicht über Nationalismustheorien vgl. unter anderem Winkler 1985, der zugleich eine umfangreiche Bibliographie zur Nationalismusforschung bis 1985 liefert. Eine vierbändige Antologie „Nationalism. Critical Concepts in Political Science" wurde von John Hutchinson und Anthony D. Smith in London/New York 2000 herausgegeben. Zur Bedeutung und den rhetorischen Bestandteilen von nationalen Bewegungen vgl. Craig Colhoun: Nationalism, Buckingham 1997.

identität für die Bau- und Siedlungsprojekte des Staates besonders in Zeiten legitimatorischer Krisen besitzen. Im Folgenden wird dargestellt, wie die Produktion einer jüdisch-israelischen Identität funktioniert, aus welchen Quellen sie schöpft und wie diese instrumentalisiert und in die nationale Narration eingebunden werden. Darüber hinausgehend wird aufgezeigt, welchen Einfluss Erinnerungsstrategien im Kontext der nationalen Identitäts- und Geschichtskonstruktion auf das Baugeschehen nehmen.

Nationsbewusstsein und kollektive Identität sind in diesem Zusammenhang nicht als positivistische, objektive Kategorien zu verstehen, sondern als gesellschaftlich-ideologische sowie zeitbedingte Konstruktionen, die im fortwährenden Prozess der Nations- und Identitätsbildung verhandelt, akzeptiert, ritualhaft eingeübt und verbreitet werden.[34] Dieser theoretische Ansatz zur Konstruktion von kultureller und nationaler Identität, wie er von Eric J. Hobsbawm und Benedict Anderson entwickelt wurde, definiert die Nation als konstruierte und imaginierte Gemeinschaft.[35] Auch nahezu unabhängig von ethnischen Gruppierungen entstehen Nationen vor allem als narratives Konstrukt einer gemeinsamen Kultur und Geschichte, das der Gemeinschaft ein kollektives und verbindliches Bewusstsein vermittelt. Diese nationale Narration konstituiert ein eigenes – meist hegemoniales – Wertesystem, das infolge von Modernisierungstendenzen und einer sich verändernden Gesellschaft kontinuierlich in Frage gestellt wird. Rede und Gegenrede als dialektischer Prozess der Gruppen- und Wertformation sowie das Bedürfnis nach Selbstversicherung zwingen zur ständigen Produktion und Reproduktion der Nation. Michel Foucault und Homi Bhabha analysieren, wie im Diskurs Werte, Wissen und Macht produziert und verbreitet werden und wie es der Gesellschaft gelingt, den dynamischen Prozess des kulturellen oder sozialen Diskurses zu kontrollieren und eine autoritäre Narration zu etablieren.[36] Sie ist ein exklusives Konstrukt, das Widerreden – das heißt auch andere nationale Historiographien – marginalisiert oder dem Vergessen preisgibt.[37]

---

34 Zu den diskursiven Praktiken der Identitätskonstitution vgl. Michel Foucault: Archäologie des Wissens, Frankfurt 1981 (franz. Originalausgabe 1969), ders. 1996, Homi K. Bhabha: Introduction: Narrating the Nation in: ders. 1990: 1–7, Bhabha 2000, Edelman 1990 und Melville/Vorländer 2002.

35 Vgl. Eric Hobsbawm/Terence Ranger (Hg.): The Invention of Tradition, Cambridge 1980 und Benedict Anderson: Imagined Communities: Reflections on the Origin and Spread of Nationalism, London 1983.

36 Vgl. Foucault 1996, Bhabha 1990 und ders. 2000. Foucault 1996: 10–11, geht davon aus, „dass in jeder Gesellschaft die Produktion des Diskurses zugleich kontrolliert, selektiert, organisiert und kanalisiert wird." Vgl. Silberstein 1999: 17, der Foucaults Diskurstheorie benutzt, um Wissens- und Machtstrukturen im Zionismus zu analysieren. Zur Institutionalisierung des kollektiven Verhaltens als Habitus vgl. Pierre Bourdieu: Rede und Antwort, Frankfurt 1992 (franz. Originalausgabe 1987), Göhler/Speth 1998 und Schönrich/Baltzer 2002.

37 Diese ausgrenzenden Tendenzen lassen sich besonders im jüdisch-arabischen Territorialkonflikt um Palästina beobachten. „The Invention of Ancient Israel. The Silencing of Palestinian History"

Intellektuelle und kulturelle Eliten spielen, so zeigt es Miroslav Hrochs Phasenmodell der nationalen Bewegungen, in der Identitätsfindung eine große Rolle.[38] Aufbauend auf eine komparatistische Betrachtung verschiedener Nationsbildungen nimmt Hroch eine allgemeine Periodisierung dieses Prozesses vor. Dabei bereiten in einer ersten Phase kleine Gruppen kultureller Eliten durch das Studium von Sprache, Geschichte, Sitte und Kulturgut einer ethnischen Gruppe das Entstehen einer nationalen Bewegung vor. Patriotische Agitation für die Idee der Nation setzt in einer zweiten Phase die nationale Bewegung in Gang. Mit dem Umschlagen des Nationalismus in eine Massenbewegung beginnt eine letzte Phase, die den Aufbau eines Staates zum Ziel hat.

Beide Phänomene – die kulturelle Konstruktion der Nation und die bedeutende Rolle der intellektuellen Eliten – lassen sich auch im zionistisch-israelischen Prozess der Staats- und Nationsbildung beobachten. Auch in Israel sind es Intellektuelle und Wissenschaftler, vor allem Historiker und Archäologen, die über die zionistischen Kulturarbeiten auf die inhaltliche Ausdeutung der jüdisch-israelischen Identität einwirken.[39] Aufgrund der heterogenen Bevölkerung, der pluralistischen Konzepte des Zionismus sowie der schwierigen Positionierung im internationalen, vor allem israelisch-arabischen Machtkampf, stellt die Konstruktion einer nationalen Kollektividentität Israels eine besondere Herausforderung dar. Während ein Großteil der Zionisten die Staatsgründung als Höhepunkt jüdischer Geschichtsentwicklung versteht, begreifen viele religiöse Zionisten den Staat nur als Interim bis zur Ankunft des Messias. Radikaljüdische und ultra-orthodoxe Gruppierungen hingegen lehnen die Staatsgründung als säkulare Anmaßung gegenüber dem messianischen Heilsgeschehen ab.[40]

Im Vergleich zu anderen europäischen Nationalbewegungen, deren Anfänge zum Teil bis in das ausgehende 18. Jahrhundert zurückgeführt werden können, bildet der Zionismus als national-jüdische Bewegung am Ende des 19. Jahrhunderts eine verhältnismäßig späte Form des Nationalismus. Dies ist unter anderem auf die Schwie-

---

ist das Thema der Publikation von Keith W. Whitelam 1997, in der er nachweist, wie stark wissenschaftliche und intellektuelle Eliten daran beteiligt sind, die biblische Geschichte als historische Realität zu etablieren und die Existenz und historische Legitimation anderer autochtoner Ethnien und Nationen zu ignorieren respektive zu dekonstruieren.

38 Vgl. Hroch 1968 und ders. 1994: 43–44.
39 Zur Stellung der Intellektuellen im Zionismus und in Israel vgl. Michael Keren: Ben Gurion and the intellectuals: power, knowledge, and charisma, DeKalb 1983.
40 Hierzu zählen vor allem die Gruppe der Neturei Karta (Wächter der Stadt), die den Staat als häretische Anmaßung gegen Gott empfinden. Die Gruppe der Kanaaniter hingegen lehnt die historische Kontinuitätskonstruktion der Zionisten ab. Jüdische/jiddische Kultur sei überwiegend ein Produkt der Exilzeit, die nicht in Israel fortgesetzt werden dürfe. Sie fordern eine Re-Hebraisierung als klare Distinktion vom „Jüdisch-Sein" der Diaspora. Vgl. Silberstein 1999: 69–71.

rigkeiten zurückzuführen, eine kollektive Identität und ein nationales Ziel zu definieren, mit denen sich die in allen Teilen der Welt lebenden Juden identifizieren und als nationale Einheit zusammenschließen können. Während gläubige und besonders orthodoxe Juden ihre Identität über das Einhalten der Mitzvot, der jüdischen Religionsgesetze, definieren, die ihnen seit dem Bundesschluss im Sinai von Gott auferlegt wurden, bedarf der Zionismus im Zeitalter der Moderne einer neuen, säkularen Definition von Identität.[41] Die zionistische Forderung nach der gleichberechtigten Aufnahme in den Kanon nationaler Bewegungen, entsteht unter anderem als Konsequenz aus der Ausgrenzung der Juden aus der europäischen Gesellschaft und dem zunehmenden Antisemitismus seit Ende des 19. Jahrhunderts.[42] Noch 1893 glaubt Theodor Herzl mit einer Massentaufe aller Juden Österreichs die Assimilation zu komplettieren.[43] Nur wenige Jahre später aber fordert er im Hinblick auf die gescheiterten Assimilationsbestrebungen in seiner Publikation „Der Judenstaat" (1896) eine nationalstaatliche Lösung der Judenfrage.[44] Der Staat Israel baut auf dieses nationalstaatliche Selbstverständnis auf und definiert sich in der Unabhängigkeitserklärung als legitimes Ergebnis einer nationalen Bewegung, wobei die Notwendigkeit eines eigenen Staates durch den Antisemitismus und seine Entgrenzung im Holocaust bestätigt wurde: „The Nazi holocaust, which engulfed millions of Jews in Europe, proved anew the urgency of the reestablishment of the Jewish State, which would solve the problem of Jewish homelessness by opening the gates to all Jews and lifting the Jewish people to equality in the family of nations."[45]

Die israelische Regierung ist bemüht, in ihrem Nations- und Staatskonstrukt möglichst alle Gruppierungen der religiösen und säkularen Juden in sich zu vereinen. Folglich sind in der Unabhängigkeitserklärung zwei Argumentationsstränge angelegt, die die Staatsgründung sowohl zionistisch-säkular als auch religiös begründen. Auf der einen Seite entsteht der Staat aus einer nationalen Bewegung und als rechtmäßige Konsequenz aus weltweiter Judenverfolgung. Auf der anderen Seite etabliert die Unabhängigkeitserklärung den Staat als Ergebnis und vorläufigen Höhepunkt jüdisch-israelischer Geschichtsschreibung respektive Geschichtsinterpretation. Am Anfang der jüdischen Historiographie stehen die biblischen Erzählungen; in ihnen liegt der primordiale Ursprung der jüdischen Nation. Der Exodus der Israeliten aus Ägypten und der Bundesschluss mit Gott im Sinai werden als Geburtsstunde der jüdischen Nation interpretiert, in der zugleich die nationale, kulturelle und reli-

---

41 Zur religiösen Identitätsstiftung vgl. Orr 1994: 12–13.
42 Vgl. Sternhell 1999: 47 und Elon 1972: 44–45.
43 Vgl. Orr 1994: 16–17.
44 Vgl. Theodor Herzl: Der Judenstaat: Versuch einer modernen Lösung der jüdischen Frage, Wien 1896.
45 Zit. Unabhängigkeitserklärung 1948. Zum Umgang des Staates Israels mit dem Holocaust-Gedenken vgl. Kapitel 3.3.3 dieser Arbeit.

giöse Identität des Volkes festgelegt ist.[46] Dieses transzendentale Bündnis zwischen Gott und Volk sowie die Verbindung von Volk und Land durch die territoriale Verheißung in der Bibel konnten, so die Unabhängigkeitserklärung, auch in der Zeit des Exils nicht zerstört werden: „Impelled by this historic association, Jews strove throughout the centuries to go back to the land of their fathers and regain their Statehood. In recent decades they returned in their masses. They reclaimed the wilderness, revived their language, built cities and villages, and established a vigorous and evergrowing community, with its own economic and cultural life."[47] Durch Formulierungen wie „re-gain" statt „gain" oder „re-claimed" statt „claimed" etabliert die Unabhängigkeitserklärung die Staatsgründung nicht als nationale Geburt, sondern als Wiedergeburt der jüdischen Nation. Sie wird zum Ergebnis eines kontinuierlichen, teleologischen Prozesses, der in einer Rück- und Zusammenführung des jüdischen Volkes auf historisch rechtmäßigem Territorium gipfelt. Die Konstruktion einer Kontinuitätslinie zur israelitischen Stammesgemeinschaft dient der Rechtfertigung der Staatsgründung und der Ansprüche auf Palästina als natürliche Heimat. Die nationale Narration dient dabei nicht nur der eigenen, nationalen Selbstversicherung, sondern entfaltet zugleich hegemoniale Autorität, indem sie jede Gegenerzählung, das heißt Ansprüche anderer Gruppen oder Nationen, ausschließt. Der Religionswissenschaftler Keith W. Withelam spricht in diesem Zusammenhang von der Tyrannei der Bibel in der westlichen – und auch jüdischen/israelischen – Geschichtswissenschaft, die eine rückwirkende Erfindung der israelischen Nation in biblische Zeiten zulässt. Aus dieser Perspektive werden die Palästinenser zu einem Volk ohne Geschichte oder zu einem Volk ohne nationale Bewegung und ohne nationale Bestrebungen. Der biblischen Autorität sowie den jüdischen Ansprüchen auf den Status einer historischen Nation und dem historischen Recht auf den Ort Palästina können sie nichts entgegensetzen.[48]

Damit sind in der Unabhängigkeitserklärung die beiden zentralen Elemente der israelischen Staats- und Nationsgründung dargelegt, die immer wieder als Argu-

---

46 Die Konstruktion einer Nation erfolgt, wie Anthony D. Smith darlegt und damit die Theorien von Eric Hobsbawm und Benedict Anderson erweitert, nicht im luftleeren Raum. Ausgehend von der tatsächlichen, objektiven Existenz von Ethnien analysiert Smith, wie ethnische Identität über eine konstruierte historische Kontinuität und durch Mythen, Symbole und Rituale in eine moderne, das heißt nationale, Identität transformiert wird. Vgl. Anthony D. Smith: The Ethnic Origins of Nations, Oxford u.a. 1986, ders.: Nationalism: Theory, Ideology, History, Cambridge u.a. 2001 und Breuilly 1994: 17–20.
47 Zit. Unabhängigkeitserklärung 1948.
48 Vgl. Whitelam 1997: 58–70. Frühe Selbstdarstellungen des arabischen Nationalismus, wie etwa Neguib Azoury: Le Reveil de la Nation Arab, Paris 1905, finden in der westlichen und jüdischen/israelischen Geschichtswissenschaft in der ersten Hälfte des 20. Jahrhunderts kaum Berücksichtigung. Vgl. Said 1979, Avineri 1985, Whitelam 1997 und die sogenannten „New Israeli Historians" in Kapitel 1.3 dieser Arbeit.

mente zur Erklärung und Rechtfertigung staatlicher Aktivitäten bemüht werden. Auf der einen Seite zieht die Staatsgründung ihre Legitimation aus dem neuen Selbstvertrauen in die zionistischen Errungenschaften. Auf der anderen Seite versuchen der Verweis auf die biblische Geschichte und das Konstrukt einer historischen Kontinuität die Rechtmäßigkeit des nationalen Anspruchs zu verteidigen. Die Vergangenheit begründet die politische Kultur der Gegenwart, die ein System darstellt, das Werte und Machtstrukturen innerhalb der Gesellschaft definiert, zuweist und legitimiert. Historiographie, das Konzeptualisieren und Repräsentieren von Vergangenheit, wird zu einem politischen Akt, der eingebunden in ein System aus Ideologien, Wissenschaften, Erinnerungen, Symbolen etc. die Gegenwart erklärt und sie rückwirkend an eine große, glorreiche Vergangenheit anknüpfen lässt. Um eine solche den gegenwärtigen Status quo fundierende Kraft zu entwickeln, muss Geschichte (reale oder konstruierte) in der Gesellschaft verankert sein und von ihr als solche anerkannt werden. Die Funktion des Vergangenheitsbezuges besteht dabei weniger in einem systematischen Archivieren vergangener Zeiten und Ereignisse. Vielmehr geht es um die selektive und situationsgebundene Auswahl historischer Begebenheiten, die identitätsstiftend und identitätssichernd eingesetzt werden können.

Diese Aneignung von Geschichte in Form von spezifischer Erinnerung umschreibt der Ägyptologe Jan Assmann als kulturelles Gedächtnis: als ein „Sammelbegriff für alles Wissen, das im spezifischen Interaktionsrahmen einer Gesellschaft Handeln und Erleben steuert und von Generation zu Generation zur wiederholten Einübung und Einweisung ansteht."[49] Das kulturelle Gedächtnis ist nicht ein vererbbares Gedächtnis, sondern entsteht als Konstruktion, die durch soziale Interaktion produziert und reproduziert wird.[50] Institutionalisiert und in die jeweilige politische Kultur eingeschrieben wird Geschichte in ihrer erinnerten Form zu einer autoritativen Erzählung. In ihr bilden schicksalhafte Ereignisse, positiver und negativer

---

49 Zit. Assmann, J. 1988: 9. Assmann betont die doppelte Abgrenzung seiner Definition des kulturellen Gedächtnisses: einerseits von einem „kommunikativen" oder „Alltagsgedächtnis", das keine kulturelle und kollektive Relevanz besitzt, andererseits von der historischen Wissenschaft, da das kulturelle Gedächtnis nicht die Methoden der Wissenschaft, sondern die der sozialen und kommunikativen Interaktion benutzt.

50 Damit knüpft Assmann an Untersuchungen an, die der französische Soziologe Maurice Halbwachs und der deutsche Kunst- und Kulturhistoriker Aby Warburg bereits in den 20er Jahren zur gesellschaftlichen Bedingtheit des kollektiven respektive sozialen Gedächtnisses unternommen haben. Vgl. Maurice Halbwachs: Das Gedächtnis und seine sozialen Bedingungen, Frankfurt 1985 (franz. Originalausgabe 1925); zu Aby Warburgs Projekt „Bilderatlas Mnemosyne" vgl. Dorothee Bauerle: Gespenstergeschichten für ganz Erwachsene. Ein Kommentar zu Aby Warburgs Bilderatlas Mnemosyne, Münster 1998 und Martin Warnke, Claudia Brink (Hg.): Aby Warburg. Der Bilderatlas Mnemosyne, Berlin 2000; zum Thema Gedächtnis und Denkraum vgl. Roland Kany: Mnemosyne als Programm. Geschichte, Erinnerung und Andacht zum Unbedeutenden im Werk von Usener, Warburg und Benjamin, Tübingen 1987.

Art, zentrale Fixpunkte des kulturellen Gedächtnisses. Assmann spricht von „Erinnerungsfiguren", deren „Erinnerung durch kulturelle Formung (Texte, Riten, Denkmäler) und institutionalisierte Kommunikation (Rezitation, Begehung, Betrachtung) wachgehalten wird."[51] Der alltäglichen Zeitlichkeit enthoben werden sie als Mythen Bestandteil einer zeitlosen, abstrakten Vergangenheit. Werden sie rituell wiederholt und narrativ vergegenwärtigt, verändern sich trotz fortschreitender Gegenwart der Bezug und die Entfernung zu den Mythen der Geschichte nicht.[52] Mythen bilden Bezugspunkte des kulturellen Gedächtnisses, die über eine Rückbindung an die Vergangenheit die Gegenwart begründen. In Israel ist es besonders die Bibel, die mnemotechnisch in Besitz genommen wird, die Staats- und Identitätsbildung zu erklären und ideologisch aufzuladen. Aber auch spezifische Ereignisse der jüngeren Geschichte werden ausgewählt und – wie in der Gestaltung des Berges der Erinnerung (Har Ha'Zikaron) gezeigt wird – als identitätsstiftende Erinnerungsfiguren in Architektur und Raum inszeniert. Die Einführung des Begriffes Mythos will dabei nicht die Historizität und Authentizität des Ereignisses selbst in Frage stellen, sondern beschreibt die Form des Vergangenheitsbezuges, das heißt die Funktion, mit der erinnerte und verinnerlichte Geschichte als Mythos zum Medium konstruierter Gemeinschaft wird.[53] Mythen prägen das kulturelle Gedächtnis der Gemeinschaft, aus dem sie das Bewusstsein ihrer Einheit und ihrer spezifischen Eigenart bezieht. Wirken sie auf der einen Seite über das Gruppen- und Zugehörigkeitsgefühl stark integrativ, setzen sie auf der anderen Seite scharfe Grenzen, um sich von anderen, dem Fremden, abzugrenzen. Assmann greift für dieses Phänomen den Begriff der „Mythomotorik" auf, um den „Komplex narrativer Symbole, fundierender und mobilisierender Geschichten" zu umschreiben, die identitätsstiftend und abgrenzend zugleich wirken.[54]

---

51 Zit. Assmann, J. 1988: 12.
52 Vgl. Ernst Cassirer: Philosophie der symbolischen Formen II: Das Mythische Denken, Berlin u.a. 1923 und Melville 2001.
53 Vgl. Assmann, J. 1992. 40–42 und François/Schulze 1998: 18–20. Zu den institutionellen Mechanismen und Vorstellungen gesellschaftlicher Ordnungssysteme vgl. Blänker/Jussen 1998, Melville 1992 und ders. 2001 sowie Melville/Vorländer 2002.
54 Zit. Assmann, J. 1992: 40. Assmann weisst nach, dass der Begriff „mythomoteur" von Ramon d'Abadal i de Vinyals: A propos du Legs Visigothique en Espagne, in: Settimane di Studio del Centro Italiano di Studi sull' Alt. Medioevo 2, 1958: 541–585, geprägt und von John Armstrong: Nations before Nationalism, USA 1982 und von Anthony D. Smith: The Ethnic Origin of Nations, Oxford 1986 in der Nationalismusforschung wieder aufgegriffen. Assmann, J. 1992: 52–53 differenziert zwischen einer fundierenden und einer kontrapräsentischen, die Gegenwart in Frage stellende Funktion der Mythomotorik. Während die erste die Gegenwart als notwendig oder unabänderlich präsentiert, zeigt die kontrapräsentische Mythomotorik unter Verweis auf eine glorreiche Vergangenheit die gegenwärtigen Missstände auf. Revolutionäre Mythomotorik schließlich mobilisiert die Gemeinschaft, indem sie ausgehend von den defizitären Erfahrungen der Gegenwart die Vergangenheit als eine politische oder soziale Utopie umschreibt.

Diese mythomotorische Inbesitznahme von Geschichte in Form eines kollektiven Gedächtnisses bildet vor allem bei „historischen Völkern"[55] die Grundlage einer kulturellen Identität. Dies ist auch in Israel der Fall, wie nicht zuletzt die mnemische Konstruktion der Unabhängigkeitserklärung mit ihrem Verweis auf die biblischen Ursprünge der jüdischen Nation zeigt. Die Bibel liefert hierbei nicht nur ein historisches Szenario, das sich für die nationale Narration vereinnahmen lässt, sondern benennt auch die Methoden und Inhalte der Gedächtnisarbeit, die den Bestand und das Wohlergehen des Judentums garantieren sollen. Besonders im Deuteronomium, dem 5. Buch Mose, werden Erinnern und Gedenken als religiöse Pflichten eingeführt.[56] Die Methoden und Inhalte der Gedächtnisarbeit, die hier festgelegt sind, werden als Praktiken vom Zionismus und vom Staat Israel übernommen, um über die Argumente der Gesetzestreue und der ewigen „Zionsliebe"[57] die jüdische Einwanderung in Palästina und die Errichtung eines eigenen Staates zu begründen. Das Deuteronomium beinhaltet die Rede Moses an das Volk Israel kurz vor seinem Tod, in der er die Ereignisse zwischen dem Bundesschluss im Sinai und dem bevorstehenden Einzug in das verheißene Land rekapituliert. Zentrales Motiv ist die Ermahnung, die Ereignisse des Auszugs aus Ägypten, des Bundesschlusses und der Wüstenwanderung in lebendiger Erinnerung zu behalten und die von Gott auferlegten Gesetze einzuhalten. Vierzig Jahre dauerte die Wüstenwanderung und nun droht, mit dem Sterben der Augenzeugen-Generation, der Exodus in Vergessenheit zu geraten. Mit der Aufforderung, sich der Geschichte zu erinnern und sie den nachfolgen-

---

55 Zum Begriff der historischen beziehungsweise der geschichtslosen Völker, der im 19. Jahrhundert im Kontext der nationalen Bewegungen entsteht, vgl. Breuilly 1994: 18 und Roman Rosdolsky: Friedrich Engels und das Problem der „Geschichtslosen Völker", in: Archiv für Sozialgeschichte 4, 1964: 87–287.

56 Das Deuteronomium nimmt eine Sonderstellung innerhalb des Pentateuchs ein, da es die wichtigsten Ereignisse, Verkündigungen und Gesetze der vorherigen Bücher zusammenfasst und zum Teil weiter ausführt. Die folgenden Ausführungen konzentrieren sich aus Gründen der Übersichtlichkeit ausschließlich auf die Berichte des 5. Buch Mose, wobei Querverweise auf die anderen Bücher Mose entfallen. Die folgenden Zitate wurden der Heiligen Schrift nach der deutschen Übersetzung Martin Luthers (vom Deutschen Evangelischen Kirchenausschuss genehmigter Text) entnommen.

57 Zur historischen und symbolische Bedeutung der Idee von „Zionsliebe/Zionssehnsucht", die das Volk auch in Zeiten des Exils an Jerusalem (= Zion) und das verheißene Land bindet vgl. Kapitel 3.1 dieser Arbeit. Ben Gurion 1950: 12–13 umschreibt dieses Phänomen als „miraculous vitamin stored in this nation which safeguards its existence and independence and gives it indomitable strength to withstand all foreign influences which are hostile to its national and moral being."

58 Vgl. Moses Aufforderung an das israelitische Volk: „Hüte dich nur und bewahre deine Seele wohl, dass du nicht vergessest der Geschichten, die deine Augen gesehen haben, und dass sie nicht aus deinem Herzen kommen all dein Leben lang. Und sollst deinen Kindern und Kindeskindern kundtun den Tag, da du vor dem Herrn, deinem Gott, standest an dem Berge Horeb, da der Herr zu mir sagte: Versammle mir das Volk, dass sie meine Worte hören und lernen mich fürchten alle ihre Lebtage auf Erden und lehren ihre Kinder." (5. Mose 4,9–10)

den Generationen zu überliefern, wird das Generationsgedächtnis, die gelebte und in Zeitzeugen verkörperte Erinnerung, als identitätsstiftender Mythos in das kulturelle Gedächtnis nachfolgender Generationen übertragen.[58]

Geschichte und Gesetz bilden fundamentale Elemente des kulturellen Gedächtnisses im Judentum und wirken formativ wie normativ auf die Ausbildung einer kollektiven Identität. Über das narrative Erinnern und Nacherleben israelitischer Gründungsmythen wird die Zugehörigkeit zur Gemeinschaft aber auch die Existenz der Gruppe an sich gesichert.[59] Vergessen oder ein Übertreten der Gesetze führt im Deuteronomium zwangsläufig zur Bestrafung und vor allem zu territorialen Konsequenzen: „So hütet euch nun, dass ihr des Bundes des Herrn, eures Gottes, nicht vergesset […] Wenn ihr nun Kinder zeuget und Kindeskinder und im Lande wohnt und verderbet euch […] werdet [ihr] vertilgt werden. Und der Herr wird euch zerstreuen unter die Völker, und wird euer ein geringer Haufe übrig sein unter den Heiden, dahin euch der Herr treiben wird." (5. Mose 4,23–37) Mit der Zerstörung des Ersten Tempels um 587 v. Chr. und der Zerstörung des Zweiten Tempels in Jerusalem 70 n. Chr. sowie der Zerstreuung der Juden in die Diaspora scheinen diese Ankündigungen eingetreten zu sein. Damit liefert die erinnerte Vergangenheit eine Interpretation der Gegenwart und erhält zugleich eine zukunftsweisende Funktion. Die Restitution des alten Bundes und die Rückführung der Juden in das verheißene Land, wie sie vom Zionismus propagiert werden, erscheinen als soziale und politische Utopie, die ihr Vorbild in der biblischen Vergangenheit besitzt. Die Staatsgründung antizipiert den Bau des Dritten Tempels, der in den biblischen Schriften untrennbar mit der Ankunft des Messias verbunden ist.[60] Erinnerung wird zu einer politischen Kraft, die eine nationale Wiedergeburt anstrebt. Der Zionismus und auch der Staat Israel schöpfen aus dieser Kraft, indem sie sie für ihre nationalstaatlichen Forderungen instrumentalisieren und sich über diese Erinnerungsfiguren zugleich legitimieren. Die biblischen Berichte werden – wie beispielsweise in der Unabhängigkeitserklärung – zu autoritativen Erzählungen, in denen die Nation, ihre Eigenarten und ihre territorialen Ansprüche definiert sind. Als schlagkräftiger Mythos einer glorreichen Vergangenheit sind sie zugleich Projektionsfläche einer ebensolchen Zukunft, die durch Erinnern, Hoffen, Einhalten der Gesetze – und schließlich zio-

---

59 Vgl. Assmann, J. 1993: 341–342. Er weist darauf hin, dass die lebendige Erinnerung an die Knechtschaft und Befreiung aus Ägypten bis heute als Gruppenidentität im Judentum eingeübt werden. Das Ritual am Seder-Abend des Pessach-Festes vertieft diese generationsübergreifende Gruppenidentifikation: „Wir waren Knechte des Pharao" (5. Mose 6,20–22) und „die Ägypter behandelten uns übel" (5. Mose 26,5–10). Durch das Einüben der Erinnerung wird der Einzelne Bestandteil des „Wir".

60 Vgl. Prophezeiung Hesekiels (Ezechiels) 40–48: Weissagung vom neuen Tempel, der heiligen Stadt und dem heiligen Land.

nistischen Aktionismus – miteinander in Verbindung gebracht werden.[61] Ihre mobilisierende Kraft erhält die als Mythos erinnerte Geschichte nur, wenn sie in der Gemeinschaft kollektiv verankert ist. Zionsliebe habe, so die Unabhängigkeitserklärung, seit jeher den nationalen Charakter des jüdischen Volkes geprägt: „Exiled from Palestine, the Jewish people remained faithful to it in all the countries of their dispersion, never ceasing to pray and hope for their return and the restoration of their national freedom."[62]

Moses benennt im Deuteronomium verschiedene Methoden und Strategien des Erinnerns, mit denen identitätsstiftende Ereignisse, Traditionen und Werte in das kollektive Gedächtnis eingeschrieben werden. Bereits das Deuteronomium selbst ist dabei als Nacherzählung des Exodus Gegenstand der kollektiven Mnemotechnik.[63] Mündliche und schriftliche Überlieferung eines kanonisierten Textes, dem durch die zyklische und ritualisierte Verlesung durch Priester (5. Mose 31,9–13) eine autoritäre Instanz verliehen wird, tradiert den Wissensvorrat einer Gruppe, auf dem das Bewusstsein ihrer Einheit und Eigenart beruht. Vor allem über ritualisierte Gedenktage wird Erinnerung im Judentum institutionalisiert und in das kollektive Gedächtnis eingeschrieben. Den drei religiösen Hauptfesten Pessach, Schawuot (Fest der Wochen) und Sukkot (Laubhüttenfest), die biblische Ereignisse kommemorieren, werden nach der Staatsgründung nationale Feiertage wie der Unabhängigkeitstag (Yom Ha'Azmaut), der Holocaust-Gedenktag (Yom Ha'Shoa) und der Tag der Kriegsgefallenen (Yom Ha'Zikaron) hinzugefügt, die an Ereignisse erinnern, die Einfluss auf die Gründung des Staates nahmen.[64] Eine grundlegende Methode der Mnemotechnik ist neben dem mündlichen Erinnern die Objektivation – die Vergegenständlichung, der Übertrag einer seelischen Erinnerungsqualität auf eine vom rein Subjektiven abgelöste Darstellung.[65] Die Literaturwissenschaftlerin Aleida Assmann führt Objektivation auf die antike Mnemotechnik der „ars memorativa" zurück, jene Lehre, „die dem notorisch unzuverlässigen natürlichen Gedächtnis ein

---

61 Vgl. Assmann, A. 1993: 25.
62 Zit. Unabhängigkeitserklärung 1948.
63 So wie Moses im Deuteronomium die Geschichte des Volkes Israel nacherzählt, so fordert er das Volk auf, den identitätsstiftenden Wissensbestand an die nächsten Generationen weiterzugeben: „Und sollst sie [= die Worte Gottes] deinen Kindern einschärfen und davon reden, wenn du in deinem Hause sitzest oder auf dem Wege gehst, wenn du dich niederlegst oder aufstehst". (5. Mose 6,7 und 11,19)
64 Die drei Hauptfeste und ihre Gedenkinhalte werden im Deuteronomium festgelegt: Pessach, „auf dass du des Tages deines Auszuges aus Ägypten gedenkest dein Leben lang" (5. Mose 16,3), Schawuot (Fest der Wochen), zum Gedenken, „dass du Knecht in Ägypten gewesen bist, dass du haltest und tuest nach diesen Geboten" (5. Mose 16,12) und Sukkot (Laubhüttenfest), das jüdische Erntedankfest zur Lobpreisung göttlicher Segnungen, während dessen alle sieben Jahre das gesamte Gesetz verlesen werden soll (5. Mose 16,13–15 und 31,9–10). Zur Einführung der nationalen Feiertage vgl. Kapitel 3.3.3 dieser Arbeit.

zuverlässiges artifizielles Gedächtnis implementierte [und] eine unverbrüchliche Verbindung zwischen Gedächtnis und Raum [herstellte]. Der Kern der ars memorativa besteht aus ‚imagines', der Kodifizierung von Gedächtnisinhalten in prägnanten Bildformeln, und ‚loci', der Zuordnung dieser Bilder zu spezifischen Orten eines strukturierten Raumes."[66] Diese Methode, kulturelle Erinnerung in Raum und Bild symbolisch und konkret zu verorten, wird im Deuteronomium eingeführt und prägt – Jahrhunderte später – sowohl die Gedächtnisarbeit im Zionismus wie auch im Staat Israel. Die Visualisierung von Gedächtnisinhalten und ihre Überführung in Zeichen und Objekte erfolgt in der Bibel auf unterschiedliche Weise. Zeichen kultureller Erinnerung sind, so legt es das Deuteronomium fest, am eigenen Körper zu tragen: „Und sollst sie [= Gottes Worte und Gebote] binden zum Zeichen auf deine Hand und sollen dir ein Denkmal vor deinen Augen sein." (5. Mose 6,8 und 11,18)[67] Nicht nur der Körper, sondern auch das Haus ist mit Gedächtniszeichen zu markieren: „Und sollst sie über deines Hauses Pfosten schreiben und an die Tore." (5. Mose 6,9 und 11,20)[68] Über dieses individuelle Gedenken hinausgehend sollen im ganzen Land Haufen großer Steine errichtet werden, die das gemeinsame Wissen speichern und in aller Öffentlichkeit zu einer kollektiven Erinnerungsarbeit aufrufen: „Und zu der Zeit, wenn ihr über den Jordan geht in das Land, das dir der Herr, dein Gott, geben wird, sollst du große Steine aufrichten und sie mit Kalk tünchen und darauf schreiben alle Worte dieses Gesetzes [...] klar und deutlich." (5. Mose 27,2–3; 8)[69]

Mündliche Überlieferung, Kanonisierung der Gedenkinhalte und schließlich ihre symbolische oder konkrete Vergegenständlichung sind Formen kollektiver Mnemotechnik, die in der Bibel wesentlich auf religiöse Inhalte beschränkt bleiben. Der

---

65 Zum Begriff der Objektivation als gegenstandskonstituierende Erkenntnisleistung vgl. S. Lorenz, W. Schröder: Objektivation, in: Historisches Wörterbuch der Philosophie, hrsg. von Joachim Ritter / Karlfried Gründer (11 Bde.), Darmstadt 1984, Bd. 6: 1054–1055. Vgl. auch Assmann, J. 1988: 12–13 und seine Hinweise auf Aby Warburgs Mnemosyne-Projekt eines kulturellen Bildgedächtnisses des Abendlandes durch kulturelle Objektivation.

66 Zit. Assmann, A. 1993: 14.

67 Andere Übersetzungen der Bibel lesen das „Denkmal vor deinen Augen" als „Merkzeichen, das auf der Stirn zu tragen ist", womit der Verweis auf die heute noch gebräuchlichen Gebetsriemen (Tefillin) deutlich wird, die um den linken Arm und die Stirn befestigt werden und in deren kleinen Kapseln Abschnitte der Thora verwahrt werden: Unbegrenzte Liebe zu Gott (5. Mose 6,4–9); Fluch des Ungehorsams (5. Mose 11,13–21), Erinnerung an die Befreiung aus Ägypten (2. Mose 13,1–10 und 13,11–16).

68 Mesusoth (Einzahl Mesusa), kleine Behältnisse mit Ausschnitten aus der Thora (vgl. die vorangehende Anmerkung), werden noch heute als ständige Gebetsermahnung an Türrahmen angebracht.

69 Im hebräischen Originaltext wird deutlich unterschieden zwischen profanen Haufen beziehungsweise Hügeln (gal), die aus Steinen (avanim) aufgeschichtet werden, und der ihnen dann zugeschriebenen symbolischen Funktion als Erinnerungsmal /-säule, Gedenk-/Grabstein (gal ed oder matzeva) oder auch als Altar (mizbeach). Vgl. hierzu auch Kapitel 3.3.3 dieser Arbeit.

Zionismus, der die Gründung eines souveränen Staates im Kontext nationaler Bewegungen des 19. und 20. Jahrhunderts fordert, übernimmt viele der biblischen Argumente und Inhalte und bindet sie in seine nationale Konstruktion einer Kollektividentität und eines kulturellen Gedächtnisses ein. Im Zeitalter des Nationalismus berufen sich die zionistischen Juden als nationale Gemeinschaft auf ihr natürliches Recht auf einen souveränen Staat.[70] Dennoch werden die Inhalte des Jüdisch-Seins und der jüdische Anspruch auf Palästina durch die Bibel definiert und ihre territorialen Verheißungen für rechtmäßig erklärt. Parallel zur göttlichen Autorität aber wird eine politische Kultur etabliert, die als säkulares Wertesystem die gesellschaftliche Ordnung legitimiert. Damit entsteht ein hybrides Konzept von Nation und nationaler Identität, das tief in den biblischen Mythen und Traditionen der religiösen Gemeinschaft verwurzelte ist, diese aber im Kontext eines säkularen Nationsbegriffs neu interpretiert.[71] Indem der Zionismus beziehungsweise der Staat Israel an den biblischen Ursprungsmythos des Volkes Israel anknüpft und eine Kontinuitätslinie der jüdischen Vergangenheit bis in die Gegenwart aufzeigt, gelingt es ihm, die Staatsgründung in jener hybriden Konstruktion zu rechtfertigen. Über den Verweis auf die biblische Geschichte, die religiösen Traditionen des Gedenkens und der Gesetzestreue wird die Staatsgründung zu einer Vorstufe der Erfüllung messianischer, transzendenter Verheißungen. Über den Verweis auf die primordialen Ursprünge der Nation und den Zionismus als nationale – irdische – Bewegung bildet die Gründung des Staates Israel die legitime, naturrechtliche Realisierung nationaler Ansprüche. In der Kombination beider Argumentationsstränge stellt Einwanderung in Palästina/Israel nicht einfach eine migratorische Bewegung dar, sondern verheißt gemäss dem hebräischen Wort für Einwanderung (Aliya = Aufstieg, Fortschritt) das individuelle Aufsteigen in eine höhere, das heißt bessere Daseinsform und zugleich ein Teilhaben an der Verwirklichung der zionistischen Staatsutopie wie auch der göttlichen Verheißung.[72]

Die hier dargelegten Erinnerungsstrategien und Mechanismen der kulturellen Identitätskonstruktion im Nationsbildungsprozess bestehen aus einer engen Verknüpfung von religiöser Geschichte und säkularen, nationalstaatlichen Interpretationen und Ansprüchen. Vergangenheitsbezug und Mythenbildung, das Institutionalisieren von zentralen Erinnerungsfiguren und ihre mythomotorische Instrumentalisierung im hegemonialen Diskurs formen die politische Kultur und kulturelle Identität Israels. Diese wiederum prägen – praktisch und diskursiv – ganz entscheidend auch das

---

70 Vgl. Silberstein 1999: 16.
71 Liebman und Don-Yehiya 1983 sprechen im Zusammenhang mit der Transformation einer rein religiösen Definition von kollektiver Identität in einen kulturell-staatspolitischen Nationsbegriff von dem Entwickeln einer „zivilen Religion". Vgl. auch Orr 1994.
72 Vgl. Silberstein 1999: 19–20. Analog dazu bedeutet die Auswanderung aus Israel (Yerida = Abwärtsgehen, Niedergang) ein Verrat an der zionistischen und an der religiösen Gemeinschaft.

offizielle Baugeschehen. Es wird daher untersucht, wie die zentralen Projekte des Nationalplans – der Ausbau Jerusalems und die Entwicklung des Negev – öffentlich propagiert werden. Welche Mechanismen und Methoden werden eingesetzt, um den Staat nicht nur territorial zu konsolidieren, sondern ihn auch in seiner Raum- und Baupolitik im öffentlichen Diskurs als legitime und historisch konsequente Tatsache zu etablieren? An welche biblischen Erinnerungsfiguren wird angeknüpft, um über das Konstrukt einer historischen Kontinuität die Gegenwart und das zeitgenössische Baugeschehen zu legitimieren? Und welche anderen Ereignisse der jüdischen Geschichte werden als Mythen aufgebaut, die sich für eine nationale Historiographie vereinnahmen lassen? Zusätzlich zur räumlichen und architektonischen Inszenierung des Staates und der Repräsentation seiner Kollektividentität muss daher auch die rhetorisch-ideologische Einbindung der Projekte herangezogen werden, um das Baugeschehen in Israel in seiner Tragweite für den Aufbau des Staates und der Nation beurteilen zu können. Erinnerungsinhalte und -räume werden in programmatischen Äußerungen und im Zeremoniell zusammengeführt und öffentlich eingeübt. Diese mnemotechnische Mobilisierung der Öffentlichkeit dient letztendlich der Legitimation territorialer und nationalstaatlicher Politik, wie beispielsweise auch die Einsetzung des Jerusalem-Tages seit 1968 zur Erinnerung an die „Wiedervereinigung"[73] der Stadt zeigt. Innerhalb der zahlreichen Instrumentarien, mit denen der Staat Israel seinem kulturellen und nationalstaatlichen Selbstverständnis Ausdruck verleiht, nehmen die im Folgenden vorgestellten architektonischen, städtebaulichen und denkmalpolitischen Projekte eine besondere Stellung ein. Planen und Bauen sind ein physischer Akt territorialer Aneignung. Zugleich werden über die Standortwahl, Funktionsbestimmung, Formgebung und symbolische – oder eben mythomotorische – Aufladung der Projekte ideologische, staatskonforme Inhalte transportiert. Diese Intentionen der nationalen Repräsentation und der historischen wie religiösen Legitimation gilt es, in den einzelnen Bauprojekten Israels herauszuarbeiten, um sie in ihrer Formfindung erklären und in ihrer Bedeutung für den Nationswerdungsprozess einordnen zu können.

---

73 Von arabisch-palästinensischer Seite wird dieses Ereignis nicht als Wiedervereinigung gefeiert, sondern als militärischer Schritt der israelischen „Judaization of Jerusalem" verurteilt. Vgl. die Publikation des ehemaligen arabischen Bürgermeisters von Jerusalem Rouhi El-Khatib: The Judaization of Jerusalem, Islamabad 1981.

1.3 Forschungsstand und Quellenlage

In den späten 1980er Jahren beginnt unter den israelischen Geisteswissenschaftlern eine scharfe Forschungskontroverse über die politische und soziale Geschichte der Gründungs- und Konsolidierungszeit Israels sowie über die Neubewertung des Zionismus, seiner Inhalte und Methoden. Eine Revision des etablierten Geschichts- und Gesellschaftsbildes wird vor allem durch die Freigabe neuen Aktenmaterials nach Ablauf der 30jährigen Sperrfrist und durch eine neue Wissenschaftsgeneration möglich, die – zum größten Teil nach 1948 geboren – die eigene Geschichte selbstkritischer betrachtet. Kurz aufeinanderfolgend erscheinen die Arbeiten der Historiker Simcha Flapan, Benny Morris und Avi Shlaim, in denen die Mythenbildung der israelischen Staatsgründung hinterfragt wird.[74] Der Aufsatz von Benny Morris „The New Historiography: Israel Confronts Its Past", der 1988 in der November-Dezember-Ausgabe des amerikanisch-jüdischen Magazins „Tikkun" veröffentlicht ist, prägt für sie den Begriff der „New Historians". Weitere Publikationen israelischer und auch arabischer Wissenschaftler wie Tom Segev oder Rashid Khalidi folgen, die auf der einen Seite die israelische Staatsgründung und Identitätskonstruktion neu interpretieren und auf der anderen Seite auch das Phänomen des arabisch-palästinensischen Nationalismus untersuchen.[75] Historiker, wie Anita Shapira, Efraim Karsh, Aharon Megged und Yoram Hazony werfen den „New Historians" vor, nicht nur eine post-zionistische, sondern eine anti-zionistische und selbstzerstörerische Historiographie zu betreiben, die den eigenen jüdischen und zionistischen Standpunkt verleugne.[76] Das Scheitern der palästinensisch-israelischen Friedensverhandlungen

---

74 Vgl. Simcha Flapan: Die Geburt Israels. Mythos und Wirklichkeit, München 1988 (engl. Originalausgabe 1987), Benny Morris: The Birth of the Palestinian Refugee Problem, 1947–1949, Cambridge 1987, Ilan Pappe: Britain and the Arab-Israeli Conflict, 1948–1951, New York 1988 und Avi Shlaim: Collusion across the Jordan: King Abdullah, the Zionist Movement, and the Partition of Palestine, Oxford 1988. Ein frühes Werk der „New Historians" ist das Buch von Baruch Kimmerling: Zionism & Territory. The Socio-Territorial Dimension of Zionist Politics, New York 1983.

75 Vgl. Tom Segev: 1949. The First Israelis, USA 1986, ders.: The Seventh Million. The Israelis and the Holocaust, USA 1991 und Uri Ram: The Colonization Perspektive in Israeli Sociology, in: Journal of Historical Sociology, Sept. 1993: 327–350. Zum arabischen Nationalismus vgl. beispielsweise Rashid Khalidi: Palestinian Identity: The construction of Modern Consciousness, New York 1997, Abdelaziz A. Ayyad: Arab Nationalism and the Palestinians: 1850–1939, Jerusalem 1999 und Derek Hopwood: Arab nation, Arab nationalism, Basingstoke u. a. 2000.

76 Vgl. Anita Shapira: Land and Power: The Zionist Resort to Force, 1881–1948, Oxford 1992, Aharon Megged: The Israeli Impulse for Suicide, in: Ha'Aretz, 10.06.1994, Weekend Magazine (hebr.), Yoram Hazony: The Zionist Idea and its Enemies, in: Commentary, May 1996, Efraim Karsh: Fabrication Israeli History: The „New Historians", London 1997 und Yoram Hazony: The Jewish State: The Struggle for Israel's Soul, New York 2000. Zur neuen Historiographie vgl. auch Gulie Ne'eman Arad (Hg.): Israeli Historiography Revisited, History & Memory. Studies in Representation of the Past, No. 6–7 (Special Issue), 1995 und Neri Livneh: Post-Zionism only Rings Once, in: The Jeru-

und der Ausbruch der zweiten, sogenannten „Al-Aksa-Intifada" im Herbst 2000 beendet beziehungsweise verdrängt den innerisraelischen Diskurs über den israelischen Staats- und Nationsbildungsprozess sowie seine historischen und territorialen Ansprüche.[77] Die Forschungen der „New Historians" und die begleitenden wissenschaftlichen Kontroversen bilden den Hintergrund dieser Studie und werden in ihren Methoden und Ergebnissen für die Analyse der israelischen Baupolitik übernommen. Die Forschungen der „New Historians" beschränken sich dabei nicht nur auf die Politik- und Ereignisgeschichte des Zionismus und des Staates Israel, sondern thematisieren auch Aspekte der Kultur- und Identitätsgeschichte, die ein wichtiger Bestandteil dieser Arbeit sind. Ansätze wie von Yael Zerubavel und Yehoshafat Harkabi zur räumlichen Inszenierung von Identität und historischer Legitimität oder wie von Don Handelman über das ritualisierte Einschreiben der nationalen Narration in das gesellschaftliche Bewusstsein werden ebenfalls aufgegriffen.[78]

Die Architektur- und Kunstgeschichtsschreibung Israels ist bisher von diesen Forschungskontroversen nahezu unberührt geblieben.[79] Während die vorstaatliche Architekturgeschichte der jüdischen Einwanderer in Palästina seit Mitte der 1980er Jahre zum Forschungsgegenstand geworden ist, bleiben das Baugeschehen und die Baupolitik des Staates Israels ein Forschungsdesiderat.[80] Die Ausstellung „The Israeli Project: Architecture and Building 1948–1973" in Tel Aviv 2000/2001 besaß

---

salem Post, 21.09.2001, Weekend Magazine: 16–21. Zur erneuten Revision des israelischen Geschichtsverständnisses unter Rückgriff auf die tradierten Gründungsmythen auch durch Vertreter der „New Historians" vgl. Christoph Schmidt: Nach der Mythendämmerung. Revision bei einem Exponenten der „Neuen Historiker"?, in: Neue Zürcher Zeitung, 03.03.04.

77 Symptomatisch dafür ist die Kontoverse um das von Danny Yaakobi editierte Schulbuch „Eine Welt im Wandel" (Olam shel Tmurot), dessen Auslieferung durch das Erziehungsministerium im Sommer 2001 verhindert wird. Zu den Vorwürfen, es sei zu stark von den Einflüssen der „New Historians" geprägt und voller historischer Unkorrektheiten, vgl. beispielsweise Yehoshua Porath: A textbook tragedy of errors, in: Ha'Aretz, 22.09.2000, Weekend Magazine: B7.

78 Vgl. Yehoshafat Harkabi: The Bar Kokhba Syndrome. Risk and Realism in International Politics, Chappaqua 1983, Yael Zerubavel: Recovered Roots: Collective Memory and the making of Israeli National Tradition, Chicago/London 1995 und Don Handelman: Models and Mirrors. Towards and Anthropology of Public Events, Cambridge 1990.

79 Einige Autoren, beispielsweise Benvenisti 1976, ders. 1996 und Dumper 1997, widmen dem Baugeschehen im Kontext von israelischen Okkupationsmaßnahmen Aufmerksamkeit, einen Ersatz für eine kunst- und architekturhistorische Untersuchung der Baupolitik kann dies nicht leisten.

80 Israelisches wie internationales Interesse an der vorstaatlichen Architekturentwicklung in Palästina weckten vor allem die beiden Ausstellungen „White City. International Style Architecture in Israel. A Portrait of an Era" (1984–85 in Tel Aviv und New York) und „Tel Aviv. Neues Bauen 1930–1939" (Wanderausstellung, 1993 erstmals in München) sowie die von der UNESCO mitfinanzierte „International Style Conference" in Tel Aviv im Mai 1994. Seitdem entstanden einige Arbeiten, die sich mit Phänomen der Stilentwicklung oder den Werken einzelner Architekten beschäftigen.

vor allem photodokumentarischen Charakter und führte erstmals im großen Umfang die Architektur nach 1945 der Öffentlichkeit vor.[81] Einen ähnlichen summarischen Versuch einer bautypologischen Zusammenstellung israelischer Projekte nach 1945 unternimmt Amiram Harlap: New Israeli Architecture, Rutherford u. a. 1982. Die Untersuchung von Aba Elhanani: The Struggle for Independence. The Israeli Architecture in the Twentieth Century, Tel Aviv 1998 (hebr.) reicht hingegen bis in die Anfänge des 20. Jahrhunderts zurück. Erkenntniswert über die Bau- und Entwurfsgeschichte der einzelnen Projekte und ihren symbolischen Wert im Prozess des Staats- und Nationsaufbaus ist aus beiden Werken kaum zu gewinnen. Sie beschränken sich auf kurze Projektbeschreibungen, wobei die Angaben häufig unvollständig sind; bei Elhanani fehlen Baudaten fast immer. Ähnliches gilt für David Kroyankers Bände zur Architektur- und Planungsgeschichte in Jerusalem, die ohne jeden Quellenverweis und mit selbst angefertigten Zeichnungen statt mit originalen Plänen und Abbildungen veröffentlicht werden.[82] Einen guten, aber stark ausschnitthaften Überblick über das staatliche Baugeschehen und die thematischen Schwerpunkte der regierungsamtlichen Baupolitik, -forschung und -diskussion vermitteln die in unregelmäßigen Abständen von Wohnungsbauministerium publizierten Werke „Israel Builds". Der Historiker Michael Dumper und Meron Benvenisti, der nach dem Sechs-Tage-Krieg 1967 bis 1971 für die Verwaltung Ost-Jerusalems und der Altstadt zuständig ist, integrieren die staatliche und städtische Bauvorhaben in ihre Analyse zur politischen und territorialen Entwicklung Jerusalems nach 1967.[83]

Die Ausstellung „A Civilian Occupation. The Politics of Israeli Architecture", die von den Architekten Rafi Segal und Eyal Weizman im Auftrag der israelischen Architektenkammer erarbeitet wurde und im Juli 2002 auf dem UIA-Weltkongress der Architektur in Berlin gezeigt werden sollte, wurde von den Auftraggebern kurzfristig zurückgezogen. Die Architektenschaft, so die Kammer, sehe sich durch die kritische und sehr einseitige Präsentation des israelischen Siedlungsbaus in den besetzten Gebieten nicht in ihrer Gesamtleistung repräsentiert.[84] Dies zeigt, wie sensi-

---

81 Zur Ausstellungskritik vgl. Anna Minta: The Israeli Project: Architecture and Building 1948–1973, in: Bauwelt, Heft 3, 2001: 6.
82 Kroyanker arbeitet an zwei Publikationsreihen „Jerusalem Planning und Development" und „Jerusalem Architecture. Periods and Style", in denen das Bau- und Planungsgeschehen zum Teil chronologisch, zum Teil thematisch behandelt wird.
83 Vgl. Meron Benvenisti: Jerusalem. The Torn City, Minnesota 1976 und ders.: City of Stone. The Hidden History of Jerusalem, Berkeley 1996 sowie Michael Dumper: The Politics of Jerusalem Since 1967, New York 1997.
84 Vgl. o. V.: Baustopp. Keine Israel-Schau in Berlin, in: Frankfurter Allgemeine Zeitung, 11.07.2002, Nikolaus Bernau: Idyllische Ansichten statt Siedlungspolitik. Israel hat eine Architektur-Ausstellung in Berlin abgesagt, in: Berliner Zeitung, 25.07.2002: 13, Esther Adley: Lines in the Sand, in: The Guardian, 25.07.2002 und Alan Riding: Are Politics Built Into Architecture?, in: The New York Times, 09.08.2002.

bel und politisch brisant Israels Bau- und Planungsgeschichte in einigen Bereichen ist. Und dies deutet auch einige der Probleme und Schwierigkeiten an, die das Recherchieren in Israel erschweren. Einiges Archivmaterial, wie beispielsweise zur Knesset, ist aus Sicherheitsgründen gesperrt; anderes Material aufgrund der 30jährigen Aktensperre, die individuell verlängert werden kann, noch nicht freigegeben. In das Archiv der „Company for the Reconstruction and Development of the Jewish Quarter" (CRDJQ) wurde mir über Jahre aus stets variierenden Gründen der Zutritt verwehrt, woran auch ein Gesuch beim Wohnungsbauminister Nathan Sharansky, dem die Gesellschaft und das Archiv unterstehen, nichts änderte. Kriegerische Auseinandersetzungen und zum Teil ein fehlendes Bewusstsein für den historischen und kulturellen Wert von Archivmaterial haben dazu geführt, dass viele Materialien verlorengegangen oder durch unsachgemäße Lagerung nicht mehr auffindbar sind.[85]

Dennoch konnten mit Hilfe der oben genannten Publikationen, durch umfangreiche Recherchen in zahlreichen Archiven und Bibliotheken Israels sowie durch vielfältige Interviews mit Architekten, Archäologen, Planern und Politikern einige Bauprojekte für diese Arbeit ausgewählt werden, die exemplarisch für die Planungspolitik und das Baugeschehen in Israel nach der Staatsgründung stehen. Besonders Interviews halfen, die Entwurfs- und Bauprozesse sowie die jeweiligen Motivationen und Ansprüche an die Projekte aufzudecken und zu analysieren. Viele Dokumentationslücken konnten durch das private, meist unbearbeitete Material der beteiligten Architekten, Archäologen, Planer und Politiker geschlossen werden, das diese mir uneingeschränkt zur Verfügung stellten. Zudem besitzen das Archiv und die Bibliothek des Wohnungsbauministeriums (Misrad Ha'Shikun) in Jerusalem eine hervorragende Sammlung an publizierten und maschinenschriftlichen Berichten, hausinternen Publikationen, Mitteilungen und Broschüren zu Projekten in Israel sowie eine umfangreiche Sammlung zur Dokumentation internationaler Vergleichsbeispiele. Mit diesem Material lassen sich die Positionen und Intentionen der staatlichen Baupolitik gut nachzeichnen.[86] Weitere wichtige Quellen neben den privaten Materialien und Auskünften der beteiligten Personen, dem Quellenmaterial der Regierung, der Ministerien und der zionistischen Organisationen bilden Tageszeitungen und verschiedene Journale, insbesondere Architekturzeitschriften, aus denen sich öffentliche Diskussionen und die Rezeption der ausgewählten Projekte erschließen lassen. Die biblischen Berichte, die im israelischen Staats- und Nationswerdungsprozess häufig als historische Realität vereinnahmt werden, bilden das zentrale Dokument

---

85 Die Architektenkammer Israels hat beispielsweise in den vergangenen Jahren einen großen Teil ihres Dokumentationsmaterials weggeworfen [!], um Raum für neuere Materialien zu schaffen.
86 Im Anhang der Arbeit befindet sich eine Liste der geführten Interviews und der besuchten Archive; hervorzuheben sind hier insbesondere das Israelische Staatsarchiv (ISA), in das ein Großteil des ministeriellen Aktenmaterials überführt wird, und die Central Zionist Archives (CZA), die Dokumente und Materialien der verschiedenen zionistischen Verbände und Organisationen verwahren.

staatlicher Legitimationspolitik, so dass sie in dieser Arbeit ebenfalls als Quellenmaterial zu nennen sind. Mit diesen Facetten des zusammengetragenen Quellenmaterials war es möglich, das Baugeschehen zu rekonstruieren und in seiner symbolisch-ideologischen Qualität im Kontext der Staats- und Nationsformation zu analysieren.

Formale Anmerkungen

Hebräische Quellen und Zitate wurden, falls keine Übersetzungen vorlagen, von mir ins Deutsche übertragen. In den Fällen, in denen der hebräischen Wortwahl eine besondere Bedeutung beigemessen wird, ist den Zitaten die transkribierte hebräische Fassung beigefügt. Aufgrund der fehlenden Vokalisierung im Hebräischen, ist vor allem die Transkription von Namen schwierig. Die Schreibweise einzelner Namen variiert daher häufig in den Quellen und der Literatur. In dieser Arbeit wurden jeweils die gängigsten Schreibweisen übernommen.

Jüdische Einwanderer haben seit Beginn des 20. Jahrhunderts bei ihrer Ankunft meist einen neuen, hebräischen Namen angenommen.[87] Haben die ursprünglichen Namen wie beispielsweise bei Premierminister David Ben Gurion (ehemals David Grien) an Bedeutung verloren, entfallen sie in dieser Arbeit. Bei Personen wie beispielsweise dem Architekten Munio Gitai (Weinraub) konnte sich der hebräische Name weniger durchsetzen, so dass hier immer beide Namen aufgeführt werden.

---

87 Vgl. Elon 1972: 163.

2. Der Nationalplan – Landesentwicklungsplanung in Israel und ihre staatsbildenden und ideologischen Grundlagen

Die Forderung nach einer nationalen Heimat für das jüdische Volk in Palästina, wie sie von der Zionistischen Weltorganisation in ihrem offiziellen Gründungsdokument, dem Basler Programm vom September 1897, formuliert wird, verlangt konsequenterweise nach einer umfassenden Besetzung des physischen und kulturellen Raums in Palästina. Die nationalen Aufbauarbeiten müssen, so fordert das Basler Programm, sowohl die praktische Kolonisierung als auch die Stärkung des „jüdischen Volksgefühls und Volksbewusstseins" als Vorstufe einer nationalen (Wieder)Geburt umfassen.[1] Zionistische Kolonisierungs- und Siedlungsarbeiten bilden dabei das vorstaatliche Rahmenwerk, um die nationalen Aspirationen im konkreten Raum umzusetzen. Es sind erste Schritte, eine Siedlungsstruktur aufzubauen, mittels derer die jüdischen Besitzansprüche in Palästina markiert werden. Diese Methode erweist sich als erfolgreich, denn die verschiedenen Vorschläge zur Teilung Palästinas in einen jüdischen und einen arabischen Staat werden in den 1930er und 1940er Jahren vor allem auf Grundlage der ethnisch-religiösen Siedlungsverteilung erarbeitet. Nach der Staatsgründung Israels 1948 obliegt es nun der Regierung, die von den zionistischen Verbänden und Kolonisierungsgesellschaften begonnene Arbeit fortzusetzen. Das Staatsterritorium ist nach den Waffenstillstandsvereinbarungen von 1949 mit den Mitgliedern der Arabischen Liga in seinen Grenzen zwar abgesteckt, dennoch sieht sich Israel durch die Anfeindungen der arabischen Nachbarländer weiterhin in seiner nationalen und territorialen Einheit gefährdet. Daher gilt es nun, den vorstaatlichen expansiven Kolonialismus in eine innere Kolonisation umzuwandeln, um – mit erprobter siedlungsstrategischer Methode – die physische Aneignung und Entwicklung des Landes zu komplettieren.[2] Im Nationalplan, dem übergeordneten Landesentwicklungsplan, werden hierfür die Richtlinien und Ziele festgelegt.

---

1 Vgl. Basler Programm 1897.
2 Im Grundsatzprogramm der Regierung von 1949, vgl. Government Year Book 5711 (1950), Basic Principles of the Government Programme 1949: 50–53, steht im Bereich der Landesentwicklungsplanung die schnelle und größtmögliche Bevölkerungsstreuung an oberster Stelle. Vgl. Art. 6, 1: „A rapid and balanced settlement of the underpopulated areas of the country and avoidance of exces-

Nationale Planungen, die den Aufbau und die Gestaltung des Staates steuern, sind zugleich auch Ausdruck gesamtgesellschaftlicher Wertvorstellungen. In staatlichen Planungsdirektiven werden die sozialen, politischen, ökonomischen, kulturellen und moralischen Inhalte der staatstragenden Ideologie umgesetzt und in die Gesellschaft implantiert. Landesentwicklungsplanung als Träger nationaler Ideen und Instrument ihrer Umsetzung wird zum Bindeglied zwischen Politik, Ideologie und ihrer praktischen Ausführung.[3] Vor allem in der Staatsgründungszeit Israels, in der die Grundlagen zur Entwicklung des Landes gelegt werden, stellt der Nationalplan mit seinen umfassenden raumplanerischen, wirtschaftlichen und gesellschaftlichen Direktiven ein wichtiges wesentliches Instrument zur Gestaltung des Staates und der Staatsnation dar. Der Nationalplan bleibt nicht bloßes planerisches Instrumentarium einer Landesentwicklung, sondern spiegelt das politische und kulturelle Selbstverständnis des Staates und der daraus resultierenden territorialen Ansprüche wider. Raumplanung ist die Besetzung und Gestaltung von Raum; sie zielt auf Präsenz ebenso wie auf Repräsentanz. Im Folgenden wird untersucht, welche Maßnahmen der junge Staat Israel ergreift, um das Land strukturräumlich zu entwickeln und welches nationale Selbstverständnis über die Siedlungspolitik zum Ausdruck gebracht wird. Bevor diese Fragen nach nationaler und symbolischer Repräsentation untersucht werden, sollen zunächst die Voraussetzungen, Inhalte und Vorbilder der israelischen Raumplanung skizziert und analysiert werden. Zuvor bedarf es jedoch einer kurzen Einführung in die geographischen und demographischen Gegebenheiten in Israel um 1948, mit denen sich die Raumplanung auseinanderzusetzen hat. Zudem wird der Aufbau eines staatlichen Planungsapparates kurz geschildert, um aufzuzeigen, welchen Status der Nationalplan in der Regierungspolitik erhält, welche Autoritäten hinter ihm stehen und welche regierungsamtlichen Intentionen mit ihm verfolgt werden.

---

sive urban concentration." Im Bericht zur Aufnahme und Integration der Neueinwanderer bezeichnet die Regierung ihre Arbeit selbst als „nationale Kolonisation". Vgl. ebenda: 239–240. Ben Gurion 1951/52: XV, erklärt es zur nationalen Herausforderung „to carry out a project of colonisation in town and village far greater than all our colonisation of the last seventy years."

3   Vgl. Ben-Zadok 1985: 329.

2.1 Geographischer und demographischer Hintergrund der israelischen Raumplanung

„Israel is a small country" umschreibt der israelische Regional- und Stadtplaner Eliezer Brutzkus im Jahr 1964 die Situation des Landes: „Its boundaries are rather arbitrary, coinciding mostly with the armistice line of the Independence war. This relatively small area offers an amazing variety of small natural regions varying in climate, vegetation, landscape and type of cultivation."[4] Grenzen und Geographie: damit sind zwei Aspekte genannt, die grundlegend für jede nationale Landesplanung sind. In Israel aber erhalten sie aufgrund der angespannten Lage zu den arabischen Nachbarländern eine besondere geopolitische und strategische Komponente.

Die Grenzen Israels sind auch nach der Staatsgründung aufgrund der arabisch-israelischen Kriege einigen Veränderungen ausgesetzt. Israelisches Kernland bilden die im UN-Teilungsplan von 1947 (Abb. 1) ausgewiesenen Regionen im Nordosten Galiläas um den See Genezareth, ein schmaler Streifen entlang der Küste zwischen Haifa und Tel Aviv sowie im Süden ein Teil der Negev-Wüste bis ans Rote Meer, ohne die Stadt Beer Sheva. Auf diesem Gebiet konzentrieren sich die jüdischen Siedlungen, an denen sich der UN-Teilungsplan in seiner ethnisch-religiösen Grenzziehung zwischen dem jüdischen und dem arabischen Staat orientiert. Jerusalem, so sieht es der Teilungsplan vor, soll internationalisiert und das restliche Territorium einem arabischen Staat zugesprochen werden. Im Unabhängigkeitskrieg von 1948/49 gelingt es Israel, Teile von Galiläa und der Westbank (für die Israel die biblischen Namen Samaria und Judäa führt) mit einem Korridor nach Jerusalem sowie den Westteil der Stadt zu annektieren. Außerdem werden im Süden des Landes das Grenzgebiet zu Ägypten, ein Teil des Gaza-Streifens sowie die Stadt und Region um Beer Sheva erobert (Abb. 2). Damit erweitert Israel das Staatsgebiet um gut ein Drittel und erhält zudem ein stärker zusammenhängendes Territorium. Im Sechs-Tage-Krieg von 1967 besetzt Israel den syrischen Teil der Golan-Höhen, die Westbank, den Gaza-Streifen und die Sinai-Halbinsel und vergrößert damit das Territorium um mehr als das Dreifache (Abb. 3).[5]

Nicht nur die unsicheren, in Waffenstillstandsvereinbarungen nur vorläufig festgelegten Grenzen, sondern auch die geographischen und demographischen Voraus-

---

4 Zit. Brutzkus 1964a: 3. Eliezer Brutzkus (geboren 1907) studiert an den Technischen Hochschulen in München und Berlin. Er wandert 1933 in Palästina ein und eröffnet in Jerusalem ein eigenes Büro. Er arbeitet in verschiedenen stadt- und regionalplanerischen Positionen für die israelische Regierung, unter anderem als Leiter der Forschungsabteilung für die Entwicklung des Nationalplans von 1948.
5 Vgl. Kark 1995: 461 und Efrat 1996: 13. Nach den israelisch-ägyptischen Entflechtungsabkommen 1974/1975 und dem Friedensvertrag vom 26.03.1979 zieht sich Israel im April 1982 von der Sinai-Halbinsel zurück.

setzungen stellen eine besondere Herausforderung an die israelische Raumpolitik. Das Staatsgebiet, wie es sich während der Arbeiten an dem Nationalplan nach Ende des Unabhängigkeitskrieges darbietet, besteht zu 50 Prozent aus der heiß-trockenen Wüstenregion des Negev. Reich an Bodenschätzen zwar, ist es aber ohne Wasservorkommen und aufgrund des Klimas nur sehr begrenzt zur Besiedlung und ausschließlich im nördlichen Bereich für Landwirtschaft geeignet.[6] Im Nordosten des Landes erstrecken sich die judäischen und galiläischen Bergketten, die ebenfalls nur schwer zu bewirtschaften sind. Der Nordwesten sowie die Küstenregion hingegen weisen vor allem durch das Trockenlegen der Sümpfe im Hinterland gutes Agrarland auf. Der Schutz des knappen Agrarlandes bildet neben der allgemeinen Wasserversorgung ein zentrales Problem. Nicht einmal ein Viertel des Landes sind aufgrund der Bodenqualität – und unter voller Ausnutzung der Wasserressourcen – für die Landwirtschaft nutzbar. Der kultivierbare Boden befindet sich zum größten Teil in der Küstenregion, wo er einem starken Urbanisierungsdruck ausgesetzt ist. Hier liegen mit Tel Aviv-Yafo und Haifa zwei der drei Großstädte Israels mit ihren schnell wachsenden Agglomerationen.[7] Auch Jerusalem, die dritte Großstadt, verzeichnet ein starkes urbanes Wachstum.[8] Obwohl die zionistische Kolonisierungsideologie der urbanen Lebensweise negativ gegenübersteht und vor allem auf Agrarsiedlungen in genossenschaftlichen Strukturen (kollektive Kibbuzim und kooperative Moshavim) ausgerichtet ist, absorbieren die drei Metropolen bereits in der britischen Mandatszeit über 70 Prozent der jüdischen Bevölkerung.[9] Auch nach der Staatsgründung drängen die Neueinwanderer vor allem in die Küstenregion, die als Kommunikations- und Handelszentrum Israels weiterhin stark anwächst. Mit ihren zentralen Verkehrs- und Handelsverbindungen, Industrie- und Gewerbeansiedlungen, Verwaltung, Kultur- und Bildungsinstitutionen sind die Städte weitaus attraktiver als die von der zionistischen Bewegung geförderten landwirtschaftlichen Siedlungen. Nur etwa sieben Prozent der Einwanderer lassen sich in landwirtschaftlichen Kolonien nieder, was die demographische Diskrepanz zwischen einer dicht besiedelten Küstenregion und einem nur dünn besiedelten Hinterland immer größer werden lässt.[10]

---

6   Zu Israels Geographie, Klima und Bodenschätzen vgl. Dash/Efrat 1964: 9–22, Brutzkus 1964a: 3–6 und Strong 1971: 134–143.
7   Aufgrund des schnellen Wachstums werden die Vororte und Städte rund um Tel Aviv sukzessive eingemeindet. Die Agglomeration trägt den Namen Tel Aviv-Yafo nach den beiden Siedlungszentren Tel Aviv und Jaffa. Tel Aviv-Yafo wächst in der Zeit von 1948 bis 1961 von 306.000 Einwohnern auf 684.000 Einwohner; im gleichen Zeitraum steigt die Bevölkerungszahl von Haifa von 151.000 auf 219.000 Einwohner an. Vgl. Dash/Efrat 1964: 27.
8   In der Stadt und Region Jerusalem erhöht sich in den Jahren 1948 bis 1961 die Zahl der Einwohner von 86.000 auf 188.000. Vgl. Dash/Efrat 1964: 27.
9   Vgl. Brutzkus 1964a: 16. Zur anti-urbanen Einstellung der zionistischen Kolonisierungsbewegung vgl. Cohen, E. 1970.
10 Vgl. Sharon 1952: 68.

Die israelische Siedlungskarte, die sich aus den geographischen Gegebenheiten des Landes sowie den Strukturen vorstaatlicher Besiedlung ergibt, ist von einer extrem ungleichen Verteilung des Wirtschafts- und Bevölkerungspotentials geprägt. Die Bandbreite reicht von den drei hoch verdichteten Metropolen und ihren Agglomerationen bis hin zu den stark unterentwickelten und kaum besiedelten Regionen wie den Negev. Ziel des nationalen Entwicklungsplans muss es folglich sein, die polare Siedlungsstruktur auszugleichen, um die nationale Selbständigkeit zu sichern.

2.2 Der gesetzliche, administrative und institutionelle Rahmen der israelischen Raumpolitik und Landesentwicklungsplanung

Mit der Staatsgründung ist die israelische Regierung nicht nur vor die Aufgabe gestellt, einen Nationalplan zu erarbeiten, sondern sie muss zugleich auch einen zugehörigen gesetzlichen und administrativen Planungsapparat aufbauen, um seine Inhalte umsetzen zu können. Der Entwicklungsprozess dieser Planungsinstrumentarien zeigt, welcher Stellenwert der israelischen Raumpolitik in der primären Phase der Staatsformation beigemessen wird. Nach 1948 ergibt sich für Israel erstmals die Gelegenheit, die Kolonisierungs- und Landesentwicklungsarbeiten übergeordnet und auf nationaler Ebene zu organisieren, ohne dabei von fremden Einflüssen abhängig zu sein: „The establishment of the State made it possible to plan the work of colonization without dependence on external factors."[11] Der Blick auf die vorstaatlichen Versuche einer Neuordnung Palästinas demonstriert, dass Planungsinitiativen und der Streit um Richtlinienkompetenzen immer auch den Kampf um Macht und Territorium in der Region widerspiegeln. Die Verknüpfung von machtpolitischen mit territorialen Fragen intensiviert sich im Zeitalter des Kolonialismus, in dem Palästina aufgrund von Handels- und Wirtschaftsinteressen in die Aufmerksamkeit europäischer Großmächte gelangt. Großbritannien, das nach dem Ersten Weltkrieg das Mandat über Palästina ausübt, ist vor allem an seinem kolonialen Machterhalt interessiert und bemüht sich um einen Ausgleich zwischen arabischen und jüdischen Ansprüchen. Das widerspricht den zionistischen Interessen, durch umfangreiche Kolonisierung die Entwicklung einer komplexen Siedlungsstruktur voranzutreiben, die den Aufbau eines zukünftigen jüdischen Staates begünstigt.[12] Zunächst stehen aber auch die Kolonisierungsabteilungen der zionistischen Organisationen einer landesweiten physischen Planung skeptisch gegenüber. Die jüdische Siedlungsdichte er-

---

11 Zit. Government Year Book 5711 (1950): 239.
12 Vgl. Hyman 1994: 708–736.

scheint zu gering, um ein funktionierendes Netzwerk zwischen den Siedlungen aufbauen zu können. Daher werden vorrangig landwirtschaftliche Kolonien gefördert, die in ihrer Versorgung, Verwaltung und Verteidigung weitgehend autonom sind.[13] Erst mit zunehmender Einwanderung beginnen auf jüdischer Seite Überlegungen zu einer umfassenden Siedlungspolitik und -planung.[14] Die zur gleichen Zeit zunehmenden arabisch-jüdischen Auseinandersetzungen veranlassen die Briten, eine restriktive Politik zu betreiben. In dem White Paper von 1939 schränken sie die jüdische Einwanderung stark ein und begrenzen ihre Ansiedlungsmöglichkeiten auf die drei großen Städten Tel Aviv, Haifa und Jerusalem sowie einige wenige landwirtschaftliche Regionen. Den zionistischen Verbänden ist damit die Grundlage einer landesweiten Entwicklungsplanung genommen. Erst mit der Staatsgründung erhält Israel uneingeschränkte Planungskompetenz und damit die Möglichkeit, Entwicklungsplanungen auf oberster, das heißt auf nationaler Ebene durchzusetzen. Damit verfügt die Regierung über ein wichtiges Instrument, den Staatsaufbau langfristig in seinen wesentlichen Inhalten festzulegen und deren Ausführung zu organisieren, zu regulieren und zu kontrollieren. Trotz, oder gerade wegen der hohen Bedeutung, die der Landesplanung für den nationalstaatlichen Aufbau beigemessen wird, dauert es knapp zwei Jahrzehnte, bis die Einsetzung eines gesetzlichen, administrativen und exekutiven Planungsrahmens abgeschlossen ist.

Nach der Staatsgründung bleiben – während an einem staatlichen Planungsrahmen gearbeitet wird – die Planungs- und Baugesetze der britischen Mandatsregierung zunächst einmal weiter bestehen. Diese hatte im Februar 1921 mit der „Town

---

13 Die meisten Siedlungsprojekte entstehen ohne regionale Beziehung zueinander. Verbindungen untereinander oder auch die Existenz von Mittel- und Regionalzentren sind nicht zwingend notwendig, da die landwirtschaftlichen Siedlungen nach dem Prinzip der autarken Selbstversorgung operieren. Ihre Handelsbeziehungen funktionieren über zentrale Kooperativen wie „Tnuva" für landwirtschaftliche Produkte und „Ha'mashbir" für andere Versorgungsgüter, mit denen eine direkte Anbindung an die Großstädte hergestellt wird. Zur Agrar-Autonomie und Großstadtfeindlichkeit vgl. Brutzkus 1964a: 11, Weitz/Rokach 1968, Cohen, E. 1970 und Troen 1988: 13.
14 Brutzkus 1943: 13 schlägt auf dem Symposium „Planning und Development Problems" der Architekten- und Ingenieurvereinigung in Palästina eine Dezentralisierung vor, indem städtische Mittelzentren in den reinen Agrarregionen errichtet werden. Adler 1943: 7 rät zu einer Umverteilung der Industrieansiedlung, um das Metropolenwachstum zu regulieren. Ascher 1943: 5 fordert, dass die Regierung, der Jüdische Nationalfond, der moslemische Wakf (islamische fromme Stiftung zur Verwaltung unveräußerlichen Vermögens) und die Stadtverwaltungen stärker in die Wachstumsentwicklung eingreifen. Ben Gurion setzt 1943 eine zentrale Planungskommission für die Nachkriegszeit ein, als britische Pläne bekannt werden, die beabsichtigen, Palästina nach dem Zweiten Weltkrieg als reines Agrarland zu behandeln. Da Ben Gurion die Aufnahmefähigkeit der Landwirtschaft als sehr begrenzt einschätzt und damit die Möglichkeiten einer jüdischen Masseneinwanderung gefährdet sieht, spricht er sich für die Förderung urbaner und regionaler Strukturen aus. Vgl. Weinryb 1957: 28–35, Brutzkus 1970: 16–17 und Troen 1988: 13.

Planning Ordinance 1921"[15] erstmals ein Stadtplanungsgesetz für Palästina erlassen. Es schreibt Entwicklungspläne für Städte und Siedlungen vor und führt die Genehmigungspflicht für Bauvorhaben ein. Zur Begutachtung der Planungseingaben sowie der Überwachung übergeordneter Bauauflagen (Hygiene, Sicherheit, Konstruktion etc.) und Bauaufgaben (Straßenbau etc.) werden lokale Planungskomitees eingesetzt. Damit ist – zumindest auf lokaler Ebene – eine erste Planungs- und Bauregulierung in Palästina eingeführt. Die „Town Planning Ordinance 1936" erweitert den britischen Planungsapparat durch die Einrichtung sogenannter „District Commissions", deren Planungskompetenz über die städtischen Grenzen hinaus auf die angrenzende Region ausgeweitet wird.[16] Maßnahmen für eine landesweite Raumplanung werden nicht ergriffen. Während Israel also auf lokaler und regionaler Planungsebene zumindest auf einige Aspekte der britischen Gesetzgebung zurückgreifen kann, muss auf nationaler Ebene eine völlig neue Struktur und Gesetzeslage aufgebaut werden. Nach unzähligen Diskussionen und Lesungen verschiedener Entwürfe verabschiedet die Knesset am 14. Juli 1965 ein neues Planungsgesetz, das als „Planning and Building Law, 5725–1965" im Februar 1966 in Kraft tritt.[17] Damit besitzt Israel erstmals ein umfassendes Planungsgesetz. Ihm liegt eine streng zentralistisch ausgerichtete, hierarchisch gegliederte Planungsstruktur zugrunde.[18] Die oberste Autorität bildet das „National Planning and Building Council", das die Regierung im Erlass neuer Planungsrichtlinien berät.[19] Die von ihm erstellten Landesentwick-

---

15 Official Gazette of the Government of Palestine, No. 36, 1921.
16 Zur britischen Baugesetzgebung vgl. Anglo-Palestine Year Book 1947–48: 197, Brutzkus 1964a: 6–7, Gouldman 1966: 3–5 und Biger 1994: 198.
17 Publikation in Book of Laws, 5725–1967 (hebr.), englische Übersetzung in Gouldman 1966: 117–179. Gouldman 1966: 4–6, und die Regierungsjahrbücher bis 1965 verweisen auf verschiedene Gesetzesentwürfe, die zuvor diskutiert werden. In diverse Ausgaben des JAEAI klagen Architekten über die unzureichende Planungssituation. Baruth 1949 verfasst einen detaillierten Gesetzestext, auf dessen Grundlage die Knesset ab 1955 den Entwurf eines neuen Planungsgesetzes diskutiert. Durch jahrelange Debatten sowie häufige Regierungsumbildungen verzögert sich die Verabschiedung bis 1965. Die parlamentarischen Kontroversen sind in den Knesset Protokollen (Divrei Ha'Knesset) dokumentiert.
18 Vgl. Gouldman 1966: 49, Schema: Preparation and Approval of Planning Schemes.
19 Vgl. Planning and Building Law, 5725–1965, Kap. 2, Art. 1, Sec. 2. Das aus 22 Personen bestehende National Planning and Building Council (kurz „National Council") setzt sich zusammen aus dem Innenminister, sieben gewählten Regierungsvertretern, sechs Vertretern der kommunalen Ebene, darunter die Bürgermeister von Jerusalem, Tel Aviv-Yafo und Haifa, ein weiterer Bürgermeister, ein Präsident eines lokalen und einer eines regionalen Planungsgremiums, die alle durch den Innenminister ernannt werden. Außerdem gehören neun Vertreter verschiedener Berufsgruppen dazu, darunter ein Architekt oder Ingenieur, ein Planer, ein Landschaftsplaner, ein Soziologe und ein Vertreter für Frauenbelange. Die Notwendigkeit eines solchen zentralen nationalen Planungsgremiums war bereits seit der Staatsgründung eingefordert worden, vgl. Baruth 1949: 21 und Brutzkus 1964a: 8, 12–13. Der Architekt Arieh Sharon hatte als Planungsamtleiter der provisorischen

lungspläne erhalten Priorität, ihnen sind die Regional- und Kommunalpläne nachgeordnet. Für regionale Entwicklungspläne zeichnen „District Commissions", für lokale Pläne „Local Commissions" verantwortlich.[20] Im Gegensatz zur britischen Gesetzgebung sind Rahmenentwicklungspläne nun nicht mehr optional, sondern auf nationaler, regionaler und kommunaler Ebene Vorschrift. Sie besitzen nicht mehr einen beratenden, sondern einen verbindlichen Charakter.[21] Neu ist auch, dass die Regierung und die gemeinnützigen Wohnungsbaugesellschaften den Planungsregulativen unterworfen sind. Ihre Bauprojekte, die den größten Teil des Bauvolumens in Israel ausmachen, waren zuvor vom Baugenehmigungsverfahren ausgenommen.[22]

Der langwierige, bis 1965 andauernde Prozess, einen Planungsapparat aufzubauen, spiegelt die anfänglichen Organisationsschwierigkeiten und politischen Kompetenzstreitigkeiten, vor allem aber David Ben Gurions Selbstverständnis von staatlichen Machtstrukturen wider. Ben Gurion, der erste Premierminister Israels, ist gemäss seines Staatskonzeptes der „mamlachtiut" (Staatlichkeit) besonders an der Konzentration politischer und sozialer Kompetenzen unter höchster staatlicher Autorität interessiert. Die politische Doktrin der „mamlachtiut" versteht den Staat als rechtmäßige Autorität in einer Zivilgesellschaft, für die er die oberste Verantwortlichkeit übernimmt. Der Staat gilt als zentrale Identifikationsfigur, wobei die Nation und ihr staatlicher Verband den Fokus der Kollektividentität bilden, dem alle Einzelinteressen unterzuordnen sind.[23] Dies erklärt Ben Gurions Bemühungen, Planungskompetenzen zu zentralisieren und an seinem Amt des Premierministers anzusiedeln. Parteipolitische Differenzen und pragmatisch-strategische Überlegungen, durch welche Form der Institutionalisierung der Landesaufbau am effizientesten zu organisieren sei, führen dabei zu ständigen Kontroversen und Verzögerungen im Aufbau der regierungsamtlichen Planungsstruktur.[24] In der provisorischen Regierung

---

Regierung bereits 1948 im Auftrag des Arbeitsministeriums eine ebenfalls stark zentralistische Struktur des Planungsapparates ausgearbeitet. Vgl. Aktenmaterial im ISA, RG43, Gimel 5463, Akte 1957 und RG43, Gimel 5463, Akte 1557 sowie Kark 1995: 466–467.

20 Vgl. Planning and Building Law, 5725–1965, Kap. 2, Art. 2-3. Das regionale Planungsgremium setzt sich aus Vertretern verschiedener Ministerien zusammen, darunter Verteidigung, Landwirtschaft, Gesundheit, Verkehr, Justiz, Arbeit und Wohnungsbau.

21 Vgl. Brutzkus 1964a: 9–10 und Gouldman 1966: 46–48.

22 Vgl. Brutzkus 1964a: 7–8 und Gouldman 1966: 97–110.

23 Vgl. Dowty 1995, Don-Yehiva 1995 und Liebman/Don-Yehiva 1984: 81–122. Die Zentralisierungstendenzen Ben Gurions sind nicht nur im Bereich der politischen Administration und Organisation zu beobachten, sondern auch in der Vereinheitlichung des Erziehungswesen, in den Maßnahmen gegen politische Opposition, insbesondere die Revisionisten unter Menachem Begin oder auch in der Zusammenführung verschiedener militärischer Untergrundorganisationen wie die Haganah, Irgun, Etzel und Palmach. Vgl. auch Eisenstadt 1992: 294–306.

24 Vgl. Kark 1995: 465–466, wo die fachlichen und politischen Kontroversen um die Ausbildung des staatlichen Planungsapparates in den Jahren 1948–52 detailliert aufzeigt werden.

von 1948 ist zunächst eine Raumplanungsabteilung, das „Physical Town and Country Planning Department", mit einer zentralen „Planning Authority" am Ministerium für Arbeit und Konstruktion, kurz: Arbeitsministerium (Misrad Ha'Avoda) unter Mordechai Bentov angesiedelt.[25] Leiter der übergeordneten „Planning Authority" wird der Architekt Arieh Sharon, der mit den Arbeiten an einem Nationalplan beginnt. Nach der Konstituierung der ersten Regierung am 9. März 1949 wird die Planungsstruktur grundlegend verändert.[26] Die fünf Unterabteilungen werden auf insgesamt drei Ministerien verteilt. Das Amt des Premierministers erhält dabei eine neue Planungsdivision, der die wichtigen, richtlinienkompetenten Abteilungen Raumplanung, regulative Planungen, Architektur und Forschung zugeteilt werden.[27] Sukzessive werden bis 1951/1952 sämtliche Planungsabteilungen dem Innenministerium zugeordnet, ausgenommen die nationale Planungsdivision, die beim Premierminister verbleibt.[28] Damit gelingt es Ben Gurion, die oberste Planungsinstanz, die Nationalplanung, seinem Amt des Premierministers zu unterstellen und zugleich andere, arbeits- und verwaltungsintensive Bereiche wie die Landvermessung, Grundlagenforschung und das Betreuen der regionalen und lokalen Raumplanung an das Innenministerium weiterzureichen.

Schon nach kurzer Zeit aber stellt sich heraus, dass mit der Auflösung der ursprünglichen „Planning Authority" und ihren ausgedehnten, zentralisierten Kompetenzen die Steuerungsmöglichkeiten der nationalen Raumpolitik stark beschnitten wurden, so dass eine Re-Zentralisierung der Planungsbehörden angestrebt wird.[29]

---

25 Vgl. Brutzkus 1970: 20. Dieser oberste Planungsausschuss, die „Planning Authority", ist in fünf Unterabteilungen gegliedert: ein Ausschuss für nationale Raumplanung, einer für den nationalen Wohnungsbau, einer für regulative Planung als kontrollierende, beratende und gesetzesvorschlagende Instanz, einer für zentrale Landvermessungs- und Forschungsarbeiten sowie eine Architektur-Abteilung, die staatliche, kommunale und öffentliche Bauprojekte zu kontrollieren hat. Bentovs Überlegungen zum Aufbau der Planungsstruktur und ein entsprechendes Schema finden sich im ISA, RG43, Gimel 5463, Akte 1969. Vgl. auch Kark 1995: 462–464.
26 Sharon hatte sich zuvor für eine Strukturreform innerhalb des Arbeitsministeriums mit neuen Abteilungen für nationale, regionale und lokale Raumplanung sowie einer Forschungsstelle ausgesprochen. Dieser Vorschlag wird aber abgelehnt. Vgl. Sharon: Review of the Structure of Planning, masch. Bericht vom 06.01.1950, im ISA, RG43, Gimel 5463, Akte 1958 und Korrespondenz von Sharon an Ben Gurion über die Neustrukturierung der Planungsabteilung vom März 1949 im ISA, RG43, Gimel 5463, Akte 1557 und RG43, Gimel 5463, Akte 1957. Vgl. auch Kark 1995: 466.
27 Vgl. Government Year Book 5711 (1950): 73–76.
28 Vgl. Government Year Book 5712 (1951/52): 24–25 und Government Year Book 5713 (1952): 166–168.
29 Bereits 1951 wird daher durch interministeriellen Beschluss ein Oberster Planungsrat (Supreme Planning Council) am Innenministerium eingerichtet. In ausschließlich beratender Funktion gehören ihm Abgeordnete des Innen-, Landwirtschafts-, Finanz-, Transport-, Verteidigungs-, Arbeits-, Gesundheits-, Handels- und Industrieministeriums sowie Mitarbeiter der Einwanderungsbehörden

1953 werden daher weitere Umstrukturierungen vorgenommen.[30] Dabei erfährt vor allem die Planungsabteilung am Innenministerium eine entscheidende Aufwertung, indem sie für die nationale und regionale Raumplanung verantwortlich gemacht wird.[31] Damit existiert wieder eine zentrale Planungsautorität, wie sie 1948 noch am Arbeitsministerium angesiedelt war, dann aber durch Ben Gurions Versuche, die Nationalplanung an seinem Amt zu etablieren, auseinandergerissen wurde.[32] Als „National Council" wird diese oberste Planungszentrale am Innenministerium durch das „Planning und Building Law" von 1965 bestätigt.[33]

Damit ist 1965 die Institutionalisierung eines gesetzlichen Planungsrahmens und eines administrativen Planungsinstrumentariums endgültig abgeschlossen. Das Hin- und Herschieben von Planungskompetenzen über fast zwei Jahrzehnte zeigt, mit welchem Einsatz versucht wird, eine optimale administrative Struktur aufzubauen und welche zentralistischen Ambitionen Ben Gurion verfolgt. Die mühevollen Versuche, einen Planungsapparat aufzubauen, lassen erkennen, welche Bedeutung der Landesentwicklungsplanung im nationalen Formationsprozess beigemessen wird. Paradoxerweise aber bleiben diese institutionellen Strukturarbeiten wenig einflussreich. In der Realität werden aufgrund der massenhaften Einwanderung nach Israel die praktischen Entscheidungen in der nationalen Entwicklungsplanung vor allem durch das Immigrationsministerium und das 1961 eingesetzte Wohnungsbauministerium getroffen.[34] Grundlage bildet der von Arieh Sharon und seinem Team ent-

---

der Jewish Agency und des Jüdischen Nationalfonds an. Zu den Tätigkeitsberichten des Obersten Planungsrats vgl. Government Year Book 5718 (1957): 313 und Government Year Book 5720 (1959/60): 332.

30 Vgl. Government Year Book 5714 (1953/54): 113–114 und Kark 1995: 470. 1953 wird unter anderem ein Entwicklungsministerium gegründet, das zwischen Entwicklung und Finanzierung vermitteln soll, aber keine Planungsautorität besitzt.

31 Vgl. Government Year Book 5715 (1954): 173.

32 Das Government Year Book 5719 (1958): 321 zählt Aufgabenbereiche auf, die nahezu dem Profil der „Planning Authority" von 1948/49 entsprechen: „The tasks of the Planning Division include: physical planning of the country on a national and regional scale, with a view to achieving a balanced distribution of the population; siting of urban and regional centres, communications network, industrial regions and recreation areas; coordination of development plans throughout the country, and guidance of local and detailed planning operations; advising Government and public bodies and the Building and Planning Commissions on building and planning problems; preparation of surveys and research-work connected with the preparation of schemes, dealing with a town planning code and subsidiary legislation, and supervision of regional building in planning areas."

33 Die Konstitution des „National Council" wird im Government Year Book 5727 (1966/67): 189 bestätigt, seine Aufgaben werden aber erst im Government Year Book 5729 (1968/69): 261–263 näher definiert.

34 Zur Einrichtung des Wohnungsbauministeriums (Misrad Ha'Shikun) vgl. Government Year Book 5723 (1962/63): 256–259.

wickelte Nationalplan. Er legt die siedlungsgeographischen Richtlinien fest, auf denen der Staat seine territoriale Existenz und Gestalt aufbaut, und die zum Teil noch bis heute Bestand haben. Obwohl der Sharon-Plan keinen offiziell-rechtlichen Status erhält, nimmt er dennoch fundamentalen Einfluss auf die regionale und städtebauliche Entwicklung des Landes.[35]

2.3 Der Nationalplan unter Arieh Sharon (1948–1953)

Nachdem in der Unabhängigkeitserklärung zur uneingeschränkten jüdischen Einwanderung aufgerufen worden war, steht die Regierung in der Verpflichtung, die Einwanderung und die Aufnahme der Immigranten im Land zu organisieren.[36] Den Architekten und Planern fällt dabei eine besondere Rolle und Verantwortung zu, wie von Seiten der Regierung immer wieder betont wird. Auf einem Symposium zum Wohnungsbau in Israel im April 1954 macht die Arbeitsministerin Golda Meir die Architekten für den zukünftigen Erfolg im Aufbau einer nationalen Gemeinschaft verantwortlich: „The housing problem in this country [...] is one of the most important factors which will determine whether the inhabitants of the camps and other homeless citizens will be Israelis or will remain strangers in their own land."[37] Premierminister Ben Gurion erklärt in dem Eröffnungsvortrag zur Generalversammlung der israelischen Architekten- und Ingenieurkammer im März 1957, dass die Arbeit der Architekten und Ingenieure ein „important corner-stone in our national, social and, cultural life" sei.[38] Als Wissenschaftler, Künstler und Arbeiter stünden sie in der Pflicht, ihre Fähigkeiten einzusetzen „to uplift mankind and establish human values." Ben Gurion vergleicht die Aufbauarbeiten des Staates Israel mit dem Bau des Dritten Tempels in Jerusalem, womit er die Gründung des Staates in Kon-

---

35 Obwohl mit der Einsetzung des „Planning und Building Law" von 1965 die rechtlichen Grundlagen für einen Nationalplan gegeben sind, wird weder der Sharon-Plan offiziell verabschiedet noch ein neuer Nationalplan erstellt. Vgl. Gouldman 1973: V–VI. Erst seit einigen Jahren arbeitet man wieder an einem Landesentwicklungsplan. Gespräch mit Tomer Gotthelf, Mitarbeiter der Planungsabteilung am Innenministerium am 30.08.2001.
36 Segev 1998: 95–116, beschreibt die Verhandlungen der israelischen Regierung mit osteuropäischen, afrikanischen und arabischen Staaten, über Transferabkommen die jüdische Bevölkerung nach Israel auswandern zu lassen. Vor allem in den Ostblockstaaten, wie Polen, Bulgarien, Ungarn etc., müssen zum Teil hohe „Ablösesummen" für die Ausreisegenehmigung der jüdischen Bevölkerung gezahlt werden.
37 Zit. Golda Meir (ehemals Meyerson) auf dem Wohnungsbau-Symposium im April 1954 in Tel Aviv, in: JAEAI, Vol. XII, No. 4, July–Sept. 1954: 2–3 (hebr. mit engl. Zusammenfassung).
38 Zit. Ben Gurion auf der 31. Generalversammlung der Architekten und Ingenieure in Israel, in: JAEAI, Vol. XV, No. 1, March 1957: 5–6 (hebr. mit engl. Zusammenfassung).

kurrenz zu den biblischen Prophezeiungen setzt, nach denen der Dritte Tempel erst bei der Ankunft des Messias entstehen soll. Er fordert die Architekten und Ingenieure auf, sich der biblischen und zionistischen Vergangenheit bewusst zu sein, um die hohen praktischen, sozialen und auch moralischen Erwartungen, die an sie gestellt werden, erfüllen zu können: „Every Scientist in Israel should imbibe the teachings of the Bible and the Prophets and consecrate himself in the service of the great task which three generations of workers, pioneers and visionaries have begun."[39] Auch der Wohnungsbauminister Mordechai Bentov, der zugleich für die Raumplanung zuständig ist, schreibt der Landesentwicklungsplanung eine große nationale und gesamtgesellschaftliche Relevanz zu.[40] Bevölkerungsverteilung und Wohnungsbau seien die grundlegenden und dringlichsten Aufgaben der staatlichen Stadt- und Regionalplanung. Zugleich habe man, so Bentov, mit der Landesplanung die Möglichkeit, über die Gestaltung der Umgebung die Gesellschaft sozial und moralisch zu erziehen.[41] Die Form der Siedlung und der Wohnung bestimme immer auch die Form der Gesellschaft. Eine moderne Gesellschaft, so Bentov, könne es sich nicht leisten, die soziale und infrastrukturelle Umgebung dem finanziellen Stand des Einzelnen zu überlassen, sondern habe die moralische Verantwortung, für das Wohlergehen aller gleichermaßen zu sorgen. Das trifft insbesondere für Israel zu, da hier eine stark heterogene Bevölkerung in eine homogene Staatsnation transformiert werden soll: „To forge all these heterogeneous groups or tribes into one modern nation is the greatest challenge for us in Israel, and all planning has to serve this purpose."[42] Auch Arieh Sharon, der leitende Architekt des Nationalplans, schreibt der Raumplanung das Potential zu, formativen Einfluss auf die Gesellschaft zu nehmen, denn auch er spricht von einer wechselseitigen Beziehung zwischen Architektur, Städtebau und dem Charakter der Gesellschaft.[43] Damit sehen weder die Regierung noch die von ihr beauftragten Architekten und Planer in der Landesentwicklungsplanung ein rein räumlich-technisches Steuerungsinstrument der strukturellen Landesplanung. Im Gegenteil, sie erkennen die sozialen und kulturellen Kompetenzen an, mit der die Landesplanung wesentlich zum Aufbau des Staates und zur Ausformung der Staatsnation beiträgt. Mit dieser gemeinsamen Vorstellung von der hohen Bedeutung der Landesplanung für den Staat und die Gesellschaft, wird nach der Staatsgründung sofort mit der Arbeit an einem Nationalplan begonnen.

Im August 1948 – noch während sich Israel im Unabhängigkeitskrieg gegen die Arabische Liga befindet und große Teile der Bevölkerung und Finanzen für den

---

39 Zit. ebenda.
40 Vgl. Bentov 1969.
41 Bentov 1969: 51 spricht von „environmental education […] the influence of the environment on the charakter of society."
42 Zit. Bentov 1969: 5. Vgl. auch Dower/Stango 1965: Introduction.
43 Vgl. die beiden Vorträge Sharon 1960 und Sharon 1967, Kopien in der Slg. Sharon.

Krieg mobilisieren muss – wird das „Physical Town and Country Planning Department" im Arbeitsministerium eingerichtet und mit der Erarbeitung eines Nationalplans beauftragt.[44] In einer groß angelegten Initiative arbeiten zunächst 80 Mitarbeiter an einem Landesentwicklungsplan, zu denen die bedeutendsten Architekten und Stadtplaner des Landes gehören. Im folgenden Jahr wird das Team vor allem mit Fachkräften aus den Wirtschafts- und Sozialwissenschaften auf 170 Personen aufgestockt.[45] Zum Leiter der Abteilung wird zu seiner eigenen Überraschung der Architekt Arieh Sharon (1900–1984) ernannt.[46] Als Raumplaner kann er bis dahin nur wenig Erfahrung nachweisen. Als Absolvent des Bauhauses in Dessau (1929) avanciert er aber nach seiner Rückkehr nach Palästina 1931 mit zahlreichen Großprojekten, Wohn- und Siedlungsbauten zu einem der bedeutendsten Architekten Palästinas, der im Gegensatz zu vielen seiner Kollegen sowohl auf eine abgeschlossene Ausbildung als auch auf umfangreiche Praxiserfahrungen zurückblicken kann.[47] 1932 zählt Sharon zu den führenden Gründungsmitgliedern des modernen Tel Aviver Architektenrings „Chug" (Ring), der zum Ziel hat, die Ideen des Neuen Bauens in Palästina durchzusetzen.[48] Seine Mitglieder beteiligen sich öffentlich und meist in

---

44 Vgl. Sharon 1960: 1 und 4 sowie Shaked 1970: 1.25.
45 Vgl. Sharon 1976a: 78. Eine vollständige Auflistung der Mitarbeiter wurde nicht gefunden. Sharon 1951 nennt im Vorwort die Leiter einiger Planungssektionen und wichtige Mitarbeiter. Dazu zählen Zion Hashimshony (Stadt- und Landesplanung), Artur Glikson, Arie Dudai und Yitzhak Perlstein (regionale und kommunale Planung) sowie Eliezer Brutzkus (Forschungsabteilung).
46 Vgl. Sharon 1976a: 78.
47 Nach seiner Bauhauszeit (1926–1929) arbeitet Sharon im Büro von Hannes Meyer und wird mit der Bauleitung für den Bau der Bundesschule des Allgemeinen Deutschen Gewerkschaftsbundes in Bernau bei Berlin (1928–1930) beauftragt. Ein Angebot von Meyer 1931, mit ihm nach Moskau zu gehen, lehnt er ab und kehrt statt dessen nach Palästina zurück. 1934 realisiert er eine erste kooperative Arbeitersiedlung in Tel Aviv (Frishman St.). Es folgen weitere kooperative und genossenschaftliche Wohnsiedlungen, Kibbuzpläne, einige Apartmenthäuser, Schulen, Kindergärten und öffentliche Gebäude. Zu seinen Großprojekten nach der Staatsgründung zählen vor allem Krankenhaus- und Universitätsbauten. 1960 wird Sharon der Rokach Preis für Architektur durch die Stadtverwaltung Tel Avivs und 1962 der Israel Prize für Architektur durch die Regierung verliehen. Beides sind die höchsten Architekturpreise, die in Israel vergeben werden. Zur Biographie Sharons vgl. Sharon 1976a, Frekel 1993: 397–398 und Warhaftig 1996: 128–131. JAEAI, Vol. XVIII, No. 5–6, June-July 1960 ist dem Leben und den Werken Sharons bis 1960 gewidmet. In Sharon 1976c, einem Vortrag „Architektur und Planung – Bauen in Entwicklungsländern", spricht Sharon über die verschiedenen Stationen seines Lebens und seine architektonischen wie städtebaulichen Gestaltungsvorstellungen.
48 In Anlehnung an die Berliner Architektengruppe „Der Ring" (1923–1933) ist der „Chug" ein Zusammenschluss moderner Architekten in Palästina, darunter Zeev Rechter, Josef Neufeld, Dov Carmi, Uriel (Otto) Schiller, Julius Posener und andere. Sie geben die Zeitschriften „Habinjan Bamisrah Hakarov" (Bauen im Nahen Osten, 1/1934 – 11–12/1937) und „Habinyan" (Bauen/Bauwesen, 1/1937 – 3/1938) heraus, um moderne Architektur, neue Materialien und konstruktive Möglichkei-

Konfrontation zur britischen Mandatsregierung an der Diskussion über neue Richtlinien in Architektur und Städtebau. Mit diesen Tätigkeiten beweist Sharon sein architektonisch-städtebauliches Engagement und seine soziale Kompetenz. Dies und das hohe Renommee seiner Bauten und Siedlungen, ihr moderner, progressiver Charakter und ihre städtebauliche Qualität scheinen ihn für die Leitung der nationalen Landesplanung qualifiziert zu haben.

Das Team um Sharon beginnt 1948 mit den Arbeiten an dem Nationalplan. In seinen Grundzügen ist der Nationalplan bereits 1950/51 fertiggestellt. Durch seine enge Verbindung mit der Regierungspolitik prägt er in den Gründungsjahren Israels ganz entscheidend die Gestaltwerdung des Staates, seines Territoriums und seiner Nation. Seine Wirkungsmöglichkeit kann der Nationalplan vor allem durch die Protektion des Premierministers Ben Gurion entfalten, in dessen Amt die Planungsabteilung nach der Regierungsneubildung im März 1949 verlegt wird. Sharon begrüßt diese Reform in der Planungsstruktur: „The importance of national planning was acknowledged by attaching our department to the Prime Minister's Office. From there we could work with the high authority of David Ben Gurion behind us."[49] Der Erfolg zeigt sich, wie Sharon stolz bemerkt, indem die grundlegenden Richtlinien des Nationalplans in das Grundsatzprogramm der ersten gewählten Regierung unter Ben Gurion aufgenommen und am 9. März 1949 von der Knesset verabschiedet werden.[50] Dieses Regierungsprogramm ist eine erste offizielle Stellungnahme zur zukünftigen Raumpolitik und Landesplanung in Israel. Im Februar 1950 wird der Nationalplan in einer Ausstellung in Tel Aviv der Öffentlichkeit präsentiert, 1951 erfolgt eine detaillierte Publikation durch Arieh Sharon.[51] Politik und Landesplanung sind in der Zeit nach der Staatsgründung so eng ineinander verzahnt, dass sie nur in dieser Verbindung zueinander betrachtet werden können. Der Nationalplan bildet dabei die Grundlage des Staatsaufbaus, ebenso wie er Produkt desselben ist, indem er die staatsbildende Ideologie und die Politik der Regierung widerspiegelt.

---

ten sowie ihre eigenen Werke als Vorbilder des Neuen Bauens in Palästina bekannt zu machen. Zum „Chug" vgl. Alona Nitzan-Shiftan: Contested Zionism-Alternative Modernism. Erich Mendelsohn and the Tel Aviv Chug in Mandate Palestine, in: Architectural History. Journal of the Society of Architectural Historians of Great Britain, Vol. 39, 1996: 147–180.

49 Zit. Sharon 1976a: 78.
50 Zum Grundsatzprogramm vgl. Basic Principles of the Government Programme, March 1949, in: Government Year Book 5711 (1950): 50–53. Vgl. auch Sharon 1976a: 78.
51 Vgl. Sharon 1951. Eine kürzere Fassung der Planungsinhalte, vgl. Sharon 1950, erscheint bereits zur Ausstellung 1950. Diese Publikation ist zwar undatiert, verweist im Text aber explizit auf die Ausstellung, so dass sie vermutlich als Begleitband der Ausstellung herausgegeben wurde. Die Ausstellung selbst erregt – zumindest in den Tageszeitungen – kaum Aufsehen. In der Jerusalem Post erscheint am 3. Februar 1950 nur eine kurze Notiz unter dem Titel „Shape of Future Israel on Exhibit in Tel Aviv".

Politiker und Planer bestimmen gleichermaßen die Trias aus Organisation der Einwanderung, Konzepten zur Wirtschaftsförderung und Strategien der Landesverteidigung zu den obersten nationalen Planungsanliegen. Daher finden sich diese Determinanten des Staatsaufbaus, so Sharon 1952, auch im Nationalplan wieder: „Any physical planning that aims to determine the use made of the landed resources of a country, and the shape to be given to it must be based on economic, social, and national-defence considerations."[52] Diese drei Schwerpunkte Einwanderung, Wirtschaft und Verteidigung erklären sich aus der politischen und territorialen Situation Israels und verweisen auf die Bereiche, die dem größten Veränderungsdruck respektive dem größten Druck nach Veränderung ausgesetzt sind:

1. Einwanderung: In den ersten zwanzig Jahren nach der Staatsgründung ist die Bevölkerung von circa 650.000 auf fast 2,5 Millionen Einwohner, das heißt um 375 Prozent angestiegen. Davon sind 60 Prozent auf Einwanderung, die restlichen 40 Prozent auf die natürliche Wachstumsrate zurückzuführen. Die Immigration konzentriert sich besonders auf die ersten vier Jahre. Mit insgesamt 685.000 Immigranten verdoppelt sich in dieser Zeit die jüdische Einwohnerzahl Israels.[53] Diese Einwanderer müssen absorbiert und mit Wohnraum und einer Arbeits- oder Ausbildungsstelle versorgt werden.

2. Wirtschaft: Eine ausgeglichene und landesweite Wirtschaftsstrukturförderung hat es in der vorstaatlichen Zeit aufgrund britischer Restriktionen und der Autonomiebestrebungen zionistischer Landwirtschaftssiedlungen nicht gegeben, so dass eine starke Polarität in der geographischen Verteilung der Wirtschaftskraft im Land entstanden ist. Nach der Staatsgründung behindert vor allem die Finanzschwäche Israels den Ausgleich dieser polaren Struktur. Kriege mit den Nachbarländern verschlingen einen Großteil der Haushaltsmittel. Zugleich brechen die Handelsbeziehungen in der Region zusammen und zwingen Israel zu einer größtmöglichen nationalen Selbstversorgung. Finanziell belastet auch die massenhafte Einwanderung meist mittelloser Immigranten den wirtschaftlichen Aufbau des Landes.

3. Verteidigung: Gewaltsame Auseinandersetzungen und Territorialkonflikte zeigen, wie wichtig eine Armee und eine möglichst breit gestreute jüdische Siedlungsstruktur innerhalb des Staatsgebiets sind. Neben dem Aufbau einer Armee muss es daher das Ziel sein, die Existenz des Staates in seinen Grenzen durch eine strategische Verteilung der Siedlungen zu sichern. Zu den Schwachstellen in der Siedlungskarte zählen periphere, dünn oder überwiegend arabisch besiedelte Ge-

---

52 Zit. Sharon 1952: 66.
53 Vgl. Weinryb 1957: 23 und Brutzkus 1970: 22.

biete.⁵⁴ Im Sinne der Landesverteidigung müssen sie mit einer jüdischen Präsenz ausgebaut werden.

Der in den ersten Jahren nach der Staatsgründung unkontrollierte Zustrom der Neueinwanderer in die Ballungszentren der Küstenregion führt dazu, dass sich die Polarität zwischen den drei agglomerierten Großstädten und einem nur dünn besiedelten Hinterland weiter verschärft. Arieh Sharon warnt auf der Nationalplan-Ausstellung in Tel Aviv 1950 in plakativen Photomontagen vor den Konsequenzen der gegenwärtigen Laissez-faire-Politik (Abb. 4): Wie Kraken breiten sich die Metropolen über das Umland aus, Menschenmengen quetschen sich in Sardinenbüchsen, hektisch mit den Armen rudernde Polizisten sind dem enormen Verkehrsaufkommen nicht gewachsen, und die Bewohner haben aufgrund der mitten in den Städten liegenden, umweltbelastenden Industrie rußgeschwärzte Lungen.⁵⁵ „Planning or Laissez-Faire": der Nationalplan spricht sich in Übereinstimmung mit der Regierung gegen den Wildwuchs und für ein kontrolliertes Aufbrechen der polaren Wirtschafts- und Siedlungsstruktur aus.⁵⁶

Die Strategie, die der polaren Entwicklung entgegengesetzt wird, folgt dem Prinzip der regionalen Strukturförderung (Abb. 5). Ziel ist es, die bisherige Konzentration auf die agglomerierten Großstädte auszugleichen und in eine dezentral gegliederte Wirtschafts- und Siedlungsstruktur umzuwandeln, die auch die vernachlässigten nördlichen und südlichen Landesteile einschließt. Zentrales Steuerungsinstrument ist die planmäßige Verteilung der Bevölkerung, für die alleine im Zeitraum zwischen 1949 und 1963 von der Regierung sechs verschiedene Pläne entwickelt werden.⁵⁷

---

54 Letztere vor allem auch deshalb, weil die arabische Bevölkerung eine fast doppelt so große natürliche Wachstumsrate aufweist wie die jüdischen Bewohner des Landes. Vgl. Lichfield 1971: 8.7.

55 Vgl. Sharon 1950 und Sharon 1976a: 84–85. Sharon gewinnt bereits 1933 den Wettbewerb zur Gestaltung der Histadrut (Gewerkschaft) Ausstellung in Tel Aviv. Auf beiden Ausstellungen 1933 und 1950 setzt er ähnliche visuelle und gestalterische Mittel insbesondere der Plakatgestaltung ein, die an Arbeiten von Herbert Bayer während und nach seiner Zeit am Bauhaus (1925–1928) im Bereich der Werbegraphik erinnern (Sharon lernt von 1926 bis 1929 am Bauhaus). Bayers und Sharons Kunstprinzipien ähneln sich in den Montagetechniken, dem Einsatz der Typographie, der Kombination von sukzessiven und assoziativen Erzähl- und Lesestrukturen. Vgl. beispielsweise Bayers Gestaltung des Buchumschlags für J. L. Sert: Can Our Cities Survive?, Cambridge 1942. Auch hier ist eine Menschenmenge zu sehen, die in eine Sardinenbüchse zusammengepfercht ist.

56 Das Grundsatzprogramm der Regierung, vgl. Basic Principles of the Government Programme, March 1949, in: Government Year Book 5711 (1950): 51, fordert eine größtmögliche Streuung der Bevölkerung über das gesamte Staatsgebiet: „A rapid and balanced settlement of the underpopulated areas of the country and avoidance of excessive urban concentration."

57 Aufgrund der schwer kalkulierbaren Immigrantenströme und der realen Wirtschaftsentwicklung müssen die Angaben zur Bevölkerungsverteilung zwar immer wieder revidiert werden, in den grundlegenden Prinzipien ändert sich dabei aber kaum etwas. Vgl. Brutzkus 1964b: 12 und Dash/Efrat 1964: 27–30, hier insbesondere die graphische Darstellung der Bevölkerungsdichte auf der Siedlungskarte von 1948, 1961 und die Prognose für 1982.

Diese demographischen Pläne bilden zusammen mit dem Nationalplan das konzeptionelle Fundament der Landesentwicklungsplanung. Gemeinsam organisieren sie die Kontingentierung und planmäßige Lenkung der Immigrantenströme. Durch den Aufbau einer regionalen Siedlungsstruktur im Landesinneren und durch die landesweite Förderung von Industrie- und Gewerbeansiedlung steuern sie insbesondere die Besiedlung und Entwicklung der peripheren und bis dahin nur dünn besiedelten Regionen. Wirtschaftlich betrachtet trägt diese geplante Besiedlung und Ausnutzung der brachliegenden Ressourcen in den unterentwickelten Regionen zum Ausbau der nationalen Autonomie und des Prinzips der nationalen Selbstversorgung bei. Militärisch-strategische Überlegungen sprechen zudem für eine dezentrale Regionalförderung, da sie zur Sicherung des Staatsgebietes beiträgt. Auch für Sharon spielen sicherheitspolitische Aspekte für die Konzeption des Nationalplans eine Rolle: „The proposed distribution of the population, accompanied by a comprehensive plan determining the location of settlements, towns, industries and services, is imperative from the national and defence standpoints, and can be fulfilled only by a daring and consistent planning and development policy."[58] Der Nationalplan bestätigt damit die offizielle Raumpolitik Israels, die darauf abzielt, sich durch visuelle Präsenz das Territorium anzueignen und den Staat innerhalb seiner instabilen und gefährdeten Grenzen zu konsolidieren. Über eine flächendeckende und ausgewogene Landesentwicklung soll das Land – einschließlich der im Unabhängigkeitskrieg besetzten Gebiete – in eine staatliche, untrennbare Einheit überführt werden.[59]

Hauptanliegen des Nationalplans ist es, das Verhältnis von Stadt und Land nach dem Prinzip der „inneren Kolonisation"[60] neu zu organisieren. Dabei sollen die Ballungszentren durch Zuzugsrestriktionen entlastet und das Hinterland durch dezentrale Strukturförderung in seiner Attraktivität gesteigert werden. In Israel aber sind die Möglichkeiten, das Hinterland strukturell aufzubauen, sehr begrenzt. Förderung erhalten vor allem die 1948 bereits bestehenden Klein- und Mittelstädte im Landesinneren. Ihre Zahl ist aber so gering, dass sie nur einen Bruchteil der Bevölkerung aufnehmen und daher kaum zur Umschichtung der urbanen Siedlungsstruktur beitragen können. Die landwirtschaftlichen Siedlungen hingegen lehnen eine Verstädterung kategorisch ab. Die Bewohner der Kibbuzim und Moshavim insistieren – ihren Gründungsidealen entsprechend – auf eine größtmögliche Autonomie der Agrarsiedlungen und verweigern die Umwandlung in Klein- oder Mittelstädte. Ihre kollektive respektive genossenschaftliche Organisationsform lässt weder den Zuzug

---

58 Zit. Sharon 1952: 72.
59 Vgl. Dower/Stango 1965: 3–4, Lichfield 1971: 11.15 und Hill 1986: 58.
60 Dieser Begriff wird von A. Brenning: Innere Kolonisation, Leipzig 1909, in die Fachliteratur eingeführt. Er umschreibt die Strategie, Zuwanderer von den Metropolen fernzuhalten und in ein strukturell verbessertes Umland umzuleiten. Zu den Traditionen, auf denen die israelische Landesentwicklungsplanung gründet, vgl. Kapitel 2.4 dieser Arbeit.

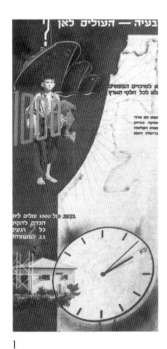
1

2

3

4

5

6

Abb. 4: Nationalplan-Ausstellung, Tel Aviv Museum, Februar 1950, Ausstellungstafeln:
(1) „Täglich treffen 1000 Neueinwanderer ein – alle zwei Minuten muss eine neue Wohnung fertig werden. Wo sollen diese Wohnungen gebaut werden, in den Ballungszentren oder in den Entwicklungsstädten?"
(2) „Tausende von Neueinwanderern mussten zunächst in Zelten untergebracht werden, bevor sie in richtige Wohnungen einziehen konnten."
(3) „Planungsprobleme: 75 % der Bevölkerung konzentrierten sich in den Ballungsgebieten Tel Aviv, Haifa und Jerusalem; das übrige Land war unterentwickelt."
(4) „Wohin mit der Industrie? Konzentrieren oder über die dicht besiedelte Stadt verstreuen?"
(5) „Verkehrsprobleme müssen gelöst werden. Selbst der beste Polizist kann den Ver-kehr nicht leiten, wenn die Stadt schlecht geplant wurde."
(6) „Erweiterung der bestehenden Städte – willkürliches Auswuchern oder gezieltes Planen neuer organisch gewachsener Stadtteile?"
(7) „Planen oder Laissez-faire? 80 Prozent der Einwohner Israels wohnen heute in der Küstenregion (A) – oder – die Bewohner werden auf das gesamte Staatsgebiet verteilt (B)."

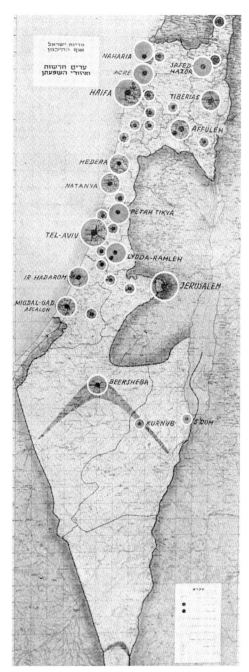

Abb. 5: Nationalplan-Ausstellung, Tel Aviv Museum, Februar 1950, Ausstellungstafel „Verteilung der Bevölkerung auf neue Städte und den südlichen Negev"

von Städtern noch von einer unbegrenzten Zahl von Mitgliedern zu, da die Arbeiten, der Boden, die Einrichtungen und die Wohnmöglichkeiten für eine maximale Personenzahl ausgelegt sind.[61] Damit bleibt allein die Möglichkeit, neue Städte zu gründen, um eine regionale Dezentralisierung zu erreichen. Diese Strategie wird in den 1950er Jahren mit Hochdruck betrieben, so dass eine Vielzahl von neuen Siedlungen und Städten über die israelische Landkarte verteilt entsteht.[62]

In den ersten beiden Jahren nach der Staatsgründung, in denen die planungstheoretischen Grundlagen des Nationalplans erarbeitet und ihre Umsetzung vorbereitet werden, zwingt die massenhafte Immigration nach Israel zu raschem Handeln. Ein Teil der Einwanderer kann in den Besitzungen und Häusern einquartiert werden, die von den Arabern im Unabhängigkeitskrieg auf der Flucht verlassen wurden. Diese liegen zwar überwiegend in oder ganz in der Nähe der Agglomerationszentren, aber Pragmatismus und der Wohnungsnotstand zwingen zu einem Verstoß gegen das Dezentralisierungsprogramm. Anfang 1949 ist jedoch der zur Verfügung stehende Wohnraum bereits ausgeschöpft. Man beginnt mit dem Aufbau einer dezentralen Regionalstruktur, die aber noch ganz in der Tradition der zionistischen Kolonisierungsideologie mittels landwirtschaftlicher Siedlungen steht. Aus dieser Motivation heraus werden zahlreiche Agrarsiedlungen gegründet.[63] Sie bilden funktionale Siedlungseinheiten, die über die Landwirtschaft zu einem großen Teil selbst für die Beschäftigung und Verpflegung ihrer Bewohner sorgen. Im Gegensatz zu komplexen Stadtstrukturen sind sie relativ unkompliziert und schnell aufzubauen, so dass sie zugleich auch das sicherheitspolitische Bedürfnis nach einer raschen jüdischen Präsenz innerhalb des Staatsgebietes bedienen. 1951/1952, nachdem die Aufnahmekapazitä-

---

61 Da Kibbuzim und Moshavim nach dem Prinzip funktionieren, gemeinsam zu erarbeiten, was gemeinsam konsumiert wird, lassen die Bodenbesitzverhältnisse und ihre Bewirtschaftung nur eine begrenzte Anzahl von Mitgliedern zu. Die Kibbuzim, die strenger sozialistisch orientiert und organisiert sind als die Moshavim, fürchten, dass eine zu große Zahl von Mitgliedern die sozialistische Ideologie und das kollektive Fundament der Siedlungen beeinträchtigen könnte. Ist die maximale Zahl der Mitglieder durch natürliches Wachstum erreicht, müssen einige von ihnen abwandern und eine neue Agrarsiedlung gründen. Dieser Mechanismus erklärt sich auch aus der Pionier-Mentalität der zionistischen Siedler, die sich das Land durch Arbeit und immer weiteres Vordringen in neue Gebiete sukzessive erobern wollten. Zur Geschichte, Struktur, Organisation und dem Charakter von landwirtschaftlichen Kollektivsiedlungen vgl. Sharon 1955, Weitz/Rokach 1968: 8–12 und Nazeh Brik: Kibbuz: Legende und Wirklichkeit. Die Rolle des Kibbuz in der zionistischen Siedlungspolitik, Hamburg 1991.
62 Zur Verteilung, Konzeption und Ausführung der neuen Städte vgl. Kapitel 4.1 dieser Arbeit.
63 Das Government Year Book 5711 (1950): 239 meldet, dass seit der Staatsgründung insgesamt 226 landwirtschaftliche Siedlungen durch die Jewish Agency gegründet wurden. Das Government Year Book 5712 (1951/52): 168 erklärt, dass sich die Siedlungsarbeit im vergangenen Jahr vor allem auf die Konsolidierung bestehender Siedlungen konzentrierte, dennoch 53 neue Agrarsiedlungen gegründet wurden. Dieser rückläufige Trend setzt sich im darauffolgenden Jahr fort, in dem nur noch 19 neue Siedlungen errichtet werden, vgl. Government Year Book 5713 (1952): 227.

ten im Bereich der Landwirtschaft und die Auslastung der Wasservorräte erschöpft sind, geht ideologisch wie pragmatisch die Periode der landwirtschaftlichen Pionierarbeit zu Ende.[64] In der nachfolgenden Zeit werden statt landwirtschaftlichen Projekten urbane Zentren aufgebaut, in denen Industrie- und Gewerbeansiedlungen staatlich subventioniert werden. Die Bewohner dieser Städte leben vorübergehend in „ma'abarot" (temporären Lagern aus Zelten und Blechhütten, Abb. 4)[65], während sie selbst am Bau ihres urbanen Umfeldes, ihrer Wohnungen und infrastrukturellen Einrichtungen arbeiten. Damit sind die neuen Städte mit ihren Aufbau- und infrastrukturellen Arbeiten zumindest in den Anfängen Auftraggeber genug, um eine Beschäftigungsgrundlage für die zugewiesene Bevölkerung bereitzustellen. Mit dieser Strategie verlagert sich die Dispersionspolitik der Bevölkerung vom ländlichen auf den städtischen Sektor. Ihr wichtigstes Instrument ist die Gründung sogenannter „New Development Towns".[66]

Besonders der kaum besiedelte Süden des Landes eröffnet die Diskussion, nach welchem Konzept das regionale Siedlungsnetz aufgebaut werden soll. Ohne von bestehenden Strukturen beeinträchtigt zu werden, bietet sich hier die Möglichkeit, theoretische Modelle zur Neustrukturierung von Stadt und Land zu erproben.[67] In Israel entscheidet man sich für das Modell des hierarchischen und dezentralen Strukturaufbaus. Das Idealkonzept der hierarchischen Ordnung sieht eine urbane Struktur vor, die von den landwirtschaftlichen Siedlungen als kleinste Einheit (A) bis zu den Metropolen (E) reicht. Diese beiden Einheiten bilden die Eckpunkte einer fünfstufigen Skala, in der die Siedlungen gemäß ihrer Größe und Funktionen unterteilt sind. Die kleinsten Einheiten, sogenannte A-Zentren, bestehen aus kollektiven und kooperativen Agrarsiedlungen sowie kleinen Dörfern mit maximal 100 Familien beziehungsweise 500 Einwohnern. Ihre täglichen Bedürfnisse werden

---

64 Vgl. Weinryb 1957 und Brutzkus 1964b. Sharon 1950: 3 wagt 1950 die Prognose, dass etwa 20 Prozent der Gesamtbevölkerung in Israel im Agrarsektor unterkommen werden. Dash et al. 1964: 16–19 schreiben, dass sich mit circa 400 neuen Agrarsiedlungen, die zwischen 1948 und 1964 gegründet werden, der Anteil der Agrar-Bevölkerung von 12,7 auf 17 Prozent erhöht hat. Laut Brutzkus 1970: 42–43 ist diese Entwicklung nur wenige Jahre später wieder rückläufig, da 1968 ihr Anteil nur noch 9,2 Prozent beträgt. Für eine grundlegende Studie zu den Agrarsiedlungen in Israel vgl. Weitz/Rokach 1968.
65 Zur Konzeption der „ma'abarot" vgl. Government Year Book 5721 (1960/61): 401–402.
66 Dieses Kapitel beschäftigt sich vor allem mit den strukturräumlichen Planungen. Zu den städtebaulichen Umsetzungen am Beispiel Beer Sheva vgl. Kapitel 4.
67 Vgl. Lichfield 1971: 8.10–8.16. Lichfield zeigt, dass in Israel unterschiedliche Modelle der Regionalplanung diskutiert werden. Die Entwicklung von Trabanten- und Bandstädten sowie von Wachstumskorridoren wird verworfen, da diese Modelle in ihren Strukturen stark auf Metropolen ausgerichtet sind und kaum den Aufbau eines selbständigen, dezentralen Siedlungsnetzes fördern.

überwiegend durch Selbstversorgung im Kollektiv gedeckt; eine Basisversorgung gemeinschaftlicher Einrichtungen ist vor Ort gegeben. Das andere Ende der Skala, sogenannte E-Zentren, bilden die drei Metropolen Tel Aviv-Yafo, Haifa und Jerusalem. Sie sind Großstädte mit mindestens 100.000 Einwohnern, die im Hinblick auf Wirtschaft, Verwaltung, Kultur und Bildung regionale und nationale Funktionen wahrnehmen. In Israel sind fast ausschließlich diese beiden Typen – Großstadt und landwirtschaftliche Siedlung – vorhanden, eine intermediäre Struktur muss erst errichtet werden. Sie ist unterteilt in B-Zentren als Dorfgruppenzentren mit circa 2000 Einwohnern, C-Zentren als ländlich-städtische Zentren mit 6000 bis 12.000 Einwohnern und D-Zentren als Mittel- respektive Kreiszentren mit 40.000 bis 60.000 Einwohnern.[68] Die Dorfgruppenzentren (B) dienen etwa drei bis fünf Agrarsiedlungen oder Dörfern (A-Zentren) in ihrer Umgebung als sozialer, kultureller und wirtschaftlicher Mittelpunkt. Sie sind mit Grundschulen, Kindergärten, Kranken- und Polizeistationen, kulturellen und religiösen Einrichtungen, Handwerksbetrieben und größeren Geschäften für Lokaldienste ausgestattet. Städtische Zentren (C) versorgen circa 30 Siedlungen im Umkreis von 12 bis 20 Kilometern mit einem ausgeweiteten Angebot an Geschäften, Industrie- und Handwerksbetrieben sowie weiteren Kultur- und höheren Bildungseinrichtungen. Die Kreisstädte (D) schließlich fungieren mit ihren höheren Regierungsbehörden, Krankenhäusern, Banken und übergeordneten Bildungs-, Kultur- und Sozialeinrichtungen als regionale Zentren. Diese „zentralen Orte"[69] sind auch als zukünftige Standorte größerer industrieller Unternehmungen vorgesehen. Da Israels Industrie überwiegend zu dem Sektor der standortungebundenen Leichtindustrie gehört, kann diese entsprechend dem Regierungskonzept relativ flexibel auf die Entwicklungsregionen und die zukünftigen Mittelzentren verteilt werden.[70] Da dort zugleich bessere Standortbedingungen (größere Flächen und günstigere Arbeitskräfte) als in den Großstädten herrschen, ist mit einer dezentralen Struktur beiden Seiten gedient: der Entlastung der Großstädte zugunsten des Hinterlandes und der konjunkturellen Förderung der Industrie.

Um einen Übertrag dieses Idealmodells der hierarchischen Regionalstruktur in die israelische Siedlungskarte vorzunehmen oder zumindest dies anzustreben, wird das Staatsgebiet in Zonen und Planungsregionen eingeteilt. Erstere gliedern sich in eine nördliche, eine zentrale und eine südliche Zone sowie den Jerusalem-Korridor. Diese wiederum sind in insgesamt 24 Planungsregionen unterteilt. Die Grundlage der Einteilung bilden geographische und wirtschaftliche Faktoren, das Vorhandensein

---

68 Vgl. Sharon 1951: 7–9 und Brutzkus 1964a: 20. Der Regierungsbericht im Government Year Book 5718 (1957): 437–439 beschreibt die gleiche Struktur, nennt aber abweichende Einwohnerzahlen.
69 Walter Christaller erarbeitet 1933 eine Theorie der zentralen Orte, vgl. Christaller 1968 und Kapitel 2.4 dieser Arbeit.
70 Vgl. Sharon 1951: 14.

von Bodenressourcen, Kommunikationsstrukturen und historische Merkmale. Mit circa 75.000–100.000 Einwohnern bildet jede Region eine eigenständige geographische Einheit. In jeder Region ist ein Mittelzentrum – meist in Form einer neu zu gründenden Stadt – vorgesehen, von dem der Aufbau der regionalen Struktur bestehend aus untergeordneten urbanen und ländlichen Siedlungen (A-, B- und C-Zentren) ausgeht.[71] 1953 werden die 24 Planungsregionen neu strukturiert und zu insgesamt 14 Bezirken zusammengefasst. Zugleich werden die neuen Bezirke nach der Dringlichkeit einer gezielten Entwicklung klassifiziert.[72] Ausgehend von der Küstenregion, in der keine Wachstumsförderung vorgesehen ist, nimmt der Entwicklungsbedarf in konzentrischer Weise zu den Landesgrenzen hin zu. Oberste Entwicklungspriorität wird demnach im Süden dem Negev und im Norden dem Gebiet Galiläa, das an den Libanon und an Syrien grenzt, bescheinigt.

Um einen Landesentwicklungsplan von der Tragweite des israelischen Nationalplans auch nur ansatzweise realisieren zu können, bedarf es wichtiger Steuerungsfaktoren der Raumplanung, die in Israel größtenteils vorhanden sind:

1. ein amtlicher Planungsapparat – verzögert sich zwar in seinem Aufbau, aber in den entscheidenden Jahren 1949 bis 1951, in denen die Weichen für den Staatsaufbau gestellt werden, liegen die Planungskompetenzen konzentriert am Amt des Premierministers Ben Gurion. Mit seiner Autorität und der Kompetenz der im Planungsteam zusammengestellten renommierten Fachkräfte gelingt es, auch ohne gesetzliche Absicherung, die fundamentalen Richtlinien der Raumplanung festzulegen und umzusetzen.
2. ein großes Bevölkerungspotential – ist in Israel, nachdem die Einwanderungsrestriktionen der britischen Mandatsregierung abgeschafft worden waren und eine Masseneinwanderung eingesetzt hatte, reichlich vorhanden.[73] Für den Staat bedeuten die Einwanderer eine flexible und steuerbare Masse, die entsprechend der Raumpolitik im Land verteilt werden kann. Dabei lassen sich Neueinwanderer leichter räumlich dirigieren als die Gruppe der „Vatikim", die bereits vor der Staatsgründung eingewandert und sesshaft – das heißt immobiler – geworden sind. Durch lokale Vorgaben im Wohnungsbau, Subventionierung von Industrie-

---

71 Vgl. Sharon 1951: 11 und Sharon 1952: 69–70.
72 Vgl. Brutzkus 1964a: 19–20 und Dash/Efrat 1964: 26.
73 Die Government Year Books verzeichnen in den ersten drei Jahren bis 1951/52 jährlich circa 200.000 Einwanderer. Strong 1971: 135 schreibt, dass in der Hochphase vom März 1949 täglich 1000 Immigranten in Israel ankommen. Anfang der 1950er Jahre unterbinden vor allem osteuropäische Staaten die Auswanderung der jüdischen Bevölkerung nach Israel. Etwa zur gleichen Zeit hat sich auch die Einwanderung ehemaliger Insassen aus Displaced-Persons-Lagern erschöpft, so dass die Zuwanderung in Israel ab 1952 zunächst stagniert. Ab Mitte der 1950er Jahre setzen dann vor allem Einwanderungen aus nordafrikanischen Ländern ein. In einer weiteren Einwanderungswelle nach dem Sechs-Tage-Krieg 1967 wandern verstärkt westeuropäische und amerikanische Juden in Israel ein. Vgl. auch Lipshitz 1998: 38–59.

und Gewerbeansiedlung und durch ein Steueranreizsystem können Migranten in verschiedene Regionen gelenkt werden. Die Zielgruppe der direktiven Regierungspolitik bilden die Neueinwanderer. Sie kommen meist mittellos nach Israel und sind in der Ansiedlung und der Beschäftigungssuche stark auf die Hilfe der Regierung und der Jewish Agency angewiesen.[74]

3. eine umfassende Verfügbarkeit über Grund und Boden – ist in Israel gegeben. Die Besitzungen des Jüdischen Nationalfonds, der seit seiner Gründung 1901 dem Grundsatz der Unveräußerlichkeit des Bodens folgte und den jüdischen Siedlern das Land nur auf Pachtbasis überließ, gehen an den Staat über. Durch die Verabschiedung des „Absentee Property Law" im Frühjahr 1950 verfügt der Staat auch über den Grund und Boden, der von den arabischen Besitzern im Unabhängigkeitskrieg verlassen wurde.[75] Damit befinden sich gut 93 Prozent des staatlichen Territoriums in öffentlicher Hand, über das die Regierung nahezu uneingeschränkt verfügen kann. Dieses Verfügungsrecht wird im Juli 1960 durch das „Basic Law: Israel Lands" bestätigt, das offiziell die Unveräußerlichkeit des öffentlichen Bodens festlegt.[76] Der Staat ist nicht nur größter Grundbesitzer, sondern zugleich auch größter Bauherr im Land. Staatliche, genossenschaftliche und gewerkschaftliche Wohnungsbaugesellschaften sind für nahezu alle großen Wohnungsbauprojekte zuständig.[77] Das senkt die Kosten sowohl für die umfangreichen Bauprojekte als auch für die infrastrukturellen Maßnahmen, die Israel im Rahmen der Landesentwicklung durchzuführen hat.

---

74 Vgl. Brutzkus 1964b: 11. Dass die Regierung ihre Steuerungskompetenz und -macht im nationalen Interesse und oftmals gegen die Entscheidung der Immigranten einsetzt, zeigen Ereignisse wie beispielsweise im Juli 1964. Eine Gruppe von 109 jüdischen Einwanderern aus Nordafrika widersetzte sich beim Einlaufen im Hafen von Haifa der Direktive, in der Negev-Siedlung Ofakim (5000 Einwohner) zu siedeln. Erst unter Androhung des Verlustes sämtlicher Einwanderungssubventionen – Steuervergünstigungen, Vermittlung einer Wohnung und eines Arbeitsplatzes, Finanzierung der Schulausbildung der Kinder – erklären sich die Familien bereit, in Ofakim zu siedeln. Vgl. Yaacov Friedler: Immigrants demand city housing, ordered ashore, in: The Jerusalem Post, 27.07.1964: 6 sowie Dower/Stango 1965: 19–20 und Brutzkus 1970: 33.

75 Als Reaktion auf die UN-Resolution 194 im Dezember 1948, die das uneingeschränkte Rückkehrrecht der arabischen Flüchtlinge zu ihren Besitzungen in Israel fordert, unterstellt Israel das von den arabischen Besitzern verlassene Land als „Absentee Property" einem Verwalter innerhalb des Finanzministeriums. Trotz zahlreicher Proteste, vor allem auch arabischer Israelis, deren Besitz durch zeitweilige Abwesenheit von Grund und Boden ebenfalls unter das Gesetz fällt, wird dieses Land sukzessive enteignet und in Staatseigentum überführt. Unterschiedliche Schätzungen sprechen von 30.000 Hektar bis 100.000 Hektar, die von arabischem Besitz an den Staat übergehen. Vgl. Don Peretz: Early State Policy towards the Arab Population, 1948–1955, in: Silberstein 1991: 82–102, hier: 93. Statistik der Bodenbesitzverhältnisse in Israel 1949 in: Kark 1995: 479–480.

76 Vgl. Strong 1971: 134. Ungünstigerweise liegen die restlichen sieben Prozent, die sich im privaten jüdischen oder arabischen Besitz befinden, vor allem in Küstennähe und im Umkreis der Metropo-

4. die Finanzierung der Landesentwicklungsplanung – stellt ein großes Problem dar, da Israel in der Gründungsphase kaum Gewinne erwirtschaften kann. Statistiken zum Kapitalfluss zeigen, dass ohne die finanzielle Unterstützung der Jewish Agency, privater und staatlicher Investoren aus dem Ausland (insbesondere den USA) sowie durch die Reparationszahlungen der Bundesrepublik Deutschland ab 1953 der Staatsaufbau Israels in große finanzielle Schwierigkeiten geraten wäre.[78]

In Israel sind damit – abgesehen von den finanziellen Problemen – gute Voraussetzungen für eine konsequente Umsetzung der in der Theorie entwickelten Landesplanung gegeben. Die entscheidenden Faktoren – Land, Leute und ein zentraler Steuerungsapparat – stehen zur Verfügung. Ein in weiten Teilen nahezu unbesiedeltes Hinterland hat außer den klimatischen und geographischen Gegebenheiten den theoretischen Planspielen der Raumplanung nichts entgegenzusetzen und bietet sich als Experimentierfeld für Planer und Politiker dar. Hier, so glaubt man, können strukturtheoretische Modelle mit aller Konsequenz umgesetzt werden und mit einem ebensolchen Engagement gehen die Planer an ihre Arbeit. „Israel presents today not only great scope but also a comparatively free field for national Planning. [...] Most of the country is still underdeveloped, underpopulated and unplanned", beschreibt Sharon die Planungsvoraussetzungen in Israel, so dass sich weite Möglichkeiten eröffnen, das Land, den Lebensraum und darüber hinausgehend auch das Volk zu formen.[79] Umfassende Gestaltungskompetenzen und -möglichkeiten erhalten die am Nationalplan beteiligten Architekten um Arieh Sharon vor allem dadurch, dass sie nicht nur für Richtlinien der Landesplanung, sondern auch für die Masterpläne der sogenannten „New Development Towns" verantwortlich zeichnen, die Bestandteil des Nationalplans sind. Obwohl die einzelnen Planungsarbeiten noch nicht abgeschlossen sind, beginnt man bereits mit ihrer Umsetzung. Die Strategie der schnellen, flächendeckenden Streusiedlung hat, wie am Beispiel der neuen Entwicklungsstadt Beer Sheva gezeigt wird, schwerwiegende Konsequenzen für die Gestaltung

---

len – hier werden sie zu besonders interessanten Spekulationsobjekten. Vgl. Brutzkus 1970: 5 und Kark 1995: 478–480, dort vor allem Tabelle 21.1: Land Ownership in the State of Israel, 1949.

77 Die Forderung – „the municipality shall be both the landlord and the builder" – war von Zimmerman 1927: 8 und Ascher 1943: 5 schon vor der Staatsgründung geäußert worden, um die Baukosten radikal zu reduzieren. 1939 wird von der Gewerkschaft (Histadrut) mit der Shikun Ovdim Company eine erste Wohnungsbaugesellschaft gegründet. Vgl. Histadrut Cooperative Housing, Broschüre des Wohnungsbauministeriums, Israel 1964. Andere Genossenschaftsgründungen, wie beispielsweise Rassco, Amidar und Mish'hab, folgen mit jeweils unterschiedlichen Zielgruppen für ihre Wohnbauten. Vgl. Israel Builds 1964 und Strong 1971: 188–190.

78 Vgl. Strong 1971: 143–145. Erschwerend für die Aufbauarbeiten ist, dass Israel infolge der jüdisch-arabischen Kriege einen Großteil der Finanzen in Aufrüstung und Verteidigung stecken muss.

79 Zit. Sharon 1950: o. S. [1].

der neuen Städte und die Ausformung ihres urbanen Charakters. Bereits nach wenigen Jahren werden die Defizite der neu gegründeten Städte sichtbar. Damit setzt auch die Erkenntnis ein, dass das Idealmodell der hierarchischen Siedlungsstruktur nur sehr bedingt zu realisieren ist. Dennoch wird die im Nationalplan skizzierte Landesplanung mit ihrer Strategie der neuen Stadtgründungen bis in die 1960er Jahre fortgesetzt.[80] Dies zeigt, wie stark die Raumplanung von der Regierung instrumentalisiert wird, um ihre politischen, territorialen und sicherheitsstrategischen Interessen durchzusetzen. Diese Interessen werden, entsprechend dem staatspolitischen Konzept der „mamlachtiut" (Staatlichkeit) von Ben Gurion, über die partikularen Bedürfnisse der Gesellschaft und der Industrie gestellt. Dieser Vorwurf ist nicht nur der Regierung zu machen. So sehr diese ihre politischen Ambitionen verfolgt, so konsequent verfolgen auch die Planer ihre idealtypischen Modelle und Vorstellungen in der Landesplanung und im Städtebau. Zum einen setzen sie die Traditionen zionistischer Siedlungspolitik fort. Zum anderen rezipieren sie unterschiedliche städtebauliche Leitbilder aus Europa und den USA, die dort entwickelt werden, um das urbane Wachstum zu regulieren und die regionale Struktur zu fördern. Beides wird zumindest in den 1950er Jahren ohne große Reflexion über den konkreten Ort und die gegebenen Umstände in die israelische Siedlungskarte eingeschrieben. Eine Ausnahme bildet allenfalls Jerusalem. Bevor die Strategien des Nationalplans an den Beispielen Jerusalem und Beer Sheva vor dem Hintergrund von Politik und Ideologie in ihrer städtebaulichen und architektonischen Umsetzung diskutiert werden, sollen zuvor die Bemühungen um einen Landesentwicklungsplan in den europäischen Städtebaudiskurs des 20. Jahrhunderts und in die zionistischen Traditionen eingeordnet werden. Die Traditionen und Vorbilder der israelischen Raumplanung lassen dabei die verschiedenen politischen und ideologischen Intentionen der staatlichen Raumpolitik deutlicher zu Tage treten.

2.4 Israels Landesentwicklungsplanung im Kontext zeitgenössischer europäischer Städtebauideen

Israel steht nach der Staatsgründung vor der Herausforderung, erstmals einen umfassenden Landesplan zu entwickeln. Obwohl der Staat zu den am stärksten urbanisierten Nationen der Welt zählt, kann er dennoch nicht auf eigene regionalplanerische oder städtebauliche Erfahrungen oder gar auf einen Prototyp der „jüdischen Stadt" zurückgreifen, um sich daran beim Aufbau des Landes zu orientieren.[81] Der

---

80 Zu den Planungen der Entwicklungsstädte und der Kritik an ihnen vgl. Kapitel 4 dieser Arbeit.

Zionismus entsteht als anti-urbane Bewegung, deren vorstaatliche Siedlungsaktivitäten sich vor allem auf die Gründung von landwirtschaftlichen Kleinsiedlungen in Form von Kibbuzim und Moshavim konzentrieren. Eine Auseinandersetzung über Richtlinien und Konzepte der Stadt- und Regionalplanung findet im Zionismus kaum statt. Mit der Gründung einer technischen Hochschule in Haifa (Technion) werden ab 1925 zwar Architektur und Ingenieurswissenschaften in Palästina gelehrt, eine Abteilung für Städtebau und Regionalplanung aber wird erst 1953 eingerichtet.[82] Der Versuch, mit Afula 1925 eine neue und zugleich rein jüdische Stadt außerhalb der prosperierenden Küstenregion zu gründen, scheitert. In den fruchtbaren Yizre'el Tälern gelegen kann sich eine als urbanes Zentrum konzipierte Siedlung nicht gegen die Kibbuzim und Moshavim und das Primat des landwirtschaftlichen Pionierideals durchsetzen. Isoliert von ihrem Umland bleibt sie ein unbedeutendes Provinzdorf.[83] Demnach beschränken sich die Erfahrungen der israelischen Architekten in strukturräumlicher Planung und städtebaulicher Praxis allein auf die Gründung landwirtschaftlicher Siedlungen sowie den Bau städtischer Erweiterungen und Vorortsiedlungen in den Agglomerationszentren Tel Aviv-Yafo, Haifa und Jerusalem.

Nach der Staatsgründung bemühen sich die Planer um Arieh Sharon, Leitbilder für den Städtebau und die Regionalplanung zu formulieren. Aus nationalgeographischen und strategischen Gründen werden dabei zunächst die vorstaatlichen Kolonisierungsbestrebungen fortgesetzt. Obwohl diese primär auf das Ideal der landwirtschaftlichen Siedlung und einer ebensolchen Lebensweise ausgerichtet sind, werden dennoch ihre Motive, Strukturen und Methoden auf urbane Siedlungsmodelle übertragen. In den theoretischen Grundlagen und Modellvorstellungen rekurriert der Nationalplan vor allem auf die städtebaulichen Reformbestrebungen in Europa und den USA, die seit Beginn des 20. Jahrhunderts im Kontext der rationalen und funktionalen Neugliederung von Stadt und Region diskutiert werden. Dabei werden die städtebaulichen Reformvorstellungen unterschiedlich – mal in ihren Methoden, mal in ihren Inhalten – rezipiert. Die Aussage israelischer Planer, man löse sich von den britischen Planungsdirektiven, die für die bipolare Entwicklung des Landes verantwortlich gemacht werden, ist dabei als demonstrativ rhetorische Abkehr von britischer Bevormundung zu lesen. Es wird aber deutlich, dass es auch

---

81 Vgl. Mark Segal: „The Urban Mess", in: The Jerusalem Post, Weekend-Magazine, 22.09.1972: 7: „Four of every five Israelis live in the cities, but the nation doesn't have an urban philosophy."
82 Vgl. Ankündigung der Eröffnung in: JAEAI, Vol. XI, No. 3, January 1953: 3. Zur Geschichte des Technion vgl. Alpert 1982.
83 Vgl. Spiegel 1966: 109–112, Abbildung des Siedlungsplans von Richard Kauffmann für Afula 1925 in: Peters 1962: 26. Das Problem ist, dass die Agrarsiedlungen den Verkauf ihrer Produkte direkt mit den Kooperativen „Tnuva" und „Ha'mashbir", die überwiegend in Tel Aviv sitzen, abwickeln und daher nicht auf Zwischenhandelsplätze wie Afula angewiesen sind.

nach der Unabhängigkeit Israels wiederum britische Planungen und Projekte sind, die die Entwicklung Israels grundlegend beeinflussen. Vor allem über israelische Architekten, die zum Teil ihre Ausbildung in Europa erhalten haben, und über britische Planer und Architekten, die zur Begutachtung verschiedener Projekte nach Israel eingeladen werden, gelangen städtebauliche und regionalplanerische Modelle aus Großbritannien nach Israel und werden in modifizierter Form in den Flächennutzungs- und Bebauungsplänen eingesetzt. Die Genese israelischer Stadt- und Regionalplanung sowie ihrer Motivation im Kontext ihrer europäischen Vorbilder gilt es im Folgenden darzustellen.[84]

Zwei international weit verbreitete Problemstellungen dominieren als Konsequenz aus der zunehmenden Industrialisierung und Urbanisierung seit Mitte des 19. Jahrhunderts städtebauliche Diskussionen, die sich auch in der israelischen Landesentwicklungsplanung wiederfinden: die Neustrukturierung der großen Städte und die Neuorganisation des Verhältnisses zwischen Stadt und Land. Dieser Reformbedarf ist auf die Ablehnung der Großstadt mit ihrem unkontrollierten Wachstum und ihrem ungehemmten Übergreifen auf das Umland zurückzuführen.[85] Metropolenbildung, und hier setzt die Kritik der Landes- und Regionalplanung an, vernachlässigt den übergeordneten, gesamtstaatlichen Entwicklungsrahmen und führt zu einer monofunktionalen Konzentration der wirtschaftlichen und sozialen Produktivkraft in den urbanen Zentren. Solche polaren Wirtschafts- und Siedlungsstrukturen seien nicht in der Lage, so die israelischen Planer Arieh Sharon und Eliezer Brutzkus, ökonomische Schwankungen des Marktes aufzufangen, wie es beispielsweise die Weltwirtschaftskrise 1928–32 gezeigt habe.[86] Auch für die Missstände in der städtischen Gesellschaft und ihrer Lebensform werden die Industrialisierung sowie die

---

84 Es ist nicht Ziel dieses Kapitels, einen Überblick über die städtebaulichen Reformvorstellungen und Entwicklungen in Europa und den USA zu geben, die Einfluss auf die israelische Stadt- und Regionalplanung hätten nehmen können. Aus der Vielzahl der plantheoretischen Modelle werden statt dessen nur jene herausgegriffen, die in Israel nachweislich diskutiert und erprobt werden.

85 In Europa ist dafür vor allem die Industrialisierung verantwortlich, die mit den einsetzenden Wanderbewegungen einen Strukturwandel auslöst. Dieser Strukturwandel beinhaltet sowohl eine Verschiebung der Menschenmassen als auch der Produktionsprozesse. Auf der Suche nach Arbeit dringen Menschenmassen vom Land in die Städte, während das Bürgertum aus den zunehmend verdichteten Innenstädten und ihren ungesunden Lebensbedingungen hinaus in die Randgebiete oder Siedlungen im Umland flüchtet. Produktionsprozesse verlagern sich von den Stadträndern und vom Land zunächst in das Innere der großen Städte, um dann – zusammen mit dem Wachstum der Stadt – wieder in die Randgebiete verlegt zu werden. Als Negativbeispiele hochverdichteter Städte mit katastrophalen sozialen und hygienischen Verhältnissen gelten beispielsweise Chicago, London und Berlin. Zu den Standard-Übersichtswerken der Städtebaugeschichte zählen immer noch Lewis Mumford: Die Stadt. Geschichte und Ausblick, Köln 1963 (engl. Originalausgabe 1961), Ernst Egli: Geschichte des Städtebaus, Band 3: Neue Zeit, Zürich/Stuttgart 1967, Leonardo Benevolo: Geschichte der Stadt, Frankfurt 1983 (ital. Originalausgabe 1975), Vittorio Magnago Lampugnani: Architektur und Städtebau des 20. Jahrhunderts, Stuttgart 1980.

Misere der unkontrolliert wachsenden Großstadt verantwortlich gemacht. Städtebauliche Reformbewegungen werden daher von der Vorstellung getragen, mit der Neuordnung der Städte zugleich eine Neuordnung der Gesellschaft, insbesondere der städtischen Massen, herbeizuführen.[87] In der Organisation und Kontrolle des städtischen Wachstums sowie der strukturräumlichen Zuordnung der Bevölkerung sehen Stadtplaner und Sozialreformer daher die zentrale Herausforderung im 19. und 20. Jahrhundert. Die Bandbreite der entwickelten Reformmodelle reicht dabei von durchgrünten Hochhausstädten über die räumliche Streuung von Trabantenstädten im Umkreis der Metropolen bis hin zur vollständigen Auflösung der Großstädte und der Rückkehr in ländlich-dörfliche Kleinsiedlungen.

Auch in Palästina/Israel werden strukturräumliche Reformmodelle zur Regulierung des städtischen Wachstums, zur Wiederherstellung des suburbanen Gleichgewichts und zur Stärkung der Region sowohl vor als auch nach der Staatsgründung diskutiert.[88] In Palästina/Israel sind ähnliche Phänomene der unkontrollierten Agglomerationsbildung zu beobachten, auch wenn diese weniger mit einer fortschreitenden Industrialisierung als mit der kolonialen Siedlungsgeschichte zu erklären sind. Vor allem das von der britischen Mandatsregierung erlassene White Paper von 1939 schränkt die jüdischen Ansiedlungsmöglichkeiten fast ausschließlich auf die drei großen Städte des Landes ein, so dass Tel Aviv, Haifa und Jerusalem zwangsläufig kontinuierlich und schnell wachsen.[89] Im Zionismus lassen sich Ansätze zur Neugliederung respektive zur Auflösung der Großstädte nicht durch ein wirtschafts- und sozialgeographisches Reformbedürfnis erklären, sondern sind auch auf das zionistische Kolonisierungsideal zurückzuführen, das den Stadtmenschen ablehnt und den landwirtschaftlichen Arbeiter in kollektiven Siedlungsstrukturen fördert.[90] Zu den wichtigen Theoretikern, die auch in Palästina/Israel rezipiert werden, zählen

---

86 Sharon 1952: 69 und Brutzkus 1970: 18 verweisen auf die Weltwirtschaftskrise, wo durch das Wegbrechen der Märkte, durch Betriebsstilllegungen und Produktionseinbrüche vor allem in den Großstädten – weniger in den kleinen Städten – Massenarbeitslosigkeit und Wohnungsnotstand in zuvor unbekanntem Ausmaß eintreten. Um dieser Gefahr vorzubeugen, müsse eine ausgeglichene Wirtschafts- und Siedlungsgeographie angestrebt werden.

87 Sharon 1967: 2 spricht in einem Vortrag von der sozialen Verantwortung der Architekten, über Architektur und Städtebau maßgeblichen Einfluss auf die Gesellschaft nehmen zu können. Le Corbusier hatte dieses soziale Engagement der Architekten schon 1922 mit der schlagkräftigen Parole: „Baukunst oder Revolution" eingefordert. Vgl. Le Corbusier: Vers une Architecture, 1922, dt. Übers.: Le Corbusier 1922, Ausblick auf eine Architektur, hrsg. von Hans Hildebrandt, Braunschweig/Wiesbaden 1982: 201.

88 Zusätzlich zu den fast jährlich stattfindenden Konferenzen der Architekten- und Ingenieursvereinigung in Palästina/Israel wird beispielsweise im November 1943 ein Symposium zu Planungs- und Entwicklungsproblemen und im April 1954 eines zum gemeinnützigen Wohnungsbau abgehalten. Vgl. JAEAP, Vol. V, No. 2, Dec. 1943 und JAEAI, Vol. XII, No. 4, July-Sept. 1954.

89 Vgl. auch Kapitel 2.2 dieser Arbeit.

90 Vgl. auch Kapitel 2.5 dieser Arbeit.

insbesondere die britischen Planer, Philanthropen und Sozialwissenschaftler Ebenezer Howard, Raymond Unwin, Patrick Geddes und Lewis Mumford.[91] Die von ihnen entwickelten stadt- und regionalplanerischen Konzepte unterscheiden sich zwar untereinander, ihnen gemeinsam aber ist die Verknüpfung technisch-räumlicher Strukturmodelle mit gesellschaftlichen Reformbestrebungen, die für die ideologisch aufgeladene Landesplanung in Israel von besonderer Bedeutung ist. Der Einfluss von Geddes und Mumford ist besonders groß, da beide als Planer und Berater für zionistische und britische Unternehmungen in Palästina sowie städtebauliche Projekte in Israel tätig sind. Geddes arbeitet im Auftrag der britischen Regierung vor allem 1919–25 an Stadterweiterungs- und Siedlungsplänen unter anderem für Jerusalem, Talpioth, Haifa, Tiberias und Tel Aviv. Mumford wird von der israelischen Regierung besonders für die Planungen in Jerusalem nach 1967 zur Beratung hinzugezogen. Mumford und Geddes, aber auch Howard und Unwin, behandeln die Stadt und ihre Region als zusammenhängenden sozialen, wirtschaftlichen und kulturellen Organismus. Der Zustand und die räumliche Form von Stadt und Region sowie ihr Verhältnis zueinander unterliegen in ihren Augen einem evolutionären, dynamischen Prozess, der zugleich die Veränderungen in der Gesellschaft widerspiegelt. Die Vorstellung von der Stadt als Organismus folgt dem biologischen Konzept des Organischen, in dem ein Ganzes nach natürlichen Gesetzmäßigkeiten funktional gegliedert ist, wobei jede klar definierte Einzelheit zur Gesamtheit eines lebendigen Organismus beiträgt.[92] Drei Faktoren, so formuliert es Geddes, bestimmen dabei die räumliche und soziale Gestalt der Stadt: Folk, Work, Place. Auf sie beruft sich auch Arieh Sharon bei seiner Arbeit am Nationalplan, indem er sie als Gesellschaft, Funktionsfähigkeit/Organismus und räumliches Umfeld interpretiert und zur Grundlage seiner regionalen und städtischen Ordnungsversuche macht: „By thoroughly surveying

---

91 Zum Einfluss britischer Modelle der Stadt- und Regionalentwicklung vgl. Cherry 1981, Abrahamson 1993 und Hyman 1994. Zu den wichtigsten Publikationen der genannten Reformer, die von den in Palästina/Israel tätigen Planern immer wieder zitiert werden, zählen: Ebenezer Howard: To-Morrow: a Peaceful Path to Real Reform (1898), Raymond Unwin: Town Planning in Practice(1909) und Nothing Gained by Overcrowding (1912), Patrick Geddes: Cities in Evolution (1915) und Lewis Mumford: Culture of Cities (1938). Mumfords Grundlagenwerk über die Entwicklung der Stadt reicht Sharon an Ben Gurion weiter, um ihn von der Notwendigkeit und der Funktionsfähigkeit nationaler Planungen zu überzeugen. Vgl. Sharon 1976a: 80.

92 Mit diesen kurzen Ausführungen sind die wichtigsten Gemeinsamkeiten der Städtebautheoretiker skizziert; auf Unterschiede oder nähere Details muss im Kontext dieser Arbeit verzichtet werden. Vor allem der Soziologe und Biologe Geddes überträgt die Theorie evolutionärer Prozesse aus der Biologie auf die Formation und das Wachstum städtischer und regionaler Siedlungsstrukturen. Zu Geddes vgl. Meller 1981 sowie Helen Meller: Patrick Geddes. Social evolutionist and city planner, London 1990, Volker Welter: The Geddes Vision of the Region as City – Palestine as a „Polis", in: Fiedler 1995: 72–79 und ders.: Biopolis: Patrick Geddes and the city of life, Cambridge 2002.

and reviewing each of the factors, and bearing their inter-dependence in mind, we can proceed to prepare a comprehensive plan for a given planing region."[93] Nur unter der Berücksichtigung und organischen Verschmelzung dieser Faktoren des Ortes, der Gesellschaft und ihrer produktiven Lebenswelt könne, so Sharon, ein Landesentwicklungsplan entstehen. Seine oberste Aufgabe sei es, die Nutzung des Landes (Place) durch die Klassifizierung landwirtschaftlicher und städtischer Flächen zu optimieren, um darüber hinausgehend maximale Produktivität (Work) und größtmögliche Zufriedenheit der Gesellschaft (Folk) durch den Aufbau kultureller, sozialer und wirtschaftlicher Beziehungen zu erlangen.

Um dieses Ziel zu erreichen, schlägt Sharon zwei Methoden zur Neuordnung der Städte und ihres Verhältnisses zur Region auf Israel vor: „Dezentralisierung" und „innere Kolonisation". Beide sind darauf angelegt, das Wachstum der Großstädte durch Zuzugsrestriktionen zu regulieren und zugleich die Region durch infrastrukturelle Fördermaßnahmen in ihrer gesellschaftlichen, wirtschaftlichen und kulturellen Attraktivität zu steigern. Beide Strategien zielen über die strenge Kontrolle der Siedlungsstruktur auf eine Umverteilung der Bevölkerung von den Großstädten in die Region. Neben diesen raumplanerischen Methoden der Dezentralisierung und inneren Kolonisation ist es unter inhaltlich-ideologischen Aspekten vor allem das Modell der Gartenstadt, das Einfluss auf die israelische und zuvor die zionistische Raumpolitik, Planungsideologie und den Aufbau von Städten und Siedlungen nimmt.[94]

Das Gartenstadt-Modell, das Ebenezer Howard 1898 publiziert, verknüpft strukturräumliche und sozialreformerische Ideen.[95] Seine Gartenstädte stellen nicht nur ein neues städtebauliches Konzept vor, sondern schließen eine umfassende Lebens- und Gesellschaftsreform ein, die auf ein stärkeres Durchdringen von Stadt und Land sowie von städtischer und ländlicher Lebensweise abzielt.[96] Freie Assoziation und Selbstbestimmung der Bewohner im Einklang mit der Gesellschaft und der Natur sind Grundlage für Gesundheit, Erholung, Bildung und Freiheit in den Gartenstädten. In Howards Gartenstadt-Modell leben die Menschen nach den Idealen der

---

93 Zit. Sharon 1954: 1. Sharon beruft sich hier explizit auf Geddes, der „the trinity of Folk, Work and Place as the principal category of regional planning" formuliert hat.
94 Zu den folgenden Ausführungen vgl. Posener 1968, Bollerey/Fehl/Hartmann 1990 und Stephen V. Ward (Hg.): The Garden City. Past, Present and Future, London 1992.
95 Ebenezer Howards „To-Morrow: a Peaceful Path to Real Reform" (1898) erscheint 1902 in einer zweiten Ausgabe mit dem neuen Titel „Garden Cities of To-Morrow". Dass Howard kein völlig neues Konzept entwickelt, sondern Einflüsse verschiedener zeitgenössischer Reformmodelle und Utopien aufgreift, zeigt Schollmeier 1990: 37–43.
96 In seinem Diagramm Nr. 1 „The Three Magnets" skizziert Howard ein Schema, wie sich die Nachteile der Stadt und des Stadtlebens (Town) mit denen des Landes und des ländlichen Lebens (Country) in dem gartenstädtischen Konzept der „Town-County" gegenseitig aufheben und zum Positiven verkehren.

Gleichrangigkeit und sozialen Gerechtigkeit in einer Gemeinschaft aus freien und gleichgestellten Individuen, in der das Gefühl der nachbarschaftlichen Beziehung wieder hergestellt ist. Gemeinschaftseigentum an Grund und Boden und eine an gemeinwirtschaftlichen Prinzipien orientierte Produktion und Konsumption gewährleisten die weitgehende Eigenständigkeit der Gartenstadt, indem der Kreislauf des Geldes auf sie beschränkt bleibt. Für ihre Autonomie ist die Gartenstadt daher gleichermaßen auf Industrie und Gewerbe wie auf Landwirtschaft und den Nebenerwerb in Hausgärten angewiesen. Die wirtschaftlich, landwirtschaftlich und politisch selbständige Gartenstadt ist in ein Netzwerk gleichartiger Städte – „Group of Slumless Smokeless Cities"[97] – eingebunden, so dass die Bewohner die ländlich-städtischen Vorzüge ihrer Gartenstadt genießen können, ohne auf die Vielfalt eines kulturellen und wirtschaftlichen Angebots verzichten zu müssen. Die Verteilung der Bevölkerung auf eine Gruppe gleichgroßer Gartenstädte mit jeweils 32.000 Einwohnern um eine Zentralstadt mit circa 58.000 Einwohnern zielt letztendlich auf die Auflösung der alten, agglomerierten Großstadt.

Dieser Vorschlag, die gewachsenen Strukturen alter Städte zu zerschlagen und die Gesellschaft in ihren Lebens- und Siedlungsformen nach dem Gartenstadt-Ideal neu zu organisieren, wird weltweit stark unterschiedlich und meist nur in einigen Teilaspekten rezipiert. Auch in Palästina sind Howards Reformvorstellungen in ihrer Radikalität nicht durchzusetzen. Einflüsse dieses ländlichen und gemeinschaftsorientierten Siedlungs- und Lebensideals lassen sich in den Kibbuzim beobachten. Die Rückbindung des Menschen an seinen natürlichen Lebensraum, die Begrünung der Ansiedlungen und die Neuorganisation des Gemeinwesens nach dem Ideal der sozialen Gerechtigkeit charakterisieren Howards Gartenstadt-Idee und finden sich ebenso in der Konzeption von Kibbuzim wieder. In den Prinzipien der Kollektivierung von Arbeits- und Produktionsprozessen, von gesellschaftlichen und erzieherischen Aktivitäten sowie der Gruppierung dieser Funktionen im Raum müssen die Kibbuzim mit der sozialistischen Gesellschaftstheorie und dem sozialistischen Städtebau der späten 1920er und 1930er Jahre in Verbindung gebracht werden.[98] Die sozialistischen Forderungen nach der Vergesellschaftung des Bodens und der Pro-

---

97 Das Diagramm Nr. 7 „Group of Slumless Smokeless Cities" entfällt in späteren Auflagen und wird durch einen Ausschnitt daraus als Diagramm Nr. 5: „Illustrating Correct Principle of a City's Growth. Open Country Ever Near at Hand, And Rapid Communication Between Off-Shoots" ersetzt.

98 Beide – Kibbuzim und sozialistischer Städtebau – lehnen die „kapitalistische Großstadt" mit ihrem Wildwuchs und ihrer unkontrollierten Bodenspekulation radikal ab. Nicht der Markt und nicht das organische Wachstum regeln die Entwicklung, sondern ausschließlich der Plan. Die sozialistische Planwirtschaft sieht dabei eine konsequente und gleichmäßige Verteilung der Bevölkerung in landwirtschaftlichen respektive industriellen Städten vor, die wiederum ebenso gleichmäßig über das gesamte Land zur Ausnutzung sämtlicher Ressourcen und Produktivkräfte verteilt sind. Der Boden wird Volkseigentum. Klassengegensätze sind im städtischen oder landwirtschaftlichen Kollektiv ebenso aufgehoben wie der frühere Unterschied zwischen Stadt und Land. Zum sozialis-

duktivmittel sowie nach einem gleichgestellten Leben im Kollektiv nehmen ideologischen Einfluss auf die Organisation und Gestaltung der Kibbuzim in Palästina/Israel. Auch hier bleibt der Boden nationales Eigentum und auch hier ist die Siedlungsform Ausdruck kollektiver Lebensweise und Wertschätzung.[99] Kibbuzim und andere kollektive Siedlungsformen stellen ein spezifisches Phänomen der zionistischen Kolonisierungsarbeiten in Verbindung mit dem Ideal des neuen jüdischen Menschen – des „Muskeljudens"[100] – dar. Sie werden als autonome Siedlungseinheiten errichtet, die weder in Struktur noch in Organisation mit dörflichen oder städtischen Ansiedlungen verglichen werden können. Ihr Einfluss respektive ihre Vorbildfunktion für den zionistischen und israelischen Siedlungs- und Städtebau sind daher sehr begrenzt.

Das zionistische Ideal der Landarbeit und der ländlichen Lebensweise führt nicht nur zum Bau von landwirtschaftlichen Siedlungen in Palästina, sondern beeinflusst auch die konzeptionellen Planungen von stadtnahen Siedlungen und städtischen Erweiterungen. Zu den prägnanten Neugründungen zählt 1908 die Siedlung Achuzath Baith, ein Jahr später nach Herzls zionistischer Utopie in Tel Aviv (= Altneuland) umbenannt, die 1921 von Richard Kauffmann[101] und 1925 von Patrick Geddes im (entfernten) Sinn einer Gartenstadt erweitert wird. In Jerusalem können als Beispiele gartenstädtischer Erweiterungen die ebenfalls von Kauffmann in den Jahren 1921 bis 1923 entworfenen Viertel Talpiot, Rehavia und Bet Ha'Kerem genannt werden.[102]

---

tischen Städtebau vgl. Selim O. Chan-Magomedow: Pioniere der sowjetischen Architektur. Der Weg zur neuen sowjetischen Architektur in den zwanziger und zu Beginn der dreißiger Jahre, Dresden 1983: 273–341.

99 Die Kibbuzpläne zeigen trotz aller Variationen verschiedene – ideologiebedingte – Gemeinsamkeiten. Fast immer stehen die Bauten der Gemeinschaft als symbolisches Abbild des sozialen Zentrums der kollektiven Gesellschaft im geographischen Mittelpunkt der gesamten Anlage. Um das Zentrum herum gruppieren sich – in großzügiger Durchgrünung – die verschiedenen Funktionsbauten: Wohnhäuser, Kinderhäuser und landwirtschaftliche Gebäude. Zur Konzeption von Kibbuzim vgl. Sharon 1955. Vgl. auch E. Tal, The Garden City Idea as Adopted by the Zionist Establishment, in: Fiedler 1995: 64–71.

100 Vgl. Kapitel 1.1 dieser Arbeit.

101 Kauffmann (1887–1958) studiert Architektur in Darmstadt und München, immigriert 1920 in Palästina, wo er im Auftrag der Zionistischen Weltorganisation die Zentralstelle für zionistische Siedlungsangelegenheiten am Palästina-Amt leitet. In dieser Funktion koordiniert er die Siedlungsaktivitäten in Palästina und erstellt Pläne für den Bau ländlicher und städtischer Siedlungen. Zur Biographie Kauffmanns vgl. Frenkel 1993: 388, Warhaftig 1996: 42–49 und Uriel Adiv: Richard Kauffmann (1887–1958). Das architektonische Gesamtwerk, maschinenschriftliche Dissertation Berlin 1985.

102 Zur Stadtbaugeschichte Tel Avivs vgl. Yossi Katz: Ideology and urban development: Zionism and the origins of Tel-Aviv, 1906-1914, in: Journal of Historical Geography, No. 2, 1986: 402–424 und Pe'era Goldman: Tel Aviv. Der Wandel eines Vorortes in eine Großstadt, in: Ausst.-Kat. Tel Aviv 1993: 16–25. Zur Stadtbaugeschichte Jerusalems vgl. Ben-Arieh 1986, Kark 1991 und Kark/Oren-Nordheim 2001.

Die Siedlungspläne zeichnen sich durch regelmäßige Straßenzüge, die der jeweiligen Topographie angepasst sind, und durch eine gleichmäßige Parzellierung der Grundstücke aus. Die Parzellen werden von freistehenden Einfamilien- und Doppelhäusern mit Gärten überbaut, die Straßen mit Bäumen bepflanzt. Kleine Platzanlagen und gemeinschaftliche Einrichtungen sind so in die Pläne eingebracht, dass sie als Bezugs- und Identifikationsort der jeweiligen Siedlung fungieren.[103] Arbeitsstätten oder Geschäfte sind in ihnen gar nicht oder nur in sehr begrenztem Maße vorgesehen.[104] Damit haben diese „garden cities" oder „garden suburbs", wie sie nach ihren Planbezeichnungen heißen, nur das strukturräumliche Konzept und die Durchdringung städtischer und ländlicher Charakteristika in Form von großen Grün- und Freiflächen übernommen. In diesem Sinne aber erfüllen sie die Vision von Theodor Herzl, der in seiner zionistischen Utopie „Altneuland" (1902) das durch jüdische Kolonisierungsarbeit erblühte Palästina und die neu errichteten Gartenstädte beschreibt: „Am Bogen des Uferbandes war eine Pracht entstanden. Tausende weisser Villen tauchten, leuchteten aus dem Grün üppiger Gärten heraus. Von Akko bis an den Karmel schien da ein grosser Garten angelegt zu sein [...]."[105] Diese fiktiven Gartenstädte wie auch die realen gartenstädtischen Siedlungen in Palästina müssen als starke Reduktion von Ebenezer Howards städtebaulichem und sozialem Reformmodell gelesen werden. Die Idee der Gartenstadt wird in weiten Teilen ihrer gesellschaftsreformerischen Komponente entkleidet und auf das Modell der durchgrünten Stadt reduziert. Ihre Konzeption konzentriert sich insbesondere auf die räumlich-technische Verteilung der Bevölkerung über die Region und die Durchgrünung der Städte in Form von großen öffentlichen Grünanlagen und privaten Hausgärten. Be-

---

103 Vgl. Kapitel 5.2.1 dieser Arbeit, in dem am Beispiel des Herzlia-Gymnasiums in Tel Aviv die identifikationsstiftende Bedeutung öffentlicher Bauten im Zionismus untersucht wird.
104 Achuzath Baith/Tel Aviv ist in Abgrenzung zu dem arabischen Jaffa als reine Wohnsiedlung ohne Handel und Gewerbe konzipiert. Die gewerbliche Abhängigkeit Tel Avivs von Jaffa aber steht im Widerspruch zu der Hoffnung, eine jüdische Modellsiedlung zu errichten. 1911, knapp drei Jahre nach der Gründung, wird ein erster Kiosk genehmigt und in einiger Distanz ein Gewerbe- und Industriegebiet ausgewiesen. Vgl. Ruth Kark: Jaffa. A City in Evolution. 1799–1917, Jerusalem 1990: 123. In der strukturellen und ideologischen Konzeption verweisen solche Siedlungen auch auf andere städtebauliche Modelle ihrer Zeit. Hier ist insbesondere die „Funktionelle Stadt" zu nennen, wie sie von den Vertretern der Moderne lange diskutiert und auf dem CIAM-Kongress 1933 offiziell eingefordert wird. Sie steht für räumliche Differenzierung der städtischen Funktionen Arbeiten, Wohnen, Erholen und Verkehr. Die Versuche, solche räumliche Entflechtung städtischer Funktionen durchzusetzen, führen sowohl vor als auch nach dem Zweiten Weltkrieg zu monofunktionalen Schlafstädten und Vorortsiedlungen sowie ebensolchen Einkaufs- und Geschäftszentren. Vgl. Le Corbusiers „Charta von Athen". Texte und Dokumente, hrsg. von Thilo Hilpert, Braunschweig/Wiesbaden 1988 (1. Aufl. 1984).
105 Zit. Theodor Herzl: Altneuland, Haifa 1962: 46 (Originalausgabe 1902).

reits Howards Schüler Raymond Unwin hatte diesen Reduktionsprozess eingeleitet. Sukzessive transformiert Unwin Howards System autonomer Gartenstädte in eine hierarchische Struktur von Gartenvorstädten, die mittels Schnellbahnen an die Großstadt angebunden sind.[106] Gemeinsam mit seinem Partner Barry Parker baut Unwin zwischen 1902 und 1905 mit New Earswick, Letchworth und Hampstead die ersten sogenannten Gartenstädte, um dem Agglomerationsprozess Londons mit einer gezielten suburbanen, regionalen Entwicklung entgegenzusteuern. Die neuen Städte im Umkreis von London sind aber keine autarken Gartenstädte, sondern eine Ansammlung von Satelliten, die in ihrer Existenz noch voll von der Metropole abhängig sind.[107] In Palästina lässt sich diese Form der durchgrünten und aufgelockerten Stadt in die zionistische Siedlungsgeschichte und ihre Ideale integrieren. Sie bereitet einen Kompromiss vor zwischen den anti-urbanen Kolonisierungsidealen der landwirtschaftlichen Pioniere und dem Großteil der jüdischen Immigranten, die als Städter einwandern. Da nicht alle Einwanderer in Agrarsiedlungen absorbiert werden können und dies vor allem nicht wollen, ist die durchgrünte Wohnsiedlung eine größtmögliche Annäherung an das zionistische Lebens- und Siedlungsideal.

Howards Gartenstadt-Modell wird in seiner weit verbreiteten Rezeption nicht nur in seinen technischen, räumlichen und sozialen Reformvorstellungen stark beschnitten, sondern auch in seinem ideologisch-inhaltlichen Ansatz unterschiedlich aufgeladen und für divergierende Ziele instrumentalisiert. Während Howard vor allem von gesellschaftsreformerischen Idealen angeleitet wird, ist die deutsche Gartenstadtbewegung stark von ökonomischen, aber auch raumpolitischen Interessen geprägt. In ihrem Ansatz, wirtschaftliches und demographisches Potential in unterentwickelte Regionen zu verteilen, nehmen die Praktiken und Motivationen der deutschen Gartenstädte Einfluss auf die Formulierung des israelischen Nationalplans von 1948. Die deutsche Gartenstadt-Gesellschaft nennt in ihrer 1904 veröffentlichten Flugschrift „Der Zug der Industrie aufs Land" vor allem wirtschaftliche Argu-

---

106 Vgl. Hardy 1991, Hall 1996: 87–108 und Miller 1981: 77–88. Raymond Unwin erläutert seine städtebaulichen Überlegungen in zwei Publikationen: „The Garden City Principle applied to Suburbs" (1912) und „Nothing Gained by Overcrowding" (1912). In ihnen sowie in den realisierten Anlagen experimentiert Unwin mit offenen Bebauungen und freiräumlichen Gruppierungen, die das tradierte System der Blockbebauung und geschlossener Baufluchten durchbrechen.
107 Für die Durchdringung von Stadt und Region und das Trabantenstadt-System ließen sich auch andere städtebauliche Theorien, insbesondere aus den USA nennen. 1915 beispielsweise schlägt Graham R. Taylor: Satellite Cities. A Study of Industrial Suburbs, New York/London 1915 den Bau von Trabantenstädten vor, in denen das Modell der Gartenstadt in autonome Siedlungen überführt wird, die weit vom urbanen Zentrum entfernt liegen. Frank Lloyd Wright entwickelt in seinem Modell der Broadacre City (1932–58) den Ansatz eines organischen Städtebaus. Die Rezeption solcher Modelle in Palästina/Israel kann nicht belegt werden.

mente für den Aufbau einer dezentralen Gartenstadt-Struktur.[108] Sie fordert, die Abwanderung von Industriebetrieben ins Umland mit der Gründung von Gartenstädten zu verbinden. Die Arbeiterbeschaffungs- und Transportfrage, die mit der Verlagerung von Industriebetrieben in ländliche Gebiete entstünde, könnte durch den gleichzeitigen Bau von Garten- und Arbeitersiedlungen in ihrer nächsten Umgebung gelöst werden. Die Gartenstadt Hellerau bei Dresden, die im Zusammenhang mit der Verlegung und Vergrößerung der „Dresdner Werkstätten für Handwerkskunst" im Jahr 1908 errichtet wird, die Kruppsiedlung Margarethenhöhe in Essen (1909–20) und die Gartenstadt Staaken bei Berlin (1914–17) für die Mitarbeiter der Spandauer Rüstungsbetriebe sind renommierte Beispiele gartenstädtischer Siedlungsgründungen, in denen ökonomische mit sozialreformerischen Interessen zusammentreffen.

Gartenstädtische Ideale und stark raumpolitische Interessen verknüpfen sich in einigen deutschen Kolonisierungsprojekten seit dem Ende des 19. Jahrhunderts. Hierzu zählen die deutschen Besiedlungspläne für Westpreußen und die Provinz Posen zwischen 1886 und 1914. Mit der Verabschiedung des Kolonisierungsgesetzes im Deutschen Reichstag wird 1886 die Preußische Ansiedlungskommission eingesetzt. Ziel ihrer „Germanisierungspolitik" ist es, vor allem in der dominant polnischen Provinz Posen durch Landkäufe, gezielte innere Migration und landwirtschaftliche Siedlungsarbeit den deutschen Bevölkerungsanteil zu erhöhen.[109] Mit dieser ethnisch-demographischen Durchdringung sollen die Provinzen politisch und wirtschaftlich in Besitz genommen werden. Siedlungsstreuung wird hier zu einem staatlichen Instrument der Machtentfaltung und der praktischen Inbesitznahme von Raum. Ungeachtet des geringen Erfolgs der Kolonisierung und Germanisierung der polnischen Provinzen, dient diese Politik einigen Vertretern der zionistischen Bewegung als Vorbild für eine expansive – nationale – Kolonisierungsmethode. Zu ihnen zählen Otto Warburg, Selig Soskin und Franz Oppenheimer, die auf dem sechsten Zionisten-Kongress 1903 in das Palästina Amt der Zionistischen Exekutive gewählt werden, die für die Organisation der Landkäufe und Siedlungsaktivitäten in Paläs-

---

108 Vgl. Der Zug der Industrie aufs Land. Eine Innenkolonisation, 5. Flugschrift der Deutschen Gartenstadtgesellschaft, Berlin 1904. Zur Geschichte der deutschen Gartenstädte, ihrer städtebaulichen Entwicklung und ideologischen Begründung vgl. Schollmeier 1990.

109 Vgl. Reichman/Hasson 1984: 57–60 und G. Buchholz: Die preussische Ostmarken Politik seit 1815, in: Die Ostmark 1911: 28–30. Zugleich werden die Möglichkeiten der polnischen Bevölkerung, Land zu erwerben, rigide eingeschränkt. Das Siedlungsgesetz von 1904 schreibt vor, dass polnische Bauern eine offizielle Genehmigung zur Aufteilung ihrer Ländereien und dementsprechend für den Zuzug weiterer Bauernfamilien benötigen. 1908 wird mit einem weiteren Gesetz die Ansiedlungskommission bevollmächtigt, bis zu 70.000 Hektar Land in polnischem Besitz zu enteignen, wenn sie in bestimmten Regionen „den Erhalt des Deutschtums bedrohten". Vgl. Reichman/Hasson 1984: 58 und H. von Both: Die staatliche Ansiedlungstätigkeit in Westpreussen und Posen, in: Die Ostmark, Leipzig 1911: 75–94.

tina zuständig ist.[110] Alle drei waren zuvor Mitglieder der Preußischen Ansiedlungskommission, so dass sie mit den Methoden und Zielen der preußischen Kolonisierungsarbeit eng vertraut sind. Auch Arthur Ruppin, Leiter des Palästina-Amts in Jaffa, nennt die deutschen Kolonisierungsbestrebungen als Vorbild für die Organisation der etwa zur gleichen Zeit einsetzenden jüdischen Einwanderung nach Palästina: „I see the work of the JNF [= Jüdischer Nationalfond] as being similar to that of the Colonization Commission working in Posen and Western Prussia. The JNF will buy land whenever it is offered by non-Jews and will offer it for resale either partly or wholly to Jews".[111] 1908 wird die „Palestine Land Development Company" gegründet, um die Kolonisierung zentral organisieren zu können. Hubert Auhagen, der zuvor für die Gründung einiger Kolonien in der Provinz Posen zuständig gewesen war, wird ihr technischer Berater.[112] Nicht nur personelle Strukturen, auch die Ziele der Kolonisierung in der Provinz Posen und in Palästina gleichen sich. Im Zentrum steht die Produktion und Aneignung von Raum im nationalen Sinn durch die eindringende Siedlergemeinschaft und ihre Transformation von einer Minderheit in die Bevölkerungsmehrheit. Arthur Ruppin betont dabei, dass die zionistischen Siedlungsaktivitäten nicht von wirtschaftlichen Kolonialinteressen und Profitstreben angeleitet seien, sondern sie mit der Bearbeitung des Bodens nationale Ziele verfolgten, das Land und das jüdische Volk auf eine Staatsgründung vorzubereiten.[113]

Dieses Konzept, sich über eine dezentrale Siedlungsstruktur den nationalen Raum anzueignen, findet nach der Gründung des Staates Israels 1948 seine Fortsetzung. Die theoretische Grundlage für eine Siedlungsstreuung stammt, wie Arieh Sharon, Leiter der Landesplanung, und sein Kollege Shmuel Shaked anmerken, von Walter Christallers Theorie der „zentralen Orte": „The plan [= population distribution] could only be carried out if a system of new or renewed urban settlements, spread all over the country, were to be established. In fact, such a plan was prepared

---

110 Vgl. Shilony 1998: 53–54.
111 Brief Ruppins an den Jüdischen Nationalfond im Juni 1907 (hebr.), engl. Übersetzung zit. nach Reichman/Hasson 1984: 61.
112 Der „Bericht des Herrn Directors Hubert Auhagen an das Directorium des Jüdischen National Fond (vertraulich)" vom Januar 1912, im CZA A121/93II, listet die anstehenden Arbeiten und Probleme in der Kolonisierungsarbeit in Palästina auf. Er schreibt, dass die preußische Ansiedlungskommission zwar als Vorbild für die Palestine Land Development Company (PLDC) gelte, diese aber unter ganz anderen – erschwerlicheren – Bedingungen operieren müsse. Der PLDC stehe weder genügend Geld noch Arbeitskräfte zur Verfügung.
113 Vgl. Reichman/Hasson 1984: 64–65 weisen nach, dass die zionistischen Siedlungsbestrebungen in Palästina bereits zu Beginn des 20. Jahrhunderts dem Kolonialismusvorwurf ausgesetzt sind. Besetzung und Aneignung von Raum im zionistischen Verständnis sei, so Ruppin in einem Schreiben an den Jüdischen Nationalfond vom 19.02.1912 im CZA, KKL 2/15/4I, aber nicht mit kolonialen Bewegungen vergleichbar, da Kolonialisten – gesteuert von einem Mutterland – meist aus rein wirtschaftlichen Interessen die Besetzung und Ausbeutung einer Kolonie betreiben. Das Volk Israel strebe höhere Ziele an, nämlich die einer nationalen Bewegung, die ihr Ziel nicht in der

and was based on Kristaler's principles, namely a hierarchy of settlements."[114] Christallers Theorie stellt eine siedlungs- und wirtschaftsgeographische Hierarchie vor, an deren Spitze die zentralen Orte und am unteren Ende die landwirtschaftlichen Siedlungen stehen. Sein Anliegen ist es, „Ordnung in die scheinbar willkürliche Verteilung, die scheinbar zufällige Anzahl und die scheinbar nur individuell bedingte Größe der Orte [zu] bringen."[115] Ausgehend von seinen empirischen Untersuchungen zur Siedlungsstruktur in Süddeutschland konzipiert Christaller einen idealen Raumordnungsplan, in dem die einzelnen Orte gemäss ihrer Versorgungsleistung gegenüber der Region einem zentralen Ort zugeordnet werden. Dieses Planideal wird von den israelischen Architekten für die strukturräumliche Bevölkerungsverteilung und die Klassifizierung der Siedlungsstruktur in fünf unterschiedliche Einheiten (A-, B-, C-, D-, E-Zentren) im Nationalplan aufgegriffen.

Christaller war zu Beginn der 1940er Jahre im Auftrag der nationalsozialistischen Reichsarbeitsgemeinschaft für Raumforschung zum Mitarbeiter der Planungshauptabteilung des Reichskommissars SS für die Festigung deutschen Volkstums ernannt worden, und hatte damit die Gelegenheit, seine theoretischen Erkenntnisse in anderen kultur- und siedlungsgeographischen Räumen zu erproben.[116] Seine Aufgabe bestand darin, im Einklang mit der nationalsozialistischen Ideologie einer

---

Besiedlung und wirtschaftlichen Ausbeutung, sondern in der Errichtung eines Staates sehe. Die Frage, ob der Zionismus eine kolonisatorische Bewegung sei, wird vor allem nach dem von Israel expansiv geführten Sechs-Tage-Krieg 1976 von französischen Linksintellektuellen wie beispielsweise Rodinson 1973 erneut aufgegriffen. Aaronsohn 1996 versucht, den Kolonialismusvorwurf durch die Unterscheidung von „colonization" und „colonialism" zu entkräften. Während Kolonialismus klar von wirtschaftlichen und imperialistischen Interessen geprägt sei, mit denen ein Kolonisator die Unterwerfung und Ausbeutung eines Landes anstrebe, sei die zionistische Kolonisierung Palästinas philanthropisch und national-romantisch motiviert und daher eine „colonization without colonialism". Zit. ebenda: 223 und vgl. auch Elon 1972: 145.

114 Zit. Shaked 1970: 1.25. Vgl. auch Sharon 1954: 4 und Brutzkus 1970: 18. Walter Christaller (1893–1969) veröffentlicht 1933 seine Promotion über „Die Zentralen Orte in Süddeutschland. Eine ökonomisch-geographische Untersuchung über die Gesetzmäßigkeit der Verbreitung und Entwicklung der Siedlungen mit städtischen Funktionen". Zu Christaller und seiner Theorie vgl. Konrad Meyer: Walter Christaller, in: Handwörterbuch für Raumordnung und Raumforschung, Bd. 1, Hannover 1970: 403–409 und Rudolf Klöpper: Zentrale Orte und ihre Bereiche, in: ebenda, Bd. 3: 3849–3860.

115 Zit. Christaller 1968: 63.

116 Vgl. Bollerey/Fehl/Hartmann 1990: 54–55. Zur NS-Politik der Lebensraumerweiterung in Polen vgl. Martin Broszat: Nationalsozialistische Polenpolitik 1939–1945, Frankfurt 1972 und Erich Kuby: Als Polen deutsch war – 1939–1945, München 1988. Zur nationalsozialistischen Ideologie der Raum- als Volksordnung vgl. beispielsweise Gustav Langen: Deutscher Raum – Deutsche Heimat, Düsseldorf 1937 und Walter Christaller: Land und Stadt in der deutschen Volksordnung, in: Deutsche Agrarpolitik I, Berlin 1942: 53. Eine Zusammenstellung von Christallers wissenschaftlichen Veröffentlichungen auch aus der Zeit des Nationalsozialismus findet sich in: Handwörterbuch für Raumordnung und Raumforschung, Bd. 1, Hannover 1970: 407–408.

Raum- und Volksordnung die siedlungsgeographische Neuordnung des Deutschen Reiches nach dem Zweiten Weltkrieg unter Anwendung seiner Theorie der zentralen Orte vorzubereiten. Ungeachtet der nationalsozialistischen Instrumentalisierung seiner Theorie der zentralen Orte und seiner Tätigkeit in der rassischen Siedlungspolitik der Nationalsozialisten, setzt Christaller nach 1945 seine Karriere als Siedlungs- und Wirtschaftsgeograph fort. Es scheint eine Ironie der Geschichte zu sein, dass seine raumordnende Theorie der zentralen Orte sich dabei international – und so auch in Israel – zu einem regionalplanerischen Leitbild der Nachkriegszeit entwickelt.[117] Damit wird deutlich, dass Howards Reformansatz der regionalen Streuung von Siedlungen und der Neuorganisation städtischer und ländlicher Lebensformen zum Teil völlig unterschiedliche Rezeptionen und Interpretationen hinsichtlich der Methoden und Inhalte erfahren hat. Besonders in Israel treffen in den ersten Jahren nach der Staatsgründung verschiedene Interessen an der Raumplanung zusammen. Die Regierung ist dabei nicht nur aus ökonomischen, sozialen und humangeographischen Argumenten an einer übergeordneten Landesplanung interessiert, sondern will mit ihr auch aus strategischen Gründen den Aufbau des Staates und seines kulturellen Selbstverständnisses vorantreiben.[118] In diesem Kontext steht der Nationalplan für eine territoriale wie kulturelle Verortung der Nation in Palästina/Israel. In ihm sind die Grundlagen für die physisch-räumliche Gestaltwerdung der nationalen Heimstätte gelegt. Er setzt und bestätigt Grenzen, die das Areal markieren, das für eine Heimstätte beansprucht wird. Hierin verbinden sich demographische, planerische und politische Ziele und lassen die Landesplanung zu einem Instrument der territorialen Aneignung werden. Vor diesem Hintergrund werden Dezentralisierung und innere Kolonisation zu einer Strategie der territorialen Inbesitznahme durch ein expansives System der Bevölkerungsverteilung.[119]

Wie am Beispiel von Beer Sheva demonstriert wird, spielt die physische Inbesitznahme des Staatsterritoriums im Sinne einer Innenkolonisation eine große Rolle in der Konzeption der israelischen Raumplanung. Eine grundlegende Voraussetzung dafür ist, dass die Regierung im Gegensatz zur Politik des Laissez-faire ihre gesamtgesellschaftliche Verantwortung anerkennt und sich verpflichtet, soziale, wirt-

---

117 Wie selektiv Biographien rezipiert werden, zeigt Konrad Meyer: Walter Christaller, in: Handwörterbuch für Raumordnung und Raumforschung, Bd. 1, Hannover 1970: 403–409, der den nationalsozialistischen Aktivitäten Christallers nur kurze – positive – Hinweise widmet: „Der Reichsarbeitsgemeinschaft für Raumforschung gereicht es [...] zur besonderen Ehre, als eine der ersten wissenschaftlichen Institutionen die Bedeutung der Lehre Christallers für die Raumplanung erfasst zu haben. [...] er konnte nun – wirtschaftlich gesichert und von politischen Misshelligkeiten abgeschirmt – die theoretischen Erkenntnisse seiner Dissertation an den Realitäten kultur- und siedlungsgeographisch unterschiedlicher Räume überprüfen." Zit. ebenda: 405.
118 Vgl. Ben Gurion 1950.
119 Vgl. Bollerey/Fehl/Hartmann 1990: 54–56.

schaftliche und auch raumplanerische Prozesse zum Wohlergehen aller staatlich zu lenken. Vorbild für Ben Gurions Staatsphilosophie der „mamlachtiut" (Staatlichkeit) sind die Theorien des britischen Nationalökonom John Maynard Keynes (1883– 1946) und die Politik des „New-Deal" (1933–1939) der amerikanischen Regierung unter Franklin D. Roosevelt. Beide entwickeln beziehungsweise betreiben ein staatsinterventionistisches Reformprogramm zur Belebung der nationalen Ökonomie und Politik im Zeichen der Chancengleichheit und des Wohlergehens der Gesamtgesellschaft, um die Folgen der Weltwirtschaftskrise zu überwinden. Diese Reformprogramme, die die Grundlage moderner Sozialstaaten bilden, beinhalten auch Ansätze zur staatlichen Lenkung strukturräumlicher und urbanistischer Entwicklungen. Präsident Roosevelts Politik des „New-Deal" bemüht sich um eine Entflechtung des städtischen Wildwuchses an den Metropolenrändern und verabschiedet ein Programm zur Neugründung von 25 Greenbelt Towns, von denen ab 1935 drei (Greenbelt/ Maryland, Greendale/Wisconsin und Greenhill/Ohio) realisiert werden. Zumindest im Plan sind sie mit einer eigenen Industrie- und Wirtschaftsstruktur ausgestattet, so dass sie ein neues territoriales Gleichgewicht der wirtschafts- und humangeographischen Streuung herstellen sollen.[120] Auf diese Politik aufbauend beginnt in Großbritannien um 1940 unter zunehmenden Einfluss der Labour-Partei eine neue Phase der Dezentralisierung, um den Druck auf die Ballungszentren zu mildern und ihre Produktivkraft in die Region zu verlagern. Im Kontext von Sir Patrick Abercrombies „Greater London Plan" von 1944 entsteht hier das Modell der „New Development Town" mit ihrer durchgrünten und gegliederten Siedlungsstruktur der sogenannten „Neighbourhood Unites", das zum Grundmotiv des israelischen Nationalplans ab 1948 wird.[121] Mit diesen Stadtneugründungen versucht der „Greater London Plan" erneut, die unkoordinierte städtebauliche, wirtschaftliche und industrielle Expansion im Großraum London durch strenge Flächennutzungspläne zu regulieren. Staatliche

---

[120] Da sie aber nicht mit Produktionsstätten versorgt werden, verwandeln sie sich in monofunktionale Schlafstädte, deren Bevölkerung in die nächstgelegenen Industriezentren pendelt. Zur Politik des „New Deal" vgl. William E. Leuchtenburg: Franklin D. Roosevelt and the New Deal: 1932–1940, New York 1963 und Ronald Edsforth: The New Deal: America's response to the Great Depression, USA 2000.

[121] Abercrombie baut dabei auf Raymond Unwins Vorschlag eines Entwicklungsplans für den Großraum London auf, den dieser als technischer Berater der Stadt 1929 und 1933 in zwei Berichten veröffentlicht hatte. In ihnen schlägt Unwin die Ausweisung einer großflächigen Grünzone rund um das bestehende London vor, in der räumlich klar definierte Satellitenstädte angelegt werden sollen, um das alte Zentrum der Stadt zu entlasten. Vgl. Miller 1981: 92–94 und Hall 1996: 164– 173. Der Plan von Abercrombie wird publiziert als Patrick Abercrombie: Greater London Plan 1944, London 1945. Vgl. auch Dix 1981: 114–117 und Hall 1996: 168–173. Zur britischen Planungspolitik vgl. Lloyd Rodwin: The British New Towns Policy, Cambridge 1969 und Dennis Hardy: From Garden Cities to New Towns. Campaigning for town and country planning 1899– 1946, London 1991.

Kontrolle des Bodens im Rahmen der dezentralen Gesamtplanung, Aufbau intermediärer, aber voll funktionsfähiger Klein- und Mittelzentren sowie die Überwindung des schematischen, rationalistischen Städtebaus zugunsten einer organischen Form sind die Kriterien der neuen Planungspolitik. Autorisiert durch den „New Towns Act" von 1946 werden im Großraum London verschiedene neue Städte errichtet, darunter Stevenage, Harlow, Welwyn-Garden-City, Hatfield and Hemel-Hempstead. Sie sind, wieder stärker an Howards Gartenstadt-Ideal angelehnt, als autonome Ortschaften geplant, die in etwa zu gleichen Teilen aus Wohnungen und Industrie bestehen und von einem Grüngürtel umgeben sind. Ihre optimale Größe ist auf 30.000 bis 40.000 Einwohner kalkuliert.[122] 1963 setzt mit dem „London Government Act" und der Aufstellung eine Kommission zur Entwicklung eines „Greater London Development Plan" eine zweite Phase der Stadtneugründungen ein. Beginnend mit Milton Keynes entstehen bis Ende der 1970er Jahre in ganz Großbritannien insgesamt 32 neue Städte.[123]

Es ist dieses Modell der regional gestreuten, sogenannten neuen Entwicklungsstadt, die nach Ebenezer Howards Gartenstadt-Reform und ihren Modifikationen zum einflussreichsten Leitbild für Städtebau und Regionalplanung in der zweiten Hälfte des 20. Jahrhunderts wird. In vielen europäischen Ländern können vergleichbare Dezentralisierungsstrategien und Modellversuche einer „gegliederten und aufgelockerten Stadt"[124] beobachtet werden. In Israel sind zwar zahlreiche Projekte aus verschiedensten Ländern bekannt, maßgebliches Vorbild aber bleiben die britischen Strategien zur Regulierung des peripheren Stadtwachstums und der Stärkung der Region am Beispiel der Londoner Großraumplanung. „Actually, we studied and learnt from the planners of the English new towns; we even made the same mistakes as they did", erklärt Sharon 1976 rückblickend über die enge Beziehung zwischen

---

122 In nachfolgender Zeit variieren die Größenvorgaben für die neuen Städte. Der Towns Development Act 1952 fördert ein dichtes Netz kleiner Zentren, während das Programm der New Cities 1960 Städte mit etwa 250.000 bis 500.000 Einwohnern bevorzugt.
123 Vgl. L. E. White: The New Towns: Their Challenge and Opportunity, London 1951, Lloyd Rodwin: the British New Towns Policy, New York 1956 und Donald G. Hagman: The Greater London Development Inquiry in. Journal of the American Institute of Planners, Vol. 37, No. 5, Sept. 1971. Nach den Zerstörungen im Zweiten Weltkrieg werden erneut Dezentralisierungspläne entwickelt, wie beispielsweise durch die MARS-Gruppe (1942), deren Konzept einer vollständigen Neugliederung sich aber nicht durchsetzt. Für den Wiederaufbau Londons gilt Abercrombies London Plan als Grundlage. Vgl. Cohen, J.-L. 1999: 261. Ein nationaler Landesplan wird nicht erarbeitet. Abercrombie, der sich seit etwa 1918 vergeblich für einen Landesplan eingesetzt hatte, zieht sich nach Fertigstellung des Greater London Plan 1944 aus der praktischen Stadt- und Landesplanung Großbritanniens zurück. Vgl. Dix 1981: 122 – 123.
124 Titel der Publikation von Johannes Göderitz, Roland Rainer und Hubert Hoffmann: Die gegliederte und aufgelockerte Stadt, Tübingen 1957.

britischem Vorbild und israelischer Nachahmung im Nationalplan.[125] Dies ist nicht allein auf die Vorbildfunktion Großbritanniens zurückzuführen, sondern vor allem auch auf die enge Verbindung zu britischen Planern und Architekten, die auch nach dem Ende der Mandatszeit fortbesteht.[126] Patrick Abercrombie, der schon in den 1930er Jahren in Palästina gewesen war und an einem Masterplan für Haifa und die Küstenzone gearbeitet hatte, wird 1950 von Sharon als Leiter der nationalen Planungsbehörde zur Begutachtung des Nationalplans nach Israel eingeladen. Mit Hilfe seiner Autorität als „father of contemporary town-planning" soll, so berichtet Sharon, Ben Gurion von dem Konzept und der Notwendigkeit des Nationalplans überzeugt werden: „Abercrombie warmly praised our approach, and mentioned the similarity of our planning policy to that of the Greater London Plan [...]."[127] Zwanzig Jahre später wird mit Nathaniel Lichfield erneut ein prominenter Stadt- und Regionalplantheoretiker Großbritanniens eingeladen, der die Strategie und die Ergebnisse der neuen Entwicklungsstädte in Israel zu evaluieren und Korrekturmöglichkeiten vorzuschlagen hat. Die Entwicklungen der israelischen Stadtplanung in den 1950er Jahren und ihre Korrekturen in den 1960er Jahren am Beispiel von Beer Sheva sind Thema des vierten Kapitels. In der detaillierten Analyse der städtebaulichen und architektonischen Tendenzen zeigt sich, wie die verschiedenen europäischen Vorbilder, Methoden und Inhalte der Raum- und Städteplanung aufgenommen und mit den eigenen zionistischen Traditionen zu einer neuen Raum- und Siedlungspolitik in Israel zusammengeführt werden. Israels Landesplanung stellt demzufolge eine Synthese aus den Erfahrungen der eigenen Kolonisierungsbestrebungen und aus verschiede-

---

125 Zit. Sharon 1976a: 79. Sharon 1972: 1 und ders. 1976c: 1 nennt neben den britischen insbesondere die skandinavischen und niederländischen Entwicklungsstädte als Vorbilder der israelischen Stadtentwicklung. Die Bibliothek des israelischen Wohnungsbauministeriums in Jerusalem besitzt einen umfangreichen Originalbestand von Publikationen, Broschüren, Projektberichten, Dokumentationen, Kongressmitschriften etc. der 1940er bis 1960er Jahre, die verschiedene städtebauliche und regionalplanerische Projekte in der ganzen Welt thematisieren. Dieser Bestand vermittelt das – faszinierende – Panorama von Informationen, das den Planern damals zur Verfügung stand. Die israelischen Architekten und Planer berufen sich meist ausschließlich auf städtebauliche Vorbilder in Großbritannien, so dass hier auf einen komparatistischen Ansatz der Dezentralisierungspolitik und der neuen Entwicklungsstädte in Europa verzichtet werden kann. Eine Ausnahme bildet Glikson 1955, der einen Vortrag „A Comparison Between Certain Planning Problems in the United States, Holland and Israel" hält und darin die israelische Nationalplanung vor allem mit dem niederländischen Polder-System vergleicht. Zur komparatistischen Betrachtung der neuen Entwicklungsstädte in verschiedenen Ländern vgl. Strong 1971, Irion/Sieverts 1991 und Lloyd Rodwin et al.: Planning Urban Growth and Regional Development, Cambridge 1969.
126 Zu den Aktivitäten britischer Planer während der Mandatszeit vgl. Hyman 1994.
127 Zit. Sharon 1976a: 79. Vgl. auch Patrick Abercrombie: Report on Visit to Israel, maschinenschriftlicher Bericht im CZA, A175/200. Auch Dower/Stango 1965: 28 verweisen auf den Einfluss britischer Planungstheorien in Israel.

nen europäischen, vor allem britischen Städtebaureformvorstellungen dar. Im Kontext der nationalen Aufgabe, den Staat und die Nation aufzubauen und zu gestalten, erhält die israelische Siedlungspolitik eine eigene, spezifisch ideologische Ausdeutung, die kurz darzustellen ist.

2.5 Raumplanung und die zionistisch-ideologischen Grundlagen der territorialen Inbesitznahme des Landes

„In a young state like Israel", so erklärt Arieh Sharon 1960 rückblickend auf die Arbeit am Nationalplan, „planning is concerned not so much with improvement, as with the creation of the very foundations of its existence and development."[128] Die Organisation und Regulierung von wirtschaftlichen, demographischen und siedlungsgeographischen Strukturen seien für jeden Staat von Bedeutung. In Israel aber sei die Landesplanung eine existentielle Aufgabe, um die Inbesitznahme und Konsolidierung des staatlichen Territoriums sowie seines Schutzes vor äußeren Angriffen zu gewährleisten: „In Israel it [= national planning] was important and even decisive for the very existence of our young state."[129] Der Entwicklungsdruck, der auf Israel lastet, führt zu einer engen Kooperation zwischen der Regierung und der nationalen Planungsabteilung, zwischen politisch-militärischen Interessen und regionalplanerischen Theoriekonstrukten. Als Antwort darauf wird das Konzept der regionalen Förderung und der infrastrukturellen Dezentralisierung entwickelt, das ein weites, über das gesamte Staatsgebiet verteiltes Wirtschafts- und Siedlungsgefüge und damit den Bestand der territorialen Einheit verspricht. Über die bauliche Präsenz jüdischer Siedlungen wird der Anspruch auf das Land dokumentiert und über die Anwesenheit insbesondere in den unterentwickelten Regionen der Wille gezeigt, auch diese Gebiete durch Besiedlung und Arbeit in den Staatsverband zu integrieren und ihren Verbleib dort zu gewährleisten.

Die räumliche Inbesitznahme des Landes erfolgt durch den Nationalplan. Die in ihm skizzierte Siedlungsstruktur und insbesondere das Fortschreiben des Gartenstadt-Ideals sind nicht nur als wirtschaftliche, politische und militärische Strategien, sondern auch als ideologisches Fundament der Staats- und Nationsbildung zu lesen. Siedlungsbau und Landarbeit sind Methode und legitimatorisches Argument zugleich für den Bau einer nationalen Heimstätte der Juden in Palästina/Israel. Das Land müsse man sich durch Arbeit verdienen, wie es der Schriftsteller Aaron David Gordon formuliert: „Land is acquired by living on it, by work and productivity. [...]

---

128 Zit. Sharon 1960: 1.
129 Zit. Sharon 1960: 1.

We have a historical right to the land [...]. Our land, which in days gone by was "flowing milk and honey" and which in any case was the seat of high culture, has become more poor, desolate, and abandoned than any other civilized country, and it is almost uninhabited. This is a sort of confirmation of our right to the land, a suggestion that the land awaits us."[130] Arbeit und Leistung bestätigen nach Gordons Interpretation der Vergangenheit die historischen Ansprüche der Juden auf Palästina. Unter arabischer Herrschaft sei das Land verödet, und damit habe die arabische Bevölkerung ihr Recht auf das Land und einen Staat verwirkt: „One thing is certain, and that is that the land will belong more to the side that is more capable of suffering for it and working it, and which will suffer for it more and work it more."[131] Arbeit, insbesondere Landarbeit, prägt das Ethos der zionistischen Kolonisierungsaktivitäten. Es ist die jüdische Arbeit (Avoda Ivrit), die zum moralischen und praktischen Ideal der Siedler erhoben wird und ihr Selbstverständnis, wie später auch das des Staates Israels, definiert. „Avoda Ivrit" grenzt arabische Beteiligung aus und versteht sich als praktische Umsetzung nationaler Aspirationen.[132] Ein bekanntes Volkslied aus der Gründungszeit des Zionismus fasst dies prägnant in seinen nur aus zwei Zeilen bestehendem Text zusammen: „Wir kamen in das Land, um es zu erbauen und durch es erbaut zu werden. Wir kamen in das Land, um es zu erlösen und durch es erlöst zu werden."[133] Die Vorstellung, durch Kolonisation und Arbeit das Land zu erwerben, hat in der Staatsgründung ihre Erfüllung gefunden.

130 Zit. A. D. Gordon: Our Task from Now On [1918], in: ders.: Writings, Vol. 2, Jerusalem 1951/52: 244 (hebr.), Übersetzung nach Sternhell 1999: 69. Gordon (1865-1922) wandert 1903 im Alter von 48 Jahren in Palästina ein, um seine Vorstellung von persönlicher und nationaler Erfüllung durch körperliche Landarbeit in die Realität umzusetzen. Landarbeit, so Gordon, stelle eine organische Verbindung zwischen dem Menschen, der Natur und dem Land her. Gordon übt großen Einfluss auf den sogenannten sozialistischen Arbeiter-Zionismus aus, in dem die jüdische Nationalbewegung Teile sozialistischer Gesellschaftskritik wie die Verelendung durch Kapitalismus, Urbanisierung und Entfremdung übernimmt und in das Konzept einer sozialistisch orientierten, landarbeitenden jüdischen Gesellschaft integriert. Zum Verhältnis von Sozialismus und Zionismus vgl. Sternhell 1999.
131 A. D. Gordon: On Closer Inspection [1911], in: ders.: Writings, Vol. 1, Jerusalem 1951/51: 96 (hebr.), Übersetzung nach Sternhell 1999: 68.
132 Das Ideal der „Avoda Ivrit" führt zu der Forderung, die arabische Bevölkerung aus zionistischen Unternehmungen in Palästina weitestgehend auszugrenzen. Davor warnt Hubert Auhagen, Berater für jüdische Kolonisierungsarbeit, da sich die jüdische Minderheit im Land schon aufgrund des Arbeitermangels eine Ablehnung von arabischen Arbeitern nicht leisten könne. Vgl. „Bericht des Herrn Directors Hubert Auhagen an das Directorium des Jüdischen National Fond (vertraulich)" vom Januar 1912, im CZA A121/93II. Zur „Avoda Ivrit" vgl. auch Sternhell 1999: 22–26 und Elon 1972: 220–224.
133 Nach Auskunft von Bob Freedman, Jewish Music Archives, University of Pennsylvania Library sind Textautor und Komponist des Liedes „Anu Banu Artza liv'not ul'hibanot bah. Anu Banu Artza lig'ol ul'higael bah" unbekannt. Vgl. auch Harry Coopersmith: „Songs of Zion", New York 1942: 31.

Nicht nur Arbeit, auch die Konstruktion von Traditionslinien, die bis in die Bibel reichen, soll die israelische Raum- und Siedlungsplanung rechtfertigen und den Vorwurf der expansiven Kolonisierungsbestrebungen entkräften. Die jüdische Kolonisierung Palästinas und damit auch die Landesplanung Israels seien, das betont David Ben Gurion immer wieder, wesentlicher Bestandteil der nationalen jüdischen Wiedergeburt, mit der die Korrektur einer historischen Unstimmigkeit – der Trennung zwischen Volk und dem ihm verheißenen Land – vorgenommen würde. Das jüdische Volk habe durch seine selbst in der Exilzeit aufrechterhaltene Zionsliebe und -sehnsucht die Rechtmäßigkeit seiner Ansprüche und derer biblischen Wurzeln unter Beweis gestellt.[134] Die Frage nach der Rechtmäßigkeit arabischer Ansprüche auf das Land und einen Staat wird dabei ausgeblendet, so wie auch zu Beginn der zionistischen Einwanderung die Existenz autochthoner Einwohner in Palästina nicht wahrgenommen wurde beziehungsweise nicht wahrgenommen werden wollte.[135] Parolen, wie die des Schriftstellers Israel Zangwill – „Ein Land ohne Volk für ein Volk ohne Land!" – umschreiben den Mythos des leeren Landes und die Kolonisierungseuphorie mit Beginn der zionistischen Bewegung.[136] Erst die zunehmend ge-

---

134 Vgl. beispielsweise die Ansprache von Ben Gurion vor befehlsführenden Offizieren der IDF (Israel Defence Forces) nach dem Unabhängigkeitskrieg: Mission and Dedication, in: Government Year Book 5711 (1950): 7–42, in der er die moralische Stärke des jüdischen Volkes über die Jahrtausende aufzeigt, die es vor seinem Untergang bewahrt habe: „The Jewish nation is not a mere political and national unit – from the first time it appeared on the stage of history it embodied moral will and historic vision. [...] Only the people of Israel, uprooted bodily though they had been from the land of their origin for almost two thousand years, were the one nation to continue their ancient tradition in their own language and culture as though there had been no interruption or severance in the thread of their history." Zit. ebenda: 9, 12.

135 Chaim Weizmann, Präsident der Zionistischen Weltorganisation (1935–1946) und erster Präsident des Staates Israel, erinnert sich 1945 an seine vorjährige Reise durch Palästina: „Another thing which greatly struck me was the emptiness of Palestine. On one trip, for instance, I saw large stretches of land lying idle, water running to waste and the soil being eroded by the rain and the sun." Vgl. Chaim Weizmann: Report To My People, in: The Palestine Year Book, Vol. I: 5706. Review of Events July 1944 to July 1945, Zionist Organization of America, Washington 5/06 – 1945: 3–10, zit.: 5. Vgl. auch Elon 1972: 194–196.

136 Israel Zangwill (1864–1926) zählt zunächst zu den Territorialisten, die den Aufbau eines jüdischen Staates fordern, wo immer der Erwerb eines „Landes ohne Volk" möglich sei. Nach dem Beschluss auf dem Zionisten-Kongress 1905, die Aufbauarbeiten auf Palästina zu konzentrieren, gründet er als Protest die „Jewish Territorial Organisation", die bis 1925 Landerwerb in verschiedenen Ländern sondiert. Seine Parole „Ein Land ohne Volk für ein Volk ohne Land" wird von anderen Zionisten auf die Besiedlung Palästinas übertragen. Zangwill spricht sich schließlich auch für eine radikale und schnelle Durchsetzung einer Staatsgründung in Palästina aus, die eine Umsiedlung der Palästinenser in die arabischen Nachbarstaaten einschließt. Eine Anekdote, die in Quellen nicht belegt ist, fasst das Phänomen der Ignoranz zusammen: Max Nordau soll auf dem ersten Zionisten Kongress 1897 erstaunt ausgerufen haben: „Aber es gibt ja Araber in Palästina! Das wusste ich gar nicht!" Vgl. Elon 1972: 194–196.

walttätige Konfrontation mit der arabischen Bevölkerung erzwingt eine Auseinandersetzung, mit der die Dekonstruktion arabisch-palästinensischer Ansprüche auf das Land Palästina und eine Geschichte in ihm beginnt. In der jüdischen Geschichtskonstruktion werden die Palästinenser zu einem Volk ohne Geschichte und ohne nationale Eigenschaften, das nicht fähig zu einer nationalen Formation sei: „The majority of Palestinian peasants have not interest beyond a desire to improve the conditions of their daily life […] The fact has to be faced that, so far as the great mass of the population is concerned, the Arabs are immature and irresponsible to the point of Childishness."[137] Es sei nur eine gebildete Minderheit, die das arabische Volk mit Nationalismustheorien verführe: „They [= the Arab majority] are almost unbelievably credulous – a weakness which makes it easy for adventurers to work upon their passions."[138] Das Verdrängen palästinensischer Geschichte und ihrer Zeugnisse findet auch in der israelischen Raumplanung und -politik ihren Niederschlag. Im Amt des Premierministers wird eine „Geographical Names Commission" eingerichtet, die die Arbeit des früheren „Settlement Naming Committee" des Jüdischen Nationalfonds fortsetzt.[139] Die Kommission betreibt eine konsequente Hebraisierung der israelischen Landkarte, indem die arabischen Namen von Orten, Landschaften, Bergen, Tälern, Flüssen etc. durch hebräische, möglichst in der Bibel bereits erwähnte Namen ersetzt werden. Das Hebraisieren von Ortsnamen ist nicht nur eine kulturelle Entscheidung, sondern Bestandteil einer kulturellen wie territorialen Inbesitznahme des Landes.[140]

Die Staatsgründung ist ein einmaliger politischer Akt, der Aufbau des Staates und die Formung der israelischen Staatsnation aber sind in den folgenden Jahren und Jahrzehnten zu gestalten. Dafür liefert der Nationalplan den Rahmen. In der Entscheidung zur dezentralen Regionalförderung wird die Siedlungstätigkeit im Geiste der vorstaatlichen Kolonisierungsarbeit als Methode der Landaneignung fortgesetzt. Und auch in der symbolischen und ideologischen Auflading der Siedlungen und Entwicklungsstädte knüpft man an die zionistischen Ideale vor der Staatsgründung an, indem man sich weiterhin am Ideal der Gartenstadt und den ländlichen Lebensweisen orientiert. Die Landwirtschaft und die landwirtschaftliche Siedlungsform stehen in der zionistischen Ideologie für die Wiedergeburt des jüdischen Volkes, das

---

137 Zit. Stein 1923: 235, der sich auf einen Artikel von Rosita Forbes in der Sunday Times vom 18.03.1923 beruft. Zur Dialektik von Erinnern und Vergessen in der israelischen Historiographie vgl. Whitelam 1997: 37–70, Sternhell 1999: 43–46 und Kapitel 1.2 dieser Arbeit.
138 Zit. Stein 1923: 235.
139 Vgl. Government Year Book 5712 (1951/52): 31–32.
140 In der jüdischen Philosophie und der hebräischen Sprache ist das Namengeben, Erkennen, Aneignen und Besitzen eng miteinander verbunden. In den biblischen Berichten ist es beispielsweise Adam, der die Tiere benennt (1. Mose 2,19-20) und sie sich dadurch unterordnet. Zur besitzergreifenden Funktion der Namengebung vgl. auch Whitelam 1997: 55 und Silberstein 1999: 147–152.

sich nach der Rückkehr ins verheißene Land durch Bearbeitung des Bodens mit den eigenen Händen fest im Land verwurzelt. „Farming is in our very blood. It heals the Jew returning from Exile. It gives the nation sturdy roots in its Homeland", formuliert es 1966 Levi Eshkol, der Nachfolger Ben Gurions im Amt des Premierministers.[141] Die Gartenstadt ist die urbane Alternative zur landwirtschaftlichen Siedlung. Auch in Europa wird sie als Modell zur Verbindung städtischer und ländlicher Lebensformen diskutiert, in Israel erhält sie zudem die symbolische Aufwertung als Bestandteil der nationalen Wiedergeburt. Der landarbeitende Jude als Pionier (Halutz) in Palästina ist Ideal und Mythos der zionistischen Bewegung und Träger nationaler Autonomiebestrebung. Als starker, physisch arbeitender und im Lande verwurzelter „Muskeljude" verkörpert er das Gegenbild zum heimatlosen, in Kultur und Dasein fremd bestimmten Exil-Juden (Abb. 6).[142] Während der Halutz anfangs rein kolonisatorisch auftritt und durch landwirtschaftliches Pioniertum das Land und Volk zur Erlösung vorbereitet, wandelt sich sein Bild im Verlauf der jüdisch-arabischen Zusammenstösse und Kriege zum Kämpfer-Pionier (Abb. 7) und schließlich zum landesverteidigenden Soldaten.[143] Personen und Ereignisse der jüdischen Geschichte werden vermehrt öffentlich verehrt und wertvermittelnd inszeniert. Dazu zählt insbesondere Josef Trumpeldor (1880–1920), der im russisch-japanischen Krieg 1912 einen Arm verliert, dann nach Palästina einwandert und sich dort für die Organisation der militärischen Verteidigung jüdischer Pioniersiedlungen einsetzt. 1920 fällt er im Kampf gegen die Araber in Tel Hai – angeblich mit den Worten „es ist gut, für sein Vaterland zu sterben".[144] In der antiken Geschichte sind es die jüdi-

---

141 Levi Eshkol: Science and Research in the Development of the State, in: Government Year Book 5726 (1965/66): 7–10, zit. 8.
142 Der landarbeitende Halutz gilt in weiten Kreisen der zionistischen Bewegung als Vorbild, auch wenn tatsächlich nur 6-8 Prozent der Einwanderer in genossenschaftlichen Agrarsiedlungen leben, vgl. Sternhell 1999: 36. Weinryb 1957: 28 kritisiert diese Überbewertung und Idealisierung von Handarbeit (manual labor), Natürlichkeit, Einfachheit und landwirtschaftlicher Urbarmachung: „Jewish Palestine, and hence the State of Israel, is a planned society – a society born of a theory, or a dogma. At first it was Zionism, and later a combination of Zionism and Socialism [...]." Zum Pionier-Ideal vgl. Elon 1972: 139–193, Liebman/Don-Yehiva 1983: 30–31 und Zerubavel 1991.
143 Vgl. Ben Gurion 1950: 7–8 und Ben Gurion 1951/1952: XV. Ben Gurion verweist hier auf die Mission und die historische Verpflichtung, die Soldaten gegenüber ihrem Land und ihrem Volk haben. Im Rahmen einer Neuorganisation des Armeedienstes (Defence Service Law) sollen Soldaten zukünftig militärisch und landwirtschaftlich ausgebildet werden – „to give the Army the two basic characteristics our security requires: military capacity and the capacity to pioneer." Vgl. auch Troen 1992: 93–94.
144 Zerubavel 1995: 157–160 beschreibt die Rezeptionsgeschichte dieses Ereignisses in Palästina/Israel, die Trumpeldor immer mehr zum nationalen Helden des jüdischen Volkes stilisiert. Erst in den 1970er Jahren, nach dem Yom-Kippur Krieg 1973, erfährt diese Legende von gesellschaftskritischen Gruppierungen eine Uminterpretation in „es ist gut, für sein Land zu leben!" Andere verweisen auf Trumpeldors schlechte Hebräischkenntnisse, so dass dieser nicht auf hebräisch ge-

Abb. 6: „Jewish Shepherd in Galilee", Postkarte, Photographie von J. Benor-Kalter, 1930er Jahre

Abb. 7: „The Kvutza [= Jewish settlement community] Watchman", Postkarte, Photographie von J. Benor-Kalter, 1930er Jahre

schen Sektierer auf der Festung Masada (73 n. Chr.) und die jüdischen Aufständischen gegen Kaiser Hadrian unter dem Anführer Simon Bar Kokhba (132 n. Chr.), die im Kampf gegen die römische Fremdherrschaft den Tod der Gefangenschaft vorziehen, und die nun in Israel in ihrer Kampf- und Opferbereitschaft als jüdische Helden verehrt werden.[145] „Pioniergeist" und „Grenzpsychologie" werden als spezifische Merkmale der zionistischen Siedler geehrt, die letztendlich dazu beigetragen haben, die Hoffnung auf einen jüdischen Staat in die Realität umzusetzen.[146] Nach der Staatsgründung sind diese Eigenschaften im Kontext der staatlichen Raumpolitik erneut und besonders nachdrücklich gefragt, so dass Ben Gurion die Juden in aller Welt auffordert, durch Einwanderung und Siedlungstätigkeit weiterhin den zionistischen Idealen und Traditionen zu folgen: „[…] a pioneer generation shall arise which will regard it as its sacred duty to revive the desert, to create in the homeland an economy, a society and a culture to be a lodestar to the exiled children of Israel, and a model and example to all the world."[147] Pioniergeist ist vor allem für die Umsetzung nationaler Ziele in den grenznahen und spärlich besiedelten Gebieten gefordert. Hierzu zählen vor allem Jerusalem und die gesamte Wüstenregion des Negev im Süden des Landes. Der Nationalplan legt die Ziele fest: Ausbau Jerusalems zur Hauptstadt des Staates Israel und Aufbau einer Siedlungsstruktur in der unterentwickelten Region des Südens. Hier werden neue Städte – sogenannte „new development towns" – gegründet, die in ihrer städtebaulichen Konzeption für den dogmatischen Übertrag planerischer Theorie und zionistischer Kolonisierungsideale stehen. Beides – der Aufbau der Hauptstadt Jerusalem und einer flächendeckenden Siedlungsstruktur im gesamten Land – sind architektonische Manifestationen der israelischen Raumpolitik, die wesentlichen Einfluss nimmt auf die Gestaltwerdung des Staates und seiner Nation. An den Beispielen von Jerusalem und Beer Sheva werden im Folgenden die Umsetzung ideologischer und städtebaulicher Vorgaben im Nationalplan sowie ihre nationalen – staatsbildenden – Intentionen untersucht.

---

  sagt habe „es sei gut (tov la'mut) für das Land zu sterben", sondern er wohl eher auf derbe Weise den Tod auf russisch verflucht habe (iob tvoyu mat).
145 Für den Vergleich der historischen Befundung und der mythomotorischen Inszenierung der Schlacht von Tel Hai, des Bar Kokhba-Aufstandes und des jüdischen Massenselbstmordes auf Masada vgl. Zerubavel 1991, Zerubavel 1995 und Ben-Yehuda 1995.
146 Vgl. Brutzkus 1966: 213.
147 Zit. Ben Gurion 1951/52: XV und vgl. Ben Gurion in seiner Ansprache in New York: „Zionism needed more than ever", in: Jerusalem Post, 31.5.1951: 1.

3. Jerusalem – Zentrum des Judentums und Hauptstadt Israels: Aufbau nationaler Institutionen und Inszenierung denkmalpolitischer Projekte

Jerusalem und der sogenannte Jerusalem-Korridor, der die Stadt über ein schmales, zum Teil nur acht Kilometer breites Landstück an die Küstenregion anbindet, sind im Nationalplan als eine der Regionen mit hoher Entwicklungspriorität ausgewiesen.[1] Vor allem die Stadt Jerusalem nimmt hierbei eine Sonderstellung ein, die durch ihre Funktion als spirituelles Zentrum des Judentums und als politische Hauptstadt des Staates Israel bedingt ist. Jerusalem ist mit dem Ende des Unabhängigkeitskrieges 1949 zu einer geteilten Stadt geworden, die direkt auf der Staatsgrenze liegt (Abb. 8). Die jüdische Westhälfte der Stadt ist aufgrund ihrer extremen Randlage und der schmalen, leicht angreifbaren Landverbindung an das Kernland in ihrer Zugehörigkeit zum israelischen Staat stark gefährdet. Erobert wurden der Westteil Jerusalems und der Korridor nicht nur im Kampf gegen die Arabische Liga, sondern auch gegen die Absichten der Vereinten Nationen, die in ihrem Teilungsplan 1947 eine internationale Verwaltung der gesamten Stadt unter UN-Mandat vorgesehen hatten.[2] Entgegen internationaler und vor allem arabischer Proteste leitet die israelische Regierung eine Planungspolitik ein, die mit gezielten Fördermaßnahmen den urbanen Organismus der jüdischen Teilstadt wiederherstellen und mit einer großflächigen Demonstration jüdischer Präsenz ihren Verbleib im israelischen Staatsgebiet gewährleisten soll. Vor allem die politische, territoriale und kulturelle Aneignung der Stadt dominiert das israelische Planungs- und Baugeschehen in und um Jerusalem. In diesem Kapitel soll anhand der Verlagerung zentraler – nationaler – Institutionen in das israelische Jerusalem gezeigt werden, wie sich der Staat bemüht, mit seiner Baupolitik vollendete Tatsachen zu schaffen. Die architektonische Inszenierung und die begleitenden Diskussionen, die die nationale Relevanz und kulturhistorische Verant-

---

1 Vgl. Sharon 1950: 3 und 17, Sharon 1952: 80 und Dash/Efrat 1964: 26–27.
2 Zur Resolution 181 (II) „Future Government of Palestine" vom 29.11.1947 vgl. UN-Key Resolutions 1997: 141–149. Nach dem Unabhängigkeitskrieg besitzt Israel ungefähr 64 Prozent des Stadtgebietes von Jerusalem, der arabische Teil, der von Jordanien besetzt wird, umschließt 34 Prozent. Zwei Prozent bleiben Niemandsland entlang der Grenze. Vgl. Shapiro 1973: 147.

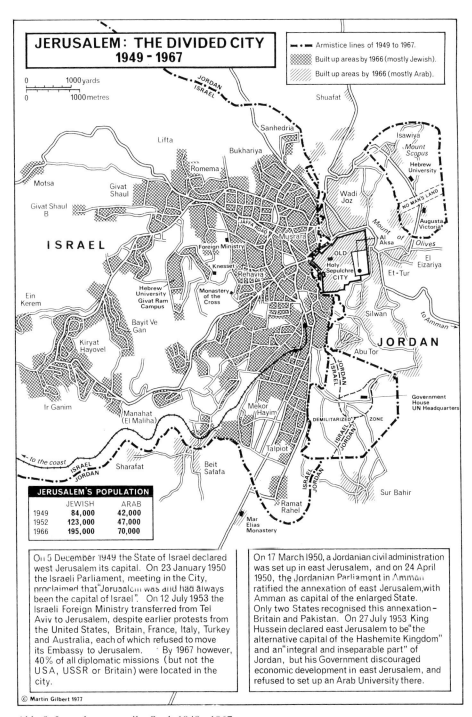

Abb. 8: Jerusalem – geteilte Stadt 1949–1967

wortung dieser Institutionen betonen, machen dabei deutlich, dass die Bauten zugleich als Rechtfertigung ihrer selbst und der israelischen Baupolitik funktionieren sollen. Viele der nationalen Institutionen entstehen in der konfliktreichen Nachkriegs- und Staatsgründungsphase, in der die Bauherren zu raschem Handeln und weniger zu ausführlichen Dokumentationen gezwungen sind. Selbst große staatliche Projekte sind daher in ihren Planungs- und Bauprozessen nur lückenhaft dokumentiert. Dennoch soll das Baugeschehen in Jerusalem hier nicht einfach als chronologisches Inventar und als ein Teilaspekt unter vielen in der israelischen Annexionspolitik abgehandelt werden, wie es in der Literatur häufig geschieht.[3] Um die übergeordnete Stellung der Baupolitik darzulegen, soll im Folgenden zum einen der symbolische Akt und ideologische Inhalt aufgezeigt werden, der dem Bau einzelner Institutionen zu Grunde liegt. Zum anderen gilt es, die Verortung im Stadtgrundriss und die architektonische Ausformung der Gebäude zu untersuchen, um ihre Bedeutung für den Nationswerdungsprozess und für das Etablieren eines kollektiven Geschichts- und Nationsverständnisses herauszustellen. Erst diese Synthese aus architektonischer Gestalt, symbolischer Aufladung und politischer Instrumentalisierung zeigt die Bedeutsamkeit der einzelnen Bauten und der Baupolitik insgesamt im Prozess des Staats- und Nationsaufbaus.

3.1 Status und Bedeutung der Stadt Jerusalem

Jerusalem besitzt eine lange Geschichte mit großer Bedeutung für das Judentum, die erklärt, warum Israel die Ansprüche auf diese Stadt besonders nachdrücklich erhebt und in einer entsprechenden Baupolitik umsetzt. Die Bedeutung Jerusalems reicht bis in die biblischen Berichte zurück, in denen sowohl die politische als auch die religiöse Funktion der Stadt für das jüdische Volk eng miteinander verbunden sind. In der Bibel wird sie unter König David zum politischen Zentrum des jüdischen Reiches. Ihm gelingt es, die Stadt gegen den Widerstand der Jebusiter einzunehmen (2. Sam 5,6–10). Aufgrund der strategischen Lage zwischen den beiden Reichen Juda und Israel erklärt David sie zur Hauptstadt des neuen Königreiches. Mit der Überführung der Bundeslade nach Jerusalem (2. Sam 6) macht er sie zugleich zum obersten spirituellen Zentrum des jüdischen Volkes. Zion, ein biblisches Synonym für Jerusalem, steht fortan für die nationale Einheit der Israeliten unter der davidischen Monarchie. Der Bau des Tempels erfolgt unter Davids Sohn Salomon auf dem Berg Moriah, auf dem bereits Abraham seinen Sohn Isaak hatte opfern wollen

---

3   Eine Ausnahme bildet Dumper 1997, der zumindest für die Zeit nach 1967 die Siedlungspolitik in und um Jerusalem als „conquest by architectural means" analysiert.

(1. Mose 22,1–14). Dieses Ereignis – der Bundesschluss Abrahams mit Gott – gilt als die Geburtsstunde der jüdischen Nation.[4] Mit der Eroberung der Stadt Jerusalem durch König David kehrt das israelitische Volk an seinen mythischen Ursprungsort zurück und erneuert durch den Tempelbau auf dem Berg Moriah das alte Bündnis mit Gott.[5] Jerusalem wird unter König David nicht nur zum politischen und religiösen Zentrum der Israeliten, sondern auch zum Symbol der Transformation des Volkes in eine Nation mit einem eigenen Staat. Jerusalem erfährt damit eine symbolische Auflading als Ort nationaler und spiritueller Einheit der Juden, die selbst den staatlichen Niedergang in den nachfolgenden Jahrtausenden überdauert. Jerusalem beziehungsweise Zion steht für eine glorreiche staatliche Vergangenheit und wird zum sehnsüchtigen Inbegriff nationaler – zukunftsgerichteter – Aspirationen. „Vergesse ich dein, Jerusalem, so werde meiner Rechten vergessen. Meine Zunge soll an meinem Gaumen kleben, wo ich dein nicht gedenke […]", klagen die Juden nach der Zerstörung ihres Tempels durch Nebukadnezar im 6. Jahrhundert v. Chr. und während ihres Aufenthaltes in babylonischer Gefangenschaft (Psalm 137,5–6). Im Exil wird die nationale zu einer religiösen Gemeinschaft, deren Werte, Ziele und Ideale durch die Thora und durch die Erinnerung an die gemeinsame Geschichte und Kultur definiert sind.[6] Das kollektive Erinnern und Einhalten religiöser und kultureller Praktiken – vor allem das gemeinsame Sehnen nach Zion (= Zionsliebe/-sehnsucht) – festigen den Zusammenhalt des jüdischen Volkes und verhindern seine Assimilation in fremden Kulturen. Mit der Hoffnung auf eine Rückkehr nach Jerusalem verbindet sich die Erwartung, auf historischem Boden wieder in eine nationale Gemeinschaft im Staatsverband verwandelt zu werden, die an die Traditionen der biblischen Berichte anknüpft.

Auch die zionistische Bewegung baut auf diesen nationalen Mythos der Zionsliebe auf. Schon der Name Zionismus verweist auf die nationale und symbolische Bedeutung von Jerusalem = Zion. Auch wenn sich die Siedlungsaktivitäten überwiegend auf die fruchtbare Küstenregion konzentrieren, bleibt Jerusalem das sehnsuchtsvolle Ziel einer nationalen Wiedergeburt. Mit dem Argument der Zionsliebe begründet auch der israelische Präsident Chaim Weizmann 1948 die jüdischen Ansprüche auf Jerusalem: „Jerusalem is to us the quintessence of the Palestine idea. Its restoration symbolizes the redemption of Israel. […] To us Jerusalem has both a spiritual

---

4 Dieser erste Bund, der Bund der Beschneidung, wird durch den zweiten Bundesschluss mit Moses am Berg Horeb im Sinai während des Exodus der Israeliten aus Ägypten erneuert.
5 Der Psalm 76,3: „Zu Salem ist sein [= Gottes] Gezelt, und seine Wohnung zu Zion" bringt diese Verbindung durch die gleichzeitige Nennung beider Namen (Jeru)Salem und Zion für die Wohnstätte Gottes deutlich zum Ausruck. Zu den biblischen Grundlagen der jüdischen Geschichte und Bedeutung Jerusalems vgl. vor allem Avi-Yonah 1970, Avi-Yonah 1974, Talmon 1974, Biale 1995 und Bahat 1996.
6 Zur Transformation der Juden von einer nationalen zu einer religiösen Gemeinschaft vgl. vor allem Guttmann 1925.

and a temporal significance. It is the City of God, the seat of our ancient sanctuary. But it is also the capital of David and Solomon, the City of the Great King, the metropolis of our ancient commonwealth. […] It is the centre of our ancient national glory. It was our lodestar in all our wanderings. It embodies all that is noblest in our hopes for the future. Jerusalem is the eternal mother of the Jewish people […] even though our commonwealth was destroyed, we never gave up Jerusalem."[7] Hiermit konstruiert Weizmann eine wechselseitige Abhängigkeit zwischen Jerusalem und dem jüdischen Volk: Nur in Jerusalem konnte das jüdische Volk seine Größe entfalten, ebenso wie Jerusalem nur unter jüdischer Herrschaft prosperieren konnte. Andere Herrscher, so Weizmann, haben sich der Regentschaft über Jerusalem nicht würdig erwiesen. Seit der Zerstörung des Ersten und des Zweiten Tempels haben die nachfolgenden Herrscher über Palästina Jerusalem zu einer Provinzstadt verkommen lassen und die Region beispielsweise von Rom oder Konstantinopel aus regiert.[8] Die Juden waren zum Teil harten Restriktionen und zeitweise dem Verbot, die Stadt zu betreten, ausgesetzt. Trotz des Niedergangs der Stadt und der geographischen Entfremdung von ihr, blieb Jerusalem in der fast 2000 jährigen Exilzeit zentrale Erinnerungsfigur im Judentum.[9] Zionsliebe aber ist nicht nur kollektive Erinnerung, sondern auch integraler Bestandteil politischen Denkens und kolonisatorischer Praxis. Im Zionismus dient sie als Argument zur nationalen Selbstbefreiung und modernen staatlichen Wiedergeburt. Zugleich begründet sie die territorialen Ansprüche auf einen Staat in Palästina mit Jerusalem als Hauptstadt, die aus der Sicht der Juden höher anzusiedeln sind als die anderer Völker, Nationen und Religionsgruppen.[10] Die jüdische Einwanderung nach Palästina und die Ansiedlung in Jerusalem müssen als selbstbewusste Schritte einer „nation-in-the-making"[11] gelesen werden, die sich auf dem Weg sieht, die biblische Einheit von Volk, Land und Gott wiederherzustellen.

---

7 Weizmann im Military Governor's Council, Jerusalem, 01.12.1948, zit. nach Weizmann 1948.
8 Eine Ausnahme bilden die Kreuzritter, die die Stadt nach ihrer Eroberung durch Gottfried von Bouillon 1099 zu ihrem Königreich Jerusalem machen. Einen zentralen Status erhält die Stadt dann erst wieder in der Neuzeit. 1840 wird sie Verwaltungshauptstadt des osmanischen Sanjak von Jerusalem, und in der britischen Mandatszeit erklären sie die Briten zum Sitz des Militärgouverneurs. Vgl. Dumper 1997: 25–30.
9 Vgl. Simon 1923: 250 und Katz, S. 1968: 17.
10 Häufig vorgebrachtes Argument ist, vgl. Sher 1950: 1, die Einzigartigkeit der Bedeutung Jerusalems für das Judentum im Vergleich zum Islam und Christentum. Das Christentum besäße mit Rom und Jerusalem zwei und der Islam mit Mekka, Medina und Jerusalem sogar drei Hauptheiligtümer: „Jerusalem was regarded by the Jews as their only and eternal national and spiritual Capital. No other national or religious group ever regarded Jerusalem as its only, or even main, centre." Ein anderes Argument ist, dass die arabischen Völker, insbesondere aber das palästinensische Volk, unterentwickelt und nicht fähig zur Selbstverwaltung seien. Die Juden hingegen besäßen jahrhunderte-

Jerusalem wird nicht nur als politisch-kulturelles Argument für die jüdischen Siedlungsbestrebungen in Palästina eingesetzt, die mit der konstruierten Stringenz jüdischer Geschichte und mnemotechnischer Traditionen erklärt und legitimiert werden. Der Anspruch auf Jerusalem als politisches und kulturelles Zentrum des Judentums dient auch dazu, die säkularen mit den religiösen Juden in ihrem Bestreben nach einer Rückkehr ins verheißene Land zu verbinden und so zwischen den vielfältigen Gruppierungen eine nationale Gemeinsamkeit herzustellen.[12] Auch die in der Diaspora lebenden Juden können durch die Erinnerung an ihre religiöse Pflicht der Zionsliebe angemahnt und zur Einwanderung nach Palästina aufgefordert werden.[13] Innenpolitisch funktioniert die symbolische Qualität Jerusalems als Vermittler einer Kollektividentität, die eine Verbindung zur Vergangenheit herstellt und zum Träger nationaler Erwartungen wird. Außenpolitisch dient die Stadt in der ideologisch konstruierten Ausdeutung der Demonstration historisch legitimierter Ansprüche auf Palästina.

Diese innen- und außenpolitische Bedeutung Jerusalems erklärt das israelische Bestreben, diese Stadt dem Staatsgebiet anzugliedern. Jerusalem sollte aber – so der Teilungsplan der Vereinten Nationen vom November 1947 – unter neutrale, internationale Verwaltung gestellt, das restliche Palästina in einen arabischen und einen jüdischen Staat geteilt werden. Der jüdische Nationalrat stimmt diesem Plan und damit der Ausgrenzung Jerusalems aus dem jüdischen Staat als „sacrifice for the sake of peace and international understanding" zu.[14] Die Arabische Liga aber lehnt den Teilungsplan ab und marschiert in Jerusalem ein. Den Vereinten Nationen gelingt es nicht, die schweren Kämpfe zu verhindern. Im Gegenteil, der UN-Vermittler Graf Folke Bernadotte legt am 27. Juni 1948 einen neuen Plan (Bernadotte-Plan) vor, der Jerusalem und einen großen Teil des Negev dem arabischen Teilstaat zuschlägt.

---

alte „nationale Charakteristiken" und wären in der Selbstorganisation und -verwaltung am weitesten fortgeschritten, so dass nur ihnen eine nationalstaatliche Verantwortung zu übertragen wäre. Vgl. Stein 1923: 235–245.

11 Zit. Sher 1950: 2.
12 Vgl. Barth 1948: 5: „Religion and National Unity. […] The Jewish religion and tradition is the only thing that unites us."
13 Vgl. Dumper 1997: 2 und Elon 1972: 118. Elon verweist auf die Vorstellung, dass das Leben und Beten im Heiligen Land eine „mitzva", eine heilige Pflicht, sei, mit deren Ausübung die Wiederkehr des Messias beschleunigt werden könne.
14 Israel Office of Information: Jerusalem and the United Nations, 1947: 17, zit. nach Padon 1974: 89. Die jüdischen Verhandlungspartner äußern die Hoffnung, dass dies nur eine Interimslösung ist, da nach zehn Jahren ein Bevölkerungsreferendum in Jerusalem über die staatliche Zugehörigkeit der Stadt abgehalten werden soll. Da der jüdische Anteil der Bevölkerung 1947 höher liegt als der der arabischen (ca. 100 000 zu 65 000 Einwohnern), erwartet man, die Stadt nach den zehn Jahren Israel wieder anzugliedern. Zur politischen Geschichte der Teilungspläne von Jerusalem vgl. auch Bialer 1984 und Segev 1998.

Wie der israelische Außenminister Moshe Sharett (ehemals Shertok) mehrfach verkündet, lehnt die israelische Regierung, die sich nicht mehr an die Vereinbarungen von 1947 gebunden fühlt, jede weitere Gebietsabtretung insbesondere die von Jerusalem ab. Mit den Eroberungen im Negev und des Westteils von Jerusalem sei nun ein fait accompli geschaffen worden.[15] Auch Präsident Weizmann leitet aus dem heroisch-kriegerischen Einsatz der Juden ihr Recht auf West- beziehungsweise sogar ganz Jerusalem ab, indem er darin die Erfüllung der historischer Prophezeiung sieht: „We cannot forget Jerusalem. [...] Last year we have sealed afresh our covenant with our ancient mother-city with the blood of our sons and daughters. [...] It gives us the right to claim that Jerusalem is and should remain ours. [...] You [= Jewish people] have renewed the ancient covenant with your blood and your sacrifices. Jerusalem is ours by virtue of the blood that was shed by your sons in its defence."[16]

Der Vorschlag Israels, nur die heiligen Stätten Jerusalems unter internationale Verwaltung zu stellen, wird von den Vereinten Nationen zurückgewiesen. Sie insistieren auf eine Internationalisierung der Stadt.[17] Daraufhin leitet die israelische Regierung verschiedene Maßnahmen ein, um den Westteil von Jerusalem möglichst unwiderruflich dem jüdischen Staat anzugliedern. Am 2. August 1948 erklärt die Regierung West-Jerusalem zu einem „von Israel besetzten Gebiet" und dehnt die israelische Gesetzgebung auf dieses Gebiet aus.[18] Mit einer „Notstandsverordnung über das Eigentum Abwesender" (Absentee Property Law) vom 12. Dezember 1948 wird das Eigentum von arabischen Flüchtlingen beziehungsweise von arabischen Besitzern, die nicht auf israelischem Territorium leben, beschlagnahmt und staatlich verwaltet. Am 2. Februar 1949 hebt die Regierung den Militärstatus von Jerusalem auf und beginnt sukzessive mit dem Umzug einiger Regierungsinstitutionen von Tel Aviv nach Jerusalem. Die konstituierende Sitzung der Knesset findet am 14. Februar

---

15 Vgl. die Ansprachen von Sharett vor dem UN-Komitee (15.11.1948) und vor der Knesset (02.01.1950) in: Sharett 1948: 3–4 und Sharett 1950: 1. Gebietsabtretungen seien für Israel nicht akzeptabel, da Juden ein historisches Recht auf Jerusalem und den Negev besäßen. Unter Einsatz ihrer Leben hätten sie dafür gekämpft und wüssten zudem die Wüste besser als jedes arabisches Volk zu nutzen: „The Arab world is over-endowed with deserts. It has exhibited no capacity for putting them to any fruitful use. [...] For Israel, and for it alone, that emptiness is replete with constructive significance. The Negev will either be developed by the Jews or will stay desert for ever [...]. The reason is not that the Jews are more capable than others, but simply that they alone need the soil to settle upon and cultivate." Zit. Sharett 1948: 3.
16 Zit. Weizmann 1948: 2.
17 Zu den kontroversen Verhandlungen und verschiedenen Resolutionen vgl. Weizmann 1948: 2 und die Ansprache des israelischen Gesandten Aubrey Eban vor der UN-Vollversammlung am 26.09.1948: Eban 1948; für den historischen Hintergrund vgl. besonders Halpern 1969: 376–390, Padon 1974: 90–91, Bialer 1984 und Benvenisti 1976: 1–15.
18 Mit der Law and Administrative Ordinance 1948 umgeht Israel die Frage nach der UN-Anerkennung der israelischen Oberhoheit in West-Jerusalem, indem es sich eine eigene juristische Grundlage für die Verwaltung des jüdischen Stadtteils schafft. Vgl. dazu auch Dumper 1997: 36–38.

1949 in Jerusalem statt, zwei Tage später wird Chaim Weizmann dort zum Präsidenten gewählt. Dabei bleiben alle ausländischen Vertreter, mit Ausnahme der Sowjetunion, Polen und der Niederlande, diesen Sitzungen fern, um nicht auf inoffizielle Weise die israelischen Ansprüche auf West-Jerusalem anzuerkennen.[19] Am 9. Dezember 1949 verabschieden die Vereinten Nationen nach zahllosen Diskussionen erneut eine Resolution (Nr. 303 (IV)), die die Internationalisierungsabsichten bestätigt.[20] Zuvor hatte die Knesset noch einmal in einer Erklärung die Zugehörigkeit West-Jerusalems zu Israel in einem offiziellen Statement bekräftigt.[21] Nach dem UN-Entscheid gibt Premierminister Ben Gurion am 13. Dezember eine Regierungserklärung ab, in der er – gegen die Intention der UNO – die Ernennung West-Jerusalems zur offiziellen Hauptstadt Israels und die zügige Verlegung weiterer Regierungsämter dorthin fordert: „In the stress of war [...] we were compelled to establish the seat of Government in Ha'Kirya at Tel Aviv. But for the State of Israel there has always been and always will be one capital only – Jerusalem the Eternal. Thus it was 3,000 years ago – and thus it will be, we believe, until the end of time. [...] We are continuing with the transfer of the Government to Jerusalem and hope to complete it as soon as possible."[22] Die Knesset stimmt dieser Erklärung zu und beruft ihre erste Sitzung in Jerusalem am 23. Januar 1950 ein. Eine ihrer ersten Proklamationen ist die offizielle Ernennung West-Jerusalems zur israelischen Hauptstadt – rückwirkend bis zur Staatsgründung 1948.[23] Trotz zahlreicher Protestpetitionen von der UNO und vor allem den arabischen Staaten und palästinensischen Vertretern besiegelt Israel damit seine politischen Ansprüche auf West-Jerusalem. „Nationale Loyalität", die zwischen den Juden und Jerusalem bestehe, begründe diese Annexion. Und auch reale Verbindungen (Gesetzgebung, Wahlrecht etc.) zwischen Jerusalem und Israel sowie die Übereinstimmung „nationaler Charakteristika" in der Bevölkerung (Spra-

---

19 Vgl. Padon 1974: 91 und Auszüge der Ansprache Weizmanns in der Knesset, in: First Parliament 1949. Pressereaktionen zur Eröffnungssitzung finden sich in: Jerusalem was only Gesture: 1949.

20 Vgl. Bialer 1984: 291. Die Resolution 303 (IV) „Palestine: Question of an International Regime for the Jerusalem Area and the Protection of the Holy Places" vom 09.12.1949 (vgl. UN-Key Resolutions 1997: 150–151) ist eine Bestätigung der Resolution vom November 1947 (Resolution 181 (II)) zur Internationalisierung von Jerusalem.

21 Erklärung Ben Gurions vor der Knesset am 5. Dezember 1949: „We regard it as our duty to declare that Jewish Jerusalem is an organic and inseparable part of the State of Israel, as it is an inseparable part of the history of Israel, of the faith of Israel, and of the very soul of our people. Jerusalem is the heart of hearts of the State of Israel." Zit. nach Benvenisti 1976: 11–12.

22 Zit. Ben Gurion's Statement in: The Palestine Post, 14.12.1949: 1 und vgl. auch Kommentar von Brilliant 1949b. Am 20.12.1949 fordert die UNO Israel offiziell auf, die Verlegung von Regierungsinstitutionen nach Jerusalem wieder rückgängig zu machen. Eban verteidigt am 31.12.1949 in einem Schreiben an die UNO noch einmal vehement das israelische Anrecht auf Jerusalem, vgl. Eban Tells U.N. 1950: 1.

23 Vgl. Brilliant 1950: 1.

che, Religion, Kultur, nationale Loyalität) lassen, so Eban vor der UN-Versammlung am 26. September 1948, eine Trennung West-Jerusalems von Israel widernatürlich erscheinen. Politisch-administrative Maßnahmen, wie die Verlegung von Regierungsämtern nach Jerusalem, unterstreichen symbolisch wie pragmatisch dieses Vorgehen.[24] Vor allem eine gezielte Regionalplanung, das heißt die Aufnahme der Region Jerusalem in den Nationalplan, ist darauf angelegt, diesen politischen Akt der territorialen Annexion durch Architektur und Städtebau in die israelische Landkarte einzuschreiben. Die folgende Betrachtung der Stadtentwicklung Jerusalems und der Planungspolitik im Nationalplan sowie die Analysen des Baus und der Inszenierung einiger nationaler Institutionen machen dies deutlich.

3.2 Die städtebauliche Entwicklung der Stadt Jerusalem und ihre Stellung im Nationalplan

Die anhaltenden militärischen und politischen Machtkämpfe um die Stadt Jerusalem blockieren zunächst größere Planungsaktivitäten. Erst mit der politischen und legislativen Angliederung West-Jerusalems an den Staat Israel beginnen umfangreiche Planungs- und Bauvorhaben im Auftrag der Regierung: „On the 19th of Tevet 5710 [= 28.12.1949] the Prime Minister announced that the Knesset and the Government offices would be transferred to Jerusalem, upon which the capital began to revive. All doubts vanished and the faith of the public in the future of the city and its surroundings began to appear justified."[25] Aller nationalen Euphorie zum Trotz: mit der willkürlichen Grenzziehung in den israelisch-jordanischen Waffenstillstandsvereinbarungen 1949 ist eine Region entstanden, die schwer zu entwickeln und schwer zu verteidigen ist.[26] Jerusalem selbst wird durch die Waffenstillstandslinie in zwei Hälften geteilt (Abb. 8). Diese geopolitische Lage macht sie zu einem der schwächsten Glieder in der israelischen Siedlungskette. Mit der Ernennung zur Hauptstadt und den nachfolgenden Fördermaßnahmen bemüht sich die Regierung, diese Defizite auszugleichen.

Der Nationalplan, der vor allem der Umsetzung politischer Interessen in der Siedlungsplanung dient, bestätigt den Status Jerusalems als Hauptstadt Israels und gibt die Richtlinien zur Entwicklung der gesamten Region vor.[27] Er legt ein bipolares Konzept mit den beiden urbanen Zentren Jerusalem und Bet Shemesh (ehemals Hartuv) fest, die unterschiedliche Funktionen zu erfüllen haben. Jerusalem soll durch

---

24 Vgl. Eban 1948: 2.
25 Zit. Kurzbericht über „Jerusalem the Capital" in: The Israel Yearbook 1950/51: 306.
26 Vgl. Dash/Efrat 1964: 49–51.
27 Vgl. Sharon 1952: 80 und Sharon 1960: 6.

die Verlagerung nationaler Institutionen als Hauptstadt aufgebaut werden. Bet Shemesh hingegen zählt zu dem Typus der neuen Entwicklungsstädte, die primär der regionalen Strukturförderung dienen. Ihr Ziel ist es, die gesamte Region möglichst flächendeckend industriell und landwirtschaftlich zu stärken und durch regionale Verflechtungen ein Herauslösen aus dem Staatsgebiet – sei es durch militärische Angriffe, sei es durch internationale Interventionen – zu verhindern.[28] Vorrang erhält auch der Ausbau der Verkehrsverbindungen zwischen Jerusalem, Bet Shemesh und dem Kernland, da sie den Zugang zur Hauptstadt sichern.[29] Planziel ist die Förderung der Region und ihrer infrastrukturellen Verflechtungen, um Jerusalem als Hauptstadt halten und ausbauen zu können.

Parallel zu diesen politisch-strategischen Rahmenplanungen arbeitet der Architekt Heinz Rau, Direktor der Jerusalemer Planungsabteilung im Innenministerium, in den Jahren 1948–49, noch während die Kampfhandlungen und die politischen Verhandlungen mit den Vereinten Nationen und den arabischen Staaten andauern, an einem Masterplan für Jerusalem (Abb. 9).[30] Diese Planungen werden ab 1955 von dem neuen Bezirks-Planungsdirektor Michael Shaviv fortgesetzt (Abb. 10). Im Juli 1959 wird der Masterplan offiziell vom Innenministerium genehmigt.[31] Während der Rau-Plan von 1948–49 noch entgegen jeder politischen Realität für die gesamte Stadt konzipiert ist, konzentriert sich der Shaviv-Plan ausschließlich auf den israelischen Westteil. Da man auf eine Wiedervereinigung der beiden Stadthälften in der Zukunft hofft, versucht man, städtebauliche und vor allem verkehrstechnische Maßnahmen zu vermeiden, die die Grenzziehung unwiderruflich in den Stadtgrundriss und den urbanen Organismus einschreiben.[32] Bis dahin muss aus Gründen der Wirtschaftlichkeit und der nationalen Sicherheit der Westteil Jerusalems gefördert werden, so dass er weitgehend autonom existieren und im Angriffsfall verteidigt werden kann. Die Regierung sowie zahlreiche nationale Institutionen konzentrieren daher

---

28 Da das Phänomen der israelischen Entwicklungsstädte am Beispiel von Beer Sheva diskutiert wird, soll hier nicht auf die Planungen für Bet Shemesh eingegangen werden. Zum Ausbau von Bet Shemesh als Industriestandort der Region vgl. E. Gaash: The Bet Shemesh Outline Scheme, in: Dash/Efrat 1964: 97.
29 Im Unabhängigkeitskrieg war Jerusalem zeitweise durch feindliche Truppen vom israelischen Kernland abgeschnitten. Jordanische Truppen hatten die Festung Latrun eingenommen und beherrschten damit die lebensnotwendige Straße von Jerusalem in die Küstenregion. Erst mit dem Bau einer Umgehungsstraße, der sogenannten „Burma-Road", konnte die arabische Blockade von Jerusalem durchbrochen werden.
30 Vgl. Shapiro 1973: 147–149. Sharon 1973a: 132 datiert den Plan in das Jahr 1950 und nennt keinen hauptverantwortlichen Architekten.
31 Zur städtebaulichen Entwicklung vgl. Dash/Efrat 1964: 66–67, Efrat 1971: 56–61, Hashimshony/Schweid/Hashimshony 1972, Shapiro 1973: 147–153 und Sharon 1973: 132–136.
32 Vgl. Dash/Efrat 1964: 66 und Gaash 1965: 55.

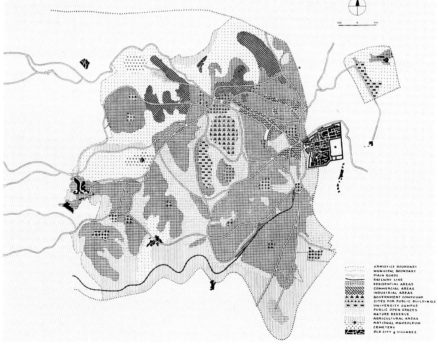

Abb. 9 (linke Seite oben): Masterplan für Jerusalem um 1950 im Zusammenhang mit dem Nationalplan, sogenannter „Rau-Plan" von 1948–49
(1) Old City (Arab-held territory) (2) New City (present boundaries) (3) Commercial Centre (4) Ha'Kirya: Future Seat of Government (5) Herzl's Memorial and National Sanctuary (6) Open Spaces and Green Belts (7) New Residential Neighborhoods (8) Water Reservoir (9) Outer Ring Road (10) Inner Ring Road

Abb. 10 (linke Seite unten): Masterplan für Jerusalem, sogenannter „Shaviv-Plan", 1955–59

Abb. 11 (oben): Jerusalem 1918, Luftbild der Altstadt und der sich nach Westen ausdehnenden neuen Siedlungen außerhalb der Stadtmauer

einen Großteil ihrer Aktivitäten auf den städtebaulichen und institutionellen Ausbau der Stadt, um den politischen und militärischen Akt der territorialen Annexion in einer konkreten wirtschaftlichen und baulichen Entwicklung fortzuführen.[33]

Zusätzlich zu den politisch-strategischen Interessen nehmen vor allem zwei weitere Faktoren – die Topographie und die frühere Stadtplanung – Einfluss auf die städtebauliche Entwicklung Jerusalems. Insbesondere die Topographie prägt seit jeher nachhaltig die städtebauliche Gestalt. Sie ist gekennzeichnet von den Hügeln und Tälern der judäischen Berge, die die Grenze zur judäischen Wüste und zum tiefen Jordangraben bilden.[34] Der tiefste Punkt innerhalb der Stadt liegt bei circa 600 Metern, der höchste bei circa 835 Metern. Bauten und Siedlungen liegen traditionell auf den Hügelkuppen, während die Täler als ‚grüne Lungen' freigehalten werden und meist nur die Verbindungsstraßen zwischen den einzelnen Siedlungseinheiten aufnehmen. Ausgenommen von dieser Siedlungsentwicklung sind einige Bergkuppen wie der Berg Moriah (Tempelberg oder arabisch: Haram esh-Sharif), der Berg Zion, der Skopus Berg und der Ölberg, da sie von den drei großen, monotheistischen Glaubensrichtungen unterschiedlich religiös besetzt sind. Städtebauliches Hauptmerkmal bildet die Altstadt, die von einer hohen Stadtmauer aus dem 16. Jahrhundert umschlossen ist. Die Altstadt ist das historische, kulturelle und religiöse Zentrum – das Herz – der Stadt. In ihr liegen einige der wichtigsten Heiligtümer des Judentums, des Christentums und des Islams, wie der Tempelberg mit dem Felsendom und der Al-Aksa Moschee, die Substruktion des Herodianischen Tempels, die sogenannte „Klagemauer" (Ha'Kotel oder Ha'Kotel Ha'Maariv), sowie die Grabeskirche. Bis in die zweite Hälfte des 19. Jahrhunderts bleibt das Jerusalemer Siedlungsgebiet ausschließlich auf die Altstadt begrenzt, deren Stadttore nachts geschlossen werden, um die Bewohner vor Überfällen zu schützen. Erst in den 1860er Jahren werden infolge der zunehmenden Einwanderung und als Flucht vor den maroden,

---

33 Am Aufbau Jerusalems beteiligen sich vor allem der Foundation Fund (Keren Hayesod) und der Jüdische Nationalfond (Keren Kayemeth le'Israel), vgl. Sher 1950: 2–3. In einem maschinenschriftlichen Bericht fasst Mordechai Shtener um 1949/50 die Bauaktivitäten und ihre Zielsetzungen zusammen, vgl. Shtener 1949/50, im ISA, RG 109, Gimel 4361, Akte 25 (Orig.Nr. 6121, Vol. II). Auch die Jewish Agency richtet eine spezielle Jerusalemabteilung ein. Vgl. Development of Jerusalem 1950. Im Dezember 1959 wird die neue „Pro-Jerusalem Society" (Lemaan Yerushalayim) gegründet, eine Gesellschaft, die den Aufbau Jerusalems, die Verbreitung von Kenntnissen über Jerusalem und die „Liebe zu dieser Stadt", Tourismus und Wallfahrten und die Vermarktung von Jerusalemer Produkten fördern will. Vgl. das Bulletin Lemaan Yerushalayim, 1/2, Tishri 5721 – October 1960, im ISA, RG 43, Gimel 6397, Akte 3948 (Orig.Nr. 9029): 6–7.

34 Einen Überblick über die topographischen, ökonomischen, sozialen und städtebaulichen Bedingungen Jerusalems geben Efrat 1963, Amiran/Shachar/Kimhi 1973 und Efrat 1998: 97–145.

35 Die Siedlungen entstehen dabei als homogene kulturelle und religiöse Einheiten, die heute noch in der Stadt erkennbar sind. Zu den ersten jüdischen Siedlungen außerhalb der Mauer zählen Mishke-

überfüllten und unhygienischen Wohnverhältnissen der Altstadt die ersten Wohnquartiere außerhalb der Stadtmauer errichtet (Abb. 11).[35] Die Lage der Siedlungen ist dabei nicht an einen übergeordneten Plan gebunden, sondern ergibt sich willkürlich durch die Verfügbarkeit des Landes und das Bestreben, sich möglichst entlang der Handelsstraße und in der Nähe zur Altstadt mit ihren Heiligtümern und Handelsplätzen niederzulassen.

Eine geordnete Stadtplanung sowie eine regulative Baugesetzgebung und die ersten Maßnahmen im Hinblick auf eine Ensemble- und Denkmalschutzregelung werden erst unter den Briten nach ihrer Eroberung der Stadt unter General Edmund Allenby am 9. Dezember 1917 eingeführt.[36] Ihre legislativen und administrativen Maßnahmen formen das Stadtbild und den Charakter der Stadt nicht nur während der britischen Mandatszeit. Ihr Einfluss auf die Entwicklung Jerusalems ist so grundlegend, dass sie nach der Staatsgründung von der israelischen Regierung übernommen werden beziehungsweise nicht mehr rückgängig gemacht werden können. Die Briten erklären Jerusalem zur Hauptstadt ihres Mandatsgebietes und setzen Oberst Ronald Storrs als Militärgouverneur der Stadt ein. Storrs engagiert sich für die städtebauliche Entwicklung, die die Heiligkeit der Stadt respektiert und den besonderen städtebaulichen und architektonischen Charakter bewahrt.[37] Noch während die Kampfhandlungen in Palästina andauern, beauftragt Storrs im März 1918

noth Sha'ananim, Nahalat Shiv'a und Mahane Yisra'el. Auch christliche Missionen lassen sich seit Ende des 19. Jahrhunderts wie beispielsweise im Russian Compound (1860–1964, Kaiserlich Russisch-Orthodoxe Palästina-Gesellschaft) oder in der Deutschen Kolonie (ab 1873, Deutscher Templerorden) verstärkt außerhalb der Mauer nieder. Zur Siedlungsgeschichte Jerusalems sind in den letzten Jahren einige umfangreiche Werke entstanden, so dass hier nicht detailliert auf sie eingegangen werden soll. Vgl. Ben-Arieh 1984, Ben-Arieh 1986, Kark 1991, Kark/Oren-Nordheim 2001; zu den sozial-geographischen Besonderheiten vgl. Amiran 1973: 26–32.
36 Es gibt vage Hinweise, dass erste Masterpläne für Jerusalem bereits Ende des 19. Jahrhunderts im Gespräch sind. Von ihnen sind keine Unterlagen oder Pläne erhalten. Vgl. Shapiro 1973: 140.
37 Storrs führt regelmäßigen Bericht über seine Gedanken, Pläne und Aktivitäten in Jerusalem, die er 1939 publiziert. Sie vermitteln einen interessanten Einblick in die Situation in Jerusalem und in die Tätigkeit Storrs. Vgl. dazu Ronald Storrs: Orientations, London 1939. Eine seiner wichtigen Initiativen ist die Gründung der „Pro-Jerusalem Society" (1918). In dieser supra-nationalen und supra-religiösen Gesellschaft sind Vertreter der öffentlichen und regierungsamtlichen Behörden sowie der einzelnen Religionsgruppen vertreten. Ihr Ziel ist „preservation and advancement of the interests of Jerusalem, its districts and inhabitants." Die Gesellschaft bemüht sich um die behutsame Entwicklung der Stadt Jerusalem, wobei Forschungs-, Grabungs- und Renovierungsarbeiten für den Schutz und Erhalt der Altstadt sowie ihrer Umgebung zu den Schwerpunkten ihrer Aktivitäten zählen. Außerdem investieren sie in die Bepflanzung von Straßen und Grünanlagen. Einen Überblick mit zahlreichen Abbildungen und Plänen über die Arbeit der Gesellschaft gibt: C. R. Ashbee (Hg.): Jerusalem. Being the Records of the Pro-Jerusalem Council during the period of the British Military Administration, Bd. 1: 1918–1920, London 1921; Bd. 2: 1920–22, London 1924.

William McLean, den für die Briten tätigen Stadtbauingenieur von Alexandria, einen Masterplan für Jerusalem zu entwickeln. Etwa zur gleichen Zeit, Anfang April 1918, verkündet Storrs im offiziellen Kommuniqué Nr. 34 die Auflage, dass im Umkreis von 2500 Metern des Damaskustores der Altstadt keine Bau- oder Abrissmaßnahmen ohne die schriftliche Genehmigung des Militärgouverneurs erfolgen dürfe.[38] Mit dieser ersten Baugesetzgebung sichert sich die britische Verwaltung die Kontrolle und Steuerung sämtlicher Bauvorhaben in der Altstadt und in einem großen Umkreis um sie herum. Dies ist zur Durchsetzung eines zukünftigen Masterplans notwendig. Der McLean-Plan (Abb. 24) wird am 22.07.1918 genehmigt. Ohne Rücksicht auf die topographischen und stadträumlichen Gegebenheiten legt er ein regelmäßiges Straßenraster mit einigen zentralen Platzanlagen über die Landkarte. Dieser Plan erweist sich als völlig unbrauchbar. Weitere Masterpläne werden daher durch die britische Verwaltung in den folgenden Jahren in Auftrag gegeben: 1919 an Patrick Geddes, 1922 an Charles Robert Ashbee, 1930 an Clifford Holliday und 1944 an Henry Kendall (Abb. 12).[39]

Diese nachfolgenden Pläne unterscheiden sich weniger in Grundsatzfragen, als vor allem durch die zunehmende Größe des zu überplanenden Stadtgebietes, die Organisation des Verkehrsnetzes und einige punktuelle Veränderungen in der Lage und Größe von Siedlungen, Geschäfts-, Gewerbe- und Industriegebieten sowie von Grünanlagen. Die rasche Abfolge von Masterplänen ist dabei durch das schnelle Wachstum der Stadt zu erklären.[40] Die Stadt wächst vor allem nach Westen und Nordwesten entlang der Handelsstraße nach Jaffa und Tel Aviv, so dass diese Gebiete sukzessive in die Pläne integriert werden. Eine Neustadt mit Geschäfts- und Verwaltungsniederlassungen entsteht rund um die Jaffa Straße (Abb. 13). Kleine Gebiete zur Ansiedlung von Leichtindustrie werden erst in den 1930er Jahren ausgewiesen, bis dahin bleibt die Entwicklung Jerusalems ausschließlich auf den Ausbau als Wohn-, Verwaltungs- und Kulturstadt beschränkt.[41] Je stärker die Stadt nach Westen wächst und die Neustadt als neues Geschäfts- und Kommunikationszentrum ausbil-

---

38 Vgl. Shapiro 1973: 141.
39 Die genannten Architekten und Planer arbeiten alle im Auftrag der britischen Regierung an weiteren Stadtplanungs- und Bauprojekten in Palästina. Geddes und McLean erhalten zudem Aufträge in anderen britischen Kolonialgebieten wie in Indien und Afrika. Zur Geschichte der britischen Stadtplanung in Palästina und über die Biographien der Planer sind bereits einige grundlegende Arbeiten entstanden, vgl. dazu vor allem Kendall 1948, Sharon 1973: 125–136, Shapiro 1973, Abrahamson 1993 und Hyman 1994.
40 Eine Ausnahme bildet der McLean-Plan von 1918 mit seinem streng regelmäßigen Straßenraster, der unter großem Zeitdruck und ohne topographische Karten entwickelt wurde. Im Hinblick auf die natürlichen und baulichen Gegebenheiten ist er daher nur von geringem Wert und wird bereits im folgenden Jahr durch den Geddes-Plan ersetzt.
41 Zu den wichtigsten institutionellen Gründungen in Jerusalem in dieser Zeit zählen die Hebräische Universität (Grundsteinlegung 1918, Eröffnung 1925), die Zentrale der Jewish Agency als Sitz des

det, desto isolierter bleibt die Altstadt hinter den modernen Wachstumsschüben zurück. Hierfür sind vor allem die britischen Masterpläne verantwortlich zu machen. Sie behandeln die Altstadt als homogene Einheit, die vom restlichen städtischen Organismus fast vollständig separiert ist. Als historisches, spirituelles und zum Teil heiliges Zentrum der Stadt müsse der architektonische Charakter der Altstadt bewahrt und als solches inszeniert werden. Nach der Einführung der strengen Genehmigungspflicht für Bauvorhaben werden mit dem neuen Masterplan nun Flächennutzungen und Zonierungen eingeführt, die Größe, Höhe, Volumen und Baustoffe für einzelne Gebäude und Gebiete vorschreiben.[42] In der Altstadt und in ihrem Umkreis wird die Auflage erlassen, Gebäude und Dächer in dem für Jerusalem traditionellen Sandstein zu errichten oder sie zumindest damit zu verkleiden.[43] Zusätzlich zu diesem Ensembleschutz wird eine Grünzone rund um die Stadtmauer ausgewiesen, in der jede Bauaktivität verboten ist (Abb. 14). Diese Grünzone wird auf die im Süden und Osten an die Altstadt angrenzenden Täler und Bergketten ausgedehnt. Sie umschließt das Kidrontal, den Ölberg, den großen jüdischen Friedhof, den Skopus Berg und den Berg Zion (Abb. 15). Ein begrenztes Bebauungsverbot, respektive eine rigide Höhenregulierung gewährleisten, dass die eindrucksvolle Kulisse, vor der sich die Altstadt erhebt, nicht beeinträchtigt wird. Die Grünzone, so der Stadtplaner Ashbee, „isolates the Holy City, sets it, so to speak, in the center of a park thus recognizing the appeal it makes to the world; the city of an idea."[44] Damit erfährt nicht nur die Altstadt, sondern auch ihre unmittelbare Umgebung – ihre Kulisse – besonderen Schutz, um die zentrale Bedeutung des historischen Siedlungskerns durch eine städtebauliche Inszenierung zu unterstreichen. Zugleich aber werden die Altstadt und ihre Umgebung durch diese Inszenierung zu einer isolierten städtischen Einheit.

Die britischen Rahmenentwicklungspläne und ihre Baugesetzgebung respektieren die historisch-kulturelle Bedeutung der Stadt und versuchen, diese über städtebauliche Direktiven und architektonische Regulative in den Stadtgrundriss und die bauliche Gestalt der Stadt einzuschreiben. Die Orientierung an den topographischen

---

Exekutivorgans der Internationalen Zionistischen Organisation in Palästina (1928–1933, Yohanan Ratner) und das Hadassah Krankenhaus (1934–39, Erich Mendelsohn). Vgl. Amiran 1973: 38.

42 1921 wird eine erste umfassende Baugesetzsammlung (Town Planning and Building Ordinance 1921, reguliert in den Jahren 1922, 1929 und 1936) erlassen, die bis zur Verabschiedung der israelischen Baugesetze 1965 in Kraft bleibt. Zur Baugesetzgebung vgl. auch Kapitel 2.2 dieser Arbeit.

43 Nur in peripheren Lagen sind Putz- und Metallverkleidung erlaubt, ansonsten sind Natur- und Sandsteinfassaden vorgeschrieben mit der Absicht, „respecting the tradition of stone vaulting, the heritage in Jerusalem of an immemorial and hallowed past." Ronald Storrs im Vorwort zu C. R. Ashbee: Jerusalem I, 1918–1920, The Records of the Pro-Jerusalem Council, London 1921: V.

44 C. R. Ashbee: Official Review of the Various Works undertaken by the Society, in: ders.: Jerusalem I, 1918–1920, The Records of the Pro-Jerusalem Council, London 1921: 12.

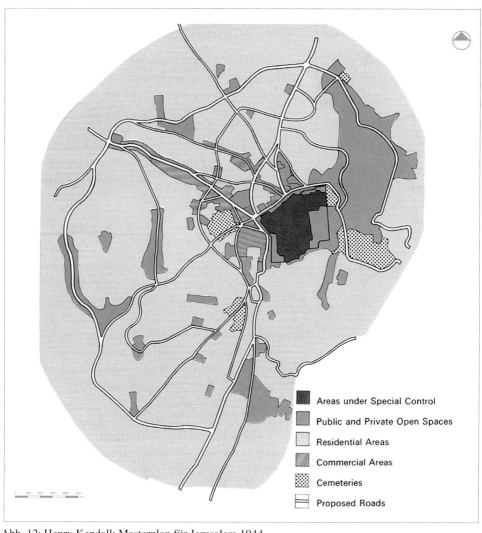

Abb. 12: Henry Kendall: Masterplan für Jerusalem 1944

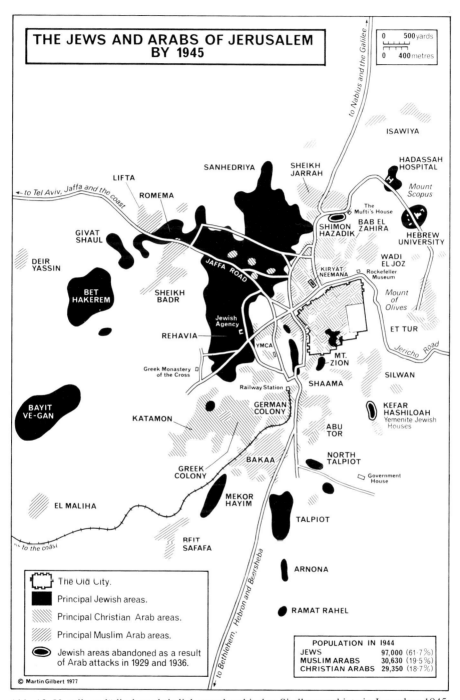

Abb. 13: Verteilung jüdischer, christlicher und arabischer Siedlungsgebiete in Jerusalem 1945

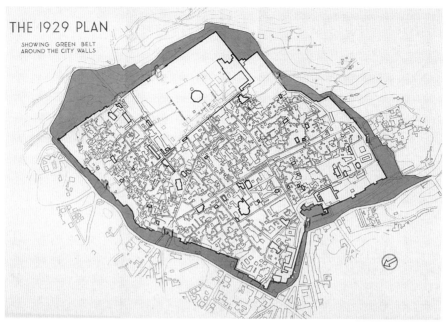

Abb. 14: The 1929 Plan: Showing Green Belt around the City Walls, Jerusalem

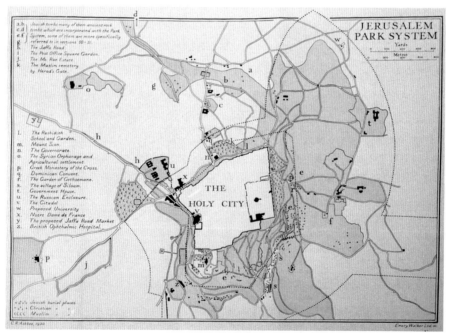

Abb. 15: Charles Robert Ashbee: Jerusalem Park System von 1920

und klimatischen Gegebenheiten spielt dabei zwar eine wichtige Rolle, bleibt aber hinter den ästhetischen, emotionalen und symbolischen Ansprüchen an Jerusalem, die heilige Stadt, zurück. Die symbolische Auflaldung der Stadt spiegelt sich in dem Umgang und der Inszenierung der Altstadt wider. Denkmalpflegerische Maßnahmen, umfangreiche Bauauflagen, Ensembleschutz und vor allem ihre Einbettung in eine Grünzone kreieren eine Situation, die die Altstadt und die sie rahmenden Berge vom alltäglichen urbanen Organismus und seinen städtischen Funktionen ausgrenzt. Zwei getrennte und räumlich isolierte städtische Einheiten, die Alt- und die Neustadt, entstehen, wobei die Neustadt stetig in Richtung Norden und Westen expandiert und dabei ihre städtebauliche wie funktionale Anbindung an die Altstadt auflöst. Die Altstadt wird zu einem „inanimate museum piece"[45] – zu einem Gedächtnisort, der unter der Last dominanter Erinnerungen und symbolischer Qualitäten zu erstarren droht.

Diese Tendenz findet – wenn auch ungewollt – nach dem Unabhängigkeitskrieg ihre Fortsetzung. Mit der Teilung der Stadt sind die Altstadt und Ost-Jerusalem von israelischer Seite aus unerreichbar (Abb. 8). Damit ist die Altstadt aus israelischer Perspektive nun endgültig aus dem städtischen Organismus herausgetrennt und auf ihre symbolische und emotionale Funktion reduziert. Der historische und symbolische Wert der Altstadt und ihrer Umgebung findet aber auch nach 1949 auf beiden Seiten Anerkennung, so dass sowohl unter israelischer als auch unter arabischer Verwaltung die britischen Regulative bezüglich des Ensembleschutzes, der Wahrung der Einheitlichkeit des architektonischen Charakters, der Zonierung und der städtebaulichen Isolierung der Altstadt beibehalten werden. Auf israelischer Seite findet eine starke Westverlagerung statt. Die an die Altstadt angrenzenden Gebiete erleben einen baulichen wie funktionalen Niedergang. Als Randgebiet sind sie wirtschaftlich uninteressant und immer wieder Scharfschützen von jordanischem Territorium ausgeliefert. Die Kluft zwischen Neu- und Altstadt wird zwangsläufig größer. Da die alten Geschäfts- und Verwaltungszentren nun im jordanischen Ostteil der Stadt oder in zu dichter Grenzlage im Westteil liegen, wird der Neubau eines städtischen Zentrums notwendig. Eine städtebauliche Entwicklung nach Westen ist vorprogrammiert, da der Jerusalem-Korridor das einzige Entwicklungspotential für West-Jerusalem stellt. Hier im Westen entstehen neue Siedlungsprojekte, von denen einige die generelle Bauhöhe von drei bis vier Geschossen durchbrechen.[46] Der Masterplan

---

45 Zit. Eskolsky 1948: 3. Sharon 1951: 23 beklagt ebenfalls, dass die britischen Masterpläne sich darauf beschränkt hätten, den Charakter Jerusalems als heilige Stadt auszubauen, dabei aber ihre anderen städtischen Funktionen vernachlässigten.
46 In Kiryat Ha'Yovel beispielsweise werden einige neungeschossige Hochhäuser errichtet. Ausnahmen werden in den folgenden Jahren immer häufiger durchgesetzt, so dass sich vereinzelte Hochhausprojekte auch in anderen Stadtteilen und sogar im näheren Umkreis der Altstadt finden. Vgl. Amiran 1973: 40–41.

von Michael Shaviv 1955–59 (Abb. 10) strukturiert die ausgedehnten zukünftigen Wohn- und Gewerbesiedlungen im Westen der Stadt. Dem traditionellen Schema folgend, liegen die Siedlungen auf den Hügeln, während in den Tälern Grünflächen und Straßen angelegt sind. Zugleich wird mit wirtschaftlichen Programmen die Ansiedlung von neuen Einwohnern und von Gewerbe in Jerusalem gefördert, um mit der Ausweitung und Verstärkung der jüdischen Präsenz in West-Jerusalem die Zukunft der Stadt im israelischen Staatsgebiet abzusichern.[47] Der Schwerpunkt der Planungsarbeiten liegt vor allem in den Konzeptionen und dem Aufbau eines neuen städtischen Zentrums. Als Verbindung zwischen dem expandierenden Westen und dem zum Teil brachliegenden alten Stadt- und Geschäftszentrum an der Grenze zu Ost-Jerusalem wird etwa in der geographischen Mitte ein Gelände für ein neues Zentrum von West-Jerusalem ausgewählt. Obwohl dieses Zentrum eigentlich gleichermaßen der wirtschaftlichen Entwicklung der Stadt und der nationalen Repräsentation des Staates dienen soll, zeigt die Analyse einiger Bauprojekte, wie stark der Ausbau Jerusalems von regierungsamtlichen Interessen überlagert wird.[48] Im Folgenden soll daher an einigen Bauten exemplarisch aufgezeigt werden, wie die israelische Regierung Bau- und Kulturpolitik miteinander verbindet, um der politisch und militärisch errungenen Eroberung West-Jerusalems auch in Architektur und Städtebau Ausdruck zu verleihen.

---

47 Ein Ziel der israelischen Politik der Staats- und Nationsbildung ist es, das Territorium und die Bevölkerung national-religiös zu homogenisieren. Das erfolgt durch Vertreibungen arabisch-palästinensischer Bewohner im Verlauf des Unabhängigkeitskrieges und durch staatliche Enteignung ihrer Besitztümer nach 1948. Dumper 1997: 35–36 und 70–71, schreibt, dass im Gebiet von West-Jerusalem 37 von insgesamt 41 arabisch-palästinensischen Siedlungen und Dörfern durch Israel vollständig zerstört wurden. Nur knapp 31 Prozent des Territoriums in West-Jerusalem gehören Juden, der Rest Arabern, Christen und anderen. Bis auf den Besitz religiöser Gemeinden werden nichtjüdische Grundstücke enteignet oder durch das „Absentee Property Law" in Staatsverwaltung überführt. Mit einem Gesetz wird 1953 eine strengere Kontrolle für den Grundstückserwerbs von christlichen Wohlfahrtsorganisationen eingeführt, vgl. Benvenisti 1976: 55. Rouhi Al-Khatib, der Bürgermeister von Al-Quds (arabischer Name für Jerusalem), beschreibt dieses Vorgehen der Israelis in Al-Khatib 1981 als „Judaization of Jerusalem". Dieser Titel wurde bereits 1972 für eine Publikation des Institute for Palestine Studies in Beirut (vgl. Judaization 1972) gewählt. Maquire 1981 spricht von einer „Israelisation of Jerusalem".
48 Sharon 1950: 17–23 fordert im Nationalplan, dass Jerusalem vor allem auch als Stadt entwickelt, das heißt mit einem funktionierenden wirtschaftlichen Organismus ausgestattet werden, müsse: „The plan for the development of Jerusalem makes full provision for the city's functions as the capital of Israel, but at the same time is based on the requirements of its sound economic evolution as a centre of a working population […] Jerusalem must be enabled to develop as a political, cultural and religious entity. At the same time the city must be given a firm economic foundation." In politischen und regierungsamtlichen Erklärungen dominiert das Bedürfnis nach nationaler Repräsentation und die Demonstration institutionalisierter und mythisierter Verbundenheit.

3.3 Aufbau nationaler Institutionen als kollektive Bedeutungsträger in Jerusalem nach dem Unabhängigkeitskrieg 1948/49

Die Teilung der Stadt Jerusalem nach dem Unabhängigkeitskrieg stellt eine folgenreiche Zäsur in der städtebaulichen Entwicklung dar. Sie verursacht eine starke Verlagerung des urbanen Zentrums nach Westen und führt auf israelischer Seite erzwungenermaßen zu dem Versuch, dort einen Ersatz für das traditionelle Zentrum der Stadt, nämlich der Altstadt, aufzubauen. Die Hügel von Givat Ram werden zum neuen „centre of gravity"[49] ernannt (Abb. 9). Sie liegen etwa in der geographischen Mitte West-Jerusalems und bilden eine Anhöhe, von der sich ein Großteil der Region überschauen lässt. Auf östlicher Seite grenzt Givat Ram an die bereits bestehende Neustadt; im Westen und Süden sind neue Siedlungseinheiten sowie einige Flächen als Gewerbestandorte und als Freizeit- und Erholungsgebiete ausgewiesen. Der im Kontext des Nationalplans erstellte Rahmenentwicklungsplan für Jerusalem sieht für Givat Ram den Bau einer Kirya – eines Regierungsviertels – vor. Ein Wettbewerb ist geplant, in dem das Parlament (Knesset), verschiedene Ministerien, eine Paradeplatz und das Haus des Präsidenten städtebaulich verankert und architektonisch gestaltet werden sollen.[50] Das „Capitol"[51], wie das Regierungsviertel im Rau-Plan 1948–49 genannt wird, bildet als klar umgrenzter Kernbezirk das Gegenstück respektive den Ersatz für die Altstadt. So wie die Altstadt von begrünten Bergen und dem großen jüdischen Friedhof umlagert ist, so ist auch Givat Ram von naturbelassenen Tälern umschlossen, die sich als Grünzone weiter nach Westen bis zu den Stätten des nationalen Gedenkens – dem Herzl Berg, Yad Vashem und dem großen Militärfriedhof – erstrecken.[52] Im Shaviv-Plan 1955–59 (Abb. 10) erfährt die Kirya eine funktionale wie flächenmäßige Ausweitung. Nicht nur das Regierungszentrum, sondern auch nationale Institutionen wie ein Nationalmuseum, die Nationalbibliothek und der neue Campus der Hebräischen Universität[53] sollen in Givat Ram in nächster Nähe zueinander errichtet werden (Abb. 16–17). Die institutionalisierte

---

49 Zit. Sharon 1951: 24.
50 Vgl. Sharon 1951: 24.
51 Vgl. Besprechung des Plans in: Shapiro 1973: 148.
52 Die Flächennutzung im Bereich Givat Ram sind auf einem Plan vom 21.07.1949 im ISA, RG 43, Gimel 5440, Akte 1571 kartiert.
53 Der alte Universitätscampus auf dem Skopus Berg wird nach dem Unabhängigkeitskrieg zu einer israelischen, entmilitarisierten Enklave in arabischem Gebiet. Der Zugang unterliegt jordanischer Kontrolle, so dass ein Universitätsbetrieb dort kaum aufrecht erhalten werden kann. Gleiches gilt für das Hadassah Krankenhaus auf dem Skopus Berg. Ein Neubau des Krankenhauszentrums erfolgt in Ein Karem (West-Jerusalem). Für den Standort des neuen Universitätscampus ist zunächst das zerstörte arabische Dorf Deir Yassin (israelische Neugründung als Givat Sha'ul) am westlichen Ortseingang von Jerusalem vorgesehen, dann erfolgt eine Verlagerung der Pläne nach Givat Ram. Vgl. Shapiro 1973: 148.

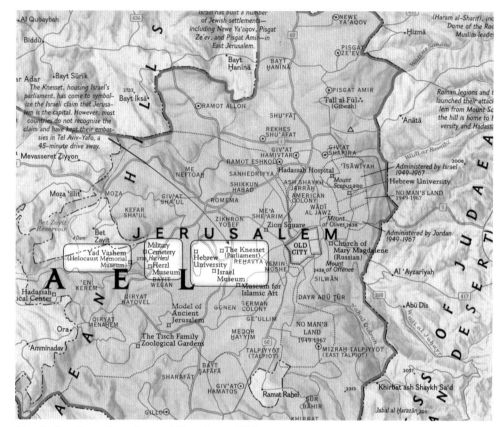

Abb. 16: Landkarte Jerusalem und Umgebung, 1996

Abb. 17: Luftbild von Jerusalem: im Vordergrund das Israel Museum mit dem Skulpturengarten und dem Schrein des Buches, im Hintergrund die Knesset mit den Zeilenbauten der Ministerien, der oberste Gerichtshof und das Kongresszentrum (Binyanei Ha'Umma), Photographie um 1995

und architektonische Demonstration der Verbundenheit mit Jerusalem als Hauptstadt Israels wird damit von den Regierungsbauten ausgehend auch auf andere gesellschaftsrelevante Institutionen ausgedehnt.

Die Bemühungen Israels um das westliche Jerusalem erhalten damit eine neue Komponente. Planungspolitik in Jerusalem steht für die Fortsetzung des Krieges und seiner territorialen Aneignungen. Daraus folgt zum einen der großangelegte Siedlungsbau, um vor allem in den militärisch eroberten Gebieten jüdische Anwesenheit zu demonstrieren. Zum anderen wird mit Hochdruck am Aufbau einer institutionellen und kulturellen Präsenz Israels in Jerusalem gearbeitet. Der Bau staatlicher Institutionen vermittelt in diesem Zusammenhang den politisch-territorialen Anspruch Israels auf Jerusalem als israelische Hauptstadt. Kultur- und Bildungsinstitutionen von nationaler Bedeutung hingegen leisten vor allem Identitäts- und Kulturarbeit, indem sie den kulturellen Raum besetzen. Zugleich werden über eine ideologische Ausdeutung der Geschichte und die Konstruktion kultureller, institutioneller und spiritueller Traditionslinien die jüdisch-nationalen Ansprüche auf Jerusalem zum Ausdruck gebracht und im öffentlichen Diskurs legitimiert. Die folgenden Bauten und Projekte zeigen die Facetten des israelischen Bau- und Planungsgeschehens, mit dem die Regierung ihren politischen und ideologischen Forderungen einen visuell-baulichen Ausdruck verleiht.

3.3.1 Die Knesset – das israelische Parlamentsgebäude als architektonisches Zeichen dauerhafter Nationalstaatlichkeit

Obwohl die politischen und militärischen Auseinandersetzungen um Jerusalem 1948/49 andauern, erklärt Ben Gurion im Namen der Regierung West-Jerusalem am 13. Dezember 1949 zur Hauptstadt Israels und lässt den Umzug des Regierungssitzes dorthin vorbereiten. Die Einrichtung eines Regierungszentrums und der Bau der Knesset, des israelischen Parlamentsgebäudes, setzen zentrale architektonische Zeichen, die der Repräsentation nationaler, territorialer und kultureller Ansprüche und Werte dienen. Der Bau eines Parlamentes in Jerusalem bildet als solches bereits einen demonstrativen Akt, der in der Tradition der zionistischen Kolonisierungsideologie steht. In Form und Gestalt setzt dieser Akt die Aufgaben der zionistischen Kulturarbeiten fort, indem die Knesset Repräsentationsort und Produktionsstätte nationaler Gemeinsamkeiten ist. So wie das Kongresszentrum (Binyanei Ha'Umma), das in geographischer und symbolischer Nähe zum Regierungsviertel liegt, als Sitz der zionistischen Weltkongresse die Gemeinschaft aller Juden der Welt repräsentiert, so ist die Knesset eine architektonische Manifestation des Staates und der Juden Israels.[54]

Im Frühjahr 1950 wird ein Wettbewerb zur Gestaltung eines Masterplans für die Kirya, den zukünftigen Regierungssitz ausgelobt, aus dem die beiden israelischen Architekten Munio Gitai (ehemals Weinraub) und Al Mansfeld aus Haifa am 25. April 1950 als Gewinner hervorgehen.[55] Ihr Masterplan (Abb. 18–19) schöpft aus den Ideen einer aufgelockerten Siedlungseinheit, die der lokalen Topographie angepasst ist. Die einzelnen Gebäude sind locker gruppiert und großzügig in der Landschaft verteilt, bringen aber dennoch ein hierarchisches Gefüge mit der Knesset an der Spitze zum Ausdruck. Sie liegt im Norden des Areals – in realer und symbolischer Nähe zum Kongresszentrum – an einem großen „Repräsentationsforum" und wird flankiert von den Bauten und Büros des Premierministers und des Präsidenten. Plan und Zeichnung zeigen einen asymmetrisch angeordneten Baukomplex eines zehngeschossigen Abgeordnetenhochhauses und eines großen, trapezförmigen Parlamentssaals. Das Gegenstück zu dieser Machtzentrale bildet ein zweiter großer Platz im Süden des Geländes. Er wird von weiteren Ministerien gerahmt und ist als Paradeplatz konzipiert. Eine Reihe von Hochhausscheiben, die für verschiedene Ministerien vorgesehen sind, begrenzt das Gelände an der Ostseite und stellt eine Verbindung zwischen den beiden Platzanlagen her.

Nur wenige Monate später, am 6. September 1950, wird ein neuer Masterplan (Abb. 20) vorgelegt, dessen Autoren unbekannt sind. Gitai (Weinraub) – Mansfeld scheinen aus dem Projekt auszusteigen, da sie der Aufforderung der Regierung, ihre privaten Auftragsarbeiten einzustellen und ganz in den Staatsdienst einzutreten, nicht nachkommen wollen.[56] In den Grundsätzen wird ihr Konzept von dem nachfolgenden Masterplan übernommen; zugleich aber werden einige entscheidende Veränderungen eingebracht. Die Knesset rückt jetzt in den Mittelpunkt der gesamten Anlage. Nördlich von ihr entsteht ein großer Platz, an dem das Innen-, Außen-

---

54 Zum Kongresszentrum vgl. Kapitel 3.3.2 dieser Arbeit.
   Die Quellenlage zur Planung der Kirya und zum Bau der Knesset ist problematisch. Viele Unterlagen im Knesset-Archiv und im Staatsarchiv sind aus Sicherheitsgründen gesperrt. Der Nachlass des Architekten Joseph Klarweins im Zentralen Zionistischen Archiv in Jerusalem ist zum Teil durch Sicherheitsauflagen, zum Teil durch Verfügung der Nachlassschenkung nicht der Öffentlichkeit zugängig. Susan Hattis Rolef hatte als Mitarbeiterin der Knesset (Archiv und Bibliothek) die Möglichkeit, in diese Quellen Einsicht zu nehmen und publizierte einen umfangreichen Artikel, vgl. Rolef 1999a. Von ihr stammt ein kleines Konvolut von Unterlagen, das sie mir zur Verfügung stellte. Dazu zählen einige Informationen zum Architekturwettbewerb und Zeitungsartikel, die sie aus dem Archivmaterial zusammengestellt hat. Die Materialien tragen keine offiziellen Archivangaben, so dass sie hier als Sammlung Susan Hattis Rolef (Slg. Rolef) gekennzeichnet sind.
55 Die Partnerschaft zwischen beiden Architekten besteht von 1936 bis 1959. Zum Leben und Werk von Gitai (Weinraub), der am Bauhaus studiert hat, vgl. Ingersoll 1994; zu Al Mansfeld, der in Berlin und Paris studierte, vgl. Teut 1999. In beiden Publikationen findet der Kirya-Masterplan aber nur kurze Erwähnung.
56 Ingersoll 1994: 123 beruft sich hier auf ein Gespräch mit Al Mansfeld im März 1993.

Abb. 18: Munio Gitai (Weinraub) und Al Mansfeld: Masterplan für das Regierungsviertel in Jerusalem (Kirya), Wettbewerb April 1950, erster Preis (nicht ausgeführt)
(1) Knesset (2) Amtssitz des Staatspräsidenten (3) Premierministeramt (4) Repräsentationsforum (5) Zufahrtsstraße innerhalb der Kirya (6) verschiedene Ministerien (7) Paradeplatz (8) Kongresszentrum Binyanei Ha'Umma (9) Wohnviertel der Regierungsangestellten (heute: Hebräische Universität Jerusalem, Givat Ram Campus)

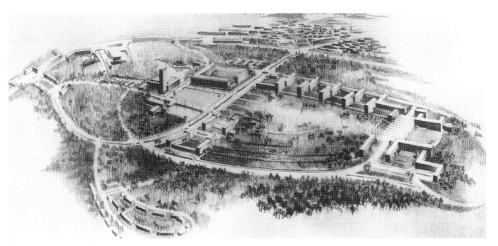

Abb. 19: Munio Gitai (Weinraub) und Al Mansfeld: Masterplan für das Regierungsviertel in Jerusalem (Kirya), Wettbewerb April 1950, erster Preis (nicht ausgeführt)

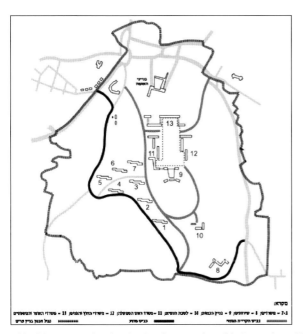

Abb. 20: Masterplan für das Regierungsviertel in Jerusalem (Kirya), September 1950, Architekt unbekannt (teilrealisiert)
(1) – (7) verschiedene Ministerien (8) Sicherheits- und Serviceeinrichtungen (9) Knesset (10) Amtssitz des Staatspräsidenten (11) Amtssitz des Premierministers (12) Innen- und Außenministerium (13) Finanz- und Justizministerium

und Justizministerium sowie die Büroräume des Premierministeramtes liegen. Im Süden der Knesset findet sich als separate Einheit der Amtssitz des Staatspräsidenten. Diese Veränderungen verweisen auf die Diskussionen, die um die räumliche Konzeption der Kirya, die architektonische Gestalt der Gebäude und um ihren symbolischen Gehalt geführt werden.[57] Der junge Staat, dessen politisches System auch nach der Staatsgründung immer wieder modifiziert wird, kann auf keine Erfahrungen oder Traditionen im Bau politischer Institutionen zurückgreifen. Schwierigkeiten bereitet die Frage, welche Position einzelne Regierungsämter und vor allem die Knesset im politischen System und damit auch im Masterplan einzunehmen haben: Gilt es, die politische Teilung in Legislative und Exekutive auch in einer räumlichen Trennung abzubilden? Kann beziehungsweise muss die Knesset als gesetzgebendes Organ und als oberste Repräsentanz des Volkes durch visuell-bauliche Größe und Dominanz das gesamte Regierungsviertel überragen, um ihre übergeordnete Funktion widerzuspiegeln? Oder ist sie Bestandteil eines demokratischen Regierungssystems und muss sich als solches auch baulich in den gesamten Baukomplex gleichwertig integrieren? 1950 wird eine Planungskommission eingesetzt, die sich nach jahrelangen Diskussionen für ein eigenständiges und freistehendes Knesset-Gebäude entscheidet. Ziel ist es, über diese strukturräumliche Hervorhebung das politische Prinzip der Gewaltenteilung und den besonderen Status des Parlamentes in den geographischen Raum umzusetzen.[58] Nach einer Ortsbegehung entscheidet man sich im Juni 1955 für eine Randlage der Knesset im Masterplan an der Stelle, an der zuvor das Präsidentenamt vorgesehen war. Hier komme nicht nur die Sonderstellung der Knesset symbolisch zum Ausdruck, sondern sei zugleich der Zugang und die Sicherheitsüberwachung des Gebäudes gewährleistet.[59]

Finanzielle Schwierigkeiten und politische Territorialkonflikte stellen die Ausführung des gesamten Kirya-Projektes in Frage. Detailplanungen für die einzelnen Gebäude werden bis 1956 aufgeschoben. Das Parlament tagt – bis zur Neuplanung und endgültigen Einweihung des neuen Knesset-Gebäudes im August 1966 – in Provisorien: bis März 1950 im Hauptquartier der Jewish Agency, danach im Frumin-Haus, einem ehemaligen Bankgebäude an der King George Street.[60] Das Bedürfnis aber

---

57 Vgl. Rolef 1999a: 134–136.
58 Protokolle der Planungskommission finden sich im Knesset Archiv, Akte 2181, Box 9. Vgl. auch Rolef 1999a: 134–136.
59 Vgl. Rolef 1999a: 136. Der Amtssitz des Staatspräsidenten wird Ende der 1960er Jahre außerhalb der Kirya errichtet.
60 1951 wird kurzzeitig überlegt, nach der Fertigstellung des Beth-Ha'am & Beth-Ha'Maccabi Kulturzentrums, dieses als provisorisches Parlamentsgebäude anzumieten, vgl. The Knesseth Premises in Jerusalem. Public Architectural Contest, in: JAEAI, Vol. XI, No. 2, March 1951: 6, 40–46 und Development of Jerusalem 1950: 30. Auch die Überlegung eines Umzugs des Parlamentes in das 1953 zum Teil fertiggestellte Kongresszentrum (Binyanei Ha'Umma) wird schließlich zugunsten eines Neubaus verworfen.

nach einem festen und permanenten Sitz für das Parlament wächst stetig, so dass das Parlament in Kooperation mit der israelischen Ingenieurs- und Architektenkammer am 19. Juli 1956 einen nationalen Wettbewerb für den Bau der Knesset auslobt. Da zunächst kein Bauetat zur Verfügung steht und das Projekt nicht realisierungsfähig erscheint, beteiligen sich nur 35 Architekturbüros an dem Wettbewerb.[61] Andere Architekten bemängeln den unklaren Ausschreibungstext und die in ihm enthaltenen unzeitgemäßen Vorstellungen „[to envisage] the ideal thing for a parliament representing the petty bourgeoisie of any continental European country at the end of the last century."[62] Neun Tage vor Verkündung der Wettbewerbsergebnisse aber wird bekannt, dass der kurz zuvor verstorbene James A. de Rothschild für den Bau der Knesset 1,25 Millionen Pfund hinterlassen hat. Mit dieser hohen Summe wird aus einem eher phantastisch anmutenden Vorhaben ein realisierungsfähiges Projekt, das in seiner Formgebung äußerst kontrovers diskutiert wird.[63]

Die Jury[64], die sich aus Architekten und Mitgliedern des Innenministeriums, der Knesset und des Amtes des Premierministers zusammensetzt, erklärt am 24. Juli 1957 einstimmig den Jerusalemer Architekten Joseph Klarwein[65] zum Gewinner des Wettbewerbes und empfiehlt seinen Entwurf zur Ausführung. Sein Entwurf überrage

---

61 Das Kurzprotokoll zu den Beurteilungen der Entwürfe, vgl. Knesset Building. Kurzprotokoll der Jury 1957, in der Slg. Rolef, zählt 35 teilnehmende Architekten, von denen zwei jeweils zwei Varianten eingereicht haben. Diese insgesamt 37 Entwürfe sind numeriert und nicht mit den Namen der Architektenbüros versehen. Pläne und Projektbeschreibungen sind zumindest im Knesset- und im Staatsarchiv nicht mehr erhalten. Ein Großteil der Namen kann aber über die Urteilsbegründung in: Knesset Building. Reden zur Preisverleihung 1957, in der Slg. Rolef rekonstruiert werden.
Die im Verlauf dieser Arbeit interviewten Architekten gaben fast alle an, besonders in den 1950er Jahren mit zahlreichen Projekten und realistischer erscheinenden Wettbewerben beschäftigt gewesen zu sein, so dass sie nicht an dem Knesset-Wettbewerb teilnahmen.
62 Zit. Rau 1957: 5. Besonders der Architekt Ram Carmi bestätigte in Gesprächen am 06.08.2001 und am 30.08.2001 diese Einstellungen vieler israelischer Architekten.
63 Die veränderte finanzielle Voraussetzung und die Sinai-Offensive 1956/57, in der viele Architekten zur Armee eingezogen waren, werden – erfolglos – als Argumente gebraucht, um eine Neuausschreibung des Wettbewerbs zu fordern. Vgl. beispielsweise Benoi-Kalter 1957, Rau 1957 und Dean 1960b.
64 Zur Zusammensetzung der Jury vgl. Knesset Building. Reden zur Preisverleihung 1957 und Knesset Building. Protocol of judges decisions 1957, in der Slg. Rolef. Zu den teilnehmenden Architekten zählen Uriel Schiller, Genia Averbuch, David Brutzkus, Max Lev, Nachum Zalkind und Hanan Pavel. Uriel (Otto) Schiller (1907–1992), der in Wien und Zürich Bauwesen studiert und von 1928–1933 in den Büros von Paul Bonatz, Peter Behrens und Clemens Holzmeister gearbeitet hatte, übernimmt den Vorsitz der Jury. Seit seiner Einwanderung in Palästina 1933 arbeitete er vor allem auch in städtischen, später in staatlichen Planungsämtern. Zur Biographie Schillers vgl. Frenkel 1993: 444 und Warhaftig 1996: 360–361.
65 Joseph Klarwein (1893–1974), in Polen geboren, studierte in München und Berlin (bei Hans Poelzig) und arbeitete von 1926 bis zu seiner Emigration nach Palästina 1933 im Büro von Fritz Höger in Hamburg. Vgl. Claudia Turtenwald: Fritz Höger im Netzwerk der Beziehungen, in: dies.:

die der anderen bei weitem, so dass kein zweiter und nur ein dritter Platz an das Büro Elhanani – Ben Horin – Elhanani aus Tel Aviv, darüber hinaus ein vierter Platz an das Büro Lothan – Moore – Toren ebenfalls aus Tel Aviv vergeben werden: „Having completed examination of the proposals submitted in the competition, the panel of judges decided that in most of them there could be felt the efforts of the planners towards a solution of the extremely complicated functional problems and the fashioning of the architectural image of the Knesset building. It appeared to the judges that all of them – excluding the winner of the first prize – failed to reach a solution because of those two major problems."[66] Klarweins Entwurf rufe Ehrfurcht hervor und sei eine ideale Verbindung funktionaler Aspekte eines Parlamentsgebäudes mit den notwendigen spirituellen und repräsentativen Facetten eines solchen Bautyps: „The building well expresses its special aim, through its placing in a high place with suitable proportions, by the planning of well organized approach […], and because of the noble appearance of the body of the building from all sides. It meets the requirements of the conditions of the competition, gives simple solutions to the various problems […] The use of classical touches in the architectural composition bestows on the building an inspiring quality."[67]

Klarwein entwirft einen rechteckigen, flachgedeckten Baukörper mit einem regelmäßigen und symmetrischen Aufbau (Abb. 21–23).[68] Das Gebäude besitzt drei oberirdische und zwei unterirdische Geschosse, die sich aber aufgrund des abfallenden Geländes nach Süden zur Landschaft hin öffnen. In der Mittelachse des großen, zentralen Innenhofs ist der trapezförmige Parlamentssaal eingestellt, der ebenfalls flachgedeckt ist und auf gleicher Höhe mit den ihn umlagernden Bürotrakten abschließt. Das Gebäude ist auf allen vier Seiten von schlanken, über die gesamte Gebäudehöhe reichenden Stützen von über elf Metern Höhe in gleichmäßigen Abständen umstellt. Sie schließen bündig mit dem vorkragenden Flachdach ab, so dass sie

---

Fritz Höger (1877–1949). Moderne Monumente, Schriftenreihe des Hamburgischen Architekturarchivs, 2003: 13–42, hier 18–22. Vor dem Knesset-Entwurf hatte Klarwein 1950/51 den ersten Preis für die Gestaltung des Herzl-Grabes in Jerusalem gewonnen (vgl. Kapitel 3.3.3 dieser Arbeit) und zeichnete für den Masterplan der Hebräischen Universität in Givat Ram (1951) sowie für den Bau der juristischen Fakultät verantwortlich. Vgl. Frenkel 1993: 439 und Warhaftig 1996: 294–299.

66 Zit. Urteilsbegründung in: Knesset Building. Protocol of judges decisions 1957: 4. In einem Bericht im JAEAI, Vol. XV, No. 3, Oct. 1957: 2-9 werden die drei prämierten Entwürfe kurz vorgestellt und 13 Ankäufe, die getätigt wurden, namentlich, aber ohne Pläne aufgelistet.

67 Zit. Knesset Building. Protocol of judges decisions 1957: 1–2, in der Slg. Rolef. Vgl. auch Jerusalem Architect 1957: 3.

68 Der Nachlass von Joseph Klarwein, der im Zentralen Zionistischen Archiv (CZA) in Jerusalem verwahrt wird, ist gesperrt. Wolfgang Voigt, Deutsches Architekturmuseum Frankfurt, der Zugang zum Nachlass hatte, stellte mir freundlicher Weise die Abbildung des Modells zur Verfügung.

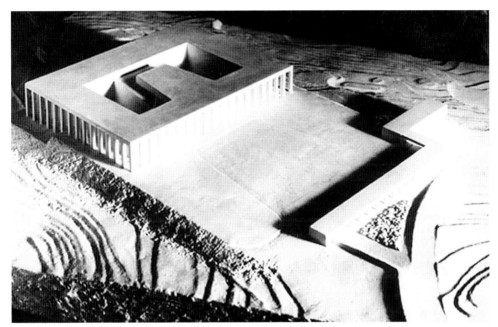

Abb. 21: Joseph Klarwein: Knesset, Jerusalem, Wettbewerb Juli 1957, erster Preis (nicht ausgeführt), Modell

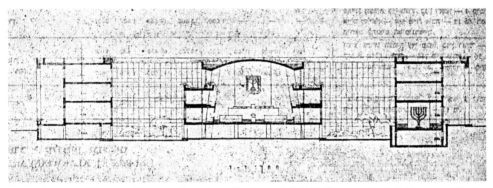

Abb. 22: Joseph Klarwein: Knesset, Jerusalem, Wettbewerb Juli 1957, erster Preis (nicht ausgeführt), Schnitt

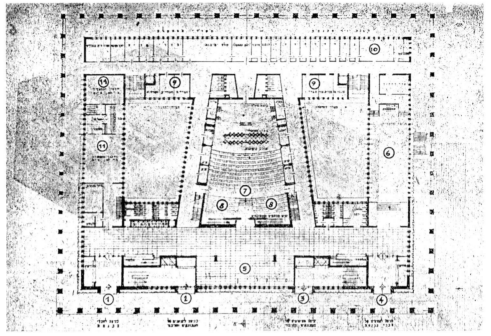

Abb. 23: Joseph Klarwein: Knesset, Jerusalem, Wettbewerb Juli 1957, erster Preis (nicht ausgeführt), Grundriss des Erdgeschosses
(1) Members of Knesset Entrance, (2–4) Lobby and Wardrobe, (5) Assembly Hall, (6) Smoking Room, (7) Post Office, (8–9) Press Room, (10) Dining Hall for Public and Staff, (11) Members of Knesset Dining Hall, (12–14) Private Dining Rooms and Bar, (15) Kitchen, (16) Sergeant at Arms, (17) Speaker's Lobby, (18) Speaker's Room, (19) Knesset's Secretary, (20) Staff, (21) Machinery, (22) Library

Abb. 24: Knesset, Jerusalem, Veröffentlichung einiger Wettbewerbsbeiträge 1957 in: Ha'Ulam Ha'Seh am 7.10.1957: „Der Skandal um das Knesset Gebäude"

einen um das gesamte Gebäude umlaufenden, kolonnadenartigen Umgang bilden. Da die Stützen jeweils bis an die Außenkanten der Fassaden gezogen sind, bleibt die rechteckige Blockstruktur des Gebäudes gewahrt. Für die Verkleidung der Fassade ist der rote bis graue Sandstein Jerusalems und ein im Negev vorhandener Marmor vorgesehen.[69] Das einheitliche Material, die regelmäßige Reihung der Stützen sowie die einheitliche Dachhöhe über dem Umgang, den Bürotrakten und dem Parlamentssaal lassen eine kompakte und gleichmäßig gestaltete Baumasse entstehen. Geschlossenheit und Monumentalität kennzeichnen den Entwurf, an dessen Fassaden außer den unterschiedlichen Dimensionen der Schmal- und Langseiten keine Wertung vorgenommen wird. Eine besonders inszenierte Repräsentationsseite ist nicht angelegt und die Eingänge in das Gebäude sind hinter den tiefen Umgängen nicht zu erkennen.

Die Jury begründet ihre Entscheidung mit der in Klarweins Entwurf gelungenen Synthese aus funktionalen, topographischen und klimatischen Aspekten sowie der Erfüllung repräsentativer und symbolischer Bedürfnisse. Die Mehrheit der anderen Entwürfe zeige eine zu starke Zergliederung der einzelnen Baublöcke und ihre zu große Zerstreuung innerhalb des Baugrundstücks, so dass die erwünschte „Monumentalität der Knesset" verloren ginge.[70] Außerdem entstünden so lange, überflüssige Arbeits- und Kommunikationswege zwischen den einzelnen Büros. Auch der übertriebene Gebrauch von Stahlbeton und Glas wird in vielen anderen Entwürfen kritisiert, da diese Materialien weder eine Tradition in Jerusalem besäßen, noch den klimatischen Bedingungen der Region entsprächen. Hier zeige sich das grundsätzliche Dilemma der zeitgenössischen Architektur: „Architectural form, throughout the world, has not yet taken shape since the introduction of iron and reinforced concrete as elements in the art of building. The lack of architectural principles for these new elements (which exist regarding, stone, brick or wood), was evident in most of the plans submitted in this competition."[71] Der modernen Architektur wird vorgeworfen, dass sie sich immer noch in einem Experimentierstadium befinde. Es sei ihr nicht gelungen, verbindliche Maßstäbe für den Umgang mit den neuen Materialien, Technologien und Konstruktionsmöglichkeiten zu setzen und damit zugleich eine neue – eben auch repräsentative – Form zu etablieren. Die wenigen erhaltenen Abbildungen anderer Wettbewerbsbeiträge (Abb. 24) zeigen das relativ freie Spiel ar-

---

69 Vgl. Jerusalem Architect 1957: 3.
70 Pläne und Zeichnungen der einzelnen Entwürfe konnten nicht gefunden werden. Einige unscharfe Abbildungen zeigen der Artikel von Uri Avneri in der Zeitung Ha'Ulam Ha'Seh [Diese Welt] am 07.10.1957 und der Aufsatz von Rolef 1999b. Die nummerierte Auflistung der Wettbewerbsbeiträge und ihrer Kurzbeurteilung in: Knesset Building. Kurzprotokoll 1957, in der Slg. Rolef, lässt einige Rückschlüsse auf die Entwürfe zu. Da die Quellengrundlage damit völlig unzureichend ist, soll hier nur kurz auf die anderen Beiträge eingegangen werden.
71 Zit. Knesset Building. Protocol of judges decisions 1957: 4, in der Slg. Rolef.

chitektonischer Formen und materialästhetischer Kontraste. Häufig sind Kuben in asymmetrischer Komposition zusammengestellt, wobei einige Entwürfe mit spezifischen – mutmaßlich regionalen – Formen (Kuppel) oder Symbolen (Davidstern) versuchen, einen Bezug zur Umgebung beziehungsweise zur jüdischen Nation und ihrer Kultur herzustellen. Die Knesset aber, so die Jury, benötige als das repräsentativste Gebäude des Staates etablierte und allgemeinverständliche Würdeformeln, um ihre herausragende Bedeutung auch in der Architektur zum Ausdruck zu bringen. Klarwein habe hier eine Form gefunden, die modern, zugleich aber mit ihren Anspielungen auf den klassischen Formenkanon auch zeitlos schön und würdevoll sei. Ein Gebäude, das in diesem Geist errichtet werde, bilde eine angemessene und respektvolle Hülle für die wichtigen Aufgaben des Parlamentes und könne zugleich als leuchtendes Vorbild für den Staat und die Nation gedeutet werden: „The prize winning plan proves without a doubt that it was possible to find a solution to the problem of the fashioning of the image of the Knesset building on an artistic level and at the same time, in the modern manner, which preserves the youth of classical buildings throughout the generations. [...] The panel of judges is convinced that if the Knesset building is constructed in the spirit of this plan, the Knesset will be provided with a fitting framework for its important work, and its form will be a splendid school of the State and of the Jewish people."[72]

Es ist vor allem die Architektenschaft Israels, die Klarweins Entwurf scharf kritisiert. Der Bau sei nicht modern, nicht funktional, in seiner Uniformität langweilig, neoklassizistisch und überhaupt nicht israelisch und würde sich daher auch nicht in die Umgebung einpassen.[73] Die Architekten Heinz Rau und J. Benor-Kalter werfen Klarwein vor, er habe mit der Übernahme von Motiven „pseudo-neoklassischer Vorbilder" und den Gebrauch von dekorativen Repräsentationsformeln des „europäischen Kleinbürgertums", der „nouveaux riches" und anderer „megalomaniacs" ein charakterloses Gebäude geschaffen, dessen Funktion von außen nicht zu erkennen sei: „No one can guess from this what the building's function is supposed to be: it could be a Greek temple or anything else, for that matter. Instead of making the purpose of the interior clear, the building's faces are the exact opposite: camouflage."[74] Ein gelungenes Beispiel sei beispielsweise das Hauptquartier der Vereinten Nationen in New York (1947–53), wo Le Corbusier die drei verschiedenen Funktionen in entsprechenden Bauvolumina – dem Verwaltungshochhaus, dem Block der Kommissionen und dem großen Sitzungssaal – umgesetzt hätte. Aber nicht nur die Funk-

---

72 Zit. Knesset Building. Protocol of judges decisions 1957: 4–5, in der Slg. Rolef.
73 Heftige Kritik äußert besonders Uri Avneri im Oktober 1957 in seinem Zeitungsartikel: Der Skandal um das Knesset-Gebäude. Zusätzlich zu seiner formal-ästhetischen Kritik erhebt er den Vorwurf der Korruption und Vetternwirtschaft zwischen einigen Jurymitgliedern und Joseph Klarwein. Vgl. Avneri 1957.
74 Zit. Benor-Kalter 1957: 5 und vgl. auch Rau 1957: 5.

tion des Gebäudes, auch seine Struktur und Konstruktion – eine grundlegende Forderung der Moderne – blieben in Klarweins Knesset verborgen. Säulen und Stützen dürften als ästhetisches Motiv nur eingesetzt werden, wenn sie ihrer ursprünglichen Aufgabe, Last zu tragen, gerecht würden. Klarwein aber setze sie bloß dekorativ ein, da sie weder die Last des Daches tragen würden, noch aufgrund ihrer extremen Länge und Höhe des Vordaches wirklich geeignet seien, Regen und einfallende Sonnenstrahlen abzuhalten. Walter Gropius hingegen hätte mit seiner Amerikanischen Botschaft in Athen (1956–61), die ebenfalls von einer Reihe Stützen umlagert wird, eine moderne, konstruktive Lösung geschaffen und über das traditionelle Säulenmotiv einen Bezug zur Region hergestellt.[75] In Palästina aber sei der Klarweinsche Stützenbau ohne Vorbilder. Kurz: dem Gebäude fehle technischer Sachverstand und Innovation, architektonische wie konstruktive Qualität und ein regionales Einfühlungsvermögen. Es sei ein Zeichen des „Größenwahnsinns", das an die Architektur des faschistischen Italiens oder anderer totalitärer Systeme der 1930er Jahre erinnere.[76] Klarwein widerspricht diesen Vorwürfen und vor allem der Nähe zur faschistischen Architektur, da er selbst Opfer des Nationalsozialismus sei und schon aus diesem Grund nicht ihre Architektur nachahmen würde.[77] Statt dessen nennt er den Herodianischen Tempel in Jerusalem als Vorbild, von dessen römisch-hellenistischer Architektur und der umlaufenden Säulenhalle er sich hätte inspirieren lassen. Beschreibungen einer solchen Säulenhalle finden sich in den Berichten des jüdischen Geschichtsschreibers Flavius Josephus (circa 37 n. Chr. – nach 100 n. Chr.), der in seinem Werk „Jüdische Altertümer" (20 Bücher) die Geschichte der Juden, ihrer Bauten und Kunstschätze von den biblischen Zeiten bis zur Zerstörung Jerusalems durch die Römer im Jahr 70 n. Chr. auflistet: „Den ganzen Tempel umgab er [= Herodes] mit ungeheuren Säulenhallen […] deren Pracht die der früheren weit übertraf. […] Die Dicke einer jeden Säule war so groß, dass drei sich gegenseitig bei den Händen fassende Menschen sie mit den Armen eben umspannen konnten."[78] Die Reihe monumentaler Säulen in der Tempeleinfassung wird in Klarweins Entwurf zu

---

75 Vgl. Benor-Kalter 1957: 5.
76 Vgl. Avneri 1957: 8, Rau 1957: 5 und Dean 1960b: II.
77 Vgl. Dean 1960a: II.
78 Zit. Flavius Josephus: Jüdische Altertümer, 15. Buch, 11. Kapitel, in der Übersetzung von Heinrich Clementz, Wiesbaden o. J. [ca. 1980]: 359 und 362. Die Bibel enthält nur wenige Informationen zur architektonischen Gestalt des Ersten und Zweiten Tempels. Die beiden literarischen Hauptquellen sind der Talmud (Mischna, Traktat Midot) und die Berichtes des Flavius Jospehus. Josephus berichtet, dass die Einzelbauten und die Gesamtanlage des Herodianischen Tempels von Säulenhallen monumentalen Ausmaßes umstanden waren: „Vier Reihen Säulen hatte man von einem Ende der Halle bis zum anderen einander gerade gegenüber aufgestellt […] An Zahl waren ihrer im ganzen hundertzweiundsechzig [= das ergibt 40,5 (?) Säulen pro Reihe]; ihre Kapitelle waren in korinthischem Stil gehalten." Zur Problematik der Tempelrekonstruktion vgl. auch Kapitel 5.2.1 dieser Arbeit.

einer monumentalen Pfeilerstellung rund um die Knesset. Sein Entwurf, so Klarwein, strahle damit zeitlose Schönheit und Würde aus und sei heute so modern, wie der Tempel vor 2000 Jahren modern gewesen sei. Beide würden mit den gleichen Motiven arbeiten.[79] Klarwein stellt damit die Knesset in eine Traditionslinie mit dem Tempel – architektonisch und darüber hinausgehend auch symbolisch. In der Übereinstimmung architektonischer Assoziationen bemüht sich der Entwurf, die Gegenwart an die antike – glorreiche – Vergangenheit rückzubinden. Dies zielt zum einen auf eine symbolische Überhöhung des Gebäudes. Zum anderen wird damit eine kulturhistorische Argumentationslinie aufgebaut, die den Bau der Knesset in Jerusalem zu legitimieren versucht.[80]

Trotz dieser historisch-mythischen Herleitung der architektonischen Formgebung, bleibt die Kritik unvermindert scharf, so dass die Knesset ein Expertenteam einberuft, um die Entscheidung der Jury zu überprüfen. In der Jury sitzt unter anderen der Architekt Max Abramovitz aus New York, der durch seine Mitarbeit am Bau des Hauptquartiers der Vereinten Nationen (1947–53) mit repräsentativen Großprojekten vertraut ist.[81] Interessanter Weise ist auch Leon A. Mayer, Professor für Archäologie im Nahen Osten Mitglied der Kommission, womit vielleicht der Anspruch einer historisch und lokal verorteten Architektur und seine Angemessenheit in dem Entwurf Klarweins überprüft werden soll.[82] Auch ihr Urteil fällt im April 1958 zugunsten von Klarweins Entwurf aus: „The concept of the winner, Mr. Joseph Klarwein, a building of great simplicity and unity on a plateau, in a terrain of active movement, set in a landscape of existing buildings of varied silhouettes, is very acceptable and can, by its background, produce an excellent and forceful solution. This building can have a singular distinction and has the potential of an important landmark of the country."[83] Am 14. Oktober 1958 folgt daraufhin in einer feierlichen Zeremonie die Grundsteinlegung. Dies bleibt zunächst ein symbolischer Akt, denn die Streitigkeiten um die Formfindung der Knesset dauern – bis zur endgültigen Eröffnung im August 1966 – an. Klarwein wird Mitte 1958 ins Ausland gesendet, um sich dort vergleichbare Bauten anzuschauen. Zur gleichen Zeit nehmen der Ingenieur Shlomo Gur und der Architekt Zvi Cohen ohne Absprache mit Klarwein Än-

---

79 Vgl. Dean 1960b: II.
80 Dass die Jury dieser Interpretation folgt, zeigt die bereits zitierte Urteilsbegründung: „The use of classical touches in the architectural composition bestows on the building an inspiring quality." Zit. Knesset Building. Protocol of judges decisions 1957: 1–2, in der Slg. Rolef.
81 Vgl. Rolef 1999a: 141.
82 Es konnten keine weiteren Informationen gefunden werden, die die Auswahl der Jury näher erklären. Die Vermutung, dass mit Mayer ein Experte der regionalen Archäologie aufgenommen wird, um die biblischen Assoziationen des Entwurfs zu beurteilen, kann daher nicht belegt werden.
83 Zit. Expertenkommission im April 1958, nach Dean 1960b: II.

derungen an seinem Entwurf vor.[84] Nach seiner Rückkehr willigt Klarwein ein, seinen Entwurf in Kooperation mit anderen Architekten zu überarbeiten, was zunächst mit Shimon Powsner und ab 1960 gemeinsam mit Dov und Ram Carmi erfolgt. Der Charakter des Gebäudes verändert sich dabei stark (Abb. 25–27): Das Gesamtvolumen des Gebäudes wird verringert, die Innenhöfe entfallen. Der Parlamentssaal zeichnet sich nur noch durch seine Bauvolumen und seine Dachform in dem Baukubus ab. Er ist deutlich aus der Mittelachse verschoben, so dass die starre Symmetrie des Gebäudes aufgehoben wird. Das regelmäßige Raster der äußeren Stützen aber bleibt erhalten, wobei ihre Anzahl aber reduziert wird. Zudem sind sie nun hinter die Dachkante gezogen und in das konstruktive Tragsystem des Gebäudes integriert. Die Auslassung von Stützen an den Eckpunkten der Fassade bricht den blockhaften Charakter des Gebäudes auf. Während die Stützen in Beton ausgeführt werden, ist die restliche Fassade mit dem für Jerusalem traditionellen roten Sandstein verkleidet.

Vor allem das Zeremoniell der Grundsteinlegung legt die politischen Intentionen und symbolischen Wertvorstellungen offen, die den Planungsprozess der Knesset beeinflusst haben, und erklärt damit retrospektiv die Juryentscheidung zugunsten Klarweins Entwurfs. Das Gebäude, so das Gründungsdokument, will ein Zeichen setzen, dass mit dem Bau der Knesset die Zeit der Provisorien, der Unsicherheiten und des Exils endet. Das jüdische Volk sei in seiner alt-neuen Heimat angekommen und – mit der Erneuerung des alten Bundes zwischen dem Volk, Land und Gott – wieder zu einer Nation mit einem eigenen Staat geworden.[85] Die Knesset, so schreibt das Israelitische Wochenblatt zur Grundsteinlegung, verkörpere „die Selbständigkeit des Landes […], eine Selbständigkeit, die in schweren Kämpfen erst errungen werden musste. Die Knesseth ist gleichsam die Verkörperung des sich selbst regierenden Volkes, das sich seine Gesetze selber gibt und sein Leben nach diesen Gesetzen gestaltet."[86] Vor dem Hintergrund, dass die Situation im Nahen Osten weiterhin durch Instabilität gekennzeichnet ist, bedeutet die Errichtung eines endgültigen Sitzes der Knesset einen wichtigen – praktischen wie symbolischen – Schritt in der Aufbautätigkeit des Staates Israels. Die Knesset steht für das neue Selbstvertrauen des jüdischen Volkes, das Stärke und Zielstrebigkeit in der Vergangenheit bewiesen hat sowie Stabilität und Dauerhaftigkeit für die Zukunft signalisieren will. „Die Errichtung eines neuen endgültigen Heimes für das Parlament wird", so der Israel-Korrespondent J. E. Palmon, „einen gewaltigen Schritt vorwärts auf dem Wege der

---

84 Vgl. Rolef 1999a und 1999b, die den bis Anfang der 1960er Jahre dauernden Entwurfsprozess und die begleitenden Diskussionen nachzeichnet.
85 Vgl. den Text der Gründungsurkunde zur Grundsteinlegung am 14.10.1958, in: Faerber 1958: 4.
86 Zit. Grundsteinlegung 1958a: o. S. in der Slg. Rolef.

Abb. 25: Joseph Klarwein: Knesset, Jerusalem, 1957–1966, Ansicht der Süd- und Westfassade, Postkarte um 1970

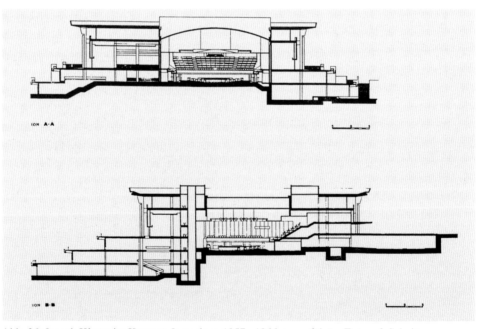

Abb. 26: Joseph Klarwein: Knesset, Jerusalem, 1957–1966, ausgeführter Entwurf, Schnitte

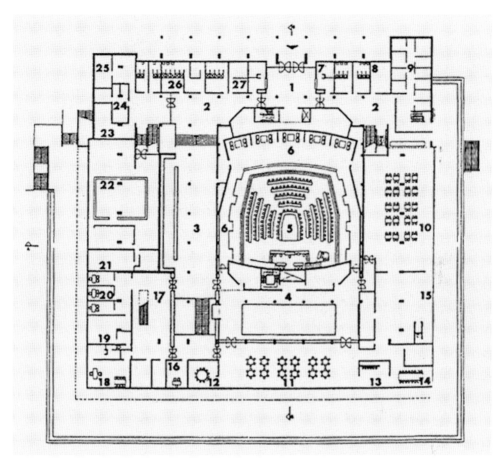

Abb. 27: Joseph Klarwein: Knesset, Jerusalem, 1957–1966, ausgeführter Entwurf, Ebene des Plenarsaals
(1) Members of Knesset's Entrance, (2–4) Lobby and Wardrobe, (5) Assembly Hall, (6) Smoking Room, (7) Post Office, (8–9) Press Room, (10) Dining Hall for Public and Staff, (11) Members of Knesset's Dining Hall, (12–14) Private Dining Rooms, (13) Bar, (15) Kitchen, (16) Sergeant at Arms, (17) Speaker's Lobby, (18) Speaker's Room, (19) Knesset's Secretary, (20) Staff, (21) Machinery, (22) Library

Stabilisierung Israels und seiner Regierungsinstitutionen bilden."[87] Auch der Hauptfinancier des Baus, James A. de Rothschild, will seine finanzielle Unterstützung in diesem Kontext verstanden wissen. Er ist der Sohn von Edmond Baron de Rothschild (1845–1937), dem „Vater des Yishuv", der den Aufbau von circa 50 Siedlungen in Palästina finanziell gefördert hat. Seit 1891 werden diese Siedlungen durch die Rothschild gehörende Siedlungsgesellschaft P.I.C.A. verwaltet. Nach der Staatsgründung geht dieser Besitz an den israelischen Staat über und der Sohn James A. de Rothschild verlagert sein finanzielles Engagement von der Förderung von Kolonisierungsprojekten auf den Bau nationaler Institutionen. Darunter, so erklärt Rothschild in seinem Testament, sei kein Rückzug aus der Verantwortung oder die Lösung der Verbundenheit zum jüdischen Volk zu verstehen. Er empfinde in dem Bau staatlicher Institutionen, insbesondere der Knesset, die Erfüllung und Bekrönung der kolonisatorischen Aufgaben: „Möge es bestimmt sein, dass das Knesset Gebäude in den Augen der ganzen Welt zum Symbol der Ewigkeit des Staates Israel werde."[88] Die Regierung, die Rothschilds Testament in der Gründungsurkunde der Grundsteinlegung zitiert, sieht diesen Wunsch nach einem Symbol der Dauerhaftigkeit im Bau der Knesset erfüllt.[89] Die architektonische Referenz an den antiken Tempel will diesem Bedürfnis nach Kontinuität und Dauerhaftigkeit ein sichtbares Zeichen setzen.

Dieses Argument und die Ambitionen, mit der Knesset nicht nur ein modernes Monument, sondern zugleich auch eine Repräsentanz nationalstaatlicher Errungenschaften zu errichten, scheint letztendlich auch den Protest gegen den modifizierten Entwurf Klarweins zu entkräften. Nur kurze Zeit nach der Einweihung der Knesset, am 20. November 1966, findet ein von dem Architekturmagazin Tvai organisiertes Symposium über „Monumentale Bauten des gegenwärtigen Jahrhunderts" statt.[90] Auf ihm wird deutlich, dass sich knapp 20 Jahre nach der Staatsgründung das Selbstvertrauen der Israelis in ihre Errungenschaften verstärkt hat und in einem neuen Architekturverständnis seine Umsetzung findet.[91] Frühere Kritikpunkte wie beispielsweise die des Monumentalen und der klassizistischen Formensprache, das heißt des

---

87 Zit. Palmon 1958: o. S. [in der Slg. Rolef] und vgl. auch Grundsteinlegung 1958b. Palmon verweist in seinem Artikel auf die symbolische Wirkung, die allein schon der Bau der Knesset auf die Wahrung rechtsstaatlicher und demokratischer Prinzipien habe. Das Bekenntnis zu diesen Grundsätzen sei vor allem nach der Sinai-Offensive 1956/57 von großer Bedeutung, da immer noch einige Fälle von Ungesetzlichkeiten vor Militärgerichten verhandelt würden. Mit den Urteilssprüchen und dem Bau der Knesset habe Israel sein demokratisches Herrschaftsprinzip demonstriert.
88 Testament des James A. de Rothschild, zit. nach Faerber 1958: 4.
89 Vgl. Faerber 1958: 4.
90 Vgl. Beiträge in Tvai, Vol. 1, No. 3, Spring 1967 und Rolef 1999a: 160–162.
91 Eine umfassende Analyse der israelischen Gesellschaft und vor allem ihrer Umbrüche infolge der von Israel erfolgreich und expansiv geführten Kriege (Sinai-Offensive 1956/57 und Sechs-Tage-Krieg 1967) beinhaltet Eisenstadt 1992.

Anti-Modernen, erfahren plötzlich eine positive Konnotation. Die teilnehmenden Architekten und einige Mitglieder der Knesset-Baukommission stimmen nahezu einhellig überein, dass Monumentalität in öffentlichen Gebäuden eine wichtige und notwendige Eigenschaft sei, um der Bevölkerung als Repräsentations- und als Identifikationsort zu dienen. Monumentalität sei ein gesellschaftliches Bedürfnis. Daher müssten öffentliche Gebäude qualitätvoller als alle anderen Gebäude errichtet und mit mehr „würdevollen architektonischen Details" ausgestattet sein, um von der Gemeinschaft als kollektives und repräsentatives Symbol akzeptiert zu werden.[92] In der Inszenierung des Monumentalen nutze die Knesset die Topographie geschickt aus, indem sie sich als isolierter Baukörper auf einer Hügelkuppel erhebt. Es ist daher nicht nur die architektonische Form, sondern auch die Positionierung im Masterplan und im Gelände, die dem Gebäude Würde verleihen und es zu einem Monument der Gemeinschaft werden lassen.[93] Das Argument der Würde und der Dauerhaftigkeit legitimiert nun auch die stilistische Wahl einer klassisch anmutenden Formensprache. Die Moderne sei per se anti-monumental in ihrem Anspruch und würde mit ihren Asymmetrien den grundlegenden Gesetzen der Schönheit und Harmonie widersprechen. Schon aus diesen Gründen sei ein Rückgriff auf tradierte Repräsentations- und Würdeformen angemessen. „We all had a positive approach to monumentalism"[94] charakterisiert der Architekt Aba Elhanani das neue Architekturverständnis, das Ausdruck eines neuen Selbstvertrauens und nationalen Stolzes ist.

Dimensionierung und Formgebung des Gebäudes, seine Verankerung im Stadtplan und im übertragenen Sinn in der Gesellschaft – diese Mechanismen zur Erzeugung des Monumentalen vereinigt die Knesset in sich und wird damit zum architektonischen und symbolischen Monument des israelischen Staates. Allein schon die Form und Position des Gebäudes – mag man es mit dem Herodianischen Tempel, mit der Akropolis in Athen, der Grabanlage der Hatschepsut in Ägypten, dem Mausoleum des Atatürk in Ankara, dem Reichstag in Helsinki oder mit dem Alten Museum in Berlin vergleichen[95] – sind architektonisches Mittel genug, um auch ohne konkrete zeitliche und lokale Verortung von Vorbildern die überzeitlichen Werte von Würde und nationalem Pathos zu vermitteln. Der Bau ist eine architektonische

---

92 Vgl. die Redebeiträge der Architekten S. Gilead und A. Erlik.
93 Vgl. die Redebeiträge der Architekten A. Erlik und A. Elhanani. Beide fragen aber auch, ob die Gesamtanlage der Kirya vom urbanistischen Standpunkt aus eine gute städtebauliche Situation darstelle. Monofunktionale Inseln entstünden – als ästhetische Inseln isoliert von allen Alltäglichkeiten – im Stadtgrundriss, die den städtischen Organismus unterbrechen und eine unnatürliche Distanz zu den Bewohner schaffen würden: „The Knesseth should not stand alone – ‚I reside within my people'". Vgl. auch Rolef 1999a: 160.
94 Vgl. den Redebeitrag des Architekten A. Elhanani.
95 Diese Bauten nennt Rolef 1999a im Kontext von Klarweins Entwurfsprozess. Ob dieser sich mit diesen Bauten beschäftigt hat, geht dabei nicht hervor. Ausgenommen davon ist der finnische Reichstag in Helsinki (I. S. Sirén 1931), von dem Klarwein auf seiner Studienreise europäischer

Demonstration israelischer Nationalstaatlichkeit und über die politische und ideologische Wahl des Ortes Jerusalem auch eine Demonstration territorialer Besitzansprüche. Das Ausstattungsprogramm der Knesset schreibt diese Ansprüche fort. Innenraumdekorationen bedeutender jüdischer Künstler wie Marc Chagall, Reuven Rubin, Dani Karavan und David Palombo behandeln Themen der jüdischen Kultur und Historie, um unter Berufung auf die Geschichte – und damit auch auf die biblische Verheißung – Perspektiven für die Zukunft aufzuzeigen. Aus dem umfangreichen, von der Innenarchitektin Dora Gad betreuten Dekorationsprogramm sind vor allem Karavans abstrakte Wandgestaltung des himmlischen und irdischen Jerusalems im Parlamentssaal (Abb. 28), Chagalls Gobelins mit biblischen Szenen und die Fußbodenmosaike mit traditionellen Motiven aus Synagogen des 5. und 6. Jahrhunderts in Palästina in der großen Empfangshalle zu nennen. Das Eingangsportal (Abb. 29) ist von Palombo in Gedenken an den Holocaust gestaltet. Vor dem Eingang wurde von ihm eine Skulptur in abstrakter Form eines brennenden Busches (Abb. 30) als Denkmal für die gefallenen Soldaten Israels aufgestellt.[96] Schon diese kleine Auswahl der Ausstattungsobjekte zeigt, mit welcher Bandbreite aus den Mythen und historischen Berichten der jüdischen Geschichte von der Bibel bis in die jüngste Vergangenheit geschöpft wird. Die Knesset und ihre Ausstattung werden vor diesem Hintergrund zur visuell erfahrbaren „Erfolgsgeschichte" des jüdischen Volkes. Ihm gelang es – folgt man dem Dekorationsprogramm – seine Geschichte von der Bibel bis zum Holocaust und dem Unabhängigkeitskrieg zu leben und zu überleben. Als (vorläufiger) Höhepunkt bekrönt das Wiedererstehen der jüdischen Nation und des jüdischen Nationalstaates die nationale Geschichtsschreibung.[97] Hierfür setzt die Knesset ein Zeichen, denn in ihrer Architektur und in ihrem Dekorationsprogramm erzählt sie die Geschichte der Staatsgründung in erinnerten Fragmenten der Vergangenheit nach und etabliert sich selbst als architektonischer und institutioneller Endpunkt dieser Entwicklung.

Die Knesset ist ein Beispiel historisch-legitimativer Selbstinszenierung, mittels derer die politischen und territorialen Ansprüche auf einen Staat mit Jerusalem als Hauptstadt zum Ausdruck gebracht werden sollen. Im internationalen Konflikt um die Anerkennung dieser Ansprüche muss der Umzug von Regierungsinstitutionen

---

Parlamentsgebäude im August 1952 eine Postkarte an das Knesset-Planungskomitee sendet. Er erklärt im Anschluss an diese Reise (Sitzungsprotokoll im Knesset-Archiv, Akte 2182, Box (Tik) 26), dass kein Gebäude außer das der UNESCO in Paris (Marcel Breuer, Pierre Luigi Nervi und Bernhard Zehrfuss, 1953-1958) ihn wirklich beeindruckt habe. Vgl. Rolef 1999a: 141.

[96] Zur Innenausstattung und Kunst am Bau vgl. Shechori 1997: 95–109 und Rolef 1999a: 148–160.

[97] Einen solchen Blick auf die jüdisch-israelische Geschichte mit ihrer teleologischen Stringenz der Staatsgründung bietet die räumliche und symbolische Gestaltung der Holocaust Gedenkstätte Yad Vashem mit den angrenzenden Ehren- und Militärfriedhöfen. Vgl. Kapitel 3.3.3 dieser Arbeit.

Abb. 28: Dani Karavan: Das Himmlische und das Irdische Jerusalem, Relief im Plenarsaal der Knesset, Sandstein aus Galiläa, 1965–66, Photographie 1966

Abb. 29: David Palombo: Eingangstor zur Knesset in Gedenken an den Holocaust gestaltet, 1966, Eisen und Stahl, Photographie 1986

Abb. 30: David Palombo: „Die ewige Flamme" in Gedenken an die gefallenen Soldaten Israels am Eingang der Knesset, 1966, Basalt-Findlinge, Eisen und Stahl, Photographie 1986

nach Jerusalem als Maßnahme Israels gelesen werden, auch gegen den internationalen Protest vollendete Tatsachen zu schaffen. Die Vereinten Nationen lehnen die Anerkennung der israelischen Annexion West-Jerusalems ab, und auch die einzelnen Staaten reagieren zögerlich. 1953 wird das Außenministerium nach Jerusalem verlegt, aber die diplomatischen Vertreter vieler Länder verweigern bis nach 1954, ihre Aufwartung in Jerusalem zu machen. Selbst 1967 haben erst 22 Staaten ihre diplomatischen Missionen nach Jerusalem transferiert, insgesamt 33 bleiben im Großraum Tel Aviv.[98] Nach einigen Ministerien, der Knesset und dem Amtssitz des Premierministers wird im Dezember 1952 schließlich auch der Amts- und Wohnsitz des Staatspräsidenten, die dritte, repräsentative Kraft in Israel, nach Jerusalem verlegt.[99] Die israelische Politik, politisch wie territorial vollendete Tatsachen zu schaffen, verfehlt ihre Wirkung nicht. Arabische Vertreter lesen in diesen „israelischen Machenschaften" den Versuch, Jerusalem zu „judaisieren" und ihre territoriale Annexionspolitik fortzusetzen.[100] Die Regierung Israels aber ist von der Legitimität ihrer Ansprüche auf West-Jerusalem überzeugt. Sie setzt die Verlegung nationaler Institutionen bewusst ein, um diesen Ansprüchen auch architektonisch-institutionellen Ausdruck zu verleihen. Gemäss dieser Strategie des architektonischen fait accompli werden in den ersten Jahrzehnten nach der Staatsgründung weitere nationale Institutionen in West-Jerusalem errichtet. Der Kanon reicht dabei weit über politische und administrative Institutionen hinaus, um über den Bau anderer Einrichtungen, wie beispielsweise auf dem Kultur- und Bildungssektor, ebenfalls Ansprüche auf Jerusalem geltend zu machen.

---

98 Vgl. Cohen, S. 1967: 2 und Benvenisti 1976: 14–15.
99 Der Umzug hängt mit dem Tod des ersten Präsidenten Chaim Weizmann zusammen, der seinen Wohnsitz in Rehovot (Villa Weizmann von Erich Mendelsohn, 1934–1936) hatte. Erst sein Nachfolger Yitzhak Ben-Zvi nimmt den Umzug vor. Für den Bau einer neuen Präsidentenresidenz wird 1964 ein nationaler Wettbewerb ausgelobt, den Aba Elhanani gewinnt. Der Neubau im Stadtviertel Rehavia ist im Jahre 1971 abgeschlossen. Zur Präsidentenresidenz (Beit Hanassi) vgl. Gillon 1971, Ronnen 1971, Presidents' Residence 1972 und Weill 1989.
100 Al-Khatib 1981: 14–15, der arabische Bürgermeister von Jerusalem, beklagt die „conspiratorial plans of Jewish spite and racism, in order to change the Holy City into a Jewish city which will be the capital of Greater Israel. […] with the continuing American support, on one hand, and with the generous West German reparations […], on the other hand and through the silence of the U.N., Israel was enabled to carry out several aggressive measures against the inhabitants, land, real estate, civilisation, holy places and planning of the holy city."

3.3.2 Die Kongresshalle (Binyanei Ha'Umma), das Israel-Museum und der Schrein des Buches – Kulturinstitutionen als politisch-territoriale Zeichen und kulturhistorische Symbole nationaler Identifikation

Der Aufbau des Landes Israel und seiner Hauptstadt Jerusalem liegt – wie die Aufrufe zur Immigration nach Israel und zur finanziellen und aktiven Beteiligung an den Aufbauarbeiten zeigen – in der Verantwortung des gesamten jüdischen Volkes und seiner verschiedenen institutionellen Vertretungen.[101] Sie alle sind aufgefordert, einen Beitrag zum Staats- und Nationsaufbau zu leisten. Dies impliziert insbesondere die Verlegung von Hauptniederlassungen nach Jerusalem sowie die Förderung von Kultur- und Bildungseinrichtungen in dieser Stadt. Kulturinstitutionen wie die Kongresshalle (Binyanei Ha'Umma), das Israel-Museum mit dem Schrein des Buches, der neue Universitätscampus in Givat Ram, verschiedene Gedenkstätten und der Sitz des Oberrabbinates in Jerusalem sind dabei nicht nur als nationale Zeichen eines prosperierenden Staates und seiner territorialen Ansprüche zu verstehen. Sie müssen zugleich auch als kulturelle Symbole des (revitalisierten) Judentums gelesen werden, deren Aufgabe es ist, eine Verbindung zwischen den Juden Israels und denen in der Diaspora im Sinne einer kollektiven Identität herzustellen. Wie in der kunst- und kulturhistorischen Betrachtung der Knesset müssen auch bei den Kulturinstitutionen drei Aspekte herangezogen werden, um die nationale Bedeutung und die symbolische Qualität analysieren zu können: die Verortung im Stadtgrundriss als Bestandteil der räumlichen Inszenierung, die architektonische Gestalt als Manifestation des kulturideologischen Selbstverständnisses und kulturpolitischer Intentionen sowie die ideologische Aufladung der Gebäude im öffentlichen Diskurs.

Die Kongresshalle (Binyanei Ha'Umma)

Es ist vor allem die Jewish Agency – als „Repräsentant des Weltjudentums" – die der Aufforderung zur Unterstützung der nationalen Aufbauarbeiten nachkommt und bereits wenige Monate nach der Unabhängigkeitserklärung im Sommer 1948 eine spezielle Jerusalemabteilung (Department for the Development of Jerusalem) gründet. Ihr Ziel ist es, den Ausbau der Stadt als „capital of the State of Israel as well as the capital of the whole of world Jewry" zu beschleunigen.[102] Noch bevor die Regierung ihre Umzugsplanung konkretisiert, beschließt die Jerusalemabteilung der Jewish Agency 1948 den Bau eines Kultur- und Kongresszentrums in West-Jerusalem: „In addition to the desire to restore the city to its former glory, to have the Knes-

---

101 Vgl. Unabhängigkeitserklärung 1948: „Our call goes out to the Jewish people all over the world to rally to our side in the task of immigration and development and to stand by us in the great struggle for the fulfillment of the dream of generations — the redemption of Israel."

set and Government return to the city […] a central project was planned for the purpose of symbolizing the link between Israel and the Diaspora and for attracting vast numbers of visitors to Jerusalem."[103] Das Kongresszentrum, das als permanenter Sitz der Zionistischen Weltkongresse vorgesehen ist, soll zugleich für Ausstellungen und andere kulturelle Ereignisse genutzt werden. Die eigens dafür gegründete Gesellschaft „Jerusalem Convention Centre Association", die unter der Schirmherrschaft des israelischen Präsidenten, des Premierministers und des Vorsitzenden der Jewish Agency steht, organisiert einen offenen, nationalen Wettbewerb für die Kongress- und Ausstellungshallen. Unter vierzig teilnehmenden Architekten wird im Mai 1949 einstimmig der Entwurf des Architekten Zeev Rechter aus Tel Aviv ausgewählt.[104] Nach Rechters Entwurf entsteht ein funktional-modernes Gebäude (Abb. 31–32), das an den nur kurz vorher von Le Corbusier gezeichneten Entwurf für das Hauptquartier der Vereinten Nationen in New York (1947–53) erinnert. Rechter entwirft einen kubischen Bau, dessen großes trapezförmiges Auditorium sich in der Grundform des gesamten Gebäudes widerspiegelt. Die Straßenfront ist auf Stützen gestellt, so dass ein verschatteter Wandelgang unterhalb des Gebäudes entsteht. Ein früherer Entwurf (Abb. 33) zeigt eine vor das Gebäude gestellt Kolonnade, die wohl aber zugunsten der funktionaleren Variante im Sinne der Klassischen respektive Nachkriegs-Moderne aufgegeben wird. Bis auf die der Straße zugewandte Nordseite ist das gesamte Gebäude mit Sandstein verkleidet, um es in die Landschaft und Traditionen Jerusalems einzupassen. Die Nordseite ist fast vollständig verglast, um möglichst viel natürliches – aber mildes – Licht ins Innere dringen zu lassen.

Im Gegensatz zur später errichteten Knesset, entzündet sich an der Binyanei Ha'Umma keine Kontroverse um die architektonische Gestalt. Der Unabhängigkeitskrieg ist noch nicht beendet, und in Kriegszeiten scheint der Bau einer nationa-

---

102 Zit. Development of Jerusalem 1950: 29 und vgl. auch den Bericht im Israel Yearbook 1950/51: 308–310. Vor allem aufgrund finanzieller Schwierigkeiten schließt die Jewish Agency einen Großteil ihrer Abteilungen und überträgt deren Aufgabenbereiche der Regierung. Auch die Jerusalemabteilung wird Ende 1950 geschlossen. Einige Schriftwechsel, Berichte, Kalkulationen und Planvorhaben finden sich im CZA, S21/140/2 und S21/141/1.
103 Zit. Development of Jerusalem 1950: 16.
104 Eine Dokumentation des Wettbewerbs konnte nicht gefunden werden. Hinweise auf den Wettbewerb finden sich in Development of Jerusalem 1950: 29 und Binyanei Ha'Umma 1950: o.S. [20–21]. In der Jury sitzen Vertreter der Jewish Agency, des Jüdischen Nationalfonds und mit den Architekten Richard Kauffmann, Alexander Klein, J. Metrikin und Arieh Sharon einige der bedeutendsten Vertreter der israelischen Moderne. Auch Zeev Rechter (1899–1960) zählt zu den namhaftesten Architekten der Moderne in Palästina/Israel, der zahlreiche Großaufträge, vor allem Apartmenthäuser, Hotel- und Krankenhausbauten, erhält. Als führendes Mitglied der Tel Aviver Architektenvereinigung „Chug", die er nach seinem Studium in Paris (1929–1932) mit begründet, trägt er maßgeblich zur Verbreitung der modernen Baukunst in Palästina und Israel bei. Vgl. Ran Shechori: Zeev Rechter, Jerusalem 1987 (hebr.) und Minta 1998. Der Entwurf für das angrenzende Amphitheater stammt von Leopold Krakauer (1890–1954), Architekt und Maler in Haifa.

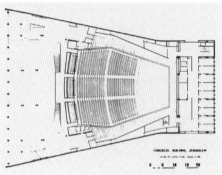

Abb. 31 (oben): Yaakov Rechter: Kongresszentrum (Binyanei Ha'Umma), Jerusalem, ab 1949, Ansicht der Nord- und Ostfassade, Photographie 2002

Abb. 32 (unten links): Yaakov Rechter: Kongresszentrum (Binyanei Ha'Umma), Jerusalem, 1949, Grundriss

Abb. 33 (unten rechts): Yaakov Rechter: Kongresszentrum (Binyanei Ha'Umma), Jerusalem, 1949, Entwurf der Gesamtanlage

len Institution auch unabhängig von Stil und Form als Bedeutungsträger einer nationalen und kulturellen Kollektividentität zu funktionieren. Dies wird vor allem bei der Grundsteinlegung am 25. Januar 1950 deutlich, an der zahlreiche hochrangige Vertreter verschiedener Ämter und Einrichtungen teilnehmen und damit die nationale Relevanz und symbolische Funktion dieses Projektes bestätigen. Zu den offiziellen Teilnehmern zählen unter anderen der Staatspräsident Chaim Weizmann, Premierminister David Ben Gurion, Knessetsprecher Yosef Sprinzak, Jerusalems Bürgermeister Daniel Auster, die beiden Oberrabbiner sowie Direktoren und Vorsitzende einiger zionistischer Organisationen.[105] Einträchtig unterzeichnen die politischen, religiösen und kulturellen Vertreter die Gründungsurkunde und erklären damit, dass der Bau des Kultur- und Kongresszentrums ein Denkmal jüdischer Verbundenheit mit Jerusalem und der jüdischen Vergangenheit sei. Zugleich setze er ein Signal zukünftiger Kulturarbeit im Kontext der Nationswerdung: „Let this Covenant – the foundation scroll of this building – be a pact between Jerusalem and its sons who now rebuild it. And let this building […] become a temple for the nation in every sphere of its creativeness, a rallying place for our achievements, both material and spiritual, and a museum and repository for the treasures of our national renaissance."[106] Einem Denkmal gleich, so die Argumentation zur Grundsteinlegung, erinnere das Gebäude an die Errungenschaften der zionistischen Bewegung in der Vergangenheit. Theodor Herzl habe mit seiner Vision eines jüdischen Staates den Zionismus als nationale Bewegung ins Leben gerufen. Die Zionistischen Weltkongresse, als oberste Autorität des Zionismus, setzten seine Arbeit und Ideen bis zur Staatsgründung fort. Jetzt kehre „the mother of the State" nach Jerusalem, „the natural seat of the Zionist Congress" zurück.[107] Ein Vergleich wird gezogen, in dem die zionistische Bewegung und die moderne Einwanderung (Aliyah) nach Palästina als „dritte Rückkehr" in die Tradition der Rückwanderungen des jüdischen Volkes nach der Zerstörung des Ersten und des Zweiten Tempels eingereiht werden. Damit etabliert sich die zionistische Bewegung in historischer Kontinuität zu den biblischen Berichten und versucht darüber, auch die religiösen Gruppierungen in den Prozess des Staats- und Nationsaufbaus einzubinden.

Ungeachtet internationaler Proteste werden in dieser Argumentationslinie die Staatsgründung und die Eroberung West-Jerusalems als natürliche – und damit legitime – teleologische Entwicklung der jüdischen Geschichte ausgegeben, die die historische Unstimmigkeit der Trennung von Land und Volk aufhebt. Wie eine säkulare Variante des Jerusalemer Tempels steht der Bau nationaler Institutionen symbolisch für die Erneuerung der alten Einheit zwischen Volk und Land, wie Ben Gurion in seiner Gründungsansprache verkündet: „These buildings symbolize the historic con-

---

105 Vg. Binyanei Ha'Umma 1950: o. S. [18–19].
106 Zit. Gründungsurkunde in der englischen Übersetzung nach Binyanei Ha'Umma 1950: o. S. [17].
107 Zit. Binyanei Ha'Umma 1950: o. S. [5].

nection, which existed even before the establishment of the State, between the Jewish people and the State of Israel, between Israel and Jerusalem the Eternal City."[108] Die zionistische Bewegung setzt sich damit selbst ein Denkmal, wie es bei der Grundsteinlegung demonstrativ verkündet wird: „A nation's dream is being expressed in stone. […] a rejuvenated Jewish nation is hewing a triumphant monument to the success of its hopes. Here in Jerusalem, its new-old capital, the nation is building the Convention Centre, a home for the authority that made its re-birth possible – the Zionist Congress."[109] Jerusalem besitzt dabei die Autorität, um als Brücke zwischen den Juden Israels und denen der Diaspora zu vermitteln. Hier können die Zionistischen Weltkongresse ihre alte Aufgabe fortsetzen und als Vereinigung und Organisation der Juden der Welt jüdische Interessen artikulieren und vermitteln. So wie die Knesset das Parlament der Juden Israels sei, so müsse die vis-à-vis liegende Binyanei Ha'Umma das Parlament der Juden der Welt werden.[110]

Das politische Ziel des Zionismus – die „Schaffung einer öffentlich-rechtlich gesicherten Heimstätte"[111] – ist mit der Gründung des Staates Israel am 14. Mai 1948 erreicht. Die Gründung eines für die Jerusalemer Bauverhältnisse monumental anmutenden Kongresszentrums setzt dieser Errungenschaft ein architektonisches Zeichen und manifestiert in ihm das Selbstbewusstsein, mit dem die jüdische Nationalbewegung die Staatsgründung vorbereitet hat.[112] Die andere zionistische Forderung des Basler Programms von 1897, nämlich die Stärkung des „jüdischen Volksgefühls und Volksbewusstseins", stellt eine Aufgabe dar, die jetzt und in Zukunft bewältigt werden müsse. Die heterogene Bevölkerung Israels und die Juden in der Diaspora müssen, so der Staatspräsident Chaim Weizmann bei der Grundsteinlegung der Binyanei Ha'Umma, in eine Nation umgewandelt werden, deren nationaler Charakter aber noch zu formen sei.[113] So wie es den Siedlern gelungen sei, desolates Land urbar zu machen, so müssen nun die zerstreuten Stämme Israels zu einer Nation verschmelzen. Kulturinstitutionen wie das Kongresszentrum seien hierfür ein unerlässlicher Bestandteil. Weizmann macht damit deutlich, dass nach den politischen und militärischen Maßnahmen der Staatsgründung nun vor allem soziale und kulturelle Determinanten Einfluss auf den Prozess der Nationswerdung nehmen. Es sei besonders notwendig, einer heterogenen Bevölkerung wie der in Israel, das Gefühl einer nationalen Kultur und kollektiven Identität zu vermitteln.

---

108 Vgl. die Ansprache Ben Gurions in: Binyanei Ha'Umma 1950: o. S. [6].
109 Zit. Binyanei Ha'Umma 1950: o. S. [1].
110 Vgl. Report by Rabbi Z. Gold to the Members of the Executive of the Jewish Agency, 25.09.1950, maschinenschriftlicher Bericht im CZA, S21/141/1.
111 Zit. Basler Programm 1897.
112 Die Jerusalemabteilung der Jewish Agency geht davon aus, dass Projekte wie das Kongresszentrum eine große wirtschaftliche und nationale Bedeutung haben und ihnen daher auch eine entsprechende bauliche Größe zustehe. Vgl. Development of Jerusalem 1950: 29.
113 Vgl. Ansprache Chaim Weizmanns in: Binyanei Ha'Umma 1950: o. S. [6].

Das Israel-Museum

Diese Vorstellung von der gezielten Formung einer Kulturnation findet in der Ausweitung der Kirya als politisches und kulturelles Zentrum der Stadt Jerusalem und des Staates Israel im Masterplan von Shaviv 1955–59 seine städtebauliche Umsetzung. In nächster Nähe zueinander entstehen hier rund um die Hügel von Givat Ram im Laufe der fünfziger und sechziger Jahre das Kongresszentrum (Zeev Rechter, 1950–60), der neue Universitätscampus (Richard Kauffmann, Joseph Klarwein, Heinz Rau, Masterplan ab 1953) mit der National- und Universitätsbibliothek (Architektenteam um Avraham Yaski, 1955–61), die Knesset (Joseph Klarwein, 1957–66) und das Israel-Museum (Al Mansfeld, erste Bauphase 1959–65) mit dem Schrein des Buches (Frederick Kiesler und Armand Bartos, 1957–65).[114] Sie alle bilden kleine, monofunktionale städtebauliche Einheiten, die sich auf den Hügeln um die Knesset herum gruppieren (Abb. 34). In ihrer Gesamtheit bilden sie einen städtebaulichen und symbolischen Ersatz für die Altstadt, indem sie als politisches und kulturelles Zentrum nationale Aufgaben und zugleich eine emotionale Vermittlerrolle wahrnehmen. In den verschiedenen Facetten von Politik, Kultur, Bildung und Gedenken werden diese Institutionen zu einem wichtigen Motor und Katalysator der nationalen Identitätsfindung, mittels derer die israelische Bevölkerung zu einer Staatsnation umgeformt werden soll. Architektonischer Entwurf, symbolische Aufladung sowie die Indienstnahme für den Staats- und Nationsbildungsprozess sollen daher exemplarisch am Bau des Israel-Museums und dem ihm angegliederten Schrein des Buches (Abb. 17) veranschaulicht werden.

Kunst und Architektur, so der stellvertretende Premierminister Abba Eban am Vorabend der Eröffnung des israelischen Nationalmuseums am 10. Mai 1965, seien nicht nur Ausdruck einer Kultur, sondern besäßen vor allem auch das Potential, eine Kultur zu formen. Als integrative und erzieherische Kraft nähmen sie einen nachhaltigen Einfluss auf den Zustand der Gesellschaft.[115] Eine „pioneering society" wie die israelische sei zwar ständig dringenden Sachzwängen unterworfen, dürfe aber dennoch nicht das Bedürfnis nach Ästhetik, Kultur und Bildung vernachlässigen. Besonders in einem jungen Staat wie Israel spielt das Museum eine wichtige Rolle in der kulturellen Positionierung des Staates und der Gesellschaft. Es wird zum Ausdruck des nationalen Stolzes und Selbstbewusstseins, indem es in einer musealen Inszenierung Licht auf die Vergangenheit wirft und ihrer – selektiven – Präsentation einen würdigen Rahmen gibt. Es zeugt von dem Respekt, dem man dem Vergangenen entgegenbringt. Das Museum ist zugleich Ergebnis des Wunsches, die Vergangenheit in greifbarer – objektbezogener – Weise zu veranschaulichen, um so in einen

---

114 In einer zweiten Bauphase in den 1980er Jahren folgen die Staatsbank (Arieh & Eldar Sharon, 1982) und der Oberste Gerichtshof (Ada Carmi-Melamed & Ram Carmi, 1988–93).
115 Vgl. Eban 1965: 10.

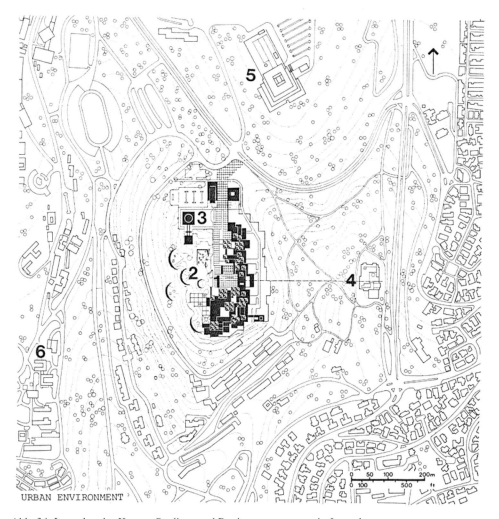

Abb. 34: Lageplan des Kunst-, Studien- und Regierungszentrums in Jerusalem
(1) Israel Museum (2) Kreuztal (3) Kreuzkloster (4) Knesset (5) Ministerien/Regierungsgebäude
(6) Hebräische Universität

unmittelbaren Kontakt zu ihr zu treten. Es zeigt oder konstruiert Traditionslinien von der Vergangenheit in die Gegenwart, die Vertrauen in die gegenwärtige Zeit und in die Zukunft schaffen sollen. Es bedient das Bedürfnis nach einer kulturhistorischen Rückversicherung, indem die historischen Wurzeln der Nation definiert und ihre kulturellen Gemeinsamkeiten aufgezeigt werden. Neben seiner positivistischen Funktion der historischen Dokumentation vermittelt das Museum einen spezifischen kulturhistorischen und kulturpolitischen Anspruch, über den es zugleich auch zum Erzieher der Nation wird. Diese doppelte Funktion als nationales Monument und Akkulturationsstätte nimmt auch das israelische Nationalmuseum wahr. Es präsentiert das Land mit seiner Geschichte und stellt seine spezifischen Besonderheiten – seine nationalen Charakteristiken – aus. Sie sollen dem Volk als Quelle und erziehendes Vorbild zur Definition einer eigenen neu-alten Identität dienen. Zugleich suggeriert ein solches Museum „Normalität" und Vergleichbarkeit, indem der israelische Staat, entsprechend anderen Ländern, kulturhistorisches Engagement zeigt und gemäss einem international anerkannten Standard Kunst sammelt und präsentiert.[116] Mit dem Nationalmuseum setzt Israel ein sichtbares Zeichen als Kulturnation, die sich um internationale Akzeptanz und die Aufnahme in den Kanon der „normalen Staaten" bemüht. Eine Presserückschau zur Museumseröffnung in der Jerusalem Post am 12.05.1965 macht diese unterschiedlichen Erwartungen an das Museum deutlich. Die Zeitung Davar, die der sozialistischen Regierungspartei Mapai nahesteht, wird mit der internationalen Bedeutung des Museums und ihrer Rückwirkung auf die Positionierung des jüdischen Staates zitiert: „This great enterprise, which is a concrete expression of the unique contribution of the Jewish people to the creation of universal values, has every prospect of becoming an international centre of culture." Auch die links orientierte Zeitung Al Ha'Mishmar schreibt von der „Manifestation israelischer Kapazitäten und Fähigkeiten", die von der rechts-liberalen Ha'Boker als „link in the chain of our relations with world cultural centres" bezeichnet werden. Die liberale Zeitung Ha'Aretz hingegen betont vor allem den innenpolitischen Aspekt, dass das Museum der ästhetischen Erziehung diene und damit helfe, aus der israelischen Bevölkerung ein Volk von kulturhistorisch gebildeten Bürgern zu machen.[117]

Diese verschiedenen Erwartungen an das Museum lassen sich auch in seinen Sammlungen und Hauptabteilungen ablesen. Bei Beginn der Museumsplanungen im Jahre 1958 ist zunächst nur eine Zusammenführung des Archäologischen Muse-

---

116 Die Jerusalem Post vom 14.05.1965: 9 prognostiziert zur Eröffnung, dass das Museum für Israel das sein werde, was der Louvre für Frankreich und das British Museum für Großbritannien ist.
117 Vgl. Press Review in: The Jerusalem Post, 12.05.1965: 4 sowie Israel Museum 1966 und Katz, K. 1968.

ums und des kunstgewerblichen Bezalel-Museums geplant.[118] Das Archäologische Museum musste aufgrund der Teilung von Jerusalem einen großen Verlust seiner Sammlungsbestände hinnehmen, da sich sein früherer Sitz, das 1927 gegründete sogenannte Rockefeller-Museum, im arabischen Teil der Stadt befindet. Die Bestände des Bezalel-Museums hingegen können vollständig in das neue Museum überführt werden. Sie erreichen damit ihre endgültige Bestimmung, denn das Bezalel-Museum war 1906 zusammen mit der Bezalel-Kunstgewerbeschule von dem jüdischen Künstler und Bildhauer Boris Schatz (1866–1932) als nationale Institution für vorbildliche Mustersammlungen und kunstgewerbliche Ausbildung gegründet worden.[119] Schon die Namensgebung Bezalel verweist programmatisch auf das Anliegen von Schatz, eine neue jüdische Kunst in den Traditionen der antiken Vergangenheit zu begründen. Gemäss den biblischen Berichten ist Bezalel der erste jüdische Künstler, der von Gott berufen wird, die Tempelgeräte zu erstellen (1. Mose 35,30–35 und 1. Mose 36–38). So wie der biblische Künstler Bezalel mit seinen Kultobjekten eine „Hütte in der Wildnis"[120] schafft, so erhebt das Bezalel-Institut in seiner Kombination aus Schule und Museum den Anspruch, Ausbildungsstätte und Vorbild zugleich für die Wiederbelebung, respektive die Neuerfindung der jüdischen Kunst zu sein. Die Sammlungen des Bezalel-Museums konzentrieren sich auf zwei Bereiche: erstens der Erwerb von Kenntnissen über die eigene jüdische Kultur durch Sammeln jüdischer Zeremonialobjekte und jüdischer Kunst; und zweitens die Förderung der Vertrautheit mit der alt-neuen Heimat durch Bestände aus archäologischen Grabungen in Palästina, Sammlungen folkloristischer und ethnologischer Objekte sowie durch das Inventarisieren von regionalen Arten der Flora und Fauna. Mit der Zusammenlegung des Archäologischen und des Bezalel-Museums soll eine Institution geschaffen werden, die vorrangig der kulturellen Selbstversicherung dient, indem sie die Werte und Gestalt der eigenen Kultur aufzeigt. Durch das Studium regionaler Gegebenheiten und ihren Niederschlag in volks- und naturkundlichen Sammlungen wird zudem eine Rückbindung an den Ort eingeübt. In dem Ausweisen und Inszenieren historischer Referenzen und archäologischer Funde wird zugleich eine Legitimation der jüdischen Immigration in Palästina und der Gründung des Staates Israels versucht.

---

118 1958 wird die UNESCO ICOM angefragt, den Architekten Franco Minissi aus Rom nach Israel zu senden, um an der Ausschreibung des Museumsprofils mitzuarbeiten. Vgl. Katz, K. 1968: 14–15. Zum Wettbewerb konnten keine näheren Informationen gefunden werden.
119 Zur Geschichte des Bezalel und zur Biographie von Boris Schatz vgl. Schatz 1911, Katz, K. 1968: 22–24, Ausst.-Kat. Bezalel 1983 und Oltuski 1988.
120 Titel des Aufsatzes von Karl Katz: Eine Hütte in der Wildnis, in: Israel Museum 1966: 43. Israel Zangwill zieht bereits 1926 in seinem Gedicht „Bezalel" einen ähnlichen Vergleich zu Bezalels Tabernakel, den er als göttliches Zeichen für ein umherziehendes Volk in der Wüste bezeichnet. Vgl. Bezalel 1926: 4.

Durch großzügige Schenkungen von Sammlungen und gezielte Ankäufe wächst das Israel-Museum noch während seiner Planungsphase zu einem großen Komplex von insgesamt fünf Hauptabteilungen an: das Bezalel-Museum für Bildende Kunst, das Biblische und Archäologische Museum Samuel Bronfman, der Schrein des Buches (= das D. Samuel and Jeane H. Gottesman Zentrum für biblische Handschriften), der Billy-Rose-Kunst- und Skulpturengarten und das Kinder- und Jugendmuseum. Vor allem Teddy Kollek[121], Vorsitzender des Direktoriums des Israel-Museums, betreibt mit Hochdruck die Gründung und den Bau des Museums, da er einen Ausverkauf wichtiger Sammlungsbestände auf dem internationalen Kunstmarkt befürchtet. Er kann insbesondere jüdische Kunstsammler und Mäzene wie Samuel Gottesman und Billy Rose überzeugen, ihre Sammlungen dem Israel-Museum zu überlassen.[122] Mit der Integration internationaler Kunstobjekte erfährt das Museum eine enorme Erweiterung seiner Sammlungsgebiete über die frühere Beschränkung auf jüdische und regionale Kunst hinaus, die einen großangelegten Museumsneubau notwendig macht. Dafür stellt die israelische Regierung ein zehn Hektar großes Baugrundstück in Naveh Sha'anan (der ruhige, friedliche Hügel) in prominenter Lage, südlich der Knesset, östlich des neuen Universitätscampus und westlich des mittelalterlichen Kreuzklosters, zur Verfügung (Abb. 34).[123] Aus einem nationalen Wettbewerb im Jahr 1959 gehen der Architekt Al Mansfeld und die Innendesignerin Dora Gad einstimmig als Gewinner hervor (Abb. 35–36), deren Entwurf in vier großen Bauphasen bis 1994 ausgeführt wird (Abb. 37). Die Jury bezeichnet den Entwurf als ein „excellent example of contemporary functional architecture which organically relates to the hilly topography of the site and is based on a intimate, rather than a monumental approach to the problem."[124] Die grundlegende Konzeption des Museums basiert auf einer modularen Raumeinheit von circa 11 x 11 Metern. Sie wird von einer Pilzkonstruktion überdeckt, deren Dach, ein aus vier regelmäßigen Flächen zusammengesetzter Betontrichter, auf einer zentralen Stütze aus Spannbeton lastet (Abb. 38). Diese Mittelstütze ist hohl, so dass sie zu-

---

121 Theodor Kollek, 1911 in Wien geboren, immigriert 1935 in Palästina und arbeitet dort für die Jewish Agency. Nach der Staatsgründung wird er von 1951–52 Gesandter seines Landes in Washington, von 1952–65 arbeitet er als Generaldirektor im Amt des Premierministers. 1965 wird er zum Bürgermeister von Jerusalem gewählt und bleibt dies bis zu seiner Abwahl 1993. Zum Leben Kolleks vgl. Kollek/Kollek 1992.
122 Gespräch mit Teddy Kollek am 7. August 2001. Vgl. auch Israel Museum 1965: 1: „Kollek soon saw that within a decade competition between the world's museums would swallow up everything left in private hands, often private Jewish hands."
123 Zuvor hatte die amerikanische Regierung 1956 über das Informational Media Guaranty Programm einen Kredit in Millionenhöhe zugesichert. Vgl. Museum City 1960: IV und Israel Museum 1965: 1.
124 Zit. nach Museum City 1960: IV, vgl. auch Israel Museum 1965: 4. In der Jury sitzt unter anderen der US-Architekt Max Abramovitz, der zuvor als Gutachter des Knesset-Entwurfs tätig war.

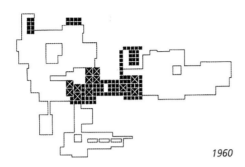

1960

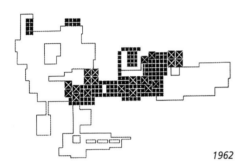

1962

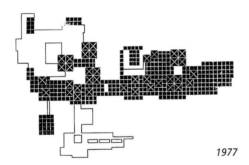

1977

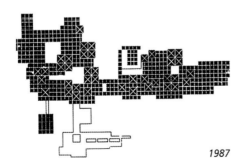

1987

Abb. 35 (linke Seite oben): Al Mansfeld und Dora Gad: Israel Museum, Jerusalem, 1960–87, Ansicht der Nord- und Ostfassade, Photographie 1980

Abb. 36 (linke Seite unten): Al Mansfeld und Dora Gad: Israel Museum mit dem Skulpturengarten und dem Schrein des Buches (rechts), Jerusalem, 1960–87, Modell

Abb. 37: Al Mansfeld und Dora Gad: Israel Museum, Jerusalem, 1960–87, Bauphasen

Abb. 38: Al Mansfeld und Dora Gad: Israel Museum, Jerusalem, 1960–87, Innenansicht der Archäologischen Abteilung, Photographie um 1980

gleich für die Ableitung des Regenwassers und als Gehäuse für technische Installationen dient. Von ihr aus verteilen sich über Decke und Fußboden in einem regelmäßigen Raster Kontaktpunkte der elektrischen Leitungen, so dass bewegliche Vitrinen und Paneele flexibel installiert und beleuchtet werden können. Außer der festen Mittelstütze sind die Raumeinheiten damit relativ frei zu gestalten.[125] Die Wände der Module sind außen mit einem lokalen, sehr hellen Sandstein verkleidet. Bis auf die Nordfassade und die schmalen, umlaufenden Bandfenster unterhalb der Dachkante sind sie fast vollständig geschlossen, so dass nur wenig Tageslicht direkt ins Innere eindringen kann (Abb. 35).[126] Diese Raumeinheiten werden als Pavillons einzeln oder in Gruppen aufgestellt, wobei sie die hügelige Topographie des Geländes aufgreifen. Dadurch entstehen Vor- und Rücksprünge sowie Verschiebungen, die durch Rampen, Treppen und Verbindungsgänge überbrückt werden. Es entsteht ein Gebäudekomplex, der durch eine strenge Regelmäßigkeit der einzelnen Module geprägt ist. Zugleich passt er sich organisch in die Landschaft ein, indem er die Kontur ihrer topographischen Linien in dem Auf und Ab der Kuben und ihrer Dachkanten nachzeichnet. Aus – großer – Distanz soll die unregelmäßige Anordnung der Module entfernt an die gewachsenen Strukturen einer dörflichen Ansiedlung in den Hügellandschaften Palästinas erinnern. Mansfeld selbst assoziiert die „zeitlose Weisheit und Schönheit altorientalischer Terrassenstädte".[127] Die begrünten Innenhöfe und angrenzenden Terrassen- und Gartenanlagen sollen das Museum harmonisch mit seiner Umgebung verschränken. Dazu hat der amerikanische Künstler Isamu Noguchi[128] einen Skulpturengarten entworfen, der von der Architektur in die Landschaft überleitet (Abb. 17). Noguchi schichtet mit den auf dem Grundstück gefundenen Feldsteinen sanft geschwungene Mauern auf, die die Topographie nachbilden

---

125 Vgl. Mansfeld 1966: 10 und Katz, K. 1968: 16–19.
126 Durch die Bandfenster dringt auf der Ost-, Süd- und Westseite dennoch so viel Sonnenlicht ein, dass diese bereits kurz nach der Eröffnung zugehängt werden. Kritik an dem Bau, seiner Sterilität, den ungünstigen Lichtverhältnisse im Inneren und der Omnipräsenz der Mittelstütze übt ein Artikel in der Jerusalem Post, vgl. Israel Museum – Design 1965: 13.
127 Zit. Mansfeld in Teut 1999: 59 und vgl. auch Museum City 1960: IV. Die Auffassung, dass das modulare Prinzip des Museums an ein arabisches Dorf erinnere, hält sich hartnäckig bis heute, auch wenn die strenge Regelmäßigkeit und die Größe der Kuben die Phantasie wirklich herausfordern, um dieser Assoziation folgen zu können.
128 Isamu Noguchi (1904–1988), Sohn amerikanisch-japanischer Eltern, studiert und arbeitet als Bildhauer in Amerika, Frankreich (als Assistent bei Constantin Brancusi 1927/28), China und Japan. Ab Ende der 1930er Jahre erhält er Aufträge für Skulpturen, Brunnen und Gartenanlagen. Zu seinen bekanntesten Arbeiten zählt neben dem Billy-Rose-Kunstgarten am Israel-Museum der Japanische Garten am UNESCO-Hauptquartier in Paris (1956–58). Zu Noguchi vgl. Diane Botnick/Nancy Grove: The Sculpture of Isamu Noguchi, 1924–1979, New York 1980, Bruce Altshuler: Isamu Noguchi, New York 1994 und Diane Apostolos-Cappadona/Bruce Altshuler (Hg.): Isamu Noguchi. Essays and Conversations, New York 1994.

und als Verlängerung des Museums naturräumliche Terrassen und Ausstellungssituationen schaffen. Nicht nur das Museum, auch die anderen Elemente der gebauten Umgebung beeinflussen Noguchis gestalterisches Konzept. Er bezeichnet die Trias von Museum, Knesset und Universität in Givat Ram als eine „neue Akropolis". Sie spiegele den Geist der Gegenwart und zugleich die Ehrfurcht des Staates Israels wider, die dieser den historischen und spirituellen Werten der Vergangenheit entgegenbringe, die dieser beschütze und propagiere. Die Nähe zum Kreuzkloster, der Blick über Jerusalem und die biblische Namengebung Naveh Shaʻanan stelle einen deutlichen Bezug zur Vergangenheit her und lasse seinen Skulpturengarten wie zu einem „Tor in die zeitlose Welt der Antike" werden. Das Aufstellen zeitgenössischer Skulpturen aus aller Welt stelle eine „Ehrbezeugung einer Epoche vor einer anderen" dar. Seine asymmetrische, „nicht-euklidische Gartenplanung" stehe, so Noguchi, im Kontrapunkt zur Architektur und setzt die „Zwiesprache von Erde und Himmel" in den künstlich aufgeschütteten Terrassen, Wällen und darin positionierten Skulpturen fort.[129]

Der Landschaftsbezug bildet nur eine Komponente, die den Entwurf des Museums mit beeinflusst. Es gilt vor allem, eine funktionale Lösung für ein Museum zu finden, dessen Sammlungen sich im Aufbau befinden und wo der Umfang künftiger Ankäufe, Schenkungen und Grabungsfunde kaum absehbar ist. Der Museumsbau verlangt daher dynamische Ausbaufähigkeiten und größtmögliche Flexibilität in der Bespielbarkeit der Innenräume. Die Möglichkeiten organischer Veränderung durch Addition von Raumeinheiten sowie eine neutrale Innengestaltung sind grundlegende Anforderungen an einen jeden Museumsbau. In Israel aber erhalten sie aufgrund des „dynamischen Charakters dieses wachsenden Landes in seiner speziellen geografischen Lage" eine ungleich größere Bedeutung.[130] Al Mansfeld und Dora Gad reagieren auf diese Anforderungen mit dem modularen Pavillonsystem des „wachsenden Museums" (Abb. 39), das – wie die bis 1994 andauernden Bauphasen zeigen – solche dynamischen Um- und Ausbauten zulässt. Willem Sandberg, ehemaliger Direktor des Stedelijk Museum in Amsterdam und von 1962–68 künstlerischer und organisatorischer Berater für den Bau des Israel-Museums, bezeichnet diesen Entwurf als eine Pionierleistung im zeitgenössischen Museumsbau. „The Israel Museum is", so Sandberg „a creation: with space and personality, and what is unique –

---

129 Vgl. Noguchi 1965, 1966a und 1966b sowie Ronnen 1960.
130 Zit. Mansfeld/Gad 1965: 1246. Aus dem Text geht nicht hervor, ob Mansfeld und Gad mit dem „wachsenden Land" auch auf territoriale Expansion anspielen, wie sie zuvor im Unabhängigkeitskrieg und in dem Sinai-Feldzug gelangen. Sie könnten damit die Hoffnung auf eine Wiedervereinigung mit dem Ostteil Jerusalems anzeigen, bei der die Sammlungsbestände in Ost und West wieder zusammengeführt werden könnten. Vielleicht sind aber auch nur zukünftige Ankäufe und eigene Grabungsfunde gemeint.

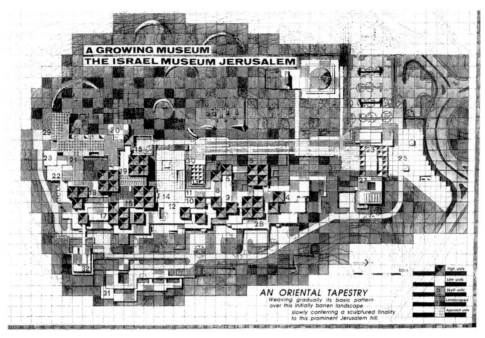

Abb. 39: Al Mansfeld und Dora Gad: Israel Museum, Jerusalem, 1960–87, Zeichnung des Struktursystems „a growing museum"

it is designed with the possibility of growth."[131] Den Architekten war es in ihrem Entwurf wichtig, „Einheitlichkeit in der Vielfalt zu bewahren und die Harmonie zwischen Landschaft und Bauwerk […] zu erhalten und eine symbolhafte Monumentalität zu erreichen, ohne in Formalismus oder pompöse Maßstabslosigkeit abzugleiten."[132] „Symbolhafte Monumentalität" verweist dabei auf die Absicht, dem hohen Stellenwert, den Kunst und Kultur in Israel besitzen, einen angemessenen architektonischen Ausdruck zu verleihen. Der Bürgermeister von Jerusalem, Mordechai Is-Shalom, bezeichnet das Gebäude und seine architektonische Form als „peak of the country's aesthetic and educational assets."[133] Es sei, so Is-Shalom zur Eröffnung, das Größte, was West-Jerusalem seit 1948 erhalten habe. Hier wird ein Konkurrenzverhältnis zur Knesset aufgebaut, dessen Bau sich auf der gegenüberliegenden Straßenseite dem Abschluss nähert. Im Gegensatz zur Knesset aber, die vor allem Monument israelischer Nationalstaatlichkeit ist, bedient das Museum – als Hütte in der Wildnis – einen umfangreichen Kulturauftrag im Kontext der nationalen Identitätsstiftung. Das Museum wird zum Zeichen eines Staates, der Kunst und Kultur selbst in unsicheren Zeiten eine hohe Stellung einräumt. Dabei beschränkt man sich nicht auf die Inszenierung der eigenen Kultur und Geschichte im Kontext der Region, wie es vor allem durch die Zusammenlegung des Bezalel- und des Archäologischen Museums intendiert war. Mittels einer modernen Architektur und eines internationalen Sammlungsstandards wirbt man nun zugleich um Legitimation und gleichberechtigte Aufnahme in der Reihe anderer Kultur- und Staatsnationen.

Vorwürfe, wie die eines Architekturkritikers in der Tageszeitung Jerusalem Post, dass das Israel-Museum an seinem rigiden Raster und der Sterilität seiner labyrinthartigen Pavillons leide, zeigen das Dilemma der modernen, funktionalistischen Architektur, symbolische Qualitäten und ideologische Ansprüche in eine funktionierende Architektursprache umzusetzen.[134] Besonders die Moderne, mit ihrem – häufig missinterpretierten – Anspruch nach reiner Funktionalität, scheint dem Bedürfnis nach Repräsentation und inhaltlicher Identifikation nicht mehr zu genügen. Der stellvertretende Premierminister Abba Eban spricht daher am Vorabend der Museumseröffnung darüber, dass es der israelischen Gesellschaft und Architektur an Anmut und Ästhetik fehle. Es bedürfe verstärkt identitätsstiftender Institutionen und einer ebensolchen Architektur, die der Bevölkerung kulturelle und ästhetische Werte vermittelten.[135]

---

131 Zit. Sandberg 1966: 15 und vgl. auch Israel Museum 1965: 4. In Teut 1999: 66 erwähnt Mansfeld, dass er sich auf Wunsch Kolleks und der Wettbewerbsjury mit Lewis Mumford, Louis I. Kahn und Philip Johnson traf, um sich „im damaligen Mekka der Moderne rückzuversichern." Ob und welchen Einfluss diese Treffen nahmen, ist den vorliegenden Dokumenten nicht zu entnehmen.
132 Zit. Mansfeld/Gad 1965: 1246.
133 Zit. Is-Shalom nach Israel Museum 1965: 4.
134 Vgl. Israel Museum – Design 1965: 13.
135 Vgl. Eban 1965: 10.

Der Schrein des Buches

Das Aufeinanderprallen der Vertreter der rational-funktionalistischen Moderne und jener, die eine stärkere Symbolkraft in der architektonischen Erscheinung fordern, wird besonders am Schrein des Buches (1957–65), der biblischen Handschriftenabteilung des Israel-Museums, deutlich. Planungen für eine solche Abteilung beginnen 1957 mit der Überlegung, eine Sonderabteilung für Handschriften in einem Kuppelbau auf dem Dach der gerade im Bau befindliche National- und Universitätsbibliothek (1955–61) einzurichten (Abb. 40–42). Das Architektenteam der Bibliothek mit Amnon Alexandroni, Hanan Havron, Michael und Shulamit Nadler, Shimon Powsner und Avraham Yaski, als Vertreter der klassisch-modernen Sachlichkeit, aber lehnen Veränderungen an ihrem stark an eine monumentalisierte Variation auf Le Corbusiers Villa Savoie (1929–31) erinnernden Entwurf ab.[136] Auch die Architekten des Schreins des Buches, Frederick Kiesler und Armand Bartos, sprechen sich gegen eine Zusammenlegung der Nationalbibliothek und der Handschriftenabteilung aus. Sie empfinden den Bibliotheksbau als zu funktionalistisch, zu wenig künstlerisch und vor allem als zu wenig symbolisch, um solche Kostbarkeiten wie die biblischen Handschriften zu beherbergen.[137]

---

[136] Zur National- und Universitätsbibliothek und seine Referenzen an die Villa Savoie vgl. Michael Levin: The Transformation of Villa Savoye into the National Library. Le Corbusier's Influence on Two Generations of Architects in Israel, in: Journal of Jewish Art, Vol. 3–4, 1977: 103–121.

[137] Vgl. Kiesler 1966: 323–324 und Lelke 1998: 5. Kiesler (1890–1965) studiert in Wien und arbeitet in den 1920er Jahren vor allem als Bühnenbildner und ist kurze Zeit Mitglied in der Künstlergruppe De Stijl. 1926 geht er nach New York, wo er ein Architekturbüro eröffnet. Seine verschiedenen Pläne wie das Space House oder das Endless House werden nicht realisiert. Bekannt wird er vor allem durch seine Ausstellungsinstallationen der „Art of The Century Gallery" für Peggy Guggenheim in New York (1942) und die „World House Gallery" ebenfalls in New York (1957). Die Partnerschaft mit Armand Bartos besteht von 1956–1962. Bartos, der 1935 sein Diplom am M.I.T. ablegt, arbeitet alleine oder mit unterschiedlichen Partnern vor allem an Universitätsbauten. 1956 entwerfen Kiesler und Bartos gemeinsam die Welthausgalerie in New York. Zur Welthausgalerie vgl. Kiesler 1957. Angeblich besucht der israelische Botschafter bei der UNO diese Ausstellung und schlägt in seiner Begeisterung Kiesler und Bartos für den Bau des Schreins des Buches vor. Einfluss dürfte vor allem aber die Tatsache genommen haben, dass Gottesman, der finanzielle Hauptförderer des Baus, der Schwiegervater von Bartos ist. Obwohl Kieser in den 1920er Jahren zu den Befürwortern der Neuen Sachlichkeit zählt, nimmt in späteren Jahren seine radikale Haltung gegenüber der funktionalistischen Moderne zu. Im Architectural Form, Oct. 1957: 126–131, nimmt Kiesler öffentlich Stellung: „The venerable Bauhaus-Tradition AND the de Stijl – are dead. Dead as doornails. […] The limited function of the Square has ended. No frames, be they of Gold. […] A new aesthetic unfolds its wings, freed from the prison of the grid. It tries to rise over being beyond the mere physio-functional. […] Beyond the seductive Horizons of the Intellect – the heart remains the initial and ultimate beat of fecundity or death. The prison of the grid is history – past." Zit. Kiesler 1957: 127 und 131, vgl. auch Feuerstein 1992: 14.

Abb. 40: Amnon Alexandroni, Hanan Havron, Michael und Shulamit Nadler, Shimon Powsner und Avraham Yaski: National- und Universitätsbibliothek, Jerusalem, 1955–61, Nordfassade, Photographie um 1962

Abb. 41: Amnon Alexandroni, Hanan Havron, Michael und Shulamit Nadler, Shimon Powsner und Avraham Yaski: National- und Universitätsbibliothek, Jerusalem, 1955–61, Nord- und Ostfassade, Photographie um 1962

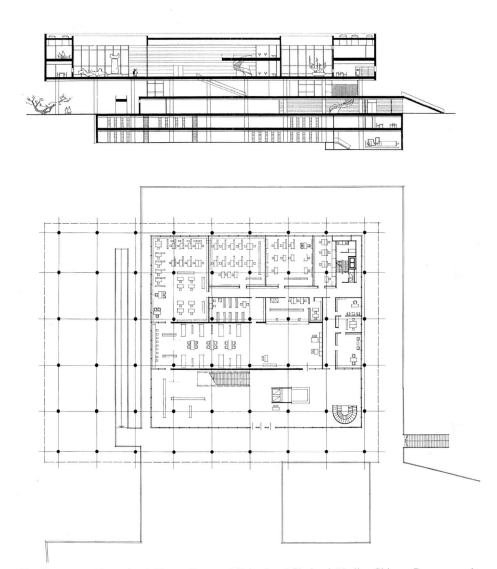

Abb. 42: Amnon Alexandroni, Hanan Havron, Michael und Shulamit Nadler, Shimon Powsner und Avraham Yaski: National- und Universitätsbibliothek, Jerusalem, 1955–61, Schnitt und Grundriss des Erdgeschosses

Zahlreiche Änderungswünsche und Verlagerungen des Bauplatzes zögern die Realisierung des Schreins des Buches hinaus. Nachdem der kleine, kuppelartige Aufbau auf der Bibliothek abgelehnt worden war, wurde zunächst ein eigenständiger Bau vor der Bibliothek, dann in der Nähe des Kreuzklosters und endgültig am Israel-Museum vorgeschlagen (Abb. 34). Dies mag auf die zunehmende Wertschätzung der biblischen Handschriften, die der Bau beherbergen soll, verweisen, so dass man sich deshalb wohl für immer größere Räumlichkeiten entscheidet.[138] Etwa zeitgleich mit Abschluss der ersten Bauphase des Museums wird der Schrein schließlich im Frühjahr 1965 eröffnet. Eine langgestreckte, achsiale Anlage ist entstanden, die zum größten Teil unter der Erdoberfläche liegt und sich aus verschiedenen Komplexen zusammensetzt (Abb. 43–44). Der Zugang zum Museum erfolgt über einen tief abgesenkten Hof, von dem aus auf der einen Seite die Bibliothek und einige Büroräume zu erreichen sind. Auf der gegenüberliegenden Seite schließen sich die Ausstellungsräume an. Die Eingangshalle wird von einer schwarzen, insgesamt 18 Meter hohen Basaltwand durchschnitten, die weit über das Dach und die Erdoberfläche hinausragt. Durch eine rechteckige Öffnung in der Basaltwand, die mit einem aus riesigen Röhren gebildeten Gitter verschlossen werden kann, gelangt man in einen knapp 23 Meter langen, sanft abwärts führenden Gang (Abb. 45). Amorph geformte Bögen, in denen Boden, Wände und Decke miteinander verschmelzen, gliedern den Gang in einzelne Podeste. Auf ihnen sind Vitrinen in die Wände eingelassen. Der Gang ist eng, gedrungen, dunkel gestrichen und ohne Tageslicht und gleicht einem Abstieg in eine Höhle oder Grotte. An seinem Ende erreicht man über einige Stufen aufwärts das „Heiligtum" des Schreins: den großen Kuppelraum (Abb. 46), dessen doppelt paraboloide Betonkuppel an die Deckel antiker Tonkrüge erinnert. Der konvex-konkave Schwung der Kuppel setzt sich vom Opaion bis auf den Fußboden fort, wobei die gewellte Struktur der Innenseite den Eindruck des kontinuierlichen Fliessens verstärkt. Entlang der Kuppelwand sind Vitrinen aufgereiht. Im Zentrum des Raumes ist auf einem erhöhten Podest eine große, zylindrische Vitrine installiert. Sie wird von einem Aufsatz bekrönt, der einem überdimensionierten Thorarollen-Handgriff nachgebildet ist. In Verbindung mit diesem Aufsatz erhält das runde Podest, von dem man in das Untergeschoss blicken kann, die Form einer riesigen Thorarolle. Podest, Vitrine und Aufsatz komplettieren sich zum Bild einer Thorarolle

---

[138] Kiesler äußerst sich in seinem Bericht „Inside the Endless House" im Jahr 1958 höchst empört und theatralisch über diese ständigen Änderungen und Androhungen finanzieller Einschnitte: „Biblical times are here again: The eternal fight between the Pharisees and the Tribes of the artists is reawakened. There seems to be no end to the struggle of the artist here in the deserts of the Middle East or across the shores of the Mediterranean, the Atlantic, the Pacific, the high-rise mountains or sheep valleys of Europe. The clash is still inevitable." Zit. Kiesler 1966: 327, vgl. auch die Auseinandersetzungen Kieslers mit den Bauherren im Jahr 1959, ebenda: 330–331.

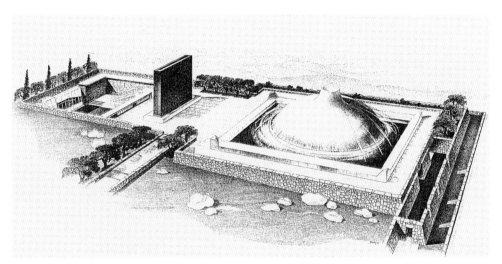

Abb. 43: Frederick Kiesler und Armand Bartos: Schrein des Buches, Jerusalem, 1957–65, Zeichnung der Gesamtanlage von A. Jacobi, 1961

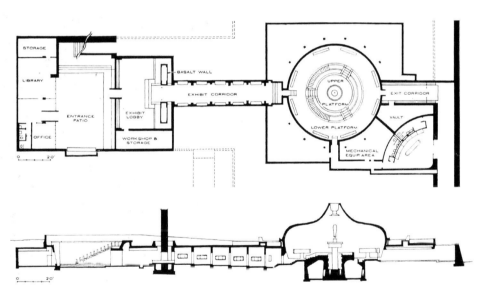

Abb. 44: Frederick Kiesler und Armand Bartos: Schrein des Buches, Jerusalem, 1957–65, Grundriss und Schnitt

Abb. 45 (linke Seite oben): Frederick Kiesler und Armand Bartos: Schrein des Buches, Jerusalem, 1957–65, Blick in den Tunnelgang, Photographie 2002

Abb. 46 (linke Seite unten): Frederick Kiesler und Armand Bartos: Schrein des Buches, Jerusalem, 1957–65, Kuppelraum mit der Jesaja-Schriftrolle, Photographie 1995

Abb. 47: Frederick Kiesler und Armand Bartos: Schrein des Buches, Jerusalem, 1957–65, Kuppel und Basaltwand, Photographie 2002

und verweisen damit auf den Inhalt der Vitrine, die eine antike Schriftrolle des Buches Jesaja enthält. Das Untergeschoss ist mit rauhen Bruchsteinen verkleidet, die an eine Felsenkrypta erinnern lassen. Vom Kuppelraum gelangt man über einen dem Eingang gegenüberliegenden 8,50 Meter langen Gang, der sanft ansteigt, wieder an die Oberfläche.[139] Oberirdisch sind demzufolge nur die schwarze Basaltwand und im scharfen Kontrast dazu die mit weißen Fliesen bestückte Kuppel des Schreins zu sehen, die sich aus einem quadratischen Wasserbecken erhebt (Abb. 47). Auf der Basaltwand sollte eigentlich eine bronzene Schale stehen, in der Öl unter dunkler Rauchentwicklung verbrennt.[140] Sie wurde durch kleine Gasflammen ersetzt, die direkt am oberen Rand der Wand aus der Leitung treten. Verändert wurde auch das Opaion. Es sollte ursprünglich offen bleiben, damit dort in regelmäßigen Abständen Wasserfontainen hindurchspritzen können, die aus dem Aufsatz der zentralen Jesaja-Vitrine im Inneren der Kuppel stoßartig herausgeschleudert werden. Da aber eine Klimaanlage in den Kuppelraum eingebaut wurde, musste dieser vollständig geschlossen werden.[141] Um das Motiv des an der Außenseite der Kuppel herablaufenden Wassers beizubehalten, spritzen nun kleine Fontainen von außen auf die Kuppel und fließen von dort in das Becken.

Kiesler und Bartos spielen in der architektonischen Gestaltung des Schreins vor allem mit zwei Motiven – der Kontinuität und dem Gegensätzlichen. Kontraste in Formen, Oberflächen, Materialien, Licht- und Farbwerten begleiten den Weg durch das Gebäude. Hier dominieren abwechselnd Auf- und Abstiege, Rampen, Treppen, Helligkeit und Dunkelheit, enge und weite Räume, glänzende und matte Oberflächen, scharfkantige und amorph-organische Umrisse das jeweilige Raumerlebnis. Dabei scheinen einzelne Räume und Flächen ihre Konturen zu verlieren und sich ins Endlose auszudehnen.[142] Assoziationen endloser Flächen beziehungsweise die Schwierigkeit, eine Form genau erfassen zu können, sind ein häufig wiederholtes Element.

---

139 Ursprünglich waren am Ende ein Gang und eine Meditationsgrotte geplant, die aber im Laufe der Planungen aufgegeben wurde. Vgl. Ausst.-Kat. Kiesler 1997: 28 und Lelke 1998: 54–55.
140 Vgl. Lelke 1998: 169.
141 Kiesler 1966: 338 äußert sich vehement gegen den Einbau einer Klimaanlage: „An air-conditioned sanctuary for the Dead Sea Scrolls sounded embarrassingly contradictory." Er ist davon überzeugt, dass das relativ ausgeglichene, trockene Klima Jerusalems und die Verlagerung des Baus zum großen Teil unter die Erde eine Klimakontrolle nicht notwendig mache. Tatsächlich aber benötigen die fragilen Handschriften die technische Unterstützung einer gleichmäßigen Klimatisierung. Vgl. auch Lelke 1998: 11.
142 Ein wichtiges Projekt von Kiesler ist das sogenannte „endless house", das Kieslers Theorien der „Korrelation" und der „galaktischen Bezüge" in sich vereint, um tradierte Raumvorstellungen und Raumbegrenzungen zu durchbrechen. Vgl. dazu Kiesler 1966 und die Studien von Bogner 1988, Ausst.-Kat. Kiesler 1996 und Ausst.-Kat. Kiesler 1997.

Dazu zählen amorph geformte Bögen wie im Tunnelgang, in denen Wand und Decken ineinander übergehen, sowie gekrümmte und gewellte Oberflächen wie die der Kuppel, auf der das Moment des Fliessens durch das darüber laufende Wasser noch verstärkt wird. Schrägen, Spiralen, Kreisformen und Zylinder verstärken die Vorstellung einer ununterbrochenen Bewegung. Indem scharfe Raumkanten durch organisch verlaufende Wände oder bis auf den Boden reichende Kuppeln überspielt werden, scheinen die Grenzen zwischen oben und unten aufgehoben. Kragelemente und abgedunkelte Rücksprünge lösen scheinbar die Bodenhaftung einzelner Bauteile auf und suggerieren das Gefühl von Schwerelosigkeit.

Das Spiel mit optischen und sensuellen Irritationen, Paradoxen und Kontrasten findet seinen Höhepunkt in der Gegenüberstellung der schwarzen, aus großen Quadern zusammengesetzten Basaltwand und der mit kleinen, glänzend weißen Fliessen verkleideten, doppelt paraboloiden Kuppel. Die Basaltwand zeigt – im Zusammenspiel mit Feuer – eine schwarze, massive und bedrohliche Präsenz. Im Gegensatz dazu erscheint die Kuppel mit ihrer organischen Form und wasserüberspielten weißen Oberfläche entmaterialisiert. Feuer-Wasser, Präsenz-Verschwinden, geometrische-organische Form – deutlicher ist der Gegensatz kaum zu gestalten. Wand und Kuppel bilden die Eckpunkte des emotionalen und symbolischen Durchschreitens und Durchlebens des Raumprogramms. Kontinuierliche Wandlungen und das ständige Hinauf- und Hinuntersteigen nehmen ihren Anfang an der schwarzen, feuerbekrönten Basaltwand. Schwärze und Flammen lassen Tod, Trennung, aber auch Reinigung durch das Verbrennen des Vergangenen assoziieren. Durch den dunklen, in seinen Raumgrenzen verunklarten Tunnel erreicht man den Kuppelraum, einen Raum der Kontemplation, der Erleuchtung und der gereinigten Wiedergeburt. Wasser, eine lebensspendende Kraft, spritzt nach der ursprünglichen Planung eruptiv aus der zentralen Jesaja-Vitrine durch das Opaion. Die Botschaft der Schriftrolle wird damit symbolisch ins Freie geschleudert. Zugleich dringt Licht – einer mystischen Erleuchtung gleich – an dieser Stelle ins Innere. Befruchtung und Befruchtet-Werden stehen hier als Metapher für eine kontinuierliche Wiedergeburt.[143]

Die architektonische Wegführung und die Inszenierung des Raumprogramms nehmen damit einen direkten Bezug auf die ausgestellten Schriftstücke und ihre Fundgeschichte. Der Schrein des Buches zeigt eine bedeutende Sammlung von Texten biblischer und jüdischer Geschichte, deren Inhalte sich für die nationale Narration der Staatsgründung und der Vermittlung kultureller Werte vereinnahmen lassen. Dazu zählen die Bar Kokhba-Funde (Grabungen 1960–61), eine Sammlung von

---

143 Lelke 1998: 106–107, 147–148 und Feuerstein 1992: 15–18 stellen die Kuppelform in Verbindung zum Fruchtbarkeitssymbol der milch-, das heißt lebensspendenden Brust und gehen zum Teil soweit, die Grotten- und Höhlenatmosphäre im Schrein des Buches als biologische Urform und als Uterus zu deuten, der Leben gibt und zugleich schützt. Kiesler wehrt sich gegen diese Interpretation einer weiblichen Brust, vgl. Kielser 1965: 3.

Briefen und militärischen Ordern von Shimon Bar Kokhba, dem Anführer des zweiten Jüdischen Aufstandes gegen die Römer in den Jahren 132–135 n. Chr. in Palästina.[144] Außerdem werden Fundstücke von Masada (Grabungen 1963–65), der letzten Bastion des jüdischen Aufstandes gegen die Römer, gezeigt, die erst nach dem kollektiven Freitod der Belagerten im Jahre 73 n. Chr. eingenommen wird.[145] Kernstück der Sammlung und Grund, den Schrein des Buches zu errichten, bilden die sogenannten Qumran Rollen. Diese antiken Schriften einer jüdischen Sekte umfassen einige außerkanonische und masoretische Texte, vor allem aber ein längeres Fragment aus dem Buch Jesaja.[146] Die Schriftrollen waren in Höhlen am Toten Meer versteckt, um sie vor den Truppen Vespasians im Jahre 68 n. Chr. zu schützen. Dort werden sie 1947 von einem Beduinenjungen entdeckt. Zunächst kann Eliezer L. Sukenik, Professor für Archäologie an der Hebräischen Universität in Jerusalem, nur drei der sieben Rollen erwerben.[147] Erst 1958 gelingt es Yigael Yadin, dem israelischen Generalkonsul in den USA und Sohn von Sukenik, die restlichen Rollen auf dem amerikanischen Kunstmarkt durch eine Spende des Mäzens Samuel Gottesman zu kaufen.

Alle Schriftstücke zeugen von der Kultur sowie dem Kampf und der Opferbereitschaft des jüdischen Volkes für ihre nationale Unabhängigkeit und kulturelle Autonomie. Jesaja übt in seinen Prophezeiungen heftige Kritik an den Missständen in der jüdischen Gesellschaft in der Zeit nach dem babylonischen Exil und kündigt als Folge daraus die Deportation des Volkes und die Verödung der Städte an. Die Schrift „Krieg der Söhne des Lichts gegen die Söhne der Finsternis" berichtet von dem entschlossenen Kampf des Guten gegen das Böse. Die Aufzeichnung von Militärtaktiken, strategischen Überlegungen und Selbstversicherungen der aufopfernden Kampfbereitschaft legen ein Zeugnis für die Entschlossenheit und die Kampfbereitschaft des jüdischen Volkes ab. Beiden Themen – die Ermahnung zur Wahrung mo-

---

144 Vgl. DeKoven 1965: 14. Einige der Schriftstücke sind mit „Shimon Bar Kokhba – Prinz von Israel" gezeichnet und datiert mit „drittes Jahr der Freiheit von Israel [= des Aufstandes gegen die Römer]". Sie stammen aus der Zeit des letzten großen Aufstandes der Juden gegen die römische Fremdherrschaft vor der Zerstörung des Zweiten Tempels 70 nach Chr. und der erneuten Vertreibung der Juden aus Palästina.

145 Zur heroischen Inszenierung des sogenannten „Masada-Mythos", bei der neue historische und archäologische Befundungen zum Teil ausgeblendet oder marginalisiert werden, um die ursprüngliche Legende zu bewahren, vgl. Ben-Yehuda 1995.

146 Unter den Schriftstücken befinden sich Loblieder, eine Schilderung des „Kriegs der Söhne des Lichtes gegen die Söhne der Finsternis", ein Habakuk Kommentar, die Genesis Apocryphon und Gemeinderegeln der jüdischen Sekte. Vgl. Bogner 1988: 249–251. Vgl. auch Shemaryahu Talmon (Hg.): Die Schriftrollen von Qumran. Zur aufregenden Geschichte ihrer Erforschung und ihrer Deutung, München 1998.

147 Die anderen gehen in den Besitz des syrisch-orthodoxen Metropoliten des St. Markus-Klosters in Jerusalem über, der sie 1948 in den USA zum Verkauf anbietet.

ralischer und kultureller Werte sowie das Preisen kämpferischer Opferbereitschaft – wird von der israelischen Regierung nach der Staatsgründung große Bedeutung beigemessen, so dass sich die Schriften für die Propagierung nationaler und religiöser Tugenden vereinnahmen lassen. Auch die Fundgeschichte lässt sich für die nationale Narration und Identitätskonstruktion instrumentalisieren. Nachdem die Schriften zum Teil jahrtausendelang in Höhlen und Gruben verborgen waren, fallen ihr Auffinden und ein erstes Entschlüsseln mit der israelischen Staatsgründung zusammen. Die Schriftstücke, die ein Zeugnis jüdisch-nationaler Kultur der Antike sind, werden zum Symbol für die Wiedergeburt des jüdischen Volkes als Staatsnation. Als Referenz an die biblische Vergangenheit stellen sie eine kulturhistorische und nationale Traditionslinie auf, die zugleich der Legitimation und mythisch-symbolischen Überhöhung des jüdischen Staates dient. „The earth had given forth seeds of truth", zitiert Kiesler die Bibel und vergleicht das Begraben-Sein der Schriftrollen mit der Exilzeit des jüdischen Volkes: „Both coming out of the darkness."[148]

Das Zusammentreffen dieser beiden Ereignisse rief, so Kiesler, in ihm eine „hypnotische Inspiration" und das Bedürfnis hervor, dieses doppelte Ereignis der Wiedergeburt in eine architektonische Form umzusetzen.[149] Der Bau sollte zum einen die Geschichte des Fundes und des Fundortes zum Sprechen bringen. Kiesler und Bartos wählen daher ein höhlenartiges Inneres und eine Kuppel, die die Deckelform der Tonkrüge annimmt, in denen einige der Rollen gefunden wurden. Zum anderen müsse ein plastischer – und symbolischer – Ausdruck für die Idee der Wiedergeburt gefunden werden. Für viele seien die hebräischen Schriftrollen nicht lesbar, sondern nur eine „dekorative Ansammlung von Chiffren".[150] Ihr Geist und ihre Bedeutung müssten daher über die Architektur, ihre Konzeption, ihre Form, ihr Material und ihre symbolische Qualität vermittelt werden. Bereits 1949 publiziert Kiesler sein „Korrelaistisches Manifest"[151], in dem er seine Theorie über das Entsprechen bestimmter Formen mit symbolischen und spirituellen Inhalten darlegt. Jedes Ding

---

148 Zit. Kiesler 1966: 323.
149 Vgl. Kiesler 1966: 320–323.
150 Kiesler fasst seine Gedanken zum Entwurf in Versform in „The Dead Sea Scrolls" zusammen. Vgl. Kiesler 1966: 318. Die Absätze 3–5 lauten:

How to unfurl the scrolls
to a wide world which cannot read
Hebrew, whose letters, to the
layman or good-natured
Hybrid-Hebrew, are only decorative
ciphers, yet these signs have
shaken with their content
the somnolent religious
world of the cathedrals.

Evidently a new architecture
in spirit, form and materials
will have to be found.
I must retire to the no man's land
of my inner sanctum waiting for guidance.

Only a belief, and not the
intellect, will help
to find a solution.

151 Erstveröffentlichung in: L'Architecture d'Aujourd'hui, 2. Sonderdruck 1949.

stehe in Wechselbeziehungen zu anderen Dingen im Universum und würde zudem in eine spezifische Beziehung zu jedem Betrachter treten. Architektur dürfe sich deshalb nicht auf das Funktionale und Notwendige beschränken. Sie müsse zur Baukunst werden, die ihre Form von innen heraus entwickelt und die sowohl in ihrer Totalität als auch in jedem Detail dieses Geflecht von Entsprechungen und Wechselbeziehungen in Form von gestalterischen Assoziationen und emotiven Werten zum Ausdruck bringt.[152]

Kiesler und Bartos haben damit einen Baukomplex entwickelt, der auf zwei Ebenen zu lesen ist. Die eine, eher formal-abbildhafte Ebene nimmt Bezug auf die Bestückung der Räumlichkeiten mit biblischen Handschriften und deren Fundgeschichten. Die andere, symbolische, metaphysische Ebene versucht, die Bedeutung der Handschriften für das Judentum und für den Staat in der Architektur zum Sprechen zu bringen. Obwohl die prophetische Jesaja-Rolle im Zentrum der Ausstellung steht, ist es doch der „Kampf der Söhne des Lichts gegen die Söhne der Finsternis", der das Architekturprogramm prägt. Dieser Text steht programmatisch für die Geschichte des jüdischen Volkes und ist zugleich grundlegendes Motiv in der Gestaltung des Gebäudes. Kiesler widmet den Schrein des Buches dem Thema Wiedergeburt: der Wiedergeburt des jüdischen Staates sowie der individuellen und kollektiven Wiedergeburt seines Volkes. Zentrale architektonische Elemente dieser inhaltlich-symbolischen Aussage bilden die Basaltsäule und die Kuppel, wie Kiesler und Bartos ihren Bau selbst interpretieren: „Auch die schwarze Basaltwand und die kontrastierende weiße Kuppel betonen nachdrücklich die Kontinuität des Lebens, das aus langem Schlaf erwacht. Die Wand mahnt durch Farbe und Form zum Gedenken an die schwere Bürde des Exils, die über zweitausend Jahre auf Israel lastete."[153] Die Architekten orientieren sich dabei weniger an den Prophezeiungen Jesajas, die auf die Allmacht Gottes verweisen, sondern machen den Kampf und den selbstbewussten Einsatz des jüdischen Volkes für sein Schicksal zum dominanten Thema des Entwurfs. Das Kämpferische und das Selbstaufopfernde betont Kiesler auch in seiner Interpretation des Themas Wiedergeburt. Er sucht nach einer Form und einem plastischen Ausdruck „that would make visitors feel the necessity for each person to renew himself while yet being on this earth. *To give birth to oneself* – not to be satisfied with the birth by a mother, but to re-create one's own being in the image of his own life experience. This is not, of course, rebirth after death, but rebirth during one's very own lifetime."[154] Selbst-Erlösen durch irdische Taten wird hier deutlich in Kontrast zum transzendenten, fremdbestimmten Erlösen nach dem Tod gesetzt. Dieser Ansatz entspricht dem traditionellen zionistischen Ethos, durch Einwanderung in Palästina das Land und sich selbst zu erlösen und zu erneuern.[155] Die Staats-

---

152   Vgl. auch Kiesler 1957.
153   Zit. Kiesler/Bartos 1966: 11.
154   Zit. Kiesler 1966: 324 (Hervorhebung im Original).

gründung – und ihr Korrelativ der wieder aufgefundenen Schriften – müssen in diesem Kontext gelesen werden. Der Schrein des Buches setzt dem zionistischen und neuen israelischen Selbstvertrauen ein Denkmal. Nach dunklen Zeiten und hartem Kampf der „Söhne des Lichts gegen die Söhne der Finsternis" sind der jüdische Staat und seine Kultur weniger durch internationale Intervention als durch den eigenen jüdischen Kraftakt (wieder)entstanden. Auch gelang es dem Zionismus, sein nationales Ziel der jüdischen Staatsgründung auf säkularem Wege, das heißt ohne Erfüllung der messianischen Verheißung, zu erreichen.

Der Schrein des Buches ist demzufolge – vergleichbar mit der Knesset – ein stolzes Monument nationaler Errungenschaften. Er ist aber nicht nur auf diese demonstrative Außenwirkung angelegt, sondern steht in einem viel stärkeren Maße als die Knesset in der Verantwortung, die Grundlagen der neuen israelischen Kultur und nationalen Identität mit zu formulieren. Der Schrein des Buches stellt über seine Sammlung und seine Architektur die Verbindung zwischen der Vergangenheit und der Gegenwart her und zelebriert beide als wesentliche Bestandteile der jüdischen Identität. Nationale, religiöse, wissenschaftliche und emotionale Bedeutung der Handschriften werden dabei gleichermaßen miteinander verschmolzen. Hierin äußert sich die grundlegende kulturelle Verantwortung des Museums als Institution. Es etabliert und inszeniert allgemeingültige Werte, die selbst von einer so heterogenen Gesellschaft wie der in Israel gelesen und anerkannt werden können. Das Museum, insbesondere der Schrein des Buches, ist vielleicht eine der wichtigsten Komponenten von Ben Gurions Vorstellung des „Schmelztiegels Israel"[156], durch den die heterogene Bevölkerung in eine homogene Nation umgeformt werden soll. Es dient der Kulturvermittlung und der Erziehung, indem es den Kernbestand jüdischer Kultur und jüdischer Geschichte aufzeigt, die bis in die Gegenwart weder an Relevanz noch an nationaler Bedeutung verloren haben. Im Schrein des Buches werden die „authentischen Wurzeln"[157] der jüdischen Nation in ihrem alt-neuen Heimatland ausgestellt und als emotionaler und symbolischer Wert über die Architektur vermittelt. Diese Vermittlung scheint, wie ein Leserbrief nach der Eröffnung nur allzu deutlich zeigt, zu funktionieren: „Not since it has been impossible to touch the great stones of the Western Wall has Jerusalem and the Jewish State had such a heart and such a nexus with the past."[158] Gleichermaßen interpretiert Magan Broshi, der Ku-

---

155 Vgl. den Hinweis auf das populäre zionistische Lied „Wir kamen in das Land, um es zu erbauen und durch es erbaut zu werden. Wir kamen in das Land, um es zu erlösen und durch es erlöst zu werden." in Kapitel 2.5 dieser Arbeit.
156 Vgl. Kapitel 1.1 dieser Arbeit.
157 Zit. Roitman 1988: 16.
158 Zit. Doron 1965: 3. Kritische Äußerungen zum Schrein des Buches lassen sich kaum finden – mit Ausnahme eines anonymen Leserbriefes in der Jerusalem Post am 16.04.1965: Das Gebäude betreibe mit moderner Technologie, ortsüblichen Materialien sowie mit Licht- und Wasserspielen

rator des Schreins des Buches, den Bau als „Ausdruck der Kultur der neuen Nation", die in der Vergangenheit verankert ist und zugleich den „Neubeginn einer Geschichte ankündige."[159] Die Vorstellung von einer Kontinuität der jüdischen Geschichte und Kultur sowie von einer Wiedergeburt des jüdischen Volkes bildet den Grundkonsens und die fundamentalen Werte, die an die Bevölkerung zur Stärkung der nationalen Identität herangetragen werden. Innen- wie außenpolitisch dienen das Museum und der Schrein damit sowohl dem Staat als auch der Nation: als Erzieher und Akkulturationsapparat aber auch als nationale Repräsentanz und legitimationsheischende Demonstration. Und genau darin – in der Formung, der Repräsentation und Legitimation der Nation – liegen die elementaren Funktionen nationaler Kultur- und Bildungsinstitutionen im Staatsgründungsprozess Israels.

3.3.3 Yad Vashem und der Berg der Erinnerung (Har Ha'Zikaron) – Inszenierung einer räumlichen und architektonischen Ikonographie des nationalen Erinnerns

Gemeinsam mit politischen Institutionen sowie Kultur- und Bildungseinrichtungen bilden nationale Gedenkstätten eine dritte Baugattung, die sich zur politischen, kulturellen und kulturhistorischen Repräsentation des nationalstaatlichen Selbstverständnisses besonders eignet. Gedenkstätten und Denkmale sind das Produkt eines Ereignisses, aber auch einer spezifischen Zeit und eines spezifischen Ortes, die vor dem Hintergrund ihres politischen, historischen und ideologischen Kontextes betrachtet werden müssen. Sie sind Ausdruck der nationalen Historiographie, in der bestimmte Ereignisse und Persönlichkeiten zum Gedenken ausgewählt werden. Sie strukturieren die Geschichte und verorten die Erinnerung, wobei die zeitgenössische Motivation der Denkmalsetzung einen vergleichbaren Einfluss auf die Auswahl und Gestaltung des Denkmals nimmt wie das historische Ereignis – der Erinnerungsgegenstand – selbst. Die Erinnerungsinhalte von Ereignissen und dem Lebenswerk ausgewählter Persönlichkeiten – ihre Geschichte, ihr symbolischer Inhalt und ihre normativen Wertsetzungen – erhalten in Denkmalen eine statische Form des Gedenkens und sind damit der zufallsbedingten Interpretation weitestgehend entzogen. Das Erinnern an die Vergangenheit wird im Denkmal und im dazugehörigen Ritual vorgegeben und vereinheitlicht. Dabei stiftet eine kollektiv gedachte, interpretierte und wiedergegebene Vergangenheit das Gefühl von Gemeinsamkeit, das die Lebenden untereinander und die Lebenden mit den Toten verbindet. Gedächtnisarbeit wird

---

bloße Effekthascherei. Es verbinde auf keine Weise die architektonische Form mit der Funktion des Gebäudes. In der Überbetonung des Symbolischen erinnere es eher an eine chinesische Pagode und besitze im Inneren die Atmosphäre einer Turbinenhalle. Vgl. Shrine of the Book 1965: 13.
159 Zit. Magan Broshi nach Lelke 1998: 18.

zum Ersatz der gemeinsamen Erfahrung, der die wachsende zeitliche und generationsmäßige Entfernung zum konkreten historischen Ereignis überbrückt. Geschichte wird zum Mythos umfunktioniert, der, in eine neue, politisch und zeitgeschichtlich konforme Struktur gebracht, dazu beiträgt, die Gegenwart zu erklären und zu begründen. Denkmale erzeugen über die Vermittlung spezifischer – nationaler – Werte und Eigenschaften zudem das Gefühl einer gemeinsam erfahrenen Vergangenheit. Es bildet ein wichtiges Fundament für die Definition der nationalen Gemeinschaft und ihrer kollektiven Identität.[160]

Auch in Israel stellt die erinnerte Vergangenheit eine Synthese aus nationalen Mythen und Idealen sowie aktuellen politischen Bedürfnissen dar. Dabei gehören Erinnern und Gedenken besonders im Judentum zu den grundlegenden Motiven und Konstanten, die – so vermitteln es bereits die biblischen Berichte – die Existenz der nationalen Gemeinschaft formen, sichern und legitimieren. Erinnerung unter Betonung der bedeutungsvollen Geschichte kreiert Gemeinsamkeiten der Gruppe und erzeugt Distinktion von anderen. Gedenkrituale haben unter anderem dazu beigetragen, den Bestand der Nation in biblischen Zeiten, aber auch in der Zeit des Exils, zu sichern. Kollektives Gedenken als Tradition im Judentum besitzt daher ein stark religiös geprägtes Fundament. Dies aber stellt den Staat Israel vor eine ambivalente Aufgabe. Einerseits versucht er, an den tradierten Grundmustern und Inhalten der religiösen Geschichte und Erinnerungsarbeit festzuhalten. Andererseits muss er sie im Kontext der nationalen Narration soweit umdeuten und säkularisieren, dass sie mit den nationalen Idealen und Wertvorstellungen des Zionismus übereinstimmen. Die jüdische Geschichte bedarf hierbei einer Neustrukturierung und Neuinterpretation. Dabei gilt es, die streng religiösen Vorstellungen eines passiven Messianismus, in dem die jüdische Wiedergeburt ein transzendentes, durch Gott bewirktes Ereignis ist, aufzuheben.[161] Statt dessen rückt die Selbstverantwortlichkeit des jüdischen Volkes in den Vordergrund. Die nationale Historiographie etabliert die Staatsgründung

---

160 Zur Erinnerungskultur und zur Funktion von Mythen vgl. Kapitel 1.2 dieser Arbeit. Zu Erinnerungsstrategien im Kontext des Holocaust vgl. Friedländer/Seligman 1994, Young 1994a, Young 1997, Bartov 1997 und Engelhardt 2002. Zur ritualisierten Gedächtniskultur als Bestandteil einer zivilen – das heißt säkularisierten – Religion in Israel vgl. Liebman/Don-Yehiya 1983.
161 Vgl. Friedländer/Seligman 1994: 125–126. Zionismus, Messianismus und verschiedene religiöse Gruppierungen entwickeln jeweils unterschiedliche historische, nationale beziehungsweise heilsgeschichtliche Konstruktionen, in denen vor allem der Holocaust variierende Interpretationen erfährt. Im Kontext dieser Arbeit können diese Strömungen nicht einzeln analysiert werden. Ich konzentriere mich auf die großen Gegenpositionen der national-zionistischen und der religiösen Geschichtsbetrachtung, wobei unter religiös hier nicht die orthodoxe, sondern die gemäßigt religiöse beziehungsweise national-religiöse Position gemeint ist. Für ein Grundverständnis zum Messianismus und der Verknüpfung von Katastrophe und Erlösung vgl. Gershom Sholem: Zum Verständnis der messianischen Idee im Judentum, in: ders.: Judaica I, Frankfurt 1963.

als Produkt des Zionismus und der aktiven Beteiligung des jüdischen Volkes, die als Annäherung an das zukünftige Heilsgeschehen gelesen werden kann. Ereignisse wie die davidische Monarchie, der Tempelbau, aber auch die zionistische Siedlungs- und Kulturarbeit sind als wichtige Abschnitte eines fortschreitenden nationalen Erlösungsprozesses zu interpretieren.

Eine neue – nationale – Variante der jüdischen Historiographie im Zionismus und im Staat Israel muss nicht nur geschrieben, sondern auch in das Gedächtnis und das soziale Verhalten der Bevölkerung eingeschrieben werden. Gedenkstätten, Monumente und begleitende – interpretierende – Rituale dienen der Objektivation von Gedenkinhalten, indem sie Erinnerung in dem konkreten physischen, aber auch dem sozialen und kulturellen Raum verorten. Denkmale fügen der politischen, ideologischen und auch religiösen Dimension des Erinnerns eine weitere hinzu, nämlich die der ästhetischen Form. Israel steht nach der Staatsgründung vor der komplexen Aufgabe, eine staatlich sanktionierte, das heißt eine mit den nationalen Zielen und Werten konform gehende Gedächtnisarbeit, zu konstruieren. Sie muss im Raum und in der Gesellschaft etabliert und in eine angemessene Form gebracht werden. Der Berg der Erinnerung (Har Ha'Zikaron) in Jerusalem mit seiner Ansammlung nationaler Gedenkstätten bildet ein gutes Beispiel, um zu untersuchen, wie Erinnerungsstrategien und Gedenkinhalte in Landschaft und Architektur zeremoniell inszeniert werden.

Es sind vor allem drei Ereignisse der jüngsten Geschichte, die – aufbauend auf die biblischen Ursprungsmythen des israelitischen Volkes – den Weg der Juden zur nationalen (Wieder)Geburt und zur Gründung eines souveränen Staates in Palästina prägen und die einer besonderen denkmalpolitischen Inszenierung bedürfen: der Zionismus als nationale Bewegung, der Holocaust (Shoa)[162] und der israelische Unab-

---

162 Der Begriff Holocaust, der von dem griechischen holócauston beziehungsweise dem spätlateinischen holocaustum – völlig verbrannt, Brandopfer – abstammt, umschreibt die von den Nationalsozialisten geplante und durchgeführte Massenvernichtung verschiedener Gruppen, vorrangig der Juden. Shoa, hebräisch für Katastrophe, totale Zerstörung, hingegen umschließt nur die jüdischen Opfer der nationalsozialistischen Massenvernichtung. Yad Vashem wird im Hebräischen als die Gedenkstätte der Shoa, in den Übersetzungen aber als die Gedenkstätte des Holocaust benannt, so dass beide Begriffe häufig synonym verwendet werden. In dieser Arbeit wird die im Deutschen gängigere Bezeichnung „Holocaust" übernommen.

163 Liebman/Don-Yehiya 1983: 177–184 zeigen, wie die Ereignisse des Holocaust von verschiedenen politischen und gesellschaftlichen Gruppierungen in Dienst genommen werden, um das Existenzrecht des jüdischen Staates zu legitimieren. In einer Broschüre für Armeekommandanten der Israelischen Streitkräfte (IDF), die den Feierlichkeiten des Holocaust-Gedenktages gewidmet ist, werden Richtlinien und Inhalte zum Gedenken an den Holocaust vorgegeben: „The Zionist solution establishing the State of Israel was intended to provide an answer to the problem of the existence of the Jewish people, in view of the fact that all other solutions had failed. The Holocaust proved, in all its horror, that in the twentieth century, the survival of Jews is not assured as long as they are not masters of their fate and as long as they do not have the power to defend their survival. […] A strong State of Israel means a state possessed of military, diplomatic, social, and eco-

hängigkeitskrieg 1948/49. In Israel prallen unterschiedliche Deutungsweisen dieser Ereignisse aufeinander, wobei vor allem die Frage nach dem Verhältnis von Israel und der Diaspora, von Opfer- und Heldentum, von Katastrophe und Erlösung die Diskussionen um das Denkmalsetzen – oder das Vergessen – bestimmen. Während der Zionismus und der Unabhängigkeitskrieg vom Staat als teleologische Schritte auf dem Weg zur Staatsgründung unkompliziert vereinnahmt werden können, ist der Holocaust im Kontext der Staatswerdung höchst ambivalent besetzt. Auf der einen Seite ist es gerade der Holocaust, der die Notwendigkeit eines souveränen jüdischen Staates unter Beweis gestellt hat.[163] Auf der anderen Seite aber widersprechen Millionen von ermordeten Juden als Opfer des Holocaust den Grundwerten und zionistischen Idealen eines neuen, starken, sich und sein Land verteidigenden – souveränen – Volkes. Das Opfer-Dasein muss daher eigentlich dem Vergessen preisgegeben werden. Ben Gurion beispielsweise ist der Auffassung, dass es keines Holocaust-Denkmals bedürfe, da der Staat Israel selbst Denkmal genug für den Überlebenswillen des jüdischen Volkes sei.[164] So sehr aber in Israel und im Ausland Gedenkstätten des Holocaust teils auf private, teils auf staatliche Initiative entstehen, so sehr muss der israelische Staat um sein Monopol der Erinnerung an dem jüdischen Massenmord und dessen Interpretation und Instrumentalisierung im Kontext des Staats- und Nationswerdungsprozesses fürchten.[165] Vor allem die religiöse Vereinnahmung des Holocaust-Gedenkens stellt eine Herausforderung der staatlichen Deutungsmuster dar. Rabbi S. Z. Kahana, ein Beamter des Ministeriums für Religiöse Angelegenhei-

---

nomic strength, and a moral character which can respond properly to every threat from outside and provide assistance to every persecuted Jew wherever he is." Informal Guidelines to the Commander, April 1980, No. 14, zit. nach Liebman/Don-Yehiya 1983: 178.

164 Vgl. Segev 2000: 430. Segev schildert in seinem Werk „The Seventh Million" den zwiespältigen Umgang Israels mit den circa eine Million Überlebenden des Holocaust. Während die circa sechs Millionen ermordeter Juden – wie in diesem Kapitel gezeigt wird – vom Staat als Märtyrer im Kampf für einen souveränen jüdischen Staat vereinnahmt werden, sehen sich die Überlebenden mit den Vorwürfen des fehlenden Widerstands oder gar der Kollaboration konfrontiert. Porat, D. 1991: 162–163 zeigt auf, wie kontrovers der „Wert der Überlebenden" für den Zionismus und den Staat Israel diskutiert wird. Vor allem in den Jahren zwischen dem Ende des Zweiten Weltkriegs und der Staatsgründung Israel werden Bedenken gegen die übermäßige Einwanderung von Holocaust-Überlebenden vorgebracht, da man fürchtet, dass diese mit ihrer durchlebten Erfahrung und ihrer Andersartigkeit den Charakter des zionistischen Yishuv, der jüdischen Siedlergemeinschaft in Palästina, in Gefahr bringen könnten.

165 In Israel werden vor allem von Holocaust-Überlebenden, Widerstandsgruppen oder den jeweiligen Angehörigen Denkmale aufgestellt und kleinere Museen eingerichtet, die das jüdische Leiden und den jüdischen Kampf in der Zeit des Nationalsozialismus kommemorieren. Vgl. Young 1997: 297–326. Denkmalsetzungen im Ausland, wie denjenigen an den authentischen Orten der Konzentrations- und Vernichtungslager, das Denkmal des Warschauer Ghetto-Aufstandes (Nathan Rapoport, 1948) und die jüdisch-französische Initiative 1953, in Paris ein Denkmal für den unbekannten jüdischen Märtyrer einzuweihen, stehen in Konkurrenz zu dem Verständnis, dass nur der

ten, richtet im Dezember 1949 in Übereinkunft mit dem Oberrabinat einen „Raum des Holocaust" (Martef Ha'Shoa) auf dem Berg Zion in Jerusalem ein.[166] Schwarze, höhlenartige Räume nehmen hier ein kleines Museum mit verschiedenen Reliquien und einem Teil der Asche aus den Krematorien der nationalsozialistischen Lager auf. Die Standortwahl unterstützt dabei eine religiös orientierte Interpretation der Ereignisse. Bedingt durch die Teilung Jerusalems infolge des Unabhängigkeitskrieges ist der Berg Zion „the only part of ancient Jerusalem in Israel hands, thus constituting a physical bond between the past and present in Jerusalem's history."[167] In der jüdischen Überlieferung gilt er als die Grablege König Davids. Dies macht ihn zum Symbol zukünftiger Erlösung, da der Messias nach jüdischer Tradition ein Sohn König Davids (Ben David) ist. Mit der Einrichtung des Holocaust-Raums werden die Zeugnisse der Katastrophe und die messianischen Hoffnungen auf eine Erlösung praktisch wie symbolisch an einem Ort vereint.[168] Erlösung muss hier aber als zukünftiges messianisches Heilsgeschehen und nicht als selbstbewusstes Ergebnis des Zionismus gelesen werden.[169] Zionistische Traditionen wie die Kolonisierungs- und die Kulturarbeit haben hier keine Bedeutung. Erlösung kann nur durch das Studium der Thora vorbereitet werden, wie mit der Gründung einer Religionsschule (Diaspora-Yeshiva) in den angrenzenden Räumlichkeiten zum Ausdruck gebracht wird. Um eine offizielle Gegenposition zu dieser religiösen Vereinnahmung und Ge-

Staat Israel die rechtmäßige Vertretung aller Juden weltweit darstelle und nur er die oberste Autorität im Holocaust-Gedenken innehaben könne. Vgl. Segev 2000: 431.
166 Zur Geschichte des „Raums des Holocaust" vgl. Friedländer/Seligman 1994: 126–127, Young 1997: 332–335 und das maschinenschriftliche Faltblatt des Museums, Juni 2002.
167 Zit. Development of Jerusalem 1950: 33. Die – stellvertretende – Heiligkeit des Ortes beschreibt auch Sher 1950: 5: „Mount Zion […] is perhaps the holiest Jewish place in Israeli-held Jerusalem, it is the nearest place to the Wailing Wall, the last extant remnant of the Temple Compound. Mount Zion is to become a centre of Jewish pilgrimage."
168 Diese religiöse Verknüpfung von Katastrophe und Erlösung wird durch einen weiteren Vorschlag Kahanas unterstützt. Er fordert, den 10. Tevet (nach unserem Kalender beweglich im Dezember oder Januar) zum offiziellen Gedenktag für die Holocaust-Opfer zu ernennen. Dies ist der Tag des Gebets für die Verstorbenen und nach biblischer Überlieferung der Beginn der ersten Belagerung Jerusalems durch den babylonischen König Nebukadnezar. Historisch begann damit eine Kette von Katastrophen, Zerstörungen und Vertreibungen, in die der Holocaust eingeordnet werden kann und die auf die messianische Erlösung warten lassen. Vgl. Friedländer/Seligman 1994: 127.
169 Auch Boas 1950: 3 berichtet in der Palestine Post von den Intentionen des Ministeriums für Religiöse Angelegenheiten, mit dem Gedenken an die Holocaust-Opfer auf dem Berg Zion zugleich die Hoffnungen auf den Bau des Dritten Tempels – das heißt die messianische Erlösung – wachzuhalten: „Mt. Zion is to become the focus of Jewish pilgrimage. […] Thus, the area in Jewish hands which is nearest the Wailing Wall will symbolize the hope for the Temple's Restoration and the Ingathering of Exiles. It will also keep alive the memory of the millions of Jews who did not witness the rebirth of the State and of the destroyed Jewish communities of Europe."

Abb. 48: Yad Vashem, Jerusalem, Luftbild der gesamten Anlage, Postkarte um 1988

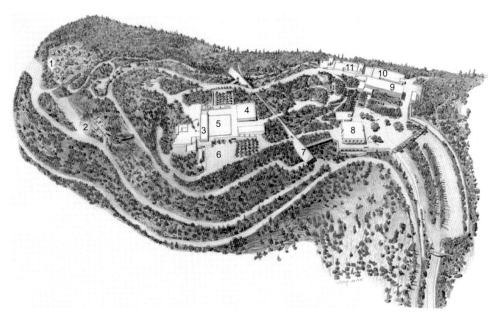

Abb. 49: Gesamtplan Yad Vashem, Jerusalem 2004
(1) Valley of the Communities, (2) Garden of the Righteous Among the Nations, (3) Hall of Names,
(4) Hall of Remembrance (Ohel Yizkor), (5) Square of Remembrance, (6) Warsaw Ghetto Plaza,
(7) New Museum (under construction), (8) Visitors' Center, (9) Administration and Research Building,
(10) Archives and Library, (11) International School for Holocaust Studies

denkstätte des Holocaust zu etablieren, wird in den 1950er Jahren von staatlicher Seite mit der Planung und dem Bau einer nationalen Gedenkstätte des Holocaust Yad Vashem (Abb. 48 – 49) begonnen.

„Yad Vashem. Gedenkstätte für Holocaust-Märtyrer und Heldentum"

Eine erste Initiative für eine solche Gedenkstätte ergreift Mordechai Shenhavi, Aktivist der zionistischen Jugendbewegung Ha'shomer Ha'tzair, bereits im September 1942, als die ersten Nachrichten über den nationalsozialistischen Massenmord an den Juden Europas in Palästina eintreffen. Auf einer Versammlung des Jüdischen Nationalfonds fordert er, dass sowohl der jüdischen Vernichtung als auch dem jüdischen Heldentum an der Seite der Alliierten gegen die Nationalsozialisten ein Denkmal in Palästina gesetzt werden müsse.[170] Er beauftragt den Architekten Munio Gitai (Weinraub), mit dem er zuvor in der Planung von Kibbuzim zusammengearbeitet hatte, einen Entwurf für eine solche Gedenkstätte anzufertigen. Eine erhaltene Zeichnung (Abb. 50) zeigt ein großangelegtes, streng achsensymmetrisches Gesamtkonzept, das an barocke Platzanlagen erinnert.[171] Das Zentrum bildet ein großer, ovaler Platz, der auf der einen Hälfte von einer Kolonnade eingefasst ist. Hier schließen Treppenkaskaden an, die zu einem ovalen Gebäude des Gedenkens führen. Auf der gegenüberliegenden Seite des Platzes sind in regelmäßig angeordneten Baublöcken eine Bibliothek, ein Archiv, ein Auditorium und ein Hotel vorgesehen. Die Kriegsgefahr, die mit dem Vormarsch des „Deutschen Afrikakorps" unter dem Generalfeldmarschall Erwin Rommel (1941 – 42) auch Palästina bedroht, verhindert weitere Planungen an der Gedenkstätte. Am 2. Mai 1945, noch vor der deutschen Kapitulation, greift Shenhavi sein Vorhaben einer zentralen Gedenkautorität mit einem Memorandum „Yad Vashem – Gründung in Erinnerung an die zerstörten jüdischen Gemeinden. Rahmenplan für das Gedenken an die Diaspora" erneut auf.[172] Die Größe der jüdischen Tragödie verlange nach einer nationalen Gedenkstätte, die dem Ausmaß des Holocaust visuellen Ausdruck verleihe. Denkmale in anderen Ländern würden dafür nicht ausreichen. Statt dessen müsse im Zentrum der jüdischen Gemeinschaft – in Eretz-Israel – eine zentrale Gedenkautorität eingerichtet werden. Shenhavi fordert in den pathetischen und emotionalen Worten seines Memorandums einen komplexen Erinnerungspark, der sich aus verschiedenen Elementen der Op-

---

170 Zur Geschichte von Yad Vashem vgl. Spector 1990, Young 1997: 327 – 350, Segev 2000: 421 – 445 und Engelhardt 2002: 172 – 185.
171 Vgl. Ingersoll 1994:120. Segev 2000: 428 verweist auf Quellenmaterial für dieses frühe Planungsstadium im Ha'shomer Ha'tzair Archiv, 4-1-F und im Yad Vashem Archiv, YV/1 – YV/9 und YV/10 – YV/19.
172 Vgl. Shenhavi 1945, im ISA, RG 98, Gimel Lamet 6253, Akte 11.

fer- und Heldenverehrung zusammensetzt. Zu ihnen zählt eine Gedenkhalle für die Opfer des Holocaust, eine für die jüdischen Soldaten des Zweiten Weltkrieges und eine für die Ghetto- und Widerstandskämpfer. Hinzu kommen einzelne Denkmalsetzungen für individuelle Opfer, für die zerstörten Gemeinden der Diaspora und für Nicht-Juden, die ihren jüdischen Mitmenschen geholfen haben. Auch die Rekonstruktion und das Archivieren der verbleibenden Erinnerung ist Aufgabe der Gedenkautorität. In diesem Zusammenhang sind ein Archiv für die Diaspora und die Geschichte des Zionismus, eine zentrale Bibliothek, Forschungsstätten und ein Bildungszentrum vorgesehen. Da die Opfer in Massengräbern und Masseneinäscherungen die Individualität einer Grabstätte verloren haben, werden durch das Aufschreiben ihrer Namen in Gedenkbüchern für sie symbolische Gräber als Erinnerungsstätten angelegt. Durch das ritualisierte Verlesen der Namen soll die Erinnerung an die Personen perpetuiert werden.[173] Als Aufbewahrungsort der Gedenkbücher ist eine „monumentale Halle" geplant. In ihr müsse zugleich ein Denkmal für die anonymen Opfer stehen, das in Kopien an alle Diaspora-Gemeinden geschickt werden soll. Es stelle damit eine Vereinigung der jüdischen Gemeinden mit Yad Vashem im ewigen Gedenken an die Zerstörung und Massenvernichtung her.[174]

Für die Umsetzung seiner Ideen fordert Shenhavi den Architekten Munio Gitai (Weinraub) auf, seinen früheren Plan einer Gedenkstätte zu überarbeiten. Sein neuer Plan von 1947 (Abb. 51) greift in Grundzügen die frühere Komposition auf.[175] Dem großen ovalen Platz ist nun ein rechteckiger Platz gegenübergestellt. Parallel geschaltete, im Oval geschwungene Wege verbinden beide Plätze. An dem rechteckigen Platz stehen sich eine trapezförmige Kongresshalle und eine große, überkuppelte Synagoge gegenüber. Spiegelsymmetrische Blockrandbebauung fasst den Platz auf seinen Langseiten ein, in denen Archive, Forschungsinstitutionen und ein Museum eingerichtet werden sollen. Hotels und Wohnungen sind in fächerförmig angeordneten Zeilenbauten untergebracht, die sich rechts und links des Platzes anschließen. Der Kolonnaden-gesäumte, ovale Platz nimmt einen nicht näher spezifizierten „Tempel des Gedenkens" (Hechal Yizkor) und ein Denkmal für den unbekannten Märtyrer auf. Die vier Podeste der anschließenden Treppenkaskade sind dem Gedenken der Ghetto-Kämpfer, der Partisanen, der Kriegsopfer und der Gerechten der

---

173 Vgl. Shenhavi 1945: 4–7. Das Verlesen von Namen ist wie das Tradieren von Ereignissen und Mythen eine bereits im Deuteronomium festgelegte Form der jüdischen Gedächtnisarbeit. Vgl. dazu Kapitel 1.2 dieser Arbeit.
174 Vgl. Shenhavi 1945: 6–7. Shenhavi fordert zudem, den Tag des Warschauer Ghettoaufstandes als nationalen Feiertag zu erklären.
175 Im Nachlass von Munio Gitai (Weinraub) befindet sich ein Grundriss, indem die verschiedenen Funktionen der Gesamtanlage eingetragen sind. Vgl. Ingersoll 1994: 121. Der Nachlass befand sich zunächst im Architectural Heritage Research Centre am Technion in Haifa, scheint nun aber an einen anderen, nicht dokumentierten Ort verlagert worden zu sein.

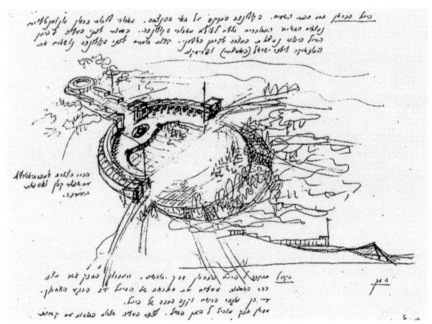

Abb. 50: Munio Gitai (Weinraub): Yad Vashem, erster Entwurf 1942 (nicht ausgeführt)

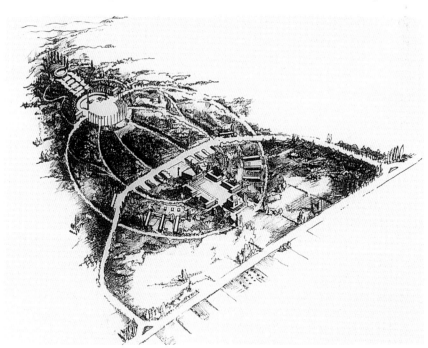

Abb. 51: Munio Gitai (Weinraub): Yad Vashem, Jerusalem, Überarbeitung des Entwurfs 1947 (nicht ausgeführt)

Völker („Gentiles of Good Will") gewidmet. Der ovale Kopfbau am Ende der Treppenanlage ist als „Pavilion of the Jewish Soldier" geplant. Weiträumige Grünflächen durchdringen die gesamte Anlage und unterstützen durch Baumpflanzungen an markanten Stellen das kompositorische Konzept. So ist beispielsweise hinter der Soldaten-Gedenkhalle eine halbovale Baumallee angepflanzt, die das Oval des Gebäudes wiederholt. Einige der Freiraumbereiche sind spezifischen Erinnerungsinhalten gewidmet, wie der „Diaspora-Wald" (Ja'ar Ha'galuth), die „Felder Europas" (Sade Eropa) und die „Felder der Heimat" (Sade Ha'moledet).[176]

Gitai (Weinraub) entwirft eine Rauminszenierung, in der das Gedenken an die Soldaten, Widerstandskämpfer, Partisanen und die unbekannten Märtyrer eine zentrale Stellung einnimmt. Als Ausdruck der Gedenkhierarchie sind ihnen – den Kämpfern und Aufopferungswilligen – am topographisch höchsten Ort im Gelände Denkmale gesetzt. Ein Denkmal aber für die Massenvernichtung der Juden im nationalsozialistischen Lagersystem ist nicht explizit vorgesehen. Museum, Archiv und das Denkmal des unbekannten Märtyrers müssen als Ersatz funktionieren. Shenhavi hatte den Holocaust-Opfern in seinem Memorandum von 1942 noch eine nahezu gleichberechtigte Position neben den Märtyrern und Kämpfern eingeräumt. Der Jüdische Nationalrat, der Vorläufer der israelischen Regierung, hatte dieser Gedenkstättenkonzeption zugestimmt, die bestehen solle aus „an eternal light for the victims; a registry of their names; a memorial for the destroyed communities; a monument for the fighters of the ghettos; a memorial tower in honour of all the Jewish fighters against the Nazis; a permanent exhibition on the concentration and extermination camps; and a tribute to the 'righteous among the nations'."[177] Gedenkinhalte (Individuen – namentlich und anonym –, Gemeinden, Opfer, Märtyrer, Soldaten, Widerstandskämpfer etc.) und die Art und Form der Erinnerungsträger (ewige Flamme, Gedenkhallen, Monumente, Pflanzungen, Archivalien und Ausstellungen) sind damit festgelegt. Der von Gitai (Weinraub) entwickelte Plan zeigt, wie stark der Märtyrerkult das Opfergedenken verdrängt. Es ist schließlich diese doppelte Besetzung des Ortes für die Opfer des Nationalsozialismus und für die Helden des Widerstandes, mit der die Denkmalsetzung auch für die Regierung tragbar wird. Diese

---

176 Die Anlage von Trauerwegen, Andachtsstätten, Grünflächen und Pflanzgruppen erinnert an den von Richard Neutra 1922 entworfenen und teilrealisierten Waldfriedhof in Luckenwalde. Auch hier lässt sich in der Grundrissfigur die Form eines Skarabäus – im alten Ägypten ein Symbol für die Widergeburt – erkennen. Ob es nähere Verbindungen zwischen Gitai (Weinraub) und Neutra gegeben hat, die den Entwurf für die Holocaust-Gedenkstätte sowohl in seiner gestalterischen Konzeption als auch in seiner symbolischen Aufladung beeinflusst haben, konnte hier nicht weiter untersucht werden. Zu Luckenwalde vgl. Joachim Jacobs/Petra Hübinger: Luckenwalde. Der Waldfriedhof. Ein expressionistisches Frühwerk Richard Neutras, in: Brandenburgische Denkmalpflege 3, 1994: 106–111 und Thomas Drachenberg: Die Baugeschichte der Stadt Luckenwalde von 1918–1933, Worms 1999: 38–43.
177 Zit. nach Spector 1990: 1681.

Denkmalkonzeption kreiert nicht einen Erinnerungsort für das Diaspora-Dasein und den Untergang des jüdischen Volkes, sondern überlagert das Gedenken an die Opfer mit einem neuen Heroen- und Märtyrerkult. Am 18. Mai 1953 verabschiedet die Knesset das „Yad Vashem. Martyrs' and Heroes' Remembrance Law", das die heroische Umdeutung des Holocaust festschreibt. Es schreibt die Einsetzung einer Gedenkautorität vor „to commemorate the six million members of the Jewish people who died a martyr's death at the hands of the Nazis and their collaborators […] who fought and rebelled against the Nazi enemy and his collaborators."[178] Der Begriff Opfer entfällt ganz und wird durch Märtyrer ersetzt, so dass sich der Holocaust als Kampf für einen souveränen Staat besser in die nationale Narration integrieren lässt.[179]

Erst 1953 wird der endgültige Standort für die Gedenkstätte auf dem Berg der Erinnerung (Har Ha'Zikaron) gleich neben dem Herzl-Grab und dem Militärfriedhof festgelegt. Zugleich wird der Umfang der gesamten Anlage stark verkleinert. Ein völlig veränderter Entwurf (Abb. 52) wird 1953 von Gitai (Weinraub) vorgelegt, an dem sich die späteren Bauprojekte wiederum nur grob orientieren. Leichte Asymmetrie und moderne Bauformen kennzeichnen diesen Plan. Bibliothek und Archiv sind in einem Zeilenbau untergebracht, der an einem unregelmäßigen viereckigen Platz liegt. Im gegenüber ist eine niedrige Halle mit Flachkuppel vorgesehen.[180] Die Grundsteinlegung für Yad Vashem erfolgt schließlich am 29. Juli 1954. (Abb. 49) Die Beteiligung von Gitai (Weinraub) und seinem Partner Al Mansfeld reduziert sich auf den Bau des Bibliotheks- und Verwaltungsgebäudes, das als erstes im Jahr 1954 errichtet wird (Abb. 53).[181] Am 13. April 1961 wird die Gedenkhalle Ohel Yizkor von Arieh El-Hanani eingeweiht. 1962 werden die ersten Bäume in der Allee der Gerechten der Völker gepflanzt, um der Nicht-Juden zu gedenken, die unter Einsatz ihres Lebens Juden geholfen und gerettet haben. In den nachfolgenden Jah-

---

178 Zit. Yad Vashem. Martyrs' and Heroes' Remembrance Law, 5713–1953, in: Joseph Badi (Hg.) Fundamental Laws of the State of Israel, New York 1961: 299–301.
179 Die Broschüre für Armeekommandanten der Israelischen Streitkräfte (IDF) mit den Anleitungen für den Holocaust-Gedenktag diskutiert die Frage, was Tapferkeit sei und versucht die Selbstzweifel, man habe sich „wie Lämmer zur Schlachtbank führen lassen" (vgl. Elon 1972: 272) zu widerlegen. Man müsse die Bedingungen, unter denen die Juden im Zweiten Weltkrieg gelebt haben, betrachten, um zu erkennen, dass auch das Festhalten an den jüdischen Traditionen und Werten als Widerstand gegen die nationalsozialistische Vernichtung gedeutet werden müsse. Vgl. Informal Guidelines to the Commander, April 1980, No. 14, in: Liebman/Don-Yehiya 1983: 178.
180 In Ingersoll 1994: 121 ist zusätzlich zur perspektivischen Zeichnung ein Lageplan abgebildet, der aber einige Änderungen in der Gruppierung der einzelnen Baukörper zeigt.
181 Spector 1990: 1683 und Sharon 1976a: 264 erwähnen, dass Arieh Sharon und Benjamin Idelson an dem Bau des Verwaltungsgebäudes beteiligt gewesen seien, Ingersoll 1994: 120 macht dazu aber keine Angaben.

ren folgen weitere Denkmalsetzungen und der Bau einzelner Erinnerungsstätten: Beispielsweise 1965 die Weihe einer Synagoge in Erinnerung an die Reichspogromnacht von 1938. Im Jahre 1967 folgt die Enthüllung des Denkmals für den Warschauer Ghettoaufstand von 1943 in Form einer Nachbildung von Nathan Rapoports Denkmal in Warschau (Abb. 54–55). Ein Jahr später wird die „Säule des Heldentums" von Buky Schwartz (Abb. 56) aufgerichtet und die „Halle der Namen" (Abb. 57) eingeweiht, die für das Namenarchiv der Opfer und die Aufbewahrung der sogenannten „Gedenkblätter" einzelner Opfer angelegt ist. Das Geschichtsmuseum eröffnet 1973; 1981 das Kunstmuseum, das vor allem Kunstwerke ausstellt, die in der Zeit des Holocaust in Ghettos, Lagern und im Untergrund entstanden sind. 1985 wird das „Monument der jüdischen Soldaten, Partisanen und Ghettokämpfer" von Bernie Fink (Abb. 58) aufgestellt, 1987/88 folgt nach dem Entwurf von Moshe Safdie der Bau des Museums für die 1,5 Millionen ermordeten Kinder[182]. 1992 wird das Projekt „Tal der zerstörten Gemeinden" nach den Plänen von Dan Tzur und Lipa Yahalom vollendet.[183]

Yad Vashem zählt zu den bedeutendsten nationalen Gedenkstätten Israels. Dabei sind es weniger die zahlreichen Einzeldenkmale, das Museum und das Archiv, die den Wert und die Bedeutung transportieren. Yad Vashem entsteht vielmehr als Gesamtkomplex, in dem verschiedene historische Ereignisse in eine teleologische Stringenz gebracht und inszeniert werden. Diese Erzählstruktur beschreibt und interpretiert den Weg der israelischen Staatsgründung und definiert die Grundwerte und Ideale des Judentums, die auch in der Vergangenheit den Zusammenhalt der jüdischen Gemeinschaft garantierten. Zugleich muss diese historiographische Inszenierung als Aufruf an die Juden Israels und der Diaspora verstanden werden, sich ihrer moralischen, sozialen und kulturellen – kurz: nationalen – Verpflichtung für das Judentum und den Staat Israel bewusst zu sein. Yad Vashem leitet seinen Namen von einem biblischen Vers Jesajas (Jes 56,5) ab: „Ich will ihnen in meinem Hause und in meinen Mauern einen Ort [= Yad] und [= v] einen Namen [= Shem] geben, besser denn Söhne und Töchter; einen ewigen Namen will ich ihnen geben, der nicht vergehen soll." Dabei wurde in der Inschrift in Yad Vashem der etwas problematische mittlere Teil – „besser denn Söhne und Töchter" – ausgelassen, da er den „ewigen Namen" höher als das Leben und die Menschen selbst setzt.[184] Hier

---

[182] Safdie positioniert in einem völlig abgedunkelten Raum einige wenige Kerzen, deren Flammen sich in aufgehängten Spiegeln endlos vervielfachen. Diese unzähligen Flammen stehen symbolische für die 1,5 Millionen Kinder, die von den Nationalsozialisten ermordeten wurden. Monotone Stimmen verlesen die Namen der Kinder in Hebräisch, Jiddisch und Englisch.

[183] Auf den gesamten Denkmalbestand, dessen Gestaltung und symbolische Qualität, kann hier nicht eingegangen werden. Die vorliegende Arbeit konzentriert sich auf die zentrale Gedenkhalle Ohel Yizkor (auch „Halle der Erinnerung"). Einen Überblick über den Denkmalbestand geben Spector 1990, Young 1997: 335–350 und Engelhardt 2002: 175–182.

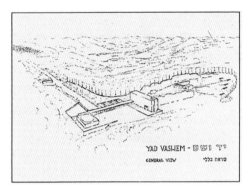

Abb. 52: Munio Gitai (Weinraub): Yad Vashem, Jerusalem, überarbeiteter Entwurf 1953 (nicht ausgeführt)

Abb. 53: Munio Gitai (Weinraub): Bibliothek und Verwaltungsgebäude, Yad Vashem, Jerusalem, 1954

Abb. 54: Nathan Rapoport: Warschauer Ghetto-Denkmal (Kopie), Yad Vashem, Jerusalem, 1942–48, Rückseite „Der letzte Weg", Granit-Relief, Photographie 2004

Abb. 55: Nathan Rapoport: Warschauer Ghetto-Denkmal (Kopie), Yad Vashem, Jerusalem, 1942–48, Vorderseite „Der Ghetto-Aufstand", Bronze-Relief, Photographie 2004

Abb. 56: Buky Schwartz: „Säule des Heldentums", Yad Vashem, Jerusalem, 1968, Photographie um 2000

Abb. 57: „Halle der Namen", Yad Vashem, Jerusalem 1968, Photographie 2001

Abb. 58: Bernie Fink: Monument für jüdische Soldaten, Partisanen und Ghettokämpfer, Yad Vashem, Jerusalem, 1985, Photographie 2001

Abb. 59: Arieh El-Hanani: Gedenkhalle Ohel Yizkor, Yad Vashem, Jerusalem, 1961, Süd- und Westfassade, Photographie 1972

stehen göttliche Weissagung, religiöse Interpretation und zionistisch-nationales Selbstverständnis und Selbstvertrauen im Widerspruch. Dies ist symptomatisch für das Dilemma der ideologischen Ausdeutung sowie der Gestaltung der Gedenkstätte. Um die Mehrheit aller Juden für diesen nationalen Gedächtnisort einnehmen zu können, muss ein möglichst großer Konsens über seine Gedenkinhalte und -formen erzielt werden, der sowohl die religiösen als auch die zionistisch-nationalen Erwartungen zufrieden stellt. Drei Probleme stellen sich dabei besonders: Erstens, wie kann der Holocaust in der nationale Historiographie vereinnahmt und der passive Messianismus, der Leid und Erlösung in transzendente Abhängigkeit stellt, aus der Interpretation der Ereignisse ausgeschlossen werden? Zweitens, wie ist mit dem biblischen Gebot, keine Abbilder zu schaffen, umzugehen? Und drittens, wie kann für ein in seinen Ausmaßen so unfassbares historisches Ereignis eine greifbare und geeignete architektonische Gedenkform gefunden werden?[185]

Zentrales Element von Yad Vashem ist die Gedenkhalle Ohel Yizkor, die auf zwei Wegen zu erreichen ist (Abb. 59). Der direkte Weg führt vom Eingang an der 21 Meter hohen, mehrfach konkav geformten Edelstahlscheibe der sogenannten „Säule des Heldentums" von Buky Schwartz (Abb. 56) vorbei, deren hebräische Inschrift verkündet: „Now and forever, in memory of those who rebelled in the camps and the ghettos, who fought in the woods, in the underground and with the Allied forces, who braved their way to Eretz-Israel, and those who died sanctifying the name of god."[186] Auf dem längeren Weg gelangt man zunächst zu einer Kopie von Nathan Rapoports Denkmal des Warschauer Ghettoaufstandes, in dem die verschiedenen Formen des kämpferischen Widerstandes in einem nahezu vollplastischen Relief einer kaum erhabenen Bildtafel mit dem Zug der Juden ins Exil einander gegenübergestellt sind.[187] Das stark plastisch gearbeitete Bronzerelief „Der Ghetto-Aufstand" (Abb. 55) – in Polen die Vorderseite – zeigt Mordechai Anielewicz, den Anführer

---

184 Vgl. Segev 2000: 424.
185 Theodor W. Adorno prägt mit seinem Überlegungen zur Dialektik von Kunst und Barbarei das Diktum von der Unmöglichkeit, nach Auschwitz noch Gedichte schreiben zu können. Dieses Argument wird häufig in Diskussionen um die Gestaltung von Gedenkstätten und Denkmalen der Verbrechen des Nationalsozialismus zitiert, um der Hilflosigkeit einer adäquaten Formfindung Ausdruck zu verleihen. Vgl. dazu Theodor W. Adorno: Kulturkritik und Gesellschaft. Bd. 1: Prismen. Ohne Leitbild, Frankfurt 1977: 30.
186 Zit. engl. Übersetzung nach Yad Vashem 1976: 28.
187 Nathan Rapoport (1911-1987) studiert an der Warschauer Kunstschule und flüchtet nach dem Einmarsch der Deutschen Armee 1939 in Polen in die Sowjetunion. Nachdem erste Informationen über die nationalsozialistischen Massenmorde an den Juden Europas und über den jüdischen Widerstand in den Ghettos, Lagern und Untergrundorganisationen bekannt werden, beginnt Rapoport 1942 an dem Denkmal zu arbeiten. Erst 1948 ist der Entwurf vollendet und wird in Erinnerung an den Ghettoaufstand in Warschau dort aufgestellt. Zu Rapoports Denkmal vgl. Nathan Rapoport: Zur Entstehungsgeschichte des Warschauer Ghetto-Denkmals, in: Young 1994a: 78–83

des Aufstandes, der kraftvoll eine Handgranate umklammert. Eine junge Frau trägt eine Maschinenpistole, ein junger Mann einen Dolch. Ein älterer Mann kniet am Boden, um einen Stein zu ergreifen und eine von Flammen umschlungene Frau wirft ihren Arm nach oben, um das Kind, das sie trägt, vor den Flammen zu schützen. Im Gegensatz zu diesen kämpferischen Motiven zeigt das flache Granitrelief „Der letzte Weg" (Abb. 54) – in Polen die Rückseite - die Deportation der Juden. In numerischer Anspielung auf die zwölf Stämme Israels werden zwölf gebückte und aneinander gedrängte Figuren, darunter Frauen, Männer, Alte, Kinder und ein Rabbiner, von Soldaten, die nur an ihren Stahlhelmen und Bajonetten im Hintergrund zu erkennen sind, ins Exil beziehungsweise in die Vernichtung getrieben. Vorbei an dieser polarisierenden Darstellung von Heldentum und Opferdasein gelangt man in das historische Museum. Hier folgt man den verschiedenen Abteilungen der Verfolgung und Vernichtung der Juden bis zur Dokumentation des Widerstandes und der Ankunft Überlebender in Israel. Diese Erzählstruktur legt nahe, dass der Holocaust nicht mit der Kapitulation des Deutschen Reiches, sondern erst mit der Einwanderung (Aliya) in Israel endet und dass nur jüdische Selbstverteidigung und Kampfbereitschaft die Existenz der jüdischen Gemeinschaft und eines jüdischen Staates garantieren können.[188]

Mit dieser Rückversicherung in die eigenen Leistungen des Widerstandes – erinnert und nacherzählt durch die „Säule des Heldentums" respektive das Ghetto-Denkmal und das Museum – erreicht man die Gedenkhalle Ohel Yizkor (Abb. 59–60). Der Entwurf stammt von dem Architekten Arieh El-Hanani[189]. Die Gedenkhalle ist ein rechteckiger Bau, dessen Wände aus unbearbeiteten Basalt-Findlingen aufgeschichtet und durch tief zurückspringende Zementfugen miteinander verbunden sind. Ein mächtiges Betonflachdach, das etwa Dreifünftel der gesamten Höhe des Gebäudes einnimmt, lastet auf dem Zyklopenmauerwerk. Die horizontalen Schalungsspuren im Beton verstärken diesen Eindruck einer schweren, breitgelagerten Last. Dem widerspricht optisch, dass das Dach nur über schlanke, kaum wahrzunehmende Stahlstützen mit den Wänden verbunden ist. Es verbleibt nur ein schmaler Luft-

---

sowie Young 1997: 219–257. In der Jerusalemer Kopie werden beide Bildplatten nebeneinander in eine Ziegelwand, die an die Ghettomauern in Warschau erinnern soll, eingebracht. Aufgrund des Protestes orthodoxer Juden wird in der Gruppe der Widerstandskämpfer die im Original bloße Brust der Mutter mit einem Gewand verhüllt.

188 Die Ausstellungskonzeption ist seit der Eröffnung nicht verändert worden. Für eine detaillierte Beschreibung der gezeigten Dokumentationen vgl. Young 1997: 338–340.

189 Arieh El-Hanani (1898–1985) beginnt in Kiew Malerei und Architektur zu studieren, bevor er 1922 nach Palästina einwandert. Dort arbeitet er zunächst als Bühnenbildner und Ausstellungskurator, wie beispielsweise für die „Levant-Fair" 1936 in Tel Aviv oder die Ausstellung „Conquest of the Desert" 1953 in Jerusalem. Zu seinen größeren Architekturprojekten zählen verschiedene Bauten des Weizmann-Instituts in Rehovot, der Tel Aviver Universität, der Bar-Ilan Universität und zahlreiche Geschäftshäuser. Zur Biographie vgl. Frenkel 1993: 393–394.

und Lichtschlitz zwischen Dach und Wänden, der die Stahlstützen verschattet und suggeriert, das Dach schwebe über der gesamten Konstruktion. Zwei jeweils an den äußeren Enden liegende Eingänge, einer an der Süd-, der andere an der Westseite, führen ins Innere. Sie sind als riesige, dunkle Portale aus geschweißtem Stahl ausgeführt, die über die gesamte Wandhöhe reichen. Das Eingangstor (Abb. 61) wurde von David Palombo[190] entworfen. Es zeigt abstrakte, bizarr zerklüftete und durcheinandergewürfelte Formen mit zersplitterten und unbearbeiteten Oberflächen, die sich zum Teil vollplastisch von der glatten Oberfläche der Stahltür abheben. Die groben Formen wirken archaisch und erinnern in ihrer zerrissenen Struktur an gewaltige Kräfte, die gegeneinander wirken und zu einer – eruptiven – Zerstörung geführt haben.[191] Das Ausgangstor (Abb. 62) hingegen, das von Bezalel Schatz[192] gestaltet wurde, besteht zwar ebenfalls aus abstrakten Figuren, diese aber sind als zweidimensionale, relativ glatt gearbeitete Flächen vor das Tor gesetzt. Da sich die Einzelformen in mehreren Schichten überlagern, entsteht der Eindruck einer dynamisch-räumlichen Tiefenstaffelung. Die Bewegung und die Formen wirken leicht, nicht zerstörerisch-aggressiv. Einige Formen können als abstraktes Abbild von am Himmel kreisenden Vögeln oder von tanzendem Laub gelesen werden.[193] Unabhängig aber von einer inhaltlichen Ausdeutung der Formen suggeriert diese Tür im Kontrast zur Eingangstür das Gefühl von Leichtigkeit. Damit sind zwei Themen beim Betreten und Verlassen der Gedenkhalle vorgegeben: Kampf, Zerstörung und Zersprengung am Eingang, (relative) Leichtigkeit und spielerische Bewegung am Ausgang.

Ohel Yizkor – wörtlich: Zelt der Erinnerung – entfaltet die Bedeutung des Namens „Zelt" erst im Inneren des Gebäudes (Abb. 60). Die grundlegende Konzeption des Äußeren setzt sich dabei im Inneren fort. Die Wände bestehen auch hier aus großen, unbearbeiteten Basalt-Findlingen, die durch tiefe Zementfugen miteinander verbunden sind. Das rohe Betondach aber steigt im Gegensatz zum blockhaften

---

[190] David Palombo (1920–1966) studiert und lehrt an der Bezalel-Schule, Jerusalem. Zu seinen bekannten großformatigen Werken aus Gusseisen zählen die Türen in Yad Vashem (1961) und am Eingang zur Knesset (1966). Vgl. Yona Fischer: David Palombo, in: Encyclopaedia Judaica (16 Bde.), Vol. 13, Jerusalem 1971: 48–49 und Ausst.-Kat. David Palombo, David Palombo Museum, Jerusalem 1991.

[191] Lischinsky 1983: 17, beschreibt das Thema des Portals wie folgend: „Der Kampf von Metall und Feuer, die Beständigkeit der Materie und schließlich ihrer Zerstörung: dies ist das wahre Thema des Werkes. Die Sichtweise des Künstlers wird durch seine Technik vollständig vermittelt, das Schmieden und Löten drückt das Aufbegehren der Materie gegen einen aufgezwungenen Willen aus, der Guss symbolisiert ihre Anpassungsfähigkeit und ihr Nachgeben."

[192] Bezalel Schatz (geboren 1912) ist der Sohn von Boris Schatz, dem Gründer des Bezalel-Museums und der Bezalel-Kunstgewerbeschule. Bezalel Schatz' Arbeiten umfassen Buchillustrationen, Keramiken und vor allem kunstgewerbliche Objekte.

[193] Lischinsky 1983: 17 assoziiert „Vögel, menschliche Gestalten und geometrische Formen von schlichter Demut."

Abb. 60: Arieh El-Hanani: Gedenkhalle Ohel Yizkor, Yad Vashem, Jerusalem, 1961, Innenraum mit Blick auf die Ewige Flamme und die Granitplatte über der Asche aus den Krematorien verschiedener Vernichtungslager, Photographie 2001

Abb. 61: David Palombo: Eingangstor zur Gedenkhalle Ohel Yizkor, Yad Vashem, Jerusalem, 1961, Photographie 2001

Abb. 62. Bezalel Schatz: Ausgangstor der Gedenkhalle Ohel Yizkor, Yad Vashem, Jerusalem, 1961, Photographie 2004

Charakter der Außenseite im Inneren zeltförmig an. Es endet in einer quadratischen Öffnung, die weit aus dem Mittelpunkt gerückt in der Südwestecke des Gebäudes liegt. Darunter – auf dem abgesenkten Fußbodenniveau – brennt in einer Bronzeschale die Ewige Flamme des Gedenkens. Nichts verstellt den Raum, alles ist in seiner groben Konstruktion belassen. Licht dringt nur durch die winzige Dachöffnung, den schmalen Schlitz zwischen Wand und Dach sowie durch die beiden Portale ins Innere. Eine Rampe führt an den der Flamme gegenüberliegenden Seiten entlang der Ost- und Nordwand einmal durch den Raum zum Ausgang. Von ihr blickt man auf den dunklen Fußboden hinab, in den in hebräischen und lateinischen Lettern die Namen der 22 größten Lager und Vernichtungsstätten eingeschrieben sind. Das Absenken des Fußbodens zwingt den Betrachter, beim Lesen den Kopf einer Demutsgeste entsprechend zu senken. In der Nähe der Ewigen Flamme befindet sich eine rechteckige Granitplatte, unter der die Asche aus den Krematorien verschiedener Vernichtungslager beigesetzt wurde.

Die große Leere des Innenraums, die die Abwesenheit der Millionen von ermordeten Juden symbolisiert, steht im starken Kontrast zu der Masse und Solidität suggerierenden Außenwirkung des Gebäudes. Allein schon die Materialien wie große, unbearbeitete Findlinge aus Basalt, Rohbeton und unbehandelter Stahl vermitteln das Gefühl von Gewicht, Härte und archaischer Dauerhaftigkeit.[194] Abweisend und defensiv wirkt die gesamte Konzeption aus Zyklopenmauerwerk und massiver, undurchfensterter Betonlast des Daches. Monumental sind auch die dunklen Eingänge, durch die der Blick auf ein ebenso düsteres Inneres fällt. Draußen blenden die verschiedenen Betonelemente im grellen Sonnenlicht, so dass es im Inneren einiger Zeit bedarf, um sich an die Dunkelheit zu gewöhnen und Einzelheiten wahrzunehmen. Statische – lähmende – Leere dominiert den ersten Eindruck. Nur durch die wenigen Öffnungen dringen Licht und Wärme wie Hoffnungsschimmer nach innen. Im Gegensatz zu dem gedrungen wirkenden Äußeren, entfaltet sich im Inneren durch das Zeltdach ein überraschend großer Raum. Die räumliche Begrenztheit wird durchbrochen, indem Rauch der Ewigen Flamme durch die Dachöffnung steigt und von dort zugleich Tageslicht gebündelt ins Innere dringt. Leichtigkeit und Aufbruch vermittelt auch die Ausgangstür, wenn man sie mit den schroffen und aggressiven Formen des Eingangsportals vergleicht. Das Gebäude spielt also auf zwei Ebenen – der

---

194 Auch Lischinsky 1983: 18, stellt Bezüge zur archaischen Baukunst her: „Die Gruppierung enormer Steinblöcke erinnert an die unbeholfenen Anstrengungen prähistorischer Menschen. An Konstruktionen, die Vorläufer von Architektur und Architekten waren. Monumente (wie Mykene), deren Schöpfer nicht zwischen Kunst und Technik unterschieden." Samuel 1962: 4 hingegen fühlt sich durch die starke Betondecke an einen Luftschutzbunker erinnert.

195 Young 1997: 341 schreibt, dass die aufgeschichteten Steine an den jüdischen Brauch erinnern, kleine Steine auf den Gräbern abzulegen. Da die Steine, in diesem Fall die Findlingswände, unterhalb der „Grabplatte" liegen, ist diese Assoziation nicht unbedingt nachzuvollziehen.

praktisch architektonischen und der emotionalen Ebene – mit verschiedenen Kontrasten. Zudem tritt eine symbolische Ebene hinzu, auf der das Gebäude und sein Inneres variierende Assoziationen und Bilder hervorrufen. Außen erinnert das Gebäude an ein riesiges Megalitgrab oder eine monumentale Gruft, die durch eine gewaltige Grabplatte (matzeva) verschlossen ist.[195] Aus Steinen aufgeschichtete Haufen finden auch in der Bibel Erwähnung, wobei sie hier unterschiedlichen Denkmalcharakter besitzen.[196] Zum einen sind sie Zeugen von Bündnissen und Abkommen zwischen Menschen.[197] Zum anderen stehen sie in ehrfürchtiger Erinnerung an Begegnungen zwischen den Menschen und Gott.[198] Und nicht zuletzt sind Steinhaufen Erinnerungsmale auf Gräbern.[199] An einigen Stellen wird besonders hervorgehoben, dass die Steine nicht bearbeitet und nicht mit Metall in Berührung kommen dürfen.[200] Eine Synthese dieser verschiedenen Konnotationen findet sich in der Gedenkstätte wieder. Sie ist ein Ort des Totengedenkens und setzt symbolisch ein Zeichen für das Bündnis zwischen den Toten und den Lebenden in ihrem Willen, sich für den Fortbestand des Judentums und die Existenz eines jüdischen Staates einzusetzen. Vor allem das düstere Innere bestätigt diese Assoziationen von Zeugnis-, Erinnerungs- und Grabstätte. Das architektonische Motiv einer schweren Grabplatte wiederholt sich hier in Form der dunklen Granitplatte, unter der sich die Asche aus den Krematorien der Vernichtungslager befindet. Ansonsten ist das Innere wie ein ehrfürchtiger Sakral- und Andachtsraum inszeniert. Theatralisch dringt das Licht ein, fokussiert auf die Flamme und die Granitplatte. Zu ihnen wird eine ehrfurchtsvolle Distanz aufgebaut, indem sowohl die Absenkung des Fußbodens als auch das Geländer der Rampe scheinbar unüberwindbare Abgrenzungen darstellen.[201] Die

---

196 Zur Erinnerungsarbeit und zum Denkmalsetzen im Deuteronomium vgl. Kapitel 1.2 dieser Arbeit.

197 Vgl. 1. Mose 31,46–48: „Und [Jakob] sprach zu seinen Brüdern: Leset Steine auf! Und sie nahmen Steine und machten einen Haufen […] Da sprach Laban: Der Haufe sei heute Zeuge zwischen mir und dir".

198 Vgl. 1. Mose 35,14: „Jakob aber richtete ein steinernes Mal auf an dem Ort, da er [= Gott] mit ihm geredet hatte". In 5. Mose 27,2–8 wird das Volk Israel durch Moses an den göttlichen Auftrag erinnert, nach Überschreitung des Jordans große Steine aufzurichten, die als Dankopferaltar und zugleich – getüncht und mit den Gesetzen – beschrieben als Gedenksteine dienen. Damit erhalten hier die aufgeschichteten Steinhaufen eine doppelte (Symbol)Funktion.

199 Vgl. 1. Mose 35,20: „Und Jakob richtete ein Mal auf über ihrem Grabe, dasselbe ist das Grabmal Rahels bis auf diesen Tag."

200 Vgl. beispielsweise 2 Mose 20,25 und 5 Mose 27,5. Lischinsky 1983: 17 erinnert in Zusammenhang mit den unbehauenen Steinen an das biblische Gebot, das „den Gebrauch von gemeißelten Steinen für den Tempelaltar verbietet." Dieser Verweis erscheint mir problematisch, da dieses Gebot sich auf den Tempelaltar, nicht aber auf den Tempel selbst bezieht. Im Gegenteil – dieser war aus Steinen errichtet, die vorher bearbeitet worden waren, so dass sie ohne Baulärm aufgeschichtet werden konnten. (1. Kön 6,7)

Namengebung Ohel Yizkor, die auf die Bibel zurückführt, lässt einen heiligen Ort assoziieren, der respektvollen Abstand gebietet. Ohel – Zelt – ist der Begriff, der in der hebräischen Bibel für die Stiftshütte gewählt wird, die von Moses und den Israeliten während des Exodus errichtet wird. Sie ist der Aufbewahrungsort der Heiligtümer (Bundeslade und Tempelgeräte) und zugleich die Wohnstätte Gottes (shechina), zu der ehrfurchtsvoller Abstand zu halten ist.[202]

Dem Architekten El-Hanani ist es damit gelungen – ohne das biblische Bilderverbot zu brechen – eine aus- und eindrucksvolle Architektur zu schaffen, die einen großen Spielraum für symbolische Interpretationen, aber auch für politische Instrumentalisierung bietet. Dieser Spielraum ist wichtig, damit das Denkmal sowohl von national-säkularen als auch von religiösen Gruppen akzeptiert werden kann. Ohel Yizkor ist eine Grabstätte und ein symbolischer Ort des Gedenkens, wobei beide Funktionen in der gewählten Architekturform – Megalitgrab / Gruft / biblische Denkmalsetzung – zum Ausdruck kommen. Entsprechend den biblischen Steinhaufen legt dieser Bau Zeugnis ab für die Massenvernichtung der Juden und ist zumindest für einen Teil von ihnen zugleich auch Begräbnisstätte. In der Wahl der architektonischen Gestalt und den symbolischen Formen des Gedenkens wie der Ewigen Flamme, den aufgeschichteten Steinen und dem Grabplattenmotiv steht der Bau im Einklang mit den jüdischen Traditionen des Totengedenkens. Diese Gestaltung steht im starken Kontrast zu den ersten Entwürfen von Yad Vashem in den 1940er Jahren. Diese frühen Pläne zeichnen sich aus durch ein traditionelles Schema monumentaler Raumgestaltung, in dem Symmetrie, inszenierte Platzabfolgen, Sichtachsen und Gebäude- respektive Pflanzengruppen als Blickpunkte die Konzeption der gesamten Anlage bestimmen. Hierarchische Staffelungen, Kolonnaden und auch Baumalleen zählen zu dem allgemeinen Kanon repräsentativer und würdevoller Raum- und Architekturgestaltung. El-Hanani wählt für seine Gedenkhalle zwar ebenfalls monumentale Ausdrucksformen, sie sind aber an die jüdische Kultur und Traditionen des Gedenkens angebunden.

So sehr auch die Monumentalität des Gebäudes sinnbildlich für das unfassbare Ausmaß der historischen Ereignisse steht, so ist die Gedenkhalle dennoch ein Weiheort, der Trost zu spenden versucht. Der Autor Josef Lischinsky spricht von dem Ausdruck der „Transzendenz, wo der Schmerz durch philosophisches Denken ge-

---

201 Schmale Zugänge sind nur an den äußersten Enden, gleich neben den beiden Türen, möglich, die aber aufgrund des Gegenlichts nicht sofort zu erkennen sind. Neben der Flamme und der Grabplatte werden Gedächtnisfeiern und Kranzablegungen zelebriert.
202 Shenhavi 1945: 4 fordert in seinem frühen Konzept zum Bau von Yad Vashem einen Tempel beziehungsweise Schrein des Gedenkens (Hechal Ha'Zikaron), der noch deutlicher eine sprachliche und symbolische Nähe zum höchsten jüdischen Heiligtum – Stiftshütte / Tempel – herstellt. Wie beim Betreten eines Tempels / einer Synagoge oder anderer heiliger Orte wie dem Platz vor der Klagemauer müssen Männer beim Betreten der Gedenkhalle ihren Kopf bedecken.

mildert wird."[203] Ohel Yizkor versuche nicht, wie Pablo Picassos „Guernica" (1937) oder Ossip Zadkines „Zerstörte Stadt" (1951–53) die Katastrophe in der Realität des Grauens darzustellen. Die Gedenkhalle sei, so Lischinsky, Ergebnis einer „streng minimalistischen und schmucklosen ästhetischen Form, die sich dem Besucher nicht auferzwingen, sondern eher das Rationelle und das Vernünftige in ihm erwecken würde […]." Dies erfolgt vor allem auch dadurch, dass der Holocaust im Kontext der Gedenkhalle und auch der gesamten Anlage von Yad Vashem in einen progressiven Geschichtsrahmen gestellt wird. Dieser kann sowohl religiös als auch säkular gelesen werden. Die ungegenständlich gestalteten Portale der Gedenkhalle liefern die symbolischen Eckpunkte des Interpretationsrahmens: Gewalt und Zerstörung versus Leichtigkeit und Erlösung. Erlösung im religiösen Sinne verweist auf die göttliche Allmacht und das göttliche Heilsgeschehen. Zu Märtyrern, wie es die Bezeichnung von Yad Vashem impliziert, werden die ermordeten Juden, indem sie an ihrem Glauben festhielten.[204] Und dafür wird ihnen Gottes Gnade und Erlösung zukommen. In der säkularen Interpretation wird die Erlösung vom Transzendenten in das Irdische verlegt. Erlösung steht hier für das Ende von Verfolgung und Vernichtung und die wird durch den Staat Israel gewährleistet. Märtyrer sind die ermordeten Juden, weil sie im Glauben stark waren und damit bewiesen haben, wie fundamental die jüdische Kultur und die Traditionen für den Zusammenhalt und die Existenz des jüdischen Volkes sind. In der nationalen Narration, die um die historische Teleologie der Staatsgründung und ihrer Legitimation bemüht ist, gebührt den Opfern des Holocaust damit ein vergleichbarer Platz wie den Widerstandskämpfern gegen den Nationalsozialismus oder auch den führenden Vertretern des Zionismus und den gefallenen Soldaten des Unabhängigkeitskriegs. Widerstandskämpfer, wie beispielsweise die des Warschauer Ghettoaufstandes, werden über die Kopie von Rapoports Denkmal in die nationale Erinnerungsstruktur von Yad Vashem mit eingebunden. Zur räumlichen und symbolischen Inszenierung der Geschichte des Zionismus und der Staatsgründung wird die Gedenktopographie auf die angrenzenden Hügel des Berges der Erinnerung (Har Ha'Zikaron) ausgedehnt.

Der Berg der Erinnerung (Har Ha'Zikaron)

Um die staats- und identitätskonstituierende Symbolik von Yad Vashem verstehen zu können, muss diese Anlage räumlich und ideologisch in einen erweiterten Denkmal- und Interpretationskontext, das heißt in den Zusammenhang mit dem angren-

---

203 Zit. Lischinsky 1983: 15.
204 Auch die Inschrift auf der „Säule des Heldentums" von Buky Schwarz liefert diese Interpretation, indem sie neben den Untergrunds- und Widerstandskämpfern auch denen gewidmet ist „who died sanctifying the name of god."

zenden Berg der Erinnerung – Har Ha'Zikaron – gestellt werden. Nachdem man sich erst 1947 endgültig auf Jerusalem für eine zentrale Gedenkstätte geeinigt hatte, entscheidet sich die Regierung und das eingesetzte Yad Vashem Planungskomitee Anfang der 1950er Jahre für die im Westen liegende Hügelgruppe als Baugrundstück.[205] Hier waren zuvor am 18. August 1949 die sterblichen Überreste von Theodor Herzl auf dem Herzl-Berg (Har Herzl) beigesetzt worden (Abb. 63).[206] Der Herzl-Berg wird in den nachfolgenden Jahren zum Ehrenfriedhof (Abb. 64) für wichtige Persönlichkeiten der zionistischen Bewegung, für die Präsidenten der Zionistischen Weltorganisation und für die Präsidenten und Premierminister des Staates Israel (The Greats of the Nation) ausgebaut. Ebenfalls im Sommer 1949 fällt die Entscheidung, gleich neben dem Ehrenfriedhof den zentralen Militärfriedhof (Abb. 65–66) anzulegen. Im November 1949 werden in einem großen Staatsakt die Leichen der im Unabhängigkeitskrieg gefallenen Soldaten dort beigesetzt, die bis dahin übergangsweise in und um Jerusalem begraben worden waren.[207] Damit entsteht eine Gedenktopographie, in der die historischen Ereignisse des Zionismus, des Holocaust und des Unabhängigkeitskrieges in geographische und damit auch in symbolische und ideologisch interpretierbare Nähe zueinander gebracht sind. Historische Ereignisse, beziehungsweise ihre politisch-ideologische Interpretation, werden in der räumlichen Verortung miteinander verknüpft. Zionistische Führer, im Holocaust ermordete Juden und im Krieg gefallene Soldaten – sie alle werden zu Märtyrern und Heroen im Kampf für einen souveränen jüdischen Staat, dessen höchste Repräsentanz, die Knesset, nicht weit entfernt von dem Berg der Erinnerung liegt.

Dieses Interpretationsmuster, das den Zionismus, den Holocaust und den Unabhängigkeitskrieg in eine Reihung auf dem Weg zum Staat Israel bringt, findet sich

---

205 Vgl. Spector 1990: 1681–1683.
206 Herzl, der am 3. Juli 1904 in Wien beigesetzt wurde, hatte in seinem Testament bestimmt, dass das jüdische Volk, sobald die Zeit gekommen sei, ihn in das Land Israel überführen solle. Obwohl das Vorhaben der Umbettung immer wieder auf Zionistischen Kongressen diskutiert wird, verhindern politische Umstände und die Indifferenzen, wo genau Herzl in Palästina/Israel beigesetzt werden solle, die Ausführung. Zur Auswahl steht beispielsweise der Carmel-Berg bei Haifa, der in Herzls zionistischem Roman Alt-Neuland (1902) eine zentrale Rolle spielt. Jerusalem hingegen besitzt zwar im Judentum, nicht aber im Zionismus eine große spirituelle Bedeutung. Dennoch entscheidet man sich nach langen Diskussionen 1935 für eine Beisetzung in Jerusalem. Der zunächst vorgesehene Skopus Berg wird als Begräbnisstätte nach dem Unabhängigkeitskrieg fallengelassen, da er als jüdische Enklave auf arabischem Gebiet zu unsicher ist. Mit dem „Transfer of Herzl's Remains Law, 5709–1949" vom 17.08.1949 (vgl. Joseph Badi (Hg.) Fundamental Laws of the State of Israel, New York 1961: 84) wird der organisatorische und zeitliche Rahmen der Überführung gesetzlich festgelegt. Mit der Bestimmung eines Hügels im Westen der Stadt zum Herzl-Berg wird zugleich die städteplanerische Westverlagerung der Stadt unterstützt. Vgl. Herzl's Will 1949 und Azaryahu 1996: 48–49.
207 Vgl. Aylat 1949, zur Geschichte der Planung und Inszenierung des Herzl-Berges als nationale Gedenkstätte vgl. Azaryahu 1996.

Abb. 63: Grabmal von Theodor Herzl (1860–1904), Herzl Berg, Jerusalem, Photographie 2001

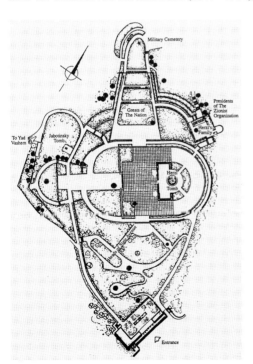

Abb. 64: Herzl Berg, Jerusalem: Ehrenfriedhof für Theodor Herzl (1860–1904) und andere wichtige Zionisten. Begräbnisstätte für Präsidenten der Zionistischen Weltorganisation sowie Präsidenten und Premierminister des Staates Israels (The Greats of the Nation), Lageplan

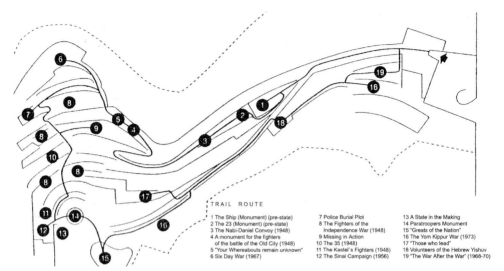

Abb. 65: Herzl Berg, Jerusalem: Militärischer Ehrenfriedhof, Lageplan

Abb. 66: Eingang zum Militärischen Ehrenfriedhof, Herzl Berg, Jerusalem, Architekt unbekannt, Photographie 2001

in begleitenden Ritualen wieder, die zur gesellschaftlichen Einübung dieser Erzählstruktur dienen. Deutlich wird dies vor allem mit der Einführung von staatlichen Feiertagen. 1951 wird der Holocaust-Gedenktag (Yom Ha'Shoa) auf den 27. Nissan (nach unserem Kalender beweglich im April oder Mai) festgesetzt. Damit folgt er im Festkalender auf das jüdische Pessachfest, das der Befreiung des israelitischen Volkes aus ägyptischer Knechtschaft gedenkt. Historisch liegt dieses Datum in nächster Nähe zum Beginn des Aufstandes im Warschauer Ghetto 1943.[208] Befreiung aus Ägypten und der Versuch der Befreiung aus nationalsozialistischer Gewaltherrschaft werden damit in Gedenkritualen in Beziehung zueinander gesetzt. Rabbi Mordechai Nuroch, der Vorsitzende des Knesset-Ausschusses für die Einführung des Feiertages begründet die Wahl des 27. Nissan damit, dass „wir ein Datum wählen [mussten], das auf die meisten Massaker an der europäischen Judenheit und auch auf den Getto-Aufstand passt, der im Monat Nissan stattfand. Deshalb entschied sich der Knesset-Ausschuss für das Ende des Monats Nissan, eine Zeit, in der viele heilige Gemeinschaften von den Kreuzrittern, den Vorfahren der Nazis, ermordet wurden."[209] Hier werden also nicht nur Exodus und nationalsozialistische Massenvernichtung miteinander verknüpft, sondern auch noch andere Ereignisse aus der Geschichte jüdischer Vertreibung und Vernichtung, wie beispielsweise unter den Kreuzrittern, mit in die nationale Historiographie und Legitimationskonstruktion integriert. Nur wenige Tage nach dem Holocaust-Gedenktag, am 5. Iyar feiert Israel seine Unabhängigkeit, da der 14. Mai im Jahr 1948 auf dieses Datum fiel. Der Termin des Unabhängigkeitstages (Yom Ha'Atzmaut) ist damit historisch vorbestimmt. Der Tag zur Erinnerung an die Kriegsgefallenen (Yom Ha'Zikaron) aber wird willkürlich auf den Vortag, den 4. Iyar festgelegt, so dass die Gedenkfeiern für die Soldaten nahtlos in die Feierlichkeiten der Unabhängigkeit übergehen.[210] Damit sind sowohl die religiösen als auch die säkularen Feier- und Gedenktage in einen zeitliche und symbolische Sukzession gebracht, die von der chronologischen und symbolischen Abfolge von Katastrophe und Erlösung bestimmt sind. Auf Knechtschaft in Ägypten folgen der Exodus, die Landnahme und das davidische Königreich – vergleichsweise wie auf Massenvernichtung, Widerstand und Krieg die staatliche Sou-

---

[208] Der Aufstand begann am 19. April 1943, das heißt am 15. Nissan, an dem auch das Pessachfest begann. Da die religiösen Vorschrift Trauer während der Pessachfeierlichkeiten verbieten, musste der nächst mögliche Termin nach Pessach für den Holocaust-Gedenktag gewählt werden. Zur Einsetzung der staatlichen Feiertage vgl. Handelman 1990: 191–233 und Segev 2000: 436–439.

[209] Zit. The Knesset Record (Divrei Ha'Knesset), 3. Sitzung, Erste Knesset, 12. April 1951: 1656, in der deutschen Übersetzung nach Friedländer/Seligman 1994: 128.

[210] 1951 gibt es noch einmal einen Versuch, den Gefallenen-Gedenktag auf ein anderes Datum zu legen, um die Trauer stärker von den Freudenfeiern zu trennen. Die „organische" Verbindung beider Tage und Ereignisse wird durch die Regierung bestätigt und 1963 endgültig in einem Gesetz festgelegt. Vgl. Hadelman 1990: 196.

veränität folgt. In dieser ideologisch-räumlichen Einbindung werden die Opfer nationalsozialistischer Verfolgung, derer in Yad Vashem gedacht wird, automatisch zu Märtyrern und Kämpfern gegen den Nationalsozialismus und – vereint mit den zionistischen Führern und den israelischen Soldaten – für einen souveränen jüdischen Staat.[211] Dabei bleiben die tradierten und religiös konnotierten Strukturen und Erklärungsmuster erhalten und werden zugleich aber in einen neuen, nationalen Kontext gestellt.

Dieses Verschmelzen von religiösen Traditionen und Bedeutungen mit neuen säkularen und nationalen Inhalten ist ein Verfahren, das auch bei den Denkmalsetzungen auf dem Berg der Erinnerung (Har Ha'Zikaron) angewandt wird. Alle drei Gedenkstätten, das Herzl-Grab (Abb. 63), der Friedhof mit seinem Eingangsportal (Abb. 66) und die Gedenkhalle Ohel Yizkor (Abb. 59) respektieren das biblische Bilderverbot und orientieren sich an den traditionellen Begräbnis- und Gedenkformen im Judentum. Schlichte Grabplatten und Steinhaufen bilden dabei biblische Motive, die als architektonische und symbolische Formen für Gedenk- und Weiheorte genutzt werden. Der Eingang zum Militärfriedhof zitiert das Motiv des Steinhaufens, wobei er stark an die Gedenkhalle Ohel Yizkor erinnert. Auch hier lastet eine riesige Betonplatte auf Mauern, die aus einzelnen Steinen und Platten zusammengesetzt wurden. Das Herzl-Grab ist als schlichte Grabplatte in Form eines schwarzen Blocks mit der hebräischen Aufschrift Herzl gestaltet. Die Ausschreibung eines Gestaltungswettbewerbs für das Herzl-Grab hat ausdrücklich eine Form gefordert, die nicht gegen die religiösen Gesetze verstoße.[212] In seiner Gestalt müsse das Grabmal Ausdruck der Dankbarkeit und der Bewunderung des jüdischen Volkes gegenüber Herzl sein. Es solle ausschließlich aus Materialien bestehen, die in Israel zu finden seien, und sich in die historische Stadtkulisse Jerusalems integrieren. Joseph Klarwein gewinnt den Wettbewerb.[213] Sein Entwurf (Abb. 67) zeigt eine gigantische Kuppel aus 44 Bögen, die für die 44 Lebensjahre Herzls stehen.[214] Fünf Stufen, die auf das Po-

---

211 Vor diesem Hintergrund ist auch die Diskussion in Israel zu sehen, die den Holocaust-Opfern posthum die israelische Staatsbürgerschaft verleihen möchte. Strittig ist dabei nicht die Frage, ob die Opfer tatsächlich alle als Zionisten vereinnahmt werden können, sondern die komplizierte Rechtslage. Eine Staatsbürgerschaft retrospektiv für einen Zeitpunkt zu verleihen, zu dem der Staat noch nicht existierte, erscheint widersprüchlich, so dass man sich schließlich für eine symbolische Staatsbürgerschaft entscheidet. Vgl. dazu Segev 2000: 432–433. Zur Vereinnahmung der Holocaust-Opfer als Zionisten – „the dead millions […] they had yearned and hoped for the re-establishment of the Jewish State in Zion; with all the intensity of their Jewish feelings they had felt the shame and tragedy of exile […] – vgl. Ben Gurion 1961–1962: XVI.
212 Vgl. Aktenbestand im CZA, S21/14, insbesondere die Wettbewerbsformulierung der Exekutive der Zionistischen Weltorganisation vom 18.09.1950.
213 Vgl. Winning Design 1951: 27.
214 Eine sehr ähnliche Konzeption und symbolische Aufladung zeigt ein Entwurf von Fritz Höger für ein Reichsehrenmal bei Bad Berka in Gedenken an die Toten des Ersten Weltkrieges von 1931/32

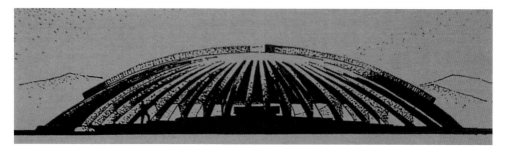

Abb. 67: Joseph Klarwein: Entwurf für das Grabmal von Theodor Herzl (1960 – 1904), Herzl Berg, Jerusalem, Wettbewerb September 1950, erster Preis (nicht ausgeführt)

Abb. 68: Fritz Höger: Entwurf für ein Reichsehrenmal für die Gefallenen des Ersten Weltkrieges in Bad Berka 1931/32

Abb. 69: Fritz Höger: Entwurf für ein Reichsehrenmal für die Gefallenen des Ersten Weltkrieges in Bad Berka 1931/32

dest der Kuppel hinauf führen, sollen die fünf Kontinente symbolisieren, aus denen Juden nach Israel einwandern. Eine Folge von Leserbriefen in der Jerusalem Post im August 1951 belegt die scharfe Kritik, die dieser monumentale Entwurf auslöst: Er sei „pompös", „beschämend" und „anmaßend"; eine „desecration […] of the exquisite beauty of the site and its panorama, and the reverential dignity of the present tomb of the father of the State."[215] In einem Schreiben an den Jüdischen Nationalfond wird dieser aufgefordert, sich für ein Denkmal einzusetzen, das Ausdruck jüdischen Kunstschaffens und nicht eine Imitation des Lincoln-Memorials in Washington sei.[216] Es bedürfe einer moderaten Gestaltung, die den Idealen des Zionismus und den Umständen des jungen Staates, der um seine Existenz kämpfe, entspreche. Infolge dieser Kritik bleibt die Interimslösung einer einfachen, flachen Grabplatte bis 1960 erhalten und wird schließlich durch einen quadratischen, 16 Tonnen schwere, schwarze Steinblock (Abb. 63) ersetzt.

Bedeutungsvoller aber als die architektonische Gestalt der Einzeldenkmale ist die Inszenierung ihres räumlich-symbolischen Verhältnisses zueinander sowie dessen ideologische Aufladung. Hier dominiert das politische Interesse, eine nationale Historiographie zu etablieren, die die Gegenwart erklärt und legitimiert. Durch Verweise auf biblische Motive und Erzählungen soll dieser teleologischen Konstruktion besonderer Nachdruck und Glaubwürdigkeit verliehen werden. Dies wird vor allem im Zeremoniell der Beisetzung von Herzl deutlich. Die Überführung des Herzl-Sarges – eine post mortem Aliya – wird von Ben Gurion in Verbindung mit der biblischen Erzählung Josephs gebracht, dessen Gebeine von Moses und den Israeliten beim Exodus aus Ägypten ausgegraben und ins verheißene Land überführt wurden. So wie der Exodus damals in die Freiheit führte, so habe Theodor Herzl mit seinen zionistischen Visionen und Forderungen das jüdische Volk zu einem jüdischen Staat geleitet: „When the people of Israel were liberated from Egyptian bondage, the Prophet Moses took along the remains of Joseph and reinterred them at Nablus. Today, the newly liberated people of Israel transferred the remains of the visionary of this

---

(Abb. 68–69). Eine kreisrunde Stahlbetonschale lastet auf einer Vielzahl schmaler, bogenförmiger Rippen. Im Inneren führen konzentrische Treppen hinab zu einem Wasserbassin und dem sich daraus erhebenden schlichten, dennoch monumentalen Kubus. Auf ihm befindet sich eine Feuerschale, von der der Rauch durch das Opaion der Kuppel entweichen kann. Symbolisch steht diese Konzeption für die vier Elemente Erde, Wasser, Feuer, Luft. Fünf breite Terrassenstufen, die an die fünf Kriegsjahre erinnern, führen vom Eingang durch den Ehrenhain zum „Allerheiligsten". Vgl. Claudia Turtenwald: Fritz Höger (1877–1949). Moderne Monumente, Schriftenreihe des Hamburgischen Architekturarchivs, 2003: 185–186 und Henrik Hilbig: Der Wettbewerb zum Reichsehrenmal bei Bad Berka, Arbeit zum Vertiefungsseminar Baugeschichte, Technische Universität Dresden, 2001: 63–68.

215 Vgl. die Leserbriefe in: The Jerusalem Post vom 3., 8., 10., 12., 16. und 28. August 1951.
216 Vgl. Schreiben von H. Reuveni, O. Reuveni, N. Reuveni und E. Reuveni an den Jüdischen Nationalfond, o. D., im CZA, S14/14.

century for reburial in Israel."[217] Die Beisetzung Herzls sei, so Ben Gurion, kein Trauerakt, sondern ein „march of triumph symbolizing the victory of a vision fulfilled."[218] Die Beisetzung Herzls in Jerusalem steht aber nicht nur für die Erfüllung einer Staatsutopie. Zugleich wird der Staatsakt dazu instrumentalisiert, das Existenzrecht des jüdischen Staats symbolisch und politisch demonstrativ zu bestätigen. Hierzu werfen Frauen und Männer als Vertreter aller Siedlungen in Israel kleine Sandsäcke in den Farben der Staatsflagge in die Gruft, die sie mit Sand aus ihren Siedlungen gefüllt hatten: „Men and women from all the settlements in Israel were called up in small groups from the right and left. Each carried a small blue and white cloth bag containing earth. As they dropped the bags down the shaft, the clumps resounded across the hilltop."[219] Dieses halbstündige Ritual stellt einen hoch symbolischen Akt dar, der für die nationale und territoriale Einheit Israels steht. Was Herzl politisch begonnen hat, haben die Siedler in Palästina durch Kolonisierung fortgesetzt. Jetzt, nach der Erfüllung von Herzls staatlicher Utopie, bringen sie als Zeugnis und als dankbare Gabe einen Teil ihrer Heimat dar und vereinigen damit symbolisch die politische Initiative und ihre praktischen Ergebnisse. Dabei kann das Zeremoniell auch als Eid der Treue gelesen werden, der verspricht, das von Herzl begonnene Werk des Staats- und Nationsaufbaus auch über die Staatsgründung hinausgehend fortzusetzen. Besonders deutlich wird der Anspruch zur Fortsetzung zionistischer Kolonisierungsarbeit und ihrer biblischen Legitimationskonstruktion in der Anpflanzung eines Herzl-Waldes auf dem Hügel des Herzl-Grabes. Es sollen Zedern gepflanzt werden „to recall the tree planted by Herzl when he was here fifty years ago. Then although he has planted a cypress tree, he had thought it to be a cedar."[220] Mit der Vermutung, Herzl hätte damals beim Pflanzen einer Zypresse bereits an Zedern gedacht, wird die Inszenierung des Herzl-Grabes in ein Kontinuum jüdischer Geschichte gestellt. Zedern besitzen eine besondere – biblische – Symbolkraft. König David lässt Zedern, den „König der Bäume", aus dem Libanon bringen, die unter seinem Sohn Salomon zum Bau des Ersten Tempels verarbeitet werden (1. Kön 5–6). Zedern am Grab von Herzl, der den Weg zur Staatsgründung vorbereitet hat, bilden einen symbolischen Verweis auf die davidische Monarchie und damit auf die erste staatliche Eigenständigkeit des israelitischen Volkes, in dessen Tradition der (wiedergeborene) Staat Israel gestellt wird. Nun liegt es in der Hand der nächsten Generationen, den Aufbau des Landes zu gestalten und zu sichern. Die zionistischen Führer und israelischen Staatspolitiker, die in den folgenden Jahren auf dem Herzl-

---

217 Zit. Ben Gurion zu den Überführungsfeierlichkeiten, nach Brilliant 1949c. Den Artikel auf der Frontseite der Palestine Post vom 17.08.1949 titelt Brilliant: „3,300 Years After Joseph's Body Brought from Egypt".
218 Zit. Ben Gurion nach: Herzl Laid to Rest 1949: 1 (Hervorhebung im Original).
219 Zit. Herzl Laid to Rest 1949: 1.
220 Zit. Ben-Shmuel 1949: 1.

Berg beigesetzt werden, die in den israelisch-arabischen Kriegen gefallenen Soldaten, die auf dem benachbarten militärischen Ehrenfriedhof bestattet werden, sowie die Holocaust-Opfer und Märtyrer haben ihren Beitrag bereits geleistet.

Mit dem Herzl-Grab, dem Militärfriedhof und Yad Vashem entsteht auf dem Berg der Erinnerung eine räumliche und symbolische Struktur, die den zionistischen Mythen der nationalen Wiedergeburt einen konkreten Ort und eine staatlich vorgegebene Form des Gedenkens verleiht. Das Herz dieses Gedächtnisszenarios bildet das Herzl-Grab.[221] Es steht für den Beginn einer historischen und politischen Entwicklung, die zur Gründung des Staates Israel geführt hat. Die anderen beiden Ereignisse – Holocaust und Unabhängigkeitskrieg – werden dieser autoritativen Chronologie untergeordnet. Während dies bei den im Unabhängigkeitskrieg gefallenen Soldaten ohne Probleme möglich ist, zeigen die Diskussionen um Yad Vashem die Schwierigkeiten, den Holocaust und die Massenvernichtung der Juden in die nationale Narration zu integrieren. Erst im räumlich-symbolischen Beziehungsgeflecht von Herzl-Grab, Soldatenfriedhof und Yad Vashem funktionieren die drei Gedenkstätten zusammen als Vermittler nationaler Werte und Charakteristika.[222] Zionsliebe (im religiösen wie im säkularen Sinne), Idealismus, Kampf- und Opferbereitschaft sind Eigenschaften, die das Bild des neuen, vom Diaspora-Dasein befreiten Juden prägen und vorbildlich für zukünftige Generationen sind. Die drei Gedenkstätten sind daher nicht nur räumlich verankerte Geschichtsschreibung, sondern zugleich auch Katalysator einer neuen, national-jüdischen Kollektividentität. Über die historische Konstruktion und die Interpretation ihrer Inhalte werden Tugenden und kollektive Werte definiert, die die israelische Nation prägen und ihr zugleich das Gefühl von Gemeinsamkeit vermitteln sollen. Gedenkstätten werden vor diesem Hintergrund zu einflussreichen Instrumenten des Staates, die eine doppelte Aufgabe erfüllen: sie sind architektonisches Abbild der staatlich strukturierten und interpretierten Geschichtsschreibung und dienen – als Orte politischer, kultureller und sozialer Rückversicherung und als Vorbild – der Konstruktion einer nationalen Identität.

---

221 Das Herzl-Grab ist Ort zahlreicher Gedenk- und Demonstrationsveranstaltungen. Dazu zählen regelmäßige Zeremonielle wie zum Unabhängigkeitstag oder Demonstrationen beispielsweise gegen die Jerusalemer Internationalisierungspläne der Vereinten Nationen. Vgl. dazu Azaryahu 1996: 53–55.

222 Eine vergleichbare Erzählstruktur verfolgt das Ausstattungsprogramm der Knesset. In Gedenken an die Opfer des Holocaust gestaltet der Künstler David Palombo sowohl das Eingangstor von Yad Vashem als auch das zur Knesset. In beiden Anlagen, der Knesset und dem Berg der Erinnerung, folgen dann einzelne Denkmale in Erinnerung an wichtige zionistische Persönlichkeiten und Ereignisse sowie die jüdischen Freiheitskämpfer und Soldaten, die in verschiedenen Kämpfen und Kriegen für den israelischen Staat gefallen sind. Vgl. auch Kapitel 3.3.1 dieser Arbeit.

3.4 Wiederaufbau des jüdischen Viertels nach 1967 – Denkmalpolitik im Konflikt zwischen staatlicher Repräsentation, religiöser Verheißung und dem Bedürfnis nach historischer Präsenz

Jerusalem spielte in den zionistischen Siedlungsaktivitäten vor der Staatsgründung stets eine untergeordnete Rolle. Dennoch ist sich die israelische Regierung nach der Staatsgründung der historischen und symbolischen Bedeutung dieser Stadt bewusst, so dass sie nach der militärischen Teileroberung 1948–49 ein breites Spektrum von Maßnahmen einleitet, um Jerusalem als kulturelle und politische Hauptstadt des Staates und des Judentums unwiderruflich dem israelischen Staatsgebiet anzugliedern. Die Proklamation Jerusalems zur israelischen Hauptstadt im Jahr 1950 und der Umzug der Regierung in diese Stadt legen den Grundstein für einen starken städtebaulichen Entwicklungsschub: „Since 1950, the resolution has been translated into stone and concrete, and building is still going on."[223] Die Baupolitik, deren Grundlagen im Nationalplan festgeschrieben sind, verfolgt zwei Ziele. Auf kommunaler Ebene müssen vor allem der Siedlungsbau und die Wirtschaftsstruktur gefördert werden, um die Lebens- und Funktionsfähigkeit der geteilten Stadt als funktionierenden, möglichst eigenständigen Organismus wiederherzustellen. Auf nationaler Ebene gilt es, Jerusalem durch den Aufbau zentraler Institutionen nicht nur territorial, sondern auch funktional in die Staatsstruktur zu integrieren. Mit der Methode des architektonischen „fait accompli", die Präsident Chaim Weizmann bereits 1948 skizziert, bemüht sich der Staat, eine enge Verknüpfung von institutioneller Anwesenheit, politischer Verwaltung und spiritueller Zugehörigkeit herzustellen, die ein Herauslösen Jerusalems aus dem israelischen Territorium unmöglich macht: „It [= Jerusalem] houses our central national institutions, the Jewish Agency, the Jewish National Fund, the Keren Hayesod, the Chief Rabbinate, the Hebrew University, the Hebrew National Library, the Jewish Medical Centre and numerous learned and communal bodies. It is now also the seat of the Supreme Court. It seems utterly inconceivable that this Jewish city should be placed under foreign rule. It seems inconceivable [to detach the Jewish State] of its spiritual centre and historical capital."[224] Die Errichtung nationaler Institutionen und Gedenkstätten muss zugleich auch als symbolischer Akt gelesen werden, mit dem die Funktion Jerusalems als

---

[223] Zit. Cohen, S. 1967: 3. Kaskin 1975: 4 sieht die Entwicklung etwas skeptischer. In einem kurzen Artikel in der Jerusalem Post beschreibt er, wie finanzielle, bau- und versorgungstechnische Schwierigkeiten sowie Unstimmigkeiten zwischen Regierung, Architekten oder religiösen Vertretern über ästhetische Fragen größere Bauprojekte verzögern oder ganz verhindern.
[224] Zit. Weizmann 1948: 2.

historisches, politisches, kulturelles und religiöses – das heißt nationales – Zentrum anerkannt und in diesem Sinne weiter gefördert wird.[225]

Zu den wichtigsten Bauaufgaben in Jerusalem zählt es, ein neues Stadtzentrum zu etablieren, da der historische Kern mit seinen zentralen Funktionen nach dem Unabhängigkeitskrieg von 1948/49 jenseits der israelischen Grenze liegt. Die Hügel von Givat Ram und vom Har Ha'Zikaron werden als Standorte für zentrale Einrichtungen ausgewiesen, um eine starke Westverlagerung der Stadt vorzubereiten. Dieses neue Zentrum übernimmt dabei weniger städtische als vor allem staatlich-nationale Funktionen, so dass es mit seinem nationalen wie symbolischen Charakter als Ausgleich für den Verlust der Altstadt gelesen werden kann. Nicht weit voneinander entfernt werden hier die Knesset, das Kongresszentrum, das Israel-Museum mit dem Schrein des Buches und die Gedenkstätten auf dem Berg der Erinnerung errichtet. Vor allem die offiziellen Ansprachen, die diese Bauten begleiten, machen deutlich, welche außen- und innenpolitische Wirkung mit diesen Bauprojekten intendiert ist. Ihre räumliche Verortung stellt ein symbolisches Beziehungsgeflecht her, das eine spezifische Lesart vorgibt, in dem die Staatsgründung eine logische und teleologische Konsequenz der Geschichte von der glorreichen Antike über den Zionismus, den Holocaust und den Unabhängigkeitskrieg bildet. Die einzelnen Bauten – ihre Inszenierung und Interpretation – nehmen in diesem räumlichen Beziehungsgeflecht unterschiedliche symbolische Aufgaben wahr. Zum einen sind sie auf eine demonstrative Außenwirkung angelegt, um die israelischen Ansprüche auf Jerusalem und auf einen jüdischen Staat in der Architektur festzuschreiben. Zum anderen fällt ihnen innenpolitisch die Aufgabe zu, der Bevölkerung als Fixpunkt und Konstanten der historischen, politischen und kulturellen Rückversicherung zu dienen. In ihnen kristallisieren sich die grundlegenden Positionen und nationalen Charakteristika einer kollektiven Identität.

Die Betrachtung einiger nationaler Bauprojekte in Jerusalem zeigt, wie stark das Baugeschehen von der Regierung gesteuert und für politische Interessen vereinnahmt wird. Oberstes Ziel ist es, Jerusalem entgegen internationaler Interventionen für sich und für das Judentum zu beanspruchen. Mit dem Bau nationaler Institutionen und der Inszenierung denkmalpolitischer Projekte gelingt es, in Jerusalem ein Macht- und Legitimationszentrum des israelischen Staates aufzubauen. Dennoch erscheint diese nationale Topographie wie über den Stadtgrundriss gelegt, ohne tatsächlich fest am Ort verwurzelt zu sein. Die einzelnen Bauten und Gedenkstätten vergegenständlichen die nationale Narration und besetzen einen Ort; einen natürlichen oder historischen Bestandteil der Landschaft bilden sie jedoch nicht. Das Regie-

---

[225] Sharon 1951: 23 formuliert im Nationalplan, dass die grundlegende Funktion von Jerusalem sei „to serve as capital of the State of Israel and a religious centre. Jerusalem must be enabled to develop as a political, cultural and religious entity."

rungszentrum, das Kulturviertel und der Berg der Erinnerung hätten prinzipiell an jedem anderen Ort und auch in anderen Ländern[226] errichtet werden können. Erst das symbolische Aufladen der Stätten, ihr ritualhaftes und rhetorisches Einbeziehen in den Alltag und das Bewusstsein der Gesellschaft sowie die Konstruktion biblischer Traditionslinien erklären den Standort Jerusalem. Die Rückbindung des spezifischen Volkes an den spezifischen Ort – das Land der Vorfahren, die über Generationen hinweg den Charakter und die Identität des Volkes am historischen Ort geprägt haben – ist in der Architektur und der räumlichen Inszenierung nicht sofort erfahrbar. Es fehlt an physischen Zeugnissen, mit denen die historische und kontinuierliche Anwesenheit des jüdischen Volkes in Palästina zu belegen ist.[227] Diese Problem entsteht vor allem dadurch, dass die bedeutenden historischen Stätten, die auf eine lang andauernde Geschichte und Präsenz des jüdischen Volkes in Jerusalem verweisen und als solche inszeniert werden könnten, seit dem Ende des Unabhängigkeitskrieges 1949 überwiegend im Ostteil der Stadt oder in der Westbank liegen und damit für Israel unerreichbar sind. Dies gilt insbesondere für die Altstadt Jerusalems, in der einst das zentrale Heiligtum, der Tempel und die Bundeslade, stand. Südwestlich des Tempelberges, auf der anderen Seite des Tyropoeon Tals, schließt das jüdische Viertel an, das auf eine unterbrochene, aber dennoch jahrtausendalte jüdische Besiedlung an diesem Ort verweist. Beide, der Tempelberg und das jüdische Viertel liegen nach dem Unabhängigkeitskrieg von 1949 bis zum Sechs-Tage-Krieg von 1967 jenseits der Grenze auf arabischem Gebiet und sind dem israelischen Einflussbereich entzogen.[228]

Archäologie und die Suche nach materiellen Zeugnissen einer jüdischen Vergangenheit in Palästina, die die Gegenwart durch eine Kontinuitätskonstruktion begründen, erfahren seit den ausgehenden 1920er Jahren unter den jüdischen Einwanderern in Palästina und später auch im Staat Israel zunehmende Aufmerksamkeit und Popularität.[229] Vor allem seit Ausbruch der jüdisch-arabischen gewaltsamen Auseinandersetzungen Ende der 1920er Jahre, mit denen die Siedlungstätigkeit der Juden in Palästina in Frage gestellt wird, werden archäologische Funde zu einer Quelle

---

226 Vgl. Kapitel 1.1 und die frühe zionistische Forderung der Territorialisten, die den Aufbau eines jüdischen Staates auch in anderen Ländern wie Uganda oder Argentinien erwägen.
227 Smith 2000: 17 spricht in diesem Zusammenhang von der „territorialization of memory".
228 Die Waffenstillstandsvereinbarungen zwischen Jordanien und Israel nach dem Unabhängigkeitskrieg von 1948/49 sehen eigentlich den uneingeschränkten Zugang zu allen heiligen Stätten in Jerusalem vor. Jordanien aber verbindet die Erlaubnis für Juden, die heiligen Stätten auf arabischer Seite zu besuchen, mit der Forderung des Rechts auf Rückkehr der arabisch-palästinensischen Flüchtlinge nach ihrer Flucht und Vertreibung aus Israel. Da Israel dieses Rückkehrrecht verweigert, blockiert Jordanien für Juden den Zugang zu den heiligen Stätten.
229 Vgl. Kempinski 1989, Elon 1997, Shavit 1987 und ders. 1997.

nationaler und kultureller Symbole und Rechtfertigungsstrategien.[230] Fragmente jüdischer Vergangenheit bilden einen nostalgischen Rahmen, in dem die Wurzeln der Nation und der Identität verankert werden. Mit dem Verweis auf diese historischen Kontinuitätslinien wird zugleich versucht, die jüdische Anwesenheit in Palästina zu legitimieren. Die patriotische Instrumentalisierung von archäologischen Funden findet nach der Staatsgründung ihre Fortsetzung. „Archäologie", wie der Archäologe Aharon Kempinski im Hinblick auf die Zeit bis in die 1970er Jahre darlegt, „ist nicht nur die Entdeckung und die Ausgrabung; sie ist vielmehr die völlige Identifikation mit der Geschichte des Landes und mit der Erde. Sie ist ‚unsere Wurzel'; und mit ihrer Hilfe vollführen wir den mystischen Epochensprung von unserer eigenen Zeit in die der Bibel und des Zweiten Tempels."[231] Das Bemühen, die Vergangenheit zu beleben und die Gegenwart in die historisch-kulturelle Kontinuität des Volkes am historischen Ort einzuordnen, wird vor allem in den Grabungen und der politisch-ideologischen Interpretation der Funde von Masada (1963–65), von Hazor (1955–58, 1968–69), der kanaanitischen Königsstadt, die während der israelitischen Landnahme unter Josua erobert und zerstört wird (Jos 11,1–14), sowie der Entdeckung der Qumran-Rollen und ihrer Ausstellung im Schrein des Buches in Jerusalem deutlich.[232] Ergebnisse und Informationen werden von politischer Seite selektiv ausgewählt und so interpretiert, dass sie in das übergeordnete kulturelle und wertevermittelnde System des Staates und seiner Identitätskonstruktion integriert werden können.[233] Archäologie und historische Zeugnisse werden zu ideologischen Instrumenten, die die historische Realität der biblischen Berichte bezeugen und damit der jüdischen Nation und dem israelischen Staat eine historische Dimension verleihen sollen. Grabungsorte und -funde werden im Zionismus und im Staat Israel als autoritative Monumente einer nationale Historiographie und Kollektividentität in das gesellschaftliche Bewusstsein eingeschrieben, die das historische Recht auf das Land und die eigene Geschichte in ihm über die Ansprüche anderer Völker und Nationen stellt.[234]

---

230 Elon 1971: 371–372 und Kempinski 1989: 3–4 berichten von der Entdeckung des Mosaikfußbodens einer Synagoge (erste Hälfte 6. Jahrhundert) in Beit Alpha im Jahr 1928, das als nationales Zeugnis jüdischen Lebens und jüdischer Kunst in Palästina gefeiert wird. Zuvor hatten die Einwanderer der ersten und zweiten Aliya bis 1914, Anhänger des praktischen und sozialistischen Arbeiterzionismus, den archäologischen Funden in Palästina kaum Aufmerksamkeit geschenkt.
231 Zit. Kempinski 1989: 2.
232 Einen Überblick über archäologische Aktivitäten in Israel bis Ende der 1950er Jahre gibt Applebaum 1962.
233 Vgl. Shavit 1997: 48. Zur Inszenierung der nationalen Mythen, insbesondere der biblischen und antiken jüdischen Geschichte, vgl. Harkabi 1983, Kempinski 1989, Ben-Yehuda 1995 und Zerubavel 1995; zu den Qumran-Rollen vgl. Kapitel 3.3.2 dieser Arbeit.

Im Sechs-Tage-Krieg vom 5. bis 11. Juni 1967 gegen Ägypten, Jordanien und Syrien erobert Israel mit der Westbank und dem Ostteil Jerusalem einige der wichtigsten heiligen Stätten des Judentums, allen voran die Altstadt Jerusalems mit dem Tempelberg und dem jüdischen Viertel (Abb. 169). Am 8. Juni, nachdem die israelische Armee bis an die Klagemauer (hebr. Ha'Kotel Ha'Maariv, die Westmauer) vorgedrungen ist, verkündet der Verteidigungsminister Moshe Dayan: „This morning, the IDF liberated Jerusalem. We have united Jerusalem, the divided capital of Israel. We have returned to the holiest of our holy places, never to part from it again."[235] In der Resolution 242[236] fordern die Vereinten Nationen Israel vergeblich zum Rückzug aus den besetzten Gebieten auf. Für Israel ergeben sich nach den Eroberungen im Sechs-Tage-Krieg neue Möglichkeiten, aber auch neue Notwendigkeiten, über denkmalpolitische Projekte eine historische Legitimation des Staates und seiner territorialen Ansprüche zu inszenieren, mit denen dieser am authentischen Ort fest in der nationalen Landschaft verwurzelt wird. Infolge dessen ergreift die israelische Regierung verschiedene Maßnahmen, mit denen der Ostteil der Stadt unwiderruflich dem Staatsterritorium angegliedert wird und der unbehinderte Zugang zu den heiligen und nationalen Stätten gewährleistet werden soll. Bereits Ende Juni 1967 verabschiedet die Knesset einige Gesetze, die die arabische Stadtverwaltung Ost-Jerusalems absetzen und die israelische Administration und Jurisdiktion auf das gesamte Jerusalemer Stadtgebiet in seinen neu festgelegten, metropolitanen Grenzen übertragen.[237] Diese Schritte werden von den Vereinten Nationen verurteilt, von Israel jedoch nicht rückgängig gemacht.[238] Auch wenn die Knesset erst offiziell am 17. August 1980 das „ganze und ungeteilte Jerusalem zur ewigen Hauptstadt Israels und zum Sitz der Regierung"[239] erklärt, wird der Ostteil Jerusalems bereits mit den Gesetzen vom Juni 1967 an das israelische Staatsgebiet angeschlossen. Nun sei es die Aufgabe und die historische Verantwortung des jüdischen Volkes, so der Premierminister Levi Eshkol im Sommer 1968, die Wiedervereinigung Jerusalems zu vollenden: „By the grace of the unfolding of Jewish history, we have come back to historic Jerusalem and made it one and undivided again, as our whole and sovereign capital. Now it is our duty to finish the task, and to this generation of ours is the privilege vouchsated: we are not longer free to divest ourselves of the great respon-

---

234 Vgl. Shavit 1987: 54 und Whitelam 1997. Zum dialektischen Prozess des Erinnerns und Vergessens, der Rede und Gegenrede vgl. Kapitel 1.2 dieser Arbeit.
235 Zit. Moshe Dayan nach: The Jerusalem Post, 08.06.1967: 1.
236 Auszüge in: Schreiber/Wolffsohn 1993: 201.
237 Vgl. Al-Khatib 1981: 19–21, Benvenisti 1996: 35–36 und Dumper 1997: 38–42.
238 Zu den zwei Resolutionen Nr. 2253 und 2254 vgl. UN-Key Resolutions 1997: 151.
239 Vgl. Basic Law: Jerusalem, Policy Background, 324/1.11.02, Ministry of Foreign Affairs, Information Division, 17. August 1980, in: Dumper 1997: 39–40.

sibility."[240] Baumaßnahmen und gesetzliche Statusveränderungen, die von den arabischen Staaten und den Vereinten Nationen als widerrechtliche Politik verurteilt werden, erklärt Eshkol damit zur historischen und moralischen Verpflichtung: „First and foremost, what matters is what we are doing, and shall do, to extend resettlements in Jerusalem, to magnify its might, so that it stretch outwards, north, south and east. Just as, in the heart of the nation, Jerusalem is a blend of past and future, so, too, must be all that we do in the city."[241] Insbesondere zwei Dinge stünden in der Verantwortung des jüdischen Volkes und seien zugleich wichtige Symbole der Rückkehr (reappearance) der Juden in die ungeteilte Stadt Jerusalem: „One is the restoration of the ruins of the Jewish Quarter, the other the redemption of the Western Wall, its clearance and cleansing, and the diggings to the south of the Temple Mount. […] We are planting its [= the coming generation] future life in the Jewish Quarter, and that will be a new era in the procession of its unbroken past."[242]

Planungen für die Altstadt, insbesondere für das jüdische Viertel, werden vor diesem Hintergrund zu einem nationalen Projekt, das der Stadtverwaltung entzogen und auf oberster politischer Ebene im Amt des Premierministers angesiedelt wird. David Ben Gurion, seit 1963 nicht mehr Premierminister, fordert nach dem Ende des Sechs-Tage-Krieges den Abriss der Altstadt-Mauer aus dem 19. Jahrhundert, da sie nicht Zeugnis jüdischen Bauschaffens sei und ein Zusammenwachsen der beiden Stadtteile Ost- und West-Jerusalems verhindere.[243] Sein Nachfolger Levi Eshkol hingegen setzt sich vehement für eine Gesamtkonzeption der Altstadt und den Wiederaufbau des jüdischen Viertels in den historischen Formen und Traditionen ein. In Koordination mit dem Masterplan für ganz Jerusalem, der 1967–68 unter der Leitung von Aviva Hashimshony, Joseph Schweid und Zion Hashimshony erarbeitet wird, werden Arieh Sharon, sein Sohn Eldar Sharon und David Anatol Brutzkus vom Innenministerium beauftragt, einen Rahmenplan für die Altstadt und ihre nächste Umgebung (Outline Town Planning Scheme for the Old City and its environs) zu entwickeln.[244] Das Plangebiet umfasst die Altstadt und ihren „visual space", das heißt die im Süden und Osten angrenzenden Täler (Himnon- und Kidron-Tal) sowie die Hügelkette vom Government House Hill im Süden über das Dorf Silwan und den Ölberg zum Skopus Berg.[245] Der Plan steht in der Tradition britischer Planungen aus den zwanziger und dreißiger Jahren, in denen die Flächennutzung, die Zonierung, das Parksystem auf den Hügeln um die Altstadt und die leergeräumte,

---

240 Zit. Eshkol 1968: 9.
241 Zit. Eshkol 1968: 12.
242 Zit. ebenda.
243 Vgl. Benvenisti 1996: 143.
244 Zum Masterplan von Jerusalem vgl. Hashimshony/Schweid/Hashimshony 1971; zum Rahmenplan der Altstadt vgl. Old City of Jerusalem 1970 und Sharon 1973.
245 Vgl. Old City of Jerusalem 1970: 3.

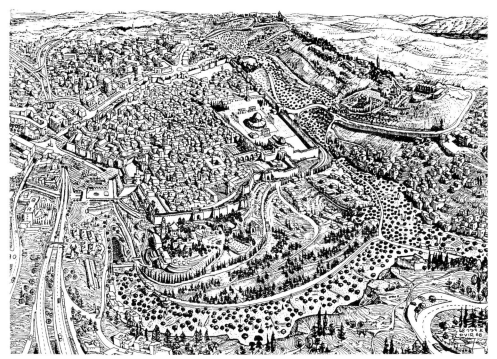

Abb. 70: Yaacov Yannai und Arye Dvir (National Park Authority): Landschaftsplan des Nationalparks um die Altstadt von Jerusalem, 1967

begrünte Zone rund um die Altstadt-Mauer festgelegt worden waren (Abb. 14 – 15).[246] Der israelische Rahmenplan von 1970 verbietet ebenfalls eine hohe und dichte Bebauung auf den Hügeln, um die Silhouette der Altstadt zu bewahren. In ihm werden große Grünflächen und denkmalpflegerische Projekte ausgewiesen und ein Nationalpark rund um die Altstadt vorgeschlagen. Yaacov Yannai, Direktor der „National Park Authority", und sein Mitarbeiter Arye Dvir erstellen einen Gartenplan (Abb. 70), der einen terrassierten Landschaftspark um die Altstadt herum vorsieht, in den die vor Ort gefundenen historischen Fragmente verschiedener Religionen und Zeiten integriert sind: „The very names of the site, hallowed by history, to be encompassed by this project evoke the profoundest thoughts of half the human race. The city of David and Mount of Olives and Gethsemane; and the walls themselves, modern – only 400 years old – built on the much earlier foundations of the walls of the ancient city of Jerusalem."[247] Die Mauer selbst soll renoviert und auf ihre originale Höhe aufgebaut werden. Mauer und Park isolieren die Altstadt im Stadtgrundriss, so dass sie entgegen der Absichten der Architekten des Rahmenplans nicht in organischer Verbindung zum restlichen urbanen Organismus steht, sondern droht, ein „frozen historical monument" und ein „museum piece" zu werden.[248]

Der Wiederaufbau des jüdischen Viertels in Jerusalem

Für die Arbeiten im jüdischen Viertel wird im Spätsommer 1967 eine „Company for the Reconstruction and Development of the Jewish Quarter in the Old City of Jerusalem" (CRDJQ) eingesetzt, die direkt dem Premierminister untersteht. Ihr Auftrag ist es, „to develop the Jewish Quarter as a national, religious and historic site, which includes a residential area and public services for its inhabitants and visitors."[249] Das jüdische Viertel war im Unabhängigkeitskrieg 1948/49 stark zerstört worden, und nachdem die Altstadt 1949 unter jordanische Verwaltung gefallen war, siedelten die circa 2000 Juden, die dort noch lebten, in die Neustadt nach West-Jerusalem um.[250] Ein Großteil der öffentlichen und religiösen Einrichtungen, die Mitte des 19. Jahrhunderts – in der siedlungsstärksten Zeit des jüdischen Viertels – errichtet worden

---

246 Vgl. Kapitel 3.2 dieser Arbeit.
247 Zit. „The National Park Authority and the Jerusalem National Park (Draft)", im ISA, RG125, Gimel Lamet 3845, Akte 4 (Orig.Nr. 1035). Zu dem Projekt vgl. auch Dvir 1975 und das Planmaterial im ISA, RG125, Gimel Lamet 3834, Akte 9 (Orig.Nr. 1010) und Akte 6 (Orig.Nr. 1007) sowie Gimel Lamet 3837, Akte 7 (Orig.Nr. 1011).
248 Vgl. Sharon 1973: 1.
249 Zit. Sharon 1973: 177.
250 Um 1800 leben etwa 2000 Juden in der Altstadt. In Folge der zunehmenden Einwanderung steigt die Zahl um 1900 auf circa 19.000 jüdische Einwohner an. Mit Beginn der Siedlungstätigkeit außerhalb der Stadtmauer und aufgrund der gewalttätigen Auseinandersetzungen zwischen Juden

waren, wird nach 1949 von der arabischen Bevölkerung, die in das Viertel zieht, zerstört oder umgenutzt (Abb. 71–72).[251] Als Israel 1967 die Altstadt erobert, liegen weite Bereiche des jüdischen Viertels in Trümmer oder sind stark heruntergekommen; Kanalisations-, Wasser- und Stromleitungssysteme sind kaum vorhanden. „The return of the Jewish Community to the Old Quarter within the walls", so die grundlegende Aussage der CRDJQ, „is a national objective of great importance."[252] Vor dem Hintergrund, dass Israel von den Vereinten Nationen aufgefordert wird, sich aus den 1967 besetzten Gebieten zurückzuziehen, wird die Rekonstruktion des jüdischen Viertels vorrangig zu einem Akt territorialer und kultureller Aneignung.[253] Sie ist eine politische und ideologische Maßnahme der endgültigen Inbesitznahme territorialer Eroberungen, die über die Kontinuitätskonstruktion ihrer historisierenden Inszenierung die Rechtfertigung für diesen Akt gleich mitliefert.

Die CRDJQ hat die Aufgabe, die archäologischen Arbeiten, die Baumaßnahmen im Sinne eines historisierenden Erscheinungsbildes und die Wiederbelebung jüdischen Lebens in dem Viertel zu organisieren. Das zukünftige Gesamtbild des Viertels soll dabei in seiner Substanz sowie in seiner Besiedlungs- und Nutzungsstruktur eine kontinuierliche jüdische Präsenz suggerieren und die Spuren andersethnischer oder andersreligiöser Besiedlung weitgehend ausblenden. In diesem Sinne und um Raum für jüdische Ansprüche zu schaffen, erfolgt bereits am 11. Juni, nur vier Tage nach der Eroberung der Altstadt, in Absprache zwischen dem Bürgermeister Teddy Kollek und dem Verteidigungsminister Moshe Dayan der Abriss des direkt an die Klagemauer angrenzenden moslemischen Mugrabhi-Viertels (Abb. 73). Mit nur wenigen Stunden Vorwarnung müssen circa 650 Moslems die 135 Häuser und zwei alten Moscheen räumen, die über Nacht abgerissen werden.[254] Aus dem schmalen, etwa 120 Quadratmeter messenden Streifen zwischen dem eng bebauten Mugrabhi-Viertel und der Klagemauer wird nun eine große Freifläche von über 4000 Quadratmetern, die den Zustrom von Besuchern und betenden Juden aufnehmen soll (Abb. 74). Der Verweis auf den schlechten Bauzustand der Gebäude und die jahr-

---

und Moslems – insbesondere in der dicht gedrängten Altstadt – nimmt die Einwohnerzahl im 20. Jahrhundert innerhalb der Altstadt stark ab. Vgl. Ben-Arieh 1984: 278–279 und 358.

251 Zur Geschichte des jüdischen Viertels vgl. Rosenthal 1974/75, Ben-Arieh 1984 und Naor 1987.
252 Zit. Gardi 1977: o. S. [= Einführung durch den Generaldirektor der CRDJQ S. Peleg].
253 Der Wiederaufbau des jüdischen Viertels muss klar unterschieden werden von den Sanierungsarbeiten alter Städte wie Jaffa, Akko, Ein Hod, Tiberias und Safed (Zefat), mit denen bereits Ende der 1950er Jahre begonnen wird. Renovierungs- und Rekonstruktionsarbeiten haben, wie der beteiligte Architekt Eliezer Frenkel schreibt, die Aufgabe „[to] satisfy man's need for identity and containment in an otherwise anonymous environment. Renovation acts as a mediator between the physical city and the psychological demands." Zit. Frenkel 1980: 5. Im Fall dieser frühen Sanierungsprojekte sind es weniger Stätten jüdischer Geschichte, die renoviert werden, sondern generell historische Orte, die vor allen in Kooperation mit dem Tourismusministerium entwickelt werden.
254 Vgl. Benvenisti 1976: 306–307, Al-Khatib 1981: 18–19 und Dumper 1997: 161–162.

Abb. 71: Luftbild des jüdischen Viertels in Jerusalem vor den Zerstörungen im Unabhängigkeitskrieg 1948/49. Im Vordergrund die Hurva und die Tiferet Israel Synagoge; im Hintergrund – Blick nach Nordosten – der Tempelberg mit dem Felsendom, rechts unter ihm die Klagemauer und das vor ihr liegende Mograbhi-Viertel

Abb. 72: Luftbild des jüdisches Viertel in Jerusalem, Mitte der 1970er Jahre. Im Vordergrund der Tempelberg und der Platz vor der Klagemauer. Blick nach Westen auf die im Bau befindliche Yeshiva Porat Yoseph, dahinter das Baugrundstück der Yeshiva Ha'Kotel; rechts der „Deutsch-Platz" (Batei Mahase Square) mit dem renovierten Haus Rothschild und den „Houses of Shelter" (links)

Abb. 73: Jüdisches Viertel in Jerusalem, 1936. Blick nach Nordosten auf das moslemische Mograbhi-Viertel, die Klagemauer und den Tempelberg mit dem Felsendom

Abb. 74: Platz vor der Klagemauer in Jerusalem, um 1970

zehntelangen Bemühungen, den Platz vor der Klagemauer, der sich im Besitz der moslemischen frommen Stiftung (Wakf) befindet, rechtmäßig zu erwerben, sollen diese Maßnahme begründen.[255] In Verhandlungen 1914–15 habe, so das häufige Argument, Jamal Pasha dem Verkauf des Mograbhi-Viertels weitgehend zugestimmt.[256] Der Vertrag sei dann aber durch den Ausbruch des Ersten Weltkrieges und durch die Finanzierungsprobleme seitens der Zionistischen Weltorganisation nicht zustande gekommen. Die Dekonstruktion arabischer Ansprüche gipfelt in der Klassifizierung und Hierarchisierung heiliger Ansprüche: „The meaning […] of Jerusalem, which is the first city of Jewry, the second city or less of Christendom, and the third city or less of Islam" lässt die Eroberung der Altstadt aus jüdischer Perspektive als „Erlösung" (redeeming) der Stadt und des Judentums erscheinen.[257] Im Judentum spiele der Tempelberg eine zentrale Rolle, im Islam hingegen sei er ein Nebenschauplatz unter zahlreichen anderen heiligen Stätten. Der Koran (Sure 17,1) berichtet von der mythischen Reise des Propheten Mohammed auf seinem Pferd Buraq von Mekka nach Jerusalem, wo er das Pferd an der Westmauer des Tempelberges angebunden haben soll, um dann vom heiligen Felsen seine Himmelsreise anzutreten. Im Judentum aber sei der Tempelberg der irdische Ort der Anwesenheit Gottes (schechina) und die Westmauer zentraler Gedächtnisort biblischer Geschichte und messianischer Verheißung. Die Bedeutung Jerusalems sowie des Tempelbergs und seiner Substruktionen sei im Judentum daher bedeutend höher als in anderen Religionen, was auch die Ansprüche auf den Raum und die Architektur begründet.[258]

Mit dem Abriss des Moghrabi-Viertels ist zwar ein großer Platz geschaffen worden, zugleich aber verliert die Klagemauer aufgrund der Freilegung ihren monumentalen, Ehrfurcht erregenden Charakter. Überlegungen werden angeführt, das Niveau des gesamten Platzes um circa neun Meter – bis an die Fundamente der Herodianischen Mauer – abzusenken (Abb. 75–76).[259] Mit den zusätzlich sichtbaren Gesteins-

---

255 Vgl. o. A.: Western Wall area cleared, in: The Jerusalem Post, 12.06.1967: 4. Ben-Dov/Naor/Aner 1984: 125–126, verweist auf die Versuche von Baron Edmond Rothschild und Sir Moses Montefiore in den 1880er Jahren sowie dem Direktorium der Anglo-Palestine Bank im Jahre 1913, den Platz vor der Klagemauer zu kaufen. 1916 wird unter anderem von Jacob Thon eine neue Spendensammlung für den Kauf des Platzes initiiert, vgl. Schriftwechsel in: CZA, Z3/1474.
256 Vgl. Shoshana Halevi: When the Wall was nearly won, in: The Jerusalem Post, 15.09.1972, Weekend-Magazine: 9–10.
257 Vgl. Susan A. Gitelson: Reedeming Jerusalem, in: The Jerusalem Post, 21.05.1971, Weekend-Magazine: 9.
258 Vgl. Sher 1950 und Ben-Dov/Naor/Aner 1984 und Kapitel 3.1 dieser Arbeit.
259 Joseph Schoenberger, beratender Architekt im Religionsministerium führt in Zusammenarbeit mit den Architekten A. Kutcher, S. Aronson und S. Aharonson eine Untersuchung zur Gestaltung des Areals vor der Klagemauer durch. Dabei entstehen einige Studien, die unterschiedliche Abtreppungen und Freilegungen auf dem Platz vorschlagen. Vgl. Schoenberger 1973.

lagen der Mauer könnte die Proportion zwischen ihr und dem riesigen Vorplatz etwas korrigiert werden. Der kanadisch-israelische Architekt Moshe Safdie arbeitet seit den 1970er Jahren an einem Gestaltungskonzept, das einerseits die Bedürfnisse der Betenden nach einer dem Alltäglichen entzogenen Sakralität, andererseits aber dem Platz einen urbanen Charakter mit allen städtischen Funktionen verleiht (Abb. 77). Vor allem religiöse Vertreter stellen sich jedoch gegen solche Grabungen, wie Moshe Safdie berichtet: „The Religious were very reluctant with excavations, because they were afraid to find a church or a mosque, which could not be removed, and than they might not be allowed to pray there."[260] Selbst Zusagen seitens der Archäologen, alle Funde zu dokumentieren, danach aber ungeachtet ihres Wertes abzutragen, überzeugen die religiösen Vertreter nicht, Grabungen vor der Klagemauer zuzustimmen.[261] Es sind nicht nur Bedenken, dass während der Grabungs- und Bauarbeiten, die Gebete gestört werden könnten. Jeder archäologische Fund birgt zugleich auch die Gefahr, dass die biblische Vergangenheit zwar belegbar, damit aber auch profanisiert wird. Die Auslegung und Entschlüsselung mystischer Texte lag bis vor Beginn der biblischen und jüdischen Archäologie ausschließlich in der Autorität der Religionsgelehrten. Ihre Interpretationen bedürfen keiner archäologischen und materiellen Beweisführung. Ihre autoritative Schlüsselrolle in der Textanalyse könnte jedoch durch wissenschaftliche Ergebnisse in Frage gestellt werden.[262] Solche Kompetenzstreitigkeiten und die Frage, welchen Stellenwert die Klagemauer im Verhältnis zum Tempelberg, das heißt zu den Erwartungen auf einen Dritten Tempel, besitzt, beeinflussen beziehungsweise verhindern eine architektonische Gestaltung des Platzes bis heute (Abb. 74). Verschiedene Entwürfe werden vorgestellt, aber keinem gelingt es, die Religiösen, die Zionisten und auch die Öffentlichkeit zu überzeugen.

Kontroverse um die Gestaltung des Platzes vor der Klagemauer und um verschiedene Bauprojekte innerhalb des jüdischen Viertels deuten an, was für ein sensibles und politisch-ideologisches Thema der Wiederaufbau des jüdischen Viertels ist. Der Versuch, erobertes Gebiet architektonisch und denkmalpolitisch dem Staatsgebiet anzugliedern, ist dabei nur eine Komponente. Wie an der Wiederaufbauplanung und einigen architektonischen Beispielen zu zeigen ist, brechen an diesen Projekten auch die Widersprüche in der israelischen und der jüdischen Gesellschaft auf. Es ist die Fortsetzung des Konflikts zwischen den streng religiösen und den nationalzionistischen Gruppierungen um die Positionierung des Staates Israel innerhalb der jüdischen Geschichte und seines Verhältnisses zu den messianischen Verheißungen. Die Frage nach dem Verhältnis von Zionismus und Religion fordert – übertragen auf die Suche nach einer Form der architektonischen Repräsentation des Staates

---

260 Zit. Moshe Safdie im Gespräch am 01.02.2001.
261 Diverse Gespräche mit dem am Wiederaufbau des jüdischen Viertels beteiligten Architekten und Archäologen Ehud Netzer (ehemals Menschel) in den Jahren 2000 bis 2002.
262 Zum Verhältnis von Religion und Archäologie vgl. auch Shavit 1997.

Abb. 75: Schnitt durch den Platz vor der Klagemauer, Jerusalem; im Zentrum die Klagemauer mit der Kartierung ihrer herodianischen Fundamente, um 1980

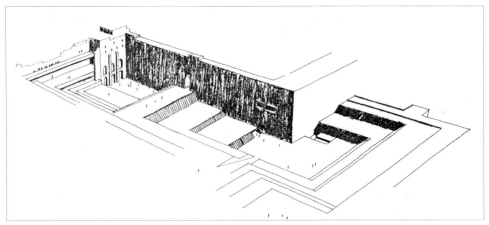

Abb. 76: Proportionsstudien zur Gestaltung und Absenkung des Platzes vor der Klagemauer, Jerusalem, 1973

Abb. 77: Moshe Safdie: Gestaltungskonzept für den Platz vor der Klagemauer, Jerusalem, 1974

und der Gesellschaft – ein Abwägen zwischen Modernität und Tradition. Eine solche ambivalente beziehungsweise gegensätzliche Haltung ist auch beim Wiederaufbau des jüdischen Viertels zu beobachten.

Der Druck, mit dem Aufbau und der Besiedlung des jüdischen Viertels so schnell wie möglich zu beginnen, veranlassen den Jerusalemer Bürgermeister Teddy Kollek und die Regierung noch bevor die CRDJQ mit ihrer Arbeit beginnt, einzelne Bauprojekte zu initiieren. Die Architekten Eliezer Frenkel, Yaacov und Ora Yaar sowie Saadia Mandl werden bereits im Juli 1967 aufgefordert, sich – „without delay" – ein geeignetes Grundstück innerhalb des Viertels zu suchen und zu überbauen.[263] Das Architektenteam hat sich seit Anfang der 1960er Jahre in der behutsamen Sanierung und Lückenschließung der Altstädte von Akko und Jaffa bewährt. Teddy Kollek, damals Direktor im Amt des Premierministers und für die Programme der Slum-Beseitigung und der Altstadt-Sanierungen im Hinblick auf die Tourismusförderung zuständig, vermittelt – nun als Bürgermeister von Jerusalem – diesen Auftrag.[264] Die vier Architekten entscheiden sich für den „Deutsch-Platz" (auch: Batei Mahase Platz) mit den angrenzenden Bauten (Abb. 78), insbesondere den Batei Mahase (Houses of Shelter) und dem Haus Rothschild (Beit Rothschild). Die Gebäude waren als soziale Einrichtungen in der zweiten Hälfte des 19. Jahrhunderts errichtet worden. Ihre Eigentumsverhältnisse sind geklärt, so dass sofort mit Baumaßnahmen begonnen werden kann.[265] In einem ersten Schritt werden die bestehenden Gebäude saniert und weitgehend nach historischen Dokumenten oder Vorbildern ergänzt (Abb. 79–80). In einem zweiten Schritt folgt die Einfassung des Platzes durch Neubauten. Aufgeteilt auf einzelne Architekten entstehen verschiedene Gebäude, die die Struktur und Gestalt des Viertels, seine Proportionen, Kubaturen und Formen sowie einige gestalterische Elemente wie Kuppeln, Erker, Arkaden- und Fensterbögen etc. aufgreifen. Das gesamte Projekt entsteht als Musterbeispiel für den konzeptionellen und architektonischen Umgang mit dem jüdischen Viertel als eine „Versöhnung zwischen Ost und West" – zwischen den Traditionen der Altstadt und den modernen Bedürfnissen

---

263 Vgl. Frenkel 1980: X. Vgl. auch die Sitzungsprotokolle der Planungsabteilung der CRDJQ vom 07.01.1969 und 29.04.1969 im ISA, RG 56, Gimel Lamet 3989, Akte 9.
264 Gespräch mit Teddy Kollek am 07.08.2001, mit Yaacov Yaar am 27.12.2000 und diverse Gespräche mit Eliezer Frenkel 2000–2002. Zum staatlichen „Slum-Clearance-Program" vgl. Almogi 1963; zum Sanierungskonzept von Frenkel, Yaar und Yaar für Jaffa vgl. Frenkel/Yaar/Yaar 1966.
265 Frenkel 1980: X führt für diese Wahl weitere Gründe an: Der Platz liege am Rande des Viertels und könne daher unabhängig von einem Gesamtplan des Viertels ausgeführt werden. Zudem sei das Areal von drei Seiten umbaut, so dass mögliche Fehlentwicklungen in der Gestaltung durch sie verdeckt und damit nicht sofort erkennbar seien. Es sei daher ein optimales Areal, um den Wiederaufbau des Viertels exemplarisch zu erproben.

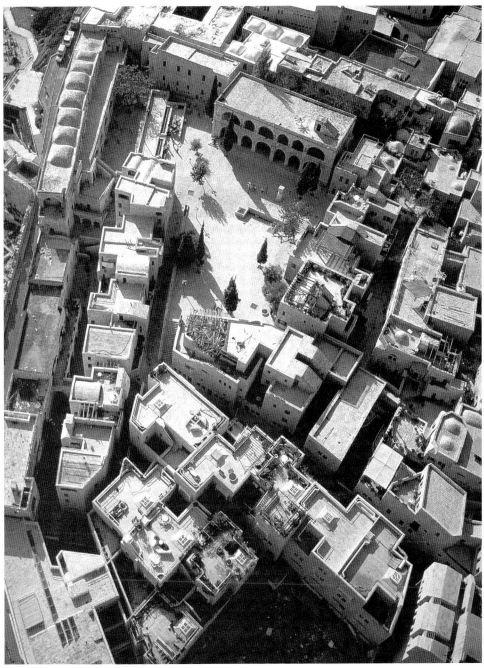
Abb. 78: Jüdisches Viertel in Jerusalem, „Deutscher Platz" (Batei Mahase Square) mit dem Haus Rothschild (oben) und den Houses of Shelter (links), nach den Wiederaufbauarbeiten, um 1975

Abb. 79: Haus Rothschild (Beit Rothschild) im jüdischen Viertel von Jerusalem, vor den Wiederaufbauarbeiten 1967

Abb. 80: Haus Rothschild (Beit Rothschild) im jüdischen Viertel von Jerusalem, kurz vor Ende der Wiederaufbauarbeiten 1967–69

der neuen Zeit.²⁶⁶ Das Architektenteam erarbeitet daraufhin den Entwurf eines Masterplans für das Viertel, wobei ihm diese Arbeit aber durch die Planer der neu eingesetzten CRDJQ abgenommen wird.²⁶⁷

Die Architekten, Archäologen und Planer der CRDJQ führen zunächst umfassenden Vermessungen im Viertel durch, in denen sie den Bestand im Hinblick auf Nutzung, Eigentumsverhältnisse (Abb. 81), den Grad der Zerstörung und die Einstufung des Ensembles- und Denkmalswertes (Abb. 82) kartieren. Auch legen sie die Grenzen des jüdischen Viertels fest, wobei sie sich an der maximalen Ausdehnung der früheren jüdischen Besiedlung orientieren.²⁶⁸ Diese Grenzziehung ist willkürlich und greift in den Baubestand des angrenzenden armenischen Viertels über. Dies zeigt einmal mehr, wie stark das Interesse daran ist, eine umfangreiche jüdische Präsenz auf besetztem Gebiet aufzubauen und darüber hinausgehend, das Argument der historischen Kontinuität ebenso flächendeckend in Architektur und Städtebau umzusetzen. In diesem Zusammenhang wird auch die Geschosszahl in weiten Teilen des Viertels erhöht, damit insgesamt mehr Wohnraum geschaffen werden kann. Um die Pläne für den Wiederaufbau konsequent realisieren zu können, werden sämtliche Grundstücke – ausgenommen Kirchen und Moscheen – enteignet. Nur circa 20 Prozent der Gesamtfläche finden sich in jüdischem Besitz, die aber ebenfalls verstaatlicht werden.²⁶⁹ Etwa 6000 Araber, die 1967 im jüdischen Viertel leben, müssen ihre Wohnungen verlassen.²⁷⁰

Oberste Prämisse im Masterplan ist es, den „religiösen, historischen und emotionalen Charakter" des jüdischen Viertels zu wahren.²⁷¹ Die historische Bedeutung ergibt sich dabei nicht aus herausragenden architektonischen Leistungen, sondern aus der Gesamtstruktur: „The Jewish Quarter does not boast architectural masterpieces as it is their historic and spiritual importance, and their connection with local tradition and way of life that largely give the buildings and sites their great importance."²⁷² Um das Quartier in Anlehnung an seine frühere Form wiedererstehen zu lassen, soll die ehemalige Mischnutzungsstruktur (Abb. 83) wieder hergestellt wer-

---

266 Vgl. Frenkel 1980: 2 der schreibt: „Modern Israel is basically a European nation while the old cities belong to a totally different culture – in this respect the renovation of the old cities is the story of the ups and downs in the reconciliation of the east with the west."
267 Die Pläne von Frenkel, Yaar und Yaar sind in einer Broschüre „Renovating the Jewish Quarter of Jerusalem" zusammengestellt. Vgl. Frenkel/Yaar/Yaar 1969-70 in der Slg. Frenkel.
268 Vgl. Netzer 1975: 118. Im Besitz von Ehud Netzer befindet sich ein Satz der Kartierungspläne.
269 Der Großteil der Gebäude gehört arabischen Familien, die sie zum Teil schon seit Jahrhunderten an Juden vermieten. Zu den Enteignungen vgl. Benvenisti 1976: 235–239.
270 Vgl. Jewish Quarter 1970: 4.32. Viele von ihnen lehnen eine Entschädigung und eine Ersatzwohnungen ab, da sie darin eine Anerkennung der Enteignung – und des Staates Israel – sehen.
271 Vgl. Gardi 1972: 34.
272 Zit. Gardi 1977: o. S.

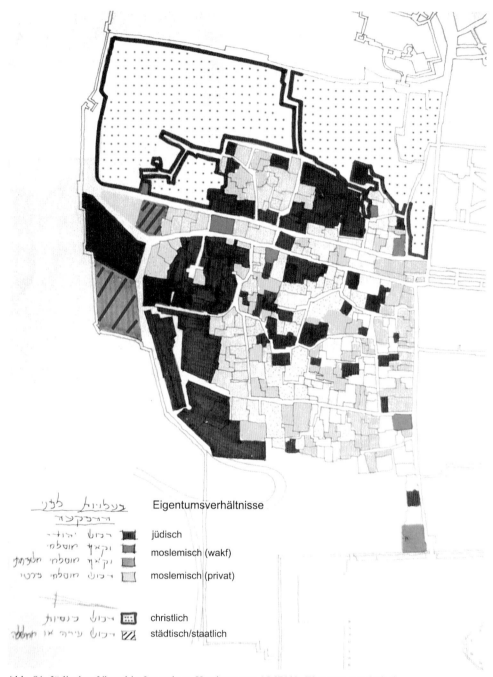

Abb. 81: Jüdisches Viertel in Jerusalem, Kartierungen 1967/68, Eigentumsverhältnisse

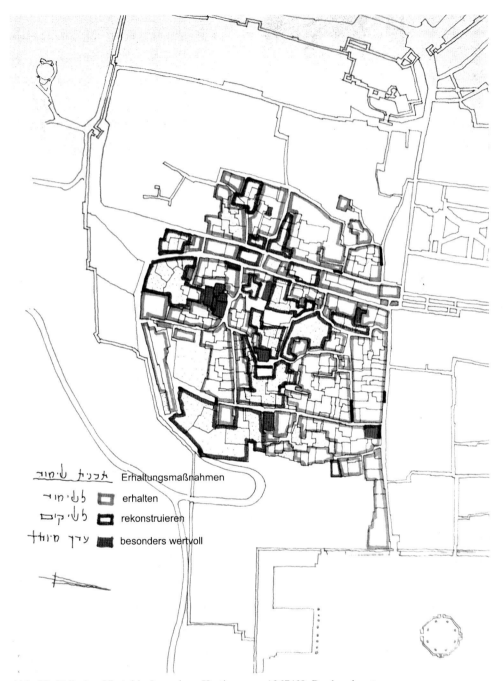

Abb. 82: Jüdisches Viertel in Jerusalem, Kartierungen 1967/68, Denkmalwert

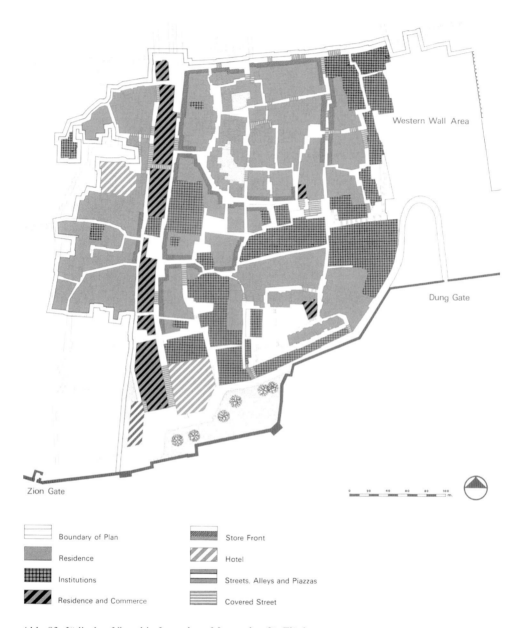

Abb. 83: Jüdisches Viertel in Jerusalem, Masterplan für Flächennutzung 1967/68

den. Außerdem sollen in der Architektur und in den konstruktiven Methoden die Traditionen und Formen der alten Bebauung aufgegriffen werden, um das historische Erscheinungsbild fortzusetzen.[273] Es gilt, die Textur des Viertels mit seiner verschachtelten, übereinander gestaffelten Bebauung sowie der klaren Trennung von privaten und öffentlichen Räumen und Straßen zu übernehmen. Bestehende Bausubstanz ist so weit wie möglich zu erhalten, zu restaurieren und im Inneren zu modernisieren. Baufluchten und Volumina der früheren Bebauung werden in den neuen Bebauungsplänen weitgehend beibehalten. Die Gebäudehöhe ist auf drei, an einigen Stellen auf vier Geschosse beschränkt. Moderne Materialien sind im Außenraum verboten, Steinverkleidung für Häuser und Straßen ist Vorschrift. Traditionelle Bauformen und Elemente wie Erker, Mauervorsprünge, Kuppeln, Tor- und Fensterbögen als charakteristische Merkmale der Altstadt sind in die einzelnen Projekte zu integrieren, damit diese sich harmonisch in den Altbestand einpassen. Ein differenziertes, auf Fußgänger beschränktes Wegesystem wird entwickelt, in dem ein Netz von Sackgassen die privaten Wohnbereiche erschließt. Breitere Wege führen an den verschiedenen Institutionen vorbei in die angrenzenden Viertel oder zum Tempelberg. An ihnen werden Geschäfte für die Bewohner und Touristen angesiedelt.[274] Als zentrale Geschäftszone werden die beiden parallel laufenden Straßen Ha'Yehudim und Habad ausgewiesen. Da sie ein klar umgrenztes Areal umschließen, wird für ihre Gestaltung als Wohn- und Geschäftsquartier 1971 ein nationaler Wettbewerb – der einzige im ganzen Wiederaufbauprojekt – ausgeschrieben.[275] Die Gewinner des Wettbewerbs, Peter Bugod und Esther Niv-Krendel mit der künstlerischen Beratung von Shlomo Aronson, entwickeln ein Konstruktions- und Gestaltungsprinzip, in dem sich traditionelle Methoden und Materialien mit denen der Moderne verbinden (Abb. 84–85). Präfabrizierte Betonelemente wie Bögen, Schalen und Gewölbe

---

[273] Zum Masterplan des jüdischen Viertels vgl. Gardi 1972, Netzer 1975 und die Sitzungsprotokolle der Planungsabteilung der CRDJQ, im ISA, RG 56, Gimel Lamet 3989, Akte 9. Bis 1969/70 ist der Archäologe und Architekt Ehud Netzer verantwortlicher Architekt der CRDJQ; in dieser Funktion folgt ihm der Architekten Shalom Gardi.

[274] Vgl. Gardi 1972: 58–64. Nach Abschluss der Arbeiten sollen laut Masterplan circa 600–700 Familien (3500–4000 Personen) und 1000–1500 Studenten der verschiedenen Religionsschulen (Yeshivot) im jüdischen Viertel wohnen. 200–250 Läden und zwei bis drei Hotels sollen dort ebenfalls errichtet werden. Vgl. Jewish Quarter 1970: 4.34.

[275] Meist werden Aufträge direkt an Architekten vergeben, da Wettbewerbe als zu zeit- und kostenintensiv betrachtet werden. Eine Dokumentation des Wettbewerbs konnte nicht gefunden werden. Die Verantwortung für diesen Wettbewerb lag bei der CRDJQ, die mir keinen Zugang zu ihrem Archivmaterial gewährte. Da sie eine von der Regierung eingesetzte Gesellschaft ist, liegen auch keine Materialien in der Jerusalemer Stadtverwaltung. Peter Bugod, Gewinner des Wettbewerbs, berichtet in einem Gespräch am 28.12.2000, dass knapp 30 Architekten teilnahmen. In der Jury saßen der britische Architekturhistoriker Nicolas Pevsner, der israelische Architekt David Resnik und Yehuda Tamir, der Vorsitzenden der CRDJQ.

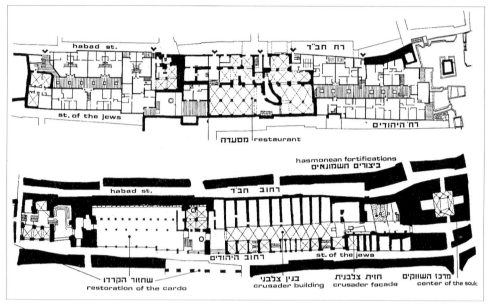

Abb. 84: Peter Bugod und Esther Niv-Krendel: Cardo, Jerusalem, 1971–83, Grundriss mittlere Ebene (oben) und untere Ebene mit dem römischen Cardo und dem Kreuzritter-Markt (unten)

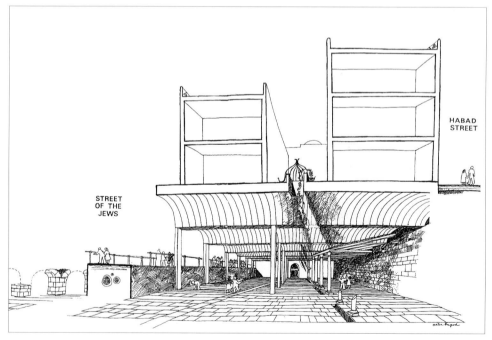

Abb. 85: Peter Bugod und Esther Niv-Krendel: Cardo, Jerusalem, 1971–83, Schnitt durch den Cardo und die darüberliegenden Wohnungen

lagern auf Mauern, die aus handbehauenen Steinen aufgeschichtet werden.[276] Bestehende Bauten und eine Marktstraße aus der Kreuzritterzeit werden in den 180 Meter langen Straßenkomplex integriert. (Abb. 86–87) Anliegen der Architekten ist es, ein harmonisches Nebeneinander der verschiedenen Zeiten und Architekturen herbeizuführen. Die zeitgenössische Architektur orientiert sich dabei in Formen und Proportionen an dem vorhandenen Baubestand, setzt aber mit neuen Materialien und modifizierten Formen ein selbstbewusstes und modernes Zeichen auf die historischen Schichten. Bei archäologischen Untersuchungen zu Beginn der Bauarbeiten wird der zwei Meter unter dem Niveau der HaʿYehudim Straße liegende Cardo aus byzantinischer Zeit entdeckt, so dass das Niveau der gesamten Anlage abgesenkt wird.[277] Um dem Wunsch des Bauherrn nach einer schnellen Bereitstellung von Wohn- und Geschäftsraum nachzukommen, wird ein massives Tragesystem über dem Cardo errichtet. Es ermöglicht weitere archäologische Grabungen, während auf der oberen Ebene bereits der Bau der Wohnungen und Geschäfte ausgeführt wird.

Trotz der Vorstellung, mit dem Wiederaufbau des jüdischen Viertels eine historische Kontinuitätskulisse jüdischer Anwesenheit in Jerusalem zu inszenieren, haben archäologische Untersuchungen dort zunächst einen schweren Stand. Auf politischer Seite steht man ihnen skeptisch gegenüber, da jede Grabung eine schnelle Überbauung des Grundstücks verzögert; auf archäologischer Seite ist man ebenfalls skeptisch, da man wenig Hoffnung hat, dass unter den verschiedenen Schichten von Zerstörungen und intensiver Bautätigkeit bedeutungsvolle Funde gemacht werden können. „At the start of excavation, the results were uncertain and there were few expectations of any major finds being made. It was felt that but little could have survived the thousands of years of intensive construction in this area of ancient Jerusalem", zeichnet Hillel Geva, Grabungsleiter unter dem Archäologen Nahman Avigad, die Stimmung zu Beginn der Grabungen nach.[278] Dies zeigt indirekt auch, wie stark man an Zeugnissen antiker jüdischer Besiedlung vor allem aus biblischen Zeiten interessiert ist und Funden anderer Zeiten, Religionen und Nationen zunächst weniger Bedeutung beimisst. Entdeckungen, wie die des „Burnt House" von Bar Kathros (Babyl. Talmud, Pesahim 57:1), rufen ein großes wissenschaftliches, öffentliches und politisches In-

---

276 Zum Entwurf vgl. die Planpräsentation in: The Architectural Review, Vol. CLII, No. 905: 41–43, in: Israel Builds 1977: 171–173 und in: Tvai, No. 22, 1984: 18–21 sowie Seelig/Seelig 1985, Modernism in Israel 1985: 30 und Bugod 1986.

277 Ein Ende des 19. Jahrhunderts in Madaba (Jordanien) entdecktes byzantinisches Mosaik (6. Jahrhundert), die sogenannte „Madaba-Karte", zeigt unter anderem einen Plan der Stadt Jerusalem. Eine breite, Arkaden-bestandene Straße durchquert die Stadt in Nord-Südrichtung. Dieses Mosaik liess zwar auf die Existenz eines Cardo in der Jerusalemer Altstadt schliessen, tatsächlich gefunden und freigelegt wurde er aber erst zu Beginn der 1970er Jahre.

278 Zit. Geva 2000: 1. Viele Informationen zu den Grabungen stammen aus Gesprächen mit dem Archäologen und Architekten Ehud Netzer (ehemals Menschel) in den Jahren 2000 bis 2002.

Abb. 86: Peter Bugod und Esther Niv-Krendel: Cardo, Jerusalem, 1971–83, Blick auf archäologische Grabungsfunde, Photographie 2001

Abb. 87: Peter Bugod und Esther Niv-Krendel: Cardo, Jerusalem, 1971–83, Säulen des byzantinischen Cardo unter modernem Schutzdach, Photographie 2001

teresse hervor. In dem „Burnt House", das aus der Herodianischen Zeit stammt, sind die Fundstücke von einer Schicht Asche bedeckt, die auf die Zerstörung Jerusalems durch die Römer im Jahre 70 n. Chr. verweist.[279] Diese Spuren bezeugen die antiken Berichte über die Zerstörung Jerusalems und damit auch die Geschichte der Juden in Palästina. Sie können daher politisch und ideologisch vereinnahmt werden, um über das Argument der historischen Kontinuität dem israelischen Besitzanspruch auf ganz Jerusalem Nach- und Ausdruck zu verleihen. Grabungsfunde, besonders der Zweiten Tempel Zeit, werden möglichst in die neue Bebauung des jüdischen Viertels integriert, so dass beispielsweise unter der Yeshiva Ha'Kotel (Abb. 88) und dem privaten Wohnhaus Siebenberg archäologische Museen entstehen.[280]

Die restaurierten und die neu errichteten Bauten des Viertels, die mit ihren Fundamenten im historischen Boden ankern und sich zum Teil über archäologischen Fragmenten erheben, stellen eine Verbindung zwischen der antiken Geschichte und der Gegenwart her. In ihrer Architektur greifen sie auf traditionelle Formen zurück, um über das historisierende Erscheinungsbild einen optischen Brückenschlag in die Vergangenheit herzustellen. An die Textur und Gestalt der Altstadt anknüpfend, werden unterschiedliche Architekten für einzelne Projekte beauftragt. Ihre subjektiven Bilder und Vorstellungen einer jüdischen Vergangenheit sollen zu unterschiedlichen formalen und stilistischen Ansätzen in der Architektur führen, die an die gewachsenen und vielfältig variierenden Strukturen der historischen Stadt erinnern lassen. Die strengen Bauauflagen und der begrenzte künstlerische Freiraum machen es jedoch für viele Architekten unattraktiv, sich am Wiederaufbau zu beteiligen. Ein Großteil der Gebäude entsteht nach den Entwürfen der Architekten Eliezer Frenkel, Yaacov und Ora Yaar, Saadia Mandl, Uri Ponger, Yoel Bar-Dor, Nehamia Bixon, Peter Bugod und Moshe Safdie, so dass eine gewisse Wiederholung in den Formen und architektonischen Details zu beobachten ist.

Der Masterplan für die Altstadt und der Wiederaufbau des jüdischen Viertels muss im Zusammenhang mit dem Gesamtplan für Jerusalem gesehen werden, der auf eine starke Verdichtung der Stadt und eine expansive jüdische Siedlungspräsenz

---

279 Vgl. Rosenthal 1974/75: 51 und Nahum Avigad: Excavations in the Jewish Quarter of the Old City, 1969–1971, in: Yadin 1975: 41–51.
280 Vgl. Gardi 1977: o. S. und die Grundsatzentscheidung im Masterplan, historische Zeugnisse zu erhalten und den Zugang zu ihnen zu ermöglichen, in dem Sitzungsprotokoll der Planungsabteilung der CRDJQ vom 08.07.1968, im ISA, RG 56, Gimel Lamet 3989, Akte 9. Auch wenn jüdische Zeugnisse in der Öffentlichkeit stärker rezipiert werden, heißt das nicht, dass andere Fragmente nicht erforscht und erhalten werden. Bedeutende Funde, wie beispielsweise die Überreste der byzantinischen Nea-Kirche (6. Jahrhundert) und der Kreuzritter-Kirche Hl. Maria (12. Jahrhundert), werden ebenfalls in die neue Bebauungsstruktur integriert.

Abb. 88: Archäologische Grabungen auf dem Grundstück der Yeshiva Ha'Kotel, Blick auf den Tempelberg mit dem Felsendom (links) und der Al-Aksa Moschee (rechts), dahinter der Ölberg. Grabungsfunde aus der Zeit des zweiten Tempels, die in das archäologische Museum unterhalb der Yeshiva Ha'Kotel integriert werden

in den Randgebieten abzielt.[281] Kritik an beiden – und damit an dem Vorgehen der Regierung und Stadtverwaltung, Jerusalem konsequent und kompromisslos als israelische Hauptstadt auszubauen – wird von einer internationalen Expertenkommission, dem „Jerusalem Committee", geäußert. Auf Initiative von Teddy Kollek und der von ihm 1966 gegründeten „Jerusalem Foundation", werden in unregelmäßigen Abständen seit 1969 Experten und bedeutende Persönlichkeiten aus aller Welt nach Jerusalem eingeladen, um dort über die bauliche, kulturelle und soziale Entwicklung der Stadt zu diskutieren.[282] Eine Sektion des „Jerusalem Committee" bildet das „Town Planning Subcommittee", das sich aus international renommierten Architekten und Stadtplanern zusammensetzt, die aus allen Teilen der Welt eingeladen werden. Ende Dezember 1970 kommt dieses „Town Planning Subcommittee" zusammen, um die städtebaulichen Entwicklungen in Jerusalem zu begutachten. Dazu treffen unter anderen Max Bill, Richard Buckminster Fuller, Werner Düttmann, Lawrence Halprin, Philip Johnson, Louis I. Kahn, Denys Lasdun, Richard Meier, Isamu Noguchi, Paulhans Peters, Nikolaus Pevsner, Luigi Piccinato, Göran Sidenbladh, Bruno Zevi und Moshe Safdie in Jerusalem ein.[283] Entgegen aller Erwartungen kritisieren sie in scharfen Kommentaren die städtebauliche Entwicklungsplanung für Jerusalem: „This plan is something awful" (B. Zevi), „I don't think work on the present plan should continue" (R. Meier) und „I'm completely puzzled by the plan because I don't sense the principles behind it" (L. Kahn).[284] Während sich die Architekten und Städteplaner nahezu einhellig gegen die extrem wachstumsorientierten Planungen und Siedlungsprojekte in und um Jerusalem aussprechen, stoßen die Wiederaufbaumaßnahmen des Viertels auf geteilte Meinung. Der kanadische Stadtplaner Harry Mayerovitch fordert strenge Konservierungs- und Rekonstruktionsrichtlinien, um die Altstadt als „stage setting" für Jerusalem zu inszenieren. Bruno Zevi hingegen sieht in der historisierenden Imitation „slums for the rich people."[285] Die Auflage, alles in

---

281 Zum Masterplan von Jerusalem nach 1967 vgl. Jerusalem Masterplan Bureau 1967, Jerusalem Masterplan Bureau 1968 und Hashimshony/Schweid/Hashimshony 1971.

282 Die „Jerusalem Foundation" wird gegründet, um bei Entwicklungsprojekten die leeren Stadtkassen Jerusalems zu umgehen. Als private Organisation, die eng mit der Stadtverwaltung zusammenarbeitet, kann sie Spenden einwerben, mit denen öffentliche Projekte (Parks, denkmalpflegerische Unternehmungen, Schulen, Kindergärten, Spielplätze, Begegnungsstätten etc.) finanziert werden. Vgl. Jerusalem Committee 1978 und einige Sitzungsprotokolle in: StA Jerusalem und JF.

283 Vgl. Teilnehmerliste im StA Jerusalem, Tamar Eshel 13.05.01, Akte 62: Town Planning Committee. Zu den 30 geladenen ausländischen Experten, die aber nicht teilnehmen, zählen unter anderen Lucio Costa, Rolf Gutbrod, Arne Jacobsen, Kevin Lynch, Lewis Mumford, Oskar Niemeyer, Julius Posener, Hans Scharoun, Jose Louis Sert, James Sterling und Aldo van Eyk.

284 Zit. maschinenschriftlicher Bericht im StA Jerusalem, Tamar Eshel 13.05.01, Akte 62: Town Planning Committee: II. Vgl. auch den Artikel von Abraham Rabinovich: Planners under Fire, in: The Jerusalem Post, o. D., im MSC, 152 – clippings: Town Planning Committee.

285 Vgl. maschinenschriftlicher Bericht im StA Jerusalem, Tamar Eshel 13.05.01, Akte 62: Town Planning Committee: IV.

Stein zu verkleiden, müsse, so Zevi, abgeschafft und Raum für moderne Architektur eingeräumt werden. Auch der israelische Architekt David Reznik spricht von einer „Vergewaltigung" des jüdischen Viertels und der Unmöglichkeit, es in einer historischen Form wieder aufzubauen: „The more you try to achieve a specific style, the more it eludes you."[286] Lewis Mumford, der nicht am Treffen teilnimmt und statt dessen ein langes Memorandum schickt, kritisiert, dass Israel einseitig darauf fokussiere, nationale, das heißt israelische Interessen, durchzusetzen.[287] Jerusalem ist, so Mumford, für die drei großen monotheistischen Religionen eine heilige Stadt: „a spiritual centre [that] stands for certain cosmic insights and human values that have spread throughout the planet. [...] The very nature of Jerusalem transcends all narrow local and partisan interests [...] transcend the desperate hopes for re-establishing Zion there that helped Jewry to keep alive during the darkest moments of the Diaspora."[288] Jerusalem dürfe daher nicht als „Zionist centre" oder politische Hauptstadt ausgebaut werden, sondern müsse als Weltzentrum der Kultur und Religion, als „world metropolis" sensibel umgestaltet werden. Die israelische Regierung solle, schlägt Mumford vor, eine neue Hauptstadt wie Washington oder Canberra aufbauen und Jerusalem exterritorialen Status vergleichbar dem Vatikanstaat verleihen.[289] Einseitige, nationale Maßnahmen – dazu müssen die Siedlungsplanungen und die Wiederaufbaumaßnahmen gerechnet werden – würden der übergreifenden symbolischen Bedeutung Jerusalems nicht gerecht werden.[290]

Diese Kontroverse um die Stellung Jerusalems sowie die Kritik an der städtebaulichen und architektonischen Entwicklung, die von der internationalen Expertenkommission des „Jerusalem Committee" vorgetragen wird, finden sich in einzelnen Projekten des jüdischen Viertels und den Diskussionen, die sie auslösen, wieder. Anlass sind Entwürfe von Gebäuden und Plätzen, an denen die unterschiedlichen Ansprüche an die Repräsentation von Tradition und Modernität aufeinanderprallen. Dabei geht es nicht nur um architektonisch-stilistische Fragen, wie modern und zeitgenös-

---

286 Zit. Reznik nach: Abraham Rabinovich: Planners under Fire, in: The Jerusalem Post, o.D., im MSC, 152 – clippings: Town Planning Committee.
287 Vgl. Lewis Mumford: Memorandum on the Plan for Jerusalem, November 1970, im ISA, RG 125, Gimel Lamet 3845, Akte 4.
288 Zit. Mumford 1970: 4–6.
289 Zit. Mumford 1970: 7. Damit greift Mumford Überlegungen des UN-Teilungsplans vom November 1947 auf, der Jerusalem unter internationale Verwaltung stellen will, und zwar mit uneingeschränktem Zugang aller Nationen und Religionen zu allen sakralen und säkularen Stätten.
290 Pläne für neue, hochverdichtete Wohnviertel mit Hochhausbauten in den Jerusalemer Quartieren Nebi Samwill, Government House und Sharafat im Frühjahr 1971 werden vom Wohnungsbauminister Zeev Sharef als expansive jüdische Unternehmung erklärt: „This is a plan with a Jewish goal" und mit dem Verweis auf die präsentierten Siedlungsmodelle: „This is a Zionist exhibition." Zit. Sharef nach Abraham Rabinovich: Sharef says he will speed Capital's Jewish settlement, in: The Jerusalem Post, 16.02.1972: 5.

sisch die wiederaufgebauten beziehungsweise neu inszenierten Gebäude erscheinen dürfen. Umstritten sind auch der symbolische Wert und die ideologische Instrumentalisierung des Viertels und seiner Eroberung im Kontext der nationalen und/oder der religiösen Historiographie. Während die einen die Eroberung des jüdischen Viertels als zionistische und israelische Errungenschaft feiern und den Wiederaufbau als nationales Denkmal verstanden wissen wollen, betonen vor allem religiöse Vertreter die kulturhistorische Bedeutung des Viertels in seiner Nähe zum angrenzenden Tempelberg. Auf ihm stand einst der Tempel als zentrales jüdisches Heiligtum und nach messianischer Verheißung wird er dort wiedererstehen. Das jüdische Viertel besitzt daher nur eine dem Tempelberg untergeordnete Rolle, die es auch in seiner Architektur zum Ausdruck bringen muss. Diese unterschiedlichen Positionen und ihre Auswirkungen auf die Architektur sind an einige Großprojekten zu beobachten, die optisch und symbolisch eine zentrale Stellung im jüdischen Viertel einnehmen. Hierzu zählen insbesondere die Yeshiva Ha'Kotel von Eliezer Frenkel (1968–88), die Yeshiva Porat Yoseph von Moshe Safdie (1969–78) und die Planungen zum Neubau der Hurva-Synagoge von Louis I. Kahn (1969–74).

Die Religionsschulen (Yeshivot) Ha'Kotel und Porat Yoseph

Religiöse Einrichtungen, vor allem Synagogen und Thoraschulen, bilden das Zentrum religiösen und kulturellen Lebens im jüdischen Viertel. In der zweiten Hälfte des 19. Jahrhunderts, der Hochphase jüdischer Ansiedlung in der Altstadt seit Beginn der modernen Einwanderung (Aliya), entstehen mit der Hurva- und der Tiferet Israel-Synagoge zwei Gotteshäuser der aschkenasischen Gemeinde, die sich weit über die Dächer der Altstadt erheben (Abb. 71). Ihre Monumentalität steht dabei optisch und symbolisch für die zentrale gesellschaftliche Stellung, die diese Synagogen innerhalb des jüdischen Viertels und seiner Bewohner einnehmen. Etwa zur gleichen Zeit errichtet die sephardische Gemeinde die Yeshiva Porat Yoseph als ihr religiöses Zentrum vis-à-vis des Tempelberges (Abb. 89). Im Unabhängigkeitskrieg 1948/49 und in der nachfolgenden Zeit unter jordanischer Verwaltung werden diese und viele andere religiösen Einrichtungen in der Altstadt zerstört. Sofort nach der israelischen Eroberung 1967 fordern die jüdischen Gemeinden ihre Grundstücke zurück, um sich wieder am alten Ort – in der Nähe zum Tempelberg – anzusiedeln. Zugleich versuchen andere Gemeinden, Grundstücke im jüdischen Viertel zu erwerben, um ebenfalls in nächster Nähe zum zentralen Heiligtum ein religiöses Leben zu führen und Präsenz zu zeigen. Da der Masterplan für das Viertel eine ausgewogene Mischnut-

Abb. 89: Jüdisches Viertel in Jerusalem, 1912. Im Vordergrund das moslemische Mograbhi-Viertel, darüber das jüdische Viertel mit der Yeshiva Porat Yoseph (links) und der Synagoge Tiferet Israel (rechts)

Abb. 90: Moshe Safdie: Yeshiva Porat Yoseph (links), 1969–79, und Eliezer Frenkel: Yeshiva Ha'Kotel (rechts oben), 1968–88, jüdisches Viertel in Jerusalem, Photographie 2001

zung vorsieht, gelingt es zunächst nur wenigen, Grundstücke zu erwerben.[291] Mit Unterstützung des Religionsministeriums und der national-religiösen Parteien gelingt es der religiös-zionistischen Bnei Akiva Organisation, ein großes, den üblichen Maßstab sprengendes Grundstück für den Neubau der Yeshiva Ha'Kotel zu erwerben.[292] Vor allem die drei Einrichtungen der Yeshiva Porat Yoseph, der Yeshiva Ha'Kotel und der Hurva-Synagoge stehen institutionell und symbolisch im Konkurrenzverhältnis zueinander. In dem jeweiligen Entwurf wird versucht, ihnen auch städtebauliche und architektonisch eine dominierende – optisch herausragende – Position im jüdischen Viertel zuzuweisen.

Da die Grundstücke der beiden Religionsschulen Ha'Kotel und Porat Yoseph aneinander grenzen (Abb. 90), gibt es Ende der 1960er Jahre zunächst Bestrebungen, die beiden Institutionen, die am Rand des jüdischen Viertels auf dem Abhang gegenüber dem Tempelberg liegen, in enger Kooperation zu entwickeln (Abb. 91). Bereits 1970 bricht der Streit zwischen Moshe Safdie, dem Architekten der Yeshiva Porat Yoseph, und Eliezer Frenkel, dem Architekten der Yeshiva Ha'Kotel, um die Höhe, das heißt die Präsenz des jeweiligen Gebäudes aus.[293] Frenkel nutzt die Hanglage des Grundstücks, um seinen Gebäudekomplex monumental zu inszenieren. Die Anlage setzt sich zusammen aus einem langgestreckten Wohntrakt und einem gewaltigen

---

291 Seit Ende der 1970er Jahre, verbunden mit dem politischen Machtwechsel zur Likud-Partei 1977, nehmen die religiösen Institutionen stetig zu. Die strengen Reglementierungen der religiösen und orthodoxen Gemeinden, die auch das öffentliche Leben im Viertel bestimmen, machen die Altstadt für gemäßigte und säkulare Juden immer unattraktiver. Heute beträgt der Anteil der nicht-orthodoxen Bewohner des jüdischen Viertels nicht einmal mehr acht Prozent. Vgl. Rolef 1999c: 2.
292 Vgl. Gespräche mit Ehud Netzer und Moshe Safdie in den Jahren 2000 bis 2002.
293 Vgl. Gesprächsnotizen und Schriftwechsel in der MSC, PF III, Correspondence General.
Moshe Safdie, 1938 in Haifa geboren, wandert mit seinen Eltern 1955 nach Kanada aus. In Montreal studiert er Architektur und arbeitet danach in verschiedenen Architekturbüros, unter anderem bei Louis I. Kahn (1962–63). Mit dem Wohnungsbaumodell Habitat, seinem Beitrag zur Weltausstellung 1967 in Montreal, lenkt er die Aufmerksamkeit israelischer Planer und Politiker auf sich. Noch im selben Jahr erfolgt die Einladung der israelischen Regierung, in Israel Siedlungsmodelle zu entwickeln. Sein Modell Habitat Israel wird nicht realisiert. Statt dessen arbeitet er an zahlreichen Projekten in der Jerusalemer Altstadt wie der Yeshiva Porat Yoseph, dem Wohnungsblock Nr. 38 (Gush 38), der Gestaltung des Platzes vor der Klagemauer (nicht realisiert), dem Obersten Rabbinischen Gerichtshof (nicht realisiert), dem Bronfman Amphitheater (nicht realisiert), der Hedra Yeshiva und dem Hosh Wohnkomplex. Zu seinen großen Projekten außerhalb der Altstadt zählen der Master- und Bebauungsplan des Mamilla-Quartiers mit seiner Wohn- und Geschäftsbauten vis-à-vis des Jaffa Tores.
Eliezer Frenkel (Architekt und Maler), 1929 in Paris geboren, geht in Palästina/Israel zur Schule und studiert dann Architektur in New York. 1960 kehrt er nach Israel zurück, eröffnet ein eigenes Büro und wird vor allem in Sanierungs- und Rekonstruktionsprojekten in Ein Hod, Jaffa, Cesarea und Jerusalem tätig. Im jüdischen Viertel von Jerusalem baut beziehungsweise renoviert er die Residenz von Yigal Alon, dem stellvertretenden Premierminister und Erziehungsminister, die Batei Mahase (Houses of Shelter), das Beit Rothschild (Haus Rothschild), das Beit Ha'Sofer (Haus des Schriftstellers) und die Yeshiva Ha'Kotel.

Abb. 91: Moshe Safdie: Yeshiva Porat Yoseph (unten), 1969–79, und Eliezer Frenkel: Yeshiva Ha'Kotel (oben), Jerusalem, 1968–88, gemeinsames Modell, 1968/69

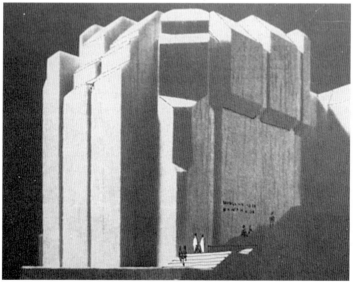

Abb. 92: Eliezer Frenkel: Yeshiva Ha'Kotel, Jerusalem, 1968–88, Zeichnung auf Modellphoto

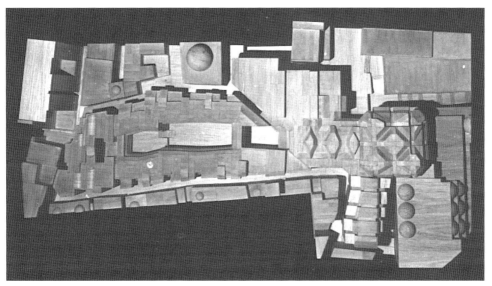

Abb. 93: Eliezer Frenkel: Yeshiva Ha'Kotel, Jerusalem, 1968–88, Dachansicht des Modells

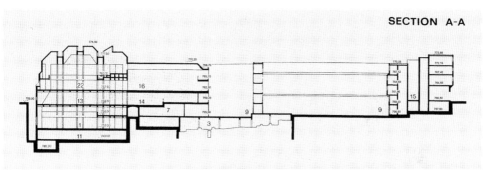

Abb. 94: Eliezer Frenkel: Yeshiva Ha'Kotel, Jerusalem, 1968–88, Schnitt
(1) Convocation Hall, (2) Kitchen, (3) Archaeological Museum, (4) Convocation Hall Mezzanine, (5) General Storage, (6) Service Courtyard, (7) Dormitory, (8) Social Hall, (9) Students' Patio, (10) Students' Room, (11) Shelter, (12) Existing Ancient Building, (13) Dining Hall, (14) Lavation Alcove, (15) Research Student Family Apartments, (16) Main Entrance Lobby, (17) Auditorium and Lecture Hall, (18) Information and Reception, (19) Board Room, (20) Yeshiva's Study, (21) Executive Offices, (22) Beit Ha'Midrash, (23) Temple Library, (24) Lectures and Counselling Rooms, (25) Lounge, (26) Dormitories, (27) Ladies' Gallery, (28) Torah Library, (29) Classrooms, (30) Advanced Students' Research Rooms, (31) Observation Terrace

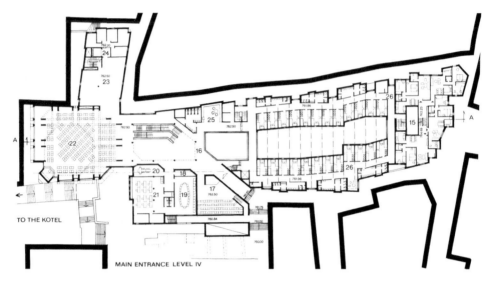

Abb. 95: Eliezer Frenkel: Yeshiva Ha'Kotel, Jerusalem, 1968–88, Grundriss

Abb. 96: Eliezer Frenkel: Yeshiva Ha'Kotel, Jerusalem, 1968–88, Innenraum: Beit Ha'Midrash, Photographie 2001

Abb. 97: Eliezer Frenkel: Yeshiva Ha'Kotel, Jerusalem, 1968–88, Innenraum: Beit Ha'Midrash; im Zentrum Aufbewahrungsort der Thora-Rollen mit Blick zur Klagemauer, Photographie 2001

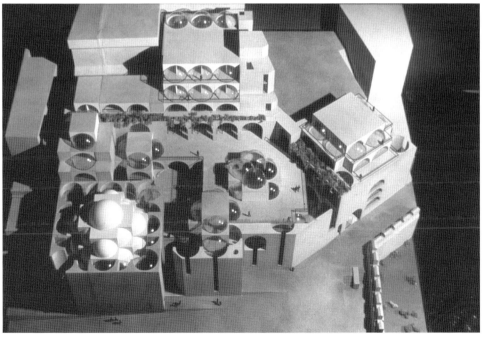

Abb. 98: Moshe Safdie: Yeshiva Porat Yoseph, Jerusalem, 1969–79, Modell

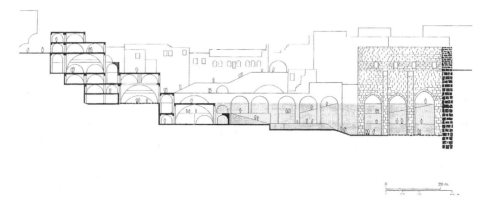

Abb. 99: Moshe Safdie: Yeshiva Porat Yoseph, Jerusalem, 1969–79, Schnitt durch die Yeshiva (links) und den Platz vor der Klagemauer (rechts); Absenken des Bodenniveaus bis zu den Herodianischen Fundamenten (graue Markierung)

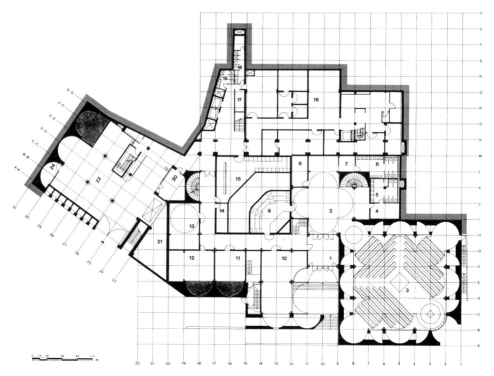

Abb. 100: Moshe Safdie: Yeshiva Porat Yoseph, Jerusalem, 1969–79, Grundriss der Synagogen-Ebene
(1) Vestibule, (2) Entrance Hall, (3) Synagogue, (4) Foyer, (5-6) Toilets, (7) Foyer, (8) Book Storage, (9) Auditorium, (10–13) Classroom, (14) Janitors Room, (15) Laundry, (16) Kitchen, (17) Lockers, (18–19) Toilets, (20) Garbage Room, (21) Transformer Room, (22) Garage and Loading Area, (23) Air Cooling Tower, (24) Gas Storage

Abb. 101: Moshe Safdie: Yeshiva Porat Yoseph, Jerusalem, 1969–79, Schnitt durch das Modell

Abb. 102. Moshe Safdie: Yeshiva Porat Yoseph, Jerusalem, 1969–79, Innenansicht, um 1975

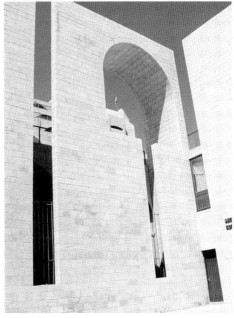

Abb. 103: Moshe Safdie: Yeshiva Porat Yoseph, Jerusalem, 1969–79, äußere Ummantelung des Gebäudes in Naturstein, Photographie 2001

„Turm mit Turmkrone" (Abb. 92), der das Grundstück nach Osten, zum Tempelberg hin, abschließt. (Abb. 93–95)[294] Dieser Turm erhebt sich an der tiefsten Stelle des Grundstücks und überragt das restliche Gebäude, so dass seine in der Länge betonte Kubatur klar aus der dicht gedrängten, kleinteiligen und niedrigen Bebauung des Viertels herauskragt. Steinverkleidete Wandflächen, niedrige, bogenförmige Fenster und Wandvorsprünge, die an verfremdete Erker erinnern, bilden den „romantisch-orientalischen" Formenkanon, den Frenkel bereits in der Renovierung der Altstadt von Jaffa und am „Deutsch-Platz" in der Jerusalemer Altstadt angewendet hatte.[295] Sie gliedern den massiven Baukomplex und türmen sich auf der Spitze des Gebäudes zu einer „Turmkrone" zusammen. Auf Intervention der CRDJQ und unter Verweis auf die im Masterplan festgelegte Höhenregulierung entfällt diese Krone jedoch. Es bleibt ein über die gesamte Höhe reichender schmaler Turmvorbau, hinter dem sich der Studien- und Gebetsraum (Beit Ha'Midrash) befindet (Abb. 96–97). Ein schmaler, langgestreckter Fensterschlitz betont die vertikale Dynamik dieses Turmes und ermöglicht vom Inneren aus den Blick direkt auf den Tempelberg und die Klagemauer.

In der Gesamthöhe beschnitten, droht zudem die unterhalb des Grundstücks liegende Yeshiva Porat Yoseph mit ihrem ebenfalls monumental anmutenden Entwurf von Moshe Safdie die Präsenz der Yeshiva Ha'Kotel und ihre Sicht auf den Tempelberg zu beeinträchtigen (Abb. 98–100). Auch Safdie beabsichtigt, dem Gebäude eine dem Ort und der Institution angemessene dominante architektonische Gestalt zu verleihen. Aber auch sein Entwurf wird aufgrund der Bauauflagen und des Protests eines benachbarten Anwohners, des Staatlichen Rechnungsamtprüfers (State Controller) I. Nebenzahl um ein Geschoss reduziert, da das Gebäude dessen Blick auf die Klagemauer verstellt.[296] Safdie war 1967 mit seinem präfabrizierten und modularisierten Wohnmodell der Habitat auf der Weltausstellung in Montreal berühmt geworden und versucht nun, diese Konzeption und Montagemethode vorgefertigter und standardisierter Einzelelemente in den Entwurf seiner Religionsschule zu integrieren.[297] Präfabrizierte Kuppeln, Schalen und Bögen aus Beton, Glas oder

---

294 Wohl aus Verärgerung gegenüber dem Entwurf, der trotz Protests auf Druck der religiösen Parteien durchgesetzt werden kann, sind kaum architektonische Besprechung in Zeitschriften zu finden. Eine Ausnahme bildet Harlap 1982: 338. Quellen- und Planmaterial findet sich in der Slg. Frenkel, wie beispielsweise die kurze Planpräsentation in: Frenkel 1974. Informationen zum Entwurfs- und Bauprozess lieferten zahlreiche Gespräche mit dem Architekten.
295 Frenkel selbst bezeichnete im Gespräch seine architektonischen Schöpfungen als romantische, aber modern modifizierte Orientalismusrezeption.
296 Vgl. Rabinovich 1971: 5.
297 In seinem Exposé für ein Buch „Twelve Years in Jerusalem", o. J. [Ende der 1980er Jahre]: 4, in der Slg. Safdie, schreibt Safdie, das er aufgrund seiner Habitat-Bauten von dem israelischen Wohnungsbauminister Mordechai Bentov eingeladen wird, nach ähnlichem Habitat-Prinzip Modelle

Kunststoff werden als Bausystem zusammengefügt, so dass – als Hommage an die regionale Architektur – kleinteilige und überkuppelte Gebäudesegmente entstehen (Abb. 101–102).[298] Da moderne Baustoffe in der Außenansicht in der Altstadt verboten sind, ummantelt Safdie den gesamten Komplex mit hohen Wandscheiben aus lokalem Sandstein, die nur an wenigen Stellen durchbrochen sind, um Licht ins Innere dringen zu lassen (Abb. 103). Im Stadtbild wirken diese großflächigen, kaum gegliederten Wandflächen nicht weniger fremd und maßstabssprengend als die von Frenkel entwickelten expressiven Formen sowie Mauervor- und -rücksprünge. Wie in Frenkels Entwurf erfährt auch in Safdies Yeshiva die Nordost-Ecke aufgrund der Sichtbeziehung und Nähe zum Tempelberg eine besondere architektonische Gestaltung. Auch Safdie durchbricht an dieser Ecke die Steinverkleidung, um den dahinter liegenden Räumlichkeiten der Synagoge und des Beit Midrash den Blick auf den Tempelberg freizugeben. So wie Frenkel die Nordost-Ecke seines Gebäudes mit einer Turmkrone zu inszenieren versucht, so stapelt auch Safdie Kuppeln und Halbkuppeln übereinander, um diese Seite besonders hervorzuheben. Beide Architekten gleichen einander in der Konzeption und dem gestalterischen Prinzip ihrer Entwürfe. Beide greifen aus dem regionalen Formen- und Detailkanon spezifische Einzelelemente heraus – Safdie die Kuppelform, Frenkel das Bogenfenster und den Erker. Durch das Aufgreifen, Modifizieren und Multiplizieren eines solchen Elementes glauben beide, eine zeitgenössische Form für das Bauen im historischen Bestand gefunden zu haben.[299] So sehr sie aber auf der einen Seite um einen harmonischen Umgang mit der Struktur und dem Charakter der Altstadt bemüht sind, so sehr sind sie auf der anderen Seite von der herausragenden Bedeutung der Institution, des Ortes und des historischen Ereignisses der Wiedervereinigung Jerusalems überzeugt, der entsprechenden Ausdruck in der Architektur verliehen werden müsse. „The significance of the location of this structure", schreibt Safdie über seinen Entwurf, „and the historical events that surround it are for me of paramount importance. The Yeshiva building is […] the most important structure to be planned by Jews in the Old City in many centuries and by virtue of its location facing the Western Wall across the public plaza […] it transcends its obvious function as a learning center and becomes a structure of national significance […]."[300]

---

für Israels expansiven Wohnungsbau nach dem Sechs-Tage-Krieg zu entwickeln. Den Auftrag für einen Entwurf der Religionsschule erhält er über die Empfehlung seiner Cousine, die mit einem der leitenden Rabbiner verheiratet ist. Vgl. ebenda: 5. Safdie gehört zudem ebenfalls der sephardischen Gemeinde an.

298 Umfangreiches Quellenmaterial zu den Entwürfen der Yeshiva, Korrespondenzen und Presseausschnitte werden in der MSC (Montreal) und in der Slg. Safdie (Boston) verwahrt. Zu Schriftwechseln und Projektpräsentationen vgl. vor allem MSC, PF I–IV, General Correspondence.

299 Gespräche mit beiden Architekten. Vgl. auch Frenkel 1980.

300 Zit. Safdie in einem Schreiben an die Mitglieder des „World Committee for the Yeshiva Porat Joseph" vom 19.05.1972: 1, in der MSC, PF III, General Correspondence.

Die Hurva-Synagoge

Ein vergleichbares Selbstbewusstsein zeigt der nicht ausgeführte Entwurf von Louis I. Kahn für einen Neubau der 1948/49 zerstörten Hurva-Synagoge (Abb. 104), an dem er von 1968 bis zu seinem Tod 1974 arbeitet.[301] Louis Kahn entwirft ein zweischaliges Gebäude über quadratischem Grundriss (Abb. 105–106). Im Zentrum liegt der große Synagogenraum, der mit seinen Emporen über zwei Geschosse reicht. Wie eine zweite Haut ist er auf allen Seiten von jeweils zwei mal zwei riesigen, monolithischen und geböschten Pfeilertürmen umstanden, die an ägyptische Pylonbauten erinnern. Durch ihre schmalen Spalte gelangt nur gedämpftes Licht in das Innere des Gebäudes. „The stones like the stones of the Western Wall will be gold in color", schreibt Kahn, wobei er eine Ausführung in hochwertigem Beton vorschlägt, um den monolithischen Charakter zu unterstreichen.[302] Moderne Materialien, moderne Bauformen und ein Volumen, das die Struktur des jüdischen Viertels bei weitem überragt, kennzeichnen den Entwurf (Abb. 107).

Kahn interpretiert seinen Entwurf als nationales Symbol des Zionismus, der nicht einfach religiöse Traditionen aufgreift und fortsetzt, sondern eine eigene, neue Variante einer zivilen Religion ausbildet.[303] Die Synagoge soll daher auch nicht auf den Trümmern der alten Hurva entstehen. Es ist geplant, die Ruine in einen Hurva-Gedenkpark zu integrieren, um in mahnender Form an die Vertreibung der Juden und die Angriffe gegen das jüdische Volk und seine Kultur zu erinnern (Abb. 108).[304] Der Neubau der Hurva aber soll ein modernes, zeitgenössisches Zeichen für das neue Judentum im Kontext des Zionismus als nationale Bewegung und seiner staatlichen – und militärischen – Errungenschaften setzen. Yaacov Salomon, der Auftraggeber, beschreibt den Entwurf als „a structure symbolizing the spiritual unity of Jewry, a shrine of a conception befitting the reunification of Jerusalem and the ingathering of exiles."[305] Die neue Hurva soll, so wollen es der Architekt und der Bauherr, architektonischer Ausdruck für die nationalstaatliche Gemeinschaft der Juden und ihres historischen Rechts auf den Ort Jerusalem sein. Am authentischen Ort, das heißt neben den Resten der zerstörten Hurva-Synagoge, wird im Zusammenspiel mit der neuen Synagoge ein Gedächtnis- und Repräsentationsort geschaffen,

---

301 Den Auftrag erhält Kahn von Yaacov Salomon, der im Besitz der Grundstücksrechte der alten Hurva-Synagoge ist. Zur Hurva vgl. Ronner/Jhaveri 1987: 362–367 und Sakr 1996.
302 Vgl. Kahn im Juli 1968 in: Ronner/Jhaveri 1987: 363.
303 Vgl. Sakr 1996: 78–79, zum Verständnis der ‚zivilen Religion' vgl. vor allem Liebman/Don-Yehiya 1983.
304 Der Entwurf von Louis I. Kahn wird nicht ausgeführt. Statt dessen wird die Ruine von den Architekten Yoel Bar-Dor und Nehamia Bixon gesichert und einer der Entlastungsbögen in der Fassade rekonstruiert, um die ehemalige Größe des Gebäudes anzuzeigen.
305 Zit. Brief von Yaacov Salomon an Louis I. Kahn, 25.08.1968, in der Louis I. Kahn Collection (Philadelphia), Box L.I.K. 39, hier zit. nach Sakr 1996: 78.

Abb. 104: Hurva Synagoge, jüdisches Viertel, Jerusalem, Zeichnung, Ende des 19. Jahrhunderts

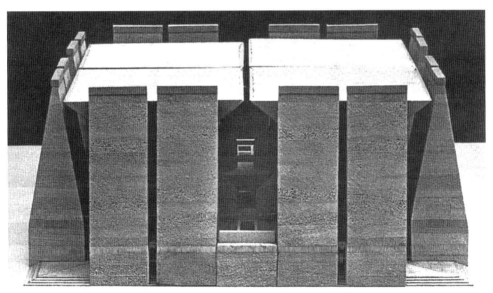

Abb. 105: Louis I. Kahn: Hurva Synagoge, Jerusalem, 1969–74, Modell

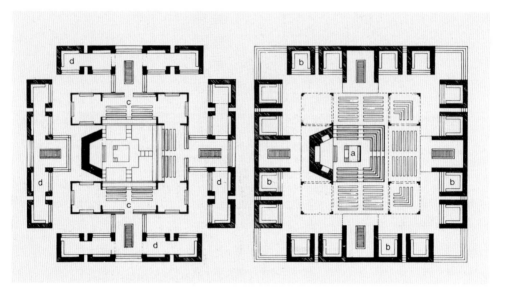

Abb. 106: Louis I. Kahn: Hurva Synagoge, Jerusalem, 1969–74, Grundriss des Erdgeschosses (rechts) und des Obergeschosses (links)
(a) Heiligtum (b) Kerzennischen (c) Empore (d) oberer Teil der Kerzennischen

Abb. 107: Louis I. Kahn: Hurva Synagoge, Jerusalem, 1969–74, Modell im Kontext des jüdischen Viertels

Abb. 108: Ruine der Hurva Synagoge, Jerusalem; Sicherungsarbeiten und Rekonstruktion eines Entlastungsbogens, Yoel Bar-Dor und Nehamia Bixon, um 1980, Photographie 1986

in dem die hybride Konstellation von Vertreibung/Exil und Staatlichkeit, religiöser Tradition und nationaler Aspiration ihre architektonische Umsetzung findet. Die Ruine steht für das Vergangene, die neue Synagoge monumental für die neue nationalstaatliche Zeit. Bauherr und Architekt erheben mit dem Entwurf den Anspruch, eine Synagoge des Weltjudentums zu errichten, die als neues symbolisches und identitätsstiftendes Zentrum der jüdischen Gemeinde dient.

Diese Funktion, spirituelles und nationales Zentrum des Judentums zu sein, hat nach religiöser Überlieferung der Tempel in Jerusalem inne. An seinen erhaltenen Fragmenten wie der Klagemauer beten religiöse Juden um die Erfüllung biblischer Prophezeiungen wie die Ankunft des Messias und der Bau des Dritten Tempels. Die monumentale Gestalt von Kahns Hurva-Synagoge und ihr Anspruch, neues Zentrum des Judentums zu werden, muss vor allem von religiösen Vertretern als Anmaßung gegenüber den biblischen Schriften verstanden werden. Nachdem die Pläne von Kahn der Öffentlichkeit vorgestellt worden waren, bricht der Protest gegen diesen Entwurf los. „Once again Jerusalem is threatened", schreibt der Architekt Abe Hayeem, „this time by the prospect of having a gigantic tombstone – mausoleum – fortress on its historic skyline."[306] Der monolithische und maßstabssprengende Entwurf, so Hayeem weiter, verleihe dem Judentum einen völlig unangemessenen rigiden, dogmatischen und tyrannischen Charakter. „Democratic spirit" und nicht „phony eclectic formalism" müsse über die Architektur transportiert werden, um dem Wesen des Judentums im Zeitalter des Rationalismus und Individualismus gerecht zu werden. In dem konstruktiven Aufbau erinnere Kahns Entwurf an den Felsendom oder die Grabeskirche in Jerusalem, in denen ebenfalls jeweils zwei Gebäude ineinander gestellt zu seien scheinen. Aber habe es das Judentum nötig, stellt Hayeem die Frage, mit diesen beiden Gebäuden zu konkurrieren? „Judaism has managed to survive for centuries without building monuments to itself", so dass grundsätzlich besser in die Renovierung bestehender Gebäude als in Neubauten investiert werden solle.

Teddy Kollek benennt in einem Brief Ende August 1968 an Louis I. Kahn das wirkliche Problem des Entwurfs: „The decision concerning your plans is essentially a political one. Should we in the Jewish Quarter have a building of major importance which „competes" with the Mosque and the Holy Sepulchre, and should we in general have any building which would compete in importance with the Western Wall of the Temple?"[307] Das Konkurrenzverhältnis zu den anderen beiden großen Religionen scheint in diesem Zusammenhang eher zweitrangig. Das Politikum liegt in der Konkurrenz zwischen der Hurva-Synagoge und dem Tempel beziehungsweise seiner Fragmente um die Stellung als nationales und kulturelles Symbol des Judentums und des israelischen Staates. Während der zerstörte Tempel auf ein zukünftiges Heils-

---

306 Zit. Hayeem 1968.
307 Zit. Brief von Teddy Kollek an Louis I. Kahn vom 29.08.1968, im ISA, RG 125, Gimel Lamet 3835, Akte 1 (Orig.Nr. 1006).

geschehen verweist und in seinen ruinösen Fragmenten Demut und religiöse Gesetzestreue einfordert, setzt die Hurva-Synagoge – dem Tempelberg vis-à-vis – ein selbstbewusstes Zeichen für die nationalen Errungenschaften zionistischer Bestrebungen. Der Staat Israel gründet zwar auf der Geschichte, Kultur und auch den religiösen Traditionen des Judentums, durch die er seine Legitimation und die Identität der Nation bezieht. Die Staatsgründung, der Kampf um das Territorium und damit auch die Eroberung historischer und heiliger Stätten wie der Jerusalemer Altstadt, sind jedoch allein auf ein nationales Engagement – außerhalb jeder biblischen Verheißung – zurückzuführen. Die Hurva-Synagoge zelebriert in monumentaler Form das nationale Selbstverständnis der Juden und ihre Rückkehr an den historischen Ort. Die Religiösen fürchten, dass sich die Hurva-Synagoge in ihrer nationalen und national-religiösen Ausdeutung als Ersatz für den Tempel etabliert. Damit verliert zumindest aus religiöser Perspektive das jüdische Volk sein wahres Ziel, nämlich das Entstehen des Dritten Tempels, aus den Augen.[308]

In dem Wiederaufbau des jüdischen Viertels und der Inszenierung einiger exponierter Projekte brechen Konflikte zwischen religiösen und national-zionistischen Vertretern auf, wie sie zwar seit Beginn der zionistischen Bewegung existieren, in der Staatsgründungseuphorie nach 1948 aber zunächst überlagert wurden. Im Zentrum steht die Frage nach dem Wesen des Zionismus und seines Verhältnisses zum Judentum. Ist er eine nationale Bewegung, die im Kontext europäischer Nationalismen das natürliche Recht auf eine selbstbewusste Repräsentation besitzt? Oder ist er nur eine Vorstufe heilsgeschichtlicher Erfüllung, der sich – übertragen auf die Architektur – der religiösen Autorität der biblischen Schriften und ihrer architektonischen Zeugnisse unterwerfen muss? Beim Aufbau nationaler Institutionen und Gedenkstätten waren zuvor vor allem formale Fragen in Bezug auf die Gestalt und das Bild des jeweiligen Projektes diskutiert worden. Archäologische Grabungen und Rekonstruktionsmaßnahmen, die symbolisch das alte Bündnis zwischen dem auserwählten Volk und dem verheißenen Land wiederherstellen sollen, lassen jedoch den Zionismus und die Religion um ihre Stellung im Staats- und Nationswerdungsprozess konkurrieren. Die Versuche, die heterogene Bevölkerung durch das Inszenieren nationaler Gedächtnisorte und das Vermitteln einer kulturellen Kollektividentität zu einer Nation in einem eigenen Nationalstaat zu vereinen, gelangen hier an ihre

---

308 Diesen Vorwurf der Missinterpretation und Verlagerung religiöser Heilserwartungen erhebt Moshe Kohn im Zusammenhang mit Moshe Safdies Entwurf für den Klagemauer-Bezirk: „Now comes Moshe Safdie's grandiose plan to perpetuate this mment of June 7, 1967 [= conquest of the wall] as though the whole purpose of the modern Return to Zion […] was to regain the symbol of our humiliation and mourning [= the Western Wall]. His plan would, at best, sanctify something that was never intended to have this kind of sanctity […]" Zit. Moshe Kohn: Safdie plan for Western Wall would falsify its history, in: The Jerusalem Post, 22.10.1974: o. S., im MSC – Clippings: Western Wall Plaza.

Grenze. Der Bruch, der durch die israelische beziehungsweise jüdische Gesellschaft geht, und die unvereinbaren Positionen von Zionismus und Religion in der Frage nach einer nationalen Repräsentation in Architektur, Städtebau und Denkmalpolitik verhindern, dass verschiedene Bauprojekte ausgeführt werden. Diskussionen um den Wiederaufbau der Hurva-Synagoge werden heute noch geführt, ebenso wie neue Konzeptionen für die Gestaltung des Platzes vor der Klagemauer entwickelt werden.[309]

Das Baugeschehen in Jerusalem stellt ein spezifisches Phänomen in der israelischen Baupolitik nach der Gründung des Staates dar. Hier geht es, eingebunden in die zionistischen Traditionen der Siedlungs- und Kulturarbeiten, um die Aneignung des physischen und des kulturellen Raums. Die Bauten bleiben dabei nicht auf eine territoriale Präsenz beschränkt, sondern stehen für den Versuch, über ihre architektonische Gestalt, ihre stadträumliche Inszenierung und ihre rhetorische Einbindung in die nationale Historiographie zu Erzeugern und Repräsentanten einer nationalen Identität zu werden. Während sich die nationalen Kulturarbeiten auf Jerusalem konzentrieren, wird in den peripheren Regionen, wie am Beispiel von Beer Sheva demonstriert wird, eine Baupolitik betrieben, die stärker von den zionistischen Siedlungs- und Kolonisierungsmethoden geprägt ist.

---

309 Sowohl Moshe Safdie als auch Yaacov Prag, die beide in den 1970er und 1980er Jahren an Modellen für den Platz vor der Klagemauer entwickelt hatten, berichteten in Gesprächen im Frühjahr und Sommer 2001, dass sie – noch inoffiziell – um eine Überarbeitung ihrer Konzepte angefragt worden sein. Yinon Achiman, der gegenwärtige Direktor der CRDJQ, berichtete im Sommer 2001, dass es neue Initiativen zum historischen Wiederaufbau der Hurva-Synagoge gäbe.

4. Neue Entwicklungsstädte in Israel – Städtebau als geopolitische Strategie am Beispiel von Beer Sheva

In der Umsetzung nationaler Strategien des Staatsaufbaus, zu denen die unbegrenzte Aufnahme und Integration jüdischer Einwanderer zählt, nimmt der Bau von sogenannten neuen Entwicklungsstädten eine zentrale Stellung ein. Bis in die Mitte der 1960er Jahre entstehen in Israel fast dreißig neue Städte, in denen vorrangig Neueinwanderer angesiedelt werden. Infolge dieser Bautätigkeit erfährt die israelische Siedlungskarte eine grundlegende, vor allem politisch und sicherheitsstrategisch motivierte Veränderung. Dabei stellen die Entwicklungsstädte ein neues Planungsmodell dar, das die traditionellen landwirtschaftlichen Siedlungsformen des Kibbuz und des Moshav als Gesellschafts- und Siedlungsideal ablöst. Dieser Wechsel vom landwirtschaftlichen zum urbanen Lebens- und Siedlungsideal muss zwangsläufig eingeleitet werden, da die Aufnahmekapazitäten in der Landwirtschaft nahezu erschöpft sind.[1] Betrachtet man die Entwicklungsstädte in ihrer städtebaulichen Konzeption, dann ist festzustellen, dass sie zwar theoretisch ein neues – urbanes – Siedlungsmodell definieren, sie in ihrer praktischen Ausführung aber weiterhin der landwirtschaftlichen Siedlungsideologie des vorstaatlichen Zionismus und seiner Planungs- und Baupraxis verhaftet bleiben.

Insbesondere in der Wüstenstadt Beer Sheva, die zur Hauptstadt des Negev ausgebaut wird, werden die Diskrepanzen zwischen den realen Entwicklungen und der tradierten Siedlungsideologie deutlich. Sie steht daher exemplarisch für die israelischen Entwicklungsstädte der Nachkriegszeit. Nach einer allgemeinen Betrachtung des Phänomens der Stadtneugründung in Israel werden am Beispiel von Beer Sheva die grundlegenden Mechanismen und Formen der Siedlungstätigkeit, ihre städtebauliche und architektonische Realisierung, ihr ideologischer Hintergrund sowie ihre symbolische Qualität aufgezeigt. Dabei sind zwei Phasen zu unterscheiden. In den 1950er Jahren werden theoretische Planungsideale mit äußerster Konsequenz umgesetzt. Staatsgründungseuphorie sowie ein modernes Pionier- und Heldentum kennzeichnen die Zeit und ihre Planungsvorhaben und werden von der Bevölkerung ein-

---

1 Vgl. Stein 1949: 4.

gefordert, um die staatliche Raumplanung durchzusetzen. Die im Folgenden zitierten politischen und planerischen Quellenschriften bringen das Pathos und das Propagandapotential dieser Zeit deutlich zum Ausdruck. Aus ihnen werden die Argumente und Strategien für die regionale und städtebauliche Planungspolitik in Israel herausgefiltert, um das Baugeschehen in Beer Sheva rekonstruieren und auf seine nationale Bedeutung hin analysieren zu können. In der zweiten Phase, den 1960er Jahren, folgt Ernüchterung. Fehlentwicklungen, die durch das dogmatische Umsetzen der Siedlungsdoktrin der 1950er Jahre entstanden sind, werden immer deutlicher. Mit einem neuen Masterplan, an dem seit Ende der 1950er Jahre bis zu seiner offiziellen Genehmigung 1969 gearbeitet wird, bemüht man sich, die städtebaulichen Missstände zu korrigieren. Zur gleichen Zeit werden einige junge Architekten beauftragt, neue Siedlungs- und Wohnmodelle zu entwickeln. An der Modellsiedlung „Shikun Ledogma", den Wohnreformmodellen der „Schubladen- und Pyramiden-Häuser" (Beit Diroth und Beit Piramidoth) sowie dem Nachbarschaftszentrum „Merkaz Ha'Negev" werden die neuen städtebaulichen und architektonischen Ansätze und Ideen exemplarisch untersucht. In den seltensten Fällen wurden in Israel in dieser Zeit Wettbewerbs- oder Plandokumentationen angelegt. Daher wurden zahlreiche Interviews mit den beteiligten Planern und Architekten geführt sowie Zeitungen und Architekturjournale durchsucht, um den Entwurfsprozess sowie seine politische und ideologische Motivation rekonstruieren zu können. Dabei zeigt sich, dass Städtebau und Architektur seit den späten 1950er Jahren das Ergebnis einer planpolitischen Konsolidierungsphase sind, in der zugleich ein neues – selbstbewussteres – nationales Selbstverständnis zum Ausdruck gelangt.

4.1 Neue Entwicklungsstädte – Modell und Instrument israelischer Landesplanung

Dezentralisierungsstrategien und die Gründung neuer Städte stellen ein weltweites Phänomen der Nachkriegszeit dar. Israel bildet jedoch einen Sonderfall, da hier die Siedlungsstreuung mit größter Konsequenz durchgesetzt wird. Zum Zeitpunkt der Staatsgründung 1948 leben etwa 89 Prozent der jüdischen Gesamtbevölkerung, die circa 710.000 Einwohner beträgt, in den zentralen Siedlungsgebieten, davon allein 75 Prozent in den drei Großstädten Jerusalem, Tel Aviv und Haifa. Im Süden, der knapp 70 Prozent des Staatsgebietes umfasst, lebt nicht einmal ein Prozent der jüdischen Bevölkerung.[2] Mit Abschluss der Phase der Stadtneugründungen 1964 präsentiert sich die Siedlungsverteilung etwas ausgeglichener: Nur noch knapp 80 Prozent der jüdischen Bevölkerung leben in den agglomerierten Kerngebieten, davon insgesamt 60 Prozent direkt in Tel Aviv-Yafo, Haifa und Jerusalem. Auch in den nördlichen und südlichen Regionen, in denen ein Großteil der neuen Städte gegründet wird, verändert sich das Bevölkerungsverhältnis. Der jüdische Anteil der Bevölkerung ist im Norden von 7,6 auf 10,4 Prozent angestiegen und hat sich im Süden sogar von 0,9 auf 10,1 Prozent mehr als verzehnfacht.[3]

Diese – zahlenmäßig – erfolgreiche Steuerung der Bevölkerung findet bereits in den 1960er Jahren viel Interesse in der in- und ausländischen Literatur.[4] Dabei arbeiten die Autoren mit unterschiedlichen Definitionen der sogenannten „New Development Towns", so dass Abweichungen in den statistischen Angaben, aber auch den Analysen auftreten. Irreführend ist hierbei, dass in Israel auch solche Städte als „New Development Town" bezeichnet werden, die bereits vor 1948 existierten, nach der Staatsgründung aber eine den neu gegründeten Städten vergleichbare Entwicklung aufzeigen.[5] Dies schließt landwirtschaftliche Siedlungen und Kleinstädte ein, die sich aufgrund starker Zuwanderung in urbane Zentren wandeln. Weiterhin gehören dazu Städte, die zuvor vornehmlich von Arabern besiedelt waren und nun eine stark wachsende jüdische Bevölkerungsmehrheit aufweisen.[6] Andere Autoren schließen die Stadt Tiberias aus, da sie weniger durch Neueinwanderung als durch nationale Migrationsbewegungen wächst, oder aber Ramle und Lod, da sie nicht in den definierten Entwicklungszonen, sondern im zentralen Bezirk liegen.[7] Der Stadtplaner Nathaniel Lichfield und der Stadtsoziologe Alexander Berler entwickeln auf der Grundlage umfassender Kriterien eine allgemeingültige Definition, die auch für diese Arbeit übernommen wird. Neue Entwicklungsstädte sind demnach gekennzeichnet

---

2 Angaben des statistischen Regierungsamtes im Innenministerium für November 1948 nach Spiegel 1966: 12. Die statistischen Angaben variieren, da nicht immer zwischen jüdischer und israelischer Bevölkerung differenziert wird. In die israelische Bevölkerung werden auch die moslemischen und christlichen Bewohner des Landes mit eingerechnet. Problematisch ist ebenfalls die Bezeichnung „Süden", da sie keine exakt definierte geographische Region umschließt. Für diese Arbeit werden die 1964 vom Innenministerium festgelegten Grenzen des „Südlichen Distrikts" übernommen, die den Negev, das Arava-Tal, die Senke zwischen Totem Meer/Eilat und dem Hochplateau des Negev und die Mittelmeerküste mit den Städten Ashdod und Ashkelon sowie Kiryiat Gat einschließen. Vgl. den „Southern District Plan", in: Dash/Efrat 1964: 51–52.

3 Angaben des statistischen Regierungsamtes im Innenministerium für November 1948 und Dezember 1963 nach Spiegel 1966: 16.

4 Zu den wichtigsten Studien, Aufsätzen und Buchpublikationen dieser Zeit zählen Glikson 1958a, Dashevsky 1958, Brutzkus 1964b, Dash et al. 1964, Spiegel 1966 und Lichfield 1970. Starkes Interesse wird besonders den humangeographischen und wirtschaftlichen Faktoren entgegengebracht. Mit den praktischen Planungskonzepten und ihrer städtebaulichen und architektonischen Umsetzung beschäftigen sich viele von ihnen – ausgenommen Spiegel 1966 – nur am Rande.

5 Arieh Sharon beispielsweise orientiert sich an der Quantität des prognostizierten städtischen Wachstums und nennt Safed, Tiberias, Nahariya, Akko, Afula, Migdal Gad, Beer Sheva, Lod und Ramle als neue Entwicklungsstädte. Vgl. Sharon 1950: o. S. [2, 6] und Sharon 1951: 72.

6 Zu diesen Städten zählen Beer Sheva, Ashkelon, Lod (Lydda), Ramle, Tiberias, Safed (Zefat), Akko, Afula und Bet Shean. Vgl. Brutzkus 1964a: 13, Neufeld 1971: 8 und Efrat 1989: 24–25.

7 Vgl. Berler/Shaked 1966: 9.

durch ihr Gründungsdatum, ihre regionale Lage, die rapiden und radikalen Wachstumsveränderungen in bezug auf Bevölkerung und Siedlungsgröße und insbesondere den Anteil der Neueinwanderer sowie den Anteil staatlicher Fördermaßnahmen.[8] Folgt man ihrer Definition, ergibt sich folgende Chronologie von Entwicklungsstädten, die entsprechend ihrer regionalen Lage und der Existenz beziehungsweise Nicht-Existenz eines alten Stadtkerns zusammengestellt sind:

Jahr	Nord Altstadt	Nord neue Stadt	Mitte/Zentral Altstadt	Mitte/Zentral neue Stadt	Süd Altstadt	Süd neue Stadt
vor 1948	Tiberias Safed Afula					
1948	Bet Shean Akko		Lod Ramle		Beer Sheva Ashkelon	
1949			Yavne			
1950		Kir. Shimona Shlomi		Bet Shemesh		
1951				Or Aquiva		Kir. Malakhi Yeruham Sederot Eilat
1952		Mig.ha'Emeq				
1953		Hazor				
1954						Mizpe Ramon Kiryat Gat
1955						Ofakim Dimona Ashdod
1956						Netivot
1957	Nazareth Illit	Ma'alot				
1962						Arad
1964		Karmiel				
insg.: 30	6	6	3	2	2	11

Tabelle: Neue Städte (Abb. 5) nach Region, erstem Jahr der jüdischen Besiedlung und Existenz eines alten Stadtkerns[9]

8 Vgl. Berler 1970a: 58–62, Amiran/Shachar 1969: 1 und Lichfield 1971, Vol. 1: 4.1–4.3.
9 Tabellarische Zusammenstellung nach Spiegel 1966: 23.

Diese Tabelle zeigt eine klare zeitliche und örtliche Phasentrennung der Stadtgründungen. Von insgesamt dreißig Entwicklungsstädten werden 27 in der Zeit zwischen der Staatsgründung und 1964 angelegt. Bis 1950 entstehen sie überwiegend im dichten Umkreis bereits existierender Städte und anstelle alter, meist von der arabischen Bevölkerung verlassener Ortschaften. Diese Neugründungen liegen weniger einer gezielten Planung zugrunde, sondern sind Ergebnis des starken Einwanderungsdrucks nach der Staatsgründung. Um eine schnelle Unterbringung der Einwanderer zu erreichen, werden verlassene Häuser und Orte neu bezogen und erweitert. Auch die ersten Übergangslager (ma'abarot) werden in Hinblick auf die Nähe zu möglichen Arbeitsplätzen und Konsumzentren in den urbanisierten Regionen errichtet.[10] Die Hauptphase der Stadtgründungen umfasst die Jahre zwischen 1950 und 1957. In den nachfolgenden Jahren konzentriert man sich nicht zuletzt wegen der abnehmenden Einwanderungszahlen auf eine Konsolidierung der bestehenden Städte. In den 1960er Jahren folgen nur noch die beiden Gründungen von Arad im Negev 1962 und Karmiel im nördlichen Karmelgebirge 1964.[11] In dieser Hauptphase werden insgesamt 18 Städte gegründet, davon nur Nazareth Illit in Verbindung mit einer bereits existierenden Siedlung. Die Neugründungen dieser Phase konzentrieren sich auf die Entwicklungsregionen im Norden mit fünf Städten und im Süden mit insgesamt zehn Städten. Während im Norden bereits eine Struktur landwirtschaftlicher Siedlungen und kleiner Ortschaften existiert, in welche die neuen Städte integriert werden können, ist der Süden des Landes nahezu unbesiedelt. Er stellt daher ein besonderes Experimentierfeld dar, um die israelische Planungspolitik in ihren theoretischen und ideologischen Konzeptionen durchzusetzen.

Die neuen Entwicklungsstädte bilden zusammen mit dem Ausbau Jerusalems als Hauptstadt den Kernbestandteil des Nationalplans. Während Jerusalem vor allem der nationalen Repräsentation dient, sind die Entwicklungsstädte ein Instrument der Regionalförderung, die zugleich nationale Aufgaben zu erfüllen hat. Mit ihnen versucht die Regierung, den Staat auf solide wirtschaftliche und humangeographische Fundamente zu stellen und ihn zugleich gegen äußere Anfeindungen abzusichern. In Übereinstimmung mit dem Grundsatzprogramm der Regierung von 1949 bezeichnet Arieh Sharon die Arbeit an der Planung und Realisierung der neuen Städte als eine nationale Angelegenheit von oberster Dringlichkeit: „The immediate and most important planning task was to prepare plans for the new towns to encourage their development and to direct the immigrants to them."[12] Im Nationalplan ist nicht nur die

---

10 Vgl. Government Year Book 5721 (1960/61): 401–402 und Amiran/Shachar 1969: 5. Die ma'abarot, Lager aus Zelten, Blech- und Holzhütten, bilden oft den Siedlungskern einer späteren Siedlung.
11 Expansive Siedlungsaktivitäten setzen erst nach dem Sechs-Tage-Krieg 1967 ein, nachdem Israel das Westjordanland, den Sinai und die Golanhöhen erobert hat.
12 Zit. Sharon 1952: 72. Zum Grundsatzprogramm der Regierung vgl. Basic Principles of the Government Programme, March 1949, in: Government Year Book 5711 (1950): 50–53.

hierarchische Siedlungsstruktur festgelegt, auch Masterpläne für die meisten Städte wie Beer Sheva, Afula und Tiberias etc. sind bereits ausgearbeitet. Ausschlaggebend für die konkrete Verortung der Städte in der Siedlungskarte sind vor allem zwei Aspekte: Die natürlichen Gegebenheiten und das Potential der regionalen „Zentralität", das heißt der Fähigkeit, über die Stadtgründung hinaus auch die Entwicklung der Region fördern zu können.[13] Zunächst bestimmen physische Faktoren wie Topographie, Landschaft, Klima und Bodenqualität respektive Rohstoffvorkommen die Ortswahl. Sie begünstigen vor allem die Neugründungen im Norden, da dort die Temperaturen, die Wind- und Luftverhältnisse sowie die Bodenbeschaffenheit günstiger und ausgeglichener sind als im trockenen, teils subtropischen Süden. Bis circa 1950 dominieren daher Stadtgründungen in der nördlichen und mittleren Region, um die Städte dort an die landwirtschaftlichen Strukturen anzubinden. In den nachfolgenden Jahren, nachdem die Aufnahmekapazitäten in der Landwirtschaft erschöpft sind und die neuen Siedlungen stärker auf Industrie, Gewerbe und Dienstleistungen ausgerichtet sind, tritt vor allem das Argument der zentralen Lage in den Vordergrund.[14] Die Planungsgrundlage für die Gründung neuer Städte bilden nun die Entfernung zu umliegenden Subzentren und landwirtschaftlichen Siedlungen sowie der Verlauf der wichtigen Verkehrs- und Handelswege. Die neuen Städte sollen als Kommunikationszentren und als Mittelpunkt wirtschaftlicher Aktivitäten die Region dominieren und als Bindeglied zwischen den Metropolen und den Kleinstädten respektive den landwirtschaftlichen Siedlungen fungieren. Dabei werden den einzelnen Städten spezifische Funktionen als Plangrundlage zugeordnet: Eilat am Roten Meer und Ashdod am Mittelmeer werden als Hafenstädte ausgewiesen, wobei Eilat zugleich als Tourismuszentrum ausgebaut werden soll. Unter den Wüstenstädten wird Dimona zum Industriezentrum, Arad zum Wohnort für die Arbeiter der Mineralfabriken der Dead Sea Works am Toten Meer und Beer Sheva zum Bildungs-, Verwaltungs-, Verkehrs- und Handelszentrum der Region bestimmt.[15]

Neben dem Aufbau einer ausgeglichenen Siedlungs- und Wirtschaftsstruktur nennen Planungsgremien und Regierung gleichermaßen die nationale Sicherheit und Verteidigung als Grundlage ihrer Planungsarbeit. Wie sich im Unabhängigkeitskrieg zeigte, haben Siedlungen in den Grenzgebieten ein schnelles Vordringen feindlicher Angreifer wenn nicht verhindern, so doch aufhalten können.[16] Ziel ist es daher, Grenzregionen und sogenannte „leere Gebiete" zu besiedeln, um dort jüdische Präsenz zu

---

13 Vgl. Brutzkus 1964a: 29–31.
14 Dash et al. 1964: 19 listen 400 landwirtschaftliche Siedlungen auf, die seit der Staatsgründung errichtet wurden. Die Agrarbevölkerung ist dabei von 85.000 auf 390.000 Personen angestiegen, womit sich der Anteil von 12,7 auf 17 Prozent der Gesamtbevölkerung erhöht. Auf dieser Ebene stagniert der Anteil zunächst, nimmt aber in den folgenden Jahren wieder prozentual ab.
15 Vgl. Shaked 1965: 16–19, der sämtliche neuen Städte kurz mit ihrer Funktion und ihrem Gründungserfolg, respektive Nicht-Erfolg, charakterisiert. Vgl. auch Bentov 1969: 50–51.

demonstrieren.[17] Dabei erhalten die neu gegründeten Orte, wenn sie mit biblischen Stätten in Verbindung gebracht werden können, oft deren Namen, wie beispielsweise Eilat, Ashdod, Arad, Bet Shemesh oder Hazor. Obwohl es sich um moderne, neu gegründete Städte handelt, können sie so auf eine konstruierte Kontinuitätslinie jüdischer Besiedlung verweisen.[18] Ebenfalls aus Gründen nationaler Sicherheit sollen dominant arabische Siedlungsgebiete durch den verstärkten Zuzug jüdischer Bewohner als „Schwachstellen" in der jüdischen Siedlungskarte ausgeglichen werden.[19] Da der Süden Israels in jeder Hinsicht eine solche Schwachstelle darstellt, konzentrieren sich die staatlichen Aktivitäten und Fördermaßnahmen auf diese Region. In diesem Landesteil, der gut 70 Prozent des Staatsterritoriums beträgt, sind außer einigen Beduinenstämmen kaum Menschen angesiedelt. In den wenigen Dörfern und Kolonien leben auch in den 1950er Jahren noch fast ausschließlich Araber. Eine jüdische Präsenz muss ebenso wie eine Wirtschaftsstruktur von Grund auf geschaffen werden. Mittels diverser staatlicher Förderprogramme wird der Negev zum wichtigsten Experimentierfeld, in dem Politik und Ideologie über Planungstheorie und Praxis umgesetzt werden beziehungsweise umgesetzt werden sollen. In Beer Sheva treten dabei die ideologischen Ansprüche in der Siedlungsplanung und ihre faktische Realisierung im Städtebau besonders deutlich zutage.

4.2 Stadtplanung und Wohnungsbau in Beer Sheva – ein Beispiel israelischer Planungspraxis in den neuen Städten

In der plantheoretischen wie ideologischen Grundkonzeption gleichen sich die neuen Städte, auch wenn sie völlig unterschiedliche Standorte oder Funktionen zugewiesen bekommen. Daher können an Beer Sheva exemplarisch die israelische Siedlungsplanung und -politik der 1950er Jahre, ihre Umsetzung im städtischen Raum sowie ihre Erfolge und Misserfolge analysiert werden. Beer Sheva gilt als „symbol of a national policy [and] the Israeli new urbanization program", wie die internationale Jury bei der Verleihung des R. S. Reynolds Award for Community Architecture 1969 durch das American Institute of Architects (AIA) bestätigt.[20] Es sind dabei sowohl

---

16 Vgl. Ben-Zadok 1985: 337. Er beschreibt, wie im Unabhängigkeitskrieg und den nachfolgenden israelisch-arabischen Kriegen die landwirtschaftlichen Dörfer kommunikative Vorposten und Brückenköpfe für die nachrückende israelische Armee bildeten. Vgl. Kapitel 4.3 dieser Arbeit.
17 Vgl. Basic Principles of Government Programme, November 1955, in: Government Year Book 5717 (1956): 27.
18 Vgl. Brutzkus 1964b: 13 und Kapitel 4.3 dieser Arbeit.
19 Vgl. Lichfield 1971: 3.8 und 11.4.
20 Zit. Urteilsbegründung durch Schwartzman/Gregory/Rockrise 1970: 28.

die architektonischen Einzelleistungen als auch die städtebauliche Gesamtplanung, die positiv evaluiert werden. Vorbildlich sei, so die Jury, dass die israelischen Experten in kritischer Analyse die Missstände und Fehlentwicklungen der Stadtplanung immer wieder untersucht und dementsprechend die Planungsrichtlinien modifiziert hätten: „The jury believes Beersheba to be of international significance in the evaluation of town planning. It represents the full spectrum for community evolution. It is […] a manifestation of a national urbanization policy."[21] Beer Sheva stellt damit nicht nur ein anschauliches Beispiel israelischer Planungspraxis dar, sondern ist zugleich auch ein Indikator für politische und gesellschaftliche Veränderungen. Diese Veränderungen, die bis heute noch im Stadtgrundriss und seiner Überbauung ablesbar sind, reichen bis an den Anfang des 20. Jahrhunderts zurück. Drei Herrschaftssysteme – das osmanische/türkische, das britische und das israelische – haben in dieser Zeit unterschiedliche Interessen für diese Stadt entwickelt und über die Stadtplanung nachhaltigen Einfluss auf ihre Gestaltung und Funktion genommen. Bevor auf die israelische Planungspraxis eingegangen wird, soll daher an dieser Stelle kurz die städtebauliche Entwicklung von Beer Sheva skizziert werden.

4.2.1 Geschichte der Stadt Beer Sheva und ihres Städtebaus bis 1948

Beer Sheva blickt auf eine lange Siedlungsgeschichte zurück. Die mythische und strategische Bedeutung, die dieser Stadt über Jahrhunderte und Jahrtausende zugeschrieben wird, erklärt, warum sie nach der Staatsgründung als starkes Zentrum im Negev ausgebaut werden soll. Die historische Signifikanz der Stadt reicht dabei bis in die biblischen Berichte zurück. Dort sind ihr Name und ihre Funktion bereits festgelegt: Beer Sheva = sieben Brunnen.[22] Sie ist eine der wenigen Stätten mit Wasservorkommen und landwirtschaftlich nutzbarem Boden an der Grenze zur Trockenzone. Außerdem liegt Beer Sheva auf dem Kreuzungspunkt einiger wichtiger Verkehrs- und Handelswege. Auch heute verbindet sie die Zentren der Mittelmeerküste (vor allem Tel Aviv-Yafo und Ashdod) mit den Wohn- und Industriestätten in Richtung

---

21 Zit. Schwartzman/Gregory/Rockrise 1970: 28. Der Architekt Moshe Lofenfeld zeichnet ein etwas anderes Bild der Preisverleihung und kann dies mit einigen Schriftwechseln belegen. Ursprünglich sollte ihm und seinem Partner Giora Gamerman der Preis für ihre Bauten der „Schubladen-" (Beit Diroth) und „Pyramiden-Häuser" (Beit Piramidoth) in Beer Sheva verliehen werden. Mordechai Bentov, der Wohnungsbauminister (und überzeugte Kibbuznik), interveniert und bittet darum, den Preis zugunsten des Kollektivs aller in Beer Sheva beteiligter Planer und Architekten der Stadt und ihrn Planungsämtern zu verleihen. Gespräch mit Moshe Lofenfeld am 04.09.2002; Schriftwechsel in der Slg. Lofenfeld.

22 Das 1. Buch Mose bringt Beer Sheva an verschiedenen Stellen (1. Mose 21–22, 26, 28 und 46) mit dem Graben von Brunnen in Verbindung. Zur Bedeutung Beer Shevas und des Negev im Kontext der Patriarchengeschichte vgl. Kapitel 4.3 dieser Arbeit.

des Toten Meeres (Dimona, Arad und Sedom/Sodom) und denen im südlichen Negev (Sde Boker und Mitzpe Ramon) bis ans Rote Meer (Timna und Eilat). Bis in das frühe Mittelalter konnte Beer Sheva sich als wichtiger Handelsplatz gegenüber den Siedlungen der Umgebung behaupten.[23] Wie viele andere Städte in Palästina verliert Beer Sheva infolge der arabischen Eroberung im 7. Jahrhundert und aufgrund der neuen Randlage auch in den nachfolgenden arabischen Großreichen stark an Bedeutung. Erst unter osmanischer Herrschaft und mit den zunehmenden politischen Spannungen im Nahen Osten seit dem 19. Jahrhundert gewinnt Beer Sheva wieder an Bedeutung. Entgegen der früheren Bedeutung als Oase und Handelsplatz rückt nun die strategische Funktion als „frontier town"[24] und militärischer Stützpunkt in den Vordergrund. Dabei muss das Konzept von Grenze hier in seiner doppelten Bedeutung als politische Trennlinie zwischen zwei Staaten und als Grenze zwischen besiedeltem und unbesiedeltem Territorium verstanden werden.[25] Die Osmanen beginnen 1900 mit dem Bau einer Stadtanlage, um einen strategischen Stützpunkt aufzubauen, der eine Barriere gegenüber den kolonialen Interessen der Briten, die bereits Ägypten besetzt halten, bilden soll.[26] Um das Gebiet auch innerhalb der eigenen Grenzen zu stabilisieren, bemüht man sich zugleich um eine organisierte Verwaltung der Wasserressourcen, des Agrarlandes und der Marktplätze. Über die Kontrolle dieser lebenswichtigen Faktoren sollen die umherziehenden Beduinenstämme zum Sesshaftwerden gezwungen werden.[27]

Im Kontext dieses internationalen Interessenkonflikts beginnt um 1900 in Beer Sheva die Zeit der kontrollierten, übergeordneten Stadtplanung, die aufgrund strenger Plandirektiven das natürliche Wachstum fast vollständig einschränkt. Der Stadtplan unter osmanischer Herrschaft wird von einem deutschen und einem schweizer Ingenieur erarbeitet.[28] Die heute noch erhaltene Altstadt zeigt ein für die Region

---

23 Vgl. Gradus 1992/1993: 251–253. Zur Geschichte Beer Shevas vgl. auch Berman 1963 und dies. 1965, Gradus/Stern 1979 und Gradus 1992/1993.
24 Zit. Luft 1951b: 5.
25 Vgl. J. R. V Prescott: The Geography of Frontiers and Boundaries, Chicago 1965: 34 und Kimmerling 1983: 3.
26 Nach Berman 1965: 315 standen dort zuvor keine festen Strukturen, sondern nur Zelte von Beduinen. Der osmanische Ausbau Beer Shevas erfolgt mit Unterstützung des Deutschen Reiches, das damit seine kolonialen Interessen in der Region forcieren möchte. Vor dem Ersten Weltkrieg konzentriert sich das deutsche Wirtschaftsengagement vor allem auf den Eisenbahnbau mit der Bagdadbahn seit 1903 (ab Konstantinopel) und der Hedschasbahn zwischen 1901 und 1908 (von Damaskus nach Medina). An letztere werden 1905 Haifa und 1915 Beer Sheva angebunden. Zuvor war Beer Sheva bereits 1914 – ebenfalls mit deutscher Hilfe – an die Bahnlinie Jaffa-Jerusalem angebunden worden, die weiter in Richtung Sinai geführt wurde.
27 Vgl. Efrat 1984: 129–130.
28 Vgl. Berman 1965: 315, Gradus 1977: 3 und Naor 1985: 168. Die namentliche Urheberschaft der Pläne ist umstritten.

fremdes, völlig regelmäßiges und orthogonales Straßenraster (Abb. 109). Blöcke mit den Ausmaßen von 60 x 60 Metern entstehen, die wiederum in vier Parzellen zu je 30 x 30 Metern unterteilt sind. Auf ihnen werden die meist eingeschossigen Häuser in traditioneller Weise aus lokalem Stein oder Ziegel, flachgedeckt und mit einem zentralen Innenhof errichtet. Die einzige Abweichung vom regelmäßigen Plan stellt die etwas breitere Hauptstraße im Zentrum des Rasters dar. Zivilen Bedürfnissen, wie nach einem Handels- oder Marktplatz, wird kein besonderer Raum gewährt.[29] Erst in den späteren Jahren, vor allem in der britischen Mandatszeit, werden öffentliche Gebäude der Verwaltung, der Amts- und Gerichtsausübung, eine Post, ein kleines Krankenhaus und eine Schule am Rande dieser Siedlung angelegt. Nur bedingt orientiert sich der Stadtgrundriss an den topographischen und klimatischen Gegebenheiten. Die Ausrichtung des Stadtrasters in Nordwest-Südostrichtung versucht, entsprechend der vorherrschenden Windrichtung eine größtmögliche Querlüftung der Stadt zu gewährleisten. Die dichte Parzellenbebauung verringert die Sonneneinstrahlung und macht ein aufwendiges Rohrleitungssystem für die Wasserversorgung überflüssig. Deutlich günstigere Voraussetzungen für eine Stadtgründung wären aber in den weiter östlich gelegenen Höhenzügen gegeben gewesen, in denen klimatisch angenehmere Bedingungen herrschen. Zugleich hätte damit der Lößboden in und um Beer Sheva für eine landwirtschaftliche Nutzung erhalten werden können.[30]

Dies zeigt, wie dominant die militärischen Interessen gegenüber den zivilen Funktionen dieser Grenzstadt sind. Im Zentrum steht hier vor allem die Überwachung der Fernverbindungen, so dass die Stadt strategisch an dem Kreuzungspunkt wichtiger Straßen errichtet wurde. Auch das schachbrettartige Stadtraster steht im Gegensatz zu den unregelmäßig gewachsenen Strukturen historischer Städte für eine streng reglementierte Organisation. Es ist symptomatisch für koloniale und andere urbane Neugründungen auf unverbautem Terrain und grenzt sich stark von den organischen Strukturen bestehender Dörfer ab. Ähnlich rigide Siedlungsstrukturen entstehen etwa zur gleichen Zeit in anderen kolonial beherrschten Ländern Afrikas und dem Nahen Osten.[31] Das regelmäßige Stadtraster, das der Landschaft ungeach-

---

29 Die frühere Funktion als Handelsplatz der Beduinen kann damit nicht mehr erfüllt werden. Vgl. auch Berman 1965: 315, Spiegel 1966: 132–134 und Naor 1985: 168–169.
30 Gradus 1977: 19 und Efrat 1984: 129–130.
31 Orthogonale Stadtraster reichen bis in die Antike zurück. Im Zeitalter des Kolonialismus gelangen sie in Stadtneugründungen in allen Kontinenten, insbesondere aber in Amerika, zur Anwendung. Auch rund um Palästina werden im 19. Jahrhundert neue Städte errichtet, die dieses Schachbrettmuster zeigen, beispielsweise Port Said und Port Fuad am Suezkanal in Ägypten oder Khartum, die Hauptstadt des Sudan. Einige britische Stadtplaner, wie William McLean in Khartum (Wiederaufbau der Stadt unter Lord H. H. Kitchener ab 1898) sind an diesen Planungen beteiligt und werden später auch in Palästina für die britische Mandatsregierung tätig (Jerusalem Masterplan 1918). Zu den kolonialen Stadtplänen in Afrika vgl. Ernst Egli: Geschichte des Städtebaus, Bd. 3: Die neue Zeit, Zürich 1967: 338–345.

Abb. 109: Beer Sheva, Luftbild 1917

tet topographischer Vorgaben oktroyiert wird, steht praktisch und symbolisch für Ordnung und Kontrolle, was den strategischen Charakter der Siedlung betont.

Im Ersten Weltkrieg nehmen die Briten unter General Allenby 1917 die Stadt ein. An der Tradition Beer Shevas als regionalem Zentrum des Negev und als strategischen Vorposten festhaltend, beginnen sie mit dem Wiederaufbau der Stadt. Sie übernehmen dabei den Stadtgrundriss aus der osmanischen Zeit.[32] Henry Kendall erarbeitet 1937 einen städtischen Entwicklungsplan, der unter Fortführung des Schachbrettrasters das Siedlungsgebiet bis an den Verlauf der Eisenbahn und den Wadi Beer Sheva ausdehnt.[33] Neu angelegt wird ein zentraler Platz, um den die öffentlichen Einrichtungen angesiedelt werden. Darin erschöpfen sich bereits weitestgehend die britischen Fördermaßnahmen. Beer Sheva bleibt vor allem ein militärischer Stützpunkt, der auch weiterhin nur ein geringes Bevölkerungswachstum verzeichnet. Nachdem die Zahl der Einwohner von 300 im Jahr 1903 auf 2356 im Jahr 1922 angestiegen war, wächst sie bis 1938 auf 3000 Einwohner. Etwa 98 Juden leben 1922 in Beer Sheva, die aber infolge der arabischen Unruhen seit Ende der 1920er Jahre die Stadt verlassen.[34] Im Verlauf des Zweiten Weltkrieges stagniert die Entwicklung der Stadt. Im Unabhängigkeitskrieg erneut umkämpft, wird sie schließlich entgegen den Vorgaben im UN-Teilungsplan von den israelischen Truppen erobert und annektiert. Die israelische Regierung, der nun der Wiederaufbau obliegt, beschließt im Rahmen ihres nationalen Landesentwicklungsplans, Beer Sheva als regionales Zentrum auf- und auszubauen. Der rasante Anstieg der Bevölkerungszahl von 8300 Einwohnern im Jahr 1950 auf 20.500 im Jahr 1955, 46.400 im Jahr 1961 und schließlich 111.000 im Jahr 1981 belegen diese Politik.[35] Im Mai 1957 wird Beer Sheva offiziell zur Hauptstadt des Südens, der größten Verwaltungseinheit Israels, ernannt.[36]

4.2.2 Städtebauliche Entwicklung nach 1948

Die Zielsetzung, Beer Sheva als Regionalzentrum des Negev und als Mittelpunkt einer neuen Siedlungsstruktur zu fördern, löst – vergleichbar mit der Erklärung, Jerusalem als Landeshauptstadt aufzubauen – einen enormen städtebaulichen Entwicklungsschub aus. Während sich in Jerusalem die Aktivitäten in der Tradition des Kulturzionismus vor allem auf die Gründung nationaler Institutionen konzentrieren,

---

32 Vgl. Berman 1963: 17–21, dies. 1965: 318–319 und Naor 1985: 171–172.
33 Henry Kendall (1903–1983) studiert Architektur und Städtebau in London und wird im Anschluss daran für die britische Regierung tätig. 1936–1948 ist er oberster Berater (Town Planning Advisor) der britischen Mandatsregierung in Palästina. In dieser Zeit entwickelt er außer für Beer Sheva weitere Masterpläne unter anderem für Jaffa, Tiberias und Jerusalem. Vgl. Frenkel 1993: 442.
34 Vgl. Berman 1963: 22 und Efrat 1984: 134.
35 Vgl. Efrat 1984: 135.
36 Vgl. Berman 1965: 309.

stellt die Entwicklung Beer Shevas ein Kontinuum der zionistischen Siedlungs- und Kolonisierungstraditionen aus der Zeit vor 1948 dar. Große Ströme von Neueinwanderern werden in diese Stadt gelenkt, um die militärisch-territorialen Errungenschaften mit dieser demographischen Strategie möglichst irreversibel dem israelischen Staatsgebiet anzugliedern. Zunächst werden die Siedler in den Häusern der Altstadt, aus denen die arabische Bevölkerung während des Unabhängigkeitskrieges geflohen war, und in provisorischen Übergangslagern untergebracht. Zugleich wird in Übereinstimmung mit dem Nationalplan an einem umfassenden Rahmenentwicklungsplan für Beer Sheva gearbeitet, um die großstädtische, regional orientierte Entwicklung der Stadt einzuleiten.

Die Entwicklung Beer Shevas nach der Staatsgründung ist durch zwei große Planungsinitiativen gekennzeichnet. Ein erster Rahmenentwicklungsplan (Abb. 110–111) wird im Zusammenhang mit dem Nationalplan 1950 unter der Leitung von Arieh Sharon erarbeitet.[37] Sein Ziel ist es, vor allem den Massenwohnungsbau in funktionalen Siedlungsstrukturen zu organisieren. Sein städtebauliches Planziel aber führt zu gravierenden Fehlentwicklungen, so dass Mitte der 1960er Jahre die Arbeiten an einem neuen Masterplan beginnen. Der unter der Leitung des Ingenieurs Mordechai Laor und des Architekten Rafael Reifer erstellte Generalplan (Abb. 116) wird schließlich im September 1969 genehmigt.[38] Während der erste Plan noch stark den zionistischen Agrar-Idealen und den Strategien der dezentralen Kolonisierung verpflichtet ist, spiegelt der zweite die Umorientierung in der Wirtschafts- und Landesentwicklungspolitik der 1960er Jahre wider. In dieser Zeit erhält die Konsolidierung des Staates und seiner physischen wie demographischen Aufbauarbeiten oberste Priorität.

Sharons Masterplan von 1950 sieht bei einem Stand von circa 8300 Einwohnern ein Wachstum auf 50.000 bis 60.000 Einwohner vor. Zusätzlich zu großflächigen Wohnungsbauprojekten sollen Industriebetriebe, Geschäfte sowie Kultur-, Bildungs- und Verwaltungsinstitutionen angesiedelt werden, um den Aufbau als regionales Zentrum zu stärken. Der Masterplan bildet dabei eine stark theorieorientierte Planungsgrundlage, die nur wenig Rücksicht auf die vorherrschenden regionalen Bedingungen nimmt. Dies zeigt sich in der Grundkonzeption des Planes, die nahezu identisch ist mit den Masterplänen anderer Entwicklungsstädte.[39] Obwohl diese

---

37 Vgl. Sharon 1951: 58–60 und Ausst.-Kat. New Towns in Israel 1958: o. S. [14–15].
38 Vgl. Laor 1970: 3.36. Inoffiziell scheinen die Diskussionen über einen neuen Masterplan bereits viel früher einzusetzen. Im Staatsarchiv werden Protokolle verwahrt, die vom September 1957 datieren und auf vorangegangene Sitzungen verweisen. An diesen Planungssitzungen beteiligen sich einige Architekten, Mitarbeiter der Wohnungsbaugesellschaften sowie der städtischen und staatlichen Planungsabteilungen und gelegentlich auch der Bürgermeister von Beer Sheva, David Tuviyahu. Vgl. ISA, RG 56, Gimel 2704, Akte 2 (8). Zu den Inhalten des zweiten Masterplans vgl. Kapitel 4.5 dieser Arbeit.
39 Vgl. Berler/Shaked 1966: 12–13 und Israel Builds 1970: 1.28–1.29.

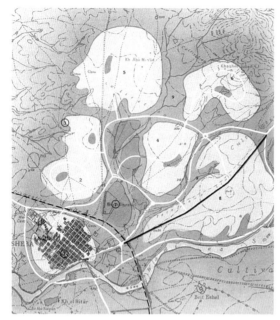

Abb. 110: Beer Sheva, Masterplan um 1950 im Zusammenhang mit dem Nationalplan unter der Leitung des Architekten Arieh Sharon
(1) Altstadt, (2) Quartier Aleph, (3) Quartier Beth, (4) Quartier Gimel, (5) Quartier Daleth, (6) Quartier Heh, (7) Geschäftszentrum, (8) Industriegebiet, (9) Öffentliche Grünanlagen

Abb. 111: Beer Sheva, Zentrumsgestaltung einer Nachbarschaftseinheit um 1950 im Zusammenhang mit dem Nationalplan unter er Leitung des Architekten Arieh Sharon
(1) Zweigeschossige Wohnbauten, (2) Dreigeschossige Wohnbauten, (3) Öffentliche Einrichtungen, (4) Geschäftszentrum, (5) Wegführung, (6) Grünflächen

Städte in den verschiedenen topographischen und klimatischen Regionen des Landes liegen, folgen alle dem gleichen städtebaulichen Schema. Dies zeigt, mit welcher Konsequenz in den ersten Jahren städteplanerische Modelle ohne Beachtung der siedlungsgeographischen Realität umgesetzt werden. Vorbild für diese Planungen ist eine Mischung aus den britischen Modellen der Gartenstadt, der „New Development Towns" und den sogenannten Nachbarschaftseinheiten (neighbourhood units), in die die gesamte Stadt gegliedert ist und die ihre Struktur und ihren Organismus bestimmen.[40] Diese Einheiten, die als kleine, autonome Organismen funktionieren, nehmen unterschiedliche städtische Funktionen wahr. Wohnen, Arbeiten, Konsum, Dienstleistung/Verwaltung und Regeneration bilden eigenständige Funktionseinheiten, die nicht oder nur kaum miteinander vermischt werden. Gemäss der Planungstheorie gruppieren sich diese Einheiten um ein übergeordnetes Wirtschafts- und Kommunikationszentrum. Um die städtische Entwicklung Beer Shevas diesen Idealvorgaben anzupassen, müssen radikale Einschnitte in den bestehenden Organismus vorgenommen werden.

Der Planungsspielraum in Beer Sheva ist begrenzt. Im Süden und Südosten verhindert das trockene Flussbett Nahal Beer Sheva (arab. Wadi el Saba) ein weiteres städtebauliches Wachstum, so dass Stadterweiterungen vor allem nach Norden und nach Westen vorgenommen werden müssen.[41] Damit muss auch die zentrale Siedlungseinheit mit ihren übergeordneten Wirtschafts- und Verwaltungsfunktionen weiter nach Norden wandern. Zuvor hatte die Altstadt, die nun in ein Wohnviertel umgewandelt werden soll, diese zentralen Funktionen inne.[42] Ihre wirtschaftlichen und verwaltungstechnischen Funktionen werden auf ein neues Zentrum weiter nördlich, im Kern der geplanten städtischen Erweiterungen, übertragen. Damit liegt – entsprechend idealplanerischer Vorgaben – das Verwaltungs- und Geschäftszentrum im geographischen Mittelpunkt der zukünftigen Großstadt. Durchzogen und umschlossen von Grünanlagen, sind hier Verwaltungssitze, große Geschäftsniederlassungen, Banken sowie die wesentlichen Kultur-, Bildungs- und Gemeinschaftseinrichtungen

---

40 Vgl. Sharon 1960: 7. „The Plans for the New Towns were generally based on division into neighbourhood units of 5–10.000 inhabitants each with its own small centre of shops, health, and school facilities." Zum Einfluss der britischen Stadtplanung vgl. Kapitel 2.4 dieser Arbeit.

41 Die in Sharon 1950: o.S. [12] und Sharon 1952: 73 publizierten Rahmenentwicklungspläne für Beer Sheva zeigen geringe Unterschiede. In seinem Vorwort, Sharon 1951, erklärt Sharon, dass die Planungen ständigen Änderungen unterliegen. Die beiden im Süden liegenden Viertel Ha'Darom (ab 1949/50) und Ha'Tzerim (1953) sind zunächst als Übergangslager geplant, entwickeln sich aber aufgrund des ununterbrochenen Zustroms von Neueinwanderern zu permanenten Wohnvierteln. Vgl. Berman 1963: 26–28. In späteren Plänen, vgl. Dash/Efrat 1964: 82, sind bereits weitere Siedlungen südlich des Flusstals projektiert.

42 In der Altstadt befinden sich zu diesem Zeitpunkt circa 500 Wohnungen und etwa 200 kleine Geschäfte, vgl. Masterplan zur Entwicklung Beer Shevas – ein früher Bericht, Dezember 1957, ISA, RG 56, Gimel 2704, Akte 2 (8): 2.

projektiert. Zusätzlich zu seinen übergeordneten Funktionen und seiner zentralen Lage sollen „distinctive architectural and urban characteristics" dieses Quartier auszeichnen.[43] Im Osten schließt sich ein großes Industrieviertel an, im Süden, Westen und Norden gruppieren sich Wohnquartiere um das Zentrum. Die städtische Struktur und Lage der einzelnen Nachbarschaftseinheiten ergibt sich dabei aus der leicht hügeligen Topographie und den zum Teil bereits existierenden Verkehrswegen. Ein Netz von Hauptstraßen durchzieht die Stadt in den Tälern und Wadis, um die Hauptlast des innerstädtischen und Durchgangsverkehrs aufzunehmen.[44] Eine Hierarchisierung der Straßen ist dabei bereits seit Beginn des 20. Jahrhunderts, also mit Beginn des motorisierten Verkehrs, Bestandteil zahlreicher Stadtmodelle. Dementsprechend greift auch Sharon auf die regulierende Funktion der hierarchischen Straßenstruktur zurück, um die Wohnviertel von starkem Verkehrsaufkommen – vor allem zum Schutz der Kinder – freizuhalten.[45] Die wichtigste dieser Hauptstraßen ist Derekh Ha'nesiim/Sderot Rager, die an der Altstadt und dem dort zu errichtenden zentralen Busbahnhof beginnt und in nördlicher Richtung durch die Stadt führt. An ihr sind großzügige Flächen für die Entwicklung eines Geschäftsviertels, eines regionalen Krankenhauses und übergeordneter Verwaltungs- und Bildungseinrichtungen ausgewiesen.[46] Über sie erfolgt auch die Zufahrt zu den einzelnen Wohnvierteln.

Auch die innere Struktur der einzelnen Nachbarschaftseinheiten folgt strikten theoretischen Planvorgaben. Die einzelnen Viertel sind für jeweils 6000 bis 10.000 Einwohner vorgesehen. Nach den ersten Buchstaben des hebräischen Alphabets benannt, wird zunächst das Quartier Aleph 1951–52 (Abb. 112) gegenüber dem zukünftigen Stadtzentrum errichtet. Es folgen nördlich des Zentrums die Siedlung Gimel 1952–53 und zwischen Aleph und Gimel die Siedlung Beth 1955–56.[47] Die erste große Erweiterungsphase der Stadt wird mit den beiden Quartieren Daleth ganz im Norden und Heh im Westen zwischen 1957–62 abgeschlossen.[48] Alle Quartiere

---

43 Zit. Sharon 1952: 75.
44 Eine Verlegung der Eisenbahn an den nördlichen Stadtrand ist vorgesehen. Die Bahngleise sollen einer weiteren Hauptstraße weichen. Die Hauptverkehrsstraßen stehen in Fortsetzung der Überlandstraßen und binden Beer Sheva an die umliegenden Städte an.
45 Vgl. Sharon 1952: 74.
46 Die konkreten Planungen für das regionale Krankenhaus Soroka beginnen zwar erst 1955 und für die Ben-Gurion-Universität des Negev erst in den späten 1960er Jahren, dennoch sind bereits im Masterplan von 1950 Flächen für solche übergeordneten Institutionen ausgewiesen.
47 Entgegen der alphabetischen Reihenfolge Aleph-Beth-Gimel wird das Quartier Gimel noch vor Beth errichtet. So aber breitet sich das städtische Wachstum gleichmäßig auf der östlichen und westlichen Seite der Hauptstraße Derekh Ha'nesiim aus.
48 Vgl. Berman 1963: 28–30 und Spiegel 1966: 142. In der Siedlung Heh beginnen etwa zur gleichen Zeit Planungen einer sogenannten Modellsiedlung „Shikun Le'dogma" (1956–57). Mit ihr sollen neue Typen des Siedlungsbaus erprobt werden, um die bereits nach wenigen Jahren sichtbar werdenden Defizite früherer Siedlungen in Zukunft zu vermeiden. Vgl. dazu Kapitel 4.6.1 dieser Arbeit.

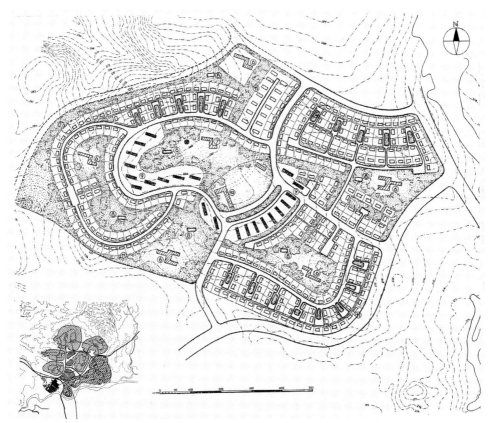

Abb. 112: Beer Sheva, Plan für das Quartier Aleph, 1951–52
(6) Schulen, (7) Öffentliche Einrichtungen, (8) Kindergärten, (9) Wohnblöcke, (10) Geschäftszentrum, (11) Doppelhäuser

bilden topographisch klar begrenzte Einheiten, die auf Hügelplateaus liegen und sich durch seichte Wadis, Täler und Grüngürtel voneinander abgrenzen (Abb. 110).[49] Sie sind als selbständige Einheiten geplant und – „supplying its residents with all their needs in the most efficient fashion" – alle mit einigen Geschäften sowie den wichtigsten öffentlichen Einrichtungen (Verwaltung, Kindergarten, Schule, Synagoge etc.) ausgestattet (Abb. 111).[50] Das Phänomen der großflächigen Streuung ist hierbei sowohl in der Lage der verschiedenen Nachbarschaftseinheiten zueinander als auch innerhalb der einzelnen Wohnviertel zu beobachten. Große Flächen, die als Parkanlagen projektiert sind, trennen die Viertel voneinander und unterstreichen den eigenständigen Charakter jedes einzelnen Quartiers. Dem Modell der aufgelockerten und durchgrünten Stadt folgend, durchdringen umfangreiche Grünachsen den Stadtorganismus und setzen sich in den gartenstädtischen Siedlungseinheiten fort. In den Wohnquartieren wiederum nimmt die Bebauungsdichte zu den Rändern hin ab, so dass Stadt und Land nahezu fließend ineinander übergehen.[51]

Die Gesamtstruktur der Stadt sowie die der einzelnen Siedlungseinheiten folgt damit einem Konzept, das von einer geringen Siedlungsdichte, einer starken Zergliederung des urbanen Organismus in funktionale Einheiten und einer großflächigen Ausweisung von Grünanlagen geprägt ist. In Beer Sheva stehen die neuen Siedlungen damit im scharfen Kontrast zur Altstadt, die sich durch ihr orthogonales Raster und ihre hohe Siedlungsdichte auszeichnet. Die Pläne der Siedlungen Aleph, Beth und Gimel zeigen, dass statt eines strengen Rasters schmale und geschwungene Straßen die neuen Wohnviertel durchziehen, deren Verlauf den topographischen Gegebenheiten weitgehend angepasst ist. Ringstraßen umschließen einzelne Siedlungsgruppen, die von großzügigen Grünflächen durchzogen werden. Gemeinschaftseinrichtungen stehen als architektonische Solitäre in den durchgrünten Zentren. Diese Siedlungsgrundrisse erinnern an frühere Kibbuzimpläne, in denen die Gemeinschaftsbauten ebenfalls von Grünflächen und den locker gruppierten Wohnbauten umlagert sind.[52] Photographien des Viertels Aleph (Abb. 113–114) zeigen die enormen Flächen, die für die Gemeinschaftseinrichtungen und ihre Einbettung in Parkanlagen freigelassen wurden. In dem trockenen Wüstenklima aber scheitert die Ausführung dieser Parkanlagen ebenso wie die Vorstellung, dass die Bewohner Beer Shevas ihre Hausgärten kultivieren und dort Obst- und Gemüseanbau für den eigenen Bedarf

---

49 Vgl. Glikson 1958a: 116.
50 Zit. Sharon 1952: 74. Vgl. Pläne in Sharon 1950: o. S. [15] und Sharon 1951: 59.
51 Zu den Siedlungsidealen der Gartenstadt, der britischen New Development Towns und dem Modell der aufgelockerten und durchgrünten Stadt vgl. Kapitel 2.4 dieser Arbeit.
52 Wie Sharon in seiner Studie über die kollektiven Siedlungen (vgl. Sharon 1955) aufzeigt, gibt es eine große Zahl verschiedener Masterpläne für Kibbuzim mit unterschiedlichen Gruppierungen und Ausrichtungen der Einzelbauten. Ihnen allen gemeinsam sind die starke Durchgrünung der Gesamtanlage und die zentrale Plazierung der Gemeinschaftsbauten.

Abb. 113: Beer Sheva, Quartier Aleph, 1951–52, um 1953

Abb. 114: Beer Sheva, Quartier Aleph, 1951–52, Photographie 1953

betreiben würden. Sharons Vision von der zukünftigen Gestalt der Quartiere mit „öffentlichen Gebäuden, grünen Gärten und baumbestandenen Straßen"[53] wartet zum Teil bis heute auf ihre Umsetzung.

Nach der Staatsgründung gilt es, schnell finanzierbaren Wohnraum in großen Massen bereitzustellen. Statt Gelder in die Begrünung von Wüstensiedlungen zu stecken, experimentiert man mit neuen Modellen des Massenwohnungsbaus. Dabei steckt die Industrialisierung des Bauwesens, die Produktion von Baumaterialien (Zement, Silikatziegel, Asbest, Armierungen etc.) und von seriellen Fertigteilen noch in den Anfängen. An Geld fehlt es ebenso wie an gelernten Arbeitern. Insbesondere in Beer Sheva erprobt man serielle Fertigbauweisen, bei denen ganze Wohneinheiten in Stahlbeton gegossen, vor Ort transportiert und dort montiert werden.[54] Dabei werden die Module so kombiniert, dass zwei Typen von ein- bis zweigeschossigen Doppelhäusern und eines dreigeschossigen Wohnblocks entstehen. Diese werden nach den Vorstellungen einer idealen Nachbarschaftseinheit zu einer Siedlung gruppiert. Der Plan der Siedlung Aleph (Abb. 112) zeigt die dreigeschossigen Häuser konzentriert im Inneren der Siedlung. In den Randgebieten sind vor allem ein- bis zweigeschossige Bauten in Form von Doppelhäusern mit privaten Gärten vorgesehen. Die einen sind aus sechs, die anderen aus maximal vier vorfabrizierten Wohneinheiten zusammengesetzt, in denen jeweils eine Familie untergebracht wird. Auch die späteren Quartiere Beth und Gimel folgen diesem Schema. Meist liegt ein Ring von dreigeschossigen Gebäuden um die nachbarschaftlichen Einkaufs-, Kultur- und Verwaltungszentren, so dass trotz großen Grünflächenanteils eine Verdichtung – vergleichbar einem Stadtzentrum – im jeweiligen Siedlungskern erzielt werden kann. Schulen und Kindergärten hingegen sind überwiegend von den niedrigeren Doppelhäusern umgeben. Eine leichte Abweichung zeigt das Quartier Gimel, das getrennt in einer nördlichen und einer südlichen Phase realisiert wird. Hier ist zusätzlich ein Ring von hohen Wohnblöcken um beide Bauphasen gelegt, um dem Quartier eine klare Umrissstruktur und eine gemeinsame Verklammerung zu geben.

Standard und Größe der Wohnungen beschränken sich auf ein Minimum. In den Jahren 1948–52 beträgt der durchschnittliche Wohnraum 22–30 Quadratmeter pro Wohnung. Sie besteht aus einem Zimmer mit Küche und Bad; Familien mit über vier Personen erhalten ein Zimmer extra; die Wände bleiben unverputzt.[55] Die Enge der

---

53 Zit. Sharon 1951: Bildlegende zu Abb. XXIX (Übersetzung A. Minta).
54 Alweyl o.J.: o.S. [3] nennt als Vorbild die amerikanische „Tournalayer"-Methode. Diese serielle Massenproduktion scheint zu beeindrucken, wie Dafni 1960: 8 vermittelt: „A 'Tournalayer' machine was brought down to shoot houses from its giant snout. Now, there were accommodations. Next, employment." Zur Industrialisierung des Bauwesens in Israel vgl. die umfassende Sektion in Israel Builds 1973: 241–210.
55 Vgl. Brilliant 1949a: 1 und Krivine 1963: 23–24. Mit nachlassendem Einwanderungsdruck verbessert sich der Standard von Immigrantenwohnungen von durchschnittlich 2 Zimmern mit 37,8 Qua-

Wohnungen glaubt man durch direkten Zugang zu Gärten und öffentlichen Grünanlagen ausgleichen zu können. Die Hausgärten fallen dabei vergleichsweise weiträumig aus. Bei freistehenden Häusern besteht so die Möglichkeit, die Wohnungen nach dem Prinzip des „wachsenden Hauses" bei steigendem Wohlstand oder bei veränderter Familiensituation durch Anbau zusätzlicher Räume zu erweitern.[56] Dieses erweiterbare Hausbauprinzip wird bereits seit Beginn der zionistischen Kolonisierungsbestrebungen, wie eine Studie des Architekten Alexander Levy 1920 zeigt, diskutiert. Ausgehend von der defizitären Bausituation in Palästina, wo es an Geld, Material und bautechnischen Erfahrungen fehlt, entwickelt Levy ein System von Bautypen, die schnell, billig und einfach zu errichten sowie flexibel erweiterbar sind.[57] Er reagiert damit auch auf das Bedürfnis, eine Wohneinheit zur Verfügung zu haben, die beliebig multiplizierbar und nahezu überall einsetzbar ist. Das „wachsende Haus" wird zu einem Prototyp beziehungsweise einer prototypischen Methode der zionistischen Kolonisierungsarbeit, die sich auch die staatlichen Wohnungsbaugesellschaften nach 1948 zu eigen machen. Mit solchen kleinen Wohnungsmodulen aus serieller Massenproduktion ist es möglich, das Land schnell zu besiedeln und damit territoriale Ansprüche durch eine bauliche Präsenz abzustecken, ohne dabei eine flexible und ausbaufähige Gestaltung der Wohnungen in der Zukunft zu blockieren.[58]

dratmetern im Jahre 1957 auf 2,4 Zimmer mit 47,6 Quadratmetern ein Jahr später. Eine Broschüre von 1954/55, herausgegeben vom Arbeitsministerium, Planabteilung für Wohnungsbau, im CZA, S42/ 512, stellt verschiedene Haus- und Wohnungstypen für Neueinwanderer zusammen.

56 Vgl. Sharon 1951: Bildlegende zu Abb. XXIX und Krivine 1963: 24. Grundrisse zur Verdopplung der Patio-Häuser in Beer Sheva in: Glikson 1958a: 117.

57 Vgl. Alexander Levy: Vom Bauen und Wohnen im neuen Palästina, Berlin 1920. Die Kernzelle seiner Haustypen besteht jeweils aus einem kubischen, wenig durchfensterten Bau, so dass an nahezu allen Seiten und auf dem Flachdach angebaut werden kann. In seiner Publikation stellt Levy zudem erweiterungsfähige Siedlungsbauten anderer Architekten vor. Er fordert sämtliche Kolonisations- und Baugesellschaften auf, sich zusammenzuschließen, gemeinsam einen massenhaften Wohnungsbau mit solchen Haustypen zu realisieren. Vgl. auch Ingersoll 1994: 55.

58 Das Modell des „wachsenden Hauses" ist seit Beginn des 20. Jahrhunderts eng verknüpft mit der Frage nach der „Wohnung für das Existenzminimum" (CIAM II, 1929 in Frankfurt/Main) und den Versuchen verschiedener Architekten, standardisierte, industriell gefertigte und mobile Wohnmodule zu entwickeln, die unkompliziert an verschiedene Orte transportiert und dort montiert werden können. Standardisierte Prototypen einer erweiterbaren Wohneinheit entwirft beispielsweise Le Corbusier mit seiner „maison domino" (1914) oder „maison citrohan" (1920–22), die – so das Konzept – als internationale Architektur weltweit einzusetzen sind. Richard Buckminster Fuller und Jean Prouvé experimentieren seit Ende der 1930er Jahre mit seriell gefertigten und transportierfähigen Leichtmetallhäusern (Dymaxion House, 1928–1945 und Prototype de Pavillon Colonial, 1949–1950), deren konstruktives System eine schnelle Montage und Demontage ermöglicht. Buckminster interpretiert dabei Bauen nicht als einen Akt der territorialen Aneignung, sondern befreit ihn von dem besitzergreifenden Anspruch auf Eigentum an Grund und Boden. Bauen und Wohnen markieren nur einen Ort der temporären Verweildauer. In der Zielsetzung zur Entwicklung standardisierter, mobiler und erweiterungsfähiger Wohneinheiten nehmen solche Experimente Einfluss auf

Das Siedlungskonzept und der Wohnungsbau geraten in Beer Sheva schon wenige Jahre nach dem Bau der ersten Quartiere in die Kritik der Fachexperten und der Öffentlichkeit.[59] Man erkennt, dass das Ideal einer „durchgrünten Stadt" in wasserarmen Wüstenregionen nicht umzusetzen ist. Große Flächen – circa 35 Prozent des gesamten Stadtgebietes[60] – sind zum Teil gar nicht erst als Grünflächen angelegt worden und verwahrlosen. Diese unattraktiven, vor allem schattenlosen Flächen isolieren die einzelnen Siedlungseinheiten und verhindern, dass ein zusammenhängender Stadtorganismus entstehen kann. Die Siedlungen selbst sind gekennzeichnet durch die monotone Regelmäßigkeit ihrer Bebauung. Standardisierte Wohneinheiten ohne jede architektonische und formale Vielfalt stehen statt in Parklandschaften im trostlosen Wüstensand. Auch ihre konstruktiv-technische Qualität zeigt große Mängel. Da sie in kürzester Zeit und mit noch wenig erprobter Technik errichtet wurden, ist ihr baulicher Zustand bereits nach wenigen Jahren desolat. Trotz der schlechten Qualität und der geringen Wohnfläche sind sie häufig überbelegt. Ben Gurion versucht auf einer Wahlkampfrede im Juli 1951 in Beer Sheva, die Missstände mit Verweis auf die Priorität nationaler Interessen wie die Aneignung und Verteidigung des Landes zu erklären. „Security first", verkündet er: „The attainment of freedom and security often takes precedence over personal convenience in times such as these of mass immigration and of hostile relations with neighbouring states."[61] Mit der Aufforderung zum Verzicht versucht er, die Kritik an dem gegenwärtigen Wohnungsstandard zu entkräften, und bittet um Verständnis für die mangelhafte Wohnsituation und das defizitäre städtische Umfeld. Was gelungen sei, und das zähle schließlich, sei die Aufnahme der großen Massen von Immigranten.

Bedürfnisorientierung und Identifikation der Bewohner mit ihrer Stadt sind demnach nicht als primäres Ziel in der städtebaulichen Entwicklungsplanung verankert. Sie werden von politischen Interessen überlagert, die sich auf den schnellen und großflächigen Aufbau einer jüdischen Siedlungspräsenz beschränken. Eine solche Siedlungspolitik steht in nahezu ungebrochener Kontinuität zu den Kolonisierungsbestrebungen vor der Staatsgründung. Die Traditionslinien der zionistischen Wüstenbesiedlung sollen im Folgenden betrachtet werden, um zu erklären, warum der Bau von Beer Sheva zwar eine hohe ideologische und symbolische Aufladung erfährt, diese sich aber nicht oder nur am Rande in der städtebaulichen und architektonischen Ausformung niederschlägt.

die Wohnungsbau- und Siedlungsdiskussionen in Palästina. In der ideologischen Ausdeutung als temporärer Zustand aber stehen sie im scharfen Kontrast zu den zionistischen Forderungen nach einer dauerhaften Siedlungspräsenz. Vgl. die zionistische Siedlungsmethode der Mauer-und-Turm-Bauten in Kapitel 4.3 dieser Arbeit.

59 Vgl. Masterplan für Beer Sheva 1965: iv–vi, Shaked 1970: 1.31–1.32 und Gradus/Stern 1985: 47–51.
60 Vgl. Laor 1970: 3.36.
61 Zit. Ben Gurion in einem Zeitungsbericht o. V.: Security First. Ben Gurion tells Beersheba Settlers., in: The Jerusalem Post, 13.07.1951: 1 und 3.

4.3 „Conquest of the Desert"[62] – Geschichte, Bedeutung und Funktion des Negev in der Siedlungspolitik

David Ben Gurion zählt zu den großen Befürwortern des landwirtschaftlichen Siedlungsideals und einer intensiven Wüstenbesiedlung. Schon seine Biographie macht dies deutlich. Er lebt und arbeitet, sofern er nicht ein politisches Amt inne hat, in verschiedenen Kibbuzim. Seine letzten Lebensjahre verbringt Ben Gurion in dem Wüsten-Kibbuz Sde Boker, wo er 1973 auch begraben wird.[63] Aufgrund seiner politischen Direktiven werden infrastrukturelle Maßnahmen, Städte- und Wohnungsbau, Aufbau von Landwirtschaft und Industrie, Kultur, Bildung und Forschung in dieser Region vorrangig gefördert. Seine Aufrufe richten sich an alle Bevölkerungsgruppen, die Jugend, die Vatikim, die Pioniere und die Mitglieder der Nahal (Fighting Pioneer Youth), sich an dieser Pionier- und Kolonisierungsarbeit zu beteiligen: „The Government will help foster pioneer values among the youth, so that it may fulfil its duty in making the desert fertile [...]."[64] Die Arbeiten sollen sich, so fordert Ben Gurion, dabei auf den Süden des Landes konzentrieren: „It is absolutely vital for the State of Israel, for both economic and security reasons, to move southwards. [...] Without the settlement of the South and the Negev this country cannot be secure, and we shall not succeed in attaining economic independence."[65] Verkürzt bringt er dies im Februar 1948 auf die – immer wieder zitierte – Formel: „Wenn wir nicht darauf insistieren, die Wüste zu beherrschen, werden wir auch Tel Aviv nicht halten können. Die Zukunft des Negev ist für uns vielleicht greifbarer als die von Tel Aviv." (Im lo namod al ha'midbar, lo tamod Tel Aviv. Kiumo shel ha'Negev hu ulay mamshi yoter me-kiuma shel Tel Aviv.)[66] Der infrastrukturelle Aufbau des südlichen Lan-

---

62 „Conquest of the Desert" (Kibush Ha'Shemama) ist der Titel einer Ausstellung im Jerusalemer Kongresszentrum im September 1953.
63 1886 in Polen geboren, wandert Ben Gurion (ehemals David Grien) 1906 in Palästina ein und lebt dort in verschiedenen Kibbuzim. 1953 reicht er seinen Rücktritt vom Amt des Premierministers ein und schließt sich den Siedlern von Sde Boker an, die ein Jahr zuvor dieses Kibbuz mitten in der Wüste gegründet hatten. 1955-1963 geht Ben Gurion noch einmal in die Politik, zieht sich danach aber endgültig in die Wüste zurück.
64 Zit. Regierungsprogramm im Government Year Book 5712 (1951/52): LII, das zeigt, dass die Wüstensiedlung offizieller Bestandteil der Regierungspolitik ist. In Voraussicht des sich anbahnenden zweiten Arabisch-Israelischen Krieges von 1956 (Sinai-Offensive) tritt der agrarwirtschaftliche Aspekt der Wüstenbesiedlung immer stärker hinter die defensiv-militärischen Anforderungen zurück. Das Regierungsprogramm von 1955, kurz vor dem Ausbruch des Krieges, spricht daher von strategischen und sicherheitstechnischen Gründen, die eine Besiedlung der „empty areas" durch eine „chain of settlements along the frontiers" erforderlich machen. Vgl. Government Year Book 5717 (1956): 27.
65 Zit. Ben Gurion 1956: 14.
66 Zit. Ben Gurion in einer Rede vor dem Sicherheitsrat des Yishuv am 03.02.1948 nach: Physische Entwicklungsplanung des Negev bis zum Jahr 2000, Juli 1976, im DTA, 0124.24.001; ebenso in:

desteils und mit ihm der Ausbau Beer Shevas zu seiner Hauptstadt besitzen hohe Priorität in Ben Gurions Regierungspolitik. Bereits im Oktober 1949 nimmt eine Negev-Kommission die Arbeit auf, die am Amt des Premierministers eingerichtet wird. Sie ist für die Erforschung des Negev und für die Vorbereitung infrastruktureller und wirtschaftlicher Investitionen zuständig.[67] Im Juni 1953 wird ein eigenständiges Entwicklungsministerium eingerichtet.[68] Es hat die Aufgabe, infrastrukturelle Arbeiten, den Abbau von Rohstoffen, die Ansiedlung von Industrie und die geologische Erforschung des Landes zu koordinieren und anzuleiten. Auch hier wird eine spezielle Negev und Arava-Abteilung eingesetzt, um die Landesentwicklung im Süden zu intensivieren.

Die Entzerrung der urbanen Agglomerationen, eine regionale Strukturförderung und die größtmögliche Streuung der Bevölkerung sind als grundlegende Richtlinien im Nationalplan definiert. Besonders im Süden des Landes begleiten diese wirtschaftlichen Fördermaßnahmen sicherheitspolitische Überlegungen. Ihr Ziel ist es, mit einer dezentralen Siedlungsstruktur diese große, in weiten Teilen unbesiedelte Region zu kontrollieren und in ihrer territorialen Einheit zu schützen. Das dreieckige Landstück, das in einigen Gebieten hohe Mineral- und Rohstoffvorkommen und im Norden landwirtschaftlich nutzbaren Boden aufweist, grenzt an Jordanien, Ägypten und den Gaza-Streifen[69]. Trotz Waffenstillstandsabkommen 1949 prägen politische Spannungen und militärische Konflikte das israelische Verhältnis zu den arabischen Staaten. Israel fürchtet immer wieder um die Landenge von Eilat, die über das Rote Meer eine wichtige Seeverbindung zum Indischen Ozean herstellt. Grenzkonflikte und Kriege haben dabei gezeigt, wie wichtig Siedlungen als militärische Vorposten sein

---

David Ben Gurion: Ichud ve-Yiud, Israel 1980 (3. Aufl.): 22 (beide hebr., Übersetzung A. Minta). Bereits 1935 hatte Ben Gurion als Mitglied der Jewish Agency in einem vertraulichen Bericht mit Nachdruck darauf hingewiesen, wie wichtig die Besiedlung der Wüste als Hinterland für einen zukünftigen jüdischen Staat sei: „Our future is tied up with a great agricultural settlement in the Negev and the introduction of Jewish work and initiative on the sea. The sooner this is done the more surely will our position be secure in this promising territory […]." Zit. Ben Gurion, The Land Problem with special regard to Negev and Aqaba, maschinenschriftlicher, vertraulicher Bericht vom 4. Juni 1935, im CZA, S25/9945: 9.

67 Vgl. Government Year Book 5711 (1950): 74–75 für eine Auflistung der Aufgaben der Kommission und Government Year Book 5712 (1951/52): 24–25 für eine erste Evaluation der Arbeit.
68 Zur Negev-Kommission vgl. Government Year Book 5711 (1950): 74–75, zum Entwicklungsministerium vgl. Government Year Book 5714 (1953/54): 113–114.
69 Der UN-Teilungsplan von 1947 sieht den Gaza-Streifen als Bestandteil des zu bildenden arabischen Staats vor. Nach Ende des britischen Mandats und Abschluss der israelisch-ägyptischen Waffenstillstandsvereinbarungen von 1949 aber wird der Gaza-Streifen unter ägyptische Verwaltung gestellt. Im zweiten Israelisch-Arabischen Krieg von 1956 besetzt Israel den Gaza-Streifen, räumt ihn 1957 und hält ihn seit dem dritten Israelisch-Arabischen Krieg von 1967 (Sechs-Tage-Krieg) wieder besetzt.

können. Auch auf politischer Ebene haben die jüdischen Siedlungsstrukturen ihren Dienst für die Staatsgründung Israels erwiesen, da in den Verhandlungen zur Teilung Palästinas in einen arabischen und einen jüdischen Staat die Grenzziehung vor allem auf Grundlage der geographischen Häufung von jüdischen und arabischen Siedlungen erfolgte. Das siedlungsgeographische Vordringen in die Wüste als Strategie, das Land zu besetzen und zu besitzen, zieht sich als roter Faden durch die zionistische und israelische Siedlungsgeschichte. Hier vermischen sich politisch-strategische mit ideologischen und biblisch-mystischen Erwartungen, wie im Folgenden zu zeigen ist. Im September 1953 eröffnet in Jerusalem in dem neu gebauten Kongresszentrum Binyanei Ha'Umma die Ausstellung „Conquest of the Desert" (Kibush Ha'Shemama). In ihr werden die Errungenschaften der jüdischen Aktivitäten in der Wüste in den Bereichen Kolonisation und Siedlungsbau, Infrastruktur, Wirtschaft, Landwirtschaft und Industrie gezeigt und gepriesen: „Conquering the desert has – in the broadest sense of the term – been the main aim and achievement of Zionism for the past seventy years. The result of that battle [...] we shall be proud to show to our visitors."[70] In dieser Leistungsschau werden die Geschichte und die Ergebnisse der jahrzehntelangen Kolonisierungsbestrebungen in dem als „leer" empfundenen Süden ausgestellt und offiziell gewürdigt. „Penetrating an Empty World"[71] spiegelt dabei die staatliche Ideologie und Einstellung zur Wüstenbesiedlung wider, die sich in die Tradition der zionistischen Methoden, Intentionen und Mythen der Kolonisierungsarbeit im Negev stellt.

Zu Beginn der jüdischen Einwanderung in Palästina bleiben Siedlungspläne für den Negev zunächst nur Planspiele in den Köpfen einiger Idealisten, die in einer „Rückkehr zu den Wurzeln" vor allem die Aufforderung zu höchsten Pionierleistungen und die romantische Vorstellung des Landlebens abseits jeder Zivilisation verstehen.[72] Mit der Hoffnung, die Wüste durch intensive Bewirtschaftung urbar zu

---

70 Zit. Desert Land 1951: o. S. Eine Zusammenstellung von Presseartikeln findet sich im CZA, S71/1083.
71 Zit. Luft 1951a: 5. Zum Mythos des „leeren Landes" vgl. Kapitel 2.5 dieser Arbeit.
72 Dazu zählen seit den 1880er Jahren vor allem die Mitglieder der Hibbat Zion Bewegung, die eine Rückkehr der Juden nach Palästina und zu der ursprünglichen Kultur der Juden/der Israeliten betreibt. Kark 1981: 336 bezeichnet diese erste Phase der Siedlungsbestrebungen als „Period of Vision". Die Agrar-Romantik stellt kein auf den Zionismus beschränktes Phänomen dar, sondern schöpft ideologisch aus den Reform- und Jugendbewegungen Europas zu Beginn des 20. Jahrhunderts, die den neuen, naturverbundenen Menschen als revolutionären Bruch mit der angeblich sinn- und geistlosen Zivilisation der industrialisierten Welt der Stadt versteht. Der Naturbezug wird zu einem neuen – ursprünglichen – Gemeinschaftserlebnis und -ideal. Zur anti-urbanen Haltung der frühen Siedlerbewegung vgl. auch Cohen, E. 1970: 2–9. Hubert Auhagen, Mitglied der Palestine Land Development Company, schreibt in einem vertraulichen Bericht an das Direktorium des Jüdischen Nationalfonds im Januar 1912 (CZA, A121/93II), dass die „jungen jüdischen Arbeiter als Kolonisationsmaterial einige nicht hoch genug einzuschätzende Vorteile [bieten]. Sie sind von ei-

machen, werden große Landkäufe im Negev erwogen. Der Negev, so schreibt Ben Gurion Jahre später in sein Tagebuch, könne genauso jüdisch sein wie Tel Aviv.[73] Die – theoretische – Verfügbarkeit großer, unbesiedelter Flächen und die niedrigen Landpreise scheinen Bedenken gegenüber der geringen Qualität des Bodens und dem unwirtlichen Klima zu überlagern. Die osmanische Herrschaft aber schränkt die Möglichkeiten für Juden, in Palästina Land zu erwerben, ein, so dass alle großen Siedlungsvorhaben scheitern.[74] Diskussionen innerhalb der Zionistischen Organisation, insbesondere dem Palästina-Amt, dem Jüdischen Nationalfond und der Palestine Land Development Company, über den Stellenwert der Negev-Besiedlung blockieren konzertierte Aktionen und Verhandlungen über Landerwerb. Während die einen glauben, dass niedrige Bodenpreise und starkes jüdisches Pioniertum die Nachteile der Bodenqualität und des Klimas ausgleichen können, fürchten die anderen hohe Investitionskosten, um das Land infrastrukturell zu entwickeln und urbar zu machen. Aus finanziellen Gründen wird der Landerwerb im Negev daher bis in die 1930er Jahre weitestgehend aufgeschoben.[75] Nach der Machtergreifung Adolf Hitlers 1933 nimmt die jüdische Einwanderung nach Palästina stark zu, so dass erneut Siedlungsprojekte im Negev erwogen werden. Da dort Land in großem Maßstab zur Verfügung steht, propagiert Ben Gurion 1935 als Mitglied der Zionistischen Exekutive eine gezielte Massenansiedlung in dieser Region: „Today no living soul is found there. This country is No Man's Land. It has no legal owners and anyone who cultivates it with the permission of the government is entitled to become its owner, according to a Turkish law, which still prevails in Palestine."[76] „Vast empty areas", so Ben Gurion weiter, „are ready for compact Jewish mass-colonization." Schriftwechsel zwischen verschiedenen Vertretern der Jewish Agency über möglichen Boden-

---

ner Opferwilligkeit, die fast keine Grenzen kennt." Sie besäßen aber nicht genug landwirtschaftliche Erfahrung und bilden ein „fluktuierendes Element, als sie zum Teil nicht im Lande verbleiben, sondern nach wenigen Monaten oder Jahren wieder weiterwandern." Dies umschreibt ein grundlegendes Problem der zionistischen Siedlerbewegung, denn nur wenige der in den Städten Europas lebenden Juden wollen der Propaganda für das pionierhafte Dasein als Landarbeiter folgen.

73 Eintrag in Ben Gurions Tagebuch vom 06.02.1948 zu einer Rede, die er gehalten hat: „Zehu [… ha'Negev] yachol lihiot yehudi kemo sh'tel aviv hi yehudit." Zit. nach G. Rivlin, E. Orren (Hg.): The War of Independence. Ben Gurion's Diary, Vol. 1, Tel Aviv 1982: 211 (hebr.).

74 Theodor Herzl erwägt daher 1902, die jüdischen Siedlungsbestrebungen auf den Sinai zu verlegen. Der Jüdische Nationalfond sendet im folgenden Jahr eine Forschergruppe in die Umgebung von El Arish, um die Siedlungskonditionen dort zu erkunden, aber auch diese Initiative scheitert. Vgl. Kark 1981: 337 und Shilony 1998: 63, 97.

75 Vgl. Kark 1981: 336–342.

76 Zit. Ben Gurion, The Land Problem with special regard to Negev and Akaba, maschinenschriftlicher, vertraulicher Bericht vom 4. Juni 1935, im CZA, S25/9945: 4. Ben Gurion beruft sich auf das osmanische Recht, dass Land, das über einen längeren Zeitraum nicht bearbeitet wurde, „totes Land" (mawât) ist und dem Staat zufällt. Besitzansprüche können durch den Nachweis, dass man es über zehn Jahre bearbeitet hat, erworben werden. Vgl. Orni 1963: 19.

erwerb im Negev belegen, dass man sich sehr wohl bewusst ist, dass diese Region keine „große Leere" darstellt. Eine Umsiedlung der Araber wird in Erwägung gezogen: „moving Arabs […] a re-arrangement necessary for the developing of the Negev."[77] Da die britische Regierung in der Balfour-Deklaration von 1917 Unterstützung für die Errichtung einer jüdischen Heimstätte in Palästina zugesichert hatte, glaubt man nun, mit britischer Hilfe große Teile des Negev erwerben und besiedeln zu können. Vermehrte Landkäufe aber rufen Proteste und ab 1936 Streiks und Angriffe der arabischen Bevölkerung gegen die jüdischen Siedler hervor.[78] Die britische Mandatsregierung, die ihre eigenen territorialen Interessen – vor allem in der Nähe zum umkämpften Suezkanal[79] – gefährdet sieht, widersetzt sich: Die Peel Commission schlägt im Juli 1937 einen jüdisch-arabischen Teilungsplan vor, der Grundlage des späteren UN-Teilungsplans von 1947 (Abb. 1) wird, in dem der gesamte Negev einem unabhängigen arabischen Staat zugeschlagen wird. Das britische White Paper vom 17. September 1939 und das Land Law von 1940 schließlich erlauben jüdischen Landerwerb im Negev nur noch mit ausdrücklicher Sondergenehmigung.[80] Führende Vertreter der zionistischen Organisationen, wie David Ben Gurion und Menachim Ussishkin, fordern gerade in den 1930er Jahren nun erst recht – demonstrativ und unter strategischen Aspekten – eine zügige Kolonisierung Palästinas: „The choice of areas for Jewish settlements is no longer an agricultural question, but rather a political issue. […] We must exert every effort in order to seize today areas that are far removed from our centres of settlement so as to expand the borders of our country […]."[81]

---

77 Vgl. die Schriftwechsel im CZA, S25/9945 (1932–1939).
78 Der arabische Protest gegen die jüdische Besiedlung wird von den zionistischen Organisation beobachtet, wie die Übersetzung eines Artikels aus der in Amman erscheinenden Zeitung „El Jania el Arabiah" im Mai 1933, im CZA, S25/9945 (1932–1939), zeigt: „Zionist Reach the Shores of the Read Sea". Der Artikel sieht in den zionistischen Siedlungsaktivitäten eine Gefahr für die arabische Existenz in Palästina: "The Jews who bought vast areas of land in Palestine are competing now with the inhabitants and demand equal rights with the Arabs; when they realised that Palestine is not sufficient for them, they turned to other lands to satisfy their hunger. […] They will be in the position to increase their immigration and to push the Arabs out."
79 Großbritannien sicherte sich durch Ankauf von 44 Prozent der Aktien des Suezkanals (1859–69) die Kontrolle über den Kanal. 1882 nutzt es den sich radikalisierenden ägyptischen Nationalismus als Grund, zunächst die Kanalzone, dann ganz Ägypten zu besetzen. 1922 wird Ägypten unabhängig, wobei die Briten sich militärische Rechte und die Besatzung der Kanalzone vorbehalten. Dennoch fürchten sie weiterhin, ihre Position am Suezkanal und auf dem Sinai zu verlieren.
80 Vgl. Kark 1981: 342–349 und Porat, C. 1989: II–III, Kap. 2–3.
81 Zit. Ussishkin, der von 1923 bis zu seinem Tod 1941 Vorsitzender des Jüdischen Nationalfonds ist, aus einer Rede 1936, in: Y. Weitz: My Diary and Letters to the Children, Vol. 1, Ramat Gan 1965 (hebr.): 25, Übersetzung zit. nach Kark 1981: 346. Vgl. auch Ben Gurion, The Land Problem with special regard to Negev and Akaba, maschinenschriftlicher, vertraulicher Bericht vom 4. Juni 1935,

Trotz britischer Restriktionen gelingt es den zionistischen Organisationen durch geheime Transaktionen einige Flächen zu erwerben. Die Besiedlung erfolgt nach der Methode der Mauer-und-Wachturm-Bauten (homa u-migdal), der schnellstmöglichen Umsetzung politischer Beschlüsse in einen Akt des Bauens und der Landaneignung. Sie bezeichnet das erste, provisorische Stadium einer Siedlungsgründung, in der über Nacht die elementaren Bestandteile einer Neugründung – Mauer und Wachturm – an einen entsprechenden Ort transportiert und dort montiert werden (Abb. 115). Die vorfabrizierten Bauelemente und Zäune werden von einer circa 40 Personen starken „Stoß- oder Kerntruppe" (Garinim) errichtet, so dass die restliche Siedlergemeinschaft dann nachziehen und mit weiteren Hausbauten beginnen kann.[82] Nach osmanischem Recht, das auch unter britischem Mandat seine Gültigkeit behält, dürfen selbst illegale Bauten nicht wieder abgerissen werden, wenn sie über Nacht mit einem Dach gedeckt worden waren. Turm und Mauer sind nicht nur die ersten, sondern auch die wichtigsten und symbolträchtigsten Bauten dieser Neugründungen, die den Kern einer zukünftigen Siedlung darstellen. Turm und Mauer dienen zur Observation der Umgebung und der Verteidigung der Landnahme gegen feindliche Angriffe. Sie sind der Prototyp israelischer Architektur, die zur schnellen und großflächigen Kolonisierung des Landes – offensiv wie defensiv – eingesetzt wird. In ihrer Planung und Konstruktion sind sie eng in das politisch-strategische Konzept der zionistischen Kolonisierung eingebunden und von den militärischen Überlegungen nachhaltig geprägt. In die jüdische Siedlungsgeschichte schreiben sie sich als Bollwerke des zionistischen Heldentums und der Opferbereitschaft im Dienste der nationalen Bewegung ein.[83] Mit dieser Methode werden in den Jahren 1936 bis 1939 fast 60 neue landwirtschaftliche Kolonien gegründet, von denen die meisten in den Grenzgebieten jüdischer Besiedlung liegen. Bis 1948, dem Ende des britischen Mandats, werden im nördlichen Negev durch den Jüdischen Nationalfond noch wei-

---

im CZA, S25/9945: 8–9: „It is of the greatest economic and political importance that a Jewish settlement be established there [= bis ins Hinterland von Akaba] as soon as possible, in order to create a political fait accompli."

82 Vgl. Bein 1952: 475–495, Sharon 1976a: 64–65 und Rotbard 2002. Rotbard 2002: 23 schreibt die Erfindung der Mauer-und-Turm-Methode Shlomo Gur, dem Gründungsmitglied des Kibbuz Tel-Amal (heute Nir-David), und dem Architekten Yohanan Ratner im Jahre 1936 zu. Ratner (1891–1965), ehemals stellvertretender Kommandant der russischen Armee, arbeitet in Palästina/Israel nicht nur auf dem Gebiet der Architektur (1932–1961 Dozent und in den 1950er Jahren Dekan der Architekturfakultät am Technion, Haifa). 1938 wird er erster Kommandant und strategischer Planer der militärischen Untergrundbewegung Hagana (Selbstschutz), aus der nach 1948 die Nationalen Streitkräfte Israels (IDF) hervorgehen. Ratner wird General in der IDF. Shlomo Gur hingegen kommt aus der Kibbuzbewegung, so dass beide zusammen wichtige Erfahrungen und Planungskompetenzen aus dem Siedlungs- und Militärwesen sowie der Architektur einbringen, um die Methode der Mauer-und-Turm-Bauten zu organisieren.

83 Vgl. auch Rotbard 2002: 24.

Abb. 115: Mauer-und-Wachturm-Bauten (homa u-migdal). Methode der Siedlungsneugründung: Vorfabrizierte Bauelemente und Zäune werden von einem circa 40 Personen starken „Stoß- oder Kerntruppe" (Garinim) an den entsprechenden Ort transportiert und dort in kürzester Zeit montiert, um einen befestigten Siedlungskern zu errichten, um 1940

tere sieben Kibbuzim errichtet.[84] In der Hoffnung auf eine großflächige Besiedlung des Negev werden 1943 mit Bet Eshel, Gevulot und Revivim drei Versuchsstationen in verschiedenen Klimazonen und unterschiedlicher Bodenbeschaffenheit im Umkreis von Beer Sheva eingerichtet, die die Bewirtschaftung der Wüste untersuchen sollen.[85] Ihre Erfolgsmeldungen bestärken die zionistischen Siedlungsaktivitäten. Als die britische Regierung im Morrison-Grady Teilungsplan im Juli 1946 ankündigt, den südlichen Negev als neutrale Zone unter britische Verwaltung zu stellen und den nördlichen Teil einem arabischen Staat zuzuschlagen, werden erneut zionistische Siedlungsvorstöße im Negev vorgenommen. In der „Operation Negev" werden in der Nacht vom sechsten auf den siebten Oktober elf Dörfer in der nördlichen Wüstenregion errichtet, deren Existenz, gesichert durch Wachttürme, Mauern und Stacheldrahtzäune, von den Briten schließlich bestätigt wird.[86] Mit dem Verweis auf die angebliche Herkunft der lebensnotwendigen Wasserleitungen der Wüstensiedlungen wird die heroische Leistung der Siedler im Kampf um die nationale Sache aufgewertet: „The pipeline, which was 105 miles long, was made, curiously enough, of pipe which had been used, not long before, to extinguish the blaze of the Nazi blitz over London. They were now being used as offensive weapons in another kind of blitz, eventually to become not much less crucial."[87] Mit diesen neuen Siedlungen verschiebt sich die Grenze jüdischer Besiedlung weiter in den Negev hinein. Ihre defensive Funktion in der Landesverteidigung beweisen die Siedlungen, von denen es 1948 insgesamt 27 gibt, im Unabhängigkeitskrieg: „Cut off from the rest of the country by the invading Egyptian columns, they were turned into isolated partisan strongholds; their settlers into foxhole heroes. Except for one, all of these settlements stood fast before the onslaught, serving [...] as springboards for the victorious Israeli counter-attack."[88]

---

84 In chronologischer Abfolge sind dies: Dorot, Gat, Gevar'am, Nir'am, Be'erot Yitzhak, Yad Mordekhai und Ruhama. Vgl. Kark 1981: 349.
85 Vgl. Orni 1963: 23 und Schechter/Galai 1977: 75–76. Dafni 1960: 6 beschreibt in pathetischen Worten die Aktivitäten der Siedler und ihre Erkenntnisse über Wasser- und Regenverhältnisse in der Wüste.
86 Vgl. Kark 1981: 349–350 und Porat, C. 1989.
87 Zit. Dafni 1960: 6–7. Die Frage, ob die Rohrleitungen tatsächlich aus London stammen und von den Briten, die für ihren Machterhalt – und damit gegen jede weitere Ausdehnung jüdischer Siedlungen in Palästina – kämpfen, geliefert wurden, ist in diesem Zusammenhang nicht von Bedeutung. Die pathetisch-heroische Bewertung der Stellung dieser Siedlungen im Krieg setzt sich bis in die Gegenwart fort, wie der Eröffnungstext der Ausstellung „The Jewish Settlement in the 'Bnei Shimon' region in the Negev 1946–1960" im August 1990 zeigt: „They [= the settlements of the 'Operation Negev'] were just outposts, with a shaky economic foundation, but they were settled by pioneers full of vision and willingness to struggle with the harsh conditions: inhospitable climate, dry soil, threatening loneliness, and most of all, the hostile and estranged British government, behind whose back new political facts were established." Zit. Ausst.-Kat. Jewish Settlements 1990: o. S. [Einleitung].

Die Methode des territorialen fait accompli hat damit seine Funktionsfähigkeit erfolgreich unter Beweis gestellt. Ideologisch wie methodisch bilden diese Pioniergründungen die Grundlage und das Vorbild für ein weiteres siedlungsgeographisches Durchdringen der Wüste auch nach der Staatsgründung. Zugleich wird intensiv an einer Argumentationslinie gearbeitet, mit der die jüdische Landnahme ideologisch und praktisch zu rechtfertigen ist. Diese erfolgt – wie bereits am Beispiel Jerusalems aufgezeigt – über historisch konstruierte Rückbezüge. Die Bibel liefert auch hier die Begründung für das historische Anrecht auf den spezifischen Ort Palästina und die Tradition der Landnahme in Form kämpferischer Eroberungen. Die Regionen Samaria und Juda, die weite Teile des Negev umfassen, gelten, so betont auch Ben Gurion, als biblisches Stammland der Israeliten: „In the South and the Negev stood the cradle of our people; they are the country's weak points and danger zones; they are also its greatest hope."[89] Hierhin seien die Stämme Israels immer wieder zurückgekehrt. Der Patriarch Abraham beispielsweise liess sich nach seiner Rückkehr aus Ägypten in der Nähe von Hebron nieder.[90] Die Nachkommen seines Enkels Jakob, dessen zwölf Söhne den Ursprung der zwölf Stämme Israels verkörpern, nahmen nach dem Exodus aus Ägypten unter ihrem Anführer, dem Feldherrn Josua, das – verheißene – Land mit Gewalt ein. Unter Verweis auf die göttliche Verheißung des Landes wird die militärische Eroberung als ein legitimer Akt interpretiert, der das jüdische Pioniertum der Gegenwart und die expansive Kriegsführung Israels rechtfertigen soll.[91] Das jüdische Volk habe, so Ben Gurion 1950, zwar immer Gewalt abgelehnt, aber: „Rejection of the supremacy of physical power does not mean a denial of its worth. We should be rejecting Jewish history from the days of Joshua son of Nun to the Israel Defence Army if we were to reject the importance of the use of physical force."[92]

Zusätzlich zu biblischen Legitimationskonstruktionen wird das zionistische Arbeitsethos bemüht, um die jüdischen Ansprüche auf den südlichen Landesteil zu verteidigen. Das Land habe nur derjenige verdient, der es sich durch Arbeit erworben hat. Die Region Palästina habe gemäss den biblischen Berichten – und archäologische Funde[93] bestätigen dies – in der Zeit der Könige und in den nachfolgenden

---

88 Zit. Dafni 1960: 7. Vgl. auch Weitz/Rokach 1968: 15.
89 Zit. Ben Gurion 1956: 7.
90 In Hebron, in der Höhle Machpela, sollen Abraham und einige Mitglieder seiner Sippe begraben sein (1. Mose 12–25).
91 Vgl. Ben Gurion 1950: 38–39 und ders. 1956: 20.
92 Zit. Ben Gurion 1950: 27.
93 Archäologie wird in den 1950er und 1960er Jahren in Israel immer populärer, wobei die Funde häufig von der Politik vereinnahmt werden. Vgl. Joseph 1953: 1: „Archaeological discoveries […] have brought to light approximately 125 ancient settlements. They prove conclusively that the Negev once sustained a sizeable population. What could be done by less advanced people in the past can be accomplished by us in the Twentieth Century." In den frühen israelischen Jahrbüchern neh-

Jahrhunderten unter persischer, nabatäischer, römischer und byzantinischer Herrschaft eine starke Entwicklung, Bewirtschaftung und den Aufbau von Städten erfahren. Erst nach der islamischen Eroberung im 7. Jahrhundert sei Palästina zu einer unbedeutenden Grenzregion in verschiedenen arabischen Großreichen geworden und habe diesen marginalen Status bis in die britische Mandatszeit behalten.[94] Wie ihre Vorväter, so Ben Gurions Interpretation der zionistischen Wüstenbesiedlung, hätten nun die zionistischen Einwanderer die Wüste besiedelt, nach Wasser gesucht und sie an verschiedenen Orten wieder urbar gemacht – womit sie zugleich den alten Bund zwischen Volk, Land und Gott erneuert hätten. Sein Vorbild ist Isaak, der im Streit mit den benachbarten Philistern um die Wasserressourcen (1. Mose 26, 17–33) nach Beer Sheva zieht, sich dort niederlässt, sieben Brunnen gräbt und einen Altar für den Herrn errichtet: „Pitching a tent, digging a well and calling upon the name of the Most High God – all in one breath" – wie Ben Gurion diesen Vorgang zusammenfasst und ihn als Verknüpfung von menschlicher Aktivität (= Bauen) und göttlicher Bestimmung interpretiert.[95] In Umdeutung der biblischen Prophezeiungen, die das „Erblühen der Wüste" mit der Ankunft des Messias in Verbindung bringen, versteht sich die israelische Siedlungspolitik als irdische Erfüllung dieser Weissagungen.[96] Die Wahl biblischer Ortsnamen für die neugegründeten Siedlungen erhält in diesem Kontext der Legitimationspolitik und Erinnerungsarbeit eine besondere Bedeutung. Die Namen suggerieren Bekanntheit und Wiedererkennen und vermitteln ein Gefühl von Normalität, mit der diese neuen Städte an biblische Traditionen anknüpfen.[97]

men Grabungsberichte, insbesondere über Funde im Negev, breiten Raum ein, vgl. Biran 1962, Anati 1964 und Negev 1967. Zur Rolle der Archäologie in Israel vgl. Kapitel 3.4 dieser Arbeit.

94 Vgl. Dafni 1960: 4–6, Brutzkus 1970: 5–7 und Housing in the Desert 1988: 58.
95 Zit. Ben Gurion 1956: 7–8.
96 Insbesondere Jesaja prophezeit, dass mit der Wiederkehr des Messias „die Wüste und Einöde lustig sein [wird], und das dürre Land wird fröhlich stehen und wird blühen wie die Lilien" (Jes 35,1). „Sie [= die vor Gottes Auge Gnade erfahren] werden die alten Wüstungen bauen, und was vorzeiten zerstört ist, aufrichten; sie werden die verwüsteten Städte, die so für und für zerstört gelegen sind, erneuern" (Jes 61,4). Verweise auf biblische Prophezeiungen finden sich immer wieder in den Quellen, beispielsweise in Ben Gurion 1956, Dafni 1960: 4–6, Krivine 1963: 18 und Schechter/Galai 1977: 1.
97 Ab 1951 dokumentieren die Government Year Books die Arbeit der Translation and Geographical Commissions. Ihre Aufgabe ist es, arabische gegen hebräische Namen auszutauschen und – falls möglich – biblische Bezeichnungen für neue Namensgebungen zu revitalisieren. Laut Government Year Book 5719 (1958): 45, wird bereits im Juli 1949 ein Geographical Committee for the Negev eingesetzt, um speziell im Negev Dörfer, Berge, Täler, Wadis, Straßen etc. mit „names almost entirely [taken] from the Bible" neu zu benennen. Dazu zählen beispielsweise der Ort Eilat, in der Nähe von Salomons Kupferminen Timna, durch den Moses und die Israeliten nach dem Exodus aus Ägypten zogen, und Arad, das an die kanaanitische Königsstadt Arad (heute Ruinen von Tel Arad) anknüpft, in der verschiedene Herrscher, darunter wohl auch Salomon, Palast- und Tempelbauten errichten liessen. Ein Reservoir an biblischen Namen bietet Josua 13–21 die Verteilung Kanaans an die Stämme Israels, wo sämtliche Orte aufgeführt werden, die von den Israeliten erobert wurden.

Auch die „Conquest of the Desert"-Ausstellung 1953 baut auf diese mythische Geschichtskonstruktion auf. Im Israel-Pavillon (Architekt: Arieh El-Hanani) wird jeder Ausstellungssaal mit einem Bibelzitat eingeleitet, das zu den entsprechenden Themen Industrie, Mineral- und Rohstoffvorkommen, Siedeln, Landwirtschaft etc. einen Bezug herstellt.[98] Das Vestibül – „Juda und Israel wohnten sicher, ein jeglicher unter seinem Weinstock und unter seinem Feigenbaum, von Dan gen Beerseba (1. Kön 5,5)" – zeigt eine überdimensionierte Landkarte, „depicting the Land of Israel as it was in its heyday, a country flourishing in agriculture and industry." Ein in (Leichen-)Tuch gehüllter Gang (shrouded passage-way) mit blutroten Fenstern schließt daran an, der den Niedergang vom Überfluss zur Einöde und die Verwahrlosung des Landes seit dem Untergang Samarias thematisiert. Anschließend werden die israelischen Errungenschaften vor und nach der Staatsgründung präsentiert, um zu demonstrieren, „how the wilderness can again be returned into abundance."[99] Einige staatliche Institutionen wie die Gewerkschaft (Histadrut) und die genossenschaftlichen Handelsverbände (Tnuva und Ha'mashbir Ha'merkazi) stellen in eigenen Pavillons aus. Auch Themenpavillons zu den Sparten Landwirtschaft, Kommunikation, nationale Produktion und Bauindustrie sind vertreten.[100] Die Eröffnungsreden und Zeitungsartikel, die während der gesamten Ausstellungszeit in großem Umfang erscheinen, betonen immer wieder, wie wichtig eine solche Ausstellung für den nationalen Aufbau des Staates Israel sei. Außenminister Moshe Sharett und der Entwicklungsminister Dov Joseph weisen darauf hin, dass die Ausstellung nicht nur eine Leistungsschau vergangener Aktivitäten sei, sondern auch der Selbstversicherung

---

[98] Vgl. Levin 1953: 7. Die Ausstellung ist schlecht dokumentiert. Ein Katalog zur Ausstellung konnte nicht gefunden werden. Weder im Bildarchiv des CZA noch in der National Photo Collection (Government Press Office) ist aussagekräftiges Abbildungsmaterial vorhanden. Zum Teil können sehr detaillierte Beschreibungen den israelischen Tageszeitungen entnommen werden. Eine nicht vollständige Zusammenstellung von Presseausschnitten bietet CZA, S71/1083. Ausführlichere Beschreibungen finden sich zudem in den Ausgaben der The Jerusalem Post vom 22.09.1953 (mit Sonderbeilage), 07.10.1953: 4: Th.F.M.: Five Outstanding Pavilions at the Exhibition, und vom 09.10.1953: 4: Th.F.M.: Varied Exhibits in Main Building. Th.F.M. beschreibt den israelischen Pavillon als den bemerkenswertesten, der im Inneren – ganz im Gegensatz zu seinem schlichten Äußeren – durch seine aussagestarken Wandbilder, Schautafeln, Modelle, lebensgroße Gipsfiguren und mit einer Licht- und Schattendramaturgie beeindruckt.

[99] Zit. Levin 1953: 7.

[100] Zum Bau-Pavillon vgl. Zaslavsky 1953: 6 und Levin 1953: 7. Die Exponate dieses Pavillons scheinen sich vor allem auf technische Fragen der Baukonstruktion und der Präsentation neuer Baumaterialien zu beschränken. Auch die Septemberausgabe 1953 des JAEAI, die ganz dem die Ausstellung begleitenden Symposium „Entwicklung des Negev" gewidmet ist, diskutiert vor allem ingenieurtechnische und geophysikalische Fragen zur Bewirtschaftung des Negev. Ästhetische Fragen besitzen in den Gründerjahren Israels kaum Relevanz, da das Baugeschehen vom Pragmatismus und den finanziellen Schwierigkeiten des Massenwohnungsbaus dominiert wird.

der israelischen Gesellschaft und Politik diene. Mit der Rückversicherung über die früheren Erfolge müsse die Ausstellung, so Dov Joseph, vor allem in Hinblick auf die Bewirtschaftung der Wüste als Ansporn und Aufruf für zukünftiges Engagement und Pioniertum verstanden werden: „The record of our achievement during the last seventy years of colonizing effort is ample warranty that the pioneering self-sacrificing young men and women needed for success in this apparently superhuman task [that] will come forward and that they will not fail."[101] Pionier- und Heldentum sind die grundlegenden Werte, die gemäß der Konzeption der Ausstellung sowohl in der Bibel als auch durch die zionistische Bewegung vermittelt werden. Mit diesen Eigenschaften und der Vorstellung, Land durch Arbeit zu erwerben, sollen nun, so das Fazit, die zionistischen Leistungen fortgesetzt werden.

Die Demonstration von Legitimation sowie der Aufruf zu neuen Pionierleistungen und zu Vertrauen in die israelische Wirtschafts- und Siedlungspolitik scheinen zu diesem Zeitpunkt besonders dringlich. 1951 nimmt die seit 1948 anhaltende Masseneinwanderung rapide ab, und die Phase der direktiven Bevölkerungsverteilung muss in ein Konsolidierungsprogramm überführt werden.[102] Statistiken der Einwohnerzahlen in den neuen Entwicklungsstädten zeigen, dass sich ab 1953 die Geburtenrate und die Zu- und Abwanderung in etwa ausgleichen und dass die absoluten Zahlen nur noch langsam ansteigen.[103] Bereits 1951 wird vermehrt der nachlassende Pioniergeist in der jüdischen Bevölkerung angemahnt. Aufrufe erfolgen an Kooperativen, ihre Handelsbeziehungen in die neuen Städte zu intensivieren, und an die Vatikim, mit ihren Erfahrungen und ihrem Wissen an der Entwicklung und dem Erfolg der Stadtneugründungen teilzuhaben. Ihre Bereitschaft, in die neuen Städte umzusiedeln, ist aber begrenzt.[104] Kritisiert werden vor allem fehlende infrastrukturelle An-

---

101 Zit. Joseph 1953: 1. Zu Sharett vgl. Pres. Ben-Zvi Opens ‚Desert Conquest' Fair, in: The Jerusalem Post, 23.09.1953: 2. Auch nach außen, an die internationale Öffentlichkeit, richten sich solche Worte. Einige Staaten und internationale Institutionen hatten ihre Teilnahme abgesagt – nicht aufgrund des Themas, sondern aufgrund des Ortes: Jerusalem. Man wollte verhindern, mit einer Teilnahme indirekt die Annexion West-Jerusalems durch Israel anzuerkennen. Da Israel den Bau nationaler Institutionen dazu benutzt, die Ansprüche auf Jerusalem zu verstärken, musste eine Teilnahme wie die Bestätigung dieser Ansprüche wirken. In einem Artikel der Jerusalem Post am 15.10.1953: 1 und 3, o. V.: Conquest of Desert Exhibition Flag Furled; Next Fair in 1955, wird einer der Hauptverantwortlichen der Ausstellung kurz vor ihrer Schließung zitiert. In einer Erfolgsbilanz verkündet er, dass die Ausstellung ihr Ziel erreicht habe „to make Jerusalem the center of the state". Zit. ebenda.

102 Die verschiedenen Einwanderungsstatistiken weisen häufig Abweichungen auf. Super 1963: 29 nennt auf Grundlage der Angaben des statistischen Regierungsamtes für die Jahre 1948 insgesamt 119.000, für 1949 240.000, für 1950 170.000 und für 1951 175.000 Einwanderer. 1952 fällt die Zahl auf 24.000, 1953 auf 11.000 Personen, um danach wieder leicht anzusteigen. Vgl. auch Israel Builds 1948–1968: o. S. [7].

103 Detaillierte Statistiken zu der Bevölkerungsstruktur in den neuen Entwicklungsstädten finden sich in Amiran/Shachar 1969, Berler 1970a und Lichfield 1971.

reize und ein attraktives Stadt- und Wohnumfeld. In der zweiten Hälfte der 1950er Jahre beginnt daher ein Umdenken in der Planungs- und Baupraxis neuer Städte in bezug auf den Stadtgrundriss wie auch den Wohnungsbau – nicht nur um ihre Wirtschaftlichkeit zu verbessern, sondern auch um ihre Attraktivität zu steigern. In Beer Sheva werden in diesem Zusammenhang bauliche Experimente durchgeführt, um neue Wohn- und Siedlungsmodelle zu erproben.

4.4 Beer Sheva und die Ziele des Nationalplans

Der Nationalplan und seine Umsetzung am Beispiel von Beer Sheva zeigen deutlich, dass die israelische Raumplanung in einer ersten Phase bis etwa Ende der 1950er Jahre stark von der Regierungspolitik und den in ihr definierten nationalen Zielen der landesweiten Bevölkerungs- und Wirtschaftsverteilung vereinnahmt wird. Dabei nehmen insbesondere sicherheitspolitische Aspekte zur Wahrung der territorialen Einheit und zur Verteidigung des Landes Einfluss auf die Formulierung landes- und städteplanerischer Richtlinien. Denn obwohl mit der Staatsgründung die zionistische Vision einer „nationalen, rechtlich gesicherten Heimstätte in Palästina"[105] in Erfüllung gegangen ist, sieht sich der israelische Staat immer wieder einem Legitimationszwang für seine nationale und territoriale Politik ausgesetzt. Nach den Erfahrungen des Holocaust und der schweren jüdisch-arabischen Auseinandersetzungen in Palästina vor 1948 prägen vor allem der Unabhängigkeitskrieg gegen die Arabische Liga und deren vehemente Ablehnung eines jüdischen Staates das öffentliche Bewusstsein in Israel. Kampfbereitschaft und das Bedürfnis nach Selbstschutz sind Reaktionen darauf, die sich in der staatlichen Raumplanung als Strategien der – möglichst irreversiblen – Inbesitznahme des Staatsterritoriums und der Sicherung seines Bestandes niederschlagen. Der Aufbau einer flächendeckenden Siedlungsstruktur steht daher im Mittelpunkt des Regierungsprogramms und des Nationalplans. Zentrales Instrument der israelischen Siedlungspolitik ist die Gründung von neuen Entwicklungsstädten. Die Bauaktivitäten konzentrieren sich dabei auf die Schwachstellen der israelischen Siedlungskarte, das heißt auf periphere, dünn oder mehrheitlich arabisch besiedelte Regionen. Auf Beer Sheva treffen alle drei dieser Kategorien zu.

---

104 Vgl. Ben-Adi 1951: 2 und Luft 1951b: 5. Anfangs ließen sich die mittellosen Einwanderer (Holocaust-Überlebende, osteuropäische und afrikanische Juden) durch finanzielle Vergünstigungen, Arbeits- und Wohnungsbeschaffungsmaßnahmen relativ unkompliziert in die Entwicklungsstädte umleiten. Ab Mitte der 1950er Jahre kommen die Einwanderer verstärkt aus Westeuropa und den USA, die sich vor allem in den großen Städten und ihren Agglomerationen niederlassen.
105 Zit. Basler Programm 1897.

Im Gegensatz zu Jerusalem, wo nationale Integrationsarbeit und die kulturelle Konstruktion einer kollektiven Identität integraler Bestandteil der städtebaulichen Entwicklungsplanung ist, beschränken sich die Arbeiten in Beer Sheva fast ausschließlich auf eine expansive Siedlungsförderung. Sie bedient das fundamentale Bedürfnis, über die Demonstration jüdischer Siedlungspräsenz den Besitzstand am Territorium zu wahren. Kulturarbeiten gewinnen erst nach dieser ersten Phase der räumlichen Aneignung des Landes an Bedeutung.

Sharon bezeichnet retrospektiv die ersten Jahre nach der Staatsgründung als die Phase der „Sturm-und-Drang-Zeit".[106] Ohne langen Planungsvorlauf werden Siedlungspläne und Wohnungsbaumodelle entwickelt, die – einem städtebaulichen und architektonischen Baukastensystem gleich – ohne große Rücksichtnahme auf die topographischen und klimatischen Gegebenheiten über das Land verteilt und mit Hochdruck ausgeführt werden. Städtebau wird zu einem politischen Instrument, weniger zu einer Methode, einen Ort zu errichten. In dem Ziel, durch Architektur und Städtebau möglichst rasch und unwiderruflich vollendete Tatsachen in der ethnisch-religiösen Siedlungsgeographie zu schaffen, setzt die israelische Landesentwicklungsplanung die zionistische Kolonisierungsmethode der Mauer-und-Turm-Bauten fort. Vergleichbar mit den vorstaatlichen „outpost settlements"[107] der landwirtschaftlichen Kolonien dringen neue Entwicklungsstädte unmittelbar und unverzüglich in unbesiedelte Gebiete vor. Vor wie nach der Staatsgründung verleiht der jüdisch-arabische Territorialkonflikt damit dem Städte- und Wohnungsbau vor allem eine politische Dimension. Statt über architektonische und städtebauliche Standards zu reflektieren und ihre humane wie regionale Verträglichkeit zu überprüfen, wird die Raumplanung zum großen Teil auf einen Akt der territorialen Aneignung reduziert. Die dringende Notwendigkeit, in den Gründungsjahren eine enorme Zahl jüdischer Neueinwanderer zu absorbieren, lässt sich mit diesen raumpolitischen Zielen hervorragend vereinbaren.

Obwohl die Streusiedlungspolitik in den 1950er Jahren von der Regierung als erfolgreiches Instrument der Regionalförderung propagiert wird, zeigen die hohen Abwanderungszahlen aus den neuen Entwicklungsstädten einen gegenläufigen Trend. Dieses Phänomen erklärt sich zum einen aus der defizitären Ausstattung und Gestaltung der neuen Städte und zum anderen aus der schlechten Wirtschafts- und Arbeitsmarktsituation, die in ihnen herrscht. Als problematisch erweist sich, dass die Diskus-

---

106 Vgl. Sharon 1976a: 81 und ders. 1976c: 5.
107 Zit. Goodovitch 1970: 3.47.
108 Diesen Missstand beklagt insbesondere Arieh Sharon während seiner Arbeit am Nationalplan, so dass er diese Arbeit 1953 niederlegt. Vgl. Sharon 1963: 3–4.
109 Umfragen über das Wohlbefinden der Siedler in den neuen Städten und andere soziologische Studien setzen erst in der zweiten Hälfte der 1960er Jahre ein, vgl. beispielsweise Yaski 1970 zur Mustersiedlung in Beer Sheva.

sion um die städtebauliche Zukunft des Landes nur von einigen wenigen Fachexperten, ansonsten aber einer großen Zahl von Politikern geführt wird.[108] Die Öffentlichkeit wird zwar mit der Ausstellung von 1951 über den Nationalplan informiert, nicht aber an den Planungen beteiligt.[109]

Der Missstand in den Städten ist besonders darauf zurückzuführen, dass Methoden und Konzeptionen der vorstaatlichen Kolonisierungsarbeit – ohne auf die neuen Umstände zu reagieren – weitgehend unreflektiert übernommen werden. Ideologisch wie städtebaulich setzen die neuen Entwicklungsstädte das zuvor in den landwirtschaftlichen Siedlungen rezipierte Gartenstadt-Modell fort, ohne dabei Rücksicht auf die geographisch-klimatischen Gegebenheiten vor Ort zu nehmen. Das Ideal des landwirtschaftlichen Pioniers in einer Agrarsiedlung – oder modifiziert: des Arbeiters in einer Gartenstadt – führt in den neuen Städten zu wenig funktionalen und desolaten städtischen Strukturen und ihrer architektonischen Überbauung. Baumbestandene Straßen, großzügige Grünanlagen und blühende Gärten an den Wohnbauten sind in Wüstenstädten wie Beer Sheva nicht zu realisieren, dennoch sind diese Elemente Bestandteil der Planvorlagen. Das gartenstädtische Ideal der Durchdringung von Stadt und Land findet in der Wüste seine negative Erfüllung: die Umgebung setzt sich nicht mit Gärten, Wiesen und Wäldern, sondern mit Sandstürmen und vertrockneten, öden Freiflächen in den Siedlungseinheiten fort. In Beer Sheva scheitert die Vorstellung, in den Entwicklungsstädten ein Alternativmodell zum Kibbuz und Moshav gefunden zu haben, das zwar auf die neue Masseneinwanderung in Israel reagiert, städtebaulich und ideologisch aber weiterhin in den Traditionen der zionistischen Agrarideologie steht. Das Festhalten an den alten Agraridealen führt zugleich zu einer verfehlten Politik der Arbeitsbeschaffung und Gewerbeansiedlung. Die Aufnahmekapazitäten in der Landwirtschaft sind schnell erschöpft, dennoch investiert die Regierung nicht ausreichend in neue Arbeitsplätze im Industrie- und Gewerbesektor.[110] Den neuen Städten fehlt damit nicht nur städtebaulich und architektonisch, sondern auch wirtschaftspolitisch ein klares Profil.

Nach der Euphorie der Stadtneugründungen wird Ende der 1950er Jahre offensichtlich, dass eine Umorientierung in der Siedlungspolitik dringend notwendig ist. Durch den niedrigen Wohn- und Lebensstandard, ohne Arbeitsmarkt-, Konsum-, Kultur- und Bildungsangebote – ohne klaren städtischen Charakter und ohne Attraktivität – sind einige der neuen Städte in ihrem Bestand gefährdet. Die Zuweisung von Neueinwanderern kann nur mit Mühe die zunehmende Abwanderung aus den neuen Städten ausgleichen. Die Region südlich von Tel Aviv, einschließlich Beer Sheva, verzeichnet für den Zeitraum bis 1967 eine Wachstumsquote der Bevölkerung von nur +1,9 Prozent, das heißt 8,9 Prozent Wachstum durch Neueinwanderer und

---

110 Obwohl Ansätze einer Wirtschafts- und Arbeitsmarktpolitik im Nationalplan skizziert sind und Standorte für Industrieansiedlungen ausgewiesen werden, erfolgen Fördermaßnahmen im Hinblick auf die wirtschaftliche Infrastruktur erst im Verlauf der 1950er Jahre.

7 Prozent Abwanderung. Die Region südlich von Beer Sheva zeigt sogar ein negatives Wachstum von −2,9 Prozent (17,1 Prozent Neuzuwanderung bei 20 Prozent Abwanderung).[111] Die Möglichkeit, einige der neuen Städte wieder aufzugeben, wird aus siedlungsstrategischen Gründen verworfen.[112] Statt dessen verschiebt sich mit Beginn der 1960er Jahre die Politik des Landesaufbaus und der Immigrantenabsorption zugunsten einer Politik der Konsolidierung der Siedlungsstrukturen und stärkeren Integration der Immigranten. Überlegungen setzen ein, wie den strukturellen, architektonischen und auch sozialen Missständen in den Städten entgegenzuwirken sei, um über ein funktionales und zugleich lebenswertes Umfeld einen Ausgleich sozialer und kultureller Differenzen und eine Homogenisierung der israelischen Gesellschaft herbeizuführen. Homogenisieren bedeutet aber nicht mehr das extreme Standardisieren von Wohnungsbau- und Stadtgrundrissen, ohne die Unterschiede und Besonderheiten der Bewohner sowie des Ortes zu berücksichtigen. Statt dessen versucht man, die kulturelle und ethnische Vielfalt der Bevölkerung und die topographischen und klimatischen Gegebenheiten der Region anzuerkennen und sie in städtebauliche Entwicklungen zu integrieren. Das führt auf der einen Seite zu einer Modifikation der uniformen Stadtgrundrisse und Wohnhaustypen nach geographisch-klimatischen Gegebenheiten, besonders aber nach Kulturen und Ethnien, so dass eigene, der Region angemessene Modelle für kulturelle, ethnische und religiöse Gruppen und Minderheiten entstehen.[113] Auf der anderen Seite werden nun verstärkt Gemeinschaftszentren und öffentliche Einrichtungen in den Städten gefördert, damit gemeinsam mit einer qualitativen Verbesserung des kommunalen Umfeldes zugleich auch das nationale Zugehörigkeitsgefühl gestärkt werde. Dieser Richtungswechsel wird auch in den Ansprachen des Premierministers David Ben Gurion deutlich. Hatte er 1951 noch „security first" propagiert, verkündet er 1962, dass nicht allein Sicherheitsbelange den Aufbau und Bestand einer Nation garantieren: „We must activate all the pioneering energy latent among us […] *The decisive revolution is still to come. We must revolutionize the land and the nation, our entire way of life.*"[114]

---

111 Vgl. Berler 1970a: 166. Diese Bilanzen verzeichnen nur die Zuwachsraten durch Neueinwanderer. Nationale Migrationsbewegungen in die neuen Städte sind nicht eingerechnet.
112 Vgl. Lichfield 1971: 11.7.
113 Vgl. Israel Builds 1948–1968: o. S. [14–17]. „Ethnisches Wohnen", das heißt Häuser für Araber und Beduinen, die hier auch vorgestellt werden, ist nicht Bestandteil dieser Arbeit.
114 Zit. Ben Gurion 1962: XXI (Hervorhebung im Original). Er führt weiterhin aus, dass „we shall not survive by security alone. We must redeem the Jewish people, conquer the desert, reform our system of democracy, build a model society, raise individual standards, serve mankind." Vgl. ebenda: LVIII. „Security first" ist der Titel eines Vortrages vor der israelischen Armee (IDF), vgl. Ben Gurion 1950. Der Richtlinienwechsel in der Planungspolitik ist auch angezeigt in Israel Builds 1948–1968: o. S. [5].

In Beer Sheva gewinnt nach dem strukturellen Aufbau der Stadt in den 1960er Jahren die kulturelle und symbolische Nachbesserung in städtischen Planungs- und Baugeschehen an Gewicht. Fragen nach der Identifikation mit dem Ort und darüber hinausgehend mit dem Staat und der Nation werden vor allem im Zusammenhang mit einem neuen Masterplan diskutiert. Dabei lassen sich die komplexen Strukturen des vorherigen Stadtplanes nur unter Schwierigkeiten und mit hohen Investitionen nachbessern. Im Gegensatz zu anderen israelischen Städten, in denen etwa zeitgleich ebenfalls neue Rahmenentwicklungspläne erstellt werden, werden in Beer Sheva parallel zu den Arbeiten am Masterplan neue Siedlungs- und Wohnmodelle erprobt. In besserer Abstimmung mit den natürlichen Voraussetzungen der Region und den Bedürfnissen der Bewohner sollen sie eine größere Zufriedenheit und das Gefühl von Heimat – das heißt langfristig: von nationaler Zugehörigkeit – erzeugen. Diese neuen Siedlungs- und Zentrumsplanungen sind es, die Beer Sheva zu einer „Manifestation der neuen, nationalen Urbanisierungsstrategie" und zum Vorbild für den Städtebau in Israel werden lassen.[115] Im Folgenden sollen anhand des Masterplans und einiger experimenteller Siedlungs- und Architekturprojekte die neuen Tendenzen in Architektur und Städtebau aufgezeigt und ihre Funktion im Kontext nationaler Aufbauarbeiten analysiert werden.

4.5 Der Wandel städtebaulicher Leitbilder und die Arbeit an einem neuen Masterplan für Beer Sheva seit Ende der 1950er Jahre

In der Bilanz der israelischen Errungenschaften „Achievements and Tasks of our Generation" beschreibt Ben Gurion 1962 das Problem der nationalen Raumplanung. Umbrüche in der Gesellschaft, der Rückgang der Zahl an Neueinwanderern, die Abwanderung aus den neuen Städten sowie die sozialen, kulturellen und wirtschaftlichen Spannungen der Bewohner untereinander würden den Bestand der jüdischen Siedlungsstruktur gefährden.[116] Eine grundlegende Evaluation der Landesentwicklungsplanung, die bereits Ende der 1950er Jahre beginnt, leitet einen Richtungswechsel in der Planungspolitik Israels ein. Das staatliche Programm zum Abbau der provisorischen Übergangslager (ma'abarot) wird zwar noch bis 1965 ungemindert fortgesetzt, es führt aber nicht mehr zur Gründung neuer Entwicklungsstädte. Hier

---

115 Vgl. Begründung für die Preisverleihung des R. S. Reynolds Award for Community Architecture durch das American Institute of Architects (AIA), in: Schwartzman/Gregory/Rockrise 1970: 29.
116 Vgl. Ben Gurion 1962: XLVI. Es folgt der erneute Aufruf Ben Gurions an die Bevölkerung, mit Engagement und Pionierleistungen am nationalen Aufbau teilzuhaben: „Let the youth of pioneering settlements arise and go forth to redeem the desert hand in hand with the immigrants' children."

ist seit 1955 ein Rückgang und 1963 ein vorläufiges Ende zu verzeichnen.[117] Die Erkenntnis setzt sich durch, dass der Staat zwar in Hinblick auf die angestrebte Bevölkerungsverteilung erfolgreich war, das Land aber unter den enormen Entwicklungskosten und die Bewohner unter dem niedrigen Wohn- und Lebensstandard zu leiden haben.[118] Folglich gilt es nun, die realisierten regionalen Strukturen in ihrem Bestand zu erhalten, die neuen Städte zu konsolidieren und sie in ihrer Qualität und Funktionalität zu verbessern.[119] Dies wird vor allem auch durch einen Wandel in der Beschäftigungsstruktur angestrebt. Nach nahezu maximaler Auslastung der Landwirtschaft werden nun keine Agrarsiedlungen oder Wohnorte für eine überwiegend in der Landwirtschaft tätige Bevölkerung mehr errichtet, sondern verstärkt der Aufbau von Industrie- und Gewerbestandorten gefördert.[120] Dies trifft besonders für die Städte im Negev zu. Hier geht die Abkehr vom landwirtschaftlichen Pionierideal einer mit dem Abrücken vom städtebaulichen Gartenstadt-Modell und der gesellschaftlichen Vorstellung des sich in seinem Garten zusätzlich versorgenden Städters. Das führt einerseits zu veränderten städtischen Strukturen, andererseits zu neuen Bauaufgaben, denen sich die Architekten und Planer in Beer Sheva stellen müssen.

Seit dem Ende der 1950er Jahre scheinen Architekten, Planer und Regierungsbeamte über neue Planungsrichtlinien und -inhalte für Beer Sheva zu diskutieren, wie vereinzelte Protokolle im Staatsarchiv und in dem privaten Archiv des beteiligten Architekten Avraham Yaski belegen.[121] Zur gleichen Zeit werden vom Wohnungsbauministerium einige Wettbewerbe ausgeschrieben, in denen Architekten aufgefor-

---

117 Der Beschluss zur Auflösung der ma'abarot fällt 1956 und ist 1965 ausgeführt. Vgl. Israel Builds 1948–1968: o. S. [9]. Zur Statistik der Stadtneugründungen vgl. Kapitel 4.2 dieser Arbeit. Erst nach der Besetzung des Westjordanlandes, des Gaza-Streifens und des Sinais infolge des Sechs-Tage-Krieges 1967 folgt eine zweite Phase der expansiven Siedlungspolitik Israels.
118 Vgl. Halpern 1965.
119 Vgl. Dash et al. 1964: 35.
120 Die Arbeitsplatzbeschaffung sorgt in den Entwicklungsstädten für besonders große Probleme. 1958 leben beispielsweise 40.000 Einwohner in Beer Sheva, 98 Prozent bereits in festen Wohnungen. Aber nur fünf Prozent der Einwohner stehen in einem festen Arbeitsverhältnis. Vgl. Dafni 1960: 9. Zu ausführlichen soziologischen Studien und Statistiken vgl. Berler 1970a.
121 Im Staatsarchiv und in der privaten Sammlung Yaski werden Protokolle verwahrt, die vom September 1957 datieren. Sie lassen auf vorangegangene Sitzungen schließen, an denen Architekten, Mitarbeiter der Wohnungsbaugesellschaften, der städtischen und staatlichen Planungsabteilungen sowie der Bürgermeister von Beer Sheva, David Tuviyahu, teilgenommen haben. Vgl. ISA, RG 56, Gimel 2704, Akte 2 (8), und Slg. Yaski, Box 2, Akte 141. Die Quellenlage für das Planungs- und Baugeschehen in Beer Sheva in den 1960er und 1970er Jahren ist sehr lückenhaft. Informationen konnten vor allem in Gesprächen mit Architekten und Planern gesammelt werden, darunter insbesondere mit den Architekten Avraham Yaski, Ram Carmi, Amnon Niv, Shulamith Nader, Moshe Gil, Moshe Lofenfeld sowie mit den Mitarbeitern des Stadtplanungsamtes (Golda Moysa und Zvi Tal Yosef) und der Negev-Abteilung des Wohnungsbauministeriums in Beer Sheva (Irena Neidmann und Bob Resnik).

dert werden, neue Siedlungskonzepte und städtebauliche Wohneinheiten zu entwickeln. Die Arbeiten am neuen Masterplan (Abb. 116), in dessen Kontext diese Siedlungs- und Wohnmodelle entstehen, sind, wie der Stadtingenieur Mordechai Laor berichtet, Mitte der 1960er Jahre abgeschlossen. Publiziert wird der Masterplan 1966, rechtskräftig wird er schließlich erst im September 1969.[122] Er stellt eine klare Abkehr von den planerischen wie ideologischen Prinzipien des früheren Rahmenplans dar und ist bemüht, die Defizite früherer Planungen zu beseitigen. In die Kritik geraten besonders die fehlende Urbanität und der defizitäre städtische Charakter. Die Zergliederung und weiträumige Zersiedelung der Stadt werden dafür ebenso verantwortlich gemacht wie die schlechte Qualität der Bebauung, die architektonische Monotonie durch die Verarbeitung gleicher standardisierter und industriell vorfabrizierter Bauelemente sowie das Fehlen attraktiver öffentlicher Einrichtung und Plätze.[123] Den grundlegenden Fehler früherer Planungen im Kontext des Nationalplans sieht man in der konsequenten Durchsetzung von Planungsidealen wie der Gartenstadt und den segmentierten Nachbarschaftseinheiten. Diese planmäßige Suburbanisierung und städtische Segmentierung, die in Europa als Lösung zur Neuordnung der Großstadt und zur Steuerung der Agglomerationsbildung propagiert worden war, erweist sich in Israel, insbesondere im Negev, als unbrauchbar. Die im Idealplan entwickelte aufgelockerte und gegliederte Stadt verkommt in Beer Sheva in ihrer Teilrealisierung zu einer Ansammlung fragmentierter Baueinheiten, in denen visuell-ästhetische Qualitäten ebenso wie ein urbaner Charakter verlorengehen.[124] Die einzelnen Quartiere liegen weit voneinander entfernt, sind durch große Freiflächen untereinander abgegrenzt und in ihrer Quartierstruktur streng introvertiert organisiert, so dass ein organisches und kontinuierliches Stadtgefüge kaum entstehen kann. Eine wichtige Komponente des urbanen Lebens, das menschliche Bewegen und Kommunizieren im städtischen Raum, entfällt, da weite innerstädtische Entfernungen, ungeschützte Freiflächen und stark überdimensionierte Hauptverkehrsschneisen die Stadt für Fußgänger unattraktiv machen. Beer Shevas Maßstäbe – insbesondere der Straßen und Freiflächen – wären für eine Millionenstadt adäquat gewesen. Hier aber bleiben die auf Expansion angelegten Siedlungsstrukturen trotz des umfangreichen Wachstums unausgefüllt. Beer Sheva erscheint wie eine „einzige große Baustelle", die als Stadt aufgrund ihrer großen Zergliederung und der enormen Freiflächen im innerstädtischen Gebiet keine klare Gestalt, keinen urbanen Charakter und keinen

---

122 Vgl. Laor 1970: 3.36.
123 Vgl. Dash et al 1964: 25–27 und Efrat 1989: 32–37.
124 Der Architekt Joseph Shershevsky hält auf dem Geographenkongress der Ben-Gurion-Universität des Negev im Dezember 1977 einen Vortrag über die „Visuellen Aspekte in den Planungen von Beer Sheva", in dem er sich über die Defizite der Stadtplanung und der Architektur auslässt. Eine Kopie des hebräischen Textes befindet sich im DTA, 0020.05.

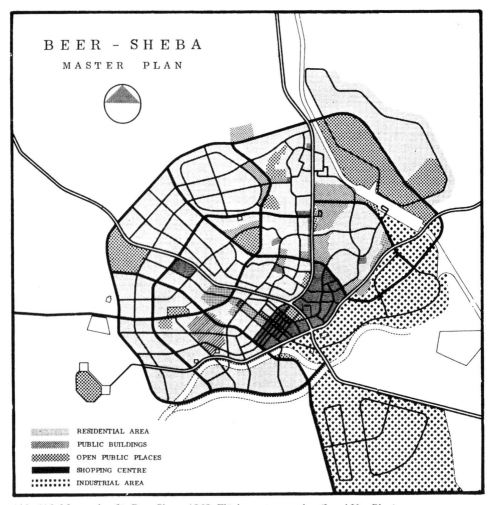

Abb. 116: Masterplan für Beer Sheva 1969, Flächennutzungsplan (Land Use Plan)

deutlich definierten Umriss annehmen will.[125] Durch schlechte Erreichbarkeit und lange Wege verliert das Zentrum an Attraktivität und gibt seine Bindungs- und Integrationsfunktion für den gesamten städtischen Organismus preis. Der Rückzug der Bevölkerung aus dem urbanen Leben und die Reduktion städtischen und kulturellen Engagements sind die Folge. Die Fragmentierung der Stadt und der städtischen Lebensweise sind Konsequenzen der gartenstädtischen Dezentralisierung.[126]

Als verhängnisvoll erweisen sich auch der radikale Bruch mit den bestehenden Strukturen der Altstadt sowie der bedingungslose Anspruch, nicht das „Alte und Primitive" fortzusetzen, sondern etwas „Neues, Modernes und Schönes" zu bauen.[127] Das Neue aber bleibt schematische Umsetzung eines in der Theorie als Ideal erdachten Plans. Dabei misslingt der Bau eigenständiger Stadtteilzentren in den Quartieren ebenso wie der eines übergeordneten Zentrums gesamtstädtischer Institutionen und öffentlicher Plätze. Das neu angelegte Geschäftszentrum kann sich gegenüber den etablierten Geschäften und Institutionen innerhalb der Altstadt nicht behaupten, da sich die Bewohner in ihren Gewohnheiten nicht von den gewachsenen Strukturen umlenken lassen. Trotz chaotischer Zustände, die in der Altstadt aufgrund der Enge und des ungesteuerten Wachstums zunehmen, bleibt sie das urbane Zentrum von Beer Sheva.[128] Da in den Wohnquartieren die gemeinschaftlichen Einrichtungen und Einkaufsmöglichkeiten nicht realisiert werden, polarisiert sich in zunehmender Entfernung zueinander das urbane Wachstum auf reine Wohnsiedlungen im Norden und ein kommerzielles Zentrum ganz im Süden der Stadt. Die Stadt bildet in ihrer Gesamtheit ein Konglomerat aus zusammenhangslosen, beziehungsweise nur durch riesige Verkehrsachsen verbundenen städtischen Funktions- und Siedlungseinheiten. Weder gelingt es, die extensiven Flächen städtischer oder institutioneller Bauten entsprechend der gewünschten Maßstäblichkeit zu überbauen, noch die großzügigen Freiflächen durch attraktive Grünanlagen oder öffentliche Plätze auszufüllen. Zudem fehlen prägnante, identitätsstiftende und das Stadtbild prägende Bauten ebenso wie jede Form von künstlerischen Gestaltungselementen im städtischen Raum. Neben den städtebaulichen Strukturen weisen auch die realisierten Bauten erhebliche Mängel auf. Monotone Gleichförmigkeit zeichnet die in Massen wiederholten standardisierten Gebäudetypen aus, in deren Modulen kaum eine ästhetische Differenzierung, sondern nur eine zahlenmäßige Abweichung in der Kombination der Wohneinheiten zu beobachten ist.

---

125 Vgl. Shershevsky 1977: 3.
126 Ein Problem stellen auch die unverhältnismäßig hohen Kosten dar, die durch die großen Entfernungen bei infrastrukturellen Arbeiten entstehen.
127 Vgl. Shershevsky 1977: 1.
128 Vgl. Shershevsky 1977: 3. Spiegel 1966: 143 schreibt, dass sich 1966 58 Prozent aller Büros und 48 Prozent aller Geschäfte in der Altstadt niedergelassen haben. Neue Geschäfts- und Ladenräume würden kontinuierlich eröffnet.

Vor allem das dogmatische Festhalten an Planungsidealen, die zum größten Teil aus der vorstaatlichen, zionistischen Kolonisierungsideologie übernommen werden, und der Vorrang politischer Strategien vor den Interessen und Bedürfnissen der Bewohner führen in den 1950er Jahren zu den skizzierten Fehlentwicklungen in Beer Sheva. Rückblickend auf seine regierungsamtliche Planungstätigkeit nennt Arieh Sharon für diese Missstände zwei Gründe: Die Orientierungslosigkeit der Gesellschaft und die der Architekten. Architektur spiegele immer auch die Gesellschaft und ihre kulturellen, ökonomischen und sozialen Entwicklungen wider. Daher sei die gegenwärtige Situation der Städte in Israel Ausdruck der Unsicherheit und Widersprüchlichkeit der israelischen Gesellschaft, die sich in dynamischen Veränderungsprozessen befinde.[129] Die Orientierungslosigkeit im Städtebau sei aber auch auf das Unvermögen der Architekten, in stadträumlichen Kategorien zu denken, zurückführen.[130] Sie konzentrierten sich zu sehr auf die Gestaltung des einzelnen Gebäudes und vernachlässigten seine Verankerung im städtischen Raum mit den Beziehungen zu den umliegenden Straßen, Plätzen und Gebäuden. Architektonische Solitäre entstünden, denen die dritte Dimension des „humanen Designs" und der räumlichen Relation fehlten.[131] Die Aufgabe der Architekten und der Architektur sei es nicht, führt Sharon weiter aus, die Gesellschaft widerzuspiegeln, sondern sie sollten vielmehr die Verantwortung übernehmen, die Gesellschaft mitzugestalten. Aus der Vielzahl der Individuen müsse eine organische Einheit entstehen – der Stadt wie auch der Gesellschaft.[132] Einheit aber heiße nicht Uniformität, und hier beruft sich Sharon auf Walter Gropius, der die Piazza San Marco als gelungenes Beispiel für eine räumliche und funktionale Vielfalt nennt, wie sie in historisch gewachsenen Strukturen auftritt.[133] Sharon fordert daher, dass sich Architekten ihrer gesellschaftlichen Verantwortung bewusst und sie von der Regierung stärker in Planungsprozesse einbezogen werden. Im gegenwärtigen Prozedere der Regional- und Stadtplanung sind, so Sharon, die wichtigen Planungsschritte vor allem den Politikern überlassen, Architekten stünden nur kleine Einzelprojekte und ästhetische Korrekturarbeiten zu: „First come the programme makers, mostly politicians and administrators, then the regulative planners – mostly without architects – just preparing plans for zoning, traffic and service facilities. Third come the experts and engineers, to test and check the

---

129 Vgl. Sharon 1967: o. S. [1].
130 Vgl. Sharon 1963: 1–2.
131 Als Beispiele nennt Sharon einzelne Objekte in New York wie das Lever-Building oder das Seagram Building, beziehungsweise Ensembles wie das Lincoln Center, die zwar exzellente architektonische Lösungen darstellten, aber keinen attraktiven öffentlichen Platz oder Straßenraum geschaffen hätten. Positiv bewertet er in New York nur die Rockefeller Plaza. Vgl. Sharon 1963: 1.
132 Vgl. Sharon 1963: 2. Zu Sharons organischer Interpretation des Städtebaus in Anlehnung an Patrick Geddes vgl. Kapitel 2.4 dieser Arbeit.
133 Vgl. Sharon 1963: 5. Zu Walter Gropius vgl. beispielsweise Walter Gropius: Einheit in der Vielfalt – ein Paradox der Kultur, in: Bauen und Wohnen, Nr. 12, 1959: 409–417.

planning and designing of single buildings – private and public. The architect's role is mostly to deal with aesthetics, and to decorate the already fixed up architecturally undesigned streets and piazzas with attractive individualistic elevations."[134] Nachdem Sharon 1948/49 im Zusammenhang mit dem Nationalplan die enge Verbindung zwischen der Planungsabteilung und der Regierung und vor allem die Protektion durch Ben Gurion begrüßt hatte, fordert er im Verlauf der 1950er Jahre eine stärkere Verantwortung der Architekten.[135] Das Aufbrechen politisch-planerischer Doktrinen soll nicht nur eine Reform im Städtebau begründen, sondern zugleich auch die Gesellschaft und den einzelnen Bewohner ins Zentrum architektonischer und städtebaulicher Überlegungen stellen. Eine den Ort respektierende und den Menschen dienende Architektur und Stadtbaukunst sollen das Ziel neuer Planungen seit dem Ende der 1950er Jahre sein.[136]

Der 1969 offiziell genehmigte Masterplan bricht mit den Planungsidealen der gegliederten und aufgelockerten Stadt und verwirft die Prinzipien der geringen Dichte und der Dominanz der Natur als antiurban.[137] Urbanität soll nun das Modell der kompakten Stadt mit kurzen Wegen erzeugen. Es strebt insbesondere horizontale und vertikale Nachverdichtungen, infrastrukturelle Förderungen und ein möglichst ausgeglichenes Wachstum der gesamten Stadt an. Bevorzugt wird eine stark verdichtete Bebauung in geometrisch strukturierter Anordnung, die im bewussten Kontrast zur umgebenden Landschaft steht. Ein Vergleich zwischen dem früheren Siedlungsplan (Abb. 110) und der geplanten Flächennutzung im neuen Masterplan (Abb. 116) zeigt, wie die stark zergliederte und durch große Freiflächen immer wieder unterbrochene Bebauungsstruktur in ein kompaktes Stadtgebiet mit klarem Umriss gegenüber der Umgebung überführt werden soll. Große Wachstumserwartungen – die Bevölkerungsprognose[138] sieht einen Anstieg von 70.000 auf 250.000 Einwohner bis zum Jahr 2000 vor – führen dazu, dass zusätzliches Bauland für Wohn- und

---

134 Zit. Sharon 1963: 4.
135 Nach seiner fünfjährigen Tätigkeit in der nationalen Planungsabteilung zieht sich Sharon 1953 aus der regierungsamtlichen Planungsarbeit zurück und arbeitet wieder hauptberuflich als freischaffender Architekt in Israel. Als Grund für sein Ausscheiden nennt er den zunehmenden bürokratischen Aufwand. Vgl. Sharon 1976a: 98 und Sharon 1976c: 6.
136 Sharon beruft sich dabei auf die Architekturtheorie von Vitruv (1. Jhdt v. Chr.), der in seinen zehn Büchern „De architectura" eine Theorie des angemessenen, funktionalen und schönen Bauens entwickelt. Vgl. beispielsweise Sharon 1966: 4 und 1967: o. S. [2–3].
137 Der Masterplan wird publiziert in: Beer Sheva Masterplan 1965, Beer Sheva Masterplan 1966 und Beer Sheva Masterplan 1967. Stellungnahmen zu dem Masterplan finden sich in: Laor/Reifer 1967, Laor 1970, Reifer 1970, Laor 1973 und Stadt Beer Sheva 1975. Beer Sheva Masterplan 1965: xi–xii zeigt drei Planungsvarianten auf, die sich vor allem darin unterscheiden, in welche Himmelsrichtung die Wohnviertel ausgedehnt werden sollen. Im Folgenden wird nur die realisierte Variante 1 („TCW") besprochen.
138 Vgl. Laor 1970: 3.36.

Gewerbezwecke in großem Umfang ausgewiesen wird. Neue Wohnviertel entstehen vor allem im Westen und Nordwesten, um damit die frühere einseitige Expansion in Richtung Norden auszugleichen.[139] Damit rückt das moderne Stadtzentrum wieder stärker in den geografischen Mittelpunkt der Stadt. Mit einem zielstrebigen Ausbau des Zentrums hofft man, seine Attraktivität zu steigern. Nicht mehr in Konkurrenz, sondern in Abstimmung mit der Altstadt werden übergeordnete Einrichtungen für Bildung, Kultur, Gesundheit und Verwaltung besonders gefördert.[140] Mit der Ausweitung der Infrastruktureinrichtungen sollen die regionalen Funktionen Beer Shevas als Kreisstadt ausgebaut werden. Ein ähnliches Ziel wird in der Wirtschafts- und Arbeitsmarktpolitik verfolgt. Zur Stärkung des Standortes werden die Flächen für Gewerbe- und Industrieansiedlung, die im Süd-Osten der Stadt liegen, erweitert. Ein neues Industrieareal, ausschließlich für wenig umweltbelastende Leichtindustrie, ist im Westen der Stadt vorgesehen, um für die dort neu entstehenden Quartiere nahegelegene Arbeitsplätze bereitzustellen.[141]

Ein wichtiger Bestandteil des neuen Masterplans neben der baulichen Erweiterung und einer klaren städtischen Umrissbildung ist die Nachbesserung bestehender Quartiere. Ziel ist es, die Wohndichte zu steigern und Gemeinschaftseinrichtungen innerhalb der Wohnviertel auf- beziehungsweise auszubauen. Etwa zeitgleich werden von der Regierung Programme zur „Slum clearance" und zum „Urban Renewal" verabschiedet, die den gesetzlichen Rahmen für flächendeckende Sanierungsmaßnahmen schaffen und mit deren Hilfe die Qualität bestehender Bauten und ihres Wohnumfeldes verbessert werden soll.[142] In Beer Sheva setzen Sanierungs- und Fördermaßnahmen vor allem an den in den frühen 1950er Jahren errichteten Quartieren Aleph und Gimel an.[143] Die freien Flächen zwischen den Wohnvierteln sollen überbaut und die bestehenden Siedlungen im Inneren mittels einiger Wohnblöcke

---

139 Verfügbarkeit des Bodens und eine günstige Anbindung an das Hauptverkehrsstraßennetz begünstigen eine städtische Ausdehnung gen Westen, vgl. Beer Sheva Masterplan 1965: xii.

140 Problematisch für das Verschmelzen beider Geschäftsviertel aber sind die zwischen ihnen liegende zentrale Busstation, ein Armeelager und ein moslemischer Friedhof. Vgl. Gradus 1977: 24–26. Zudem wird das Areal durch die beiden überdimensionierten Hauptstraßen Derekh Ha'nesiim/ Sderot Rager und Derekh Eilat und deren Kreuzung Zomet Eli Cohen durchschnitten.

141 Auch die Verkehrsanbindung an das Schnellstraßensystem begünstigt die Gewerbe- und Industrieansiedlung. Das Gewerbe soll streng auf „saubere" Industrie beschränkt bleiben, um – der Windrichtung aus dem Westen folgend – eine Belästigung der angrenzenden Wohnviertel zu vermeiden. Vgl. Beer Sheva Masterplan 1965: xiv–xv.

142 1965 wird am Wohnungsbauministerium eine „Authority for the Clearance and Rebuilding of Rehabilitation Areas" eingesetzt und durch die Knesset am 22. Juli 1965 ein entsprechendes Gesetz verabschiedet. Es sieht Sanierungen, Renovierungen, Abrisse und Verbesserung des städtischen Wohnumfeldes vor und legt für deren Ausführung den gesetzlichen Rahmen für Enteignungen und Entschädigungen fest. Vgl. Israel Builds 1948–1968: o. S. [33–35] und Beer Sheva Masterplan 1965: vii. Zum Slum Clearance Programm in Israel vgl. Almogi 1963 und Alexander 1981b.

143 Vgl. Laor 1970: 3.40.

verdichtet werden. Die Bebauungspläne des Quartiers Aleph (Abb. 117) zeigen, wie drei- bis viergeschossige Wohnblöcke zwischen die früheren ein- bis zweigeschossigen Doppelhäuser implantiert und vor allem die Siedlungsränder mit solchen Hochbauten aufgefüllt werden.[144] Eine infrastrukturelle Nachbesserung der Quartiere durch Gemeinschaftsbauten ist zwar vorgesehen, die großen Freiflächen im Zentrum des Quartiers Aleph aber lassen erkennen, dass diese nur zögerlich erfolgt. Da der Masterplan das Ziel definiert, die Bedeutung Beer Shevas als regionale Hauptstadt auszubauen, scheinen sich die baulichen Aktivitäten stärker auf zentrale und überregionale Einrichtungen zu konzentrieren, statt die lokal begrenzten Infrastruktureinrichtungen in den einzelnen Vierteln zu fördern.[145]

Nachdem sich der Nationalplan und der Rahmenplan für Beer Sheva von 1950 überwiegend auf das Erstellen eines räumlichen Strukturprinzips beschränkt hatten, konzentrieren sich die Planer nun verstärkt auf die Frage nach der urbanen Qualität und der Identifikation der Bewohner mit ihrer Stadt. Galt Beer Sheva in den 1950er Jahren als Musterbeispiel einer „New Development Town" im Kontext nationaler Dezentralisierungsstrategien, wird sie als Modell der kompakten und regional orientierten Stadt in den 1960er Jahren wiederum zu einem städtebaulichen Leitbild. Wie stark die seit Ende der 1950er Jahre andauernden Arbeiten am neuen Masterplan das zeitgenössische Baugeschehen beeinflussen, wird in den Mustersiedlungen Beer Shevas und vor allem in der etwa zur gleichen Zeit erscheinenden Publikation „General Plan of a City for 50,000 Inhabitants" der Wohnungsabteilung des Arbeitsministeriums deutlich.[146] Vergleichbar einer Mustersammlung werden in ihr ein idealer Stadtgrundriss, eine ideale Nachbarschaftseinheit (Abb. 118) sowie verschiedene Typen von Wohnbauten (Abb. 119) und öffentlichen Einrichtungen vorgestellt. Die Publikation nennt die Stadt Beer Sheva zwar nicht namentlich, benutzt aber ihre städtischen Strukturen und Architekturen, um ein Musterbeispiel zukünftiger Stadtplanung aufzuzeigen.[147] Dieser „General Plan of a City" spiegelt in idealtheoretischer Ausführung die grundlegenden städtebaulichen Konzepte und architektonischen Modelle wider, die die Grundlage für die städtebauliche Entwicklungsplanung in Beer Sheva bilden. Ein Vergleich zwischen beiden – dem Idealplan und dem Masterplan von Beer Sheva – liefert wichtige Informationen zu den städtebaulichen Leitbildern der Planer in Beer Sheva und trägt daher dazu bei, die Planungsvorgänge und ihre architektonische Umsetzung zu erklären.

Wie in Beer Sheva ist die Idealstadt in Nachbarschaftseinheiten aufgeteilt, die jeweils circa 10.000 Einwohner aufnehmen. Sie sind von Grüngürteln umschlossen

---

144 Vgl. Stadt Beer Sheva 1975: 7–9.
145 Vgl. Laor 1970: 3.36.
146 Vgl. General Plan of a City 1963.
147 Vgl. General Plan of a City 1963. Die Publikation erscheint ohne Jahr, da sie aber Pläne von Ram Carmis Negevzentrum (Merkaz Ha'Negev) abdruckt, muss sie um 1963 entstanden sein.

und gruppieren sich um ein Stadtzentrum, das den geographischen und urbanen Mittelpunkt der Anlage bildet (Abb. 118). Hierin gleicht die Idealstadt der bereits im Rahmenplan von 1950 vorgegebenen Struktur von Beer Sheva (Abb. 110–111). Auch die Konzeption der Quartiere mit Wohnbauten, die sich um verschiedene infrastrukturelle Gemeinschaftseinrichtungen wie Kindergärten, Schulen, Synagogen, Krankenstationen, Kultur- und Geschäftszentrum gruppieren, entspricht den frühen Planungen der Negev-Stadt. In der Gestaltung der inneren Struktur der Quartiere aber löst sich die ideale Nachbarschaftseinheit von den Vorbildern der 1950er Jahre und spiegelt statt dessen die Konzeption der Viertel Daleth (Abb. 120) und Heh wider, die in den 1960er Jahren errichtet werden.[148] In diesen Quartieren und im Idealplan ist die Straßenführung strenger als zuvor schematisiert und nähert sich ungeachtet der topographischen Vorgaben einem Raster aus geraden, sich rechtwinklig kreuzenden Straßen an. Die Bebauung ist vertikal und horizontal verdichtet, indem die einzelnen Plansegmente durch eine enge Reihung parallel stehender Wohnscheiben, Reihen- und Doppelhäuser eng überbaut werden. Im Quartier Daleth besteht die angrenzende Wohnbebauung fast ausschließlich aus drei- bis viergeschossigen Gebäuden, so dass bereits kurz nach Fertigstellung des Quartiers dort 30.000 Menschen, knapp die Hälfte der Gesamtbevölkerung Beer Shevas, leben.[149] Die Gemeinschaftseinrichtungen liegen nicht mehr separiert in großen Grünflächen; die umgebende Bebauung ist näher an sie herangerückt.

Um die Monotonie der älteren Siedlungen zu verhindern, die durch die massenhafte Wiederholung gleicher Wohnungstypen entstanden ist, beinhaltet die Idealstadt-Publikation eine Sammlung von architektonischen und bautypologischen Musterplänen, die zum Teil in Beer Sheva realisiert werden. Dazu zählt neben den Plänen für Schulen, Kindergärten, Jugendclubs und Synagogen vor allem eine Zusammenstellung verschiedener standardisierter Haustypen, wie sie in dieser Zeit von den staatlichen und gemeinnützigen Wohnungsbaugesellschaften errichtet werden. Diverse Bautypen (Abb. 119), vom Einfamilienhaus bis zum 16-geschossigen Punkthochhaus, richten sich in der Wohnungsgröße und in den Grundrissen an unterschiedliche Bewohnergruppen. Zielgruppen sind Groß- und Kleinfamilien, junge Ehepaare und alleinstehende Neueinwanderer.[150] Am zahlreichsten sind Variationen von drei-

---

148 Das Quartier Beth, das zwischen 1955-56 errichtet wird, zeigt bereits ein erstes Abrücken von dem früheren städtebaulichen Leitbild der aufgelockerten Siedlung mit geringer Bebauungsdichte. In Quartier Daleth (ab 1961) werden Zeilenbauten in dichter Reihung parallel zueinander errichtet.
149 Vgl. Spiegel 1966: 143.]
150 Die in Israel Builds 1948–1968: 14–17 vorgestellten Wohnungstypen für Araber und Beduinen wurden nicht in die Idealplan-Publikation aufgenommen. Solche Wohnviertel werden meist nicht in Städte integriert, sondern abseits in eigenen Siedlungen errichtet. Auch die Versuche, die Wohnungen für Neueinwanderer entsprechend ihrer kulturellen und ethnischen Herkunftsorte zu modifizieren, wie es beispielsweise in Arad ab 1964 praktiziert wird (Gespräch mit dem leitenden Architekten David Best am 08.09.2000), finden in der Publikation keinen Niederschlag. Zu Arad

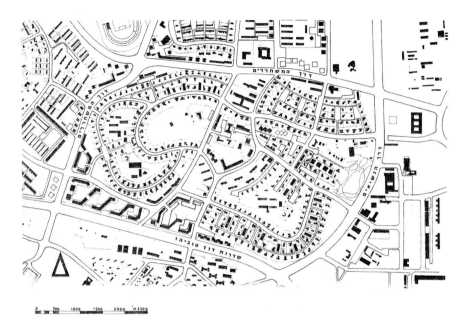

Abb. 117: Beer Sheva, Quartier Aleph, Plan für die Nachverdichtung, um 1970

Abb. 118: „A Neighbourhood Plan for 10,000 Inhabitants", Idealplan für eine Siedlungseinheit als Bestandteil des „General Plan of a City for 50,000 Inhabitants" um 1963, entwickelt von der Planungsabteilung des Arbeitsministeriums, Jerusalem

Abb. 119 (linke und rechte Seite): Zusammenstellung einiger Wohnhaustypen als Bestandteil des „General Plan of a City for 50,000 Inhabitants" um 1963, entwickelt von der Planungsabteilung des Arbeitsministeriums, Jerusalem

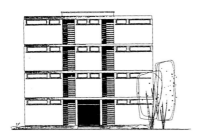
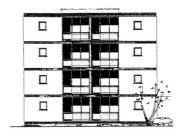
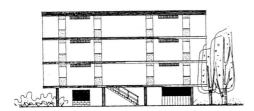
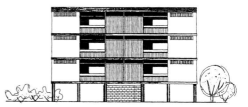

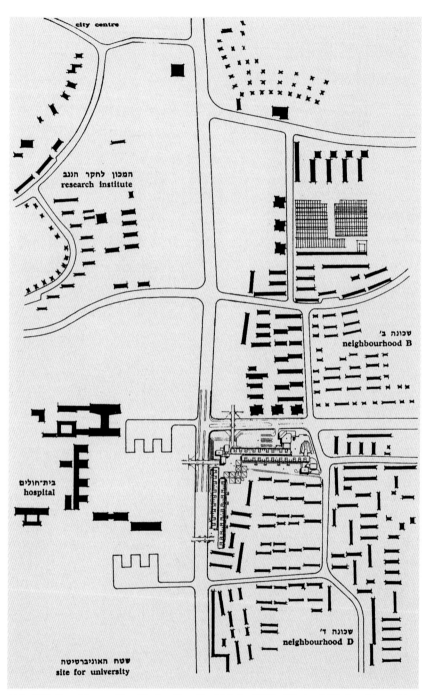

Abb. 120: Beer Sheva, Plan für das Quartier Daleth, 1957–62, den Mittelpunkt markiert das Nachbarschaftszentrum „Merkaz Ha'Negev"

bis viergeschossigen Wohnblocks und Zeilenbauten. Um die Uniformität und Monotonie trotz Standardisierung aufzulockern, variieren die Fassaden insbesondere in der Anordnung der Fenster und Balkone. Mit diesem einfachen Mittel der plastischen Gestaltung durch Vor- und Rücksprünge oder durch die Anwendung von Farbe im Außenraum versucht man, eine gesteigerte ästhetische Qualität und optische Vielfalt trotz aller finanzieller Einschränkungen und der Defizite der technisierten Bauwirtschaft zu erlangen.[151] Allen Entwürfen ist gemeinsam, dass aufgrund der klimatischen Bedingungen und der intensiven Sonnenstrahlung die Wandöffnungen relativ gering gehalten werden. Die Fenster sind kleinformatig, und statt vorkragende Balkone der Sonne auszusetzen, ziehen sich diese ins Innere der Gebäude. Viele der Bautypen sind auf Pilotis gestellt, um ebenerdige, verschattete Kommunikationsflächen zu schaffen. Die Grundrisse der Wohnungen sind so arrangiert, dass diese sich über die gesamte Tiefe des Gebäudes erstrecken, um eine Querlüftung zu ermöglichen. Finanznöte verhindern zwar, dass diese Mustertypen konsequent realisiert werden. Dennoch zeigt ihre Zusammenstellung im Idealplan und ihre Teilrealisierung in Beer Sheva, wie man sich um eine optische Differenzierung in der Architektur und um eine stärkere Orientierung an den natürlichen Bedingungen des Ortes und seines spezifischen Wüstenklimas bemüht.[152]

Der Idealplan und die im Folgenden vorzustellenden Modellsiedlungen markieren einen Umbruch in der israelischen Planungs- und Baupolitik, die mit der späten Genehmigung des Masterplans von Beer Sheva im Jahre 1969 offiziell – und rückwirkend – bestätigt wird. Das städtebauliche Vorbild der gegliederten und aufgelockerten Stadt im Kontext nationaler Dezentralisierungsprozesse nach 1948 er-

---

vgl. Dower/Stango 1965: 25–27, Israel Builds 1970: 3.2–3.4, Strong 1971: 179–183 und Israel Builds 1973: 198–201.

151 Es scheint, dass vor allem Architekten wie Shershevsky 1977: 2–3, und Ventura 1973: 228–227, sich mit der optischen Gestaltung von standardisierten und vorfabrizierten Gebäuden auseinandersetzen. Auf einem Vortrag im Mai 1973 in Carmiel, Israel, setzt sich Avraham Ventura für eine größere Kreativität und Professionalität in der architektonischen Gestaltung von vorfabrizierten Bauelementen ein. Er fordert eine klare Differenzierung zwischen tragenden, rahmenden und füllenden Elementen und ihren Einsatz „in accordance with the codes of aesthetics customary in non prefabricated buildings", was vor allem das Einhalten tradierter Harmonie- und Proportionslehren beinhaltet. Zit. ebenda: 227.

152 Auch in Bezug auf Wohnungsgröße und Ausstattung stellen die neuen Wohntypen eine Weiterentwicklung der früheren Modelle dar. Die Wohnungen, jetzt mit bis zu vier Zimmern, werden größer und bieten in der Ausstattung unterschiedliche Standards. Diese reichen vom sogenannten normalen bis zum extra hohen Standard, um auf die verschiedenen Bedürfnisse und Finanzierungsmöglichkeiten der Bewohner eingehen zu können. Die Standards unterscheiden sich vor allem in den im Inneren verwendeten Materialien und Putzarten, beziehungsweise ob Bad und WC getrennt sind, ob Fensterläden und Türen außer der Wohnungs-, Balkon- und Badezimmertür vorgesehen und ob Warmwasserleitungen gelegt sind. Vgl. General Plan of a City 1963: Appendix.

schien mit seiner Forderung nach einem Durchdringen von Stadt und Land vor allem im Hinblick auf die alten zionistischen, landwirtschaftlich orientierten Kolonisierungsideale als besonders erstrebenswert. Nachdem aber die defizitäre Entwicklung vor allem durch das Festhalten an vorstaatlichen Agrar- und Gartenstadtidealen immer deutlicher hervorgetreten war, wird die aufgelockerte Stadt von dem neuen Leitbild der kompakten, verdichteten Stadt abgelöst, die sich in ihrer geometrischen Struktur wieder klar von der natürlichen Umgebung abgrenzt.[153] Dieser plantheoretische Richtungswechsel ist dabei kein auf Israel beschränktes Phänomen, sondern verläuft parallel zur internationalen Entwicklung im Städtebau.[154] Hohe Wachstumsprognosen für die 1960er Jahre führen zu der Erkenntnis, dass diese mit dem Gartenstadt-ähnlichen Modell der aufgelockerten Stadt und ihrer kostenintensiven Struktur nicht aufzufangen sind. Auch die fehlende Identität der „new development towns" sowie die mangelhafte Identifikation der Bewohner mit ihnen werden länderübergreifend kritisiert.

In Israel ist der Planwechsel jedoch nicht nur ein Ausdruck der kritischen Betrachtung von Städtebau und Urbanität oder der pragmatischen Frage der Finanzierbarkeit. Die städtebauliche Kurskorrektur muss im engen Zusammenhang mit den nationalen Zielen des Staats- und Nationsaufbaus gelesen werden. Die Unwirtlichkeit der neuen Städte und die daraus resultierenden Abwanderungsquoten stellen die Errungenschaften der regionalen Dezentralisierung und damit die nationalen Strategien der wirtschaftlichen und sicherheitspolitischen Entwicklung in Frage.[155] Das Pionierprojekt „to make the wasteland bloom, to conquer the forces of nature on land, at sea and in the air"[156] ist bei einer anhaltenden negativen Entwicklung zum Scheitern verurteilt. Das Fundament der Wirtschafts- und Sicherheitspolitik droht einzustürzen, ebenso wie die sozialen Missstände die Einheit der Gesellschaft gefährden. Die städtebauliche und architektonische Behausung der Bevölkerung

---

153 Nicht alle Architekten folgen dieser Forderung nach einem neuen städtebaulichen Leitbild. Der Ingenieur J. Mahrer kritisiert bereits zu diesem frühen Zeitpunkt die Verdichtung von Wohnquartieren durch mehrgeschossige Gebäude und wirbt um mehr Verständnis für Gartenstädte, da sie circa 10–15 Jahre bräuchten, um ihre volle Qualität zu entfalten. Vgl. Mahrer 1955: 19.
154 In einer Studie von Irion/Sieverts 1991 wird exemplarisch an einigen Städten in Deutschland, Finnland, Polen und Schweden die Entwicklung der neuen Städte und Großsiedlungen in einem Modell der Dreiphasenstruktur untersucht. Irion/Sieverts 1991: 13–15 gliedern den Prozess in eine erste Phase der 1950er Jahre als aufgelockerte und gegliederte Stadt, in eine zweite Phase der kompakten Stadt in den 1960er Jahren und eine dritte Phase der nachfolgenden Jahrzehnte, in der man eine größere Vielfalt, bessere Qualität und Individualität des Wohnens anstrebt.
155 Berler 1970a: 166 zeigt Statistiken über das Migrationsverhalten in den Entwicklungsstädten bis zum Jahr 1967. Vgl. auch Kapitel 4.4 dieser Arbeit. Zu den Überlegungen, einige der neuen Städte aufzugeben vgl. Lichfield 1971: 11.7.
156 Zit. Ben Gurion 1950: 34.

sind grundlegend für die soziale, kulturelle und damit nationale Beheimatung des jüdischen Volkes im Staat Israel, wie das Wohnungsbauministerium die städtebauliche Neuorientierung am Ende der 1950er Jahre begründet: „The absorption of immigration and the creation of new cities in the development areas is not limited to the provision of housing and employment [...] In the long run, social and cultural integration are no less important than food and shelter."[157] Nachdem in den 1950er Jahren mit der räumlichen Verteilung der Bevölkerung die Staatsbildung als physischer Prozess der territorialen Aneignung und städtebaulichen Präsenz weitgehend abgeschlossen ist, muss nun die entstandene Struktur – und das heißt: der Staat – in ihrem Bestehen konsolidiert werden. In der Formung und kulturellen Konstruktion der Nation besitzen Architektur und Städtebau eine wichtige Rolle. Sie schaffen der Bevölkerung eine Heimat, die zugleich als Folie für die Identifikation mit dem Staat dient. In der Reynolds-Preisverleihung 1969 durch das American Institute of Architects (AIA) wird die Gesamterscheinung Beer Shevas im Vergleich zu den städtebaulichen und architektonischen Einzelleistungen von der Evaluation weitgehend ausgeschlossen: „The present total visual impression of Beersheba is less important than the evidence of its dynamic solution, evidenced by the excellence of its newly designed structures."[158] Es sind die architektonischen und siedlungstechnischen Experimente, von denen einige im Folgenden vorgestellt werden, die die neuen Tendenzen und „dynamischen Ansätze" im israelischen Baugeschehen im Kontext des neuen Masterplans widerspiegeln. An ihnen wird untersucht, welche konkreten Veränderungen in Architektur und Städtebau eintreten und inwieweit die neuen planerischen Leitbilder das Bedürfnis nach einer kulturellen Formung der Staatsnation und ihrer Verankerung in der Heimat zum Ausdruck bringen.

4.6 Städtebauliche und architektonische Modellsiedlungen der 1960er Jahre im Kontext der architektonischen und gesellschaftlichen Identitätsfindung

Neben der fragmentierten Form der Stadt gerät auch ihr Baubestand, der sich aus monotonen Massen vorfabrizierter und standardisierter Bautypen von niedriger Qualität zusammensetzt, seit Ende der 1950er Jahre immer stärker in die Kritik. Die meisten Bauten weisen in ihrer Funktion und ästhetischen Qualität große Mängel auf. Auch gelingt es ihnen und den städtebaulichen Strukturen nicht, der heterogenen Menge der Einwanderer das Gefühl von einer homogenen Gesellschaft nach den Idealen der

---

157 Zit. Israel Builds 1948–1968: 36.
158 Vgl. Schwartzman/Gregory/Rockrise 1970: 29.

Gleichheit und Gemeinsamkeit zu vermitteln. Wohnungs- und Siedlungsbau müssen, so der Ingenieur J. Ben-Sira, verstärkt mit ihren sozialen Kompetenzen wahrgenommen werden: „The housing must ensure proper conditions for family life, but the housing group should influence the process of social and cultural integration, enhance the feeling of equality and increase the opportunities for joint action."[159] Statt dessen aber führt die Fragmentierung der Stadt zu einer Segregation sozialer Gruppen in den einzelnen Siedlungseinheiten.[160] In der Annahme, dass Städte in ihrer Organisation und Lebensform ein Abbild der Gesellschaft sind, spiegelt die städtebauliche Zersiedelung den Misserfolg Israels bei der sozialen Integration und die Komplikationen bei der Formulierung einer Kollektividentität wider. Ben Gurion betont immer wieder, dass der Staat in der Verantwortung stehe, der jüdischen Gemeinschaft über eine Kollektividentität die kulturellen, politischen und sozialen Werte einer Nation zu vermitteln.[161] Architektur und Städtebau produzieren in diesem Zusammenhang nicht nur Behausung, sondern schaffen auch eine Heimat. Sie vermitteln soziale Bindungen und stellen Möglichkeiten sozialer Interaktion und Aktivitäten her. In ihrer gesellschaftlichen Komponente sind sie daher für den Aufbau der Nation, ihre Befindlichkeit und ihre Identität mit verantwortlich. In dem ersten Jahrzehnt nach der Staatsgründung aber betreiben die Regierung und ihre Wohnungsbaugesellschaften einen Massenwohnungsbau nach dem Motto „viel, schnell und billig".[162] Der großangelegte Siedlungs- und Wohnungsbau lässt kaum Zeit, über die sozialen, kulturellen und symbolischen Qualitäten von Architektur und Städtebau zu reflektieren. Physische Aspekte und soziale Komponenten des Städte- und Wohnungsbaus werden so weit vernachlässigt, dass die nationale Aufgabe, eine Heimat zu schaffen, zur bloßen Lösung der Wohnungsnot degradiert wird.[163] In nur wenigen Jahren wird das Land mit standardisierten und typisierten Wohneinheiten überzogen. „Local patriotism" können sie nicht erzeugen.[164]

---

159 Zit. J. Ben-Siras Beitrag auf dem Symposium zum öffentlichen Wohnungsbau im April 1954 in Tel Aviv, in: JAEAI, Vol. XII, No. 4, July-September 1954: 17–18, engl. Zusammenfassung: 2. Auch Harlap 1982: 49 beschreibt die Vorstellung, durch uniforme und gleichwertige Architektur das Gefühl von Gleichheit zu vermitteln. In den 1950er Jahren dominierte „the overall philosophy of 'unification' which aimed at the integration of diverse groups of people into one cohesive Israeli milieu. And what better way to unify, architecturally, the various groups, no matter what their origin or the location of their new settlement in Israel, than by housing them all in uniform housing?"
160 Da Neueinwanderer meist in Gruppen aus einzelnen Ländern eintreffen und als solche in die Entwicklungsstädte weitergeleitet werden, entstehen dort ethnisch segregierte Enklaven, die wenig Kontakt zu andersethnischen Gruppen herstellen. Zu soziologischen Studien vgl. Berler 1970a.
161 Vgl. beispielweise Ben Gurion 1951: VII und ders. 1962: XXI.
162 Vgl. Elhanani 1960: V.
163 Vgl. Carmi 1977: 31.
164 Zit. Elhanani 1960: V. Carmi 1977: 31 spricht von den „human values in urban architecture", die eine emotionale Bindung an den heimatlichen Ort (sense of belonging) und Stolz (residents' pride

Ende der 1950er Jahre setzt eine kurze Phase ein, in der die Regierung nach neuen, unkonventionellen Bauformen für die Gemeinschaft sucht. In Beer Sheva (Quartier Heh) wie auch in Tel Aviv (Ramat Aviv) und Haifa (Hadar Ha'Carmel) werden sogenannte Mustersiedlungen errichtet, die der Erprobung neuer Architektur- und Siedlungsmodelle und ihrer Auswirkung auf das soziale Zusammenleben dienen. Die Mustersiedlungen entstehen alle nach dem gleichen System, bei dem das Wohnungsbauministerium jeweils eine Gruppe von Architekten beauftragt, gemeinsam einen Bebauungsplan für eine der Mustersiedlungen zu entwickeln. Für den Entwurf und die Ausführung der einzelnen Einheiten zeichnen die beteiligten Architekten individuell verantwortlich. Obwohl diese Siedlungen zum Teil sehr erfolgreich sind, bleiben sie im nationalen Baugeschehen weitgehend ohne Folge, da Bürokratie, Finanzen und fortschreitende Industrialisierung im Bauwesen immer wieder zu einem einfachen, uniformen und kostengünstigen Massenwohnungsbau drängen.[165] Beer Sheva aber ist – wie auch die Verleihung des Reynold-Preises zeigt – Anfang der 1960er Jahre ein Experimentierfeld für neue Bau- und Siedlungsformen, auf dem neben der Mustersiedlung weitere Modelle und Konzeptionen des Wohnens und der öffentlich-räumlichen Interaktion entwickelt werden.[166] Im Folgenden sollen die drei größten Projekte, die Modell-Wohnsiedlung (Shikun Le-dogma), das Negev-Nachbarschaftszentrum (Merkaz Ha'Negev) sowie die sogenannten „Schubladen- und Pyramiden-Häuser" (Beit Diroth und Beit Piramidoth), vorgestellt werden.

4.6.1 Modellsiedlung „Shikun Le-dogma" – die verdichtete Stadt als regionales Experiment

Die Modell-Wohnsiedlung „Shikun Le-dogma" (Abb. 121–122) befindet sich im Quartier Heh im Westen der Stadt Beer Sheva, das auf zwei flachen Anhöhen liegt und in der Mitte von einem diagonal verlaufenden Wadi durchschnitten wird (Höhenunterschied circa 12 Meter).[167] Die Mustersiedlung liegt in der südlichen Hälfte

---

in the place) hervorrufen würden. Das Gegenteil sei aber in Architektur und Städtebau in Israel zu beobachten, so Carmi 1977: 39: „The feeling that gives the citizen his pride in his town is something that is fast disappearing in the suburbs and towns we have built in Israel these twenty-five years." Bis 1965, als das neue Baugesetz in Kraft tritt (vgl. Kapitel 2.2 dieser Arbeit), ist der staatliche Wohnungsbau nicht dem offiziellen Baugenehmigungsverfahren ausgesetzt, so dass es kaum regulative Bestimmungen im öffentlichen Bauwesen gibt. Nicht zuletzt aber machen die finanziellen Probleme Israels einen differenzierten und qualifizierten Wohnungsbau in den ersten Jahren kaum möglich.

165 Vgl. Neufeld 1971: 15–19 und Elhanani 1960: V.
166 Israël Construit 1964: o. S. [Sektion: Beerscheva].
167 Die Quellenlage für dieses Projekt ist sehr beschränkt. Kurze Erwähnung findet die Mustersiedlung in in- und ausländischen Fachzeitschriften. Eine ausführlichere Beschreibung liefert Avraham

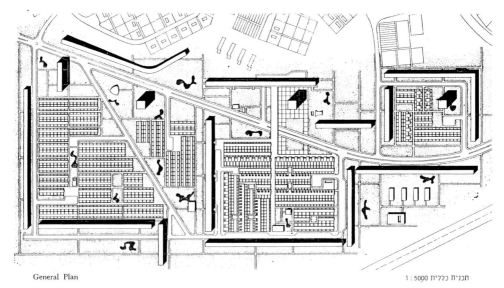

Abb. 121: Modellsiedlung „Shikun Le-dogma", Beer Sheva, Planungsteam mit Avraham Yaski & Amnon Alexandroni, N. Zolotov, Dov & Ram Carmi, D. & H. Havkin, Tichnun Co. Ltd sowie mit M. Tchetchik und B. Komforti als abgeordnete Architekten des Wohnungsbauministeriums, Siedlungsplan, 1958–59

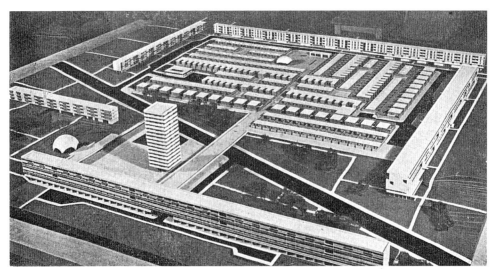

Abb. 122: Modellsiedlung „Shikun Le-dogma", Beer Sheva, Planungsteam mit Avraham Yaski & Amnon Alexandroni, N. Zolotov, Dov & Ram Carmi, D. & H. Havkin, Tichnun Co. Ltd sowie mit M. Tchetchik und B. Komforti als abgeordnete Architekten des Wohnungsbauministeriums, Modell 1958–59

des Areals und grenzt im Osten und Norden an die aufgelockerte, gartenstädtische Bebauung des Quartiers Aleph und der früheren Bebauung im Quartier Heh an. Im Süden stößt das langgestreckte Areal an die Hauptverkehrsverbindung von Eilat am Roten Meer über Beer Sheva und Ashkelon nach Tel Aviv. 1958 weist das Wohnungsbauministerium dieses Areal als Versuchsgebiet für neuen Wohnungsbau aus und beauftragt insgesamt sechs Architekturbüros, mit dem Gesamtplan der Siedlung und den einzelnen Objekten zu beginnen. Zu dem Planungsteam zählen mit Avraham Yaski & Amnon Alexandroni, N. Zolotov, Dov & Ram Carmi, D. und H. Havkin, Tichnun Co. Ltd und als abgeordnete Architekten des Ministeriums M. Tchetchik und B. Komforti vor allem junge und progressive Architekturbüros ihrer Zeit.[168] Yaski wird zum Leiter der Planungsgruppe ernannt.[169] Vorgesehen ist zunächst, die bereits bestehenden 650 Wohnungen des Quartiers Heh um zusätzliche 550 Wohnungen zu erweitern. Gleich mit Beginn der Planungsarbeiten aber werden im Kontext des neuen städtebaulichen Leitbildes der verdichteten Stadt neue Planvorgaben gestellt. Der Rahmenplan sieht jetzt 3000 Wohnungen in der Mustersiedlung und eine Verdichtung der alten Bebauung auf 1000 Wohnungen vor, so dass in Quartier Heh insgesamt 4000 Wohnungen für circa 16.000 Einwohner entstehen sollen.[170] Dafür werden die Bebauungsdichte erhöht, die Grünflächen begrenzt und auch der Wadi

---

Yaski in: Israel Builds 1970: 4.72–4.82, eine abbildungsreiche Kurzdokumentation verfaßt B. Lifschitz in: JAEAI. Handasa we-Adrikhalut, Vol. XVII, No. 7–8, July-August 1959: 187–190 (hebr). Einige Sitzungsprotokolle, Korrespondenzen und Projektbeschreibungen (hebr. und engl.) befinden sich – im unvollständigen Zustand – in der Slg. Yaski, Box 2, Akte 130 „Shechuna Heh be Beer Sheva" (Quartier Heh in Beer Sheva) und Box 28, Akte „Shikun Le-dogma" (Mustersiedlung). Zusätzliche Informationen lieferten die Gespräche mit Avraham Yaski am 25.12.2000, 09.09.2001 und 12.09.2001 und mit Ram Carmi am 06.08.2001 und 30.08.2001.

168 Gespräche mit Ram Carmi am 06.08.2001 und 30.08.2001. Diese Architekten sind im Gegensatz zu ihrer Vorgängergeneration größtenteils in Palästina/Israel geboren und haben im Land – am Technion – studiert. Ihnen gelingt es, sich vor allem durch Architekturwettbewerbe einen Namen zu verschaffen und in den folgenden Jahren immer wieder mit Bauaufgaben insbesondere im Negev beauftragt zu werden. Vgl. auch Kapitel 4.7 dieser Arbeit.

169 Avraham Yaski (1927 in Israel geboren) studiert am Technion in Haifa Architektur. Von 1948–54 arbeitet er im Büro von Arich Sharon. Sein Großprojekt (Teamleiter) ist der Bau der National- und Universitätsbibliothek in Givat Ram, Jerusalem (1955–63). Danach folgen die Aufträge in Beer Sheva. Bis heute zählt das Büro von Avraham Yaski mit zahlreichen Großprojekten (darunter Siedlungspläne, Wohnquartiere, Stadtzentren, Geschäftshäuser und Hochhausbauten in Tel Aviv) zu den größten und erfolgreichsten Büros in Israel. Yaski erhält 1982 die höchste israelische Auszeichnung, den Israel Preis. Zur Biographie vgl. Frenkel 1993: 562.

170 Vgl. Versuchssiedlung Beer Sheva (Shikun Nisioni Beer Sheva) o. J.: 1–2, Slg. Yaski, Box 28, Akte „Shikun Le-dogma". Yaski 1970: 4.72 nennt im Endstadium insgesamt 4400 Wohnungen. Da zur gleichen Zeit auch der Wohnungsstandard in Israel langsam steigt, werden die planmäßig vorgegebenen Wohnungsgrößen von 50–55 Quadratmetern sukzessive auf 60–70 Quadratmeter erweitert.

Abb. 123: Avraham Yaski und Amnon Alexandroni: „Quarter-Kilometer-Building", Modellsiedlung „Shikun Le-dogma", Beer Sheva, 1959–66, Nordfassade, Photographie 2001

zur Bebauung freigegeben.[171] Eine höhere Bevölkerungsdichte ermöglicht es, kommunale Einrichtungen in größerem Umfang einzuplanen, da die Erschließungs- und Unterhaltskosten für das Quartier auf eine größere Zahl von Bewohnern verteilt werden können.

In der Mustersiedlung werden verschiedenen Bautypen – Zeilenbauten, Einfamilien-Reihenhäuser und Punkthochhäuser – miteinander kombiniert (Abb. 121). Um der Siedlung eine scharfe Kontur in Abgrenzung zur umgebenden Bebauung zu verleihen, ist sie mauerartig von langen, vier- bis sechsgeschossigen Zeilenbauten umschlossen. Ebensolche Zeilenbauten gliedern sie im Inneren in drei variierend große Sub-Quartiere. Zwei von ihnen liegen südlich, eins nördlich des Wadis. Die Zeilenbauten stehen auf Stützen, so dass trotz Abgrenzung zumindest auf Fußgängerniveau eine offene Durchwegung zur Umgebung hergestellt wird. Sie werden von unterschiedlichen Architekten ausgeführt, so dass die bis zu 250 Meter langen Gebäude unterschiedliche Wohngrundrisse und variierende Fassadenabwicklungen bezüglich der Lage und Gestaltung der Fenster und Balkone zeigen (Abb. 123).[172] Im Inneren der drei Sub-Quartiere sind ein- bis zweigeschossige Wohnhäuser in dicht nebeneinander liegenden Reihen zu einer sogenannten „Teppich-Bebauung" (Shechunot Ha'Shtiach) zusammengestellt, die von N. Zolotov und D. Havkin entwickelt wird (Abb. 124–125). Diesen Namen tragen sie, da die Reihen der Einfamilienhäuser einer Webarbeit vergleichbar ineinander verschränkt sind.[173] Diese Einfamilienhäuser mit Gärten – von Yaski als „Patio-Häuser"[174] bezeichnet – sind von einer hohen Mauer umschlossen. In streng regelmäßiger Reihung lagern die niedrigen Wohnhäuser an den parallel laufenden Zugangswegen. Die Obergeschosse sind zum Teil brückenartig über diese drei Meter breiten Zugangswege gelegt, so dass die Gänge durch das Lichtspiel der partiellen Überdachung eine Rhythmisierung erfahren und zugleich verschattet werden (Abb. 126). Die „Teppich-Bebauung" spielt

---

171 Die Bruttowohndichte beträgt in der Mustersiedlung etwa 65 Wohneinheiten / Hektar, im Vergleich zu 48 Wohneinheiten im Quartier Aleph. Nur im Quartier Daleth (ab 1961) im Norden der Stadt wird noch eine höhere Dichte von 103 Wohneinheiten/Hektar erreicht. Vgl. Laor 1964: 5 und Spiegel 1966: 142.
172 Am bekanntesten ist das 250 Meter lange, sogenannte „Quarter-Kilometer Building" (A. Yaski und A. Alexandroni, 1966) im Norden der mittleren Siedlungseinheit. Vgl. auch Harlap 1982: 106. Entwürfe für die anderen Zeilenbauten, von denen die meisten nicht ausgeführt werden, stammen von Tichnun Co. Ltd., M. Tchetchik – B. Komforti und von Dov & Ram Carmi. Vgl. kurze Planpräsentationen in: JAEAI. Handasa we-Adrikhalut, Vol. XVII, No. 7–8, July-August 1959: 188–190 (hebr.).
173 Zur „Teppich-Bebauung" (Shechuot Ha'Shtiach oder auch „Carpet-Development") vgl. die Kurzpräsentationen in: JAEAI. Handasa we-Adrikhalut, Vol. XVII, No. 7–8, July-August 1959: 188 und Yaski 1970: 4.74–4.77 (Beschriftung der Geschosse zum Teil vertauscht).
174 Zit. Versuchssiedlung Beer Sheva (Shikun Nisioni Beer Sheva) o. J.: 2, Slg. Yaski, Box 28, Akte „Shikun Le-dogma".

Abb. 124: N. Zolotov und D. Havkin: „Teppichbebauung" (Shechunot Ha'Shtiach), Modellsiedlung „Shikun Le-dogma", Beer Sheva, ab 1959. Im Hintergrund A. Yaski und A. Alexandroni: „Quarter-Kilometer-Building", 1959–66, Photographie nach 1967

Abb. 125: N. Zolotov und D. Havkin: „Teppichbebauung" (Shechunot Ha'Shtiach), Modellsiedlung „Shikun Le-dogma", Beer Sheva, ab 1959. Im Hintergrund A. Yaski und A. Alexandroni: „Quarter-Kilometer-Building", 1959–66, Photographie aus der Bauzeit

Abb. 126: N. Zolotov und D. Havkin: „Teppichbebauung" (Shechunot Ha'Shtiach), Modellsiedlung „Shikun Le-dogma", Beer Sheva, ab 1959, Zugangsweg zu den „Patio-Häusern", Photographie 2001

mit dem Kontrast von Enge, Gemeinschaft und Privatheit. Obwohl die dichte Bebauung das Gefühl von nachbarschaftlicher Nähe und Gemeinschaft zu vermitteln versucht, schotten sich die einzelnen Grundstücke durch eine hohe Mauer von der angrenzenden Bebauung ab.[175]

Zur allgemeinen Erschließung und als Rückgrat der gesamten Modellsiedlung dient die Hauptverkehrsachse, die dem Lauf des Wadis folgt. Am tiefsten Punkt des Geländes gelegen, kanalisieren sich in ihr die sozialen und kommerziellen Aktivitäten. Von ihr zweigen die Wohnerschließungsstraßen ab, die zu Sammelparkplätzen führen. Die Wege innerhalb der Wohnbebauung werden vom motorisierten Verkehr freigehalten.[176] Einzelne kleine Einrichtungen wie Synagogen und Kindergärten sind zwischen die „Teppich-Bebauung" gestreut, ansonsten aber sind sämtliche Gemeinschaftseinrichtungen, Geschäfte und öffentliche Anlagen entlang der Hauptverkehrsachse konzentriert. Hier stehen auch drei Punkthochhäuser über quadratischem Grundriss mit 16 Geschossen. Als Referenzpunkte und zur optischen Gliederung ist jedes Hochhaus einem der drei Sub-Quartiere zugeordnet (Abb. 121). Avraham Yaski weist ihnen die Bedeutung als „point of belonging"[177] für die Bevölkerung eines jeden Quartiers zu. Sie sind als Wohnhochhäuser geplant, um trotz großzügiger Freiflächengestaltung des Zentrums eine hohe Bevölkerungsdichte zu gewährleisten.

In seiner stadträumlichen Konzeption und der architektonischen Überbauung unterscheidet sich die Modellsiedlung „Shikun Le-dogma" deutlich von den früheren Wohnquartieren in Beer Sheva. Im Gegensatz zu den durchgrünten, sich mit der Umgebung durchdringenden Siedlungen ist sie als Einheit klar umrissen und in ihrer Abgrenzung zur nachbarschaftlichen Bebauung im Stadtplan klar erkennbar. Der Kontrast zwischen „innen" und „außen" wird mit den hohen Zeilenbauten am Rand der Siedlung besonders hervorgehoben. Nach außen signalisieren sie Abgrenzung, nach innen suggerieren sie Schutz und Zusammenhalt. Zugleich definieren sie klare Maßstäblichkeiten, die einen räumlichen Bezugsrahmen etablieren: Von der Stadt zum Quartier, vom Quartier zum Sub-Quartier und vom Sub-Quartier zur Wohneinheit.[178] Den visuellen Bezugspunkt der Sub-Quartiere stellen die Punkthochhäuser dar. Das soziale Zentrum und den gemeinsamen Bezugspunkt der gesamten Siedlung bildet die diagonale Hauptachse, in der wie in einem „Amphitheater"[179] die gemeinschaftlichen, kulturellen und konsumorientierten Aktivitäten und Bedürfnisse der Bewoh-

---

175 In einer Studie 1965 zur Wohnqualität in der Mustersiedlung beklagen die Bewohner der „Teppich-Bebauung" die fehlende Privatsphäre, da sie sich vor allem durch die hohen Zeilenbauten ständig beobachtet fühlten. Vgl. Yaski 1970: 4.79.
176 Vgl. Yaski 1970: 4.74 und Peters 1962; 37.
177 Zit. Yaski 1970: 4.74 und Gespräche mit Avraham Yaski am 25.12.2000, 09.09.2001 und 12.09.2001.
178 Vgl. Versuchssiedlung Beer Sheva (Shikun Nisioni Beer Sheva) o.J.: 2, Slg. Yaski, Box 28, Akte „Shikun Le-dogma".
179 Zit. Yaski 1970: 4.73.

ner zusammentreffen. Öffentliche Verkehrs- und Aufenthaltsräume sind klar definiert und im Unterschied zu früheren Quartieren deutlich reduziert. Sie sind stärker in die Wohnbebauung integriert beziehungsweise direkter Bestandteil der Gebäude, wie beispielsweise die Kommunikationsräume unterhalb der aufgeständerten Zeilenbauten oder die überdachten Passagen zwischen den Einfamilienhäusern.[180]

Im Vergleich zu den Siedlungen der 1950er Jahre zeichnet sich die Modellsiedlung nicht nur durch ihre strukturräumliche Differenzierung, sondern auch durch die Vielfalt der verwendeten Bautypen und architektonischen Formen aus. Auf engem Raum sind Patio-Häuser mit Zeilenbauten und Punkthochhäusern kombiniert. Durch die Anzahl der beteiligten Planer ist vor allem mit den Zeilenbauten ein Ensemble verschiedener Architekturen entstanden, in dem sich die einzelnen Bauten hinsichtlich Format und Lage der Fenster, Balkone und Treppenhäuser und ihrer Proportionen unterscheiden. Auch die verwendeten Materialien – meist roh belassener Beton mit Schalungsspuren, vorfabrizierte Bauelemente oder Silikatziegel – lassen Variationen in der Fassadengestaltung zu. Variabel gestaltet sind weiterhin die Wohnungsgrundrisse in den einzelnen Gebäuden. Ein- und Mehrzimmerwohnungen, Maisonettewohnungen und Wohnungen mit doppelgeschossiger Halle bleiben nicht auf spezifische Bautypen beschränkt, sondern sind in unterschiedlichen Kombinationen vor allem in den Zeilenbauten zu finden.[181] Hier sind besonders große Wohnungen für Mehrpersonenhaushalte angelegt, um Familien nicht nur in den Einfamilienhäusern der „Teppich-Bebauung" unterzubringen. Man ist bestrebt, mit dieser Grundrissdifferenzierung eine größere soziale Durchmischung innerhalb der einzelnen Siedlungseinheiten zu erreichen.[182]

Die Modellsiedlung betont in der Konzeption und Bebauung ihren urbanen Charakter und versucht nicht, mit Hilfe des siedlungstheoretischen Ideals der Gartenstadt eine landwirtschaftliche Siedlung mit einer ebensolchen Lebensweise vorzutäuschen. Die von Mauern umschlossenen, kleinen Gärten folgen nicht mehr dem gärtnerischen Nebenerwerbsprinzip der Gartenstadt-Siedlung, sondern sind als private Wohnraumerweiterung gedacht – „[for the] extensive use for day to day activities for which the home is too small."[183] Schattenspendende Bäume werden in der Modellsiedlung in ihrer Funktion durch überkragende Betonelemente ersetzt, die meisten Kommunikationsflächen versiegelt, um von vornherein ein Veröden und Austrocknen zu verhindern. Im Gegensatz zur bisherigen dogmatischen Umsetzung von gartenstädtischen Planungsidealen lässt die Modellsiedlung auf eine doppelte Auseinandersetzung mit

---

180 Verschattung wird nun durch überkragende Bauelemente erzielt und nicht mehr wie früher in den Gartenstadtsiedlungen durch pflegeintensive Bepflanzungen.
181 Grundrisse verschiedener Wohnungstypen finden sich vor allem in Yaski 1970: 4.75–4.77 (Beschriftung der Geschosse zum Teil vertauscht), Lifschitz 1959: 188–190 und Peters 1962: 37.
182 Vgl. Yaski 1970: 4.79.
183 Zit Yaski 1970: 4.74.

dem Siedlungsbau schließen: Auf der einen Seite steht sie für die Bejahung einer urbanen Siedlungs- und Lebensform, auf der anderen Seite für die Anerkennung des Ortes und seiner geographisch-klimatischen Gegebenheiten. Die Modellsiedlung ist Ausdruck und Modell städtischer Lebensweise in der Wüste, die sich hinter Mauern in Form von Zeilenbauten von der Außenwelt weitgehend abgrenzt. Im Inneren versucht sie, in der Dichte der Bebauung das Gefühl von urbaner Gemeinschaft und Zugehörigkeit des einzelnen zu dieser zu vermitteln. In ihrer strengen, geometrischen Regelmäßigkeit ist sie dabei aber nicht weniger dogmatisch als die aufgelockerte Unregelmäßigkeit der Gartenstadt. Die Absicht der Architekten war „to form the neighbourhood as an urban element with a clear character and uniqueness in the urban set-up [...]."[184] Eine prägnante – charaktervolle – Gestaltung des Ortes bildet die Grundlage für die Bewohner, sich mit ihm zu identifizieren. Mit der Vielfalt der Wohngrundrisse, Haustypen und öffentlichen Anlagen wird versucht, auf die Heterogenität der Bevölkerung und ihre unterschiedlichen Bedürfnisse zu reagieren, so dass ein jeder einen Ort der emotionalen Verankerung finden kann.[185] Zugleich sind die Bewohner in dem Mikrokosmos der Mustersiedlung gesellschaftlichen Interaktionen ausgesetzt und können hier das Gefühl für Gemeinsamkeiten und gemeinschaftliche Werte entwickeln. Identifikation mit dem Ort und Aufbau einer kollektiven Identität gilt dabei als Vorstufe zur Integration in die nationale Gemeinschaft. „If a neighborhood [...] does not function", so Ram Carmi in seiner Funktion als leitender Architekt des Wohnungsbauministeriums 1977, „[it] produces a population that loses its equilibrium, is embittered against the Establishment or the community [...] A non-functioning urban structure, in which the empty spaces between buildings are empty of people and full of rubbish, produces non-identification with the place and produces drifting, helplessness and boredom [...] a tendency to alienation and crime, and to revolt against the society which has led to it."[186]

Der Bau der Mustersiedlung erfolgt in den Jahren 1960 bis 1964, wobei die Pläne nicht in ihrem vollen Umfang realisiert werden. Nicht zur Ausführung gelangen die Punkthochhäuser sowie der dritte und größte Komplex ganz im Westen des Areals. Obwohl die Siedlung in Architekturjournalen mehrheitlich als kreatives und innovatives Beispiel des modernen Wohnungsbaus gelobt wird, bleibt Kritik nicht aus. Schematismus, oberflächlich graphische Gestaltung der Anlage, Gedrängtheit, dunkle Gänge und die Missachtung von Privatheit in der „Teppich-Bebauung" – bis hin zum Vorwurf der Erzeugung einer Ghetto-Atmosphäre – werden als störende Faktoren genannt und in einer Studie des Wohnungsbauministeriums im Frühjahr 1965 von den Bewohnern bestätigt.[187] Positiv wird bewertet, dass eine Nachbarschafts-

---

184 Zit. Yaski 1970: 4.73.
185 Vgl. Carmi 1977: 33 und 39.
186 Zit. Carmi 1977: 33.
187 Vgl. Elhanani: 1960: V und Yaski 1970: 4.75–4.82: Residents' Satisfaction and Feed-Back Survey.

einheit entstanden sei, die einen städtischen Charakter und eine ebensolche urbane Atmosphäre zeige. Das entspricht den Intentionen der Architekten, die ein „Verschwinden der Siedlung im städtischen Organismus" verhindern wollten und daher bemüht waren, den Anspruch auf die Eigenständigkeit des Quartiers in die Bebauungsstruktur einzuschreiben: „The long buildings [...] preventing the neighbourhood from being swallowed by the rest of the town, and emphasizing its presence as a predominantly independent element in the urban set-up. An occupant of the neighbourhood actually senses his leaving and returning to it."[188]

Die Idee zu einer solchen experimentellen Modellsiedlung in Beer Sheva wie auch in Tel Aviv und Haifa stammt, wie Yaski mehrfach darlegt, aus Berlin.[189] Dort findet ein Jahr zuvor die „Interbau 1957" statt, eine internationale Bauausstellung zur experimentellen und exemplarischen Gestaltung der „Stadt von morgen".[190] Insgesamt 53 namhafte Architekten der Moderne aus 13 Ländern sind eingeladen, im sogenannten Hansaviertel in verschiedenen Bautypen unterschiedliche Wohnformen und Wohngrundrisse zu entwickeln. In kreativer Konkurrenz zueinander sollen variierende Wohnmodelle erprobt werden und damit zur allgemeinen Verbesserung des Architektur- und Wohnstandards beitragen. Das Hansaviertel steht in seiner Gesamtkonzeption noch vollständig in der Tradition der aufgelockerten und durchgrünten Stadt, die ihren Ursprung unter anderem in Le Corbusiers Forderung nach dem Punkt- oder Scheibenhochhaus im Grünen hat.[191] Während die beiden israelischen Modellsiedlungen Hardar Ha'Carmel in Haifa und Ramat Aviv in Tel Aviv mit ihren locker in die Landschaft gruppierten Punkt- und Scheibenhochhäusern noch stärker in der Tradition der aufgelockerten Stadt stehen, weicht die Modellsiedlung in Beer Sheva von diesem städtebaulichen Vorbild ab. In der Wüstenlandschaft des Negev musste das Modell des Wohnblocks im Grünen scheitern, wie die brachliegende Anlage des Quartiers Aleph nur allzu deutlich zeigt. Gesucht wird daher seit dem Ende der 1950er Jahre nach einer neuen städtebaulichen Textur und einer dem Ort und dem Klima angemessenen Architektur.[192] Die Interbau Berlin dient hierbei als Vorbild, im Experiment mit verschiedenen Architekten unkonventionelle Modelle für eine

---

188 Zit. Yaski 1970: 4.74.
189 Vgl. Versuchssiedlung Beer Sheva (Shikun Nisioni Beer Sheva) o. J.: 1, Slg. Yaski, Box 28, Akte „Shikun Le-dogma" und Yaski 1970: 4.72: „The idea of experimental building was influenced by a similar project carried out in West Berlin in the late 1950s at the Interbau, an exhibition of architecture in a 1:1 scale."
190 Zur „Interbau 1975" vgl. Ausst.-Kat. Interbau Berlin 1957 und Bauwelt 1957, Heft 37.
191 Bis auf einige wenige Einfamilienhäuser konzentrieren sich die Studien zu neuen Grundriss- und Aufrisslösungen auf mehrgeschossige Punkt- und Zeilenbauten.
192 Vgl. Duvshani 1983b: 4–5.

neue städtebauliche Form und eine neue urbane Wohn- und Lebensweise – kurz: eine neue „Heimat" – zu entwickeln.[193]

Die Mustersiedlung von Beer Sheva bricht mit der unreflektierten und unmodifizierten Übernahme städtebaulicher Traditionen früherer Siedlungsmodelle. Insbesondere der Mythos der Moderne als eine internationale und daher überall anwendbare Architektur wird vermehrt in Frage gestellt und der Ruf nach Regionalismen in Architektur und Städtebau immer lauter.[194] Regionalismus bildet die Gegenposition zu einer internationalen, das heißt überall nach gleichen Grundsätzen und Formen zu entwickelnden Architektur. Man müsse sich in Israel, so fordert der Architekt Aba Elhanani, von fremden Einflüssen in der Architektur und der „blinden Imitation" von Bauten aus den ausländischen Architekturjournalen befreien. Eine moderne israelische Architektur sei zu entwickeln, die den Bedingungen des Ortes, der Zeit und den spezifischen Bedürfnissen der Bewohner entspricht.[195] Die Modellsiedlung in Beer Sheva muss als Reaktion auf diesen Vorwurf gelesen werden, städtebauliche und architektonische Vorbilder kritiklos zu übernehmen. Auf der Suche nach einem neuen Selbstverständnis von Architektur und Städtebau in Israel, stellt sie einen wichtigen Beitrag in der Entwicklung eines regional modifizierten Baustils dar. Die Überlegung, ob diese regionale Architektur zugleich auch Ausdruck eines neuen Nationalstils sei, scheint eher zweitrangig. Städtebau als Produktion von Behausung und Heimat nimmt zwar einen bedeutenden Anteil an den Aufbauarbeiten des Staates ein und dient zugleich seiner Repräsentation, dennoch sprechen die Architekten weniger von der Entwicklung eines Nationalstils als von der funktionalen und strukturellen Modifikation städtebaulicher und architektonischer Tendenzen in Israel. Im Gegenteil, die Forderung nach Regionalismen wird so vehement gestellt, dass einzelne regionale Experimente aufgrund der geographischen und klimatischen Vielfalt Israels nicht auf das gesamte Land zu übertragen sind – und darauf auch keinen Anspruch erheben.[196] Regionalismus beziehungsweise regionale Modifikationen werden in Israel nicht als Stilfrage im Sinne einer nationalen Repräsentation diskutiert, obwohl natürlich eine Identifikation des Individuums mit dem Ort und der nachbarschaftlichen Gemeinschaft auch ein stärkeres Zugehörigkeitsgefühl zur Nation intendiert. Dennoch umschreiben die Architekten der Modellsiedlung ihre Planungsziele ganz pragmatisch: „A correct solution for a neighbourhood in a desert area [… and …] a correct solution for housing in the Negev."[197] Ihre Absicht war es, einen dem Klima

---

193 Vgl. beispielsweise Carmi 1977: 31: „All the physical and social components must combine in one harmony if the neighborhood is to be 'home' – and not, as is the case in so many residential areas these days, a random slice of urban geography […]."
194 Vgl. vor allem Elhanani 1957 und El-Channani 1961.
195 Vgl. Elhanani 1957: 6–7.
196 Zum Problem eines „nationalen Stils" vgl. Kapitel 5.3 dieser Arbeit.
197 Zit. Yaski 1970: 4.73.

und dem Ort angemessenen Siedlungs- und Wohnungsbau zu entwickeln, der zugleich die Atmosphäre einer Nachbarschaft (embodying a sense of value into the term ‚Neighbourhood') erzeugen kann. In Anerkennung der spezifischen Lage Beer Shevas lenken die Architekten ihr Interesse von den europäischen – oder veralteten zionistischen – Leitbildern auf die im eigenen Land vorhandenen Traditionen in Architektur und Städtebau. Die Stadt Beer Sheva selbst gibt mit ihrer Altstadt Anstoß für ein Umdenken in der Siedlungsplanung. Der Stadtplan und seine dichte Bebauung mit Atrium-Häusern zeigen, wie funktionale Siedlungsstrukturen im Wüstenklima errichtet werden können. Auch die Altstädte von Jaffa, Jerusalem oder von Marrakesh, Algier, Bagdad etc. werden nun als Vorbilder für ein Bauen in der Wüste genannt.[198] Die Modellsiedlung in Beer Sheva ist offensichtlich eine Reminiszenz an solche arabischen Viertel: „This, of course, is as it should be, for the Arabs have developed their type of building over centuries to meet the same climatic conditions that now face the Israelis. […] The typical arrangement of narrow alleys, high sheltering walls and small enclosed spaces overcome many of the environmental problems posed by the Israeli climate."[199] Nach modernen Ansprüchen und technischen Möglichkeiten müssen dabei nur die Wohngrundrisse, die sanitären und technischen Einrichtungen sowie die Konstruktionsbedingungen im Zeitalter des industrialisierten Bauwesens modifiziert werden. Die Übernahme arabischer Bautraditionen bestätigt einmal mehr, dass nicht ein nationaler Stil, sondern eine regionale Architektur, die sich selbst und ihre Bewohner dauerhaft in der Region verwurzelt, das Ziel architektonischer – und staatlich autorisierter – Experimente in den 1960er Jahren ist.

4.6.2 „Schubladen-Häuser" (Beit Diroth), „Pyramiden-Häuser" (Beit Piramidoth) und das Nachbarschaftszentrum „Merkaz Ha'Negev" – städtebauliche Mikrokosmen

Versuche, die Entwicklung einer regionalen Architektur mit der Forderung nach einer nachbarschaftlichen Atmosphäre in der strukturräumlichen Organisation von Wohnquartieren zu verbinden, lassen sich in Beer Sheva an einigen weiteren Bauprojekten beobachten. Die Stadt zeigt – vielleicht aufgrund ihrer entlegenen Position auf der israelischen Landkarte, des Fehlens langer und dominierender Bautraditionen und einer etablierten Architektenschaft vor Ort – im Vergleich mit anderen Städten Israels eine größere Zahl architektonischer Experimente. Die Auslobung von Wettbewerben statt direkter Auftragsvergabe oder Planung und Bauausführung durch das Wohnungsbauministerium trägt entscheidend zur architektonischen Vielfalt

---

198 Vgl. Dower/Stango 1965: 30 und Duvshani 1983b: 2–3.
199 Zit. Dower/Stango 1965: 30–31.

Beer Shevas bei. Zwei Projekte zu Beginn der sechziger Jahre sind im Hinblick auf die Entwicklung neuer Bau- und Wohnformen besonders bemerkenswert: das Nachbarschaftszentrum Merkaz Ha'Negev von Ram Carmi und die sogenannten „Schubladen-" (Beit Diroth) und „Pyramiden-Häuser" (Beit Piramidoth) von Moshe Lofenfeld und Giora Gamerman.

„Schubladen-Häuser" (Beit Diroth) und „Pyramiden-Häuser" (Beit Piramidoth)

Lofenfeld-Gamerman gewinnen 1962 den Wettbewerb für eine neue Siedlungseinheit in Beer Sheva, die parallel zur Hauptstraße Derekh Ha'nesiim entstehen soll.[200] Ihr Plan (Abb. 127) sieht vor, vierzehngeschossige „Schubladen-Hochhäuser" auf Stützen (Beit Diroth) mit dreigeschossigen, pyramidal angeordneten Apartmenthäusern (Beit Piramidoth) zu kombinieren. Beide Einheiten – Hoch- und Pyramidenhäuser – werden über einer gemeinsamen Plattform errichtet. Darunter befinden sich, so Moshe Lofenfeld, Verbindungsgänge, Sozialräume und Parkplätze.[201] Die Hochhäuser stellen für die Wüstenregion eine aufsehenerregende Neuheit dar (Abb. 128).[202] Um sie den klimatischen Gegebenheiten anzupassen kragen die Balkone jeweils an den Ecken versetzt – wie aufgezogene Schubladen – weit über die Fassade hinaus (Abb. 129). Mit dieser Anordnung erhält jede Wohnung einen privaten Außenraum, der nicht von den Nachbarn eingesehen werden kann und der zugleich einen Großteil der Fassade verschattet. Auch markiert der Balkon jedes einzelne Apartment, das wie eine „plug-in-Einheit" in den zentralen Servicekern hineingeschoben wurde.[203] Die „Pyramidenhäuser" (Abb. 130) können in beliebiger Zahl nebeneinandergesetzt

---

[200] Außer einer Auflistung der ersten vier Gewinner des Wettbewerbs in JAEAI, Vol. XX, No. 4–5, April-May 1962, und einer kurzen Planpräsentation in: Harlap 1982: 114–115 konnte keine weitere Dokumentation gefunden werden. In der Jury sitzen neben dem Bürgermeister David Tuviyahu, dem Vertreter des Wohnungsbauministeriums Yehuda Tamir unter anderem die Architekten Avraham Yaski und M. Tchetchik, die beide zur gleichen Zeit am Bau der Modellsiedlung (Shikun le-dogma) beteiligt sind. Die Wettbewerbsausschreibung, so Moshe Lofenfeld im Gespräch am 04.09.2002, verlangt 400–600 Wohnungen verschiedener Größe.
Moshe Lofenfeld (1931 in Israel geboren) und Giora Gamerman (1927 in Argentinien geboren, mit sechs Jahren in Palästina/Israel eingewandert) studieren beide am Technion in Haifa. Lofenfeld arbeitet bis 1955–1959 im Büro Arieh Sharon und eröffnet 1961 gemeinsam mit Gamerman ein eigenes Büro. Sie zeichnen für zahlreiche Siedlungs- und Bildungsbauten, insbesondere in den neuen Entwicklungsstädten, verantwortlich. Vgl. Frenkel 1993: 561–562 und 591.
[201] Gespräch mit Moshe Lofenfeld am 04.09.2002.
[202] In der Modellsiedlung „shikun Le-dogma" waren zwar bereits Ende der 1950er Jahre Hochhäuser geplant, diese wurden jedoch nicht realisiert.
[203] Presseausschnitt „Israeli plug for plug-in homes", ohne Angaben, Kopie in der Slg. Lofenfeld.

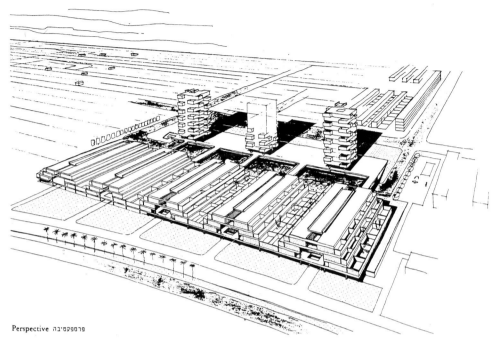

Abb. 127: Moshe Lofenfeld und Giora Gamerman: „Schubladen- und Pyramidenhäuser" (Beit Diroth und Beit Piramidoth), Beer Sheva, erster Preis des Wettbewerbs im Frühjahr 1962 (teilrealisiert)

Abb. 128: Moshe Lofenfeld und Giora Gamerman: „Schubladenhaus" (Beit Diroth), Beer Sheva, 1962, Zeichnung mit der Beschriftung „viele Geschosse" (rav komot)

Abb. 129: Moshe Lofenfeld und Giora Gamerman: „Schubladenhaus" (Beit Diroth), Beer Sheva, ab 1962, Photographie 1971

Abb. 130: Moshe Lofenfeld und Giora Gamerman: „Pyramidenhaus" (Beit Piramidoth), Beer Sheva, 1962

Abb. 131: Moshe Lofenfeld und Giora Gamerman: „Pyramidenhaus" (Beit Piramidoth), Beer Sheva, 1962, Zeichnung der inneren Passage

werden. Dabei lagern sich jeweils zwei identische Reihen mit insgesamt 30 Apartments um einen breiten Mittelgang. Jedes Geschoss schiebt sich ein Stück weiter über die innere Passage (Abb. 131), die oberhalb des dritten Geschosses mit einem auf Stützen montierten Flachdach luftdurchlässig überdeckt ist. Damit entsteht im Inneren ein relativ großzügiger, verschatteter und durchlüfteter Kommunikations- und interner Verkehrsraum. Alle Wohnungen sind mit einem Balkon, im Erdgeschoss mit einem Garten ausgestattet. Von beiden Bautypen, dem Hoch- und dem Pyramidenhaus, wird jeweils nur ein Exemplar von jeweils drei projektierten realisiert. Hoch- und Pyramidenhaus werden zudem getrennt voneinander ausgeführt. Das Hochhaus entsteht an dem vorgesehenen Platz an der Hauptstraße Derekh Ha'nesiim, das Pyramidenhaus hingegen im Quartier Daleth. Moshe Lofenfeld macht dafür die schwierige Finanzlage Israels verantwortlich. Zwar fordere die Regierung couragiert moderne Bauformen in Wettbewerben ein, sei danach aber nicht bereit oder im Stande, sie zu finanzieren.[204]

Nachbarschaftszentrum „Merkaz Ha'Negev"

Nach einem den „Pyramidenhäusern" ähnlichen Prinzip entsteht 1960–63, wiederum nur teilrealisiert, in dem Quartier Daleth (Abb. 120) das Nachbarschaftszentrum Merkaz Ha'Negev von Ram Carmi.[205] Auch hier ist es zentrales Anliegen des Architekten, eine dem Wüstenklima adäquate Architektur und eine neue Form von öffentlichen Sozialräumen innerhalb eines Siedlungskomplexes zu schaffen. Das ursprüngliche Konzept sieht entlang einer zentralen, linearen Achse – dem „Rückgrat der Siedlung"[206] – eine Megastruktur aus Wohneinheiten, Geschäften, Büros sowie einem Theater und einem Kino vor (Abb. 132–133). Die Eckpunkte des Komplexes bilden ein Geschäftshochhaus im Osten und ein Kulturzentrum mit Kino und Theater im Westen. Dazwischen spannen sich wie in Lofenfeld-Gamermans Pyramidenhaus zwei viergeschossige Zeilenbauten in pyramidaler Anordnung über eine innere Passage (Abb. 134). Eine regelmäßige Betonstruktur gliedert den Raum und bedeckt ihn mit gigantischen Betonkassetten, von denen einige offen oder mit Plexiglas

---

204 Gespräch mit Moshe Lofenfeld am 04.09.2002.
205 Ram Carmi erzählt in Gesprächen am 06.08.2001 und 30.08.2001, dass dieser Bauauftrag eine Entschädigung dafür sei, dass sein Zeilenbau als Randbau der Modellsiedlung in Beer Sheva nicht realisiert wird. Harlap 1982: 158-159, hingegen erwähnt einen nationalen Wettbewerb, über den keine weitere Dokumentation gefunden werden konnte. 1967 erscheint anläßlich der Rechter-Preis-Verleihung, des höchsten Architekturpreises Israels, eine Kurzpublikation des Projektes, vgl. Carmi 1967 (hebr.). Eine kurze Plan- und Photodokumentation findet sich in: Architectura/Architecture in Israel, No. 3, July–September 1966: 30–41(hebr./engl.), hier unter dem Projekttitel „Civic Center" (Merkaz Ironi).
206 Zit. Carmi 1967: o. S. [1].

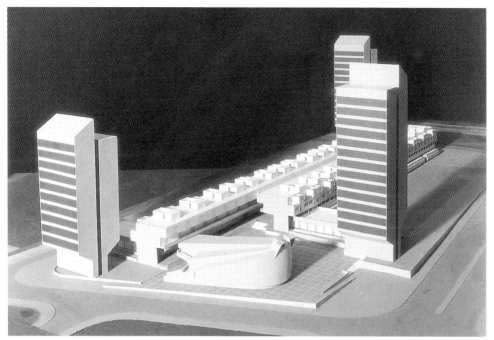

Abb. 132: Ram Carmi: Nachbarschaftszentrum „Merkaz Ha'Negev", Beer Sheva, 1960–1963, Modell

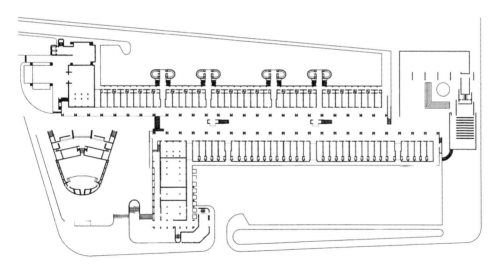

Abb. 133: Ram Carmi: Nachbarschaftszentrum „Merkaz Ha'Negev", Beer Sheva, 1960–1963, Grundriss des Erdgeschosses

überwölbt sind, um natürliches Tageslicht ins Innere zu filtern (Abb. 135–136). Die Massivität der Wände suggeriert nicht nur Solidität und Abwehr gegen das unwirtliche Wüstenklima, sondern reagiert auch praktisch darauf. Die dicken Betonmauern sollen die Tageshitze absorbieren und in den kühlen Nächten abstrahlen.[207] Die gestaffelten Geschosse sind nicht wie bei Lofenfeld-Gamerman ausschließlich für Wohnnutzung vorgesehen. Statt dessen sind im Erdgeschoss Geschäfte, im ersten Obergeschoss Büros und in den letzten beiden Obergeschossen Wohnungen untergebracht. In der Konzeption der „Kultur der Straße"[208] verpflichtet, kreiert dieses Gebäude einen Mikrokosmos, indem es die verschiedenen städtischen Funktionen unter einem Dach versammelt. Was normalerweise im städtischen Außenraum stattfindet – geschäftiges Treiben in Läden und Büros, Kontakt- und Spielflächen – ist hier in einen verschatteten und geschützten Innenraum verlagert. Er schottet sich dabei nicht vollständig ab, sondern öffnet sich an beiden Enden dem Außenraum und ermöglicht über die „Gelenk- und Scharnierstellen"[209] des Geschäfts- und Kulturzentrums im Osten und Westen eine Integration der gesamten Anlage in den bestehenden Stadtorganismus.

Von diesem Gesamtplan wird lediglich der mittlere, pyramidale Komplex realisiert, der noch heute isoliert im Stadtgrundriss steht (Abb. 137).[210] Aber auch in seiner fragmentierten Ausführung demonstriert der Bau in seiner massiven, brutalistischen Betonstruktur architektonisch wie stadträumlich einen neuen Ansatz im Siedlungs- und Wohnungsbau. Im Gegensatz zu den Siedlungen der fünfziger Jahre und den zeitgleichen Modellsiedlungen der sechziger Jahre sind die verschiedenen urbanen Funktionen – Wohnen, Arbeiten, Konsumieren – nicht mehr räumlich getrennt, sondern auf dichtem Raum zusammengedrängt. Wie „Kettenglieder urbaner Aktivitäten"[211] greifen sie in Carmis räumlichem Strukturkonzept ineinander über und lassen die innere Achse zu einem multifunktionalen öffentlichen Raum werden. In der Gestaltung des Innenraums hat, so Carmi, das Moment der Bewegung eine besondere Rolle gespielt.[212] Bewegung, Kommunikation und soziale Aktivitäten seien der wichtigste Bestandteil seines Projektes und stünden – materialisiert in der inneren Passage – im Zentrum des Baus. Architektur bilde nur den Rahmen für Bewegung.[213] Vertikal verbinden massive Betontreppen im Innen- und Außenraum die

---

207 Vgl. Harlap 1982: 158.
208 Zit. Carmi 1967: o. S. [1].
209 Zit. Carmi 1967: o. S. [1].
210 Das Gesamtkonzept Carmis basiert auf einem modularen System, das möglichst unkomplizierte Veränderungen und vor allem Erweiterungen zulässt. Es begünstigt aber ebenso Verkürzungen und Teilrealisierungen, wie sie aus finanziellen Gründen vorgenommen wurden.
211 Zit. Carmi 1967: o. S. [1].
212 Gespräche mit Ram Carmi am 06.08.2001 und 30.08.2001. Vgl. auch Carmi 1967: o. S. [1].
213 Vgl. Carmi 1967: o. S. [1].

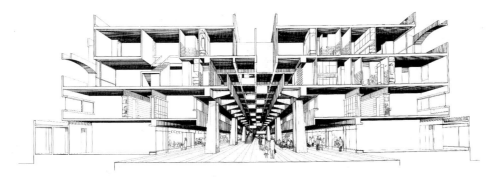

Abb. 134: Ram Carmi: Nachbarschaftszentrum „Merkaz Ha'Negev", Beer Sheva, 1960–1963, Schnitt

Abb. 135: Ram Carmi: Nachbarschaftszentrum „Merkaz Ha'Negev", Beer Sheva, 1960–1963, innere Passage (östlicher Bereich), Photographie um 1970

Abb. 136: Ram Carmi: Nachbarschaftszentrum „Merkaz Ha'Negev", Beer Sheva, 1960–1963, innere Passage (westliches Ende), Photographie um 1970

Abb. 137: Ram Carmi: Nachbarschaftszentrum „Merkaz Ha'Negev", Beer Sheva, 1960–1963, Photographie 2001

Abb. 138: Ram Carmi: Nachbarschaftszentrum „Merkaz Ha'Negev", Beer Sheva, 1960–1963, Nord- und Westfassade, Photographie um 1970

Geschosse, horizontal erfolgt die Durchwegung über Galerien, die sich zur inneren Passage öffnen (Abb. 135–136). Diese Passage ist der zentrale Ort, an dem sich soziale Aktivitäten konzentrieren und der zugleich die Möglichkeit gibt, diese von verschiedenen Standorten aus zu beobachten.

In seiner multifunktionalen Bespielung will der Bau, so Carmis Design-Statement, an die Atmosphäre traditioneller Basare im Mittelmeerraum anknüpfen.[214] In einem anderen Kontext – einer allgemeinen Abhandlung über die „menschlichen Werte in der urbanen Architektur" von 1977 – bezeichnet Ram Carmi die Altstadt von Jerusalem in ihrer baulichen Struktur und in ihrer multifunktionalen Nutzung als Vorbild seiner Siedlungs- und Wohnbauten.[215] Hier gehen einzelne Bauten ineinander über; unterschiedliche Nutzungen durchdringen einander. Eine urbane Dichte und Vielfalt entsteht, die dennoch die Privatheit des Einzelnen garantiert, da sich die Bauten nach außen hin abschotten und nur zu einem privaten Innenhof hin öffnen. Das enge Nebeneinander von öffentlichen und privaten Bauten, von Plätzen, Gärten, Gassen, Basaren sowie ihrer Einzelelemente wie Fenster, Tore/Torsituationen, Balkone, Erker, Schwellen und Treppen ist, so schreibt Carmi, charakteristisch für die mediterrane Architektur. In Beziehung zueinander gesetzt, seien sie Bestandteil und Ausdruck „zeitloser Planungsqualitäten" (timeless planning values).[216] Es gelte nun, diese traditionellen Strukturen, Elemente und Werte in eine moderne Form und Architektursprache zu überführen, wie es mit den orientalisch anmutenden Bogenfenstern in der brutalistischen Betonarchitektur versucht wird (Abb. 138). Ein Vorbild für dieses Verfahren habe ihm, so Carmi, Le Corbusier und seine ab 1945 entwickelte „Unité d'habitation" geliefert, die dieser zwischen 1947–1952 erstmals in Marseille und unter anderem auch auf der „Interbau 1957" in Berlin realisiere.[217] In der Unité sind, ebenfalls in eine brutalistische Betonstruktur gehüllt, neben verschiedenen Wohntypen gemeinschaftliche Einrichtungen wie Geschäfte, Kindergärten und Rekreationsanlagen auf der Dachterrasse und in einer inneren Straße im Gebäude angelegt. Die Idee von der Hausgemeinschaft als Abbild der urbanen Gesellschaft inspirierte Le Corbusier und in seiner Nachfolge Ram Carmi bei der Konzeption des jeweiligen Bauprojektes. Es ist die Neuorganisation städtischer Funktionen unter einem Dach, die der Merkaz Ha'Negev mit der Unité teilt und in seiner prozentualen Verteilung einzelner Funktionen noch radikaler umsetzt.

---

214 Vgl. Civic Centre, Beer Sheva 1966: 41 und Carmi 1967: o. S. [1].
215 „Human Values in Urban Architecture" ist der Titel eines Aufsatzes, vgl. Carmi 1977, den er in seiner Eigenschaft als leitender Architekt des Wohnungsbauministeriums verfasst.
216 Vgl. Carmi 1977: 35.
217 Gespräche mit Ram Carmi am 06.08.2001 und 30.08.2001. Die Bauten von Le Corbusier, besonders die Unité, sind in Israel häufig zitierte Vorbilder. Auch Sharon 1963: 3 nennt die Unité als städtebauliches und architektonisches Vorbild für urbane Siedlungseinheiten in Israel.

Dieses Bemühen, europäische und regionale Vorbilder zu neuen Wohn- und Siedlungsmodellen in Israel zu verschmelzen, ist charakteristisch für die verschiedenen Architekturexperimente, die in Beer Sheva begonnen werden. Carmi, Lofenfeld-Gamerman und die Modellsiedlung „Shikun Le-dogma" liefern originäre Ansätze zur Entwicklung einer sozial und regional verträglichen Architektur, auch wenn keines dieser Projekte vollständig umgesetzt wird. In ihrer Konzeption und Teilrealisierung bilden sie eine Gegenposition zu den starren Siedlungs- und Kolonisierungsmethoden der 1950er Jahre, die mit universal anwendbaren Prinzipien in Architektur und Städtebau eine möglichst flächendeckende Siedlungstätigkeit erzielen wollten. Die hier aufgezeigten Projekte stellen selbstbewusste Signale einer sich kulturell formierenden Nation dar. Sie dürfen nicht bloß als Dokument eines territorialen Anspruchs gelesen, sondern müssen auch in ihrer gesellschaftlichen – das heißt nationsbildenden – Rolle und Verantwortung gewürdigt werden. Eine sichtbare Folge ist das größere Engagement bei der Gestaltung öffentlicher und sozialer Räume. In der zweifachen Auseinandersetzung mit den natürlichen Bedingungen der Region und den Bedürfnissen der Bewohner gehen die Architekten über den Aufbau einer Siedlungspräsenz hinaus. Sie versuchen, eine Heimat zu errichten, in der sowohl die Architektur als auch die Bewohner an ihrem Ort verankert sind. Über diesen lokalen Rahmen hinausgehend hofft man, durch eine größere Zufriedenheit der Bewohner die Akkulturation und Identifikation der Neueinwanderer, die vorrangig in diesen Städten leben, mit dem jüdischen Staat und der israelischen Nation voranzubringen.

4.7 Generationswechsel in der Architektenschaft und seine Auswirkungen auf das künstlerische Selbstverständnis

Ein Auslöser für den Umbruch städtebaulicher Planungstheorie und die neuen Tendenzen im Siedlungsbau ist unter anderem das Heranwachsen einer neuen Architektengeneration am Ende der 1950er und zu Beginn der 1960er Jahre in Israel. „Sabras" (Abb. 139) – im Land Israel geborene, aufgewachsene und dort ausgebildete Juden – konkurrieren mit den alteingesessenen, fast ausschließlich im Ausland ausgebildeten Architekten um große Bauaufträge.[218] Es ist eine neue Generation, die nach einer neuen, eigenen Architektursprache sucht und sich dabei gegen die Traditionen der Elterngeneration wendet. Sie gehört nicht zu denen, die das Land erkämpfen mussten, sondern es – trotz aller politischen und militärischen Konflikte

---

[218] Vgl. Dower/Stango 1965: 31 und Harlap 1982: 51. Sabra bezeichnet die stachelschalige, süsssaftige Frucht der Kaktuspflanze, deren Eigenschaften – stachelig-hartes Äußeres und süss-weiches Inneres – auf die in Israel geborenen Juden im Gegensatz zu den eingewanderten Juden übertragen werden.

Abb. 139: Sabras – „The renowned Israeli Sabra cactus, symbol of the Israel temperament, pricly on the outside, sweet on the inside", Postkarte, 1960er Jahre

mit den Nachbarstaaten – als gegeben hinnehmen kann. Ihre Ziele sind nicht mehr dominiert von dem zionistischen Siedlerideal, das Land durch tiefe „Zions-Liebe" und praktische Arbeit zu erlösen. Das jüdische Volk ist in seiner historischen Heimat angekommen und hat sein zionistisches Ziel der Gründung eines eigenen, souveränen Staates erreicht. Siedlungstätigkeit ist nicht mehr Bestandteil einer zionistischen Utopie, auch nicht mehr Mittel einer inneren Kolonisation, um gleich nach 1948 eine flächendeckende Präsenz zu zeigen, sondern wird zum Ausdruck des Versuchs, den Staat in der Realität, das heißt am konkreten Ort, zu verwurzeln. Der Schritt von der zionistischen Utopie zur Wirklichkeit des israelischen Staates bedingt eine Auseinandersetzung mit der Realität und dem realen Ort. Dies ist der Punkt, an dem die junge Generation israelischer Architekten ansetzt. Sie werden nicht mehr von einer Utopie angeleitet, sondern von den pragmatischen Ideen, einen Staat aufzubauen, den sie mit einer zeitgemäßen und den Bedingungen angemessenen Architektur am konkreten Ort verankern wollen. Architektur und Städtebau schaffen dabei nicht nur eine konkrete und praktische Bindung an den spezifischen Ort, sondern versuchen über ihre architektonische Gestalt auch eine kulturelle Verortung der Bevölkerung vorzunehmen.

Ob in der Orientierung an lokalen, das heißt vor allem arabischen Bautraditionen eine Annäherung oder ein Aussöhnungswille mit den arabischen Einwohnern Israels und den arabischen Nachbarstaaten gelesen werden kann, ist fraglich. Zu Beginn des 20. Jahrhunderts gab es einige Versuche, über eine orientalisch-arabische Architektur die gemeinsamen semitischen Wurzeln zwischen Juden den Arabern – und damit die Möglichkeiten einer friedlichen Koexistenz – zum Ausdruck zu bringen. Diese architektonischen Experimente waren von einer stark romantischen Vorstellung des Orients und der biblischen Vergangenheit dieser Region geprägt. Über das Aufgreifen lokaler Traditionen glaubten einige Architekten, die Verbindung zum Land und darüber hinausgehend zu der biblischen Vergangenheit wiederherstellen zu können. Fast 2000 Jahre des Exils sollten damit ausgeblendet und eine visuell erfahrbare „ungebrochene" Zugehörigkeit zum Land dokumentiert werden. Der israelische Architekturhistoriker Michael Levin beschreibt dieses Phänomen der Orientalismen in der frühen zionistischen Architektur wie folgt: „The desire to imbibe the spirit of the East sprang from yearning for environmental integration and a belief, by some, that the gap caused by centuries of exile could thus be closed. Certain architects thought that by clinging to local traditions they could bring back biblical times. Their buildings project a desire to create an Israeli architecture which would not be alien to its surroundings but rather carry on the long tradition of local architecture."[219] Die arabisch-jüdischen gewalttätigen Konfrontationen, die am Ende der

---

219 Zit. Michael Levin: East or West: Architecture in Israel 1920–1933, in: The Twenties in Israeli Art, Ausst.-Kat. Tel Aviv Museum 1982: 223.

1920er Jahre einsetzen, zerstören jedoch diese Illusion einer friedlichen Koexistenz. Da sich nach 1948 die jüdisch-arabische Gegnerschaft verschärft, können die architektonischen Regionalismen seit den späten 1950er Jahren nicht als Hinweis auf eine Völkerverständigung interpretiert werden. Sie stellen eine Annäherung an die Region, nicht jedoch an die Menschen der unmittelbaren Umgebung dar. Auf der einen, profanen Seite sind Regionalismen die funktionale, pragmatische Übernahme bewährter Traditionen. Auf der anderen, ideologischen Seite sind sie ein Versuch, über das Aufgreifen von regionalen, aber ethnisch entleerten Traditionen die Architektur mit dem Land zu verschmelzen, um damit Anwesenheit und Dauerhaftigkeit zu demonstrieren.

Nach der raumgreifenden Kolonisierungspolitik der 1950er Jahre ist in den 1960er Jahren ein deutlicher Umbruch in den siedlungstheoretischen, städtebaulichen und architektonischen Leitbildern in Israel zu beobachten. Städtebauliche Misserfolge, hohe Abwanderungsquoten aus den neuen Städten, Argumente der Wirtschaftlichkeit und eine neue Generation von Architekten und Planern, die für ein neues nationales Selbstbewusstsein einstehen, bedingen gleichermaßen diese Kurskorrektur. Auch die Regierung erkennt, dass die Aufspaltung der zionistischen Methoden der Kolonisierungs- und Kulturarbeiten und ihre jeweils isolierte Anwendung zu größeren Defiziten in der Landesentwicklung und im Aufbau des Staates geführt haben. Während in Jerusalem parallel zum Wohnungsbau intensiv am Aufbau nationaler Institutionen gearbeitet wurde, um den symbolischen und identitätsstiftenden Wert der Stadt auszuweiten, ist in den peripheren Regionen die Kulturarbeit weitestgehend vernachlässigt worden. Wie das Beispiel von Beer Sheva zeigt, wurde hier zwar intensive Kolonisierungsarbeit betrieben, symbolische Werte oder emotionale Bindungen aber können die städtebaulichen Ergebnisse nicht vermitteln. Die Modellsiedlungen stellen einen ersten Schritt dar, die Identifikation der Bewohner mit ihrer Stadt und darüber hinausgehend mit ihrem Land zu fördern. Im Mikrokosmos der Siedler- und Quartiersgemeinschaft versuchen sie, als Abbild der nationalen Gemeinschaft das Gefühl von Zugehörigkeit zu vermitteln. In ihrer Integrationsleistung bleiben sie aber vor allem auf die lokale und regionale Ebene begrenzt. Nationale Symbolik wie beispielsweise der zentralen Institutionen in Jerusalem können sie als Siedlungsprojekte nicht erlangen. Für diese spezifische Funktion, identitätsstiftendes Monument und Katalysator einer kollektiven Identität zu sein, müssen andere Großprojekte in den neuen Städten durchgesetzt werden. Die Ben-Gurion-Universität des Negev in Beer Sheva, die im Zentrum des folgenden Kapitels steht, ist ein solches Projekt, in dem die zionistischen Methoden der Siedlungs- und Kulturarbeit wieder zusammengeführt werden.

5. „Land Settlement and Education" – der neue städtebauliche und architektonische Kurs des Staatsaufbaus

„Land settlement and education" – die Verknüpfung beider Strategien für einen erfolgreichen Aufbau des Staates und der Staatsnation – ist eine Forderung, die Ben Gurion 1950 mit großer Vehemenz stellt.[1] Wie aber die städtebauliche Entwicklung Beer Shevas in den fünfziger Jahren zeigt, konzentrieren sich die staatlichen Aktivitäten zunächst auf die im Nationalplan skizzierte Errichtung einer großflächigen Siedlungsstruktur. Erst in den sechziger Jahren beginnt im Zuge einer modifizierten Landesentwicklungsplanung eine tatsächliche Verzahnung der israelischen Raum- und Kulturpolitik. In Beer Sheva führt die Neuorientierung am Leitbild der verdichteten Stadt in den 1960er Jahren nicht nur zu experimentellen Projekten im Siedlungs- und Wohnungsbau, sondern auch zu einer Neuinterpretation der Kompetenzen und Verantwortung von Stadtplanung generell. Städtebau wird als Stadtbaukunst entdeckt, die in der Gestaltung des öffentlichen Raums ästhetische Motive gleichberechtigt neben funktionale Ansprüche stellt. Statt durch Standardisierung und Enttypologisierung der Gebäude die tradierte Stadtstruktur und -gestalt zu negieren, wird die Stadt als räumliches System gesellschaftlicher Nutzungen und Beziehungen verstanden. Hierbei gilt es, den öffentlichen Raum durch Monumente der Gemeinschaft in Besitz zu nehmen und ihn als Identifikationsort der Gemeinschaft zu gestalten.[2] Visuelle Aspekte und ästhetische Qualitäten formen nicht nur den Charakter der Stadt, sondern nehmen auch beachtlichen Einfluss auf den Zustand und das Selbstverständnis der Gesellschaft, indem Architektur kulturelle und soziale Werte widerspiegelt und sie substantiell-visuell in der Gesellschaft verankert. Vor allem öffentliche Institutionen sind in ihrem Charakter und Stil in das Wechselspiel von Präsenz und Re-

---

1 Vgl. Ben Gurion 1950: 34.
2 In Abgrenzung zu den rein an Nutzung und Funktion orientierten städtebaulichen Forderungen der CIAM zum „funktionellen Stadtbau" werden nun Einflüsse beispielsweise durch Camillo Sittes Aufruf zur raumkünstlerischen Gestaltung der Stadt (Der Städte-Bau nach seinen künstlerischen Grundsätzen, Wien 1899) oder auch durch Bruno Tauts soziale Vision der großen Gemeinschaft und ihrer architektonisch-städtebaulichen Symbolisierung durch die „Stadtkrone" (Die Stadtkrone, Jena 1919) sichtbar.

präsentanz eingebunden.³ Ist das Verhältnis zwischen der Stadt und ihren Bewohnern gestört, sinkt das Gefühl von Wohlbefinden in einer Heimat. Die Folge ist wie beispielsweise in Beer Sheva eine negative Einwohnerbilanz, was zugleich die Streusiedlungspolitik des Staates in Gefahr bringt. In einem Vortrag 1977 macht der Architekt Joseph Shershevsky dafür zusammen mit dem fragmentierten Stadtorganismus und der monotonen Architektur minderer Qualität vor allem die defizitären „visuellen Aspekte" der Stadt verantwortlich.⁴ Andere Städte wie Paris, Sydney oder Toronto hätten mit dem Eiffelturm, der Oper oder dem Rathaus jeweils einen Bau, der nicht nur stadtbildprägend sei, sondern darüber hinausgehend aus symbolische Qualitäten besitze, über die sich die Bewohner mit ihrer Stadt identifizieren könnten.⁵ In Beer Sheva aber, kritisiert Shershevsky, fehle ein städtisches Zentrum, das in seiner Ausstattung und Attraktion würdig seines Namens sei. Zugleich vermisse man jedes Engagement in der künstlerischen Ausgestaltung von Straßen und Plätzen. Auch wenn die finanziellen Mittel beschränkt seien und das jüdische Volk in den Jahrhunderten der Exilzeit keine Traditionen im Städtebau hätte entwickeln können, sei es möglich und notwendig, identitätsstiftende und symbolische Monumente in den urbanen Raum zu setzen.⁶

Seit Ende der 1950er Jahre bemühen sich die Architekten und Planer in Beer Sheva mit einem neuen Masterplan und einigen Einzelprojekten, eine Annäherung zwischen den Bewohnern und ihrem urbanen Lebensraum sowie der Stadt und ihrer klimatographischen Region zu erzielen. Ansätze zu einer regionalen Architektur sind hier ebenso angelegt wie zu einer strukturräumlichen und sozialen Neuorganisation der Gesellschaft in nachbarschaftlichen Siedlungseinheiten. Eine gesellschaftliche Funktion oder symbolische Bedeutung, die über die Nachbarschaftseinheit hinausgeht und sich prägend auf das Bild der Stadt auswirkt, besitzen sie nicht. Stadtbildprägende Bauten – „serving as focal points for the residents of the various sections of town" – werden gefordert, die das geographische und soziale Zentrum der Städte markieren: „To give this centre the dimension, dignity and purposefulness which

---

3 Vgl. A. Löwy (Architekt und Direktor der Planungsabteilung für öffentliche Einrichtungen am Wohnungsbauministerium). Planification des Institutions Publiques, in: Israël Construit 1964; o. S. [6–7]. Bereits auf einem Symposium des israelischen Architekten- und Ingenieurverbandes im April 1954 in Tel Aviv stellt J. Ben-Sira die besondere Bedeutung öffentlicher Bauten im nationalen Formationsprozess heraus: „The housing units must ensure proper conditions for family life, but the housing group should influence the process of social and cultural integration, enhance the feeling of equality and increase the opportunities for joint action. Of special interest and value are public buildings." Zit. Ben-Siras Vortrag in der Sektion „Layout of Public Housing Estates", in: JAEAI, Vol. XII, Nov. 4, July–September 1954: 17–18, engl. Zusammenfassung: 2.
4 Vgl. den Vortrag von Joseph Shershevsky im Jahre 1977: Visuelle Aspekte in den Planungen von Beer Sheva, Kopie des hebräischen Textes im DTA, 0020.05.
5 Vgl. Shershevsky 1977: 1.
6 Vgl. Shershevsky 1977: 3.

could make it meaningful, it should be dominated by a public edifice [...].“[7] Seit Ende der 1950er Jahre werden daher in Beer Sheva – wie auch in anderen Entwicklungsstädten – verstärkt öffentliche Institutionen und Plätze eingerichtet, um mittels solcher Orte der sozialen Kommunikation und Interaktion den Aufbau einer Kollektividentität zu fördern. Zu den Großprojekten dieser Zeit in Beer Sheva zählen das neue Rathaus (Nadler, Nadler & Bixon, Wettbewerb 1958, Ausführung bis 1972), das Soroka-Regionalkrankenhaus (Sharon – Idelson, 1955–59), das Konservatorium (Rechter & Zarhy, 1972–74) oder der zentrale Markt (Shalgi, Tamir & Refaeli, 1968).[8] Sie sind Bestandteil der regierungsamtlichen Planungspolitik, die Infrastruktur und das Angebot in den neuen Entwicklungsstädten auszubauen und ihre institutionelle Kompetenz über den Ort hinaus in die Region auszudehnen. Sie stellen, so Shershevsky, unkonventionelle Lösungen im Versuch einer Städtebau- und Architekturreform dar. Obwohl diese Einrichtungen in Funktion, Baumasse und Gestalt sich aus dem früheren Bestand der Stadt deutlich hervorheben, fehle ihnen aber ein stadtbildprägender oder identitätsstiftender Monument-Charakter, der die Sozialisation und Akkulturation des Individuums in der Gesellschaft und in seiner natürlichen und gebauten Umgebung vorantreiben kann.[9]

Shershevsky nennt – ohne dabei auf das Problem der Vergleichbarkeit so unterschiedlicher Bauaufgaben einzugehen – das Negev-Monument der Palmach-Brigaden bei Beer Sheva als Vorbild, auch mit eingeschränkten finanziellen Möglichkeiten „visuelle Brennpunkte" durch architektonische und symbolische Qualitäten in den jeweiligen Bauwerken zu schaffen.[10] Das Negev-Monument (Abb. 140) wird von dem Künstler Dani Karavan in den Jahren 1963 bis 1968 entwickelt und auf einem

---

7 Zit. B.M.H. 1965: 4.
8 Vgl. Harlap 1982: 157, 207, 278–279 und 295. Eine Kurzpräsentation der ersten drei Preisträger im Rathaus-Wettbewerb findet sich in: JAEAI, Vol. XX, No. 2, February 1962: 67–71 (hebr.). Zu Sharons Soroka-Krankenhaus vgl. Sharon 1976a: 98–137 und die ausführliche Dokumentation in der Werksschau anläßlich des Todes von Sharon in : JAEAI, Vol. XVIII, No. 5–6, June-July 1960 (hebr.). Sharon hält einige Vorträge über seine Krankenhausbauten im In- und Ausland, die in der Slg. Sharon verwahrt werden.
9 Vgl. Shershevsky 1977: 4. Shershevsky, der diese Bauten in seinem Vortrag kurz vorstellt, erwähnt insbesondere ihre Konzeption und architektonische Formgebung, die das Bemühen zeigten, eine regional orientierte Architektur zu entwickeln.
10 Shershevsky 1977: 3. Auch andere vergleichen das Denkmal mit Aufgaben der Architektur. Auf einem Symposium im Sommer 1969 wird dem Künstler Karavan vorgeworfen, sich mit seinem Denkmal in die Sphäre der Architektur verirrt zu haben: „The participants voiced certain doubts regarding the mingling of two different types of forms – the geometric (the square, the dome and the tower) and free forms, such as the gate, the „bunker" etc. In his formative solutions on the one hand and the free design on the other, the artist had apparently mingled architectural and sculptural elements. Some members of the panel found that he had strayed into the sphere of architecture." Zit. englische Zusammenfassung des Symposiums in: Tvai 6, Vol. 2, No. 2, Summer 1969: 11.

Abb. 140: Dani Karavan: Negev-Monument der Palmach-Brigaden, bei Beer Sheva, 1963–68, Photographie 1970

Hügel vor Beer Sheva errichtet.[11] Es erinnert an den Unabhängigkeitskrieg und Kampf der Palmach-Brigaden, der paramilitärischen „Sturmtruppe", gegen die ägyptische Armee, die bereits Beer Sheva eingenommen hatten. In erbitterten Kämpfen gelang es der Brigade, die ägyptische Offensive zu stoppen, die für die Kibbuzim im Negev lebenswichtigen Wasserleitungen zu sichern und schließlich Beer Sheva zurückzuerobern. In dem Denkmal greifen in Beton gegossene geometrische und organische Raumformen und Volumen die wichtigsten Elemente dieses Kampfes in isolierten Einzelformen auf: Wasser- und Wachtürme, Wasserleitungen, Schützengräben, Sandwälle, Zelte und Bunker. Die Einzelformen lagern sich um zwei an den Himmelsrichtungen orientierten Achsen, die durch eine abstrakte Wasserpipeline beziehungsweise die Verbindungslinie der abstrakten Elemente Turm und Zelt gebildet werden. Zum Teil sind die Volumina wie von Geschossen durchlöchert, zum Teil tragen sie Abschriften aus den Kriegstagebüchern der Brigade; in einer ebenfalls durchlöcherten – Kuppel sind im Innenraum die Namen der gefallenen Soldaten eingetragen. Mit der räumlichen Verdichtung der isolierten Einzelformen gelingt es Karavan auf eindrucksvolle, literarisch anmutende Weise, die Aspekte und Elemente des Kampfes in emotionale Werte umzusetzen. Die Einzelelemente des Kampfes, der Natur (drei Bäume werden gepflanzt) und der durch Menschenhand geschaffenen Werke verschmelzen an dem spezifischen Ort zu einem Gesamteindruck, der die Geschichte des Krieges nacherzählt. Mit der Objektivation einer Legende in zeitlosen Raumformen schließt das Negev-Monument nicht nur eine bauliche, sondern auch eine symbolische und emotionale Präsenz in den Baukörpern ein.

Eine solche Qualität beziehungsweise Denkmalfunktion vermisst Shershevsky bei den meisten Bauten in Beer Sheva wie auch in ganz Israel.[12] Parallelen jedoch sieht er zwischen dem Palmach-Denkmal und der Ben-Gurion-Universität des Negev in Beer Sheva. Beide liegen zumindest zu ihrer Bauzeit außerhalb der Stadt und bilden geschlossene, kompakte Anlagen, denen eine spezifische Funktion und Aussage innewohnt. Die Ben-Gurion-Universität trage nicht nur durch ihre Funktion als Bildungsinstitution, sondern auch durch ihre räumliche Konzeption und ihre Architektur zur kulturellen Formung und Bewusstseinsprägung der Nation bei. Damit unterscheide sie sich von den anderen Universitätsbauten Israels, die in ihrer aufgelockerten Campus-Konzeption einen eher sporadischen und flüchtigen Charakter zum Ausdruck brächten.[13] Es ist bezeichnend für das Baugeschehen in Israel, wie auch im vorstaatlichen Zionismus, dass Bildungsinstitutionen mit einer hohen Bedeutung und ebensolchen Erwartungen im Kontext des Staats- und Nationswer-

---

11 Vgl. Shershevsky 1977: 3. Eine kurze Zusammenfassung des Symposiums zum Palmach-Negev-Denkmal findet sich in: Tvai 6, Vol. 2, No. 2, Summer 1969: 3–11, eine kurze Darstellung des Denkmals auch in: Harlap 1982: 314 und Pierre Restany: Dani Karavan, München 1992: 36–45.
12 Vgl. Shershevsky 1977: 3.
13 Vgl. Shershevsky 1977: 4.

dungsprozesses aufgeladen werden. In ihnen vereinigen sich die Methoden der Kultur- und Kolonisierungsarbeit, indem sie einerseits Präsenz zeigen und andererseits zur „Stärkung des jüdischen Volksgefühls und Volksbewusstseins"[14] beitragen. Pathetische Äußerungen seitens der Politiker, der Planer und Architekten, die in dieses Kapitel integriert sind, machen dies deutlich. Die Gründung der Ben-Gurion-Universität 1969 steht programmatisch in der Tradition höherer jüdischer Bildungsinstitutionen, die vor der Staatsgründung in Palästina eingerichtet werden. Im Folgenden werden daher zwei zentrale Bildungsinstitutionen und ihre Bauten, das Herzlia-Gymnasium in Tel Aviv (1909) und die Hebräische Universität in Jerusalem (Grundsteinlegung 1918, Eröffnung 1925), aus der Zeit vor der Staatsgründung vorgestellt. Ihre Gründungs- und Entwurfsgeschichten zeigen, welche besondere Stellung Bildung und dementsprechend Kultur- und Bildungsarbeiten im Zionismus besitzen. Dabei wird sowohl in der architektonischen Formfindung als auch in der ideologischen Aufladung der Institutionen ein Bewusstseinswandel in der zionistischen Bewegung nachvollziehbar. Nach der Staatsgründung prägen ein neues Selbstbewusstsein und der Stolz auf die staatlichen Errungenschaften das nationale Selbstverständnis. Welchen Einfluss dies auf den Bau von Bildungsinstitutionen und ihre Gestaltwerdung nimmt, soll im Folgenden anhand der Entwurfsprozesse und der sie begleitenden Diskussionen untersucht werden. Die Ben-Gurion-Universität des Negev in Beer Sheva entsteht dabei als ein Bauensemble, das vergleichbar mit dem Negev-Monument nicht nur eine physisch-formale Präsenz zeigt, sondern über die Architektur auch symbolische und ideologische Qualitäten zu vermitteln versucht. Als Gebäude und als Institution steht die Universität in der Tradition der zionistischen Ideologie einer kombinierten Siedlungs- und Kulturarbeit, für die am Beispiel der Ben-Gurion-Universität eine neue, zeitgemäße Form gesucht wird.

5.1 Stadt und Monument: Der Bau der Ben-Gurion-Universität des Negev

Die Universität des Negev in Beer Sheva wird 1969 gegründet und nach dem Tode Ben Gurions im Dezember 1973 in Ben-Gurion-Universität des Negev umbenannt. Sie ist die jüngste der Hochschulen, die nach der Staatsgründung in Israel eingerichtet wird. Bereits vor der Staatsgründung waren die Technische Hochschule in Haifa, das Technion (1924) und die Hebräische Universität in Jerusalem (1925) gegründet worden. Nach der Staatsgründung folgen in relativ kurzen Abständen die Gründung des Weizmann-Instituts für Wissenschaften in Rehovot (1949, Forschungsinstitut

---

14 Zit. Basler Programm 1897.

seit 1934), die Bar-Ilan-Universität in Ramat Gan (1955), die Tel Aviv-Universität (1956), die Haifa-Universität (1963) und schließlich die Universität des Negev in Beer Sheva (1969).[15] Der Bau zahlreicher Erziehungs- und Bildungsinstitutionen ist dabei pragmatisch auf den großen Umfang Neueinwanderer und einen hohen Anteil an jungen Menschen zurückzuführen. Die Universitätsgründung in Beer Sheva bildet aber nicht nur eine weitere Bildungsinstitution, sondern ist Bestandteil der nationalstaatlichen Entwicklungspolitik peripherer Regionen, um den zukünftigen Bestand des Landes zu wahren. Ein maschinenschriftliches Memorandum zur Gründung einer Universität in Beer Sheva prognostiziert 1966, dass „such a university located in Beer-Sheva will give added meaning and possibilities for the fulfillment of such Governmental policies as the distribution of population [and] the development of the Negev Desert. […] It is foreseen that the Beer-Sheva University can be a major factor in the integration of these [= immigrant] communities into Israeli life."[16] Bereits seit Beginn der 1960er Jahre diskutiert man die Gründung einer höheren Bildungseinrichtung in Beer Sheva, um die anhaltende Abwanderung aus der Stadt zu stoppen und das fehlende Potential an gut ausgebildeten Arbeitern und Wissenschaftlern auszugleichen. Diese werden für den Ausbau der gewerblichen und industriellen Infrastruktur der Region dringend benötigt. Mit dem Ziel der „intellektuellen Expansion"[17] wird im Oktober 1963 das „Institute for Higher Education in the Negev" eingerichtet. 1965 stimmt der Erziehungsminister Zalman Aranne der Gründung einer Universität in Beer Sheva zu, in der Hoffnung, dass „the university [becomes] a magnet, drawing to the Negev immigrants with highly developed intellectual and cultural standards and demands. It plans to specialize in fields of learning essential to the evolution in the desert of a creative and productive technological society, with a stable and balanced population. Above all, and with universal relevance in mind, the University will aim to make the desert fit for man and man fit for the desert […]."[18] Ein Gründungsrat zur wissenschaftlichen Organisation der Universität wird eingesetzt; im November 1969 erfolgt ihre offizielle Gründung. Zur gleichen Zeit wird ein Planungsteam, bestehend aus den Architekten Amnon Niv, Yaakov Koesler, Yizhak Yashar und

---

15 Vgl. Gradus/Lazin 1986 und Iram/Schmida 1998: 63-65. Hinzuzufügen ist noch der neue Campus der Hebräischen Universität in Givat Ram, der 1958 eingeweiht wird. Er bildet das neue Universitätszentrum in Jerusalem, da der alte Standort auf dem Skopus Berg bis zur Eroberung der Westbank im Sechs-Tage-Krieg 1967 eine nicht erweiterungsfähige und unsichere israelische Enklave in jordanischem Territorium bildet. Erst nach 1967 wird auch der alte Standort der Hebräischen Universität weiter ausgebaut.
16 Zit. University in Beer-Sheva 1966: 1-2.
17 Zit. Ben Gurion University 2000 [= Jubiläumsschrift zum 30jährigen Bestehen]: 15.
18 Zit. University of the Negev 1973: o. S. [2]. Zur Geschichte der Ben-Gurion-Universität vgl. die beiden hebräischen Abhandlungen Gradus/Stern 1979 und Hadari/Tal 1984 sowie die Quellenschriften University in Beer-Sheva 1966, University of the Negev [1969], maschinenschriftlicher Bericht der Slg. Yaski, Box 22, Akte 142 Aleph und University of the Negev 1973.

Rafael Reifer unter der Leitung von Avraham Yaski, beauftragt, einen Masterplan für den neuen Universitätscampus zu entwickeln.[19] Diese Architekten, so berichtet Avraham Yaski, wurden ausgewählt, da sie bereits mit anderen Projekten in Beer Sheva Erfahrungen mit dem Bauen in der Wüste erwerben konnten. Es ist sein Vorschlag, keinen Wettbewerb unter ihnen auszuloben, sondern sie gemeinsam als Arbeitsgruppe an einem Masterplan arbeiten zu lassen.[20] Das Architektenteam formuliert es als Ziel, mit dem Bau einer Universität „Beer Sheva von einer einfachen Pioniersiedlung in eine moderne Stadt umzuwandeln, die voraus ins 21. Jahrhundert schaut."[21]

Für den Bau der Universität wird ein 36 Hektar großes Grundstück im Norden vor der Stadt, nördlich des Soroka-Regionalkrankenhauses ausgewählt. Zusätzliche 25 Hektar für zukünftige Erweiterungsbauten werden nochmals nördlich davon, jenseits der Eisenbahnstrecke, bereitgehalten. Die Universität bildet damit den vorläufigen Abschluss der Bebauung entlang der Hauptverkehrsstraße Derekh Ha'nesiim, die an dem Soroka-Krankenhaus, dem neuen Stadtzentrum, der zentralen Busstation vorbei zur Altstadt führt.[22] Die Stadtrandlage des Grundstücks in überwiegend unbebauter Umgebung bietet den Architekten die Möglichkeit, relativ ungestört ein theoretisches Idealkonzept für ein Universitätsgelände zu entwickeln.[23] Die Architekten

---

19 Vgl. University in Beer-Sheva 1966: 1–7 und The Ben Gurion University of the Negev – Beer Sheva in der Slg. Yaski, o. J., Box 28, Akte „Pirsumim" (Veröffentlichungen). In der Übergangszeit, in der sowohl akademisches Personal wie auch Räumlichkeiten fehlen, fahren Dozenten anderer israelischer Universitäten (vor allem der Hebräischen Universität in Jerusalem und des Technions in Haifa) stundenweise nach Beer Sheva und unterrichten dort in provisorischen Räumlichkeiten, wie beispielsweise im „Beit Hias", einem ehemaligen Wohnheim für Neueinwanderer. Vgl. Jubiläumsschriften der Universität zum 25- und 30jährigen Bestehen; zum „Beit Hias" vgl. Hias House Campus, Department of Public Affairs and the Office of Coordinator for Teaching and Research der Ben-Gurion-Universität, Beer Sheva 1976 [= Projektbroschüre zu den Ausbauplänen des „Beit Hias"] in der BGU Plansammlung.
20 Gespräche mit Avraham Yaski am 25.12.2000, 09.09.2001 und 12.09.2001.
21 Vgl. University of the Negev [1969], maschinenschriftlicher Bericht in der Slg. Yaski, Box 22, Akte 142 Aleph: 1 (Übersetzung A. Minta).
22 Die Überlegungen einer zentrumsnahen Universität scheitern an den hohen Bodenpreisen. Zugleich verbindet sich mit der Verlagerung der Universität an den Stadtrand die Hoffnung, zusätzlich zu der Altstadt und dem Industrieviertel eine dritte urbane Einheit mit großem Kommunikations- und Interaktionspotential zu errichten, die eine stärkere Durchquerung und Belebung des gesamten Stadtorganismus fördern. Vgl. University of the Negev 1973: o. S. [5] und Harris 1974: 6.
23 Dem Memorandum, vgl. University in Beer-Sheva 1966, sind sechs Zeichnungen unter dem Titel „A few Sketches of an Artist's Concept of Various Buildings on the Campus" beigefügt, die undatiert, unsigniert und unkommentiert sind. Zeitlich müssen sie vor der Zeit entstanden sein, als das Architektenteam unter Avraham Yaski eingesetzt wurde. Da keine Informationen zu diesen Zeichnungen gefunden werden und diese auch keinen – sichtbaren – Einfluss auf den ausgeführten Bau nehmen, bleiben sie hier unkommentiert. Ich beschränke mich auf die Planungen und realisierten Bauten.

entscheiden sich für ein „rational, modular and compact open-ended system"[24] – ein rationales Modulsystem, das eine möglichst gleichberechtigte Position der einzelnen Fachbereiche erlaubt und zugleich auch in der Zukunft unkomplizierte Erweiterungen zulässt. Dazu wird das Gelände mit einem regelmäßigen, orthogonalen Raster von 50 x 50 Metern überzogen, über dem die einzelnen Bauten errichtet werden (Abb. 141).[25] Das Zentrum der Anlage bildet ein großer Platz, um den herum sich die wichtigsten Gebäude wie die Universitätsbibliothek, das Auditorium Maximum, weitere Vorlesungssäle, das Studentenhaus sowie das Senats- und Verwaltungsgebäude gruppieren. Von hier aus erschließen sich die Fakultätenblöcke, die sich dem modularen Grundraster folgend auf zwei versetzten Achsen in ost-westlicher Richtung erstrecken. Nach Westen liegen die Räumlichkeiten der geisteswissenschaftlichen Fächer, nach Osten die der Natur- und Ingenieurwissenschaften. Die medizinische Fakultät, deren Aufbau erst in späteren Jahren vorgesehen ist, wird über das gleiche modulare Raster südlich der Natur- und Ingenieurwissenschaften angegliedert und mit einer Überbrückung der Ben-Gurion-Straße (Sderot Ben Gurion) an das Soroka-Regionalkrankenhaus angebunden (Abb. 142). Sportanlagen und Studentenwohnheim liegen im Westen außerhalb der Campusstruktur.[26] In der Baumassenverteilung des Masterplans ist eine klare räumliche Strukturierung zwischen den achsial angeordneten Fakultätsgebäuden und dem im Zentrum liegenden Kommunikations- und Verteilungsforum mit seinen zentralen Einrichtungen klar erkennbar (Abb. 141). Das Campus-Modell zeigt die grundlegenden Struktur- und Gestaltungsaspekte sowie eine funktionale Differenzierung und Hierarchisierung. Deutlich zu erkennen sind regelmäßige Zeilenbauten der Fakultätenblöcke. Einheitliche Gebäudegrößen, die durch das modulare Raster vorgegeben sind, und die Beschränkung auf drei bis vier oberirdische Geschosse verleihen ihnen eine homogene Erscheinung. Dominiert werden sie von den freistehenden zentralen Einrichtungen am Universitätsforum, dessen prägnanten Architektursolitäre sich in Geschosshöhe, Volumen und architektonischer Gestaltung deutlich von der restlichen Bebauung absetzen. Dennoch zerfällt die gesamte Anlage nicht in einzelne Bestandteile. Der enge Zusammenhang der einzelnen universitären Funktionsbereiche wird über die modulare Struktur und die konsequente Verwendung von unverputztem Beton hergestellt, der Schalungsabdrücke als gestalterisches Element in der Architektur einsetzt.

24 Zit. Ben Gurion University o. J., maschinenschriftlicher Bericht in der Slg. Yaski, Box 28, Akte „Pirsumim" (Veröffentlichungen): 1. Vgl. auch Atzmon 1999: 34.
25 Die Länge ergibt sich aus den Auflagen zum Feuerschutz, die eine maximale Entfernung zum nächstliegenden Treppenhaus von 25 Metern vorschreiben. Ein zwischen zwei Treppenhäusern gespanntes Gebäudemodul kann daher maximal 50 Meter betragen. Vgl. auch Harris 1974: 6.
26 Der Plan für das Studentenwohnheim stammt von Ram Carmi (1973–76), wird aber nur partiell ausgeführt. Zum Wohnheim vgl. University of the Negev [1969], maschinenschriftlicher Bericht in der Slg. Yaski, Box 22, Akte 142 Aleph: 5 und die Planpublikation des Office of Coordinator for Teaching and Research der Ben-Gurion-Universität: The Zlotowski Student Dormitories Project, Beer Sheva o. J. [1976] (BGU Plansammlung).

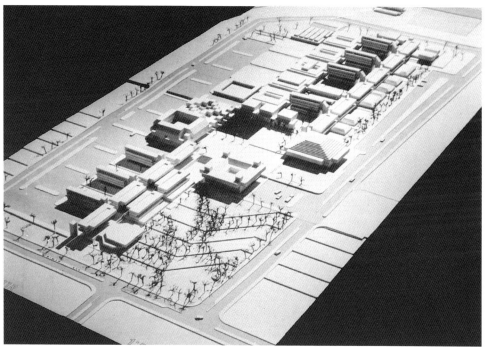

Abb. 141: Ben-Gurion-Universität des Negev in Beer Sheva, Planungsteam mit Yaakov Koesler, Amnon Niv, Rafael Reifer und Yizhak Yashar unter der Leitung von Avraham Yaski, Modell, 1969

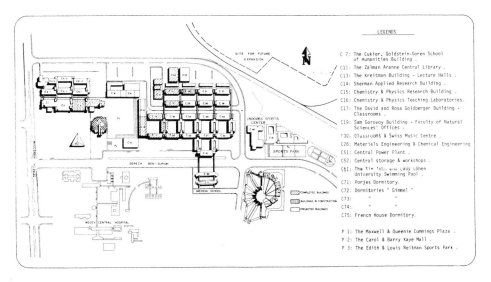

Abb. 142: Ben-Gurion-Universität des Negev in Beer Sheva, Planungsteam mit Yaakov Koesler, Amnon Niv, Rafael Reifer und Yizhak Yashar unter der Leitung von Avraham Yaski, Lageplan, Mitte der 1970er Jahre

Abb. 143: Ben-Gurion-Universität des Negev in Beer Sheva, Planungsteam mit Yaakov Koesler, Amnon Niv, Rafael Reifer und Yizhak Yashar unter der Leitung von Avraham Yaski, Luftbild Anfang der 1970er Jahre; Blöcke der Natur- und Ingenieurwissenschaften (Vordergrund), zentrales Energiezentrum (rechts), Universitätsbibliothek (Hintergrund)

Das Campus-Konzept wird, so die Aussage des Planungsteams, zum Abbild bildungspolitischer Ideale, in denen die Trennung zwischen den Geistes- und Naturwissenschaften zwar nicht aufgehoben ist, beide aber näher aneinandergerückt sind: „The educational aims which generated this plan were to draw the sciences and the humanities closer together and to inculcate the students with a rich cultural background, at the same time making the humanities students more aware of the scientific realities of our world."[27] In einem homogenen Netzwerk der Wissenschaften – symbolisiert durch die Rasterstruktur des Masterplans – erhalten die Geistes- und Naturwissenschaften einen gleichberechtigten Stellenwert und begegnen sich in den zentralen Gebäuden des Universitätsforums. Studium und Wissensvermittlung, das heißt Bibliothek und Auditorium, bilden den Dreh- und Angelpunkt der gesamten Anlage. Während das Auditorium aufgrund der starken finanziellen Einschränkungen infolge des Yom-Kippur-Krieges 1973 nicht ausgeführt wird, beginnen 1968, noch vor der offiziellen Gründung der Universität, bereits die Planungen für die zentrale Bibliothek, deren Bau von 1970 bis 1972 realisiert wird (Abb. 143).[28]

Die „Zalman Aranne Central Library" der Ben-Gurion-Universität des Negev

Das Büro Nadler, Nadler, Bixon & Gil unter Mitarbeit von Shimshon Amitai erhält 1968 den Auftrag, in Abstimmung mit dem Masterplan der Universität einen Bibliotheksbau zu entwickeln, der sich in seiner architektonischen Gestaltung klar zwischen den restlichen Bauten hervorhebt und damit seine zentrale Funktion im Wissenschaftsbetrieb als Lager und Quelle von Wissen repräsentiert.[29] Avraham Yaski, so berichtet Shulamit Nadler, habe sie aufgefordert, ein „verrücktes Gebäude" (crazy building) zu entwerfen. Der ausgeführte Entwurf (Abb. 144–145) zeigt eine Synthese aus diesem Anspruch nach einer exponierten, exzentrischen Gestalt und den rationalen Anforderungen an das Bauen in der Wüstenregion. Die „Zalman Aranne Central Library"

---

27 Zit. Ben Gurion University o. J., maschinenschriftlicher Bericht in der Slg. Yaski, Box 28, Akte „Pirsumim" (Veröffentlichungen): 1.
28 Da in der gesamten Süd-Region noch keine größere Bibliothek besteht, soll die Universitätsbibliothek dieses Versorgungsdefizit ausgleichen. Daher wird ihr Bau vorrangig und mit besonderem Nachdruck betrieben. Vgl. University in Beer-Sheva 1966: 5.
29 Gespräch mit Shulamit Nadler und Moshe Gil am 24.09.2000. Das Büro hatte 1958 den Wettbewerb für das neue Rathaus in Beer Sheva gewonnen und war damit im dem Zirkel der in Beer Sheva tätigen Architekten aufgenommen. Zudem waren Shulamit und Michael Nadler mit am Bau der Jüdischen National- und Universitätsbibliothek in Givat Ram, Jerusalem (1960) beteiligt. Außerdem vollendete das Büro Nadler, Nadler & Bixon 1965 den Bau der Zentralen Bibliothek der Tel Aviv-Universität und konnte damit auf zwei große, universitäre Bibliotheksbauten verweisen.

Abb. 144: Nadler, Nadler, Bixon & Gil und Shimshon Amitai: Zalman Aranne Central Library, Ben-Gurion-Universität des Negev, Beer Sheva, 1970–72, Nordseite, Photographie 2000

Abb. 145: Nadler, Nadler, Bixon & Gil und Shimshon Amitai: Zalman Aranne Central Library, Ben-Gurion-Universität des Negev, Beer Sheva, 1970–72, Westseite, Photographie 2000

entsteht – eine Einheit des Rasters ausfüllend – als viergeschossiges Gebäude über polyedrischem Grundriss, der das Quadrat in die Kreisform überführt (Abb. 146– 147).[30] Auf der Nordseite beginnt das Gebäude oberhalb des ersten Geschosses in regelmäßigen Schritten über die jeweils darunterliege Stufe zurückzuspringen, so dass eine schräg abfallende Dachfläche entsteht. Rhythmisch versetzt reihen sich über diesen Rücksprüngen insgesamt einhundert Oberlichter (cupolas) hinter- und aneinander. Die Fenster dieser Lichtkuppeln besitzen die Form eines halbierten Achtecks und öffnen sich nach Norden. Die Oberflächen der Kuppeln sind mit Weißglas-Mosaiken ausgelegt, um möglichst viel mildes Nord-Licht in den Innenraum zu leiten. Die weißen Kuppeln stehen im starken Kontrast zu dem sonst in Rohbeton ausgeführten, massiven und verschlossenen Gebäude. Nur wenige vertikale Fensterschlitze sind – kaum sichtbar – zwischen den Vor- und Rücksprüngen der Wände eingebracht. Tageslicht kann nur auf der Nordseite über die Lichtkuppeln ins Innere dringen. Die Architektur reagiert damit auf die natürlichen Gegebenheiten der Region, indem die massiven Wände und ihre schmalen Öffnungen, die versteckt zwischen den Betonversprüngen (Abb. 145) liegen, sowohl grelles Sonnenlicht als auch Sandstürme abweisen. Der Eindruck von der Massivität einer Trutzburg wird durch die Betonböschungen im Erdgeschoss verstärkt. Das Innere ist um einen zentralen Versorgungsschacht organisiert, von dem sich die einzelnen Funktionsbereiche der Bibliothek erschließen. In den drei oberen Geschossen befinden sich Lesesäle und offene Magazine. Der Neigung der Dachfläche folgend, springen auch die Geschossdecken jeweils hinter das darunterliegende zurück, so dass eine Staffelung von Galerien entsteht (Abb. 146–147). Das Licht der Kuppeln kann so bis in das erste Geschoss durchdringen. In Anlehnung an das Campuskonzept der sich durchdringenden Wissenschaften, sind die Bestände der Bibliothek zwar nach Fachbereichen gegliedert, aber nicht in separaten Räumlichkeiten getrennt. Das Architekturmagazin Tvai gibt diese Absicht der Architekten bei der Veröffentlichung ihrer Pläne 1970 wider: „The planners intention was to make the library the centre of students life in the campus and to open it for all readers, avoiding any rigid partitioning, according to subjects. The planners looked for an architectural solution that would express the integration of students of all sciences and humanities, and, at the same time provide maximum privacy for

---

30 Pläne und eine Kurzdokumentation der Bibliothek finden sich in der Projektmappe „The Negev University – Main Library, Beer-Sheva", o. J., in der Slg. Nadler und in der Planpublikation: The Zalman Aranne Central Library, Department of Public Affairs and the Office of Coordinator for Teaching and Research der Ben-Gurion-Universität, Beer Sheva 1979 (BGU Plansammlung). Zu Kurzpräsentationen der Bibliothek vgl. auch die Zeitschriften Tvai 8, Vol. 2, No. 4, Summer 1970: 47–49 und Architecture in Israel, o. Nr., 1979: 42–47.

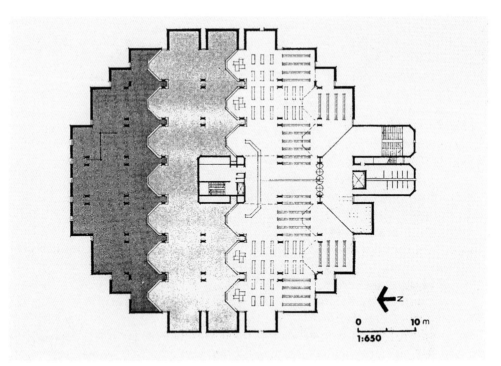

Abb. 146: Nadler, Nadler, Bixon & Gil und Shimshon Amitai: Zalman Aranne Central Library, Ben-Gurion-Universität des Negev, Beer Sheva, 1970–72, Grundriss des dritten Geschosses

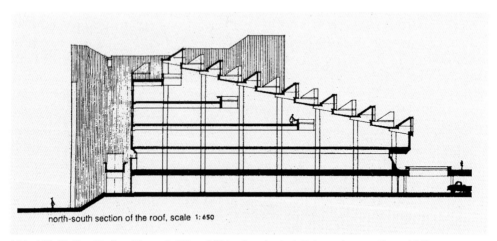

Abb. 147: Nadler, Nadler, Bixon & Gil und Shimshon Amitai: Zalman Aranne Central Library, Ben-Gurion-Universität des Negev, Beer Sheva, 1970–72, Schnitt

each reader. [...] The building, through its enclosed volumes, gives expression to its containing character and draws from it its unique appearance."[31]

Wichtig war es nach eigener Aussage der Architekten, nicht nur einen funktionalen und den regionalen Bedingungen angemessenen Bau zu errichten, sondern eine „sprechende Architektur" zu entwerfen. In ihr solle die Funktion der Bibliothek als Sozialisator und Katalysator studentischer Aktivitäten und Arbeit in der architektonischen Gestaltung zur Sprache gebracht werden.[32] Die Vor- und Rücksprünge der Fassade sollen, so die Architekten, an Buchrücken erinnern und damit auf die Funktion des Gebäudes verweisen: „The enclosed volumes of concrete in contrast to the white cupolas, express the content of the building being a huge storage of information turning to the light and endow the building its unique appearance."[33] Die Bibliothek wird damit zum symbolischen Abbild ihrer Funktion – „volumes of concrete" stehen für die Volumen der Bücher, deren gespeicherte Informationen als Wissen erworben und ans Licht gebracht werden. Wie eine Sonnenblume, die sich zum Sonnenlicht dreht, erklären die Architekten, wende sich die Bibliothek zwar vom Sonnenlicht ab, erstrahle aber gleichermaßen im Zentrum der Universität. Sie sei ein Hort des Wissens und diene den Studierenden, aber auch der Stadt und der Region als vitaler – blühender – Mittelpunkt sozialer Aktion, Kommunikation und Weiterbildung.[34] Durch massive, wenig durchfensterte Betonwände vom Außenraum abgeschottet und von der Unwirtlichkeit der Wüste geschützt, bildet die Bibliothek einen Schutzraum, in dem sich heterogene Individuen unterschiedlicher Fachbereiche begegnen und mit dem Studium auf ihre zukünftige Aufgabe im Staat gemeinsam vorbereiten.[35] In seiner Funktion und seinem symbolischen Gehalt wird das Gebäude damit zum verkleinerten Abbild der gesamten Universitätsanlage, die es zugleich durch seine Plazierung im Masterplan und seine architektonische Ausformung deutlich überragt.

---

31 Zit. Kommentar zur Bibliothek in: Tvai 8, Vol 2, No. 4, Summer 1970: 48. Shulamit Nadler und Moshe Gil bestätigen in einem Gespräch am 24.09.2000 diese Aussage.
32 Gespräch mit Shulamit Nadler und Moshe Gil am 24.09.2000.
33 Zit. Projektmappe „The Negev University – Main Library, Beer-Sheva", o.J., in der Slg. Nadler.
34 Gespräch mit Shulamit Nadler und Moshe Gil am 24.09.2000. Der Sanddünen-Vergleich in der Jubiläumsschrift zum 30jährigen Bestehen der Universität, President's Report 2000: 5 (Universitätsdruck), – „a library building was designed crowned with white cupolas like radiant sand-dunes reaching into the future" – erscheint mir in diesem Zusammenhang etwas spröde.
35 Gespräch mit Shulamit Nadler und Moshe Gil am 24.09.2000. Vgl. auch die politisch-ideologischen Aussagen von Ben Gurion zur Funktion von Bildungsinstitutionen, beispielsweise in Ben Gurion 1962: XXI.

Die Fakultätenblöcke der Ben-Gurion-Universität des Negev

Die Fakultätenblöcke sind im Gegensatz zu den Architektursolitären des Forums stark dem Prinzip der regelmäßigen Modularisierung unterworfen und ordnen sich räumlich-architektonisch den dominierenden Forumsbauten unter. Da zukünftige Entwicklungen im Wissenschaftsbetrieb zur Gründungszeit der Universität nicht absehbar sind, wird vor allem auf flexible Nutzungs- und Erweiterungsmöglichkeiten in der Gesamtanlage Wert gelegt.[36] Eine etwas stärkere Gewichtung der Natur- und Ingenieurwissenschaften gegenüber den Geisteswissenschaften ist nur in der größeren Anzahl ihrer Bauten zu erkennen (Abb. 141).[37] Von der geisteswissenschaftlichen Fakultät, die Amnon Niv und Raphael Reifer entwerfen, werden nur zwei Blockeinheiten als Zeilenbau errichtet (Abb. 148–150).[38] In dem natur- und ingenieurwissenschaftlichen Trakt, dessen erste Phase Avraham Yaski und Yaakov Gil realisieren, wird die im Masterplan vorgegebene Gitterstruktur vollständig überbaut, so dass sich die jeweils vier Gebäude um einen Innenhof gruppieren (Abb. 151–153).[39] Das modulare Prinzip beider Fakultätsbereiche wird in der architektonischen Konzeption klar zum Ausdruck gebracht. Massive, kaum durchfensterte Betontreppentürme (Abb. 154–155), die weit über die Dachkanten hinausragen, setzen – dem 50-Meter-Raster folgend – deutliche Zäsuren in der Fassadenabwicklung. Rhythmisierte Betonstützen, Gitterstrukturen aus Beton vor den Fenstern und senkrecht zur Fassade stehende Betonlamellen als Sonnenbrecher bilden funktionale wie ästhetische Gliederungselemente der Fassade. Vor allem auf den Südseiten (Abb. 155) ragen die oberen Geschosse über die darunterliegenden hinaus, um diese bei einer hoch am Horizont stehenden Sonne zu verschatten. Während die Fakultäten generell von einer strengen, gerasterten Regelmäßigkeit und einer architektonischen Auseinanderset-

---

36 Gespräche mit Avraham Yaski am 25.12.2000, 09.09.2001 und 12.09.2001. Vgl. auch Harris 1974: 6.
37 Vgl. Kurzpräsentation der geisteswissenschaftlichen Fakultät in: Architecture in Israel, o. Nr., 1980: 18–25: „While Science and Technology are obviously needed for the development of the Negev, Humanities is no less vital. According to modern educational philosophy, no scientist or engineer can be really effective at his job without a solid background in the Humanities. This is the assumption behind the policy of the University of the Negev [...]", zit. ebenda: 19.
38 Vgl. die Planpublikationen des Department of Public Affairs and the Office of Coordinator for Teaching and Research der Ben-Gurion-Universität: School of Humanities, Beer Sheva 1975 sowie The Cukier-Goldstein-Goren School of Humanities Building, Beer Sheva 1978 (beide in der BGU Plansammlung). Eine Kurzpräsentation findet sich auch in: Tvai 16, No. 16, Autumn 1976: 54–55 und in: Architecture in Israel. o. Nr., 1980: 18–25.
39 Vgl. die Planpublikationen des Department of Public Affairs and the Office of Coordinator for Teaching and Research der Ben-Gurion-Universität: 4 Types of Standard Buildings, Beer Sheva 1977 sowie Lecture Halls, Beer Sheva 1974 (beide in der BGU Plansammlung). Kurzbeschreibungen mit weitgehend identischem Text in: Architecture in Israel, o. Nr., 1979: 34–41 und The Ben Gurion University of the Negev – Beer Sheva, in der Slg. Yaski, o. J., Box 28, Akte „Pirsumim" (Veröffentlichungen).

Abb. 148: Amnon Niv und Rafael Reifer: Geisteswissenschaftliche Fakultät (The Cukier-Goldstein-Goren School of Humanities Building), Ben-Gurion-Universität des Negev, Beer Sheva, 1975–1978, Südfassade, Photographie 2000

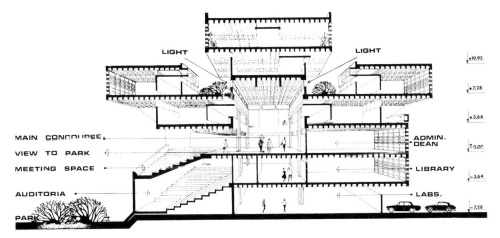

Abb. 149: Amnon Niv und Rafael Reifer: Geisteswissenschaftliche Fakultät (The Cukier-Goldstein-Goren School of Humanities Building), Ben-Gurion-Universität des Negev, Beer Sheva, 1975–1978, Schnitt

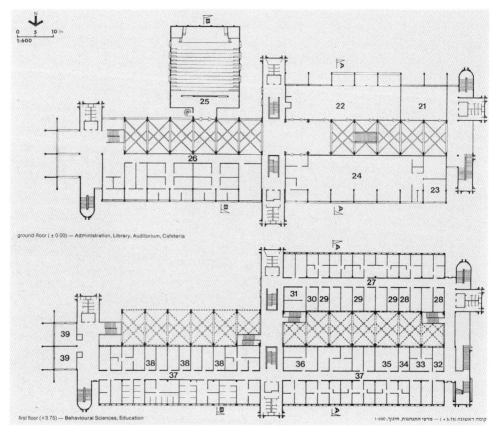

Abb. 150: Amnon Niv und Rafael Reifer: Geisteswissenschaftliche Fakultät (The Cukier-Goldstein-Goren School of Humanities Building), Ben-Gurion-Universität des Negev, Beer Sheva, 1975–1978, Erdgeschoss und erstes Obergeschoss
(21) Convention & Exhibition Hall, (22) Cafeteria, (23) Records, (24) Library, (25) Main Auditorium (unbuilt), (26-27) Administration, (28) Laboratories, (29) Processing Room, (30) Archive, (31) Electronic Laboratory, (32) Computer, (33) Processing; (34) Observation, (35) Social Behaviour Laboratory, (36) Students Computer, (37) Administration, (38) Workshop, (39) Hall

zung mit dem Wüstenklima geprägt sind, zeichnen sich die Seiten, die direkt dem Forum zugewandt sind, durch eine markantere Inszenierung aus. Die Fassaden sind hier stärker aufgebrochen und legen den Blick auf die Betonstützenkonstruktionen sowie das Funktions- und Verkehrsprinzip des jeweiligen Gebäudes frei (Abb. 156–157). Sie stellen eine offene Verbindung von den Fakultätenblöcken zum Forum und seinen zentralen Einrichtungen her. Dabei setzen sich der multifunktionale Charakter und die vielseitige Bespielbarkeit des Forums in den Eingangsbereichen der angrenzenden Gebäude fort, indem an dieser Stelle fakultätsübergreifende Nutzungen wie Vorlesungssäle, Aula, Verwaltungs- und Serviceeinrichtungen untergebracht sind. Sie bilden die Schnittstelle in der räumlichen und funktionalen Hierarchie, die von größter Differenziertheit und multifunktionaler Nutzung im Forum zu modularisierter Architektur und fachlich spezialisierter Nutzung in den Fakultätenblöcken reicht.

Unter der Oberleitung von Avraham Yaski ist damit ein Universitätsgelände entstanden, das in seiner Konzeption und seiner architektonischen Ausformung ein komplexes System ineinander verschränkter Nutzungen darstellt, dennoch aber eine klare Unterscheidung und hierarchische Staffelung der verschiedenen Funktionsbereiche erkennen lässt. Der optische Zusammenhalt der gesamten Campusanlage wird durch das konzeptionelle Grundraster und die einheitliche Verwendung des brutalistischen Rohbetons hergestellt. Die Fakultätenblöcke nehmen in den modularen Vorgaben des Rasters eine nahezu gleichrangige Position ein, die durch die regelmäßig – das heißt ohne besondere Wertung – gestalteten Architekturen noch betont wird. Damit sei eine ästhetische Einheit hergestellt, so schreibt der Architekturkritiker Ephraim Harris 1974 „that is indispensable for the visual appearance of Israel."[40] Den Kontrast zu dieser einheitlichen Konzeption und Gestaltung bildet das Universitätsforum mit seinen Architektursolitären der Bibliothek und des Auditorium Maximum sowie im geringeren Maß das Studentenhaus und die zentrale Verwaltung. Sowohl die räumliche Konzeption des Masterplans als auch die architektonische Form kennzeichnen das Forum mit seinen angrenzenden Gebäuden fakultätsübergreifender Nutzungen als sozialen und architektonischen Kulminationspunkt des Wissenschaftsbetriebes. Hier treffen die beiden Achsen der Fakultätenblöcke aufeinander, ebenso wie hier im übertragenen Sinn die sozialen Kommunikations- und Kontaktstrukturen zusammenlaufen.

Mit dieser räumlichen Konzeption von klar definierten Funktionsbereichen unter besonderer Betonung sozialer Aktions- und Verkehrsräume wird am Universitätscampus ein städtebauliches Prinzip deutlich, das Avraham Yaski bereits in der Modellsiedlung „Shikun Le-dogma" (Abb. 121–122) in Beer Sheva erprobt hatte. Yaski berichtet, dass es die grundlegende Idee des Masterplans der Universität war, diese als eine eigene urbane Einheit und als verkleinertes Abbild des städtischen Organis-

---

40 Zit. Harris 1974: 6.

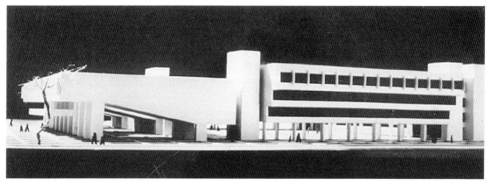

Abb. 151: Avraham Yaski und Yaacov Gil: Natur- und Ingenieurwissenschaftliche Fakultät, Ben-Gurion-Universität des Negev, Beer Sheva, um 1974, Modell

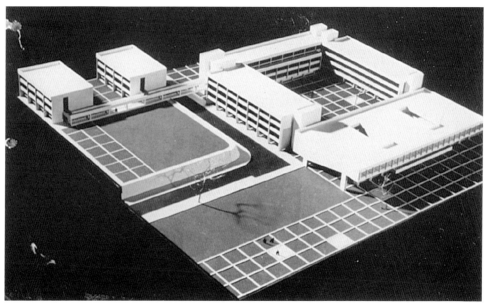

Abb. 152: Avraham Yaski und Yaacov Gil: Natur- und Ingenieurwissenschaftliche Fakultät, Ben-Gurion-Universität des Negev, Beer Sheva, um 1974, Modell

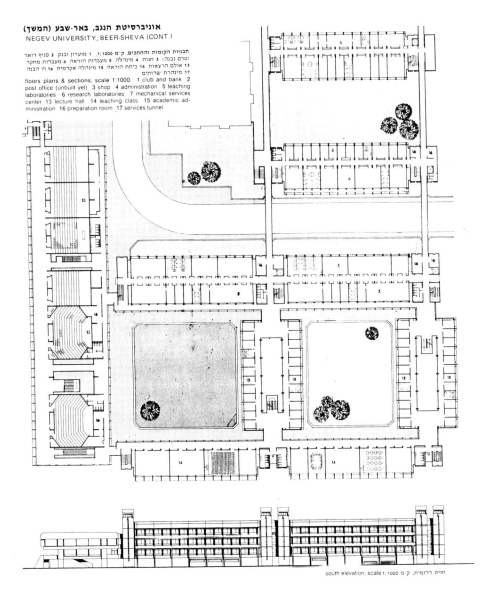

Abb. 153: Avraham Yaski und Yaacov Gil: Natur- und Ingenieurwissenschaftliche Fakultät, Ben-Gurion-Universität des Negev, Beer Sheva, um 1974, Grundriss und Ansicht der Südfassade

Abb. 154: Amnon Niv und Rafael Reifer: Geisteswissenschaftliche Fakultät (The Cukier-Goldstein-Goren School of Humanities Building), Ben-Gurion-Universität des Negev, Beer Sheva, 1975–78, Südfassade mit Treppenturm, Photographie 2000

Abb. 155: Avraham Yaski und Yaacov Gil: Natur- und Ingenieurwissenschaftliche Fakultät, Ben-Gurion-Universität des Negev, Beer Sheva, 1975–79, Südfassade mit Treppenturm, Photographie 2000

mus zu behandeln.[41] Sowohl in dem Masterplan der Universität als auch der Modellsiedlung bilden modulare Baueinheiten, die architektonisch und formal leicht variiert werden, den Grundbestand der städtebaulichen und architektonischen Komposition. Sie werden in ein strenges, hierarchisch organisiertes Strukturkonzept eingebunden, in dem das jeweilige Zentrum eine besondere Behandlung erfährt. In der Modellsiedlung sind infrastrukturelle Einrichtungen als soziales und identitätsstiftendes Zentrum an einem Ort konzentriert und durch ein Hochhaus signalartig markiert. In der Universität ist das Forum als zentraler Ort gemeinschaftlicher Interaktion besonders inszeniert. Im Gegensatz zur Modellsiedlung erfahren hier die zentralen Gebäude auch eine symbolische Aufladung in ihrer visuellen Gestaltung, die die ideologischen Ansprüche an die Bildungsinstitution zum Ausdruck bringen soll. Dies gilt insbesondere für die Bibliothek, die in ihrer Organisation und Architektur eine Zusammenarbeit der Fachbereiche und darüber hinausgehend der Studierenden anstrebt. Die Hoffnung auf ein „Aufblühen" der Wissenschaften und der nationalen Gemeinschaft im Kontext staatlicher Interessen findet in der Architektur ihre bildhafte Umsetzung. Da die Studierenden die Heterogenität der israelischen Bevölkerung widerspiegeln, soll die Universität als Mikrokosmos der Gesellschaft zu einem Experimentierfeld für die nationale Gemeinschaft werden.[42] Ben Gurion fordert immer wieder ein Verschmelzen heterogener Individuen zur jüdisch-israelischen Staatsnation, deren Bewusstsein und Selbstverständnis von dem Wissen um eine gemeinsame Geschichte und Kultur geprägt sind, wobei Bildungsinstitutionen eine fundamentale Rolle zukommt: „We must break down the geographical, cultural and linguistic barriers between the sections [of the nation], and endow them with a single language, a single culture, a single citizenship, a single loyalty, and new laws and statutes. We must give them spirit, culture, literature, science and art. We must fit them into new social and political frameworks; imbue them with an attachment to our past and a vision for the future; educate them for life as an independent people in a sovereign State, for self-government, freedom, Jewish unity, mutual aid and collective responsibility."[43] Auch Amnon Niv, der Architekt der geisteswissenschaftlichen Fakultät, will seinen Bau im Zusammenhang mit der nationalen Identitätskonstruktion verstanden wissen.[44] Wissenschaft und Bildung sind grundlegend für die Förderung kultureller und wissenschaftlicher Eliten, die wiederum großen Einfluss auf den Prozess der Identitätskonstruktion nehmen.[45] Von ihnen geht eine Signalwirkung aus, die, so der Architekt Niv, auch von der Ben-Gurion-Universität in

---

41 Gespräche mit Avraham Yaski am 25.12.2000, 09.09.2001 und 12.09.2001. Vgl. auch Atzmon 1999: 34.
42 Gespräch mit Shulamit Nadler und Moshe Gil am 24.09.2000.
43 Zit. Ben Gurion 1962: XXI.
44 Gespräch mit Amnon Niv am 22.08.2001.
45 Zur Nationskonstruktion und der Rolle der kulturellen Eliten vgl. Kapitel 1.2 dieser Arbeit.

Abb. 156: Amnon Niv und Rafael Reifer: Geisteswissenschaftliche Fakultät, Ben-Gurion-Universität des Negev, Beer Sheva, 1975–1978, Haupteingang Südseite, Photographie 2000

Abb. 157: Avraham Yaski und Yaacov Gil: Natur- und Ingenieurwissenschaftliche Fakultät, Ben-Gurion-Universität des Negev, Beer Sheva, 1975–79, Haupteingang Westseite mit Hörsaal-Trakt, Photographie 2000

die unterentwickelte Wüstenregion ausgehen soll. Die Fackel als Signal ist das programmatische Symbol der Universität, so dass Niv die Schmalseite seines geisteswissenschaftlichen Fakultätenblocks in der abstrakten Form einer Fackel gestaltet hat (Abb. 158). Ansonsten habe ihm, so Amnon Niv nach eigener Aussage, die gotische Kathedrale symbolisch wie formal-architektonisch als Vorbild gedient. Die Beton-Skelettstruktur greife die tektonische Rippenstruktur gotischer Kathedralen auf. Über die Assoziation eines solchen Weiheraums erhalte man, so Niv, einen würdigen Rahmen für den Ort hoher Wissenschaft.[46] Das Innere wird zu einem Schutzraum, der verschiedene Räumlichkeiten für vielfältige Kontakte zwischen Studierenden und Lehrenden bereithält. Soziale Interaktion dient hier dem Einüben staatsbürgerlicher Partizipation am nationalen Aufbauprozess.[47]

Ein prägendes, gestalterisches Merkmal der Ben-Gurion-Universität ist ihre brutalistische Betonarchitektur. Sie zeigt, wie sich in den 1960er Jahren – im internationalen Vergleich etwas verspätet – mit der neuen, jungen Architektengeneration auch in Israel die Phase des architektonischen Beton-Brutalismus durchsetzt. In Beer Sheva wird ein Großteil der öffentlichen Einrichtungen und Wohnungsbauprojekte in Rohbeton mit dekorativ eingesetzten Schalungsspuren ausgeführt – wie beispielsweise die Modellsiedlungen, das Palmach-Denkmal, die Universität aber auch das Rathaus, das Soroka-Krankenhaus und das Konservatorium. Yaski, Niv, Carmi, Nadler und Lofenfeld äußern gleichermaßen ihre Faszination für Le Corbusiers Bauten in „béton brut" und beschreiben ihr Interesse, internationale Architekturtendenzen zu rezipieren und in der architektonischen Traditionslosigkeit der Negev-Wüste weiter zu entwickeln. Diese stilistische Entwicklung bleibt dabei kein auf Beer Sheva beschränktes Phänomen, sondern ist bei öffentlichen Bauten in ganz Israel zu beobachten.[48] Besonders andere Hochschulbauten in Israel wie der neue Campus des Technions in Haifa sowie die Universitätsneugründungen in Tel Aviv und Haifa zeigen ähnlich Formen- und Materialspiele. Auch hier werden die Gebäude von den Architekten überwiegend in massiver und unverkleideter Betonarchitektur ausgeführt, wobei sie in der Offenlegung konstruktiver Prinzipien und den dekorativ einsetzbaren Schalungsspuren die einzige legitime Gestaltungsmöglichkeit einer zeitgenössischen Architektur sehen. Im Gegensatz zu Beer Sheva aber sind die Gebäude

---

46 Gespräch mit Amnon Niv am 22.08.2001. Einige Studierende und Mitarbeiter der Universität sehen in dem mit Bullaugen versehenen Gebäude ein gigantisches Schlachtschiff, das – wie manche behaupten – in der Ödnis der Wüste gestrandet sei. Schiffsassoziation – im positiven wie im negativen Sinn – lehnt Amnon Niv ab. Seine Inspirationsquelle seien die gotischen Kathedralen. An Le Corbusiers Kloster Sainte-Marie-de-la-Tourette in Eveux-sur-Arbresle (1952–1957) habe ihn beeindruckt, wie dort moderne Materialien und neue konstruktive Möglichkeiten in eine weihevolle Architektur umgesetzt worden seien.
47 Gespräch mit Amnon Niv, 22.08.2001. Vgl. Kurzpräsentation in: Architecture in Israel, o. Nr., 1980: 19.
48 Vgl. Harlap 1982: 51–57.

Abb. 158: Amnon Niv und Rafael Reifer: Geisteswissenschaftliche Fakultät (The Cukier-Goldstein-Goren School of Humanities Building), Ben-Gurion-Universität des Negev, Beer Sheva, 1975–1978, Westseite in abstrakter Form einer Fackel als Symbol der Universität, Photographie 2000

nicht einem strengen Kompositionsraster unterworfen, sondern locker auf dem jeweiligen freiräumlich gestalten Universitätsgelände gruppiert.[49]

In Beer Sheva ist die architektonische Gestaltung der Universität vor allem aus der Lage der Stadt und ihrer symbolischen wie praktischen Funktion als „spearhead [of] the development of the Negev area" zu erklären.[50] Die Universitätsgründung in Beer Sheva steht in engem Zusammenhang mit der im Nationalplan festgeschriebenen Entwicklungspolitik, deren Erfolg durch die defizitären Stadt- und Entwicklungsplanungen in der Wüstenregion und die zunehmende Abwanderung aus den neuen Städten in Frage gestellt ist. Eine höhere Bildungsinstitution an dieser Stelle soll einen Ausgleich zwischen dem Kernland und den peripheren Gebieten erzielen und neben der Attraktivitätssteigerung der neuen Städte zugleich einen Entwicklungsschwerpunkt und Ausgangsort für die weitere Eroberung der Wüste aufbauen: „There is an atmosphere of chalutziut – pioneering – about the [= University] enterprise. The University, it is generally recognized, is destined to make a highly important contribution to man's struggle to make more of the globe suitable for human habitation."[51] Damit erfährt die Universität zusätzlich zu ihrer gesellschaftlichen Aufgabe als Sozialisator und Akkulturationsapparat eine zweite wichtige, ideologische Aufladung: nämlich ein architektonisches und symbolisches Bollwerk im Negev zu sein. Ram Carmi, der für den Bau des Studentenwohnheims (teilrealisiert 1973–1976) verantwortlich zeichnet, spricht dies explizit aus (Abb. 159–160). Er benutzt für die Beschreibung der symbolischen Qualität seiner Bauten, wie auch der Universitätsbauten insgesamt, den Vergleich mit „Festungsbauten", die über ihre Architektur mitteilen: „I am going to stay here – for ever!"[52] Dabei tritt der Wehrcharakter am

---

49 Da noch keine grundlegenden Studien zu den einzelnen Hochschulbauten in Israel erarbeitet wurden (außer Dolev 2000 über die Hebräische Universität Jerusalem, Mt. Skopus Campus), muss hier auf einen Vergleich der israelischen Universitäten verzichtet werden. Drei Ausgaben israelischer Architekturjournale beschäftigen sich überblicksartig mit Hochschulbauten: JAEAI. Handasah ve Adrichalut: Institutes of Higher Learning in Israel, Vol. XXIII, No. 6, Nov.-Dec. 1965, Tvai 16, Autumn 1976 und Architecture in Israel, o. Nr. 1979. A. Yaski berichtete im Gespräch am 25.12.2000, dass er mit zwei weiteren Architekten Hochschulbauten in Großbritannien (University of East Anglia) und Deutschland (Heidelberg und Bochum) besichtigt hat. Eine Analyse der Vorbildfunktion europäischer Hochschulen ist nicht Gegenstand dieser Arbeit.
50 Regierungsamtliche Erklärung zur Gründung der Ben-Gurion-Universität im Kontext nationaler Interessen, zit. nach Carlebach 1976: 8. Vgl. auch University in Beer-Sheva 1966: 1–2.
51 Zit. Alec Lerner, Vorsitzender des Board of Governors der BGU, im Vorwort zu University of the Negev 1973. Zum Einfluss der Ben-Gurion-Universität auf die Entwicklung des Negev und ihre Einbindung in die Regierungspolitik vgl. auch Gradus 1974, Gradus/Lazin 1986 und Felsenstein 1997.
52 Gespräche mit Ram Carmi am 06.08.2001 und am 30.08.2001. Zu dem Wohnheim vgl. Harlap 1982: 154-155, University of the Negev [1969], maschinenschriftlicher Bericht in der Slg. Yaski, Box 22, Akte 142 Aleph: 5 und die Planpublikation des Office of Coordinator for Teaching and Research der Ben-Gurion-Universität: The Zlotowski Student Dormitories Project, Beer Sheva o. J. [1976] (BGU Plansammlung).

Abb. 159: Ram Carmi: Zlotowski Student Dormitories, Ben-Gurion-Universität des Negev, Beer Sheva, 1973–76 (teilrealisiert), Nordostfassade, Photographie um 1977

Abb.160: Ram Carmi: Zlotowski Student Dormitories, Ben-Gurion-Universität des Negev, Beer Sheva, 1973–76 (teilrealisiert), Fassade zum Innenhof, Photographie 2001

Studentenwohnheim deutlicher als auf dem Universitätscampus zum Vorschein. Hier erinnert die ringartige Anlage mit ihren geschossweisen Versprüngen an die Böschung einer Festungsmauer, und die als Sonnenschutz senkrecht zur Fassade stehenden Betonlamellen, die selbst auf der nördlichen Fassade montiert sind, lassen an verfremdete Schiessscharten denken. In ihren massiven Betonstrukturen setzen beide Komplexe – Campus und Wohnheim – ein architektonisches Signal der Präsenz, die auf Dauerhaftigkeit angelegt ist. Roher Beton mit rauhen Schalungsspuren verleiht den Gebäuden einen archaischen Charakter, der Solidität und Beständigkeit entgegen allen Widrigkeiten vermitteln will.

Der Symbolgehalt der Universitätsbauten reicht damit weit über die praktischen Versuche hinaus, eine regionale, den klimatischen Bedingungen angemessene Architektur und gemeinschaftsfördernde räumliche Strukturen zu entwickeln, wie es in den experimentellen Wohn- und Siedlungsbauten in Beer Sheva versucht worden war. Vergleichbar mit dem Negev-Monument der Palmach-Brigaden zeichnet die Universität eine neue visuelle Qualität und symbolische Kraft der Architektur aus. Sie will als Bastion des Wissens verstanden werden, die in ihrem Profil klar auf die intellektuelle Expansion und die Entwicklung der südlichen Landesregion im Kontext des Staatswerdungsprozesses ausgerichtet ist.[53] „Education the secret weapon"[54] ist eine Methode und ein Instrument, die seit der Gründung der Zionistischen Weltorganisation in ihrem Basler Programm von 1897 gleichberechtigt neben der Kolonisierungsarbeit in Palästina stehen. „Land Settlement and Education"[55] werden als solche nach der Staatsgründung weitergeführt, wobei der Bau von Bildungsinstitutionen einen besonderen Stellenwert besitzt. Mit einem Exkurs zur Bedeutung und Funktion von Bildung und Erziehung in der zionistischen Ideologie und ihrer praktischen Siedlungstätigkeit in Palästina soll die exponierte Stellung von Schul- und Hochschulbauten im Staatsbildungsprozess Israels im Folgenden näher erläutert werden.

5.2 Bildungs- und Erziehungseinrichtungen als Kristallisationspunkte zionistischer Kultur- und Siedlungsarbeit im Kontext nationaler Identitätsbildung

Erziehung und Bildung haben die Aufgabe, der Gesellschaft ein normatives Werte- und Identifikationssystem zu vermitteln. Mit ihnen verbindet sich die Erwartung, Grundlagen für die zukünftige Gesellschaft sowie ihr soziales, politisches und kulturelles Selbstverständnis gelegt zu haben. Daher bildet auch der Aufbau eines natio-

---

53 Vgl. Ben Gurion University 2000 [= Jubiläumsschrift zum 30jährigen Bestehen]: 15.
54 Titel eines Aufsatzes von Yehuda Kesten, in: Israel Magazine, Vol. 1, No. 4, 1968: 68–69.
55 Zit. Ben Gurion 1950: 34.

nalen Erziehungswerkes sowohl vor als auch nach der Staatsgründung Israels neben der praktischen Siedlungstätigkeit einen programmatischen Schwerpunkt in der Projektarbeit der vorstaatlichen wie auch staatlichen Organisationen. Diskussionen um Formen, Funktionen und Inhalte einer Bildungspolitik begleiten seit der offiziellen Gründung der Zionistischen Weltorganisation 1897 die Versuche, ein Netz von Erziehungseinrichtungen in Palästina aufzubauen. Die einzelnen Bauten können dabei über ihre architektonische Form und ihre städtebauliche Lage nur bedingt die komplexen und zum Teil heftigen Kontroversen über den Aufbau eines Erziehungsapparates, das Festlegen der Bildungsinhalte und die Verantwortlichkeit dafür widerspiegeln. Um die Bedeutung von Schul- und Hochschulbauten, in deren Tradition auch die Gründung der Ben-Gurion-Universität steht, angemessen evaluieren zu können, ist es an dieser Stelle notwendig, einen kurzen Überblick über die Entwicklung des Erziehungswesens und der Bildungsbauten in Palästina zu geben. Zeitgenössische Diskussionen über Bau- und Stilfragen bei Bildungseinrichtungen in Palästina sind im Quellenmaterial kaum nachweisbar. Daher müssen programmatische Äußerungen, Ansprachen, emotional geführte Kontroversen und religiös-ideolgisch aufgeladene Interpretationen herangezogen werden, um die Rolle zu erklären, die der Kulturarbeit im Kontext einer national-jüdischen Wiedergeburt zugeschrieben wird und um darüber die architektonische Gestaltwerdung einzelner Projekte zu erklären. Exemplarisch werden an zwei wichtigen Bildungseinrichtungen der vorstaatlichen Zeit, dem Herzlia-Gymnasium in Tel Aviv (1909) und der Hebräischen Universität in Jerusalem (1918/1925), die Auswirkungen dieser Diskussionen auf den Bau und die Formfindung von Bildungsinstitutionen analysiert und im Anschluss daran auf ihre Kontinuitäten und Umbrüche nach der Staatsgründung am Beispiel der Ben-Gurion-Universität untersucht.[56]

Die zionistische Bewegung versteht sich gemäss ihrer offiziellen Grundsatzerklärung im Basler Programm als nationale Bewegung, in der die territoriale Dimension eines zukünftigen Staates gleichberechtigt neben den Bemühungen steht, das weltweite Zusammengehörigkeitsgefühl der Juden im Sinne eines jüdischen Nationsbewusstseins zu fördern.[57] Nur in der Synthese aus Siedlungs- und Kulturarbeiten kann eine nationale Wiedergeburt des Judentums und die nationale Einheit der Juden erreicht werden. Die Konstruktion und Vermittlung einer gemeinsamen Kultur mit einheitlichen Idealen und Werten bilden dabei die Grundlage des nationalen Identifikationsprozesses. Dieser wiederum dient – in Anlehnung an die Definition einer Kulturnation im Kontext europäischer Nationalbewegungen des 18. bis 20. Jahrhun-

---

[56] Zahlreiche Studien beschäftigen sich vor allem mit gesellschaftlichen und bildungstheoretischen Aspekten des vorstaatlichen und staatlichen Bildungs- und Erziehungswesens in Palästina/Israel. Zur Entstehung, Organisation und Verwaltung des Schulwesens vgl. insbesondere Thon 1912, Nardi 1945, Avidor 1957, Kleinberger 1969, Ackerman/Carmon/Zucker 1982 und Iram 1998.

[57] Vgl. Basler Programm 1897.

derts – der Legitimation von Ansprüchen auf eine nationale Heimstätte.[58] Zionistische Kulturarbeit zielt auf die Formulierung eines jüdischen Nationalbewusstseins, das sowohl die religiösen und kulturellen Traditionen des Judentums als auch die säkular-nationalen Werte der zionistischen Bewegung in sich vereint, so dass sich möglichst die Gesamtheit aller Juden mit ihm identifizieren kann. Da man sich der fundamentalen Bedeutung der Kulturfrage im nationalen Formationsprozess bewusst ist, entbrennen heftige Diskussionen innerhalb der zionistischen Gruppierungen, in wessen Verantwortung die Kultur- und Bildungsarbeit falle und welche Form und welche Inhalte beiden zu geben sei. Einen Spiegel dieser Kontroversen stellen vor allem die frühen Zionisten-Kongresse bis zu Beginn der 1920er Jahre dar, auf denen die verschiedenen Vertreter die Inhalte von Kultur- und Siedlungsarbeit vor allem aber die Prioritäten und Verantwortlichkeiten festlegen. Die Zionisten-Kongresse sind nicht nur ein nach außen gerichtetes Repräsentationsorgan nationaler Aspirationen, sondern in ihren Kontroversen auch Kristallisationspunkt und Generator ideologischer Inhalte der zionistischen Bewegung, die mit der kulturellen Konstruktion der jüdischen Nation die Gründung eines souveränen jüdischen Gemeinwesens vorwegnehmen.[59]

Großes Konfliktpotential enthalten dabei die Fragen nach dem Verhältnis von Tradition und Moderne, von nationalem Universalismus und Meinungspluralismus, besonders aber von säkularer Nationalbewegung und religiöser Autorität. Religiöse und vor allem orthodoxe Vertreter fordern auf den Kongressen die Trennung nationaler und kultureller Programminhalte, wobei letztere aufgrund ihrer Verbindung mit den religiösen Grundwerten des Judentums ausschließlich in ihren Händen beziehungsweise in dem Aufgabenbereich der Rabbinate liegen sollten. Bildung und Erziehung seien eine bereits in den biblischen Schriften verankerte Pflicht und könnten in ihren Inhalten allein durch religiöse Vertreter bestimmt werden. Die säkularen Vertreter lehnen eine solche Ausgrenzung dieser wichtigen, für die nationale Frage instrumentalisierbaren Kulturarbeiten aus ihrem Einflussbereich strikt ab.[60] Um eine Spaltung der zionistischen Bewegung durch die Konfrontation säkularer und religiöser Gruppierungen zu verhindern, sieht man sich bereits auf dem zweiten Zionisten-Kongress 1898 zu einer Grundsatzerklärung genötigt. In ihr bekennt sich der Zio-

---

58 Zu den Nationalismus-Theorien vgl. Kapitel 1.2 dieser Arbeit. Zu ihrem Verhältnis zum Zionismus vgl. vor allem Vital 1975, 1982 und 1987, Shimoni 1995 und Berkowitz 1996.
59 Zu der Funktion und Bedeutung der Zionisten-Kongresse und ihrem Anteil an der Konstruktion einer jüdischen Heimat – zunächst nur in den Köpfen, gefördert aber durch praktische Siedlungs- und Kulturarbeit – vgl. vor allem Rinott 1984, Berkowitz 1996 und Heiko Haumann (Hg.): Der erste Zionistenkongress von 1897. Ursachen, Bedeutung, Aktualität ... in Basel habe ich den Judenstaat gegründet, Basel 1997.
60 Kleinberger 1969: 35 bezeichnet die Auseinandersetzungen zwischen den säkularen und religiösen Vertretern in Bildungs- und Kulturfragen als „Kulturkampf". Vgl. auch Roth 1950: 7 und Rinott 1984: 2–4.

nismus zu seiner spirituellen und kulturellen Verantwortung im modernen nationalen Sinne, verpflichtet sich aber zugleich zur Einhaltung der tradierten jüdischen Religionsgesetze: „Der Zionismus erstrebt nicht nur die ökonomische und politische, sondern auch die geistige Wiedergeburt des jüdischen Volkes und befindet sich hierbei auf dem Boden der modernen Cultur, an deren Errungenschaften er festhält. Der Zionismus unternimmt nichts, was dem Religionsgesetz des Judenthums widerspricht."[61] Damit ist zwar ein Kompromiss mit den orthodoxen Vertretern eingeleitet, zugleich aber steckt die zionistische Bewegung ihre Einflussbereiche und ihre Ansprüche der Kompetenzverteilung klar ab. Die Bildungspolitik fällt demnach in die Verantwortlichkeit der zionistischen Bewegung und ihres umfassenden spirituellen, kulturellen und territorialen Ansatzes der nationalen Identitäts- und Staatsbildung. Der fünfte Kongress 1901 widmet sich erneut der Frage nach dem nationalen Interesse an der Kultur- und Bildungsarbeit sowie ihrer Gewichtung gegenüber der Siedlungstätigkeit in Palästina. Auf ihm werden Bildung und Erziehung neben der Kolonisierungsarbeit zur obersten nationalen Angelegenheit erklärt, was ein stärkeres Engagement der Zionistischen Organisation im Aufbau einer Bildungsstruktur zur Folge hat: „Der Congress erklärt die culturelle Hebung, das heisst die Erziehung des jüdischen Volkes im nationalen Sinne, für eines der wesentlichsten Elemente des zionistischen Programms und macht es allen Gesinnungsgenossen zur Pflicht, an ihr mitzuarbeiten."[62] Im Zentrum der Arbeiten steht der Aufbau eines hebräischen Schulsystems in Palästina, das die jüdischen Immigranten, vor allem die Kinder, vorbereitet, „nützliche Mitglieder" der jüdischen Gemeinschaft zu werden: „The child must be imbued with a love for Palestine and a desire to live in it. [...] He must acquire a strong nationalist consciousness and loyalty [...] [and] he must be trained to think of himself as a builder of the Jewish National Home, a pioneer who should prepare himself for productive labor as farmer or industrial worker."[63]

War der Kongressbeschluss 1901 zunächst nur eine Absichtserklärung, wird 1903 mit der Gründung der Hebrew Teachers' Association ein erster Schritt für die offizielle – zionistische – Regulierung des Schulwesens und seiner Bildungsinhalte getan.[64] Anlass ist das Fehlen übergeordneter Organisationsstrukturen, da bis zu diesem Zeitpunkt der Aufbau von Bildungsinstitutionen in Palästina allein in den Händen

---

61 Zit. Zionisten-Kongress 1898: 222.
62 Zit. Zionisten-Kongress 1901: 389. Die religiös-politischen Mizrahi bringen ihren Widerstand gegen die zionistische Kulturarbeit zum Ausdruck, wie beispielsweise der Rabbiner Reines: „Die Culturfrage ist ein Unglück für uns. Die Cultur wird alles zerschlagen." Zit. ebenda: 395. Chaim Weizmann hingegen betont den symbolischen und praktischen Wert, den jüdische Bildungseinrichtungen haben, insbesondere da in den meisten europäischen Ländern Juden von höheren Schulausbildungen ausgeschlossen seien: „auch wenn wir uns bewusst sind, dass wir heute noch nicht im Stande sind, etwas Materielles für diese Sache zu leisten, müssen wir doch mit der Sammlung des Materials beginnen [und] wir dürfen hoffen, dass eine Agitation, geführt im Namen des Zionismus, gute Früchte bringen wird." Zit. ebenda: 392–393.

philanthropischer Organisationen wie der Alliance Israélite Universelle (gegründet 1860), der Anglo-Jewish Association (gegründet 1871) und des Hilfsvereins deutscher Juden (gegründet 1901) liegt.[65] Sie errichten und betreiben Schulen, ohne die Inhalte oder Methoden untereinander abzusprechen, noch sie mit den Forderungen der Zionistischen Organisation in Einklang zu bringen. Auslöser für den endgültigen Machtkampf um die Kompetenzen auf dem Bildungssektor ist 1913 der sogenannte Sprachenstreit um die Technische Hochschule, das Technion, in Haifa. Die Weigerung des deutschen Hilfsvereins, Hebräisch statt Deutsch als Unterrichtssprache einzuführen, wird als „deutscher Angriff auf das hebräische Schulwesen" verstanden, der die gesamte zionistische Kultur- und Siedlungsarbeit – und damit das nationale Projekt – in Gefahr bringt.[66] Es kommt zu heftigen Kontroversen und Boykottaktionen, die die Eröffnung des Technion bis 1924 verzögern. Sprache ist nicht nur ein einfaches Kommunikationsmittel, sondern nationales Kulturgut und wichtiger Bestandteil der Idee von einer kulturellen Kollektividentität.[67] Jacob Thon, Mitarbeiter im Palästina-Amt in Jaffa, hatte sich im anbahnenden Sprachenstreit 1912 noch einmal nachdrücklich für die hebräische Sprache im Unterricht ausgesprochen und ihre fundamentale Bedeutung im jüdischen Nationalismus herausgestellt: „For our national aspirations in Palestine, this postulate [= instruction in Hebrew] is of course a *sine qua non*. The national regeneration of our people in the land of our history can only begin with the revivifying of our national language."[68]

Besonders in der Verbreitung und im Praktizieren der hebräischen Sprache glaubt man, nicht nur ein gemeinsames Kulturgut wiederzubeleben, sondern zugleich auch ein Instrument zu besitzen, um die heterogenen Immigranten zu einer homogenen Nation zu verschmelzen. Da alle anderen Formen und Bestandteile einer nationalen Gemeinschaft wie die politische Souveränität, ein Staatsterritorium, eine gemein-

---

63 Zit. Nardi 1945: 199.
64 Vgl. Avidor 1957: 19.
65 Informationen zum Schulwesen, seiner Organisation und Verwaltung in Palästina bieten: Lurié 1923, Nardi 1945, Avidor 1957, Kleinberger 1969 und Carmon 1982.
66 Vgl. Israel Cohen: The German Attack on the Hebrew Schools in Palestine, London 1918. Auch der Artikel „Vom kulturellen Leben in Palästina", Jüdische Rundschau, 02.12.1919, im CZA, Z3/1543 spricht vom „lebhafte[n] Kampf, der nicht nur im Schulwesen, sondern im gesamten öffentlichen Leben […] geführt wird" und dabei zum innerjüdischen aber auch zum international-politischen Konflikt wird. Vgl. auch Rinott 1968: 271–325, englische Zusammenfassung : XV–XVI und Sadmon 1994.
67 Hier wird ein Einfluss der romantischen Nationalismus- und Kulturtheorie des 19. Jahrhunderts deutlich, die die Nation als kulturelle Gemeinschaft definiert, deren Zusammenhalt und kollektive Identität in einer gemeinsamen Sprache, Kultur, Geschichte und Mythen bestehen. Vgl. Kapitel 1.2 dieser Arbeit sowie Kleinberger 1969: 7 und Berkowitz 1996: 40–76.
68 Zit. Thon 1912: 89 (Hervorhebung im Original).

same Kultur und etablierte Wertvorstellung noch nicht erreicht wären, sei gerade durch Sprache und Erziehung eine Homogenisierung der Bevölkerung im nationalen Verband zu antizipieren.[69] Während man mit jeder andere Sprache, wie beispielsweise dem Jiddischen, auch eine gemeinsame Sprachbasis schaffen könnte, würde mit dem Hebräischen das jüdische Volk in seiner Geschichte, das heißt in seinen Traditionen und vor allem am historischen Ort, verankert werden. „Wollen wir", so fordert der Delegierte Menachem Ussischkin auf dem elften Zionisten-Kongress 1913, „ein politisch organisiertes Volk sein und als solches gelten, so muss das gesamte Volk […] mit der Sprache unserer Vergangenheit und unserer Zukunft unlöslich verbunden sein. Dies ist nicht nur eine Kulturfrage, sondern auch eine eminent politische Frage."[70] Sprache wird zu einem Politikum und erhält im Kontext der kulturellen Konstruktion der jüdischen Nation und ihrer Standortbestimmung einen neuen Stellenwert: „It was absolutely essential from the point of view of a Jewish national revival that all the children should speak one language, and that Hebrew, in order to remove the differences created by life in the Diaspora, and to link up the present with the historic past."[71] Gemeinsam mit der Kolonisierungsarbeit leistet Sprache – und darüber hinausgehend Erziehung – einen grundlegenden Beitrag zum Aufbau einer nationalen Heimstätte und einer nationalen Gemeinschaft in Palästina.

Nachdem britische Truppen 1917/1918 Palästina erobert hatten, werden die Schulen des deutschen Hilfsvereins und damit auch das Technion als „Feindeigentum" durch die britische Militärregierung der Zionistischen Weltorganisation übereignet.[72] Zusammen mit der britischen Balfour-Deklaration von 1917, die die Errichtung einer jüdischen Heimstätte in Palästina zu unterstützen verspricht, sehen die zionistischen Verbände jetzt erneut eine Chance, das Erziehungswesen im Sinne der nationalen Aspirationen neu zu organisieren. Die Zionistische Weltorganisation übernimmt offiziell die oberste Verwaltung aller Bildungsinstitutionen, ausgenommen der streng religiösen Talmudschulen (Yeshivot). Eine Erziehungsabteilung wird gegründet, um die Kultur- und Bildungsarbeiten in Palästina anzuleiten und zu unterstützen. Neben der Förderung von Kultureinrichtungen wie Museen und Thea-

---

69 Vgl. Thon 1912: 90 und Morris 1937: xxvi. Ussischkin, Delegierter und Sekretär der Zionisten-Kongresse seit 1897, setzt sich auf dem elften Zionisten-Kongress 1913 vehement für eine verstärkte Kulturpolitik ein: „Drei Dinge sind es, die die Grundlage jeder nationalen Gemeinschaft bilden: der Boden, die produktive Arbeit und die Kultur. Ein Volk, das im Besitz dieser Dinge ist […] ist ein gesundes normales Volk. Ein Volk, dem diese drei nationalen Güter abhanden gekommen sind, hat zu existieren aufgehört. Ein Volk, das das eine oder das andere dieser Güter ganz oder zum Teil eingebüsst hat, ist ein krankes Volk und bedarf der Heilung. […] Unser Volk ist ein solches krankes Volk." Zit. Ussischkin auf dem XI. Zionisten-Kongress 1913: 294 (Hervorhebung im Original).
70 Zit. Ussischkin auf dem XI. Zionisten-Kongress 1913: 295 (Hervorhebung im Original).
71 Zit. Lurié 1923: 79.
72 Vgl. Avidor 1957: 20.

tern bemüht man sich um eine Restrukturierung der Erziehungsinstitutionen.[73] Vor allem die Stunden- und Lehrpläne werden stärker aneinander angeglichen, um eine einheitliche Erziehung national-zionistisch denkender Juden zu gewährleisten. Dazu werden nach Hebräisch, Bibelkunde und Mathematik insbesondere folgende Schwerpunkte in den Fächerkanon aufgenommen: Vermittlung der hebräischen Sprache, Konsolidierung der Hebräischen Kultur, Heimatliebe, Vertrautheit mit dem Lande und tätige Mitarbeit bei seinem Aufbau unter Verbindung nationaler und universeller Unterrichtsinhalte.[74] 1929 fällt die Verwaltung des jüdischen Schulwesens in Palästina an die Jewish Agency, 1932 wird die Verantwortlichkeit auf den jüdischen Nationalrat (Vaad Leumi) übertragen. Damit ist das Erziehungswesen vollständig aus der Abhängigkeit von Exil-Organisationen herausgelöst und über die jüdischen Organisationen in Palästina in den Prozess der nationalen Aufbauarbeiten vor Ort eingebunden.[75]

Im Folgenden soll an den beiden vorstaatlichen Bildungsinstitutionen des Herzlia-Gymnasiums in Tel Aviv (1909) und der Hebräischen Universität in Jerusalem (1918/1925) sowie der staatlichen Ben-Gurion-Universität in Beer Sheva (1969) aufgezeigt werden, wie sich diese ideologischen und politischen Kontroversen in den Gründungsgeschichten, Profilen und der architektonischen Gestaltung widerspiegeln.

5.2.1 Das Herzlia-Gymnasium in Tel Aviv (1909) – Synthese zionistischer Vision und messianischer Verheißung

Innerhalb der bildungspolitischen Arbeit der Zionistischen Organisation nimmt der Aufbau eines Schulnetzes eine zentrale Stellung ein, da es sowohl die Anforderungen der kulturellen als auch der praktischen Zionisten bedient: Bildungseinrichtungen als Bauten und als Institution vereinigen in sich die beiden Agitations- und Operationsbereiche der zionistischen Kultur- und Siedlungsarbeit.[76] Ihre Gebäude, das

---

73 Vgl. Statement regarding the Task and the Work of the Education Dept., o. J. [1918], im CZA, A4/2938. Der Bericht verweist auf zwei vorausgehende Arbeitsberichte an die Zionistische Weltorganisation, die nicht gefunden werden konnten. Einen Bericht über die Schulorganisation und den Bestand an Bildungseinrichtungen, den die Erziehungsabteilung vorfindet, gibt Otto Warburg, Memorandum on the Hebrew Education in Palestine, o. J. [1918/19], im CZA, A12/104.
74 Vgl. Carmon 1982: 170.
75 Vgl. Berkson 1933: 3 und Avidor 1957: 21–31. Die Bedeutung, die das Erziehungswesen 1932 erlangt, zeigt sich auch daran, dass in der Palestine Post in den Jahrgängen 1932-1933 zahlreiche Artikel zum staatlichen, jüdischen und arabischen Bildungswesen in Palästina erscheinen. Vgl. vor allem die Serie „Education in Palestine" am 5. und 6. Februar, 5. und 28. Juli sowie 7. August 1933.
76 Dabei bleiben die einzelnen Institutionen bestimmten Schwerpunkten verhaftet: Das Herzlia-Gymnasium in Tel Aviv und die Hebräische Universität in Jerusalem (siehe unten) haben vor allem die geistige und spirituelle Stärkung der Juden zum Ziel, während das Technion in Haifa als Technische

heißt ihre gebaut Präsenz, steht für die Tradition der Kolonisierungsideologie. Als Institution sind sie ein wichtiger Sozialisierungsapparat der heterogenen Einwanderer und Produktionsstätte einer nationalen jüdischen Identität. Sie sind Vermittler einer „jüdischen Nationalkultur"[77] und Repräsentant derselben. Als Baugattung sind sie bis zur Staatsgründung der am besten geeignete – und auch der einzige – Bautyp, der sich zur Repräsentation des nationalen Selbstverständnisses eignet. Nur die in den Kibbuzim errichteten Speise- und Gemeinschaftshäuser nehmen eine vergleichbare Stellung als Ort kollektiver Aktivität und Identität ein. In den Städten aber sind die Möglichkeiten repräsentativer Gemeinschaftsbauten aus finanziellen und politischen Gründen stark begrenzt. Rathäuser und Verwaltungsbauten fallen in den Aufgabenbereich der britischen Mandatsregierung und für größere Kultureinrichtungen wie Museen und Theater fehlen die finanziellen Mittel. Zu Synagogen, die einen hohen Symbolwert für das Judentum besitzen, zeigen die national-säkularen Zionisten ein höchst ambivalentes Verhältnis. Bildungsbauten aber finden abgesehen von dem Streit über ihre inhaltliche und ideologische Ausrichtung von allen Vertretern des Zionismus Anerkennung als fundamentaler Bestandteil nationaler – physischer, kultureller und repräsentativer – Aufbauarbeiten.

Vor diesem Hintergrund muss es um so mehr erstaunen, dass kaum eine Auseinandersetzung über die Architektur und den Stil solcher Bildungseinrichtungen geführt wird. Generell äußern sich nur wenige Architekten in der ersten Hälfte des 20. Jahrhunderts zu ideologischen Konzepten eines jüdischen oder gar national-jüdischen Stils in Palästina.[78] Nachdem die ersten Einwanderer in historistischen Formen und eklektizistischer Manier bauten, die sie in Europa erfahren haben, setzt sich, nach einigen Experimenten mit lokalen, das heißt vor allem arabischen Bauformen, Mitte der 1920er Jahre das Neue Bauen in Palästina durch. Verfolgt man die wenigen zeitgenössischen Aussagen, so werden nur einige ikonologische Erklärungsmuster angedeutet. Genannt werden beispielsweise die gemeinsamen semitischen Ursprünge mit den arabischen Völkern, die eine Übernahme von lokalen und arabischen Bauformen für eine jüdische Architektur adäquat erscheinen lassen. Für das Neue Bauen wiederum gilt sein moderner, progressiver Charakter als ein geeigneter Ausdruck für die national-jüdische Bewegung. Beide Tendenzen, sowohl die moderne als auch die lokale/arabische Bauform, werden zudem als Versuch diskutiert, eine funktionale Architektur zu entwickeln, die sich in die Landschaft harmonisch einpasst und damit

---

Hochschule vor allem dem Erlernen praktischer Kolonisierungstechniken und ihrer wissenschaftlichen Unterstützung dient. Zur Geschichte des Technion vgl. Ornstein 1927, Hecker 1927, Feder 1952 und Alpert 1982.

77 Zit. Otto Warburg, Memorandum on the Hebrew Education in Palestine, o. J. [1918/19]: 8, im CZA, A12/104.
78 Zur Problematik eines „nationalen" oder „jüdischen Stils" vgl. Kapitel 5.3 dieser Arbeit.
79 Zur Stildiskussion zu Beginn des 20. Jahrhunderts vgl. Ausst.-Kat. White City 1984, Edina Meyer-

sowohl funktional als auch optisch die Einwanderer in das Land integriert.[79] Letztendlich blockieren pragmatische Anforderungen gegenüber dem Klima, der Geographie und der rückständigen Bauindustrie die Suche nach einer dem Ort angemessenen Bauform. Selbst in zentralen Bauten, die als Repräsentanten der neuen jüdischen Gemeinschaft in Palästina fungieren, ist es weniger die Gestaltung der architektonischen Hülle, die den Bauten ihre symbolische Kraft verleiht. Es ist Repräsentation genug, dass solche Bauten wie kleine Theater, Schulen oder Verwaltungssitze zionistischer Organisationen überhaupt errichtet werden. Über den physischen Aspekt des Bauens hinausgehend ist es daher notwendig, die zeitgenössischen gesellschaftspolitischen und ideologischen Diskussionen zu betrachten, um die Gebäude in ihrer Funktion des Nations- und Staatsaufbaus einordnen und werten zu können.

Die Vorstellung von Architektur und Städtebau als Abbild der Gesellschaft findet in Palästina und auch in Israel weniger in der stilistischen Ausformung der Gebäude als in der Wahl von Bautypen und ihrer Verortung in der Siedlungskarte ihren Ausdruck.[80] Die meisten Schul- und Bildungsbauten in Palästina drücken über ihre zentrale Stellung im Stadtgrundriss und durch ihre Größe, mit der sie die umgebende Bebauung übertreffen, ihre zentrale gesellschaftliche Funktion aus.[81] Einen Sonderfall bildet das Hebräische Gymnasium Herzlia in Tel Aviv, das sowohl in seiner städtebaulichen Position als auch in seiner architektonischen Gestalt die kulturellen und identitätsstiftenden Werte der zionistischen Bewegung transportiert. Gegründet wird es 1906 auf Initiative einiger bürgerlicher, philanthropischer Juden in Palästina (überwiegend Städter), die das Fehlen einer mittleren, jüdischen Bildungseinrichtung zur Nachwuchsförderung in Handel und Gewerbe beklagen.[82] Gegen den Protest

---

Maril: Die stilistische Entwicklung der Tel Aviver Architektur von der Gründung der Stadt im Jahre 1909 bis 1933, in: Ausst.-Kat. Tel Aviv 1993: 26–33 und Minta 1998: 80–86.

80 Die Tendenz, Gemeinschaftsbauten mit hohem identifikatorischen und symbolischen Wert in das Zentrum von Siedlungs- und Stadtanlagen zu plazieren, ist kein auf Palästina beschränktes Phänomen im 20. Jahrhundert. Gemeinschaftsbauten – beispielsweise Bruno Tauts „Stadtkrone" stehen in der Tradition früherer zentraler Bauten und Orte wie Kirchen und Marktplätze, passen sich aber in der Nutzung den neuen Lebens- und Gesellschaftsverhältnissen oder deren utopischen Konzepten an. Sie liegen an exponierter Stelle im Stadtgrundriss und bedienen als übergeordnete Gemeinschaftsbauten funktionale wie symbolisch-identifikatorische Bedürfnisse der Bevölkerung.

81 Als frühes Beispiel ist das Technion in Haifa von Alexander Baerwald (1909–1924) zu nennen. Die Architektur wird weniger als Repräsentant einer nationalen Idee symbolisch aufgeladen, sondern sie ist, wie Baerwalds Äußerungen zeigen, der Versuch, eine dem Ort und Klima entsprechende Bauform zu entwickeln. Zu Baerwald vgl. A. Erlik: Alex Baerwald, in: JAEAI, Vol. XIV, No. 1, Jan.–Feb. 1956: 1, 5–7 (hebr./engl.) und Alexander Baerwald : 1877–1930. Architect and Artist, Ausst.-Kat. The Natural Museum of Science, Planning and Technology, Haifa o.J. [um 1991] (hebr./eng.).

82 Außer der Landwirtschaftsschule Mikve Israel bei Jaffa (1870 durch die Alliance Israélite Universelle gegründet), gibt es bis zum Bau des Herzlia-Gymnasiums nur Volksschulen, religiösen Schu-

der politisch-religiösen Mizrahi und der Religionsschulen, die in der national orientierten Bildungseinrichtung eine säkulare Gefahr für das Judentum und für ihre eigene Vormachtstellung in der Definition der jüdischen Kultur sehen, gelingt es der Fördergesellschaft des Hebräischen Gymnasiums, die finanzielle Unterstützung für den Bau des Gymnasiums einzuwerben.[83] Bedenken werden aber auch von zionistischer Seite geäußert, da „die Zeit für ein solches Werk sei noch nicht gekommen [sei und man] noch nicht über genügende materielle und geistige Hilfsmittel zur Ausgestaltung einer Mittelschule in Palästina verfügen [würde]."[84] Vor allem der Mangel an hebräischen Lehrbüchern, an qualifizierten und Hebräisch sprechenden Lehrern und der beschränkte Wortschatz der gerade erst wiederbelebten hebräischen Sprache lassen viele Zionisten an der Realisierung eines hebräischen Gymnasiums zweifeln. Einer der Hauptförderer des Gymnasiums ist Jacob Moser, der mit seiner Geldspende die Namensgebung als Herzlia-Gymnasium zu Ehren Theodor Herzls durchsetzt.[85] Einen Bauplatz erhält das Gymnasium inmitten der 1909 gegründeten jüdischen Gartenvorstadt Jaffas.[86] Achuzath Baith, der Siedlungskern von Tel Aviv, ist in Abgrenzung zu den landwirtschaftlichen Siedlungen und dem religiösen Zentrum Jerusalem die erste, programmatische und propagandistische urbane Manifestation der jüdischen Kolonisierung Palästinas. Arthur Ruppin, seit 1908 im Palästina-Amt in Jaffa für den Siedlungsbau zuständig, verweist schon kurz nach der Gründung auf den Vorbildcharakter Tel Avivs für das jüdische Siedlungs- und Gemeinwesen in Palästina: „Die Wirkungen des neuen Stadtviertels ‚Tell Awiw' auf die Erhöhung des

---

len der Mizrahi und ausländische Missionsschulen, die von Kulturzionisten als nicht-zionistische oder nicht-national-jüdische Institutionen abgelehnt werden. Vgl. den Bericht über das Hebräische Gymnasium in Jerusalem vom 23.04.1912 des jüdischen Zentralbüros in Palästina an Jacob Moser in Bradford, einen der Hauptförderer des jüdischen Schulwesens, im CZA, Z3/1148. In ihm wird kritisiert, dass jüdische Kinder, die auf nicht-jüdische Schulen gingen, kaum Kenntnisse der hebräischen Sprache, der „hebräischen Geschichte", des Judentums oder der Bibel erwerben würden: „So wissen die meisten 14-jährigen Kinder nicht, wo der Berg Sinai sei, wer der Sohn des Königs David gewesen sei, und auch von Alexander dem Grossen haben sie nichts gehört. Umso ausführlicher aber wird ihnen die Geschichte des Protestantismus beigebracht." Zit. ebenda: 2. Zur Geschichte des Herzlia-Gymnasiums vgl. Ben-Yehuda 1970, Gymnase Hébreu 1908/1909, Herzlia Hebrew Gymnasium 1927 und Herzlia Hebrew College 1946.

83 Dass die Opposition der Mizrahi gegen das Gymnasium „kein sachlicher, sondern ein politischer und Konkurrenzkampf war" schreibt M. Scheinkin: Das hebräische Gymnasium in Jaffa. Eine Erwiderung, o.J.: 2, im CZA, K13/12. „Möglicherweise glaubten sie [= die Mizrahi] wirklich, dass die [religiöse] Tachkemoni-Schule nur Bestand haben könne, wenn das [Herzlia-] Gymnasium zu Grunde geht, daher entfesselten sie gegen dieses einen Krieg. […] Mag der Kulturzionismus den Kampf aufnehmen." Es folgt eine umfassende Rechfertigung gegenüber den Anfeindungen gegen das Herzlia-Gymnasium. Zurückgewiesen werden die Vorwürfe des bibelkritischen Unterrichtes, des Fernhaltens der Schüler von Religion und Bibelkunde, der Übernahme des christlichen Unterrichtssystems und der wenig religiösen Lebensführung des Lehrpersonals.

jüdischen Prestiges in Jaffa, auf die Schaffung eines nationalen jüdischen Milieus und auf die Verwurzelung der neuen Einwanderer in Palästina sind so augenfällig, dass von der Nachahmung dieses Beispieles in anderen Städten viel zu erwarten ist."[87] Ausschließlich von jüdischen Arbeitern für ausschließlich jüdiche Siedler errichtet, ist die Gartenstadt nicht nur städtebauliches Gegenmodell zu den Agrarsiedlungen oder den chaotischen Zuständen in der Altstadt Jaffas, sondern zugleich auch Nucleus eines neuen, jüdischen Gemeinwesens.[88] Der Siedlungsplan zeigt regelmäßige kleine Parzellen, die mit freistehenden, ein-, maximal zweigeschossigen Einfamilienhäusern mit Ziegeldächern bebaut werden.[89] Das Herzlia-Gymnasium ist an exponierter am nördlichen Ende der Hauptstraße (Herzl-Straße) vorgesehen und bringt über diesen Standort zum Ausdruck, welche dominante Position die öffentliche „Kulturanstalt"[90] in der neuen zionistischen Gesellschaft einnimmt (Abb. 161).

Über die prominente Lage hinausgehend, vermittelt auch die Architektur des Gymnasiums in ihren historisch-stilistischen Allusionen und in ihrer symbolischen Qualität die Erwartungen, die an eine solche Bildungsinstitution gerichtet werden. Die Architektur konstruiert dabei einen Brückenschlag in die Vergangenheit, um über sie die Perspektive einer verheißungsvollen Zukunft aufzuzeigen. Schon die Baumasse des Gymnasiums steht symbolisch für die Gewichtung der Institution im Ge-

---

84 Zit. M. Scheinkin: Das hebräische Gymnasium in Jaffa. Eine Erwiderung, o. J.: 2, im CZA, K13/12: 1. Vgl. auch Hebrew College Herzliah 1924: 5–6.

85 Vgl. „Uebereinkunft zwischen Herrn Jacob Moser in Bradford und dem Vorstande des Hebräischen Gymnasiums in Jaffa", handschriftliches Protokoll, o. J., im CZA, S2/767. Zur Biographie Mosers (1839–1922), einem erfolgreichen Unternehmer aus Kappeln, der nach Großbritannien auswandert, vgl. Bernd Philipsen: Erfolgreicher Unternehmer und großmütiger Philanthrop: Leben und Wirkung des Jacob Moser (Kappeln/Bradford), in: Jahrbuch des Heimatvereins der Landschaft Angeln, 66. Jg. 2002: 122–148.

86 Verhandlungen über den Bauplatz sind in einem Schreiben von Arthur Ruppin, dem Leiter des Palästina-Amtes des Zionistischen Aktionskomitees in Jaffa, an die Kölner Abteilung des Jüdischen Nationalfonds am 15.02.1909 dokumentiert, im CZA, Z2/633.

87 Zit. Brief von Arthur Ruppin an den Präsidenten des Zionistischen Aktionskomitees in Köln vom 16.04.1910 [handschriftliche Anmerkung: 1911]: o. S. [2], im CZA, Z2/635.

88 Die ersten Protokolle der Siedlergemeinschaft zur Bauplanung spiegeln dies wider: „Wir möchten für uns eine neue Wohnstätte gründen, nicht nur, um schöne, gute Häuser zu bauen, sondern auch, um unseren Lebensstil zu verbessern. Wir möchten, dass unsere Wohnstätte von Jaffa unabhängig ist." Zit. nach Pe'era Goldman: Tel Aviv. Der Wandel eines Vororts in eine Großstadt 1906–1935, in: Ausst.-Kat. Tel Aviv 1993: 16–25, zit. ebenda: 18.

89 Zu den verschiedenen Siedlungsplänen und ihren städtebaulichen Traditionen vgl. Pe'era Goldman: Tel Aviv. Der Wandel eines Vororts in eine Großstadt 1906-1935, in: Ausst.-Kat. Tel Aviv 1993: 16–25 und E. Tal: The Garden City Idea as Adopted by the Zionist Establishment, in: Fiedler 1995: 64–71.

90 Zit. Brief des jüdischen Zentralbüros in Palästina an Jacob Moser in Bradford (England) vom 23.04.1912, im CZA, Z3/1148: 2.

Abb: 161: Tel Aviv, Herzl-Straße mit dem Herzlia-Gymnasium, Photographie um 1910

meinwesen. In monumental anmutender Form erhebt sich das Gebäude als langgestreckte, zweigeschossige Dreiflügelanlage mit einem hohen rustizierten Sockel über die kleinteilige, niedrige Bebauung der Siedlung.[91] Das flach geneigte Dach verschwindet hinter einem hohen Blendwerk, das an eine Zinnenbekrönung erinnert. Der Hof wendet sich von der Straße ab, so dass die lange Straßenfront des Gymnasiums den visuellen Abschluss des Siedlungsplans bildet. Die verputzte Fassade ist durch zwei flache, leicht angeböschte Eckrisalite und einen weit vorkragenden, zweifach verspringenden und hoch über die Dachkante hinausragenden Mittelrisalit gegliedert. Zwischen den Risaliten spannt sich, jeweils in vier Achsen unterteilt, eine zweigeschossige Arkatur. Diese Arkatur zeigt im ersten Geschoss gedrückte Rundbögen und durch Putzelemente vorgetäuschte Hufeisenbögen. Im zweiten Geschoss sind sie als gedrückte Spitzbögen ausgeführt. Dies suggeriert – in der Tradition eines piano nobile – eine größere Raumhöhe, was durch die breiten, rechteckigen Putzspiegel, die unter den Fenstern und Arkaden des Obergeschosses liegen, noch verstärkt wird.[92] Das Gebäude spielt mit dem Kanon traditioneller Repräsentationsformen wie Monumentalität, Symmetrie und massivem Festungscharakter, hier in Form von Rustizierungen und Zinnenbekrönung. Auffällig aber sind besonders die Zitate und Allusionen arabischer und orientalischer Stil- und Formelemente wie beispielsweise gedrückte Bogenformen, Hufeisenbögen und Zinnenkranz. Dies wird vor allem auch in der Gestaltung des Mittelrisalites deutlich. Das große Eingangstor wird gemeinsam mit den darüber liegenden Oberlichtfenstern von einem großen Bogen umfangen, der einem verfremdeten Hufeisenbogen nachgeformt ist. Flankiert wird der Eingang von zwei kolossalen Pylonen, die weit über die Dachkante hinausragen und über einen hohen, vorgeblendeten Zinnenkranz miteinander verbunden sind. Fast über die gesamte Höhe der Pylone sind Putzspiegel in Form von Hufeisenbögen eingelassen. In ihnen liegt jeweils ein Fenster, ebenfalls in Hufeisenform.

Vor allem der Mitteltrakt hat, vergleicht man ihn mit zwei erhaltenen Vorentwürfen (Abb. 162–163), einige bedeutende Veränderungen erfahren.[93] In der Grundkonzeption gleichen die früheren Zeichnungen dem ausgeführten Entwurf; die Wandöffnungen aber werden zurückgenommen, um den monumentalen Eindruck durch

---

91 Herzlia Hebrew College 1946: 10 spricht von einem dreigeschossigen Gebäude. Während ein früherer Entwurf (Abb. 162) ein durchfenstertes Sockelgeschoss, ergo ein dreigeschossiges Gebäude zeigt, erscheint der ausgeführte Bau mit einem rustizierten Sockel ohne Fenster nur noch zweigeschossig zu sein. Grundrisse des Gebäudes konnten nicht gefunden werden.
92 Auf der Hofseite wiederholen sich die Motive in ähnlicher, aber reduzierter Form. Jeweils vier Achsen breite Fassadenelemente umlagern den fünfachsigen Mittelrisalit. Flache Rundbogenfenster sind im ersten Geschoss, hohe Rundbogenfenster sind im Obergeschoss eingebracht.
93 Die Zeichnungen, die ohne Quellenangabe in Friedmann 1911: 451–452 (Abb. 162) und in Ben-Yehuda 1970: 55–56 (Abb. 163) abgebildet sind, scheinen zwei Entwicklungsstufen darzustellen. Die Veränderungen ermöglichen eine chronologische Reihung der Zeichnung, in der die in Friedemann 1911 abgebildete Zeichnung früher entstanden sein zu scheint als die in Ben-Yehuda 1970.

Abb. 162: Joseph Barsky und Boris Schatz, Herzlia-Gymnasium, Tel Aviv, Entwurf um 1908/09 (nicht ausgeführt)

Abb. 163: Joseph Barsky, Herzlia-Gymnasium, Tel Aviv, Entwurf um 1908/09 (nicht ausgeführt)

geschlossene Wandflächen zu verstärken. Die fünf Fensterachsen des ersten Entwurfs (Abb. 162) werden in der neuen Variante und in dem ausgeführten Plan zu vier großen Arkadenbögen zusammengefasst. Die Kuppel, die in der ersten Zeichnung den Mittelrisalit bekrönt, bleibt in dem zweiten Entwurf (Abb. 163) noch erhalten und wird durch ein steil geneigtes Dach über dem gesamten Gebäude sogar noch betont. Im endgültigen Bau entfallen die Kuppel und ein sichtbares Dach vollständig. Dadurch gelangen die Pylone stärker – und monumentaler – zur Geltung. Diese Änderungen entsprechen dem Wunsch des Bauherrn, der Gesellschaft des Hebräischen Gymnasiums in Jaffa, nach einer stärkeren Betonung des Monumentalen und des Altorientalischen im Gegensatz zum Islamischen.[94]

Massivität und Monumentalität der Architektur können nicht einfach als Ausdruck des Bedürfnisses nach einem Festungscharakter des Gymnasiums gelesen werden, mit dem es seine symbolische Qualität als Bollwerk und als Hort jüdisch-zionistischer Kulturbestrebungen vermitteln soll. Vielmehr werden in diesen Änderungswünschen verschiedene Facetten der ideologischen und symbolischen Erwartungen an dieses hebräische Gymnasium deutlich. Auf der einen Seite bemüht man sich um eine regionale Kontextualisierung der Architektur, um das Gebäude optisch fest in der Landschaft zu verankern. Auf der anderen Seite aber fordert man eine klare Distinktion von arabischen Vorbildern, um die eigene – jüdische – Identität und Kultur angemessen zu repräsentieren. Es ist der Versuch, nicht nur eine traditionell und regional orientierte Baukunst zu entwickeln, sondern zugleich auch einen stilistischen Ausdruck für eine jüdische Architektur in der neu-alten Heimat des Judentums zu finden: „Wir kamen in ein Land", schreibt ein Architekturkritiker 1924, „welches glänzende architektonische Traditionen aufweist. Wir treffen überall in der Stadt und auf dem Lande eine Baukunst an, die aus der Landschaft wie herausgewachsen ist, eine Baukunst von getreuer Tradition, die vielleicht an die Baukunst unserer nationalen Selbständigkeit hier anknüpft."[95] Lokale Bautraditionen könnten, so die Überlegung des Autors, Ableger und Fragmente biblischer Bautraditionen sein. Auf diese Zeugnisse einer glorreichen Vergangenheit müsse man zurückgreifen, um einen neuen jüdischen Stil zu entwickeln, der Ausdruck der sich neu formierenden jüdischen Gemeinschaft sei.

---

94 Vgl. Ben-Yehuda 1970: 51–61. Die Gesellschaft hatte sich 1907 gebildet, um die Planungen des Gymnasiums zu propagieren und zu fördern. Vgl. Gymnase Hébreu 1908/1909: 4–5 und Hebrew College Herzliah 1924: 3. Das „Statut des Vereins des hebraeischen Gymnasiums in Palaestina" inklusive eines Verzeichnisses der Gründungsmitglieder befindet sich im CZA, Z3/1560.

95 Zit. „Gedanken über unsere Baukunst", 1924, maschinenschriftlicher Aufsatz mit nicht zu entziffernder Unterschrift, im CZA, J116/29: o. S. [3]. Auch Friedemann 1911: 448 stellt einen engen Bezug zwischen einer regionalen Architektur und dem Erstarken eines „Heimatgefühls" her.

In dem Versuch, eine jüdische Architektur zu begründen, hat die Fördergesellschaft des Gymnasiums in Josef Barsky[96] einen engagierten Architekten gefunden. Er war Schüler der Jerusalemer Kunstgewerbeschule „Bezalel", die 1906 von dem jüdischen Bildhauer Boris Schatz gegründet worden war und der auch als künstlerischer Berater zum Bau des Herzlia-Gymnasiums hinzugezogen wurde.[97] Als Hauptquelle einer neuen jüdischen Kunst und Kultur, die die Bezalel-Schule zu etablieren versucht, gilt die Bibel.[98] Die in ihr enthaltenen Beschreibungen von künstlerischen Objekten und von Architekturen sind normativ für das neue jüdische Kunstschaffen. Im künstlerischen Prozess verschmelzen sie – unter dem Eindruck romantischer Vorstellungen europäischer Orientalismuskonstruktionen[99] – mit den vor Ort gemachten regional-künstlerischen Beobachtungen zu einer neuen kunstgewerblichen Form, die Erzieher und Ausdruck der neuen jüdischen Gemeinschaft am historischen Ort ist. Schatz versteht sich als „hebräischer Ruskin", der in der Tradition der britischen Arts-and-Crafts-Bewegung Kunst als Ausdruck des nationalen Charakters interpretiert, die im Einklang mit der Natur und den handwerklichen Traditionen steht.[100] Jüdische Kunst und jüdisches Handwerk bilden, so Schatz, einen integrativen Bestandteil der nationalen Aufbauarbeiten, wie sie seitens des praktischen und des kulturellen Zionismus eingefordert werden.[101] In romantisch-idealisierter Weise versuchen die Künstler und Schüler in den verschiedenen Bezalel-Werkstätten (Kunst-

---

[96] Biographische Angaben zu Barsky (1876–1943) sind rar. In einem Schreiben an die Architektin Lotte Cohn vom 17.10.1925, im CZA, J116/24 (hebr.), in dem Barsky um Unterstützung für die Aufnahme in die Gesellschaft der Ingenieure und Architekten Palästinas bittet, fasst er seinen Lebenslauf kurz zusammen. Er hat in Odessa und an der Königlichen Akademie in Petersburg studiert; nach seiner Immigration in Palästina lernt er an der Jerusalemer Kunstgewerbeschule Bezalel. Zu seinen wichtigen Bauten zählt er das Herzlia-Gymnasium in Tel Aviv sowie ein Waisen- und ein Krankenhaus in Jerusalem. Vgl. auch Frenkel 1993: 289. In „Uebereinkunft zwischen Herrn Jacob Moser in Bradford und dem Vorstande des Hebräischen Gymnasiums in Jaffa", handschriftliches Protokoll, o. J., im CZA, S2/767 wird der Plan eines Architekten Rogoff erwähnt, der von Moser genehmigt wurde. Dieser Architekt taucht in späteren Dokumenten nicht mehr auf, und es konnten auch keine weiteren Angaben oder Abbildungen gefunden werden.

[97] Schatz, der nicht als Architekt ausgebildet ist, wird zwar in den Schriftsätzen nicht erwähnt, erste Entwurfspläne des Gymnasiums (Abb. 162) tragen aber neben Barskys auch seine Unterschrift. Zum Bezalel-Institut vgl. auch Kapitel 3.3.2 dieser Arbeit.

[98] Die Frage nach einer jüdischen Kunst war aufgrund des Bilderverbotes im Alten Testament und der jeweiligen Interpretation dieses Gebotes im Judentum und auch im beginnenden Zionismus stark unterrepräsentiert. Vor allem durch Martin Buber und seinen Vortrag auf dem fünften Zionisten-Kongress (vgl. Kapitel 1.2) erhält die Bildkunst einen neuen Stellenwert in der Kulturfrage und der Diskussion um die notwendige „Gegenwartsarbeit" zur spirituellen Stärkung des Judentums. Zur Entstehung einer jüdischen Kultur und ihrer Diskussion vgl. vor allem Berkowitz 1996 und Dolev 2000: 28–75.

[99] Zur Theorie der Orientalismuskonstruktionen vgl. Said 1979. Phantasie und Orientalismuskonstruktionen sind ein entscheidendes Element in der (Neu-) Erfindung einer jüdischen Kunst und Ar-

gewerbe in Textil, Metall und Holz sowie Teppichweberei, Kleidung, Malerei, Graphik etc.), der biblischen Vergangenheit einen künstlerischen Ausdruck zu verleihen. Romantik und Nostalgie einer vergangenen, glorreichen Zeit bestimmen das Kunstschaffen der Bezalel-Anhänger, die in ihrer Kunst eine Verbindung zwischen dieser Vergangenheit und der ersehnten Zukunft als souveräne jüdische Nation schlagen wollen.[102]

Auch wenn sich die Reformbestrebungen der Bezalel-Schule auf das Hand- und Kunsthandwerk konzentrieren, übertragen ihre Dozenten und Schüler die künstlerischen Prinzipien auch auf den Bereich der Architektur.[103] Historische Vorbilder für eine jüdische Architektur aber sind sehr begrenzt vorhanden, da die Bibel oder andere historische Berichte darüber nur ungenau Auskunft geben und sich zum Teil widersprechen. Auch konnte sich seit der Zerstörung des Zweiten Tempels (70 n. Chr.) und der Vertreibung der Juden ins Exil keine eigenständige oder gar nationale jüdische Architektur entwickeln. Nur wenige Zeugnisse der baulichen Vergangenheit sind erhalten, wie beispielsweise die Grabmale von Abschalom, Joschafat, Bene Hesir und Zacharias (2.–1. Jh. v. Chr.) im Jerusalemer Kidrontal oder die Substruktionen des Herodianischen Tempels, deren westliches Teilstück als Klagemauer verehrt wird. Mit Beginn der biblischen Geographie und Archäologie in Palästina im 19. Jahrhundert werden weitere Fragmente der biblischen Vergangenheit ergraben,

---

chitektur in Palästina. Vgl. dazu vor allem die zeitgenössischen Äußerungen in Friedemann 1911 und den anonymen Aufsatz: Gedanken über unsere Baukunst, 1924, im CZA, J116/29. In dem Aufsatz wird eine tiefe Unzufriedenheit mit der zeitgenössischen Baukunst in Palästina geäußert und neben einer stärkeren Angleichung der Architektur an die natürlichen Bedingungen vor allem ein Aufgreifen biblischer Architekturformen gefordert: „Land und Leute der Bibel mit ihrem Leben und ihrer Sprache, ihren Propheten und ihrem Gott leben in so mächtigen, strengen und wuchtigen Formen in meiner Fantasie, dass es eine der schwersten Enttäuschungen meines Lebens war, als ich die ersten Abbildungen unsere[r] neuen Häuser in Erez Israel zu Händen bekam." Zit. ebenda: o. S. [2].

100 Vgl. Yigael Zalmona: Boris Schatz, Ramat Gan 1985 (hebr.), hier zit. nach Dolev 2000: 39.
101 Arthur Ruppin berichtet in einem Schreiben an den Präsidenten des Zionistischen Aktionskomitees am 13.02.1910, im CZA A121/93II, von dem Vorschlag von Boris Schatz, circa 20 jemenitische Juden aus seinem Atelier für Filigranarbeiten nach Jericho zu verlegen. Sie seien das dort herrschende Klima gewohnt und könnten durch den Aufbau einer Filigranarbeiten-Hausindustrie einen Beitrag zur zionistischen Aufbauarbeit leisten.
102 Vgl. Dolev 2000: 39. Seine Vision einer zukünftigen „hebräischen Gemeinschaft" in der biblischen Heimat beschreibt Schatz in seinem utopischen Roman „Jerusalem rebuilt", 1925 (jidd.): Menschen mit biblischen Namen und biblischer Kleidung sprechen die biblische Sprache und leben in paradiesischen Zuständen, die sich die Vorteile der modernen Technik zunutze machen. Der Dritte Tempel entsteht nicht als religiöses Zentrum, sondern als national-jüdisches Museum.
103 Hier ist auf Vorläufer und zeitgleiche kunstgewerbliche Bewegungen vor allem in Großbritannien (Arts-and-Crafts-Bewegung) und in Deutschland (Deutscher Werkbund) zu verweisen, die zunächst Reformansätze für das Kunsthandwerk entwickeln, dann aber auf die Architektur ausgedehnt werden.

die inspirativer Ausgangspunkt für die phantasievolle Konstruktion einer hebräisch-jüdischen Architektur sind. Vorbildfunktion für eine neue jüdische Architektur – und damit auch das Herzlia-Gymnasium – übernimmt insbesondere der Tempel in Jerusalem. Seine Vorbildfunktion ist dabei formal und in seiner Bedeutung für das Judentum auch symbolisch. Grabungen um den Tempelberg geben Anstoß zu neuen Versuchen, den Tempel in seinen Ausmaßen und seiner architektonischen Form zu rekonstruieren. Wie bereits in den zahlreichen Rekonstruktionsversuchen der vergangenen Jahrhunderte sind die Architekten, Künstler, Wissenschaftler und Theologen fast ausschließlich auf ihr Vorstellungsvermögen angewiesen, so dass diese Tempelrekonstruktionen stark von den ästhetischen Idealvorstellungen und dem spezifischen Weltbild ihrer Zeit geprägt sind.[104] Besondere Bekanntheit in jüdischen Kreisen erlangt die Rekonstruktion des Tempels (Abb. 164) durch den Archäologen Georges Perrot und den Architekten Charles Chipiez, die sie im vierten Band ihrer zehnbändigen „Histoire de l'Art dans l'Antiquité" 1887 publizieren.[105] Der Künstler Ephraim Lilien, der an der Bezalel unterrichtet, besaß die französische, die Bezalel-Schule selbst eine späterer englische Ausgabe (1890) dieses Werkes.[106] In der Jüdischen Monatsschrift „Ost und West" erscheint 1901 die Aufsatzserie von D. Joseph „Stiftshuette, Tempel und Synagogenbauten", in der ebenfalls Abbildungen dieser Rekonstruktion gezeigt werden.[107] Grundlage von Perrots und Chipiez' Rekonstruktion bilden die Beschreibungen in Ezechiel 40–43. Da archäologische Grabungen noch keine Kenntnisse über vorhellenistische Architektur in Palästina erbracht haben, werden diese biblischen Beschreibungen nach den Vorbildern ägyptischer Pylonbauten ergänzt und orientalisiert.[108] Ägyptische Altertümer erfahren im

---

104 Vgl. Helen Rosenau: Vision of the Temple. The Image of the Temple of Jerusalem in Judaism and Christianity, London 1979, Gisela Jaacks: Abbild und Symbol. Das Hamburger Modell des Salomonischen Tempels, Hamburg Porträt, Nr. 17, 1982 und dies.: Der Tempel in Jerusalem in jüdischer und christlicher Überlieferung. Rekonstruktion und Ideal, in: Anemone Bekemeier: Das Heilige Land in Karten und Ansichten aus fünf Jahrhunderten, Wiesbaden 1993 sowie Birgit Wolf: Der wiedererstandene Tempel – Architektonische Visionen, in: Ausst.-Kat. Die Reise nach Jerusalem 1996: 266.

105 Die Kunstgeschichte der Antike – „Histoire de l'Art dans l'Antiquité" – erscheint nach Regionen gegliedert 1882 bis 1914 in Paris. Band 4 behandelt die Regionen Judäa, Sardinien, Syrien und Kappadokien, wobei der größte Teil dieses Bandes (S. 159–338) der Geschichte des Jerusalemer Tempels und der Tempelgeräte, seiner Quellengrundlage und einem Rekonstruktionsversuch auf Grundlage der Beschreibungen in Ezechiel 40–43 gewidmet ist.

106 Vgl. Yigal Zalmona, Tamar Manor-Friedman, in: Ausst.-Kat. To the East 1998 (hebr.): 119, hier nach Dolev 2000: 42.

107 Vgl. Joseph 1901, Teil 1: 593–608, Fig. 7 und 14.

108 Vgl. Ausst.-Kat. Die Reise nach Jerusalem 1996: Kat. Nr. 4/20, Birgit Wolf: Rekonstruktion des Tempels von Jerusalem: 276. Perrot/Chipiez 1887: 272 berichten von den Schwierigkeiten einer Rekonstruktion, da in der Bibel beispielsweise nicht genügend Angaben zu den Baumassen, den Umrissen der Säulen, den Gesimsprofilen oder dem Verhältnis zwischen den einzelnen Baukörpern gemacht werden.

Abb. 164. Georges Perrot und Charles Chipiez: Rekonstruktionsversuch des Salomonischen Tempels in Jerusalem, 1887

Gegensatz zu den biblischen seit dem Ägyptenfeldzug Napoleons (1798–1799) und den ihn begleitenden und nachfolgenden Forschungsreisen viel früher eine immer größere Bekanntheit.

Wie stark der Einfluss des Rekonstruktionsvorschlages von Perrot und Chipiez war, zeigt ein Vergleich mit dem Herzlia-Gymnasium in Tel Aviv. In der regelmäßigen, symmetrischen Verteilung der Baumasse mit Betonung der Mittel- und Eckbauten und den dazwischenliegenden flacheren Säulen- und Arkadenstellungen entsprechen sich die Tempelrekonstruktion und das Gymnasium. Vor allem aber die Gestaltung der Eingangssituation am Gymnasium scheint eine direkte Übernahme der Torbauten des Tempelbezirks und des innersten Heiligtums zu sein. In der Rekonstruktion wird ein überdimensioniertes Tor von zwei mächtigen Pylonen flankiert. Wie auch am Gymnasium wiederholt, sind hier Putzspiegel eingebracht, die fast die gesamte Länge der Pylone überspannen. Die Gliederung des Eingangs mit einem großen Portal, einer darüberliegenden Reihe von drei Fenstern und im oberen Bereich einer dichten Reihung von schmalen Fenstern ist am Gymnasium nur wenig modifiziert übernommen worden. Zinnenkränze trägt sowohl die Rekonstruktion als auch das Gymnasium. Die Nähe beider Entwürfe zueinander lässt vermuten, dass die Rekonstruktion des Tempels als Vorbild für den Entwurf des Gymnasiums diente.[109] Betrachtet man die Äußerungen zur Stellung von Bildung und Kultur im Judentum sowie ihrer Bedeutung im Prozess der nationalen Wiedergeburt, die die Gründung des Gymnasiums begleiten, dann erscheint das Vorbild des Tempels naheliegend. Dabei wird die utopische Hoffnung auf eine national-jüdische Wiedergeburt am historischen Ort – das heißt die Wiederherstellung der biblischen Einheit von Volk, verheißenem Land und Gott – über die architektonische Allusion des

---

[109] Die Rezeption solcher Tempelrekonstruktionen scheint zu dieser Zeit an der Bezalel-Schule nicht ungewöhnlich gewesen zu sein, wie die Messingarbeit einer Tisch-Standuhr von Shmuel Harovi (undatiert) aus der Sammlung Bezalel zeigt, die ebenfalls das Eingangsmotiv mit den Pylonen aufgreift. Abbildungen in: Ausst.-Kat. Bezalel 1983: 174 und Ausst.-Kat. To the East 1998: 99. Die Entwicklung einer jüdischen Kunst und Architektur darf dabei nicht als ein auf Palästina beschränktes Phänomen betrachtet werden. Auch in Europa findet vor allem im Synagogen-Bau die Suche nach einer jüdischen Bauform statt. Unter den verschiedenen Facetten einer orientalischen Architektur zeigen beispielsweise die Karlsruher Synagoge (Friedrich Weinbrenner, 1798) und die Kopenhagener Synagoge (Gustav Friedrich Hetsch, 1831–1833) dem Herzlia-Gymnasium vergleichbare Pylonbauten als Eingangssituation. Auch vor der Publikation von Perrot und Chipiez sind damit bereits altägyptische Architekturmotive für jüdische Bauten übernommen worden.

[110] Der Prophet Jesaja verkündet die normative und religionsübergreifende Macht, die von dem Berg Zion (= Jerusalem) ausgehen und alle Völker in Frieden vereinigen wird: „Es wird zur letzten Zeit der Berg, da des Herrn Haus ist, feststehen, höher denn alle Berge, und über alle Hügel erhaben werden; und werden alle Heiden dazulaufen und viele Völker hingehen und sagen: Kommt, lasst uns auf den Berg des Herrn gehen […] dass er uns lehre seine Wege und wir wandeln auf seinen Steigen! […] Und er wird richten unter den Heiden und strafen viele Völker." (Jes 2,2–4)

Tempels auf das Gymnasium projiziert. Es ist der symbolische und kulturelle Wert, den der Tempel und das Gymnasium für die jüdische Gemeinschaft besitzen und der eine ideologische Verbindung zwischen beiden herstellt. Der Tempel ist in der jüdischen Überlieferung Mittelpunkt der jüdischen Geschichte, Religion, Kultur und Weisheit und nach Jesaja 2 Ausgangspunkt und Zentrum der politischen und religiösen Wiedergeburt des jüdischen Volkes: „Denn von Zion wird das Gesetz ausgehen und des Herrn Wort von Jerusalem." (Jes 2,3)[110] In dieser doppelten Konnotation von religiösen Erlösungserwartungen und politischen, nationalstaatlichen Aspirationen wird der Tempel zum sakral-säkularen Symbol und Mythos, der auch von der zionistischen Bewegung vereinnahmt werden kann.[111] Das Gymnasium ist als erste höhere Bildungseinrichtung der Juden in Palästina, mit seinem Auftrag, eine „hebräische nationale Erziehung"[112] zu gewährleisten, somit als eine Vorstufe auf dem Weg der nationalen, kulturellen und damit auch religiösen Wiedergeburt zu interpretieren. In seiner Anbindung an die rein jüdische Siedlergemeinschaft Achuzath Baith ist das Gymnasium als nationale Erziehungsinstitution zugleich Ursprung und Vermittler eines neuen national-jüdischen Charakters: „Dans ces conditions [= près du nouveau quartier juif] le Gymnase acquerra non seulement un local spacieux, mais encore un centre juif plus ou moins approprié, et c'est là une condition primordiale pour un institut éducatif national, qui a souci de fixer le caractère national de ses élèves."[113] Dabei gilt es nicht nur, die Schüler und damit die zukünftige Generation im national-jüdischen Bewusstsein zu erziehen, sondern über allgemeine Kulturveranstaltungen und Vorträge auch den älteren Immigranten die national-jüdische Kollektividentität zu vermitteln.[114] Das Gymnasium ist somit ein konkreter Ort in der neuen Heimat und zugleich geistig-intellektueller Produzent derselben.

---

111 Nach gleichem Prinzip werden auch die religiösen Schriften wie Bibel, Talmud und Midrasch weniger aufgrund ihres religiösen Gehalts, sondern aufgrund ihrer national-jüdischen Auslegung in den zionistischen Diskurs integriert. Dies zeigt sich vor allem in der Formulierung der Unterrichtsfächer zur Gründung des Herzlia-Gymnasiums: „Bible. – Dans l'étude de la Bible on a soin premièrement que les élèves comprennent parfaitement son contenu, par rapport à la langue et au sens, mais principalement pour que la bible soit pour eux la source de la connaissance de la vie politique, sociale et morale de l'Hébreu antique dans son pays. Cette vie doit y être saillant et visible pour le juif moderne, pour que la bible soit pour lui une source intarissable de sentiments de fierté nationale, de respect pour le passé glorieux et de confiance dans un avenir splendide. […] Talmud. – Dans la légende on s'intéresse particulièrement à ces légendes nationales du Talmud et du Midrasch […]." Zit. Gymnase Hébreu 1908/1909: 9–10.
112 Zit. Hebrew College Herzliah 1924: 5.
113 Zit. Gymnase Hébreu 1908/1909: 6.
114 Vgl. Gymnase Hébreu 1908/1909: 17. Zugleich hofft man auf zukünftige propagandistische Wirkung, indem man beabsichtigt, „junge Leute, welche in Palästina in jüdisch-nationalem Sinne erzogen sind, in die Universität und die Offiziers-Schule in Konstantinopel zu entsenden, da diese jungen Leute bei dem Mangel an tüchtigen Kräften in der Türkei wahrscheinlich in hohe Stellen gelangen und den jüdischen Namen zu Ehren bringen würden." Zit. Brief von Arthur Ruppin an

Das Herzlia-Gymnasium ist eine erste offizielle Manifestation des Zionismus, mit den Methoden der Siedlungs- und Kulturarbeit in Palästina eine neu-alte geographische wie auch spirituelle Heimat aufzubauen. Als Bildungsinstitution greift das Gymnasium über die rein territoriale Dimension hinaus und wird kraftvolles Symbol einer nach kultureller Erneuerung und politischer Autonomie strebenden jüdischen Nation. Das Gebäude spiegelt diese Programmatik in der Wahl der architektonischen Form und des Stils wider. Dabei rekurriert es auf drei motivische und formale Mustersammlungen – es arbeitet mit mediterran-arabischen Regionalismen, mit Versatzstücken von Festungsarchitekturen und mit Allusionen auf den Tempel in Jerusalem. Sie werden zu einem Architekturprogramm zusammengefügt, das in seiner visuellen Gestaltung die räumliche und kulturelle Inbesitznahme des Ortes zum Ausdruck bringt. Die Architekturkonstruktion spiegelt hier eine jüdische Identitätskonstruktion wieder, die – nach dem romantischen Vorbild europäischer Orientalismuskonzeptionen – den Ort und die Geschichte vereinnahmt und zugleich zukünftige räumliche und kulturelle Aspirationen absteckt. Es ist eine „bodenständige" Architektur, „die aus der Landschaft wie herausgewachsen […] und mit der Landschaft durch eine jahrtausendlange Tradition verbrüdert [ist]".[115] Über das Anknüpfen an die Vergangenheit suggeriert die Architektur so eine historische Kontinuität, die versucht, die fast 2000jährige Abwesenheit des jüdischen Volkes aus Palästina vergessen zu machen. Jeder jüdische Bau in Palästina ist – gemäss der Ideologie der Kolonisierungsarbeit – ein Akt der territorialen Aneignung und Vorbereitung für den Aufbau eines Staates. Mit dem Verweis auf den Jerusalemer Tempel liefert das Herzlia-Gymnasium die Legitimation seiner Existenz und der expansiven Ansprüche des Zionismus in Palästina gleich mit. Zugleich wird das Bild des Tempels seiner religiösen Bedeutung entleert und im Übertrag auf eine säkulare Bildungsinstitution im nationalen Sinne von der zionistischen Bewegung vereinnahmt.

Wie sehr sich die Zionisten im Anspruch über die Kultur- und Bildungshoheit gegenüber den Religiösen und den Mizrahi durchsetzen können, zeigen die zahlreichen Schulgründungen in Palästina in den nachfolgenden Jahren. Einen Höhepunkt in der Erziehungs- und Bildungspolitik stellt die Gründung der Hebräischen Universität in Jerusalem dar. In ihrer Gründungsgeschichte und ihrer architektonischen Inszenierung wird die Einbindung von Bildungsinstitutionen in die zionistischen Zielsetzungen – die nationale (Wieder)Geburt – noch deutlicher, während die religiös-biblischen Assoziationen und Legitimationskonstruktionen immer stärker in den Hintergrund treten.

---

    den Präsidenten des Zionistischen Aktionskomitees in Köln vom 16.04.1910 [handschriftliche Anmerkung: 1911]: o. S. [4], im CZA, Z2/635.
115 Zit. der anonyme Aufsatz: Gedanken über unsere Baukunst, 1924, im CZA, J116/29: o. S. [3].

5.2.2 Die Hebräische Universität in Jerusalem (1918/1925) – Symbol nationaler Aspirationen

In Anerkennung der zentralen Bedeutung von Bildungs- und Kulturinstitutionen für den Nationswerdungsprozess, beschließt der elfte Zionisten-Kongress 1913 nach jahrelangen Diskussionen, die Gründung einer jüdischen Universität in Jerusalem vorzubereiten.[116] Der Delegierte Menachem Ussischkin begrüßt diese Entscheidung überschwenglich und spricht offen die doppelte Funktion von Bildung und Politik aus: „Der Kongress ist der Ansicht, dass eine Hochschule – eine hebräische Universität – in Palästina einen nationalen und politischen Machtfaktor allerersten Ranges bilden würde […].[117] Die Gründung einer jüdischen Hochschule sei über die Konstruktion einer ideellen Beziehung zwischen Hochschule und dem heiligen Tempel ein wichtiger Schritt auf dem Weg in die nationale Selbständigkeit: „am 9. Ab dieses Jahres [= Zeitrechnung nach dem hebräischen Kalender], werden es 2500 Jahre sein, seitdem der Feind den Ersten Tempel zerstört und unser Volk in die Verbannung getrieben hat. […] vor 2500 Jahren ist unser nationales Heiligtum, der Tempel Gottes auf dem Berge Moriah, zerstört worden, und heute stehen wir da, von dem kühnen Plan beseelt, auf dem Berge Zion einen Tempel der Kultur und der Wissenschaft zu errichten. Dieser Plan ist die Rehabilitation unseres neuerwachten Volkes."[118] Die Universität stehe, wie der Delegierte Feldstein vorträgt, in der Tradition wichtiger bildungspolitischer Entscheidungen, wie beispielsweise der Gründung des hebräischen Gymnasiums in Tel Aviv. Das Gymnasium stelle in kultur- und nationalpolitischer Hinsicht eine wichtige Pionierleistung dar, die es nun mit einer jüdischen Hochschule fortzusetzen und zu übertreffen gelte: „Und da unsere […] Pioniere und Bahnbrecher mit fast leeren Händen nach Palästina kommen und nur dank ihres unbeugsamen Willens und ihrer großen Opferwilligkeit diese Vorhalle der Wissenschaft, dieses hebräische Gymnasium entstehen konnte, so ist es auch unsere heiligste Pflicht, ihr nationales Werk fortzusetzen und für den Aufbau des eigentlichen Tempels der Wissenschaft zu sorgen, für unsere hebräische Universität!"[119]

---

116 Nach Ansprachen von Menachem Ussischkin und Chaim Weizmann, diversen Stellungnahmen zu den Vorwürfen der Mizrahi und den Befürchtungen der praktischen Zionisten, der Bau einer Hochschule würde zu hohe finanzielle Mittel in Anspruch nehmen und die Agrarkolonisation beeinträchtigen, wird die Resolution für eine jüdische Universität angenommen. Vgl. XI. Zionisten-Kongress 1913: 294–345. Zur Geschichte der Universität erscheinen bereits vor und kurz nach der Gründung zahlreiche Pamphlete und Broschüren. Zu den wichtigsten zählen: Abrahams 1912, Sacher 1918, Weizmann 1923, Eder 1926, Finkel 1945, Werner 1948, Epstein 1949 und Bentwich 1961.
117 Zit. Ussischkin auf dem XI. Zionisten-Kongress 1913: 299.
118 Zit. Ussischkin auf dem XI. Zionisten-Kongress 1913: 300. Ein Baugrundstück ist zu diesem Zeitpunkt noch nicht erworben, geplant ist der Bau auf dem Berg Zion außerhalb der Altstadtmauer, ausgeführt wird er schließlich auf dem Berg Skopus.
119 Zit. Feldstein auf dem XI. Zionisten-Kongress 1913: 291–292.

Bestärkt durch die britische Balfour-Deklaration von 1917, das jüdische Volk in ihrem Bestreben nach einer nationalen Heimstätte zu unterstützen, wird trotz finanzieller Schwierigkeiten am 24. Juli 1918 der Grundstein – beziehungsweise die zwölf Grundsteine, Symbol für die zwölf Stämme Israels – der Hebräischen Universität auf dem Skopus Berg gelegt.[120] Finanzielle Schwierigkeiten verhindern, dass mit der Bauausführung sofort begonnen wird. Erst am 1. April 1925 kann das erste Universitätsgebäude feierlich eingeweiht werden. Der Festredner Chaim Weizmann, der auch einflussreichstes Mitglied in der Gründungskommission der Universität war, versucht bei der Eröffnungsfeier im Rückblick die finanziellen Bedenken gegen die Universitätsgründung auszuräumen, indem er ihren wichtigen Beitrag für den Aufbau eines Nationalstaates und einer spirituellen Heimat hervorhebt: „We Jews know that when we have a centre for the development of Jewish consciousness, then coincidentally we shall attain the fulfilment of our material needs. […] we are creating during the war something which is to serve as a symbol of a better future. In the university the wandering soul of Israel would reach its haven; and her strength no longer consumed in restless and vain wandering […]."[121] Die Argumente für den Bau der Universität gleichen denen zur Errichtung des Herzlia-Gymnasiums in Tel Aviv. Neben den Plänen, die Kolonisierung voranzutreiben, wird vermehrt der Aufbau einer intellektuellen und spirituellen Heimat der Juden in Palästina als zwingende Notwendigkeit eingefordert. Ein Energiezentrum – „power station"[122] – des jüdischen Volkes soll, so das Gründungsmanifest, die Universität werden, die moralische, wissenschaftliche und künstlerische Werte der neuen jüdisch-nationalen Gemeinschaft definiert und ihre Erfüllung anleitet: „The chief function that a university fulfils is to fix final values for its peoples; the Hebrew University will determine the final values, moral, scientific, artistic of and for the Jewish people, and will seek the readjustment of Jewish effort in Eretz Israel towards these values."[123]

Erstmals ist in der Gründungsgeschichte einer Bildungsinstitution eine Diskussion bezüglich der Wahl des ausführenden Architekten und der Gesamtgestaltung der Universität nachweisbar. Ohne vorherige Wettbewerbsausschreibung erhalten der britische Planer Patrick Geddes und sein Schwiegersohn, der Architekt Frank Mears, 1919 von der Gründungskommission der Universität den Auftrag, einen Entwurf für die Universität vorzulegen.[124] Als Kontaktarchitekt in Jerusalem fungiert

---

120 Vgl. Hebrew University 1985: 16.
121 Ausschnitte der Weizmann-Rede in: Hebrew University 1925: 1 und Bentwich 1961: 18. Vgl. auch Weizmann 1923.
122 Zit. Hebrew University 1924: 2.
123 Zit. Eder 1926: 2. Die Formulierung „finaler" Werte erscheint mir fragwürdig, Eder gibt hierzu aber keine weiteren Erklärungen.
124 Vgl. Hyman 1994: 249–251. Zu Patrick Geddes (1854–1931) und seiner Tätigkeit in Palästina vgl. Kapitel 2.4 dieser Arbeit.

der jüdische Architekt Benjamin Chaikin.[125] Vor allem die jüdische Architektenschaft – wie die jüdische Architektenvereinigung Palästinas im Namen der jüdischen Architekten der Welt verkündet – ist darüber empört, dass der Bau eines solchen kulturellen und nationalen Symbols nicht-jüdischen Architekten übertragen wird: „Man hat dauernd betont […] dass die hebräische Universität auf dem Skopus Berg in Jerusalem die centrale Stätte jüdischer Forschung, jüdischen Geistes und jüdischer Kultur sein müsse. […] Die Behausung für die Centralstätte jüdischer Kultur zu schaffen, müsste die vornehmste Aufgabe der jüdischen Architektenschaft der ganzen Welt sein, und nur sie allein ist berufen, diese spezifisch jüdische Aufgabe zu lösen."[126] Jüdische Projekte, jüdische Arbeit (Avoda Ivrit) und jüdische Arbeiter: diese Trias sei, so lassen die Architekten verlauten, im nationalen und kulturellen Sinne für eine jüdische Wiedergeburt unabdingbar. Ein jüdischer Architekt müsse daher die Arbeiten an der Universität leiten, wie es in einem anonymen Schreiben im Januar 1927 an Montague David Eder, Mitglied der Zionistischen Exekutive und Mitverantwortlicher für die Planungsvorbereitungen, eingefordert wird: „Ich bin kein Chauvinist, aber ich verstehe durchaus, dass die öffentliche Meinung sich dagegen empört, dass ein derartiger Bau, wahrscheinlich der wichtigste Bau unseres National Home von einem Nichtjuden ausgeführt wird, denn auch das äussere Bild des jüdischen Palästina sollte von jüdischer Hand gestaltet werden".[127] Eder versucht, diese Vorwürfe zu entkräften. Es sei weniger die Autorenschaft als das Ergebnis, das zählen würde. Oberstes Ziel müsse es sein, einem so herausragenden öffentlichen und symbolträchtigen Gebäude eine „großartige und würdevolle" Architektur zu geben, die das Volk zusammenführe und repräsentiere. Ob Jude oder Nichtjude, niemand komme an die Leistungen von Patrick Geddes heran, dessen Entwurf den Geist des jüdischen Volkes und des Ortes, der heiligen Stadt Jerusalem, verkörpere.[128]

---

125 Chaikin (1883–1959) wird in London geboren, studiert dort und wandert 1933 in Palästina ein. Über seinen Kontakt zu britischen Architekten wird er als Verbindungsarchitekt für den Bau der Universität ausgewählt. 1925–1930 entsteht in Partnerschaft mit Geddes und Mears die National- und Universitätsbibliothek auf dem Skopus Berg. Vgl. Frenkel 1993. 386.

126 Zit. Protestschreiben der Vereinigung der Architekten Palästinas: Wer baut die Hebräische Universität?, Oktober 1926: 1, im CZA, J116/36. Am 21.05.1924 hatte sich die Vereinigung bereits in einem Brief an Chaim Weizmann gewandt, um die Auslobung eines internationalen jüdischen Architektenwettbewerbes vorzuschlagen, vgl. CZA, J116/36.

127 In CZA, Z4/3497 sind einige Briefe unterschiedlicher Absender und Adressaten verwahrt, die sich mit dem Streitpunkt „nicht-jüdischer Architekten für jüdische Repräsentationsarchitektur" auseinandersetzen. Auch Albert Einstein scheint sich in diesen Streit zugunsten eines jüdischen Architekten einzumischen, da Eder am 02.02.1927 R. Weltsch von der Redaktion der Jüdischen Rundschau bittet, dessen Namen nicht gegen die Architekten ins Spiel zu bringen. Einstein sei über den genauen Hergang der Architektenwahl nicht genau informiert gewesen, als dieser seine Kritik geäußert habe.

128 Vgl. Eder 1926: 3.

Der Entwurf der Universität (Abb. 165–166) stellt – wie auch das Herzlia-Gymnasium – eine Synthese aus tradierten und standardisierten Repräsentationsformen, Regionalismen und Anspielungen auf zentrale Sakralbauten dar.[129] In der Gesamtkonzeption spiegelt der Campus Geddes' organisches Ideal der gegenseitigen Durchdringung und Abhängigkeit einzelner Elemente zu einem harmonischen Ganzen wider. Die einzelnen Fachbereiche gruppieren sich um eine zentrale Große Halle, die sowohl institutionell als auch architektonisch den Höhepunkt der Campus-Anlage bildet: „These new buildings […] rise in terraces from subsidiary one-storey structure in front to their culmination in the dome of the Great Hall, which forms the essential centre of the scheme. For the Great Hall is planned as something more than a meeting place for occasional academic functions. It expresses symbolically the unity of purpose lying behind the many studies of the University."[130] Der Haupteingang öffnet sich in Richtung der Altstadt. Rechts liegen die Gebäude der Naturwissenschaften, links die der historischen und jüdischen Wissenschaften, die den Eingang wie einen Ehrenhof einrahmen (Abb. 165). Mit Blick auf das historische Jerusalem wird so eine Polarisierung zwischen den historischen und den naturwissenschaftlichen Gebäuden in die architektonische Konzeption umgesetzt: „The long wing devoted to Historic and Hebraic studies on the North, and that of Sciences on the South, reach forward on either hands towards Jerusalem. Thus the student standing at the porch of the Great hall may feel the intimate relation of the new City of Learning to the ancient City of Ideals."[131] Die Große Halle der Universität (Abb. 166–167) ist als Zentralbau ausgebildet, dessen gewaltige Kuppel in Konkurrenz zu der Kuppel auf dem gegenüberliegenden Berg – dem Felsendom auf dem Tempelberg/Berg Moriah – tritt. Auch in der reichen Ornamentierung erinnert die zentrale Halle an den Felsendom. Die Grundkonzeption beider Bauten weist dabei einige Abweichungen auf. Beim Felsendom (Abb. 168) ist ein Zentralbau in ein Oktogon eingestellt und über ein flaches Pultdach mit ihm verbunden. Bei der zentralen Universitätshalle steht ein Zentralbau in einem Hexagon, wobei ein konkav geschwungenes, mehrfach verspringendes Dach mit kleinen seitlichen Kuppeln zwischen beiden vermittelt. Das Hexagon greife, so Mears, auf den sechseckigen Davidstern zurück: „The whole scheme is thus based on the hexagonal star, the 'Magen David' [= Davidstern], which embodied in the construction and decoration of the Hall, is projected into the

---

129 Für eine kunsthistorische Betrachtung des Entwurfs- und Bauprozesses der Hebräischen Universität in Jerusalem (1919–1974) vgl. Dolev 2000. Diese Arbeit konzentriert sich auf den ersten, von Geddes und Mears eingereichten Entwurf.
130 Zit. Frank Mears in einem Schreiben an Chaim Weizmann: University of Jerusalem: Notes on Scheme, 11.02.1920, in CZA, Z4/2790.
131 Zit. Frank Mears in einem Schreiben an Chaim Weizmann: University of Jerusalem: Notes on Scheme, 11.02.1920, in CZA, Z4/2790.

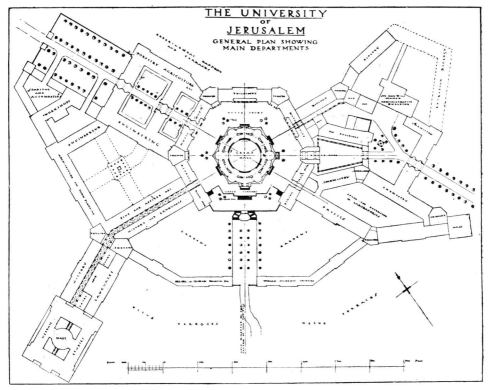

Abb. 165: Patrick Geddes und Frank Mears: Hebräische Universität, Jerusalem, Entwurf 1924 (nicht ausgeführt), Lageplan

Abb. 166: Patrick Geddes und Frank Mears: Hebräische Universität, Jerusalem, Entwurf 1924 (nicht ausgeführt), Große Halle

Abb. 167: Patrick Geddes und Frank Mears: Hebräische Universität, Jerusalem, Entwurf 1924 (nicht ausgeführt), Innenansicht der Großen Halle

Abb. 168: Felsendom, Jerusalem, Ende 7. Jahrhundert, Modell im Museum der Stadt Jerusalem

main framework of the whole University plan."[132] In der Gesamtwirkung mit einer Tambourkuppel über polygonalem Unterbau und einem schlanken Kuppelaufsatz (bronzener Halbmond auf dem Felsendom) ähneln sich beide Gebäude. Vergleichbar sind auch die reichen Ornamentierungen im Inneren mit Blattranken-Mosaiken, einfachen, geometrischen Marmorinkrustationen und den hell-dunkel gefassten Sturzbögen, wobei in der Universitätshalle jüdische Motive wie der Davidstern integriert sind. Der Felsendom, der im 7. Jahrhundert am Ort des zerstörten Tempels errichtet wurde, taucht vor allem seit der Renaissance als vermeintlich biblischer Kultbau in den Veduten Jerusalems auf. Dies ist auf eine Vorstellung zurückzuführen, dass der Felsendom in der Tradition des Tempels stehe und sich mit der architektonischen Idealform des Zentralbaus dem von Gott beauftragten Tempel annähere.[133] Ein solches (Miss)Verständnis ist bei Geddes wohl auszuschließen. Es ist nicht das direkte Zitat des Tempels, das er in seinem Bau sucht, sondern im übertragenen, symbolischen Sinne die weihevolle, ideale Form, um die Bedeutung der Universität für das Judentum und für die Weltöffentlichkeit in eine architektonische Aussage umzusetzen. Dabei vermischen sich religiöse mit säkularen Ansprüchen: „A University that is a centre of Jewish culture is also a religious centre; a prophetic world centre cannot indeed be created by endowments or by good instructions, but a centre of culture on Mount Scopus has in it potentialities of becoming a prophetic world centre."[134] Es gilt also, vor dem Hintergrund der vorangegangenen Kontroversen über die Gründung einer Universität alle gesellschaftlichen Gruppen, das heißt auch die religiösen, für die Idee einer jüdischen Hochschule einzunehmen. In der architektonischen Umsetzung hat dies – vergleichbar dem Herzlia-Gymnasium – einen Rückgriff auf sakrale wie säkulare Bautraditionen zur Folge. Mit dem Hinweis auf regionale Traditionen und Vorbilder wird zugleich der Versuch unternommen, das Gebäude in seiner Umgebung zu verwurzeln. Um die zentrale und spirituelle Bedeutung der Universität in der nationalen Gemeinschaft architektonisch zu unterstreichen, zitieren Geddes und Mears aber nicht mehr rekonstruierte Bilder einer glorreichen Vergangenheit, sondern bedienen sich stärker abstrahierter und damit allgemein verständlicher Würde- und Pathosformeln. Hierzu sind der Bautyp des Zentralbaus, seine Monumentalität, seine Symmetrie und die hierarchische Staffelung der umgebenden Bauten zu zahlen, die auch ohne die Assoziation des Felsendoms einen würdevollen Bau charakterisieren. Die architektonische Anspielung auf den Felsendom dient ebenso wie die Grundrisskonzeption und die Öffnung des Haupteingangs zur Altstadt als ein Verweis auf den mythischen Ort Jerusalem und soll damit den symbo-

---

132 Zit. Frank Mears in einem Schreiben an Chaim Weizmann: University of Jerusalem: Notes on Scheme, 11.02.1920, in CZA, Z4/2790.
133 Vgl. Ausst.-Kat. Die Reise nach Jerusalem 1996: Kat. Nr. 4/21, Birgit Wolf: Der Einfluss des Felsendoms: Zentralbauten: 276.
134 Zit. Hebrew University 1924: 20.

lischen und spirituellen Wert der Universität für das Judentum und die gesamte Welt unterstreichen.[135]

Diese Entwicklung in der Form nationaler Repräsentation – das Lösen von den sakral konnotierten Vorbildern wie dem Tempel und das Aufgreifen abstrakter Würdeformeln – steht im Zusammenhang mit dem erstarkenden Selbstverständnis und Selbstbewusstsein des jüdischen Volkes und des Zionismus als nationaler Bewegung. Zwar dient die biblische Geschichte weiterhin als grundlegendes Legitimationsmodell der staatlichen und kulturellen Autonomiebestrebungen der Juden und ihrer Ansprüche auf Palästina. Die Stärkung des nationalen Bewusstseins aber führt zu einer größeren Emanzipation der Zionisten von den messianischen Erwartungen einer durch Gott gegebenen Rückführung der Juden ins verheißene Land und einer Wiederherstellung der jüdischen, biblischen Gemeinschaft.[136] Im rational-aufklärerischen Verständnis erhält der Zionismus im Kanon weltweiter Nationalbewegungen das gleiche Recht, das jüdische Volk zu einer Nation zu erklären und damit einen Nationalstaat einzufordern. Dieses Nationsrecht wird seit dem zunehmenden Antisemitismus und schließlich dem Holocaust verstärkt eingefordert und findet in der Staatsgründung seine Erfüllung. Vor dem Hintergrund eines rationalen Nationsverständnisses der Zionisten und später der Israelis scheinen direkte Tempelzitate zur nationalen und kulturellen Positionierung nicht mehr angemessen, so dass bereits schon vor der Staatsgründung auf abstrakte und säkulare Repräsentationsmodi in der Gestaltung öffentlicher Bauten zurückgegriffen wird.

5.2.3 Die Ben-Gurion-Universität des Negev in Beer Sheva (1969) – Repräsentation eines neuen nationalen Bewusstseins

Bildungsbauten nach der Staatsgründung müssen vergleichbar mit den Erziehungsinstitutionen vor 1948 vor der Folie ihrer politisch-ideologischen Bedeutungsgeschichte und der ideologischen Auflading ihrer Architekturen gelesen werden. Die Ben-Gurion-Universität des Negev schreibt in dieser Hinsicht die Entwicklung vom Herzlia-Gymnasium zur Hebräischen Universität – von sakralen zu stärker abstrakten Vorbildern und Repräsentationsformen – fort. Mit ihr ist dieser Prozess abgeschlossen, hier entfällt jeder Verweis auf den zentralen Kultbau in Jerusalem.[137] Sie

---

135 Vgl. Hyman 1994: 253.
136 Vgl. Simon 1923: 254.
137 In den 1960er Jahren erfolgt der Abriss des Herzlia-Gymnasiums in Tel Aviv, um Raum für eine veränderte Straßenführung zu schaffen. Der Denkmalcharakter des Gebäudes und der Institution für die Geschichte des Zionismus und des Staates Israel wird erst in den nachfolgenden Jahren erkannt. Heute erinnert ein Mosaik in dem an seiner Stelle errichteten Shalom Tower (Y. Perlstein und G. Ziv, Ende der 1960er Jahre) an das Gymnasium.

ist ein selbstbewusstes Statement zionistischer Agitation und nationalen Engagements, durch deren Verdienste auch ohne messianische Erfüllung die Staatsgründung gelang. Fortgesetzt jedoch werden die Bemühungen, eine regionale Architektur zu entwickeln, die zugleich symbolischer Ausdruck gesellschaftlicher Erwartungen an die Institution ist. Die Ben-Gurion-Universität ist ein symbolisches und physisch erfahrbares Bollwerk der nationalen und damit zionistischen Kultur- und Siedlungspolitik und greift deren Traditionen und Vorstellungen beim Bau von Erziehungsinstitutionen auf: „One of the chief purposes of the Hebrew University was to help solve some of the practical problems connected with the establishment and development of a pioneer Jewish settlement in an underdeveloped country."[138] Galt vor der Staatsgründung der gesamte Yishuv als pionierhafte Speerspitze der jüdischen Besiedlung Palästinas, so übernehmen nach 1948 die neuen Entwicklungsstädte, die in den peripheren Regionen liegen, diese Funktion. Sie sind Instrument, um den Raum zu markieren, den das jüdische Volk für sich beansprucht. Siedeln und Präsenz-Zeigen machen aber noch keine Nation beziehungsweise einen Nationalstaat aus, wie die heftigen Diskussionen um den kulturellen, geistigen und spirituellen Zustand des jüdischen Volkes vor und nach 1948 belegen. Hier setzt die Kulturpolitik als Fortsetzung der zionistischen Kulturarbeiten an. Ihre Aufgabe ist es, die heterogenen Individuen der Siedlergemeinschaft in eine Gemeinschaft der Staatsbürger zu überführen. Kultur- und Bildungspolitik ist Produzent und Vermittler der kulturellen und nationalen Kollektividentität, in der die Grundwerte der gemeinsame Kultur, Geschichte und des nationalen Selbstverständnisses definiert sind. In der erfolgreichen Aneignung dieser Eigendefinition konstruiert sich die Nation selbst. Ben Gurion erkennt in seiner politischen Philosophie der „mamlachtiut" (Staatlichkeit)[139] die Bedeutung und das nationale Interesse an der Erziehungsfrage an. Gleich nach der Staatsgründung setzt er sich dafür ein, die Erziehung nicht allein den Rabbinaten zu überlassen, sondern sie unter staatliche Verantwortung zu stellen.[140] Oberstes Ziel der nationalen Erziehung müsse es sein, „to give the children a solid foundation in the Jewish culture and to inculcate in them a love of the homeland, a loyalty to the state and a devotion to the highest values of Judaism and of mankind."[141] Liebe zur Heimat, Loyalität dem Staat gegenüber und Verinnerlichen der kulturellen und natio-

---

138 Zit. Finkel 1945: 4.
139 Vgl. Kapitel 2.2 dieser Arbeit.
140 Zu den ersten Maßnahmen zählen die Einführung der Schulpflicht (1949), die strenge Neuorganisation und Trennung des staatlichen und religiösen Schulwesens (State Education Law 1953) und die Bemühungen um einheitliche Schulpläne und Lerninhalte. Zu den Erziehungsgesetzen vgl. Nachmias 1982, zum religiösen Schulsystem Morris 1937 sowie Oded Schremer: Das staatlich-religiöse Schulsystem – Zwischen grundsätzlichen Verpflichtungen und pragmatischen Erfordernissen und Mordechai Bar-Lev: Jeschiwot – traditionelle und moderne Formen, beide in: Ackerman/Carmon/Zucker 1982: 453–546.
141 Zit. Education in Israel 1969: 2.

nalen Werte des Judentums und der Menschheit werden zu Grundkonstanten der jüdischen Kollektividentität erklärt. Identifikation mit dem jüdischen Staat sowie Pioniergeist für seinen Erhalt und seinen Fortschritt sind Eigenschaften, die Ben Gurion als Ergebnis einer nationalen Erziehung einfordert. Schulen seien der „Schmelztiegel" der neuen jüdischen Nation und ihres nationalen Selbstverständnisses.[142] Wird dieses nationale Selbstverständnis wie beispielsweise in den territorialen Konflikten des Nahen Ostens in Frage gestellt, bedarf diese Nationskonstruktion einer ständigen Selbstbestätigung und Rückversicherung in der nationalen Gemeinschaft, ihren gemeinsamen Werten und nationalen Mythen. Die Universität stellt eine solche Produktionsstätte der nationalen Identität dar.

Trotz hoher Militärausgaben und enormer Kosten für die Aufnahme der Neueinwanderer in den Jahren nach der Staatsgründung werden vom Staat große Summen für den Aufbau eines Bildungsnetzes mit insgesamt sechs Universitäten bewilligt. Der Bau von Erziehungsinstitutionen erhält dabei in den Entwicklungsstädten Vorrang, da hier die sozialen und kulturellen Unterschiede sowie die Diskrepanzen im Bildungsniveau der Bewohner besonders ausgeprägt sind. Die Studie des Wohnungsbauministeriums von 1968 zeigt diesen Missstand auf und spricht sich für eine stärkere Förderung von Kultur und Bildung in den neuen Städten aus: „The creation and development of an educational system on as high a level as possible is a condition for the establishment and consolidation of the inhabitants in particular, and their cultural and economic absorption in the Israeli social system in general."[143]

Der Bau von Bildungsinstitutionen ist materieller und ideeller Bestandteil im Aufbau der Nation und des Nationalstaates – und hierfür stellt die Ben-Gurion-Universität ein besonderes programmatisches Beispiel dar. In der „Frontstadt" Beer Sheva sind die beiden zionistischen Methoden der Siedlungs- und Kulturarbeit be-

---

142 Vgl. Elboim-Dror 1982: 82–83 und Zameret 1993: VIII. Ben Gurion 1950: 35 räumt ein, dass schulische Erziehung ein sehr langsamer Prozess der nationalen und kulturellen Formung sei und sieht daher in der israelischen Armee einen schnelleren Sozialisierungsapparat: „This task of education, on which the future of the State no less than of the immigrants depends, will not be carried out only in schools. [...] But we have a powerful instrument for education besides the school, and that is the Army. [...] It is incumbent on our Army also to be a pioneering, educative force, builder of the nation and redeemer of the wastelands."

143 Zit. Israel Builds 1948–1968: o. S. [38]. In den sechziger Jahren werden zwei Studien durchgeführt, die sich vor allem mit technisch-konstruktiven und raumorganisatorischen Fragen für verschiedene Schulformen beschäftigen, vgl. School Buildings 1960 und Schools in Israel: 1966. In den Themenheften des Architekturjournals Tvai 5, vol. 2, No. 1, Autumn 1968: Schoolbuildings und Tvai 13–14, Winter 1974: Educational Buildings werden in Kurzpräsentationen einige Bildungsbauten in Israel vorgestellt. Schools in Israel 1966: 110–114 stellt Aufsätze über den Bau von Bildungsinstitutionen zusammen, die in europäischen Architekturzeitschriften erschienen sind. Ein Vergleich israelischer Schul- und Universitätsbauten wäre interessant, geht aber weit über den Rahmen dieser Arbeit hinaus.

sonders nachgefragt. Pioniertum ist gefordert, um die Wüste zu besiedeln und eine Heimat zu errichten. Zugleich muss das kulturelle Selbstverständnis geschult werden, damit diese Arbeit im nationalen Interesse geleistet und gegen äußere Anfeindungen verteidigt werden kann. „If we do not become a unified people, if we do not cultivate our deserts, we shall have no security", beschreibt Ben Gurion 1950 das Spannungsfeld, in dem sich der Staat und seine Bildungsinstitutionen befinden.[144] In der Gründung der Ben-Gurion-Universität fallen diese drei Aufgaben – Sozialisation, Landesentwicklung und Verteidigung – zusammen: die Universität ist Präsenz und Repräsentant der jüdischen Nation; zugleich funktioniert sie als Sozialisator, aber auch Katalysator und Verteidiger der jüdischen Kollektividentität und ihrer kulturellen und räumlichen Aspirationen. Nachdem in den neuen Städten in den 1950er Jahren zunächst fast ausschließlich eine expansive Kolonisierungspolitik betrieben wurde, stellt die Universitätsgründung eine Synthese aus den beiden zionistischen Positionen und Forderungen nach einer aktiven Siedlungs- und Kulturarbeit dar. Als Bestandteil der israelischen Raumplanungspolitik, beziehungsweise als deren Korrektiv des Nationalplans, ist die Universität ein Instrument gegen die praktische und intellektuelle Heimatlosigkeit. Sie dringt in die peripheren Regionen des jüdischen Siedlungsgebietes vor und wird dort zum Katalysator und Symbol kollektiver israelischer Identität in nahöstlicher Umgebung. Ihre Architektur ist zugleich Programm: Regionalismen verankern das Gebäude in der Umgebung und Beton-Brutalismen demonstrieren Entschlossenheit, Beharrlichkeit und Durchhaltevermögen. Sie kreiert einen Ort, der hinter massiven Betonmauern zu einem Schutzraum der Einübung nationaler Charakteristika und der Vorbereitung der Partizipation am nationalen Aufbauprozess wird.

5.3 Nationale Repräsentation – architektonische Präsenz und symbolische Qualität statt nationalem Stil

In seiner Rede „Mission and Dedication" vor den Nationalen Streitkräften Israels (IDF) kurz nach dem Ende des Unabhängigkeitskrieges weist David Ben Gurion als Premier- und Verteidigungsminister eindringlich auf die doppelte Verantwortung des Staats- und Nationsaufbaus hin: „The tremendous task depends upon two undertakings, which call for the nation's utmost effort: land settlement and education."[145] Ein Staat und eine Nation entstünden nicht automatisch, wenn die Bevölkerung mit Wohnungen und Arbeitsplätzen versorgt sei. Zur Nation müsse die Bevölkerung er-

---

144 Zit. Ben Gurion 1950: 36.
145 Zit. Ben Gurion 1950: 34.

zogen werden. Mit seiner aus vielen Teilen der Welt eingewanderten Bevölkerung konstituiere Israel ohne gemeinsame Sprache oder kulturelles und kulturhistorisches Bewusstsein für Traditionen und Ideale noch keine Nation, so dass der „größtmögliche Einsatz" in Kolonisierung und Erziehung für den Aufbau des Staates und der Nation gefordert sei.

Die Einheit und Gleichwertigkeit von Kolonisierungs- und Kulturarbeiten, die eine lange Tradition im Zionismus besitzen, zerfallen in der Staatsgründungszeit in zwei getrennte Methoden und Aktionsbereiche. Die Kolonisierungsarbeit konzentriert sich gemäss dem Nationalplan darauf, eine dezentrale Siedlungshierarchie über die israelische Landkarte zu legen. Diese Direktive wird mit aller Konsequenz umgesetzt, um im Sinne der inneren Kolonisation eine möglichst flächendeckende jüdische Siedlungspräsenz im gesamten Land zu erreichen. Ein vergleichbares Engagement aber in der Kultur- respektive Integrationsarbeit, die Ben Gurion pathetisch mit „spiritual absorption of this immigration, its synthesis and reshaping, the transformation of this human clay into a cultured, creative, independent nation, aspiring to a vision"[146] umschreibt, ist in den ersten Jahren nach der Staatsgründung im Städte- und Wohnungsbau nicht zu beobachten. Die Stadt Jerusalem bildet hierbei eine Ausnahme. Ihre Funktion als politische und spirituelle Hauptstadt Israels ist gesetzlich festgeschrieben, so dass der Nationalplan dementsprechend den institutionellen und kulturellen Ausbau der Stadt vorschreibt. Bereits in den ersten Jahren nach der Staatsgründung werden hier zentrale Institutionen und nationale Gedenkstätten errichtet, die einerseits den kulturellen und politischen Status der Stadt untermauern und die andererseits als identifikationsstiftende Orte ihrer Bewohner und der gesamten jüdischen Nation dienen sollen. Hier werden das israelische Parlament, der Sitz der Zionistischen Weltorganisation (Binyanei Ha'Umma), Museen und Gedenkstätten aufgebaut, um die verschiedenen Facetten einer kollektiven Identität im Dienst der nationalen Repräsentation bedienen zu können. Zugleich dienen sie als identitätsstiftende Bezugspunkte, um zwischen den Juden in Israel aber auch denen der Diaspora zu vermitteln.

In den neuen Entwicklungsstädten sind die Maßnahmen zum Bau kultureller und anderer übergeordneter Einrichtungen, die symbolischen Wert für die Gemeinschaft besitzen, stark eingeschränkt. „Spiritual integration is much slower than economic", erklärt das Ministerium für Immigration und Absorption in seinem Rechenschaftsbericht 1951/52 und nennt die Schwierigkeiten, die Neueinwanderer in die bestehende Struktur der alteingesessenen Bevölkerung zu integrieren und zugleich eine in ihren Ursprüngen so heterogene Bevölkerung in eine homogene israelische Nation zu überführen.[147] Der Nationalplan von 1948 schreibt im Interesse einer maximalen

---

146 Zit. Ben Gurion 1950: 35.
147 Vgl. Government Year Book 5712 (1951/52): 167. Auf Integrationsmaßnahmen anderer Ministerien, wie dem Ministerium für Erziehung und Kultur sowie dem Ministerium für Immigration und

jüdischen Siedlungspräsenz die Gründung von „New Development Towns" vor, um eine dezentrale Siedlungsstruktur insbesondere in den unterentwickelten Regionen aufzubauen. Zu den Hauptförderern der Wüstenbesiedlung und -bewirtschaftung zählt der Premierminister David Ben Gurion. Unter Berufung auf die biblische Landnahme und die historische Bedeutung des Ortes für das Judentum ruft er zu einer zweiten „Eroberung der Wüste"[148] durch Besiedlung und Landarbeit auf. Dabei sind die geopolitischen und sicherheitsstrategischen Argumente für diese Dezentralisierungsstrategie so dominant, dass in der Siedlungsplanung kaum eine Auseinandersetzung mit den geographischen und klimatischen Bedingungen des jeweiligen Ortes noch mit den Bedürfnissen der Bewohner stattfindet. Obwohl die Fehlentwicklungen in den neuen Städten und die Misserfolge in der Integrationsarbeit schon nach wenigen Jahren deutlich werden, zwingen die anhaltenden Einwanderungsströme in den 1950er Jahren und der zweite arabisch-israelische Krieg (Sinai-Feldzug 1956) dazu, den im Nationalplan eingeschlagenen Kurs der schnellen dezentralen Urbanisierung bei möglichst geringen Kosten fortzusetzen.

Erst Ende der 1950er Jahre setzen Versuche ein, den strukturellen, architektonischen und gesellschaftlichen Missständen in den Städten entgegenzuwirken, um über ein funktionierendes und lebenswertes Umfeld einen Ausgleich sozialer und kultureller Differenzen herbeizuführen. Es reiche nicht aus, so stellt Ben Gurion programmatisch in der Leistungsbilanz „Achievements and Tasks of our Generation" 1962 fest, unbegrenzt jüdische Immigranten aufzunehmen und möglichst entsprechende Mengen Wohnraum bereitzustellen. Damit Israel als neue Heimat funktioniere und als solche akzeptiert werde, müsse die Integration und Akkulturation der Immigranten mit besonderem Nachdruck betrieben werden.[149] Neue Leitbilder im Städtebau als praktische Maßnahme zum Bau einer Heimat und eine intensivierte Kultur- und Bildungsarbeit zur Konstruktion und Vermittlung einer Kollektividentität, die sich im Bau zentraler und identitätsstiftender Institutionen niederschlägt, zielen darauf ab, unter den Immigranten das Gefühl der Zugehörigkeit zur Nation zu wecken. Beide Methoden – die veränderte Raumplanungs- und integrative Kul-

---

Absorption, soll hier nicht näher eingegangen werden. Einen wichtigen Bestandteil bildet neben der Wohnungs- und Arbeitsvermittlung die Unterrichtung der hebräischen Sprache im Kontext von Kultur, Religion und Staatsbürgerkunde (Ulpan).

148 „Conquest of the Desert" (Kibush Ha'Shemama) ist der Titel der Ausstellung 1953, mit der das Kongresszentrum (Binyanei Ha'Umma) in Jerusalem eingeweiht wird. Vgl. dazu Kapitel 4.3 dieser Arbeit. Auch der Architekt Shmuel Shaked, stellvertretender Direktor in der Planungsabteilung des Wohnungsbauministeriums, bezeichnet 1967 rückblickend die Wohnungsbaupolitik der 1950er Jahre als Instrument, die Wüste zu erobern: „The development of housing projects was carried out as part of a general policy based on the integration of ethnical groups and the conquest of the desert."

149 Vgl. Ben Gurion 1962: XX–XXII.

turpolitik – sind in den städtebaulichen und architektonischen Entwicklungen in Israel, insbesondere in Beer Sheva, nachzuvollziehen.

In Beer Sheva wird seit Ende der 1950er Jahre an einem neuen Masterplan gearbeitet. Zugleich werden eine Mustersiedlung, verschiedene Wohnmodelle, das Palmach-Denkmal und die Ben-Gurion-Universität als Versuche errichtet, nach neuen städtebaulichen und kulturpolitischen Richtlinien eine materielle wie emotionale Heimat zu erzeugen. Die Mittel der Architektur und des Städtebaus konzentrieren sich hierbei vor allem darauf, über Strukturen und Formen innerhalb des Siedlungs- und Wohnungsbaus eine enge Bindung an den Ort zu erzielen und die Interaktion der Bevölkerung untereinander zu fördern. Die Abkehr von den dogmatischen städtebaulichen Vorgaben des Nationalplans führt zu architektonischen Experimenten, auf die regionalen Gegebenheiten gleichermaßen einzugehen wie auf die kulturellen und sozialen Erwartungen der Einwohner. Dies ist nicht allein auf ein sozialgesellschaftliches Engagement zurückzuführen, sondern verfolgt vor allem das staatspolitische Ziel, die kollektive Identifikation der Bürger mit der Nation und dem Staat durchzusetzen, um ihren Bestand zu sichern. Vor diesem Hintergrund gewinnt der Bau öffentlicher Institutionen als Stätten gemeinschaftlicher Aktivität und kollektiver Identität eine nationale Bedeutung. In ihrer bautypologischen Funktion und der symbolischen Kodierung ihrer architektonischen Gestalt sind sie Orte der Gemeinschaft, die das Potential besitzen, eine nationale Heimat und nationale Verbundenheit zu erzeugen. „Wir planen und bauen Schul- und Wohngemeinschaften, Gesundheitszentren, Universitäten und neue Städte und alle diese werden", so erklärt Arieh Sharon 1976 über seine Arbeit als Architekt, „den Aufbau und Charakter der zukünftigen Gesellschaft bestimmen, oder doch wenigstens stark beeinflussen."[150] Diese Strategie, territoriale Interessen durch eine politisch motivierte und auf eine Kollektividentität abzielende Baupolitik durchzusetzen, greift in Jerusalem sofort nach der Eroberung der Stadt im Unabhängigkeitskrieg. In den peripheren Regionen gewinnt diese Verknüpfung von zionistischen Kolonisierungs- und Kulturarbeiten erst in den 1960er Jahren wieder an Bedeutung. Insbesondere die Ben-Gurion-Universität ist als Bildungsstätte prädestiniert, vom nationalen Diskurs und den staatspolitischen Strategien vereinnahmt zu werden. In der Tradition des heroischen Pioniertums ist sie Bestandteil des siedlungsexpansiven Vordringens in die Wüstenregion. Sie steht für die territoriale Aneignung des Ortes und dient als Produktionsstätte eines nationalen Bewusstseins zugleich der Legitimation dieser raumgreifenden Maßnahme.

Das Auseinanderklaffen von Kultur- und Siedlungsarbeit und die zeitliche Verzögerung, die expansiven Siedlungsstrukturen innerhalb des Staatsgebietes auch kulturell zu fördern, lassen einige grundlegende Probleme im Staatsaufbau Israels deutlich werden. Dazu zählt insbesondere eine Konzept- und Orientierungslosigkeit,

---

150 Zit. Sharon 1976c: 10.

in der sich die Stadt- und Regionalplanung nach der Staatsgründung befindet. Es erstaunt, dass der Zionismus zwar umfassende Forderungen und Konzepte für einen jüdischen Staat – bis hin zur utopischen Beschreibung in Theodor Herzls Roman „Altneuland" (1902) – entwickelt, dass aber auf architektonischer und landesplanerischer Ebene kaum eine Diskussion um die zukünftige Struktur und Gestalt des Landes stattfindet. Dies ist zum einen auf die restriktiven Maßnahmen der britischen Mandatsregierung und zum anderen auf die nach Autonomie strebenden landwirtschaftlichen Kolonien zurückzuführen, die beide wenig an einer koordinierten Landesplanung interessiert waren. Dennoch fällt es schwer zu verstehen, dass eine nationale Bewegung, die so stark auf die Aneignung des (verheißenen) Landes konzentriert ist, nicht schon in den Anfängen ein Konzept zum Aufbau einer territorialen und siedlungsgeographischen Struktur vorlegt. Erst als die zionistische Utopie Wirklichkeit geworden ist, das heißt nach der Gründung des Staates, ist die Regierung mit der Verantwortung konfrontiert, einen gesamtstaatlichen Entwicklungsplan zu erarbeiten, ohne dabei jedoch auf umfassende Erfahrungen zurückgreifen zu können.

Das Fortsetzen zionistischer Kolonisierungsvorstellungen und -methoden nach 1948 führt nicht nur zu den am Beispiel von Beer Sheva skizzierten städtebaulichen Fehlentwicklungen, sondern verhindert auch, dass die Frage nach dem Stil und der Form des Staates, seiner Städte und seiner Architektur geführt wird. Bereits zu Beginn der zionistischen Bewegung haben Kultur, Kunst, Architektur und Stil einen schweren Stand, sich gegen das jüdische Bilderverbot und die autoritative Ansprüchen der Rabbinate in Kulturfragen durchzusetzen.[151] Künstlerische Experimente und das Nachdenken über Formen der nationalen und kulturellen Repräsentation stoßen daher im Zionismus und später auch in Israel schnell an ihre Grenzen. Neben der ideologischen und kulturell bedingten Einengung der Kunst- und Kulturfrage sind es vor allem die begrenzten finanziellen und materiellen Möglichkeiten, die eine Auseinandersetzung um Stil- und Formfragen von Anfang an verdrängen. Sowohl vor als auch nach der Staatsgründung ist das Baugeschehen vor allem durch den Siedlungsdruck und den Zwang zur standardisierten Einfachheit aufgrund fehlender finanzieller wie baulicher Mittel gekennzeichnet. Nur wenige Architekten erhalten die Gelegenheit, bei besonders repräsentativen und ideologisch besetzten Projekten die eingeschränkten Möglichkeiten bei der Suche nach einem stilistischen Ausdruck der jüdischen Gemeinschaft in Palästina/Israel zu durchbrechen und mit architektonischen Formen zu experimentieren. Dennoch bleibt es aufgrund der genannten Einschränkungen schwierig, allein aus der architektonischen Gestalt die nationale Bedeutung und symbolische Qualität aus einzelnen Bauten herauszulesen. Vielmehr müssen selbst exponierte Bauten wie das Herzlia-Gymnasium in Tel Aviv, die Hebräische Universität in Jerusalem oder die Ben-Gurion-Universität in Beer Sheva

---

151 Zum Kompetenzstreit in Kultur-, Kunst- und Bildungsfragen vgl. Kapitel 5.2 dieser Arbeit.

in die kulturpolitischen Diskussionen ihrer Zeit eingeordnet werden, um die Facetten ihrer Gestaltwerdung und ihrer symbolischen Inhalte aufdecken zu können. Es sind nur wenige Dokumente vorhanden oder erhalten, die Fragen der nationalen Repräsentation oder eines jüdischen respektive eines nationalen Stils in der Architektur thematisieren. Die Quellen, die sich überhaupt mit der Frage nach einem Bau- oder gar einem Nationalstil beschäftigen, stammen zudem überwiegend aus der Zeit vor der Staatsgründung.[152] Darin werden die verschiedenen stilistischen Experimente mit einem historistischen, eklektizistischen oder orientalischen Formenrepertoire bereits 1933 von dem Architekten Yohanan Ratner, 1932–62 Dozent am Technion in Haifa, scharf kritisiert. Die bemühte Suche nach einem spezifischen, national-jüdischen Ausdruck in der Architektur habe – unabhängig davon, ob dieser sich auf orientalische oder europäische Traditionen berufe – nur bedeutungslose Kulissenarchitektur hervorgebracht: „In the majority of cases architecture of this type is singularly devoid of character and these buildings approach as near to an Eastern style as does Hollywood."[153] In dieser Zeit, am Anfang der 1930er Jahre, ist ein Umbruch zu beobachten von einer Stildiskussion hin zu einem stärkeren Pragmatismus und der Suche nach einem funktionalen, der Region angemessenen Bauen. Dies ist unter anderem auf die zunehmende Konfrontation mit der arabischen Bevölkerung seit Ende der 1920er Jahre zurückzuführen. Die gewalttätigen Auseinandersetzungen führen zu einem Utopieverlust in der zionistischen Bewegung und lassen die Kolonisierungsarbeit eher zu einem Akt territorialer Aneignung als zur Durchsetzung eines neuen Lebens- und Gemeinschaftsideals werden. Wie bereits anhand der Mauer-und-Wachturm-Bauten (Homa u-migdal) aufgezeigt wurde, müssen idealtheoretische Siedlungsmodelle und ästhetische Vorstellungen den strategischen Überlegungen zu einer schnellen und dauerhaften Landnahme weichen.[154] Bauen steht in dem Anspruch, vollendete Tatsachen im Hinblick auf die Aneignung des Landes zu schaffen. Dabei werden Stilfragen nebensächlich. Dieser Status ändert sich auch nicht nach der Staatsgründung, da sich Konfrontationen in den jüdisch-arabischen Kriegen und den ständigen Grenzkonflikten fortsetzen. Nach 1948 verlagert sich der größte Teil des Baugeschehens in die peripheren Regionen. Dabei sind die Entwicklungsstädte nicht nur in der Kolonisierungsmethode mit den Siedlungsprojekten vor 1948 zu vergleichen, sondern sie entsprechen sich auch in ihrer starken Einbindung in politisch-territoriale Zielsetzungen, die stilistischen Fragen nur wenig Raum lässt.

Die Suche nach einem jüdischen oder nationalen Baustil in Palästina/Israel gestaltet sich in doppelter Hinsicht schwierig. Zum einen werden Stilfragen von pragmatischen, politischen und sicherheitsstrategischen Anforderungen überlagert. Zum

---

152 Hierzu zählen beispielsweise Friedemann 1908, Friedemann 1911, der anonyme Aufsatz: Gedanken über unsere Baukunst, 1924, im CZA, J116/29 und Ratner 1933.
153 Zit. Ratner 1933: 293.
154 Vgl. Kapitel 4.3 dieser Arbeit.

anderen fehlt es an Vorbildern für eine zeitgenössische jüdische Architektur, da es seit der Zerstörung des Zweiten Tempels keine national-jüdische Architektur – oder was als solche gelten könnte – mehr gegeben hat. Eine stilistische Renaissance ist daher nicht möglich.[155] Ohne historische Vorbilder einer jüdischen Architektur und durch politische und finanzielle Schwierigkeiten zu größtmöglichem Pragmatismus gezwungen, konzentrieren sich die architektonischen Experimente vor allem darauf, eine den natürlichen Bedingungen entsprechende Bauform – die „Baukunst eines Volkes, eines Landes, einer Landschaft"[156] – zu entwickeln. Es ist die Forderung nach einer Architektur, die sich an der lokalen Geographie und am örtlichen Klima orientiert und traditionelle Elemente der einheimischen Baukunst übernimmt. Adolf Friedemann, führendes Mitglied der zionistischen Bewegung und Berater Herzls, kritisiert bereits 1908 den unreflektierten Übertrag europäischer Architekturtraditionen in den mediterranen Kontext. „Die meisten Kolonistenhäuser", schreibt Friedemann, „[verfehlen] völlig ihren Zweck. Sie sind nach europäischen Mustern ohne die erforderliche Berücksichtigung der Oertlichkeit gebaut, in der Herstellung nicht billig, geschmacklos und nicht hygienisch. Es zeigt sich wieder, dass der einheimische, ungewollte gewordene Stil gewöhnlich auch der zweckmässigste und verwendbarste für eine Gegend ist. […] Es ist nicht abzusehen, weshalb wir den in seiner Eigenart und Einheitlichkeit so schönen Orient durch die Stillosigkeit und Unzweckmässigkeit europäischer Bauformen verschandeln müssen."[157] Diese Ablehnung europäischer Bauformen und -traditionen in Palästina unterstützt die Suche nach einer regionalen Architektur. Es ist die Idee einer Architektur, die „mit der Landschaft eins ist" und damit nicht nur sich, sondern auch die Bewohner und Nutzer in einen harmonischen, „unzertrennlichen" Einklang mit dem Land bringt.[158] Das formale Einfügen der Architektur in die architektonischen Traditionen der Region steht methodisch und symbolisch für den Versuch, das jüdische Volk über seine Bauten in dem Land – der neuen Heimat – zu verwurzeln. Mit einer solchen regionalen Architektur wird versucht, die Lücke zu schließen, die die Zeit des Exils hinterlassen hat. Indem das Volk seine Fremdheit in der Region zumindest optisch überwindet, demonstriert

---

155 Ein ähnliches Phänomen ist in Europa bereits seit Ende des 18. Jahrhunderts vor allem im Synagogenbau zu beobachten. Auch hier fehlen stil- und formprägende Vorbilder, so dass in dieser Baugattung verschiedenste Ansätze für die Entwicklung einer jüdischen Gestalt und Architektur verfolgt werden. Vgl. dazu Harold Hammer-Schenk: Synagogen in Deutschland: Geschichte einer Baugattung im 19. und 20. Jahrhundert (1780–1933), Hamburg 1981, Carol Herselle Krinsky: Europas Synagogen. Architektur, Geschichte und Bedeutung, Stuttgart 1988 und Hans-Peter Schwarz (Hg.): Die Architektur der Synagoge, Ausst.-Kat. Deutsches Architekturmuseum Frankfurt 1988/1989, Stuttgart 1988.
156 Zit. anonymer Aufsatz: Gedanken über unsere Baukunst, 1924, im CZA, J116/29: o. S. [3].
157 Zit. Friedemann 1908: 18–19.
158 Vgl. anonymer Aufsatz: Gedanken über unsere Baukunst, 1924, im CZA, J116/29: o. S. [3].

es nicht nur sein Da-Sein am Ort, sondern auch sein Eins-Sein mit ihm, seinen Traditionen, seiner Kultur und seiner Geschichte.

Erst diese ideologische Aufladung von Architektur als ein Bindeglied zwischen Land und Volk macht es möglich, die zionistischen Siedlungsbestrebungen und die israelische Landesentwicklungsplanung als integrativen Bestandteil des nationalen Formungsprozesses (nation-building) zu lesen. Architektur bleibt daher nicht bloßes Mittel der Kolonisierungsbestrebung, sondern wird ganz im Sinne der Kulturarbeit mit verantwortlich für die Revitalisierung des Judentums und der jüdischen nationalen Gemeinschaft. „Zweckmässig bauen und zugleich das Heimatgefühl stärken" ist die Aufforderung, Siedlungs- und Kulturarbeit miteinander zu verbinden, denn „dann werden die Kolonisten in ganz anderer Weise als bisher mit dem Lande verwachsen, die Scholle lieben [...]. Ein wirkliches Heimatgefühl wird erwachen – die seelische Grundlage auch für wirtschaftlichen Fortschritt und materielles Gedeihen [...]."[159] Was 1911 schon klar gefordert wurde, scheint in den Überlegungen und Konzeptionen des Nationalplans von 1948 verlorengegangen zu sein, beziehungsweise musste den dogmatischen und standardisierten Vorgaben Gartenstadt-idyllischer Siedlungseinheiten weichen. Erst gegen Ende der 1950er Jahre setzt sich wieder das Bewusstsein durch, dass Bauen und Architektur nicht nur Nutzraum fabrizieren, sondern auch maßgeblich für die Produktion einer Heimat zuständig sind.

Nach 1948 prägt ein neues, selbstbewusstes Nationsverständnis die israelische Gesellschaft. Die nationale Heimstätte des jüdischen Volkes konnte durch zionistische Bestrebungen und politische Verhandlungen und zum Teil gegen die Opposition ultraorthodoxer Vertreter durchgesetzt werden, die den zionistischen Nationalismus als eine moderne Form der Häresie ablehnen. Die Staatsgründung stellt ein politisches, rationales Ereignis dar, das auch ohne die Prophezeiungen der messianischen Heilserwartungen eingetreten ist. Biblische oder altorientalische Assoziationen weichen daher stärker aus dem Formen- und Bilderkanon israelischer Repräsentationsarchitektur und werden durch nationalstaatlich kodierte Aussagen ersetzt. Das Baugeschehen in Jerusalem bildet in diesem Zusammenhang wiederum eine Ausnahme. Die Stadt Jerusalem, für die auch der biblische Name Zion steht, vereinigt in sich die nationalen und religiösen Aspirationen und Hoffnungen des Judentums wie auch des Zionismus. Hier liegen – gemäss den biblischen Berichten – die Wurzeln der Kultur und der Nationalstaatlichkeit des Judentums, die auch der Zionismus in seine nationale Narration integriert. In den Besitzansprüchen auf diese Stadt stimmen säkulare wie religiöse Juden überein, ihre Eroberung und ihr Ausbau bilden einen nationalen Konsens. Als politisches und spirituelles Zentrum muss Jerusalem versuchen, die Erwartungen aller gesellschaftlichen Gruppierungen zu bedienen. Religiöse Interessen müssen ebenso gewahrt werden wie das zionistische

---

159 Zit. Friedemann 1911: 448, 452.

Bedürfnis nach einer nationalen Repräsentation. Anhand so unterschiedlicher Bautypologien wie dem Parlament, dem Kongresszentrum, den Museumsbauten und den nationalen Gedenkstätten wurde aufgezeigt, auf welche Weise Israel versucht, die territorialen Ansprüche auf Jerusalem in die Landkarte einzuschreiben. Zugleich wurde untersucht, wie diese Stätten räumlich und architektonisch inszeniert werden, um die Bedürfnisse nach staatlicher Repräsentation und nationaler Einheit zu befriedigen und inwieweit es ihnen gelingt, in ihrer Funktion, Gestaltung und ideologischen Aufladung die vielfältigen Ansprüche der heterogenen gesellschaftlichen Gruppierungen zu erfüllen. Die Architektur kollektiver Identifikationsorte wie beispielsweise der Knesset, des Schreins des Buches oder von Yad Vashem stellt daher einen Kompromiss zwischen dem Ausdruck säkularer Nationalstaatlichkeit sowie biblischer Assoziation und tradierter Formgebung dar. In ihrer räumlichen und architektonischen Inszenierung kristallisiert sich in diesen symbolträchtigen und identitätsstiftenden Stätten die nationale Historiographie und wird zu einer optisch erfahrbaren Gestalt. In der inszenierten Kontinuitätskonstruktion, die besonders in der Rekonstruktion des jüdischen Viertels deutlich wird, bestätigt die Historiographie und ihre architektonische Verortung in ihrer teleologischen Konsequenz Jerusalem als historisches, politisches, kulturelles und religiöses Zentrum des Judentums und des Staates Israel.

Außerhalb Jerusalems jedoch spielen biblische Vorbilder und Konstruktionen keine Rolle mehr. Architektur wird hier zum Träger des neuen, nationalstaatlichen Selbstbewusstseins, das aus der Erkenntnis schöpft, durch eigene aktive und politische Kraft eine Heimat und einen Staat errungen beziehungsweise erobert zu haben. Zionsliebe, Pioniergeist und kämpferische Bereitschaft sind Charakteristika, die zur Staatsgründung beigetragen haben, und die auch zur Sicherung der staatlichen Existenz in den folgenden Dekaden weiterhin nachgefragt werden.[160] Das Einschreiben dieser Werte in die Gesellschaft erfolgt einerseits über die Bildungspolitik, andererseits über das symbolische Aufladen öffentlicher Institutionen. Das Negev-Monument der Palmach-Brigaden in Beer Sheva zeigt besonders deutlich, wie die Erfahrungen und Ereignisse, die zur Staatsgründung geführt haben, in emotional erfahrbarer Weise der Bevölkerung vermittelt werden sollen. Die Ben-Gurion-Uni-

---

160 Brutzkus 1966: 213 fordert den Schutz von Nationalparks, in denen auch zukünftige Generationen noch das ursprünglich Pioniertum einüben können: „Israel ist durch ‚Pioniergeist' und ‚Grenzpsychologie' groß geworden, und die Fortsetzung dieser ‚Erziehung' der Jugend, die nicht vor Schwierigkeiten und Strapazen zurückscheut, ist für ihre geistige Hygiene unentbehrlich. Inzwischen wurde Israel auch ein dichtbevölkertes und weitentwickeltes Land, es gibt also kaum noch Möglichkeiten für eine Pionierkolonisation. Mindestens für die Erziehung der Jugend und die geistige Hygiene ist es aber sehr wichtig, gewissen entfernte Gebiete so ‚wild' und so unzugänglich wie nur möglich zu belassen – als Gegengewicht zu der ‚überzivilisierten' und ‚überentwickelten" Landschaft der verstädterten Gebiete."

versität ist in ihrer ideologischen Konnotierung komplexer. Als Beton-Trutzburg steht sie nicht nur gegen äußere Feinde, sondern aufgrund ihrer Lage in der peripheren Wüstenregion auch gegen die unwirtlichen Bedingungen an diesem Ort. Sie setzt ein Zeichen, den Ort zu vereinnahmen, vermittelt aber auch die Bereitschaft, ihn durch jüdische Arbeit zu besiedeln und zu entwickeln. Nicht nur der Ort, auch das Volk muss geformt werden, und zu beidem trägt die Universität institutionell und symbolisch bei. Sie ist Funktionsarchitektur und Monument zugleich.

Nicht nur die Universität, auch die anderen Projekte in Beer Sheva zeigen, dass mit Beginn der 1960er Jahre, ein Richtungswechsel in der israelischen Raumplanung und Politik einsetzt. Die reine Demonstration einer physischen Präsenz, die mit Siedlungsbauten über das gesamte Staatsgebiet gestreut wird, befriedigt weder im Hinblick auf eine gezielte Entwicklung des Landes noch auf eine kollektive Identitätsformung der Nation. Mit der Staatsgründung erhält das jüdische Volk zwar einen souveränen Staat, entwickelt damit aber noch lange nicht das Selbstverständnis als nationale Gemeinschaft. Der Aufbau und die kollektive Akzeptanz einer nationalen Identität bilden die große Herausforderung, der der Staat nach 1948 gegenübersteht. Es gilt, gemeinschaftsfördernde Bauten zu errichten sowie prägnante Bauten und Plätze anzulegen, die gemeinschaftlicher Aktivität und Identifikation dienen. Bauen heißt eine Heimat schaffen. Das Wissen um diese Heimat und das Wohlfühlen in ihr sind grundlegende Voraussetzungen, um aus einer Siedlergemeinschaft eine Staatsnation entstehen zu lassen. In diesem Zusammenhang werden zwar zentrale Institutionen errichtet sowie neue Wohn- und Siedlungsmodelle erprobt, eine Diskussion über den architektonischen Stil – oder einen nationalen Stil – als Ausdruck der neuen Nationalstaatlichkeit ist jedoch nicht nachzuweisen.[161] Nachdem in den 1950er Jahren vor allem ein maximales Volumen im Bau- und Wohnungswesen angestrebt wurde, beginnt man in den 1960er Jahren den Standard und die Qualität zu hinterfragen. Insbesondere der Architekt Aba Elhanani übt Kritik an der unreflektierten Übernahme europäischer Architekturtendenzen, die sich im geographischen und klimatischen Kontext Israels als wenig geeignet erweisen.[162] Wie bereits in den 1930er Jahren wird unter den Architekten weniger eine theoretische Diskussion um die stilistische Repräsentationsform in der Architektur geführt, als erneut die Frage nach regionalen – und das heißt funktionalen – Bezügen im zeitgenössischen Bauen gestellt. Neben dieser Auseinandersetzung mit den regionalen Gegebenheiten bemüht

---

161 Auch die interviewten Architekten bestätigen, dass eine solche Diskussion kaum geführt wurde. Statt dessen zwingen Masseneinwanderung, Kriege und finanzielle Defizite zu Pragmatismus im Bauwesen. Zur Verbindung von nationaler Repräsentation in Kunst und Architektur in neu gegründeten und sich formierenden Nationalstaaten vgl. Mythen der Nationen. Ein Europäisches Panorama, Ausst.-Kat. hrsg. von Monika Flacke, Deutsches Historisches Museum, Berlin 1998.
162 Vgl. Elhanani 1957, ders. 1960 und ders. 1962. Vgl. auch Kapitel 4.6.1 dieser Arbeit.

man sich vor allem, die „human values in urban architecture"[163] zu fördern, um die Bauten den Bedürfnissen der Bewohner und Nutzer anzupassen. Letztendlich liegt es im Interesse der Architekten – und der Politiker – eine Bau- und Siedlungspolitik zu betreiben, die sowohl in demographischer als auch in siedlungsstrategischer Hinsicht die erzielten Strukturen der Regionalförderung stabilisiert. Über eine stärkere Bindung an den Ort sollen die Bewohner sowie Gewerbe, Wirtschaft und Industrie langfristig auf die dezentralen Siedlungsstrukturen verteilt werden. Das heißt nicht, dass stilistischen und ästhetischen Aspekten in Architektur und Städtebau keine Bedeutung beigemessen wird. Aufgrund der politischen und finanziellen Umstände aber funktioniert nationale Repräsentation nicht über einen stilistischen Ausdruck in der Architektur, sondern – wie bereits in der zionistischen Kolonisierungsarbeit vor der Staatsgründung – allein schon über die Tatsache, dass es gelingt, die jeweiligen Bauvorhaben zu realisieren. Die symbolische und identitätsstiftende Qualität der Bauten erschließt sich über diesen konstruktiven Akt sowie die Nutzung der Gebäude und ihre rhetorische Einbindung in das Werk nationaler Aufbauarbeiten. Die Ben-Gurion-Universität bildet hierfür ein signifikantes Beispiel. Mit ihrer physischen Präsenz besetzt sie Raum, als institutionalisierte Wissensvermittlung leistet sie Kultur- und Bildungsarbeit. Mit solchen Projekten erhält der praktische und emotionale Bau einer Heimat – in Erfüllung zionistischer Positionen der Kultur- und Siedlungsarbeit – ab den 1960er Jahren eine nahezu gleichberechtigte Stellung in der israelischen Regierungspolitik.

Die Betrachtung der Bau- und Kulturpolitik in Jerusalem und Beer Sheva im Rahmen der vorliegenden Arbeit hat gezeigt, dass die Facetten zionistischer Aktion und Agitation im Sinne der Kolonisierungs- und Kulturarbeiten auch nach der Staatsgründung fortgesetzt werden. Die im Basler Programm von 1897 vorgegebene Verbindung beider Positionen für die „Schaffung einer öffentlich-rechtlich gesicherten Heimstätte" des jüdischen Volkes in Palästina wird nach 1948 zunächst zwar auseinandergerissen, die defizitären Entwicklungen aber führen schon Ende der 1950er Jahre zur Rückbesinnung auf die Verschränkung dieser zionistischen Methoden. In der Zeit zwischen den beiden großen arabisch-israelischen Kriegen – dem Unabhängigkeitskrieg 1948/49 und dem Sechs-Tage-Krieg 1967 – sind demzufolge in den peripheren Regionen zwei Phasen der Regional- und Nationalplanung zu unterscheiden. Zwei der in dieser Arbeit thematisierten Projekte – der Bau der Ben-Gurion-Universität (ab 1969) und der Wiederaufbau des jüdischen Viertels in Jerusalem (ab 1967) – zählen, zeitlich betrachtet, bereits zu einer neuen, noch späteren Phase der israelischen Baupolitik. Die Zäsur setzt der Sechs-Tage-Krieg von 1967, der einschneidende Veränderungen für die israelische Gesellschaft und das staatliche Baugeschehen zur Folge hat. Israel gelingen im Verlauf des Krieges große Gebietserobe-

---

163 Zit. Carmi 1977: 31.

rungen, die das Staatsgebiet um das Dreifache vergrößern (Abb. 3). Zugleich können mit der Besetzung von Ost-Jerusalem, der Jerusalemer Altstadt und der Westbank, für die Israel die biblischen Namen Judäa und Samaria benutzt, wichtige historische, biblische und religiös belegte Stätten dem israelischen Staat angegliedert werden. So stark aber auf der einen Seite Euphorie über die bewiesene militärische Stärke und die Eroberung von Stätten jüdischer Geschichte und Erinnerung herrscht, so schnell zerbricht auf der anderen Seite die Vision von Frieden und binationaler jüdisch-arabischer Koexistenz im Nahen Osten auf der Grundlage der 1948/49 getroffenen Territorialkompromisse.[164] Die arabischen Staaten und auch die von dem Sicherheitsrat der Vereinten Nationen im November 1967 verabschiedete Resolution fordern den „Rückzug der israelischen Streitkräfte aus [den] während des jüngsten Konflikts besetzten Gebieten."[165] Auch innerhalb der israelischen Gesellschaft stellen einige Gruppen diese territoriale Expansion rechtlich und moralisch in Frage, da sie um die Integrität des Staates fürchten.[166] Israel wird 1967 mit der militärischen Besetzung der Westbank, Ost-Jerusalems und des Gaza-Streifens zu einer militärischen Besatzungsmacht über mehr als eine Million Araber und sieht sich dem Vorwurf eines aggressiven Kolonialismus ausgesetzt. Mit dem hohen Anteil an Arabern, der durch die Besetzung der arabischen Gebiete in die israelische Gesellschaft integriert werden muss, ist zugleich die kulturelle, das heißt jüdische Identität des Staates gefährdet.[167]

Wie bereits vor und nach der Staatsgründung steht Israel 1967 erneut vor der Aufgabe, auf die veränderten geopolitischen und sicherheitsstrategischen Bedingungen zu reagieren und durch eine Landesentwicklungsplanung und eine Kulturpolitik

---

164 Für eine detaillierte Analyse der israelischen Gesellschaft, ihrer Umbrüche und Veränderungen im Kontext des Sechs-Tage-Krieges 1967 und des Yom-Kippur-Krieges 1973 vgl. Stephen J. Roth (Hg.): The Impact of the Six-Day War. A Twenty Year Assessment, London 1988 und Eisenstadt 1992: 502–559.
165 Zit. Entschließung des UN-Sicherheitsrates Nr. 242, 22.11.1967 nach: Schreiber/Wolffsohn: 201.
166 Das Amt des Premierministers, Informationsabteilung, gibt eine offizielle Rechtfertigungsanleitung nach dem Sechs-Tage-Krieg heraus: „After the Six-Day War, a booklet – 'Know what to answer' – was issued to help Israeli travelling overseas, as well as teachers and lecturers, to reply, in Israel's vindication, to criticism or curiosity on that multifarious topic." Zit. Government Year Book 5728 (1967–1968): 53.
167 In den besetzten Gebieten werden nach 1967 keine Bevölkerungserhebungen durchgeführt. Das West Bank Date Project, vgl. Benvenisti 1984: 2, Tab. 1, verzeichnet für das Jahr 1970 circa 607.800 Araber in der Westbank und 370.000 im Gazastreifen. In Ost-Jerusalem leben Ende 1967 schätzungsweise 67.000 und 1982 circa 120.000 Araber. Dieser über einer Million Araber in den besetzten Gebieten stehen circa 2,4 Millionen Juden und 390.000 Araber im Kernland Israels gegenüber (Angaben für 1967). Da die arabischen Bewohner ein höheres natürliches Wachstum zeigen, würde Israel – der jüdische Staat – bei einer vollständigen Annexion der besetzten Gebiete schnell ein jüdisch-arabisches Bevölkerungsverhältnis von 3:2 verzeichnen.

den Bestand des Landes und der jüdischen Nation in den neuen Grenzen zu konsolidieren. Vor diesem Hintergrund setzt in der Tradition der zionistischen und israelischen Kolonisierungsmethode eine neue Phase der dezentralen Siedlungsgründung ein. Bis zum Jahr 1983 werden insgesamt 106 israelische Siedlungen in den besetzten Gebieten sowie zahlreiche Vororte rund um Jerusalem errichtet. Bis zum Regierungswechsel 1977, in dem der Likud und die Nationalreligiöse Partei unter Menachem Begin erstmals seit der Staatsgründung die Arbeitspartei aus der Regierungsverantwortung ablösen, folgen die Siedlungsgründungen dem sogenannten „Allon-Plan".[168] Aus politischen und sicherheitsstrategischen Gründen sieht dieser Plan einen Siedlungsbau entlang der jordanischen Grenze im fruchtbaren Jordantal und den grenznahen – weitgehend unbesiedelten – Bergketten von Judäa und Samaria sowie rund um Ost-Jerusalem vor. Nur diese circa 40 Prozent des besetzten Gebietes sollen dem israelischen Staatsgebiet angegliedert werden. Während diese Politik vor allem von sicherheitspolitischen Aspekten angeleitet wird und bestrebt ist, größtmögliche Flächen zu annektieren, ohne dabei den Anteil der arabischen Bevölkerung in Israel zu erhöhen, fördert die Likud-Regierung ab 1977 eine flächendeckende Siedlungsstruktur in den besetzten Gebieten.[169] Dabei werden vor allem dominant arabische Gebiete von neuen jüdischen Siedlungen durchbrochen. In Ost-Jerusalem (Abb. 169) werden beispielsweise ab 1968 die zentrumsnahen Flächen im Nordosten durch die jüdischen Siedlungen Ramat Eshkol, French Hill (Givat Shapira) und Ma'alot Daphna überbaut und damit die Lücken jüdischer Siedlungsstrukturen zwischen West-Jerusalem und der israelischen Enklave auf dem Berg Skopus geschlossen.[170] In einer zweiten Phase seit den frühen 1970er Jahren wird mit Ramot, Neve Ya'akov, East Talpiot und Gilo im Radius von circa zehn Kilometern ein Ring jüdischer Siedlungen um das arabische Ost-Jerusalem gelegt. Durch ihre Hügellage kontrollieren sie die Altstadt und fungieren als siedlungsgeographische Blockaden gegen eine weitere Ausdehnung arabischer Siedlungsstrukturen.[171] In der dritten Phase werden drei

---

168 Vgl. Benvenisti 1984: 51–52, Efrat 1988: 35–49 und Efrat 1996: 22–24 und 31–33. Der „Allon-Plan" wird von der Knesset im Juli 1967 vorläufig und im Juni 1968 offiziell als Siedlungsstrategie-Papier, aber nicht als bindender politischer Vertrag, angenommen.
169 Bereits nach dem Yom-Kippur-Krieg formiert sich 1974 die religiös-fanatische Siedlerbewegung Gush Emunim (Block of the Faithful/Block des Glaubens), die eine jüdische Besiedlung in ganz Eretz Israel fordert. Obwohl die israelische Armee immer wieder illegal errichtete Siedlungen räumt, gelingt es Gush Emunim noch vor 1977, Siedlungen im sogenannten „Etzion-Block" (zwischen Bethlehem und Hebron), bei Hebron (Kiryat Arba) sowie im Zentrum Samarias (Ofra, Shiloh und Kfar Kedumim) und in den Golan Höhen (Keshet) aufzubauen. Zu den israelischen Siedlungsaktivitäten in der Westbank nach 1967 vgl. Benvenisti 1984, Reichmann 1986, Efrat 1988 und Troen 1992.
170 Vgl. Kroyanker 1975: 187–195, Michelson 1977: 64–68 und Hyman/Kimhi/Savitzky 1985: 7–8. Einen Überblick über die Baupolitik in Jerusalem nach 1967 geben Schweid 1987 und Dumper 1997: 99–160.
171 Vgl. Kroyanker 1975: 196-204, Michelson 1977: 58-63 und Brik 1996: 149.

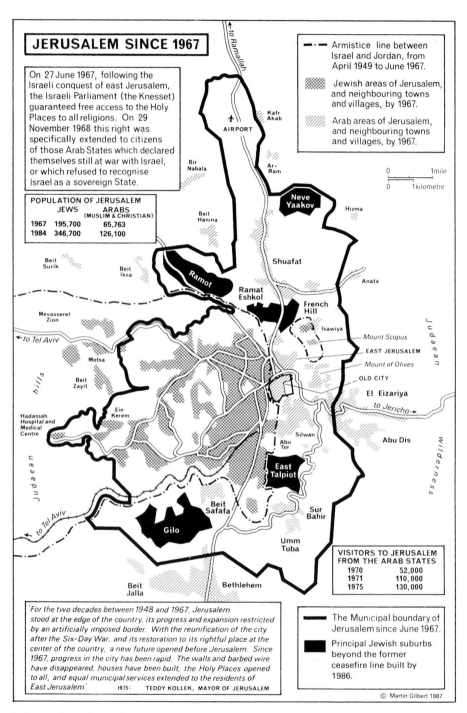

Abb. 169: Jerusalem seit 1967

großen Satellitenstädte Ma'ale Adumim (1979), Givat Zeev (1981) und Efrata (1982) gegründet, um das jüdische Bevölkerungswachstum in und um Jerusalem in suburbane Strukturen in den besetzten Gebieten umzulenken.[172] Nach bewährter kolonisatorischer Methode werden meist standardisierte und in Massen vorfabrizierte Gebäude in den Siedlungen errichtet und durch finanzielle Vergünstigungen für jüdische Bewohner und Neueinwanderer attraktiv angeboten.[173]

Das Prinzip, sich durch Siedlungspräsenz Land anzueignen, wird auf diese Weise nach den Mauer-und-Wachturm-Bauten (Homa u-migdal) der vorstaatlichen Zeit und den neuen Entwicklungsstädten in dem ersten Jahrzehnt nach der Staatsgründung in modifizierter Form nach 1967 erneut angewendet. Dabei reicht es sowohl aufgrund der außenpolitischen Konstellation sowie der eigenen gesellschaftlichen Krisen nicht mehr aus, bloße Präsenz zu zeigen, um Ansprüche auf das Land und den Bestand des Staates anzumelden. Ein verstärkter Rechtfertigungsdruck sowie die Herausforderung des jüdischen Charakters des israelischen Staates durch die Zerrissenheit der heterogenen Bevölkerung und einen hohen arabischen Anteil machen es erforderlich, auch im Bereich des Bauwesens verstärkt um die Legitimation des Staates, seiner Nation und seiner territorialen Ansprüche zu werben. Allein das gemeinschaftliche Gefühl von Patriotismus kann die verschiedenen gesellschaftlichen Gruppierungen nicht für die israelische Kollektividentität vereinnahmen; neue Symbole einer solchen Kollektividentität müssen geschaffen und definiert werden.

Die Ben-Gurion-Universität in Beer Sheva und der Wiederaufbau des jüdischen Viertels in Jerusalem müssen als wichtige Projekte der Baupolitik nach 1967 in diesem identitätsstiftenden Kontext betrachtet werden. Die Universität ist aufgrund ihrer langen Gründungsgeschichte, die ihre Anfänge in den frühen 1960er Jahren besitzt, Bestandteil der Siedlungs- und Kulturpolitik sowohl vor als auch nach dem Sechs-Tage-Krieg. Ihre Gründungsinitiative erklärt sich aus dem veränderten städtebaulichen und gesellschaftspolitischen Kurs der Regierung seit dem Ende der 1950er Jahre. Die offizielle Gründung findet schließlich 1969, nach dem Sechs-Tage-Krieg, statt und steht damit in der Erwartung, zum Aufbau eines israelischen Kollektivbewusstseins beizutragen. Besonders deutlich werden die neue Identitäts- und Legitimationspolitik sowie die Diskussion um das jüdische Wesen und die jüdischen Merkmale in Israel beim Wiederaufbau des jüdischen Viertels in Jerusalem. Archäologie und Denkmalpolitik werden hier von der Regierung als identitätsstiftende und nationskonstituierende Strategien instrumentalisiert. Archäologische Grabungen tragen

---

172 Vgl. Hyman/Kimhi/Savitzky 1985: 7–8 und Israel Builds 1988: 160–179.
173 Die Euphorie über den militärischen Sieg Israels und die Eroberung historischer und biblischer Stätten des Judentums führt zu einer verstärkten jüdischen Einwanderung nach Israel. Es gelangen vor allem Juden aus Westeuropa und den USA nach Israel, die – nicht mehr dem Ideal des landwirtschaftlichen Pioniers verhaftet – zu einem großen Teil in den neuen urbanen Siedlungen ansässig werden. Vgl. Eisenstadt 1992: 433–436.

die Hoffnung, durch antike Zeugnisse die israelische Nation in die Nachfolge der israelitischen Stammesgemeinschaft zu stellen und über diese Kontinuitätskonstruktion den jüdischen Staat zu legitimieren. Der Wiederaufbau des Viertels erfolgt in historisierenden Formen. Dabei sind die einzelnen Bauten und Bauformen keineswegs als spezifisch jüdisch oder israelisch zu erkennen – im Gegenteil, die Bauten gleichen denen des arabischen, christlichen und armenischen Viertels. Nationale Repräsentation und symbolische Qualität zeichnen sich in der Geschichte des Zionismus und des Staates Israel nicht durch einen spezifischen Baustil aus, sondern werden über die ideologische Aufladung des Projektes im Kontext der nationalen Geschichts- und Identitätskonstruktion transportiert. Was zählt, ist die Gesamterscheinung des Viertels, das in seiner architektonischen Inszenierung sowie in seiner Besiedlungs- und Nutzungsstruktur eine kontinuierliche jüdische Präsenz suggeriert und Spuren andersethnischer oder andersreligiöser Besiedlung weitestgehend auslöscht.

Nationale Identität, das hat die Betrachtung einiger ausgewählter städtebaulicher, architektonischer und denkmalpolitischer Projekte vor und nach der Staatsgründung mit einem kurzen Ausblick auf die Zeit nach dem Sechs-Tage-Krieg ergeben, ist in Israel nicht mit einem spezifischen Baustil verbunden. Dennoch ist das israelische Bauwesen – auch ohne einen nationalen Baustil zu entwickeln – stark in den Aufbau einer nationalen Repräsentation des Staates und der Kollektividentität seiner jüdischen Nation eingebunden. Die Mechanismen funktionieren hier anders – ohne die ideologische Kodierung eines spezifischen Stils als nationaler Ausdrucksform. Der Staat und seine Identität schreiben sich über Architektur und Städtebau in die Landkarte ein und werden in ihrer baulichen Präsenz optisch erfahrbar. Ideologische Inhalte und symbolische Werte der einzelnen Bauten drücken sich dabei nur zum Teil über die architektonische Gestalt aus und werden vor allem über die räumliche Inszenierung und die ideologische Aufladung des jeweiligen Objekts transportiert. Programmatische Ansprachen, politische Rituale und Feierlichkeiten helfen, der Gesellschaft die nationale Bedeutung der Objekte und ihrer Funktion zu vermitteln. Nationale Repräsentation in Städtebau, Architektur und Denkmalpolitik kann daher in Israel nicht allein in stilistischen Kategorien beurteilt werden. Sie muss vielmehr in Beziehung zur Regierungspolitik sowie zu den kulturpolitischen und kulturhistorischen Diskussionen gesetzt und schließlich in das gesamtstaatliche Baugeschehen eingeordnet werden. Erst über diese politische und ideologische Einbindung entfalten Städtebau, Architektur und Denkmalpolitik ihre staatstragende und identitätsstiftende Bedeutung im Prozess des israelischen Staats- und Nationsaufbaus.

6. Anhang

6.1 Abkürzungen

JAEAP Journal of the Association of Engineers and Architects in Palestine
JAEAI Journal of the Association of Engineers and Architects in Israel [= Nachfolge des JAEAP; erscheint in den 1950er Jahren mit dem Untertitel „Handasa we-Adrikhalut"]
IDF Israelische Streitkräfte (Israel Defence Forces)
CRDJQ Company for the Reconstruction and Development of the Jewish Quarter in Jerusalem
P.I.C.A. Palestine Jewish Colonisation Association, gegründet 1891
PLDC Palestine Land Development Company
JNF Jüdischer Nationalfond

6.2 Interviews und Gespräche

Die folgende Auflistung stellt eine Auswahl dar. Aufgenommen wurden lediglich Gespräche und Interviews, die spezielle Informationen lieferten, die in den Text dieser Arbeit übernommen wurden und nur in den seltensten Fällen durch andere Quellen belegt werden können.

Yoel Bar-Dor und Nehami Bikson, Architekten (beteiligt am Wiederaufbau des Jüdischen Viertels in Jerusalem), Jerusalem 31.12.2000 und 16.08.2001.
David Best, Architekt (leitender Architekt für den Bau der neuen Entwicklungsstadt Arad), Tel Aviv 08.09.2000.
Peter Bugod, Architekt (Cardo im Jüdischen Viertel in Jerusalem), Jerusalem 28.12.2000.
Ada Carmi-Melamed, Architektin (Um- und Erweiterungsbauten der Ben-Gurion-Universität des Negev in Beer Sheva seit Ende der 1990er Jahre), Tel Aviv 02.01.2001.
Ram Carmi, Architekt (Modellsiedlung „Shikum Le-dogma" in Beer Sheva, Merkaz Ha'Negev in Beer Sheva, beteiligt an den Entwürfen zur Knesset in Jerusalem), Tel Aviv 06.08.2001 und 30.08.2001.
Gideon Charlap und sein Nachfolger Yinon Achiman, Direktoren der CRDJQ, diverse Gespräche im Herbst 2000 und Herbst 2001.
Eliezer Frenkel, Architekt und Direktor der SADNA School of Architecture and Interior Design, Tel Aviv (beteiligt am Wiederaufbau des Jüdischen Viertels in Jerusalem, darunter die Yeshiva Ha'Kotel und das Yigal-Alon-Haus), diverse Gespräche im Winter 2000/2001, Sommer 2001 und Sommer 2002.

SHALOM GARDI, Architekt (leitender Architekt der CRDJQ), Mevaseret Zion 24.12.2000.
JOSPEH GEVER und NACHMAN NIR, Planer und Ingenieur (beteiligt am Wiederaufbau des Jüdischen Viertels in Jerusalem), Tel Aviv 21.08.2001.
TOMER GOTTHELF, Mitarbeiter der Planungsabteilung am Innenministerium, Jerusalem 30.08.2001.
TEDDY KOLLEK, 1965–1993 Bürgermeister von Jerusalem und Gründer der Jerusalem Foundation im Jahr 1966, Jerusalem 07.08.2001.
MOSHE LOFENFELD, Architekt (Schubladen- und Pyramidenhäuser „Beit Diroth" und „Beit Piramidoth" in Beer Sheva), Tel Aviv 04.09.2002.
GOLDA MOYSA und ZVI TAL YOSEF, Mitarbeiter des Stadtplanungsamtes in Beer Sheva, Beer Sheva 25.09.2000.
SHULAMIT NADLER und MOSHE GIL, Architekten (Universitätsbibliothek in Beer Sheva, Rathaus in Beer Sheva, beteiligt an der National- und Universitätsbibliothek in Givat Ram, Jerusalem), Tel Aviv 24.09.2000.
IRENA NEIDMANN und BOB RESNIK, Mitarbeiter des Wohnungsbauministeriums, Negev-Planungsabteilung, Beer Sheva 25.09.2000.
EHUD NETZER, Architekt und Professor für Archäologie an der Hebräischen Universität in Jerusalem (Grabungen und Wiederaufbauplanung des Jüdischen Viertels in Jerusalem), diverse Gespräche im Winter 2000/2001, Sommer 2001 und Sommer 2002.
AMNON NIV, Architekt (Geisteswissenschaftliche Fakultät der Ben-Gurion-Universität des Negev in Beer Sheva), Tel Aviv 22.08.2001.
YAACOV PRAG, Innenarchitekt (Entwurf zur Gestaltung des Platzes vor der Klagemauer im Jüdischen Viertel in Jerusalem), Haifa 25.09.2001.
SUSAN HATTIS ROLEF, Historikerin und Angestellte im Archiv und der Bibliothek der Knesset, Jerusalem 28.12.2000.
MOSHE SAFDIE, Architekt (Yeshiva Porat Yosef im Jüdischen Viertel, Jerusalem), Boston 01.02.2001 und 02.02.2001.
YAACOV YAAR, Architekt (beteiligt am Wiederaufbau der Jüdischen Viertels in Jerusalem), Tel Aviv 27.12.2000.
AVRAHAM YASKI und AMNON ALEXANDRONI, Architekten (Modellsiedlung „Shikum Le-dogma" in Beer Sheva, Masterplan der Ben-Gurion-Universität des Negev in Beer Sheva, beteiligt an der National- und Universitätsbibliothek in Givat Ram, Jerusalem), Tel Aviv 25.12.2000, 09.09.2001 und 12.09.2001.
DAVID ZIFRONI, ehemaliger Generaldirektor der CRDJQ, Jerusalem 12.09.2001.

6.3 Archive und Sammlungen

Die folgende Aufstellung stellt eine Auswahl der wichtigsten Archive, Privatsammlungen und Bibliotheken dar, in denen Material für die vorliegende Arbeit gefunden werden konnte.

ACRDJQ Archiv der Company for the Reconstruction and Development of the Jewish Quarter in Jerusalem, Jerusalem
AYA Aviezer Yellin Archives of Jewish Education in Israel and the Diaspora (Archion le-hinuch yehudi be-israel ve be-golah), Tel Aviv Universität, Tel Aviv
BAWbM Bibliothek und Archiv des israelischen Wohnungsbauministeriums (Misrad Ha'shikun), Jerusalem

BGA	Ben Gurion Archives, Midreshet Ben-Gurion Research Center, Sde Boker
BGU Plansammlung	Plansammlung der Ben-Gurion-Universität des Negev, Beer Sheva
BPASt Beer Sheva	Bau- und Planarchiv der Stadt Beer Sheva, Beer Sheva
BPASt Jerusalem	Bau- und Planarchiv der Stadt Jerusalem, Jerusalem
CURS	Center for Urban and Regional Studies and the Documentation Unit of Architecture, Technion – Israel Institute of Technology, Faculty of Architecture and Town Planning, Haifa
CZA	Central Zionist Archives, Jerusalem
CZA Photo-Slg.	Central Zionist Archives, Photograph Division, Jerusalem
DTA	David Tuviyahu Archives of the History of the Settlement of the Negev, Aranne Central Library, Ben-Gurion University of the Negev, Beer Sheva
ISA	Israel State Archives, Jerusalem
JF	The Jerusalem Foundation, Jerusalem
JNUL	Jewish National and University Library, Jerusalem
KA	Knesset Archive, Jerusalem
MSC	Moshe Safdie Collection, Canadian Architecture Collection, McGill University, Montreal
NAWbM	Negev-Abteilung des Wohnungsbauministeriums (Misrad Shikun Ha'negev), Beer Sheva
NPC	National Photo Collection, Government Press Office, Prime Minister's Office, Jerusalem
Slg. Bugod	Private Sammlung Peter Bugod, Jerusalem
Slg. Carmi	Private Sammlung Ram Carmi, Tel Aviv
Slg. Frenkel	Private Sammlung Eliezer Frenkel, Tel Aviv
Slg. Gardi	Private Sammlung Shalom Gardi, Mevaseret Zion
Slg. Lofenfeld	Private Sammlung Moshe Lofenfeld, Tel Aviv
Slg. Mansfeld	Private Sammlung Al Mansfeld [= im Besitz des Sohnes Michael Mansfeld], Haifa
Slg. Nadler	Private Sammlung Nadler, Nadler, Bixon & Gil, Tel Aviv
Slg. Netzer	Private Sammlung Ehud Netzer, Jerusalem
Slg. Niv	Private Sammlung Amnon Niv, Tel Aviv
Slg. Prag	Private Sammlung Yaacov Prag, Haifa
Slg. Rolef	Private Sammlung Susan Hattis Rolef, Jerusalem
Slg. Safdie	Private Sammlung Moshe Safdie, Boston
Slg. Sharon	Private Sammlung Arieh Sharon [= im Besitz der Tochter Yael Aloni], Tel Aviv
Slg. Voigt	Private Sammlung Wolfgang Voigt, Frankfurt/Main
Slg. Yaski	Private Sammlung Avraham Yaski, Tel Aviv
StA Jerusalem	Stadtarchiv Jerusalem, Stadtverwaltung Jerusalem
Yad Vashem Archives	Yad Vashem, Department for Commemoration and Public Relations, Jerusalem

6.4 Quellenschriften- und Literaturverzeichnis

Israelische Periodica, Zeitungen und Zeitschriften

Government Year Book, State of Israel, Jerusalem, ab 5711 (1950).
Statistical Abstract of Israel, State of Israel, Jerusalem, ab 1949 (No. 1).
The Anglo-Palestine Year Book, London: 1946 und 1947/48; Fortsetzung als The Israel Year Book, Tel Aviv, seit 1950/51.
The Palestine Post, Dec. 1932–April 1950; Fortsetzung als The Jerusalem Post, seit Mai 1950.
Aleph Aleph, Quarterly of the Israel Institute of Architects (unregelmäßiges Erscheinen)
Architecture in Israel, seit 1966.
Architecture of Israel, seit 1988.
ariel. Zeitschrift zur Kunst und Bildung in Israel, 1/1966–110/1999.
Cathedra for the History of Eretz-Israel and its Yishuv, seit 1976.
City and Region. Quarterly for Local Administration, Planning and Environmental Quality, published by the Ministry of Interior, Jerusalem, seit 1972.
Environmental Planning, seit 1969.
Israel Studies, Ben-Gurion Universität des Negev, Beer Sheva, seit 1996.
Journal of the Association of Engineers and Architects in Palestine (JAEAP), 1/1936–8/1948, Fortsetzung als Journal of the Association of Engineers and Architects in Israel (JAEAI), seit 10/1952.
Studies in Zionism, seit 1980.
Tvai. architecture, town planning, industrial design and the plastic arts,1/1966–29–30/1992.

Quellschriften, Archivalien und Sekundärliteratur

Da Forschungszeitraum und Rezeptionsgeschichte in dieser Arbeit sehr dicht beieinander liegen beziehungsweise nur schwer voneinander zu trennen sind, ist eine Klassifizierung des verwendeten Materials in Quellschriften, Archivalien und Sekundärliteratur in vielen Fällen problematisch. Die verwendeten Materialien sind daher in einer gemeinsamen Liste zusammengefasst worden. Unpublizite Schriften und Materialien, die nicht über die allgemeinen Katalogsysteme recherchierbar sind, werden mit einem Verweis auf den Fundort aufgeführt. Hebräische Titel wurden, sofern kein offizieller englischer Titel vorliegt, von mir ins Deutsche übersetzt.

Aaronsohn 1996:
    Ran Aaronsohn: Settlement in Eretz Israel – A Colonialist Enterprise? „Critical" Scholarship and Historical Geography, in: Israel Studies, Vol. 1, No. 2, Fall 1996: 214–229.
Abrahams 1912:
    Israel Abrahams: A University for Jerusalem, in: Cohen, I. 1912: 54–57.
Abrahamson 1993:
    Maura Ann Abrahamson: British Town Planning in Jerusalem, masch. Diss. University of Chicago/IL 1993.
Ackerman/Carmon/Zucker 1982:
    Walter Ackerman, Arye Carmon, David Zucker (Hg.): Erziehung in Israel, 2 Bde., Stuttgart 1982.
Adler 1943:
    L. Adler: The Decentralisation of Industry as a Principle of National Planning, in: JAEAP, Vol. IV, No. 6, October 1943: 7 (hebr.).

AHIMEIR/LEVIN 1980:
   Ora Ahimeir, Michael Levin (Hg.): Modern Architecture in Jerusalem, Institute for Jerusalem Studies, Discussion Paper No. 4, Jerusalem 1980.

AHIMEIR/LEVIN 1984:
   Ora Ahimeir, Michael Levin (Hg.): Monumental Architecture in Jerusalem, Israel 1984. (hebr.).

AKZIN/DROR 1966:
   Benjamin Akzin, Yehezkel Dror: Israel. High-Pressure Planning, Syracuse University Press/ NY 1966.

ALEXANDER 1981a:
   Ernest R. Alexander: Neighborhood Rehabilitation in Israel. The Administrative-Institutional Context. The Initial Period of Project Renewal 1978–1980, Technion, Working Paper No. 9, Haifa 1981, masch. Broschüre in BAWbM.

ALEXANDER 1981b:
   Ernest R. Alexander: Slum Rehabilitation in Israel. The Administrative-Institutional Context. Neighborhood Renewal in Israel: History and Context, Technion, Working Paper No. 8, Haifa 1981, masch. Broschüre in BAWbM.

AL-KHATIB 1981:
   Rouhi Al-Khatib: The Judaization of Jerusalem, Islamabad, September 1981.

ALMOG 1987:
   Shmuel Almog: Zionism and History. The Rise of the New Jewish Consciousness, New York 1987.

ALMOGI 1963:
   Josef Almogi: Scheme for the Clearance and Rebuilding of Slum Areas in Israel, State of Israel, Ministry of Housing, November 1963, masch. Broschüre in BAWbM.

ALPERT 1982:
   Carl Alpert: Technion. The Story of Israel's Institute of Technology, New York 1982.

ALTMAN/ROSENBAUM 1973:
   Elisabeth A. Altman, Betsey R. Rosenbaum: Principles of Planning and Zionist Ideology: The Israeli Development Town, in: Journal of the American Institute of Planners, Vol. 39, No. 5, September 1973: 316–325.

ALWEYL o. J.:
   A. Alweyl: Development of Building Methods in Public Housing Projects in Israel, Teilabdruck aus: ders.: Engineering Economy in Building, State of Israel, Ministry of Housing, o.O. und o.J.

AMIRAN 1973:
   David H. K. Amiran: The Development of Jerusalem, 1860–1970, in: Amiran/Shachar/Kimshi 1973: 20–52.

AMIRAN/SHACHAR 1969:
   David H. K. Amiran, Arieh Shachar 1969: Development Towns in Israel, Hebrew University Jerusalem 1969.

AMIRAN/SHACHAR/KIMSHI 1973:
   David H. K. Amiran, Arieh Shachar, I. Kimshi (Hg.): Urban Geography of Jerusalem. A Companion Volume to the Atlas of Jerusalem, Jerusalem/Berlin 1973.

ANATI 1964:
   Emmanuel Anati: Ancient Art in the Negev, in: The Israel Year Book 1964: 167–173.

APPLEBAUM 1962:
   Shimon Applebaum: Archaeology in Israel, Israel Today, No. 10, Jerusalem Mai 1962 (1. Aufl. 1959).

APPLEBAUM/NEWMAN/MARGULIES 1989:
   Levia Applebaum, David Newman, Julia Margulies: Institutions and Settlers as Reluctant Partners: Changing Power Relations and the Development of New Settlement Patterns in Israel: in: Journal of Rural Studies, Vol. 5, No. 1, 1989: 99–109.

ARONOFF 1989:
   Myron J Aronoff: Israeli Visions and Divisions. Cultural Change and Political Conflict, New Brunswick 1989.
ARONOFF 1991:
   Myron J Aronoff: Myth, Symbols, and Rituals of the Emerging State, in: Silberstein 1991: 175–192.
ASCHER 1943:
   B. Ascher: Planning Problems of Palestine, in: JAEAP, Vol. IV, No. 6, October 1943: 5 (hebr.).
ASHBEE 1921:
   Charles Robert Ashbee: Jerusalem 1918–1920: Being the Records of the Pro-Jerusalem Council during the Period of the British Military Administration, London 1921.
ASHBEE 1924:
   Charles Robert Ashbee: Jerusalem 1918–1920: Being the Records of the Pro-Jerusalem Council during the First Two Years of the Civil Administration, London 1924.
ASSMANN, A. 1993:
   Aleida Assmann: Zur Metaphorik der Erinnerung, in: Assmann/Harth 1993: 13–35.
ASSMANN, A. 1999:
   Aleida Assmann: Erinnerungsräume. Formen und Wandlungen des kulturellen Gedächtnisses, München 1999.
ASSMANN, J. 1988:
   Jan Assmann: Kollektives Gedächtnis und kulturelle Identität, in: Assmann/Hölscher 1988: 9–19.
ASSMANN, J. 1992:
   Jan Assmann: Frühe Formen politischer Mythomotorik. Fundierende, kontrapräsentische und revolutionäre Mythen, in: Assmann/Harth 1992: 39–61.
ASSMANN, J. 1993:
   Jan Assmann: Die Katastrophe des Vergessens. Das Deuteronomium als Paradigma kultureller Mnemotechnik, in: Assmann/Harth 1993: 337–355.
ASSMANN/HARTH 1992:
   Aleida Assmann, Dietrich Harth (Hg.): Revolution und Mythos, Frankfurt 1992.
ASSMANN/HARTH 1993:
   Aleida Assmann, Dietrich Harth (Hg.): Mnemosyne. Formen und Funktion der kulturellen Erinnerung, Frankfurt 1993 (1. Aufl. 1991).
ASSMANN/HÖLSCHER 1988:
   Jan Assmann, Tonio Hölscher (Hg.): Kultur und Gedächtnis, Frankfurt 1988.
ATZMON 1999:
   Moshe Atzmon: Collegial Competition over the Campus, in: Architecture of Israel, No. 38, Summer 1999: 34–49.
AUHAGEN 1912:
   Hubert Auhagen: Bericht des Herrn Directors Hubert Auhagen an das Directorium des Jüdischen Nationalfonds (vertraulich), Januar 1917, masch. Bericht im CZA, A 121/93II.
AUSST.-KAT. „BUILD YE CITIES" 1985:
   „Build Ye Cities". An Exhibition of Israeli Architecture, hrsg. von Gilead Duvshani und Harry Frank, London, November 1985.
AUSST.-KAT. A CIVILIAN OCUPATION 2002:
   A Civilian Ocupation. The Politics of Israeli Architecture, Ausst.-Kat. hrsg. von Rafi Segal und Eyal Weizman, July 2002 [= von der israelischen Architektenkammer zurückgezogener, behelfsmäßig auf Zeitungspapier gedruckter und von den Herausgebern eigenverantwortlich verlegter Katalog zum UIA-Weltkongress der Architektur, Berlin 2002].
AUSST.-KAT. BEZALEL 1983:
   Bezalel 1906–1929, hrsg. von Nurit Shilo-Cohen, The Israel Museum, Jerusalem 1983.

AUSST.-KAT. BOOK OF THE SHRINE 1992:
: The Book of the Shrine, hrsg. von Hans Nevidal, Alte Galerie/Joanneum, Graz 1992 und Jüdisches Museum Wien 1992–1993.
AUSST.-KAT. HOUSING IN THE DESERT 1988:
: Housing in the Desert, Negev Museum Beer-Sheva, 1988 (hebr./engl.).
AUSST.-KAT. JEWISH SETTLEMENT 1990:
: The Jewish Settlement in the „Bnei Shimon" Region in the Negev 1946–1960, Photo-Exhibition Joe Alon Center. Museum of Bedouin Culture, August 1990 (hebr./engl.).
AUSST.-KAT. KIESLER 1975:
: Frederick Kiesler. Architekt. Maler. Bildhauer. Schriftsteller. Bühnenbildner. Designer, Museum Bonn 1975.
AUSST.-KAT. KIESLER 1996:
: Frederick Kiesler. Artiste-architecte, Centre Georges Pompidou, Paris 1996.
AUSST.-KAT. KIESLER 1997:
: Friedrich Kiesler 1890–1965. Inside the endless House, hrsg. von Dieter Bogner, 231. Sonderausstellung des Historischen Museums der Stadt Wien, Dez. 1997–März 1998, Wien 1997.
AUSST.-KAT. NEW TOWNS IN ISRAEL 1958:
: New Towns in Israel. Guide to the International Town Planning Exhibition, Moscow, Association of Engineers and Architects in Israel, Tel Aviv 1958.
AUSST.-KAT. REISE NACH JERUSALEM 1995:
: Die Reise nach Jerusalem. Eine kulturhistorische Exkursion in die Stadt der Städte. 3000 Jahre Davidsstadt, Große Orangerie, Schloss Charlottenburg, Berlin Nov. 1995–Feb. 1996, Berlin 1995.
AUSST.-KAT. SHRINE OF THE BOOK 1998:
: The Shrine of the Book: A Biography, The Israel Museum, hrsg. von Susanne Landau, Yigael Zalmona, Elaine Varady, Jerusalem 1998.
AUSST.-KAT. TEL AVIV 1993:
: Tel Aviv. Neues Bauen 1930–1939, Architekturmuseum der Technische Universität München und Institut für Auslandsbeziehungen, Stuttgart, Tübingen/Berlin 1993.
AUSST.-KAT. TO THE EAST 1998:
: To the East. Orientalism in the Arts of Israel, The Israel Museum, Jerusalem 1998.
AUSST.-KAT. WHITE CITY 1984:
: White City. International Style Architecture. A Portrait of an Era, hrsg. von Michael Levin, Tel Aviv Museum 1984.
AVIDOR 1957:
: Moshe Avidor: Education in Israel, Jerusalem 1957.
AVINERI 1981:
: Shlomo Avineri: The Making of Modern Zionism: The Intellectual Origins of the Jewish State, New York 1981.
AVI-YONAH 1970:
: Michael Avi-Yonah: The Eternal City, in: The Israel Year Book 1970: 223–232.
AVI-YONAH 1974:
: Michael Avi-Yonah: Jerusalem in Archaeology and History, in: Oesterreicher/Sinai 1974: 2–18.
AVNERI 1957:
: Uri Avneri: Der Skandal um das Knesset-Gebäude, in: Ha'Ulam Ha'Seh [Diese Welt], 07.10.1957: 7–9 (hebr.).
AYLAT 1949:
: Alec Aylat: Jerusalem's Defenders Laid to Rest on Mt. Herzl, in: The Palestine Post, 18.11.1949: 1 und 4.

AZARYAHU 1996:

Maoz Azaryahu: Mount Herzl: The Creation of Israel's National Cemetery, in: Israel Studies. Vol. 1, No. 1, Fall 1996: 46–74.

AZOULAY 1993:

Ariella Azoulay: Open Doors: Museums of History in Israeli Public Space, in: Theory and Criticism 4, Fall 1993: 79–95 (hebr.).

B.M.H. 1965:

o. V.: [B.M.H.]: Heart for New Towns. Public Buildings and Plazas Needed, in: The Jerusalem Post, 30.04.1965: 4.

BAERWALD 1920:

Alex Baerwald: Die Nordau-Gartenstadt in architektonischer und bautechnischer Beziehung, In: Eine Gartenstadt für Palästina. Festgabe zum 70. Geburtstag von Max Nordau, hrsg. vom Hauptbüro des Jüdischen Nationalfond, Berlin 1920: 38–61.

BAHAT 1996:

Dan Bahat: Jerusalem – Capital of Israel and Judah, in: Westenholz 1996: 307–326.

BAHAT/GILA 1996:

Dan Bahat, Hurvitz Gila: Jerusalem – First Temple Period: Archaeological Exploration, in: Westenholz 1996: 287–306.

BARKAI/POSENER 1937:

Sam Barkai, Julius Posener: Architecture en Palestine, in: L'Architecture d'Aujourd'hui, Nr. 9, September 1937: 2–34.

BARKER 1991:

Margaret Barker: The Gate of Heaven. The History and Symbolism of the Temple in Jerusalem, London 1991.

BARNEA 1992:

Ze'ev Barnea: Aspects in Adult Workers Culture and Education Services of the General Labor Union (Histadrut). The Years 1948–1958, masch. Diss. Newport University/CA 1992 (hebr.).

BARTH 1948:

Aaron Barth: Religion and National Unity. Full Obervance of the Law as Basis for Re-Assimilation, in: The Palestine Post, 22.10.1948: 5.

BARTOV 1997:

Omer Bartov: Chambers of Horror: Holocaust Museums in Israel and the United States, in: Israel Studies, Vol. 2, No. 2, Fall 1997: 66–97.

BARUTH 1949:

K. H. Baruth: The Physical Planning of Israel. The Legal and Technical Basis, London 1949.

BASLER PROGRAMM 1897:

Basler Programm nach dem Protokoll des I. Zionisten-Kongress 1897 in Basel, in: Jüdisches Lexikon, hrsg. von Georg Herlitz und Bruno Kirschner, Berlin 1927, Bd. 1: 751–752.

BEER SHEVA MASTERPLAN 1965:

Beersheba Masterplan Unit. First Report, Municipality of Beersheba/State of Israel, Ministry of the Interior, Land Authority of Israel, December 1965, masch. Bericht in BAWbM (hebr./engl.).

BEER SHEVA MASTERPLAN 1966:

Masterplan für Beer Sheva. Aspekte des Symposiums der Negev-Sektion des Architekten- und Ingenieurverbandes, Beer Sheva, März 1966 (hebr.), masch. Bericht im DTA, 0024.02.001.

BEER SHEVA MASTERPLAN 1967:

Beersheba Masterplan. Outline Schema, Municipality of Beersheba/State of Israel, Ministry of the Interior, Land Authority of Israel, February 1967 (hebr./engl.).

BEIN 1952:

Alexander Bein: The Return to the Soil. A History of Jewish Settlement in Israel, Jerusalem 1952.

BEN GURION 1951/52:
   David Ben Gurion: The Call of Spirit in Israel, in: Government Year Book 5712 (1951/52): VII–XLVI.
BEN GURION 1951:
   David Ben Gurion: Mission and Dedication, in: Government Year Book 5711 (1951): 7–42.
BEN GURION 1956:
   David Ben Gurion: Southwards, in: Government Year Book 5717 (1956): 7–20.
BEN GURION 1957:
   David Ben Gurion: Israel and the Diaspora, in: Government Year Book 5718 (1957): 7–44.
BEN GURION 1962/63:
   David Ben Gurion: First Ones, in: Government Year Book 5723 (1962/63): 7–72.
BEN GURION 1962:
   David Ben Gurion: Achievements and Tasks of Our Generation, in: Government Year Book 5722 (1961/62): VII–LXXX.
BEN GURION UNIVERSITÄT, STUDENTENWOHNUNGEN 1973:
   o. V.: Studentenwohnungen der Universität des Negev in Beer Sheva (Ram Karmi), in: Das Werk, Schweizer Monatschrift für Architektur, Kunst und künstlerisches Gewerbe, No. 1, 1973: 60–61.
BEN GURION UNIVERSITY 1995:
   Ben-Gurion University of the Negev. The First 25 Years, Ben-Gurion-University, Department of Public Affairs, Beer Sheva 1995 (Universitätsdruck).
BEN GURION UNIVERSITY 2000:
   Ben-Gurion University of the Negev. President's Report 2000. Thirtieth Anniversary, Ben-Gurion-University, Office of the President, Beer Sheva 2000 (Universitätsdruck).
BEN GURION UNIVERSITY O. J.:
   The Ben Gurion University of the Negev – Beer Sheva, masch. Bericht in der Slg. Yaski, Box 28, Akte „Pirsumim" (Veröffentlichungen).
BEN GURION UNIVERSITY, LECTURE HALL 1974:
   Department of Public Affairs and the Office of Coordinator for Teaching and Research der Ben-Gurion-Universität: Lecture Hall, Ben-Gurion University of the Negev, 1974 [= Plansammlung und Projektpräsentation], in der BGU Plansammlung.
BEN GURION UNIVERSITY, SCHOOL OF HUMANITIES 1975:
   Department of Public Affairs and the Office of Coordinator for Teaching and Research der Ben-Gurion-Universität: School of Humanities Building, Ben-Gurion University of the Negev, 1975 [= Plansammlung und Projektpräsentation], in der BGU Plansammlung.
BEN GURION UNIVERSITY, SCHOOL OF HUMANITIES 1977:
   Department of Public Affairs and the Office of Coordinator for Teaching and Research der Ben-Gurion-Universität: School of Humanities Building, Main Lecture Hall, Ben-Gurion University of the Negev, 1977 [= Plansammlung und Projektpräsentation], in der BGU Plansammlung.
BEN GURION UNIVERSITY, SCHOOL OF HUMANITIES 1978:
   Department of Public Affairs and the Office of Coordinator for Teaching and Research der Ben-Gurion-Universität: The Cukier-Goldstein-Goren School of Humanities Building, Ben-Gurion University of the Negev, 1978 [= Plansammlung und Projektpräsentation], in der BGU Plansammlung.
BEN GURION UNIVERSITY, STANDARD BUILDINGS 1977:
   Department of Public Affairs and the Office of Coordinator for Teaching and Research der Ben-Gurion-Universität: 4 Types of Standard Buildings, Ben-Gurion University of the Negev, 1977 [= Plansammlung und Projektpräsentation], in der BGU Plansammlung.

BEN GURION UNIVERSITY, STUDENT DORMITORIES 1973:
: Department of Public Affairs and the Office of Coordinator for Teaching and Research der Ben-Gurion-Universität: The Zlotowski Student Dormitories Project, Ben-Gurion University of the Negev, o.J. [um 1973] [= Plansammlung und Projektpräsentation], in der BGU Plansammlung.

BEN GURION UNIVERSITY, ZENTRAL LIBRARY 1972:
: Nadler, Nadler, Bixon, Gil, S. Amitai: The Negev University – Main Library, Beer Sheva, o.O. und o.J. [um 1972] [= Plansammlung und Projektpräsentation], in der Slg. Nadler.

BEN GURION UNIVERSITY, ZENTRAL LIBRARY 1979:
: Department of Public Affairs and the Office of Coordinator for Teaching and Research der Ben-Gurion-Universität: The Zalman Aranne Central Library, Ben Gurion University of the Negev, Beer Sheva 1979 [= Plansammlung und Projektpräsentation], in der BGU Plansammlung.

BEN-ADI 1951:
: H. Ben-Adi: Tel Yeruham Makes Good Start in Negev, in: The Palestine Post, 11.02.1951: 2.

BEN-ARIEH 1984:
: Yehoshua Ben-Arieh: Jerusalem in the 19th Century. The Old City, Jerusalem/New York 1984.

Ben-Arieh 1986:
: Yehoshua Ben-Arieh: Jerusalem in the 19th Century. Emergence of the New City, Jerusalem/New York 1986.

BEN-DAVID 1982:
: Joseph Ben-David: Universitäten, in: Ackerman/Carmon/Zucker 1982, Bd. 2: 363–392.

BEN-DOV/NAOR/ANER 1984:
: Meir Ben-Dov, Mordechai Naor, Zeev Aner: The Western Wall, State of Israel, Ministry of Defence – Publishing House, Israel 1984 (1. Aufl. 1983)

BENOR-KALTER 1957:
: J. Benor-Kalter: Architects Flay Knesset Design: Plan Must Reflect Needs, in: The Jerusalem Post, 06.09.1957: 5.

BEN-SHMUEL 1949:
: A. Ben-Shmuel: Preparing Herzl's Tomb, in: The Palestine Post, 01.08.1949: 1.

BEN-SIRA 1958:
: J. Ben-Sira: National and Regional Planning, in: JAEAI. Handasa ve-Adrikhalut, Vol. XVI, No. 5–6, May–June 1958: 146–148 (hebr.).

BENTOV 1969:
: Mordechai Bentov: Housing in Israel, in: The Israel Year Book 1969: 49–54.

BENTWICH 1961:
: Norman Bentwich: The Hebrew University of Jerusalem 1918–60, London/Fakenham/Reading1961.

BENVENISTI 1976:
: Meron Benvenisti: Jerusalem. The Torn City, Minnesota 1976.

BENVENISTI 1986:
: Meron Benvenisti: Conflicts and Contradictions, New York 1986.

BENVENISTI 1996:
: Meron Benvenisti: City of Stone. The Hidden History of Jerusalem, Berkeley 1996.

BEN-YEHUDA 1970:
: Baruch Ben-Yehuda: The Story of the Gymnasia „Herzlia", Israel 1970 (hebr.).

BEN-YEHUDA 1995:
: Nachman Ben-Yehuda: The Masada Myth. Collective Memory and Mythmaking, Wisconsin 1995.

BEN-ZADOK 1985:
: Efraim Ben-Zadok: National Planning – The Critical Neglected Link: One Hundred Years of Jewish Settlement in Israel, in: International Journal of Middle Eastern Studies, Vol. 17, 1985: 329–345.

BERKOWITZ 1996:
   Michael Berkowitz: Zionist Culture and West European Jewry Before the First World War, University of North Carolina Press/NC 1996 (1. Aufl. 1993).
BERKSON 1933:
   Isaac B. Berkson: Financing Jewish Education in Palestine, in: The Palestine Post, 12.09.1933: 3.
BERLER 1970a:
   Alexander Berler: New Towns in Israel, Jerusalem 1970.
BERLER 1970b:
   Alexander Berler: Four Towns in Israel. An Attempt in Typology, State of Israel, Ministry of Housing, Jerusalem June 1970.
BERLER/SHAKED 1966:
   Alexander Berler, Shmuel Shaked: Problems of Development Towns in Israel. 25 Development Towns in Israel, State of Israel, Ministry of Housing, Israel 1966, im ISA, 25/966/1.
BERMAN 1963:
   Mildred Berman: The Role of Beersheba as a Regional Center, masch. Diss. Worcester/MA 1963.
BERMAN 1965:
   Mildred Berman: The Evolution of Beersheba as an Urban Center, in: Annals of the Association of American Geographers, Vol. 55, 1965: 308–326.
BEZALEL 1926:
   o.V.: Bezalel. Its Aim and Purpose. Selected Articles and Extracts from Magazines and Newspaper Comments of Writers, Critics and Public Men During the Bezalel Art Exhibits in America, published by Friends of Prof. Boris Schatz, o.O. und o.J. [1926].
BHABHA 1990:
   Homi K. Bhabha: Nation and Narration, London 1990.
BHABHA 2000:
   Homi K. Bhabha: Verortung der Kultur, Tübingen 2000 (engl. Originalausgabe 1993).
BIALE 1995:
   David Biale: Das Wort geht aus von Zion, in: Ausst.-Kat. Reise nach Jerusalem 1995: 2–11.
BIALER 1984:
   Uri Bialer: The Road to the Capital – The Establishment of Jerusalem as the Official Seat of the Israeli Government in 1949, in: Studies in Zionism, Vol. 5, No. 2, 1984: 273–296.
BIGER 1994:
   Gideon Biger: An Empire in the Holy Land. Historical Geography of the British Administration in Palestine 1917–1927, Jerusalem 1994.
BINYANEI HA'UMMA 1950:
   o.V.: Binyaney Ha'ooma Ltd., The Jerusalem convention Centre Association, Jerusalem o.J. [1950].
BIRAN 1962:
   A. Biran: Finds in the Judean Desert, in: The Israel Year Book 1962: 243–246.
BLÄNKER/JUSSEN 1998:
   Reinhard Blänkner, Bernhard Jussen (Hg.): Institution und Ereignis. Über historische Praktiken und Vorstellungen gesellschaftlichen Ordnens, Göttingen 1998.
BLUME 2002:
   Thomas Blume: Institutionalität und Repräsentation, in: Müller/Schaal/Tiersch 2002: 73–87.
BOAS 1950:
   Henrietta Boas: Mount Zion to Become Centre of Jewish Pilgrimage, in: The Palestine Post, 11.01.1950: 3.
BOGNER 1988:
   Dieter Bogner (Hg.): Friedrich Kiesler. Architekt. Maler. Bildhauer 1890–1965, Wien 1988.

BOLLEREY/FEHL/HARTMANN 1990:
   Franziska Bollery, Gerhard Fehl, Kristina Hartmann: Im Grünen wohnen – im Blauen planen: Ein Lesebuch zur Gartenstadt mit Beiträgen und Zeitdokumenten, Hamburg 1990 [= Ergebnisse des Forschungs-Kolloquiums „Die Gartenstadt – Neubewertung ihrer Historischen Entwicklung und Überprüfung ihrer Aktuellen Bedeutung", in Delft vom 6.–8.3.1986].
BREUILLY 1994:
   John Breuilly: Approaches to Nationalism, in: Schmidt-Hartmann 1994: 15–38.
BRIK 1996:
   Nazeh Brik: Jerusalem. Einflüsse einer ethnisch-differenzierenden Ideologie auf die Stadtentwicklung, Selbstverlag Universität Augsburg 1996.
BRILLIANT 1949a:
   Moshe Brilliant: „Myerson Plan" To Build 30,000 Houses in 5 Months. Work and Homes For Thousands in Rural Areas, in: The Palestine Post, 01.06.1949: 1 und 3.
BRILLIANT 1949b:
   Moshe Brilliant: Knesset and Prime Minister Will Move to Jerusalem Now, in: The Palestine Post, 14.12.1949: 1 und 3.
BRILLIANT 1949c:
   Moshe Brilliant: 3000 Years After Joseph's Body Brought from Egypt. (‚Victory of Vision that Became Real' – Ben Gurion; 150,000 Men Women Children file Past Herzl Bier.), in: The Palestine Post, 17.08.1949: 1.
BRILLIANT 1950:
   Moshe Brilliant: Knesset Adopts Proclamation on Jerusalem by Vote of 60-2. Reaffirms Its Status as Capital Since May, 1948, in: The Palestine Post, 24.01.1950: 1 und 3.
BROSHI 1994:
   Magen Broshi: Archaeological Museums in Israel: Reflections on Problems of National Identity, in: Flora E. S. Kaplan (Hg.): Museums and the Making of „Ourselves". The role of Objects in National Identity, London 1994: 314–29.
BRUTZKUS 1938:
   Eliezer (Leonid) Brutzkus: Aims and Possibilities of National Planning, in: Habinyan, No. 3, August 1938: 31–36 (hebr.).
BRUTZKUS 1943:
   Eliezer (Leonid) Brutzkus: The Problem of Urban Settlement, in: JAEAP, Vol. V, No. 2, December 1943: 13 (hebr.).
BRUTZKUS 1950/1951:
   Eliezer Brutzkus: New Urban Centres in the Making, in: Journal of the Israel Town Planning Association, Vol. 1, No. 2, Winter 1950/1951: 5–8.
BRUTZKUS 1956:
   Eliezer Brutzkus: The New Cities in the Framework of National and Regional Planning, in: Handasa ve-Adrichalut. Journal of the Association of Architects and Engineers in Israel, Vol. XIV, No. 2, April–May 1956: 7–9 (hebr.).
BRUTZKUS 1964a:
   Eliezer Brutzkus: Physical Planning in Israel. Problems and Achievements, masch. Publikation, Jerusalem 1964.
BRUTZKUS 1964b:
   Eliezer Brutzkus: Planung einer neuen Siedlungsstruktur in Israel, in: Plan. Schweizerische Zeitschrift für Landes-, Regional- und Ortsplanung, 21. Jhg., Jan.–Feb. 1964: 11–16.
BRUTZKUS 1966:
   Eliezer Brutzkus: Nationalparks und Naturschutzgebiete in Israel, in: Plan. Schweizerische Zeitschrift für Landes-, Regional- und Ortsplanung, 23. Jhg., Nov.–Dez. 1966: 208–213.

BRUTZKUS 1968:
   Eliezer Brutzkus: Stellungnahme zum Entwurf des Masterplans für Jerusalem, State of Israel, Ministry of Interior, Planning Department, Jerusalem 1968 (hebr.), in BAWbM.
BRUTZKUS 1970:
   Eliezer Brutzkus: Regional Policy in Israel, State of Israel, Ministry of Interior, Town and Country Planning Department, Jerusalem 1970, masch. Broschüre in BAWbM.
BRUTZKUS 1972:
   Eliezer Brutzkus: Prerequisites for Preservation of Historic Urban Quarters, State of Israel, Ministry of Interior, Town and Country Planning Department, Jerusalem 1972.
BUGOD 1986:
   Peter Bugod: Cardo Jerusalem, in: Kunst und Kirche, Nr. 4, November 1986: 262–263 [= Themenheft „Blickpunkt Israel"].
CARLEBACH 1976:
   Simson Carlebach: Desert University, in: The Jerusalem Post, Weekend-Magazine, 15.10.1976: 8–9.
CARMI 1967:
   Ram Carmi: Geschäftszentrum in Beer Sheva (Merkaz Mis'chari be Beer Sheva), in: Merkaz Ha'Negev. Rechter-Preis 1967, [= Plansammlung und Projektpräsentation anlässlich der Israel-Preis Verleihung 1967], in der Slg. Carmi (hebr.).
CARMI 1977:
   Ram Carmi: Human Values in Urban Architecture, in: Israel Builds 1977: 31–44.
CARMON 1982:
   Arye Carmon: Erziehung in Israel – Fragen und Probleme, in: Ackerman/Carmon/Zucker 1982, Bd. 1: 157–224.
CHERRY 1981:
   Gordon E. Cherry (Hg.): Pioneers in British Planning, London 1981.
CHRISTALLER 1968:
   Walter Christaller: Die zentralen Orte in Süddeutschland. Eine ökonomisch-geographische Untersuchung über die Gesetzmäßigkeiten der Verbreitung und Entwicklung der Siedlungen und städtischen Funktionen, Darmstadt 1968 (1. Aufl. 1933).
CIVIC CENTRE 1966:
   o. V.: Civic Centre, Beer Sheva, in: Architecture in Israel, No. 3, July–September 1966: 30–41.
COHEN, E. 1970:
   Erik Cohen: The City in the Zionist Ideology, Jerusalem Urban Studies, No. 1, 1970.
COHEN, I. 1912:
   Israel Cohen (Hg.): Zionist Work in Palestine, New York 1912.
COHEN, I. 1918:
   Israel Cohen: The German Attack on the Hebrew Schools in Palestine, London 1918.
COHEN, J.-L. 1999:
   Jean-Louis Cohen: Urbane Architektur und die Krise der Modernen Metropole, in: At the End of the Century. Hundert Jahre Gebaute Vision, Ausst.-Kat. Museum Ludwig Köln 1999: 228–274.
COHEN, M. 1951:
   Maximilian Cohen: Industrial Town Planning in Israel, in: JAEAI, Vol. IX, No. 3, August 1951: 2–3.
COHEN, S. 1967:
   Shalom Cohen: Jerusalem The Capital, in: The Jerusalem Post, Weekend-Magazine, 12.05.1967: 2–3.
COHEN, S. E. 1993:
   Shaul Ephraim Cohen: Politics of Planting: Israeli-Palestinian Competition for Control of Land in the Jerusalem Periphery Chicago University Press/IL 1993.

COHEN/HORENCYZK 1999:
>Steven M. Cohen, Gabriel Horencyzk: National Variations in Jewish Identity. Implications for Jewish Education, New York 1999.

COHL 1997:
>Alan Cohl: Meaning and Myth. The Architecture of the Shrine of the Book, in: Architecture of Israel, No. 31, Autumn 1997.

DAFNI 1960:
>Rinna Dafni: The Negev, Israel Today, No. 6, Jerusalem März 1960 (1. Auflg. o. J.).

DAS JÜDISCHE SCHULWERK 1921/1922:
>Das Jüdische Schulwerk in Palaestina. Der Aufbau Palaestinas. Schriften des Keren Hajessod, Heft VI, Berlin o. J. [1921/1922].

DASH ET AL. 1964:
>o. V.: National Planning for the Redistribution of Population and the Establishment of New Towns in Israel, International Federation for Housing and Planning. 27th World Congress for Housing and Planning, State of Israel, Ministry of the Interior, Planning Department, Jerusalem 1964.

DASH/EFRAT 1964
>Jacob Dash, Elisha Efrat: The Israel Physical Master Plan, Jerusalem 1964.

DASHEVSKY 1958:
>J. Dashevsky: Ten Years of Physical Planning, in: JAEAI. Handasa ve-Adrikhalut, Vol. XVI, No. 5–6, June 1958: 144–146 (hebr.).

DEAN 1960a:
>Macabee Dean: Fighting Architect. Personality Profile: Joseph Klarwein, in: The Jerusalem Post, 08.04.1960: II.

DEAN 1960b:
>Macabee Dean: Battle of the Knesset Building, in: the Jerusalem Post, 15.04.1960: II.

DEKOVEN 1965:
>Sidra E. DeKoven: The scrolls – for show and study, in: The Jerusalem Post, 16.04.1965: 14.

DESERT 1979:
>o. V.: Impact of Regional Development on the Desert, September 1979 (hebr.), masch. Publikation in BAWbM.

DESERT 1983:
>Not only in the desert, Aleph Aleph, Quarterly of the Israel Institute of Architects, No. 4/5, December 1983 [= Themenheft zum Bauen in der Wüste].

DESERT LAND 1953:
>o. V.: Green Hand in Desert Land, The Jerusalem Post, 22.07.1951: o. S., im CZA, S71/1083.

DEVELOPMENT OF JERUSALEM 1950:
>o. V.: Report on the Development of Jerusalem. For the Period September 1948- September 1950, The Jewish Agency for Palestine. The Department for the Development of Jerusalem, masch. Bericht o. J. [1950].

DIX 1981:
>Gerald Dix: Patrick Abercrombie 1879–1957, in: Cherry 1981: 103–130.

DOLEV 2000:
>Diana Dolev: Architecture and Nationalist Identity; The Case of the Architectural Master Plans for the Hebrew University in Jerusalem (1919–1974) and their Connections with Nationalist Ideology, masch. Diss. University College London 2000.

DONCHIN 1982:
>Mark Donchin: The Role of Meanings, Ideals, Goals, and Judgments in the Planning of Jerusalem, masch. Diss. Technion Haifa 1982.

Don-Yehiya 1995:
: Eliezer Don-Yehiya: Political Religion in a New State: Ben-Gurion's Mamlachtiyut, in: Troen/Lucas 1995: 171–192.

Doron 1965:
: Fay Doron: The Shriners. Marginal Comment, in: The Jerusalem Post, 22.04.1965: 3.

Dower/Stango 1965:
: Robin Dower, Adrian Stango: Regional Planning and Housing in Israel. A Report for the Anglo-Israel Assocication, June 1965, masch. Publikation in BAWbM.

Dowty 1995:
: Alan Dowty: Israel's First Decade: Building a Civic State, in: Troen/Lucas 1995: 31–50.

Dumper 1997:
: Michael Dumper: The Politics of Jerusalem Since 1967, New York 1997.

Duvshani 1983a:
: Gilead Duvshani: The first School Buildings in Erez-Israel, in: Aleph Aleph. Quarterly of the Israel Institute of Architects, March 1983: 24–26 (hebr.).

Duvshani 1983b:
: Gilead Duvshani: Building in the Negev – Toward a Correct Architecture, in: Aleph Aleph. Quarterly of the Israel Institute of Architects, December 1983: 2–5.

Dvir 1975:
: D. Dvir: The National Park in Jerusalem, in: Yadin 1975: 127–129.

Eban 1948:
: Aubrey Eban: Claim to Jerusalem Not in Conflict with Safeguarding Holy Places. Full Text of Mr. Aubrey Eben's Address to U.N. Assembly on Monday, Defining Israel's Principles, in: The Palestine Post, 28.09.1948: 2.

Eban 1950:
: The Cost of Jerusalem. Mr. Eban Gives the Facts, masch. Bericht, 12.04.1950, im CZA, S21/140/1.

Eban 1965:
: Abba Eban: Our society lacks grace. Israel must stress aesthetics, in: The Jerusalem Post, 14.05.1965: 10.

Eban Tells UN 1950:
: o.V.: Eban Tells U.N. Council Move to Jerusalem Was Justified. Questions Legality of Trusteeship Vote, in: The Palestine Post, 01.01.1950: 1.

Edelman 1990:
: Murray Edelman: Politik als Ritual. Die symbolische Funktion staatlicher Institutionen und politischen Handelns, Frankfurt/New York 1990 (engl. Originalausgabe 1964).

Eder 1926:
: M. D. Eder: The Hebrew University of Jerusalem. Some Perspectives and Aspects, London 1926.

Education in Israel 1969:
: o.V.: Education in Israel; Presented to the Delegates of the Conference on Human Needs in Israel, Jerusalem, June 16–19, 1969.

Educational Buildings 1974:
: o.V.: Educational Buildings in the Eighties. Symposium, in: Tvai, No. 13/14, Winter 1974, 2–8 (hebr.).

Efrat 1963:
: Elisha Efrat: The Influence of Geographic Factors on the Physical Planning of the Jerusalem Region, masch. Diss. Hebrew University Jerusalem 1963 (hebr.)

Efrat 1971:
: Elisha Efrat: Changes in the Town Planning Concepts of Jerusalem (1919-1969), in: Environmental Planning, No. 17, July–Sept. 1971: 53–65.

EFRAT 1984:
> Elisha Efrat: Urbanization in Israel, New York 1984.

EFRAT 1988:
> Elisha Efrat: Geography and Politics in Israel since 1967, London 1988.

EFRAT 1989:
> Elisha Efrat: The New Towns of Israel (1948-1988), Beiträge zur Kommunalwissenschaft Nr. 30, München 1989.

EFRAT 1998:
> Elisha Efrat: Physical Planning Prospects in Israel during 50 Years of Statehood, Glienicke (Berlin)/Cambridge (Mass.) 1998.

EFRAT/GAVRIELY 1969:
> Elisha Efrat, Ehud Gavriely: Settlements Sites in Israel, Ministry of Interior, Planning Department, Jerusalem 1969: 1, im ISA 17/969/1.

EGLI 1967:
> Ernst Egli: Geschichte des Städtebaus, Bd. 3: Neue Zeit, Zürich/Stuttgart 1967.

EISENSTADT 1998:
> S. N. Eisenstadt: Die Transformation der israelischen Gesellschaft, Frankfurt 1998 (engl. Originalausgabe 1985).

ELAZAR 1982:
> Daniel J. Elazar: The Extent, Focus, and Impact of Diaspora Involvement in Project Renewal. Interim Report, Jerusalem Institute for Federal Studies, Jerusalem 1982 masch. Broschüre in BAWbM.

ELBOIN-DROR 1982:
> Rachel Elboin-Dror: Die Erziehungspolitik Israels, in: Ackermann/Carmon/Zucker 1982, Bd. 1: 53–156.

EL-CHANNANI 1961:
> Abba El-Channani: Our contribution to Modern Architecture, in: JAEAI, Vol. XIX, No. 5–6, May–June 1961: 133–136 (hebr.).

ELHANANI 1957:
> Aba Elhanani: Architecture in Israel, in: JAEAI, Vol. XV, No. 2, July 1957: 6–7 (hebr.).

ELHANANI 1960:
> Aba Elhanani: Housing: Quality's Turn, in: The Jerusalem Post, 08.01.1960, Suppl.: V.

ELHANANI 1962:
> Aba Elhanani: Tendenzen Israelischer Architektur, in: JAEAI, Vol. XX, No. 9–10, Sept.–Oct. 1962: 313–314 (hebr.).

ELHANANI 1998:
> Aba Elhanani: The Struggle for Independence. The Israeli Architecture in the Twentieth Century, Tel Aviv 1998 (hebr.).

ELON 1972:
> Amos Elon: The Israelis. Founders and Sons, New York 1972 (1. Aufl. 1971).

ELON 1997:
> Amos Elon: Politics and Archaeology, in: Silberman 1997: 34–47.

ENGELHARDT 2002:
> Isabelle Engelhardt: A Topography of Memory. Representations of the Holocaust at Dachau and Buchenwald in Comparison with Auschwitz, Yad Vashem and Washington D.C., Brüssel u.a. 2002.

EPSTEIN 1949:
> Elias M. Epstein: University as Heart of New Jerusalem, in: The Palestine Post, 20.03.1949: 4.

ERLIK 1983:
: Abraham Erlik: On Architecture and Town Planning, Technion – Israel Institute of Technology, Faculty of Architecture and Town Planning, Documentation Unit of Architecture, Publication No. 6, Haifa 1983 (hebr.).

ESHKOL 1968:
: Levi Eshkol: ‚And to Jerusalem Thy City', in: Government Year Book 5729 (1968/69): 10–13.

ESKOLSKY 1948:
: M. Eskolsky: Romance v[ersus] Life, in: The Palestine Post, 18.07.1948: 3.

EVEN-ZOHAR 1981:
: Itamar Even-Zohar: The Emergence of a Native Culture in Palestine, 1882-1948, in: Studies in Zionism, No. 4, October 1981: 167–184.

FAERBER 1958:
: Meir Faerber: Ein Rothschild-Palais für die Knesset, in: Jüdische Wochenschau, Buenos Aires, 02.12.1958: 4, in der Slg. Rolef.

FEDER 1952:
: Ernst Feder: Die Technische Hochschule von Haifa: ihre Bedeutung und ihre Entstehung, Vortrag in der ersten Sitzung des Instituto Brasil-Israel de Alta Cultura in Rio de Janeiro am 29. November 1951, Rio de Janeiro 1952, Broschüre im AYA.

FELSENSTEIN 1997:
: Daniel Felsenstein: Estimating some of the Impacts on Local and Regional Exonomic Development Associated with Ben-Gurion University of the Negev, Negev Center for Regional Development, Ben-Gurion-Universität, Beer Sheva 1997.

FEUERSTEIN 1992:
: Günther Feuerstein: Form folgt Magie. Notizen zu Friedrich Kieslers Architektur, in: Ausst.-Kat. Book of the Shrine 1992: 14–33.

FIEDLER 1995:
: Jeannine Fiedler (Hg.): Social Utopias of the Twenties. Bauhaus, Kibbuz and the Dream of the New Man, Wuppertal 1995.

FINKEL 1945:
: Samuel B. Finkel: The Hebrew University. Its Accomplishments and Plans for the Future, New York o. J. [um 1945].

FIRST PARLIAMENT 1949:
: Weizmann Extends Hand of Peace to Arabs in Opening Israel's First Parliament, in: The Palestine Post, 15.02.1949: 1–2.

FISHER/MAESTRO 1978:
: David Fisher, Robert Daniel Maestro: A Proposal for the Project and the Conservation for the Temple and the Western Wall Area, Jerusalem, April 1978, masch. Bericht in BAWbM.

FIVE-YEAR PLAN 1959:
: Five-Year Plan for the Development and Population of the Southern Negev, State of Israel, Ministry of Development Jerusalem, February 1959.

FLAPAN 1988:
: Simcha Flapan: Die Geburt Israels. Mythos und Wirklichkeit, München 1988 (engl. Originalausgabe 1987).

FOUCAULT 1996:
: Michel Foucault: Die Ordnung des Diskurses, Frankfurt 1996 (franz. Originalausgabe 1972).

FRANÇOIS/SCHULZE 1998:
: Etinne François, Hagen Schulze: Das Emotionale Fundament der Nationen, in: Mythen der Nationen. Ein Europäisches Panorama, Ausst.-Kat. hrsg. von Monika Flacke, Deutsches Historisches Museum, Berlin 1998: 17–32.

Frankel 1994:
: Jonathan Frankel (Hg.): Reshaping the Past: Jewish History and the Historians, Studies of Contemporary Jewry. An Annual, No. X, 1994.

Frenkel 1961:
: Eliezer Frenkel: Redevelopment of Old City of Jaffa, Israel as a Cultural Tourist Center: Outline of Proposition. Tourist Center, Tel Aviv 1961, brosch. Planpräsentation, in der Slg. Frenkel.

Frenkel 1974:
: Eliezer Frenkel: Yeshivat Ha'Kotel Bnei Akiva Israel o. J. [um 1974] (hebr./engl.), brosch. Planpräsentation in der Slg. Frenkel.

Frenkel 1980:
: Eliezer Frenkel: Restoration and Architecture in the Old City, Jerusalem, in: Ahimeir/Levin 1980: X–XI.

Frenkel 1980:
: Eliezer Frenkel: Urban Renovation as Art and Humanism, o. J. [um 1980], masch. Manuskript in der Slg. Frenkel.

Frenkel 1993:
: Eliezer Frenkel: Chronologie der Kunstgeschichte – Architektur, Bildhauerei, Malerei, SADNA. School of Design and Architecture, Tel Aviv 1993 (hebr.).

Frenkel/Yaar/Yaar 1966:
: Eliezer Frenkel, Ora Yaar, Yaakov Yaar: Renovation the Old City of Jaffa, o. O. und o. J., Pamphlet in der Slg. Frenkel [= Auszug aus „Kav" Magazine, January 1966].

Frenkel/Yaar/Yaar 1969–70:
: Eliezer Frenkel, Ora Yaar, Yaakov Yaar: Jerusalem – The Old City – Jewish Quarter. Proposed Urban Design Israel o. J. [ca. 1969–70], brosch. Planpräsentation in der Slg. Frenkel.

Friedemann 1908:
: Adolf Friedemann: Jüdische Kunst in Palästina, in: Palästina. Monatsschrift für die wirtschaftliche Erschliessung Palästinas, V. Jhg., Heft 2, 1908: 17–20.

Friedemann 1911:
: Adolf Friedemann: Juedische Kunst in Palaestina, in: Ost und West, Illustrierte Monatsschrift für das gesamte Judentum, Mai 1911: 446–451.

Friedland/Hecht 1999:
: Roger Friedland, Richard D. Hecht: Changing Places: Jerusalem's Holy Places in Comparative Perspective, in: Israel Affairs, Vol. 5, No. 2–3, 1999, Special Issue: David Levi-Faur, Gabriel Sheffer, David Vogel (Hg.): Israel. The Dynamics of Change and Continuity: 200–255.

Friedländer/Seligman 1994:
: Saul Friedländer, Adam Seligman: Das Gedenken an die Schoa in Israel. Symbole, Rituale und ideologische Polarisierung, in: Young 1994a: 125–136.

Funkenstein 1993:
: Amos Funkenstein: Perceptions of Jewish History, Berkeley u. a. 1993.

Gaash 1965:
: E. Gaash: Report on the 7th International Course on Building and Physical Planning, Practical Studies, Bouwecentrum, Rotterdam 1965, masch. Broschüre in BAWbM.

Gal-or 1969:
: Yaacov Gal-or: Policies of the Ministry of Education of Israel. Toward the Education of Primary School Teachers, 1948–1969, masch. Diss. University of Pittsburg/PA 1969.

Gardi 1972:
: Shalom Gardi: Outline Scheme for the Jewish Quarter. Programme and Principles of Planning, September 1972, Sonderdruck in der Slg. Gardi (hebr.).

GARDI 1977:
: Shalom Gardi: The Restauration of the Jewish Quarter in Jerusalem, Company for the Reconstruction and Development of the Jewish Quarter in the Old City of Jerusalem, Jerusalem o. J. [um 1977] (hebr./engl.), brosch. Planpräsentation in BAWbM und StA Jerusalem.

GAZIEL 1993:
: Haim Gaziel: Education Policy at the Crossraods between Change and Continuity. Education in Israel, Jerusalem 1993.

GENERAL PLAN OF A CITY 1963:
: New Towns in Israel, General Plan of a City for 50,000 Inhabitants, State of Israel, Ministry of Labour, Housing Administration, Jerusalem o. J. [nach 1963], brosch. Planpräsentation in BAWbM.

GERMER 1998:
: Stefan Germer: Retrovision: Die rückblickende Erfindung der Nationen durch die Kunst, in: Mythen der Nationen. Ein Europäisches Panorama, Ausst.-Kat. hrsg. von Monika Flacke, Deutsches Historisches Museum, Berlin 1998: 33–52.

GILBERT 1987:
: Martin Gilbert: Jerusalem Illustrated History Atlas, London/New York/Jerusalem 1987 (1. Aufl. 1977).

GILLON 1971:
: Philip Gillon: Birthpangs of a Palace, in: The Jerusalem Post, Weekend-Magazine, 03.09.1971: 5–6.

GLIKSON 1955:
: Artur Glikson: Regional Planning and Development. Six Lectures Delivered at the Institute of Social Studies at The Hague, 1953, Leiden 1955.

GLIKSON 1958a:
: Artur Glikson: Fragen der Stadt- und Landesplanung in Israel, in: Das Werk, Schweizer Monatschrift für Architektur, Kunst und künstlerisches Gewerbe, 4/1958: 114–134.

GLIKSON 1958b:
: Artur Glikson: Problems of National and Town Planning in Israel, in: Ausst.-Kat. New Towns in Israel 1958: o. S. [1–5].

GLIKSON 1970:
: Artur Glikson: Planned Regional Settlement Projects. Comparative Study: Background, Experience, New Trends, Settlement Study Center, Jerusalem 1970.

GÖHLER 1995:
: Gerhard Göhler (Hg.): Macht der Öffentlichkeit – Öffentlichkeit der Macht, Baden-Baden 1995.

GÖHLER/SPETH 1998:
: Gerhard Göhler, Rudolf Speth: Symbolische Macht. Zur institutionstheoretischen Bedeutung von Pierre Bourdieu, in: Blänker/Jussen 1998: 17–48.

GOHR/LUYKEN 1996:
: Siegried Gohr, Gunda Luyken (Hg.): Frederick J. Kiesler. Selected Writings, Stuttgart 1996.

GOLANY 1979:
: Gideon Golany (Hg.): Arid Zone Settlement Planning. The Israeli Experience, New York 1979.

GOLDBERG/KRAUSZ 1993:
: David Theo Goldberg, Michael Krausz: Jewish Identity, Philadelphia 1993.

GOLDSCHMIDT/BERLER 1970:
: Moris Goldschmidt, Alexander Berler (Hg.): Abstracts of Urban Studies on New Towns in Israel, Programming Department, Division of Socio-Economic Research, Long-Term Planning Team, [Jerusalem] January 1970.

GOODMAN 1974:
: Hirsch Goodman: Jerusalem as the Capital of Israel, in: Oesterreicher/Sinai 1974: 126–134.

GOODOVITCH 1970:
 Israel M. Goodovitch: Planning and Development in Rural Areas in the Developing Urban Society, in: Israel Builds 1970: 3.46–3.55.
GOTTMANN 1986:
 Jean Gottmann: The Role of the University in Modern Urban Development, in: Policy Studies Journal, Vol.14, No. 3, March 1986.
GOULDMAN 1966:
 M. D. Gouldman: Legal Aspects of Town Planning in Israel, Jerusalem 1966.
GRADUS 1974:
 Yehuda Gradus: University Impact on Regional Development. The Case of the Ben-Gurion University of the Negev, Reprinted from KIDMA. Israel Journal of Development, No. 5, 1974 (Sonderdruck).
GRADUS 1977:
 Yehuda Gradus: Beer-Sheva, Capital of the Negev Desert – Function and Internal Structure, Ben Gurion University of the Negev, David Tuviyahu Archives for the History of the Settlement of the Negev, Publ. No. 15, August 1977.
GRADUS 1985:
 Yehuda Gradus: From Preconceived to Responsive Planning: Cases of Settlement Design in Arid Environments, in: ders. (Hg.): Desert Development. Man and Technology in Sparslands, Dordrecht u. a.1985: 41–59.
GRADUS 1986:
 Yehuda Gradus: Regional Autonomy in Israel, in: Morley/Shachar 1986: 97–106.
GRADUS 1992/1993:
 Yehuda Gradus: Beer-Sheva, Capital of the Negev Desert, in: Planning and Housing in Israel in the Wake of Rapid Changes, Israel 1992/1993.
GRADUS/LAZIN 1986:
 Yehuda Gradus, Fred Lazin: The Role of a University in A Peripheral Region: The Case of Ben-Gurion University of the Negev, in: Policy Studies Journal, Vol. 14, No. 3, March 1986.
GRADUS/STERN 1979:
 Y. Gradus, E. Stern: Das Buch Beer Sheva (Sefer Beer Sheva), Jerusalem 1979. (hebr.)
GRUNDSTEINLEGUNG 1958a:
 Grundsteinlegung für die neue Knesseth, in: Israelitisches Wochenblatt, Zürich, 24.10.1958: o. S., in der Slg. Rolef.
GRUNDSTEINLEGUNG 1958b:
 Grundsteinlegung des neuen Knesseth-Gebäudes, in: Jüdische Rundschau, Basel, 14.11.1958: o.S., in der Slg. Rolef.
GRUNWALD 1975:
 Kurt Grunwald: Jewish Schools under Foreign Flags in Ottoman Palestine, in: Ma'oz, Moshe (Hg.): Studies on Palestine during the Ottoman Period, Jerusalem 1975.
GUTTMANN 1925:
 Julius Guttmann: Der Wiederaufbau Palästinas im Zusammenhang der jüdischen Geschichte, Der Aufbau Palaestinas. Schriften des Keren Hajessod, Heft X, Berlin o. J. [um 1925].
GYMNASE HÉBREU 1908/1909:
 o. V.: Aperçu sur la Gymnase Hébreu de Jaffa, o. O. 1908/1909.
HADERI/TAL 1984:
 Zeev Vania Hadari, Hila Tal: Ben-Gurion-Universität des Negev. Kapitel in der Geschichte der Universität, Beer Sheva 1984 (hebr.).

HALBWACHS 1985:
: Maurice Halbwachs: Das Gedächtnis und seine sozialen Bedingungen, Frankfurt 1985 (franz. Originalausgabe 1925).

HALL 1996:
: Peter Hall: Cities of Tomorrow. An Intellectual History of Urban Planning and Design in the Twentieth Century, Cambridge 1996 (1. Aufl. 1988).

HALPERN 1965:
: B. M. Halpern: New Towns need Better Housing to Attract Stayers, in: The Jerusalem Post, 26.03.1965: 7.

HALPERN 1969:
: Ben Halpern: The Idea of a Jewish State, Cambridge University Press/MA 1969 (1. Aufl. 1961).

HANDELMAN 1990:
: Don Handelman: Models and Mirrors: Towards and Anthropology of Public Events, Cambridge 1990.

HARDY 1991:
: Dennis Hardy: From Garden Cities to New Towns. Campaigning for town and country planning 1899–1946.

HARKABI 1983:
: Yehoshafat Harkabi: The Bar Kokhba Syndrome. Risk and Realism in International Politics, Chappaqua/NY 1983.

HARLAP 1973:
: Amiram Harlap: A Survey of the Building Construction Industry in Israel, masch. Publikation, Jerusalem 1973.

HARLAP 1982:
: Amiram Harlap: New Israeli Architecture, Rutherford u. a. 1982.

HARLAP 1985:
: Amiram Harlap (Hg.): Greater Jerusalem. Building projects in Jerusalem and environs initiated by the Ministry of Construction and Housing since the Unification of the city, Israel 1985.

HARRIS 1974:
: Ephraim Harris: Ben-Gurion University takes Shape, in: The Jerusalem Post, 09.08.1974: 6 in der Slg. Yaski.

HASHIMSHONY/SCHWEID/HASHIMSHONY 1971:
: Aviva Hashimshony, Jospeh Schweid und Zion Hashimshony: Jerusalem Master Plan 1968, 2 Bde., Jerusalem 1972 (hebr.).

HAYEEM 1968:
: Abe Hayeem: The new Hurva: Masterpiece or Mistake?, in: The Jerusalem Post, 30.08.1968: o. S., im ISA, RG 125, Gimel Lamet 3835, Akte 1 (Orig.Nr. 1006).

HEBRÄISCHE UNIVERSITÄT 1947
: Die Hebräische Universität Jerusalem, o. O. und o. J. [um 1947], masch. Publikation im AYA.

HEBREW COLLEGE HERZLIAH 1924:
: Memorandum of The Hebrew College Herzliah Tel Aviv 1924.

HEBREW UNIVERSITY 1924:
: The Hebrew University of Jerusalem, The University Committee of the Zionist Organisation, London 1924.

HEBREW UNIVERSITY 1925:
: The Hebrew University Jerusalem, Inauguration April 1, 1925 Jerusalem o. J. [1925], masch. Publikation im AYA.

HEBREW UNIVERSITY 1926:
: The Hebrew University Jerusalem, 1925–26 Jerusalem, April 1926, masch. Publikation im AYA.
HEBREW UNIVERSITY 1957:
: The Hebrew University of Jerusalem, 1957, Jerusalem 1957, masch. Publikation im AYA.
HEBREW UNIVERSITY 1985:
: The Hebrew University of Jerusalem. General Information 1985, Israel 1985.
HECKER 1927:
: M. Hecker: The Fate of the Hebrew Technical Institute at Haifa, in: Construction and Industry, JAEAP, Vol. VI, No. 9–10, Sept.-Oct. 1927: 8–12.
HERTZBERG 1959:
: Arthur Hertzberg (Hg.): The Zionist Idea: A Historical Analysis and Reader, Philadelphia 1959.
HERZL LAID TO REST 1949:
: o.V.: Herzl laid to Rest in Jerusalem after „March of Triumph" seen by 400,000. Solemn Hilltop Service Concludes Day's Ceremonies, in: The Palestine Post, 18.08.1949: 1.
HERZLIA HEBREW COLLEGE 1946
: The Herzlia Hebrew College. Prospectus, Tel Aviv 1946, masch. Publikation im AYA.
HERZLIA HEBREW GYMNASIUM 1927
: Herzlia Hebrew Gymnasium Memorandum, Tel Aviv 1927.
HERZL'S WILL 1949:
: o.V.: Herzl's Will specified Only „Burial in Israel", in: The Palestine Post, 29.07.1949: 2.
HIGHER EDUCATION IN ISRAEL 1969:
: o.V.: Higher Education in Israel; Presented to the Delegates of the Conference on Human Needs in Israel, Jerusalem, June 16–19, 1969.
HILL 1986:
: Moshe Hill: Israeli Planning in an Age of Turbulence, in: Morley/Shachar 1986: 57–67.
HODGKINS 1996:
: Allison Hodgkins: The Judaization of Jerusalem – Israeli Policies Since 1967, Jerusalem 1996.
HROCH 1968:
: Miroslav Hroch: Die Vorkämpfer der nationalen Bewegungen bei den kleinen Völkern Europas, Prag 1968.
HROCH 1994:
: Miroslav Hroch: Nationales Bewusstsein zwischen Nationalismustheorie und der Realität der nationalen Bewegungen, in: Schmidt-Hartmann 1994: 39–52.
HYMAN 1994:
: Benjamin Hyman: British Planners in Palestine, 1918–1936, masch. Diss. London School of Economics and Political Science 1994.
HYMAN/KIMSHI/SAVITZKY 1985:
: Benjamin Hyman, Israel Kimshi, Joseph Savitzky: Jerusalem in Transition. Urban Growth and Change 1970s–1980s, Israel, February 1985.
INGERSOLL 1994:
: Richard Ingersoll: Munio Gitai Weinraub. Bauhaus Architect in Eretz Israel, Mailand 1994.
IRAM/KRIM 1990:
: Yaacov Iram, Shoshana Krim: Aims of Hebrew-National Education During the First Aliyah (1882–1903) in Eretz-Israel, in: Studies in the History of Jewish Education in Israel and the Diaspora No. IV, 1990 (hebr.).
IRAM/SCHMIDA 1998:
: Yaacov Iram, Mirijam Schmida: The Educational System of Israel, Westport 1998
IRION/SIEVERTS 1991:
: Ilse Irion, Thomas Sieverts: Neue Städte. Experimentierfelder der Moderne, Stuttgart 1991.

ISRAEL 1991:
: Rami Israel: Das jüdische Viertel im Unabhängigkeitskrieg, Israel 1991 (hebr.).

ISRAEL BUILDS 1948–1968:
: Israel Builds 1948–1968: State of Israel, Ministry of Housing, Jerusalem o. J. [1968].

ISRAEL BUILDS 1964:
: Israel Builds [Sammelmappe, darin: Mish'hab. Housing, Building and Development Co. Ltd. und Rassco. Rural And Suburban Settlement Co. Ltd., State of Israel, Ministry of Construction and Housing, Tel Aviv, May 1964.

ISRAEL BUILDS 1970:
: Israel Builds 1970 State of Israel, Ministry of Housing, Jerusalem 1970.

ISRAEL BUILDS 1973:
: Israel Builds 1973, hrsg. von Amiram Harlap, State of Israel, Ministry of Housing, Jerusalem 1973.

ISRAEL BUILDS 1977:
: Israel Builds 1977, hrsg. von Amiram Harlap, State of Israel, Ministry of Housing, Jerusalem, January 1977.

ISRAEL BUILDS 1988:
: Israel Builds 1988, hrsg. von Amiram Harlap, State of Israel, Ministry of Housing, Tel Aviv 1988.

ISRAËL CONSTRUIT 1964a:
: Israël Construit, Etat d'Israël, Ministère de l'Habitat. Tel Aviv 1964.

ISRAËL CONSTRUIT 1964b:
: Israël Construit [Sammelmappe], darin: Logements cooperative de la Histadrouth und Plannification Rurale en Israel, Etat d'Israël, Ministère de l'Habitat. Tel Aviv 1964, Broschüren in BAWbM.

ISRAEL MUSEUM – DESIGN 1965:
: o. V.: The Israel Museum. Design for today and tomorrow, in: The Jerusalem Post, special supplement, Independence Day, May 1965:13.

ISRAEL MUSEUM 1965:
: o. V.: The Israel Museum. Building for a heritage, in: The Jerusalem Post, special supplement, Independence Day, May 1965: 1 und 4.

ISRAEL MUSEUM 1966:
: Israel Museum Jerusalem, ariel. Berichte über Kunst und Forschung in Israel, Nr. 2. 1966 [= Themenheft zum Israel Museum].

JERUSALEM ARCHITECT 1957:
: o. V.: Jerusalem Architect Chosen To Build Permanent Knesset Home, in: The Jerusalem Post, 25.07.1957: 3.

JERUSALEM CENTER STUDY 1967:
: o. V.: Jerusalem Center Study, Synthesis Report No. 1, Master Plan Office Jerusalem, June 1967, masch. Bericht in BAWbM.

JERUSALEM COMMITTEE 1978:
: o. V.: Jerusalem Committee. Background Information and Members of the Committee, Israel 1978, Broschüre in der NUL.

JERUSALEM MASTER PLAN BUREAU 1967:
: o. V.: Metropolitan and Municipality Boundaries of Jerusalem, 4.10.1967, Bericht in BAWbM (hebr.).

JERUSALEM MASTER PLAN BUREAU 1968:
: o. V.: The Jerusalem Master Plan Bureau: The Master Plan 1968. Interim Report, Jerusalem 01.10.1969, masch. Bericht in BAWbM.

JERUSALEM RECONSTRUCTION 1952:

o. V.: Jerusalem: 1948–1951. Three Years of Reconstruction, Government of Israel, Jerusalem, March 1952.

JERUSALEM WAS ONLY GESTURE 1949

o. V.: Jerusalem was only Gesture. Hebrew Press on Opening of Assembly, in: The Palestine Post, 15.02.1949: 3.

JEWISH NATIONAL AND UNIVERSITY LIBRARY 1930:

o. V.: Dedication of the David Wolffsohn House of the Jewish National and University Library, Jerusalem, dedicated April 15, 1930, Jerusalem o. J. [1930], masch. Publikation im AYA.

JEWISH QUARTER JERUSALEM 1970:

Company for the Reconstruction and Development of the Jewish Quarter in the Old City of Jerusalem (CRDJQ): The Rehabilitation of the Jewish Quarter, The Old City Jerusalem, in: Israel Builds 1970: 4.32–4.35.

JOSEPH 1901:

D. Joseph: Stiftshuette, Tempel- und Synagogenbauten, in: Ost und West. Illustrierte Monatsschrift für Modernes Judentum, Teil 1: August 1901: 594–608, Teil 2: Oktober 1901: 729–752, Teil 3: November 1901: 831–848.

JOSEPH 1953:

Dov Joseph: Reclaiming the Negev, in: The Jerusalem Post, Ausst.-Sonderbeilage, 22.09.1953: 1.

JUDAIZATION 1972:

The Judaization of Jerusalem 1967–1972, The Institute of Palestine Studies, Beirut 1972.

KAHANA 1962:

A. Kahana: Twenty-Five Years of National Planning in Israel, in: Engineering and Architecture. JAEAI, No. 8, August 1962: 255–56 (hebr.).

KARK 1981:

Ruth Kark: Jewish Frontier Settlement in the Negev, 1880-1948: Perception and Realization, in: Middle Eastern Studies, Vol. 17, No. 3, July 1981: 334–354.

KARK 1991:

Ruth Kark: Jerusalem Neighborhoods: Planning and By-Laws (1855–1930), Jerusalem 1991.

KARK 1995:

Ruth Kark: Planning, Housing, and Land Policy 1948–1952: The Formation of Concepts and Governmental Frameworks, in: Troen/Lucas 1995: 461–494.

KARK/OREN-NORDHEIM 2001:

Ruth Kark, Michal Oren-Nordheim: Jerusalem and its Environs. Quarters, Neighborhoods, Villages 1800–1948, Jerusalem 2001.

KARSH 2000:

Efraim Karsh (Hg.): Israel: The First Hundred Years, Vol. 1: Israel's Transition from Community to State, London 2000.

KASKIN 1957:

M. Kaskin: Capital's New Buildings Pose Problems. Religious, Financial, Asthetic Factors Harras Builders, Architects, in: The Jerusalem Post, 21.11.1957: 4.

KATZ, K. 1968:

Katz, Karl: Background to the Museum, in: Karl Katz, P. P. Kahane, Magen Broshi: From the Beginning. Archaeology and Art in the Israel Museum in Jerusalem, London 1968: 13–31.

KATZ, S. 1968:

Samuel Katz: The Undevided City, in: The Israel Magazine, Vol. 1, No. 2, April 1968: 11–17.

KATZ/HEYD 2000:

Shaul Katz, Michael Heyd (Hg.): The History of the Hebrew University of Jerusalem. Origins and Beginnings, Jerusalem 2000 (1. Aufl. 1997) (hebr.).

KEMPINSKI 1989:
> Aharon Kempinski: Die Archäologie als bestimmender Faktor in der israelischen Gesellschaft und Kultur, in: Judaica. Beiträge zum Verständnis des Jüdischen Schicksals in Vergangenheit und Gegenwart, Bd. 45, Basel 1989: 2–20.

KENDALL 1948:
> Henry Kendall: The Jerusalem City Plan, London 1948.

KHATIB 1993:
> Khaled A. Khatib: The conservation of Jerusalem, Palestine Academic Society for the Study of International Affairs, Passia Publications, June 1993.

KIESLER 1957:
> Frederick J. Kiesler: Design in Continuity, in: Architectural Form, October 1957: 126–131.

KIESLER 1965:
> Frederick J. Kiesler: Shrine of the Book, Leserbrief in der Jerusalem Post, in: The Jerusalem Post, 17.05.1965: 3 [= Reaktion auf Kritik in: Shrine of the Book 1965].

KIESLER 1966:
> Frederick Kiesler: Inside the Endless House. Art, People and Architecture: A Journal, New York 1966.

KIESLER/BARTOS 1966:
> Frederick J. Kiesler, Armand P. Bartos: Der Schrein des Buches, in: ariel. Berichte über Kunst und Forschung in Israel, Nr. 2. 1966: 11–12.

KIMMERLING 1983:
> Baruch Kimmerling: Zionism and Territory: The Socio-Territorial Dimensions of Zionist Politics, Research Series. Institute of International Studies. University of California, No. 51, 1983.

KIMMERLING 1989:
> Baruch Kimmerling (Hg.): The Israeli State and Society: Boundaries and Frontiers, New York 1989.

KLAGEMAUER 1975:
> o.V.: Generationen des Klagens oder Klagen der kommenden Generationen, in: Lihyot Ba'Ir, No. 2, 1975: 28–33, in der Slg. Frenkel.

KLEINBERGER 1969:
> Aharon Fritz Kleinberger: Society, Schools and Progress in Israel, Oxford u. a. 1969.

KNESSET BUILDING. KURZPROTOKOLL 1957:
> The Knesset Building. Public Competition for the Planning of the Knesset Building in Jerusalem. Jury Protocol [= Kurzprotokoll zu den anonymisierten Wettbewerbsbeiträgen], masch. Protokoll (hebr.), o.J. [1957], in der Slg. Rolef.

KNESSET BUILDING. PROTOCOL OF JUDGES DECISIONS 1957:
> The Knesset Building. Public Competition for the Planning of the Knesset Building in Jerusalem. Protocol of the Judges Decision [= Ausführungen zum Siegerentwurf], masch. Protokoll, o.J. [1957], in der Slg. Rolef.

KNESSET BUILDING. REDEN ZUR PREISVERLEIHUNG 1957:
> The Knesset Building. Public Competition for the Planning of the Knesset Building in Jerusalem. Abschlusszeremoniell und Ergebnisverkündung, 24.7.1957, masch. Protokoll (hebr.) in der Slg. Rolef.

KOHL/FAWCETT 1995:
> Philip L. Kohl, Clare Fawcett: Nationalism, politics, and the practice of archaeology, Cambridge University Press/MA 1995.

KOLLEK/KOLLEK 1992:
> Teddy Kollek, Amos Kollek: Ein Leben für Jerusalem, Frankfurt 1992 (engl. Originalausgabe 1978).

KONVITZ 1964:
> Milton R. Konvitz: The Jewish Intellectual, the University and the Jewish Community, in: The Jewish Intellectual, The University and the Jewish Community, B'nei B'rith Hillel Foundations, Washington 1964: 7–20.

KRIVINE 1963:
> David Krivine: Housing in Israel, Israel Today, No. 17, Jerusalem 1963 (1. Aufl. 1960).

KRIVINE 1965:
> David Krivine: Builder of the shrine: Hillel Fefferman. Translating concepts into concrete, in: The Jerusalem Post, 16.04.1965: 13.

KROYANKER 1975:
> David Kroyanker: Developing Jerusalem 1967–1975. The Planning Process and its Problems as Reflected in some Major Projects, Jerusalem 1975.

KROYANKER 1982:
> David Kroyanker: Jerusalem Planning and Development 1979–1982, Jerusalem 1982.

KROYANKER 1983:
> David Kroyanker: Jerusalem Architecture. Periods and Styles: The Jewish Quarters and Public Buildings outside the Old City Walls 1860–1914, Israel 1983.

KROYANKER 1985:
> David Kroyanker: Jerusalem Planning and Development 1982–1985. New Trends, Jerusalem 1985.

KROYANKER 1994:
> David Kroyanker: Die Architektur Jerusalems. 3000 Jahre Heilige Stadt, Stuttgart 1994.

KROYANKER 1998:
> David Kroyanker: Fifty Years of Israel Israeli Architecture as Reflected in Jerusalem's Buildings, in: Architecture of Israel, No. 33, Spring 1998: 82–94 (hebr./engl.)

KÜHNEL 1997–1998:
> Bianca Kühnel (Hg.): The Real and Ideal Jerusalem in Jewish, Christian and Islamic Art. Studies in Honor of Bezalel Narkiss on the Occasion of his Seventieth Birthday, Journal of the Center for Jewish Art. The Hebrew University of Jerusalem, Vol. 23–24, 1997–1998.

KUTCHER 1975:
> Arthur Kutcher: The New Jerusalem. Planning and Politics, London 1975. (1. Aufl. 1973).

LAOR 1964:
> Mordechai Laor: Beer-Sheva (Data & Problems), June 1964, masch. Publikation im DTA, 0020.14.03.

LAOR 1970:
> Mordechai Laor: The Beer Sheva Master Plan – Theory and Practice, in: Israel Builds 1970: 3.36–3.41 [auch als Sonderdruck im DTA, 0024.10.001].

LAOR 1973:
> Mordechai Laor: Discussion with the City Engineer of Beersheba, Eng. M. Laor, in: Aleph Aleph. Monthly of the Institute of Architects, August 1973: 7–11.

LAOR/REIFER 1967:
> Mordechai Laor, Rafael Reifer: Beersheba Master Plan, in: JAEAI, Vol. XXV, No. 5, December 1967: 41–51.

LAQUEUR 1975:
> Walter Laqueur: Der Weg zum Staat Israel: Geschichte des Zionismus, Wien 1975.

LEVIN 1953:
> Moshe Levin: A Tour of the Exhibition, in: The Jerusalem Post, Ausst.-Sonderbeilage, 22.09.1953: 7.

LEVIN 1978:
: Michael Levin: Die Hurva Synagoge des Rabbi Yehuda He'Hasid. Gründung und Bestimmung inmitten eines sich erneuernden Yishuv, Jerusalem 1978 (hebr.).

LICHFIELD 1970:
: Nathaniel Lichfield: Israel's New Towns. A Report to the Ministry of Housing, 2 Bde., State of Israel, Ministry of Housing, Jerusalem 1970.

LICHFIELD 1974:
: Nathaniel Lichfield: Jerusalem Planning: A Progress Report, in: Oesterreicher/Sinai 1974: 175–183.

LICHFIELD 1992:
: Nathaniel Lichfield: Development Policy for the New Towns in Israel, in: Environmental Planning 19–20, January-June 1992 (hebr.).

LICHFIELD/HERMAN 1968:
: Nathaniel Lichfield, Justin Herman: Report by Consultants on Problems, Practices and Procedures for Community Development and Urban Renewal, State of Israel, Ministry of Housing, Jerusalem, November 1968, masch. Publikation in BAWbM.

LIEBMAN/DON-YEHIYA 1983:
: Charles S. Liebman, Eliezer Don-Yehiya: Civil Religion in Israel. Traditional Judaism and Political Culture in the Jewish State, University of California Press/CA 1983.

LIFSCHITZ 1959:
: B. Z. Lifschitz: Beer-Scheva. Model Housing Estate, in: JAEAI. Handasa ve-Adrikhalut, Vol. XVII, No. 7–8, July–Augsut 1959: 187–190 (hebr.).

LIPSHITZ 1998:
: Gabriel Lipshitz: Country on the Move: Migration to and within Israel, 1948-1995, Dordrecht/Boston/London 1998.

LISCHINSKY 1983:
: Josef Lischinsky: Jad Vaschem als Kunstwerk, in: ariel. Zeitschrift zur Kunst und Bildung in Israel, Nr. 55, 1983: 14–25.

LITHWICK/GRADUS 1999:
: Harvey Lithwick, Yehuda Gradus: The Challenge of Industrial Development for Israel's Frontier Cities, in: dies (Hg.): Developing Frontier Cities: A Global Perspective, 1999: 241–267.

LUFT 1951a:
: Gerda Luft: Penetrating an Empty World, in: The Palestine Post, 16.02.1951: 5.

LUFT 1951b:
: Gerda Luft: Negev – The Idea and the Need, in: The Palestine Post, 23.02.1951: 5.

LUNDSTEN 1978:
: Mary Ellen Lundsten: Wall Politics: Zionist and Palestinian Strategies in Jerusalem, 1928, in: Journal of Palestine Studies. Quarterly on Palestinian Affairs and the Arab-Israeli Conflict, Vol. VIII, No. 1, Autumn 1978: 3–27.

LURIÉ 1923:
: J. Lurié: Hebrew Education in Palestine, in: Simon/Stein 1923: 79–89.

MAAS 1923:
: Mabel Maas: New Towns for Old in Palestine, in: The Architect's Journal, Vol. LX, No. 1561, December 3, 1923.

MAGUIRE 1981:
: Kate Maguire: The Israelisation of Jerusalem, London 1981.

MAHRER 1955:
: J. Mahrer: Town Planning in Israel, in: JAEAI, Vol. XIII, No. 3, April 1955: 19 (hebr.).

MAN 1970:
: Silvia Man: Die Stätten Jerusalems, Israel 1970 (hebr.).

MANSFELD 1966:
> Alfred Mansfeld: Einheit in Vielfalt, in: ariel. Berichte über Kunst und Forschung in Israel, Nr. 2. 1966: 8–10.

MANSFELD/GAD 1965:
> Al Mansfeld, Dora Gad: Israel-Museum, Jerusalem, in: Der Baumeister, Zeitschrift für Architektur, Nr. 11, November 1965: 1244–1251.

MANSFELD/GAD 1966:
> Al Mansfeld, Dora Gad: Israel Museum, Jerusalem (Israel Prize 1966), in: Architecture in Israel, No. 4, Oct.–Dec. 1966: 4–5.

MELLER 1981:
> Helen Meller: Patrick Geddes 1854–1932, in: Cherry 1981: 36–70.

MELVILLE 1992:
> Gert Melville (Hg.): Institutionen und Geschichte, Köln/Weimar/Wien 1992.

MELVILLE 1997:
> Gert Melville: Ein Sonderforschungsbereich stellt sich vor, Dresden 1997.

MELVILLE 2001:
> Gert Melville (Hg.): Institutionalität und Symbolisierung. Verstetigung kultureller Ordnungsmuster in Vergangenheit und Gegenwart, Köln/Weimar/Wien 2001.

MELVILLE/VORLÄNDER 2002:
> Gert Melville, Hans Vorländer (Hg.): Geltungsgeschichten. Über die Stabilisierung und Legitimierung institutioneller Ordnungen, Köln/Weimar/Wien 2002.

MENDES-FLOHR/REINHARZ 1980:
> Paul R. Mendes-Flohr, Jehuda Reinharz: The Jew in the Modern World. A Documentary History, New York/Oxford 1980.

MICHELSON 1977:
> David S. Michelson: Physical Development Patterns of New Neighborhoods in Jerusalem Since 1967, in: JAEAI, No. 11/12, 1977: 56–75.

MILLER 1967:
> Martha Miller: Building schools for today, tomorrow and after, in: The Jerusalem Post, Weekend-Magazine, 05.05.1967: 16.

MILLER 1981:
> Mervyn Miller: Raymond Unwin 1879–1957, in: Cherry 1981: 71–102.

MINTA 1998:
> Anna Minta: Zeev Rechter: Das „Beit Engel" in Tel Aviv, 1933, im Kontext der Architekturtheorie von Le Corbusier, masch. Magisterarbeit Freie Universität Berlin 1998.

MODERNISM IN ISRAEL 1985:
> Modernism in Israel/Jerusalem Guide/Six London Architects, UIA. International Architects. Issue 9, London 1985.

MORLEY/SHACHAR 1986:
> David Morley, Arieh Shachar (Hg.): Planning in Turbulence, Jerusalem 1986.

MORRIS 1937:
> Nathan Morris: The Jewish School. An Introduction to the History of Jewish Education, London 1937.

MÜLLER/SCHAAL/TIERSCH 2002:
> Stephan Müller, Gary S. Schaal, Claudia Tiersch (Hg.): Dauer durch Wandel. Institutionelle Ordnungen zwischen Verstetigung und Transformation, Köln/Weimar/Wien 2002.

MUMFORD 1970:
> Lewis Mumford: Memorandum on the Plan for Jerusalem, 22. November 1970, masch. Bericht im ISA, RG 125, Gimel Lamet 3845, Akte 4.

MÜNKLER 1995:
: Herfried Münkler: Die Visibilität der Macht und die Strategien der Machtvisualisierung, in: Göhler 1995: 213–240.

MUSEUM CITY 1960:
: o. V.: ‚Museum City' to Rise in Jerusalem, in: The Jerusalem Post, 04.03.1960: IV.

MYERS 1995:
: David N. Myers: Re-Inventing the Jewish Past. European Jewish Intellectual and the Zionist Return to History, New York 1995.

MYERS/RUDERMAN 1998:
: David N. Myers, David B. Ruderman (Hg.): Jewish Past Revisted: Reflections on Modern Jewish Historians, Yale University Press/CT 1998.

NACHMIAS 1982:
: Shlomo Nachmias: Erziehungsgesetze, in: Ackerman/Carmon/Zucker 1982, Bd. 1: 333–347.

NAOR 1985:
: Mordechai Naor: Yischuv Ha'Negev, 1900-1960 [= Der Yishuv im Negev, 1900–1960], Jerusalem 1985 (hebr.).

NAOR 1987:
: Mordechai Naor (Hg.): The Jewish Quarter in Jerusalem, Israel 1987 (hebr.).

NARDI 1934:
: Noah Nardi: Zionism and Education in Palestine, New York 1934.

NARDI 1945:
: Noah Nardi: Education in Palestine 1920–1945, Washington 1945.

NE'EMAN ARAD 1995:
: Gulie Ne'eman Arad (Hg.): Israeli Historiography Revisited, History & Memory. Studies in Representation of the Past, No. 6–7 (Special Issue), 1995.

NEGEV 1967:
: A. Negev: Mystery Ruins in the Negev, in: The Israel Year Book 1967: 109–114.

NEIGHBORHOOD REHABILITATION 1977:
: Neighborhood Rehabilitation in Israel, State of Israel, Ministry of Construction and Housing, Jerusalem, October 1977.

NETZER 1975:
: Ehud Netzer: Reconstruction of the Jewish Quarter in the Old City, in: Yadin 1975: 118–121.

NEUFELD 1971:
: Max Neufeld: Israel's New Towns: Some Critical Impressions, Pamphlet No. 3, Anglo-Israel Association, London, June 1971.

NEW TOWNS 1964:
: New Towns in Israel, JAEAI. Handasa ve-Adrikhalut, Vol. XXII, No. 3, June 1964 [= Themenheft zu den Entwicklungsstädten in Israel]

NOGUCHI 1965:
: Isamu Noguchi: A garden that is a sculpture, in: The Jerusalem Post, special supplement, Independence Day, May 1965: 1.

NOGUCHI 1966a:
: Isamu Noguchi: Ein Skulpturengarten in Jerusalem, in: ariel. Berichte über Kunst und Forschung in Israel, Nr. 2. 1966: 34–35.

NOGUCHI 1966b:
: Isamu Noguchi: Billy Rose Art Garden in the Israel Museum, Jerusalem, in: Architecture in Israel, No. 4, Oct.–Dec. 1966: 30–33.

OESTERREICHER/SINAI 1974:
: John Oesterreicher, Anne Sinai (Hg.): Jerusalem, New York 1974.

OLD CITY OF JERUSALEM 1969:
: o. A.: Old City of Jerusalem. Bazaars & Commercial Streets, Jerusalem o. J. [um 1969], brosch. Planpräsentation im StA Jerusalem.

OLD CITY OF JERUSALEM 1970:
: o. A.: Old City of Jerusalem and its Environs. Outline Townplanning Jerusalem 1970, brosch. Planpräsentation in BAWbM.

OLD JAFFA 1970:
: o. A.: Old Jaffa Port and Area. Preliminary Project, brosch. Planpräsentation, Tel Aviv, January 1970.

OLTUSKI 1988:
: Ilona Oltruski: Kunst und Ideologie des Bezalels in Jerusalem. Ein Versuch zur jüdischen Identitätsfindung, Frankfurter Fundament der Kunstgeschichte, Bd. V, Frankfurt 1988.

ORNI 1963:
: Efraim Orni: Reclamation of the Soil, Israel Today No. 26, Jerusalem July 1963 (1. Aufl. o. J.).

ORNSTEIN 1927:
: L. S. Ornstein: Technische Hochschule oder Fachschule, in: Construction and Industry, JAEAP, Vol. VI, No. 11–12, Nov.-Dec. 1927: 5–6.

ORR 1994:
: Akiva Orr: Israel: Politics, Myths and Identity Crises, London u. a. 1994.

PADON 1974:
: Gabriel Padon: The Divided City: 1948–1967, in: Oesterreicher/Sinai 1974: 85–107.

PALMON 1958:
: J. E. Palmon: Ein Heim für Israels Parlament, in: Münchner Jüdische Nachrichten, o. J. [1958], in der Slg. Rolef.

PERROT / CHIPIEZ 1887:
: Georges Perrot, Charles Chipiez: Histoire de L'Art dans L'Antiquité, Bd. 4, Paris 1887.

PETERS 1962:
: Paulhans Peters: Planen und Bauen in Israel, in: Der Baumeister, Zeitschrift für Architektur, Nr. 1, Jan. 1962: 1–40.

PORAT, C. 1989:
: Chanina Porat: Zionist Policy on Land Settlement in the Negev, 1929- 1946, masch. Diss. Hebrew University Jerusalem 1989 (hebr.).

PORAT, D. 1991:
: Dina Porat: Attitudes of the Young State of Israel toward the Holocaust and Its Survivors: A Debate over Identity and Values, in: Silberstein 1991: 157–174.

POSENER 1938:
: Julius Posener: Traditionelles und modernes Bauen in Palästina, in: Das Werk. Schweizer Monatszeitschrift für Architektur, Freie Kunst und Angewandte Kunst, 25. Jhg., September 1938: 257–271.

POSENER 1968:
: Julius Posener: Ebenezer Howard. Gartenstädte von morgen. Das Buch und seine Geschichte, Bauwelt Fundamente Nr. 21, Berlin/Frankfurt/Wien 1968.

PRESIDENTS' RESIDENCE 1972:
: The Presidents' Residence in Jerusalem, in: Tvai, No. 11, Summer 1972: 40–65.

RABINOVICH 1971:
: Avraham Rabinovich: Complaint over view holds up Yeshiva, in: The Jerusalem Post, 23.03.1971: 5.

RAM 1995:
: Uri Ram: Zionist Historiography and the Invention of Modern Jewish Nationhood: The Case of Ben Zion Dinur, in: Ne'eman Arad 1995: 91–124.

RAMOT o. J:
> Ramot. Jerusalem, State of Israel, Ministry of Housing, o. O. und o. J., brosch. Planpräsentation in BAWbM.

RATNER 1933:
> Yohanan (Eugen) Ratner: Architecture in Palestine, in: Palestine & Middle East Economic Magazine, No. 7–8, 1933: 293–296.

RAU 1957:
> Heinz Rau: Architects Flay Knesset Design: No Hurry To Build, in: The Jerusalem Post, 06.09.1957: 5.

REHBERG 1995:
> Karl-Siegbert Rehberg: Die „Öffentlichkeit" der Institutionen. Grundbegriffliche Überlegungen im Rahmender Theorie und Analyse institutioneller Mechanismen, in Göhler 1995: 181–212.

REHBERG 1998:
> Karl-Siegbert Rehberg: Die stabilisierende „Fiktionalität" von Präsenz und Dauer. Institutionelle Analyse und historische Forschung, in: Bläkner/Jussen 1998: 381–407.

REHBERG 2001:
> Karl-Siegbert Rehberg: Weltrepräsentanz und Verkörperung. Institutionelle Analyse und Symboltheorien – Eine Einführung in systematischer Absicht, in: Melville 2001: 3–49.

REICHMAN 1975:
> Shalom Reichman: Three Dilemmas in the Evolution of Jewish Settlement in Palestine: Colonization, Urbanization and Reconstruction, in: City and Region, Vol. 2, No. 3, Feb. 1975: 47–54 (hebr.)

REICHMAN 1986:
> Shalom Reichman: Policy Reduces the World to Essentials: A Reflection on the Jewish Settlement Process in the West Bank Since 1967, in: Morley/Shachar 1986: 83–96.

REICHMAN/HASSON 1984:
> Shalom Reichman, Shlomo Hasson: A Cross-cultural Diffusion of Colonization: From Posen to Palestine, in: Annals of the Association of American Geographers, Vol. 74, 1984: 57–70.

REICHMAN/YEHUDAI 1984:
> S[halom] Reichman, M. Yehudai with the collaboration of E[liezer] Brutzkus: A Survey of Innovative Planning 1948–1965, Part 1, Jerusalem 1984 (hebr.).

REIFER 1970:
> Rafael Reifer: Aspects of the Master Plan of Beer-Sheba, in: Tvai 8, Summer 1970: 4–5.

REINER 1977:
> Elchanan Reiner: The Yochanan Ben Zakkai Four Sephardi Synagogoues, The Jerusalem Foundation, Jerusalem 1977 (1. Aufl. o. J.).

RIJPMA 1990:
> Liesbeth Rijpma: Jerusalem. Oldnew Town. The Jewish Quarter renewed in the Old City of Jerusalem, Hollland 1990 (holl./engl.).

RINOTT 1968:
> Moshe Rinott: The Educational Activities of the „Hilfsverein der Deutschen Juden" in Palestine (1901–1918), masch. Diss. Hebrew University Jerusalem 1968 (hebr.).

RINOTT 1984:
> Moshe Rinott: Religion and Education: The Cultural Question and the Zionist Movement, 1897–1913, in: Studies in Zionism, Vol. 5, No. 1, 1984: 1–17.

RODINSON 1980:
> Maxime Rodinson: Israel – A Colonial-Settler State? New York 1980 (franz. Originalausgabe 1973).

ROITMAN 1988:
: Adolfo Roitman: The contribution of the Shrine of the Book to the Definition of Jewish and Israeli Identity, in: Nadav Kashtan: The Museum and Cultural Identity – The Israeli Experience. International Symposium in Israel, 29th to 6th July, 1988. 15–17.

ROLEF 1999a:
: Susan Hattis Rolef: The Knesset Building at Giva't Ram – Planning and Construction, in: Cathedra. For the History of Eretz Israel and its Yishuv, No. 96, June/July 1999: 131–170 (hebr.).

ROLEF 1999b:
: Susan Hattis Rolef: The Planning and Building of the Knesset, in: Architecture of Israel, No. 37, Spring 1999: 4–19 (hebr./engl.).

ROLEF 1999c:
: Susan Hattis Rolef: Secular Residents of the Jewish Quarter in the Old City of Jerusalem are out of the Religious Strait Jacket, in: Architecture of Israel, No. 39, Fall 1999: 2–13. (hebr./engl.).

RONNEN 1970:
: Meir Ronnen: Rose + Noguchi = Unique Centre of Sculpture, in: The Jerusalem Post, 04.03.1970: IV.

RONNEN 1971:
: Meir Ronnen: Tacked-on Art at Beit Hanassi, in: The Jerusalem Post, Weekend-Magazine, 03.09.1971: 6.

RONNER/JHAVERI 1987:
: Heinz Ronner, Sherad Jhaveri: Louis I. Kahn. Complete Works 1935–1974, Basel/Boston 1987 (1. Aufl. 1977).

ROSENTHAL 1974/75:
: Gabriella Rosenthal: The Jewish Quarter in the Old City of Jerusalem, in: Israel Magazine, Vol. VI, No. 12, 1974/75: 46–52.

ROTBARD 2002:
: Sharon Rotbard: Homa Umigdal (Wall – And – Tower) .The Mold of Israeli Architecture, in: Ausst.-Kat. A Civilian Occupation 2002: 22–26.

ROTH 1945:
: Leon Roth: The Hebrew University and its Place in the Modern World, The Jewish Historical Society of England, London 1945.

ROTH 1950:
: Leon Roth: A Two Way Stream. Serving the Nation and Mankind, in: The Palestine Post, 04.05.1950: 7.

RUBINSTEIN 1988:
: Shimon Rubinstein: The Negev. The Great Zionist Blunder 1919-29, Vol. 1–4, Jerusalem 1988.

SACHER 1918:
: Harry Sacher: A Hebrew University for Jerusalem, Zionist Pamphlets, London 1918 (1. Aufl. 1915).

SADMON 1994:
: Zeev W. Sadmon: Die Gründung des Technions in Haifa im Lichte Deutscher Politik 1907–1920, Einzelveröffentlichungen der Historischen Kommission zu Berlin, Bd. 78, München 1994.

SAFDIE 1974:
: Moshe Safdie: Plan for the Western Wall Precinct. Preliminary Submission, Jerusalem, January 1974, brosch. Planpräsentation in der Slg. Safdie.

SAFDIE 1986:
: Moshe Safdie: The Harvard Jerusalem Studio: Urban Designs for the Holy City, Cambridge 1986.

SAFDIE 1989:
: Moshe Safdie: Jerusalem: The Future of the Past, Montreal 1989.

SAFDIE O. J. :
: Moshe Safdie: Outline of Research – „Twelve Years in Jerusalem", o. J. [Ende der 1980er Jahre], masch. Manuskript in der Slg. Safdie.

SAID 1979:
: Edward W. Said: Orientalism, New York 1979 (1. Aufl. 1978).

SALOMON 1984:
: Nimrod Salomon: Landmark Preservation in Jerusalem, Jerusalem Municipality. Town Planning Department. Policy Planning Section, August 1984, Bericht im StA Jerusalem.

SAMUEL 1962:
: Viscount Samuel: The New Memorial Shrine in Jerusalem, Yad Vashem. The Martyrs' and Heroes' Remembrance Authority Jerusalem, Har Hazikaron, Broschüre o. J. [1962], in YVA.

SANDBERG 1966:
: Willem Sandberg: The Israel Museum in Jerusalem, in: Architecture in Israel, No. 4, Oct.– Dec. 1966: 15–16.

SCHATZ 1911:
: Boris Schatz: The Bezalel Institute, in: Cohen, I. 1911: 58–64.

SCHECHTER/GALAI 1977:
: Yoel Schechter, Chaya Galai: The Negev – A Desert Reclaimed (Case Study on Desertification), Conference on Desertification, 29.08.– 09.09.1977, Nairobi, Kenya, masch. Broschüre im DTA.

SCHMIDT-HARTMANN 1994:
: Eva Schmidt-Hartmann (Hg.): Formen des nationalen Bewusstseins im Lichte zeitgenössischer Nationalismustheorien. Vorträge der Tagung des Collegium Carolinum in Bad Wiessee vom 31.10.– 03.11.1991, München 1994.

SCHOENBERGER 1973:
: Joseph Schoenberger in Zusammenarbeit mit A. Kutcher, S. Aronson, S. Aharonson: Untersuchung zur Gestaltung des Areals vor der Klagemauer, Jerusalem 1973 (hebr.).

SCHOLLMEIER 1990:
: Axel Schollmeier: Gartenstädte in Deutschland. Ihre Geschichte, städtebauliche Entwicklung und Architektur zu Beginn des 20. Jahrhunderts, Münster 1990.

SCHÖNRICH/BALTZER 2002
: Gerhard Schönrich, Ulrich Baltzer: Die Geltung von Geltungsgeschichten, in: Melville/Vorländer 2002: 1–26.

SCHOOL BUILDINGS 1960:
: School Buildings in Israel, JAEAI. Handasa ve-Adrichalut, Special Edition, January 1960.

SCHOOLS IN ISRAEL 1966:
: Schools in Israel: Association of Engineers and Architects in Israel. The Building & Techniques Research Institute, Tel Aviv 1966 (1. Aufl. 1964).

SCHREIN DES BUCHES 1966:
: o.V.: Reportage „Rollendom", in: Der Baumeister, Zeitschrift für Architektur, Nr. 1, Januar 1966: 6.

SCHWARTZMAN/GREGORY/ROCKRISE 1970:
: Daniel Schwartzman, Jules Gregory, George T. Rockrise: Beer Sheba. Symbol of a National Policy, Reprint from AIA Journal, April 1970: 27–37.

SCHWEID 1968:
: Yosef Schweid: The Masterplan of Jerusalem, in: Environmental Planning, No. 7, May 1968: 8–15 (hebr.).

SCHWEID 1986:
: Joseph Schweid: The Planning of Jerusalem before and after 1967: Attitudes towards Uncertainty, in: Morley/Shachar 1986: 107–113.

SCHWEID 1987:
Y[oseph] Schweid: The Unification of Jerusalem: The Planning Aspect, in: Kivunim, No. 35, 1987: Seiten (hebr.).

SEELIG/SEELIG 1985:
Michael and Julie Seelig: Main Street, Jerusalem, in: Architectural Reocrd, May 1985: 118–123.

SEGEV 1998:
Tom Segev: 1949. The first Israelis, New York 1998 (hebr. Originalausgabe 1986).

SEGEV 2000:
Tom Segev: The Seventh Million. The Israelis and the Holocaust, New York 2000 (hebr. Originalausgabe 1991).

SHACHAR 1971:
Arie S. Shachar: Israel's Development Towns. Evaluation of National Urbanization Policy, in: Journal of the American Institute of Planners, Vol. 37, No. 6, November 1971: 362–372.

SHAKED 1965:
Shmuel Shaked: Report on Some Aspects of Physical Planning in Israel, State of Israel, Ministry of Housing, Tel Aviv, August 1965.

SHAKED 1967:
S[hmuel] Shaked: Housing in Israel, in: JAEAI, Vol. XXV, No. 5, December 1967: 10.

SHAKED 1970:
Shmuel Shaked: Physical Planning in Israel, in: Israel Builds 1970: 1.24–1.32.

SHALEM 1968:
Diane Shalem: A Jerusalem Reporter, The Municipality of Jerusalem, Jerusalem, October 1968.

SHAPIRA 1995:
Anita Shapira: Politics and Collective Memory: The Debate over the „New Historians" in Israel, in: Ne'eman Arad 1995: 9–40.

SHAPIRO 1973:
S. Shapiro: Planning Jerusalem: The First Generation, 1917–1968 in: Amiran/Shachar/Kimshi 1973: 139–153.

SHARETT 1948:
Moshe Sharett (ehemals Shertok): Israel Seeks Admission to the Family of Nations. Full Text of Mr. Shertok's Address to the U.N. Political Committee on November 15, in: The Palestine Post, 29.11.1948: 3–4.

SHARETT 1950:
Moshe Sharett (ehemals Shertok): Jerusalem Position Firm. But Israel Faces Struggle Ahead. Sharett Reports to Knesset, in: The Palestine Post, 03.01.1950: 1 und 3.

SHARON 1950:
Arieh Sharon: National and Regional Planning, Reprint from „Israel and the Middle East", Tel Aviv o. J. [1950].

SHARON 1951:
Arieh Sharon: Physical Planning in Israel, Israel 1951. (hebr./engl.).

SHARON 1952:
Arieh Sharon: Planning in Israel, Town Planning Review 23, No. 1, April 1952: 66–82.

SHARON 1954:
Arieh Sharon: Regional Landuse and Landscape, Vortrag gehalten auf dem United Nations Seminar on Housing and Community Improvement, New Delhi o. J. [1954], masch. Kopie in der Slg. Sharon.

SHARON 1955:
Arieh Sharon: Collective Settlements in Israel, Reprint from: The Town Planning Review, Vol. XXV, No. 4, January 1955.

SHARON 1958:
Arieh Sharon: Architecture in Israel, Aufsatz 28.04.1958, masch. Kopie in der Slg. Sharon.
SHARON 1960:
Arieh Sharon: Housing Policies and Dispersal of Population, Vortrag gehalten auf der International Seminar Conference on Housing in Israel, 04.05.-15.06.1960, masch. Kopie in der Slg. Sharon.
SHARON 1963:
Arieh Sharon: Integration of Planning, Civil Design and Architecture, Vortrag gehalten zur Verleihung der Golden Medal of the Mexican Institute of Architects, o.O. und o.J. [1963], masch. Kopie in der Slg. Sharon.
SHARON 1966:
Arieh Sharon: ohne Titel, Mitschrift des Vortrags in der Public Health Group in Athen, 26.05.1966, masch. Kopie in der Slg. Sharon.
SHARON 1967:
Arieh Sharon: ohne Titel, Vortrag gehalten in Ottava 1967, masch. Kopie in der Slg. Sharon.
SHARON 1972:
Arieh Sharon: ohne Titel, Vortrag gehalten in Mykonos [?] 1972, masch. Kopie in der Slg. Sharon.
SHARON 1973:
Arieh Sharon: Planning Jerusalem. The Old City and its Environs, Tel Aviv 1973.
SHARON 1976a:
Sharon, Arieh: Kibbutz + Bauhaus. An architect's way in a new land, Stuttgart 1976.
SHARON 1976b:
Arieh Sharon: Architektur in den Entwicklungsländern, Aufgaben und Lösungen, Vortrag o.O. und o.J. [1976], masch. Kopie in der Slg. Sharon.
SHARON 1976c:
Arieh Sharon: Architektur und Planung – Bauen in Entwicklungsländern, Vortrag gehalten in Berlin 1976, masch. Kopie in der Slg. Sharon.
SHAVIT 1987:
Yaacov Shavit: „Truth Shall Spring out of the Earth": The Development of Jewish Popular Interest in Archaeology in Eretz-Israel, in: Cathedra. For the History of Eretz Israel and its Yishuv, No. 44, June 1987: 27–45 (hebr.).
SHAVIT 1997:
Yaacov Shavit: Archaeology, Political Culture, and Culture in Israel, in: Silberman 1997: 48–61.
SHECHORI 1997:
Ran Shechori: Dora Gad. The Israeli Presence in Interior Design, Tel Aviv 1997 (hebr./engl.).
SHENHAVI 1945:
Mordechai Shenhavi: „Yad Vashem" Gründung in Erinnerung an die zerstörten jüdischen Gemeinden. Rahmenplan für das Gedenken an die Diaspora, unveröffentlichtes Memorandum, Im ISA, RG 98, Gimel Lamet 6253, Akte 11.
SHER O.J. 1950:
Daniel Sher: Jerusalem – An Old Centre of New Life, o.O. und o.J. [1950], masch. Manuskript im CZA, S21/140/1.
SHERSHEVSKY 1977:
Joseph Shershevsky: Visuelle Aspekte in den Planungen von Beer Sheva, Vortrag auf dem Geographenkongress der Ben-Gurion-Universität des Negev im Dezember 1977, masch. Kopie im DTA, 0020.05.
SHILHAV 1985:
Yoseph Shilhav: On Urban Characteristics and National Survival. A Rejoinder, in: City and Region, Vol. 4, No. 4, December 1985: 1985: 31–35 (hebr.)

SHILONY 1998:
Zvi Shilony: Ideology and Settlement. The Jewish National Fund, 1897–1914, Jerusalem 1998.

SHIMONI 1995:
Gideon Shimoni: The Zionist Ideology, Brandeis University Press 1995.

SHMUELI/GRADUS 1970:
Avshalom Shmueli, Yehuda Gradus (Hg.): The Land of the Negev. Man and Desert, 2 Bde., Israel 1970 (hebr.).

SHRINE OF THE BOOK 1965:
o. V.: The Shrine of the Book. Accent on Symbolism, in: The Jerusalem Post, 16.04.1965: 13.

SHRINE OF THE BOOK 1966:
o. V.: The Shrine of the Book. Award of Merit: Frederick Kiesler and Armand Bartos, in: AIA Journal, July 1966: 40–41.

SHTENER 1949/50:
Mordechai Shtener: The Building of Jerusalem – where to?, o. O. und o. J. [um 1949/50], masch. Bericht im ISA, RG 109, Gimel 4361, Akte 25 (Orig.Nr. 6121, Vol. II).

SHULMAN 1959:
Charles E. Shulman: Richer Than the Rothschilds, in: The Jewish Standard, New Jersey, 17.04.1959: o. S., in der Slg. Rolef.

SILBERMAN 1997:
Neil Asher Silberman: The Archaeology of Israel. Constructing the Past. Interpreting the Present, Sheffield 1997.

SILBERSTEIN 1991:
Laurence J. Silberstein: New Perspectives on Israeli History. The Early Years of the State, New York 1991.

SILBERSTEIN 1999:
Laurence J. Silberstein: Postzionism Debates. Knowledge and Power in Israeli Culture, New York 1999.

SIMON 1923:
Leon Simon: The Significance of Palestine for the Jews, in: Simon/Stein 1923: 250–256.

SIMON/STEIN 1923:
Leon Simon, Leonard Stein (Hg.): Awakening Palestine, London 1923.

SMITH 2000:
Anthony D. Smith: Sacred Territories and National Conflict, in: Karsh 2000: 13–31.

SPECTOR 1990:
Shmuel Spector: Yad Vashem, in: Israel Gutman (Hg.): Encyclopedia of the Holocaust, Vol. 4, New York 1990: 1681–1686.

SPIEGEL 1966:
Erika Spiegel: New Towns in Israel, Stuttgart 1966.

STADT BEER SHEVA 1975:
Die Stadt Beer Sheva, Städtisches Ingenieurbüro, Beer Sheva 1975 (hebr.).

STEIN 1923:
Leonard Stein: The Problem of Self-Government, in: Simon/Stein 1923: 232–249.

STEIN 1949:
Nadia Stein: A New Deal in Planned Housing, in: The Palestine Post, 17.02.1949: 4.

STERNHELL 1998:
Zeev Sternhell: The Founding Myths of Israel. Nationalism, Socialism, and the Making of the Jewish State, Princton 1998 (1. Aufl. 1996).

STRONG 1971:
: Ann Louise Strong: Planned Urban Environment: Sweden, Finland, Israel, The Netherlands, France, Baltimore 1971.

SUPER 1963:
: Arthur Saul Super: Absorption of Immigrants, Israel Today, No. 18, Jerusalem, Juli 1963 (1. Aufl. 1961).

SUSMAN 1973:
: Dvorah A. Susman: The Hebrew University of Jerusalem, Department of Information and Public Affairs, Hebrew University Jerusalem, July 1973.

TALMON 1974:
: Shemaryahu Talmon: The Biblical Concept of Jerusalem, in: Oesterreicher/Sinai 1974: 189–203.

TECHNION 1953:
: o. V.: The History of the Technion in its Beginning 1908–1925, Israel 1953 (hebr.), im AYA.

TEUT 1999:
: Anna Teut (Hg.): Al Mansfeld. Architekt in Israel, Berlin 1999 (dt./engl.).

THON 1912:
: Jacob Thon: Jewish Schools In Palestine, in: Cohen, I. 1912: 86–98.

TIGERMAN 1988:
: Stanley Tigerman: The Architecture of Exile, New York 1988.

TOVIA/BONEH 1999:
: Miriam Tovia, Michael Boneh: Binyan Ha'Aretz. Public Housing in the 1950s, Ausst.-Kat. Kibbuz Ha'Meuchad 1999 (hebr.).

TROEN 1988:
: Ilan S. Troen: The Transformation of Zionist Planning Policy: From Agricultural Settlements to an Urban Network, in: Planning Perspectives, January 1988: 3–23.

TROEN 1992:
: Ilan S. Troen: Spearheads of the Zionist Frontier: Historical Perspectives on Post-1967 Settlement Planning in Judea and Samaria, in: Planning Perspectives 7, 1992: 81–100.

TROEN 1995:
: Ilan S. Troen: New Departures in Zionist Planning: The Development Town, in: Troen/Lucas 1995: 441–460.

TROEN/LUCAS 1995:
: Ilan S. Troen, Noah Lucas (Hg.): Israel. The First Decade of Independence, State University of New York Press/NY 1995.

TWENTY YEARS OF BUILDING 1940:
: Twenty Years of Building. Workers' Settlements, Housing and Public Institutions, General Federation of Jewish Labour in Palestine. Engineers', Architects' and Surveyors' Union, o. J. [um 1940] (hebr./engl.).

UNABHÄNGIGKEITSERKLÄRUNG 1948:
: Proclamation of the State of Israel, nach ihrer Veröffentlichung in The Palestine Post, 16.05.1948: 1–2, in: Mendes-Flohr/Reinharz 1980: 477–479.

UNIVERSITÄT 1984:
: o. V.: Kapitel in der Geschichte der Universität [= Ben-Gurion Universität des Negev], Beer-Sheva, Juli 1984 (hebr.).

UNIVERSITY IN BEER-SHEVA 1966:
: o. V.: Memorandum on the Establishment of a new University in Beer-Sheva, Institute for Higher Education in the Negev, Beer Sheva 1966.

UNIVERSITY OF THE NEGEV 1969:
o. V.: University of the Negev, masch. Bericht 1969, in der Slg. Yaski, Box 22, Akte 142 Aleph.

UNIVERSITY OF THE NEGEV 1970:
o. V.: University of the Negev, Beersheva. Masterplan for the development of the University of the Negev prepared for the presentation to the Ministry of Finance, February 1970, masch. Bericht in der Slg. Yaski, Box 23, Akte 181/26.

UNIVERSITY OF THE NEGEV 1973:
o. V.: University of the Negev, o. J. [1973], masch. Publikation in BAWbM.

UN-KEY RESOLUTIONS 1997:
Dietrich Rauschning, Katja Wiesbrock, Martin Lailach (Hg.): Key Resolutions of the United Nations General Assembly 1946–1996, Cambridge 1997.

VALE 1992:
Lawrence J. Vale: Architecture, Power, and National Identity, New Haven/London 1992.

VENTURA 1973:
Avraham Ventura: Architectural Design of Prefabricated Buildings. Summary of a Paper presented at a Symposium held at Carmiel in May, 1973, in: Israel Builds 1973: 228–227.

VITAL 1975, 1982 UND 1987:
David Vital: The Origins of Zionism, Oxford u. a. 1975 [= Bd. 1]; Zionism: The formative Years, Oxford u. a. 1982 [= Bd. 2]; Zionism: The Crucial Phase, Oxford u. a. 1987 [= Bd. 3].

WARHAFTIG 1996:
Myra Warhaftig: Sie legten den Grundstein. Leben und Wirken deutschsprachiger Architekten in Palästina 1918–1948, Tübingen/Berlin 1996.

WEILL 1989:
Asher Weill: Beit Hanassi. The Home of Israel's Presidents, Jerusalem 1989.

WEINRYB 1957:
Bernard D. Weinryb: The Impact of Urbanization in Israel, in: The Middle East Journal, Vol. 11, No. 1, Winter 1957: 23–36.

WEITZ/ROKACH 1968:
Raanan Weitz, Avshalom Rokach: Agricultural Development: Planning and Implementation (Israel Case Study), Dordrecht-Holland 1968.

WEIZMANN 1948:
Chaim Weizmann: Israel Claims Jerusalem, Ansprache im Military Governor's Council of Jerusalem, in: The Palestine Post, 02.12.1948: 2.

WEIZMANNN 1923:
Chaim Weizmannn: The Jerusalem University, in: Simon/Stein 1923: 72–78.

WERNER 1948:
Alfred Werner: A Jewish University, New York 1948.

WESTENHOLZ 1996:
Joan Goodnick Westenholz (Hg.): Royal Cities of the Biblical World, Bible Lands Museum Jerusalem, 1996 (= in conjunction with the exhibition: Jerusalem: A capital for All Times, Royal Cities of the Biblical World, Jerusalem 1996).

WHITELAM 1997:
Keith W. Whitelam: The Invention of Ancient Israel. The Silencing of Palestinian History, London/New York 1997 (1. Aufl. 1996).

WIEMER 1987:
Reinhard Wiemer: The Theories of Nationalism and of Zionism in the First Decade of the State of Israel, in: Middle Eastern Studies, Vol. 23, No. 2, April 1987: 172–187.

WINNING DESIGN 1951:
o. V.: Winning Design for Herzl Monument, in: The Jerusalem Post, 27.07.1951: 4.

WOHNUNGSFRAGE 1920:
: Der Keren Hajessod und die Wohnungsfrage in Palästina, Der Aufbau Palaestinas. Schriften des Keren Hajessod, Heft III, Berlin o.J. [um 1920].
WOLFF 1961:
: Werner Wolff: Israel und das 20. Jahrhundert, in: Bauwelt, Heft 4/5, 1961: 93–113.
WOOD 1994:
: Nancy Wood: Memory's Remains: Les lieux de mémoire, in: History & Memory. Studies in the Representation of the Past, Vol. 6. No. 1, 1994: 123–149.
YAD VASHEM 1976:
: o.V.: Yad Vashem. Martyrs' and Heroes' Remembrance Authority, Broschüre, Jerusalem, April 1976.
YADIN 1975:
: Yigael Yadin (Hg.): Jerusalem Revealed. Archaeology in the Holy City 1968–1974, The Israel Exploration Society, Jerusalem 1975.
YADIN/BLAIR 1966:
: Yigael Yadin erzählt William Blair: Die Rollen im Schrein, in: ariel. Berichte über Kunst und Forschung in Israel, Nr. 2. 1966: 13–15.
YASKI 1970:
: Avraham Yaski: Resident's Satisfaction and Fee-Back Survey „Model Neighbourhood", Beersheba, in: Israel Builds 1970: 4.72–4.82.
YOUNG 1994a:
: James E. Young (Hg.): Mahnmale des Holocaust: Motive, Rituale und Stätten des Gedenkens, München 1994 (engl. Originalausgabe 1993).
YOUNG 1994b:
: James E. Young: Die Zeitgeschichte der Gedenkstätten und Denkmäler des Holocausts, in: Young 1994a: 19–40.
YOUNG 1997:
: James E. Young: Formen des Erinnerns, Wien 1997 (engl. Originalausgabe 1993).
ZAMERET 1993:
: Zvi Zameret: Shaping the Israeli Educational System during the Great Wave of Immigration 1948–1951, masch. Diss. Hebrew University Jerusalem 1993 (hebr.).
ZERUBAVEL 1991:
: Yael Zerubavel: New Beginning, Old Past: the Collective Memory of Pioneering in Israeli Culture, in: Silberstein 1991: 193–215.
ZERUBAVEL 1995:
: Yael Zerubavel: Recovered Roots: Collective Memory and the making of Israeli National Tradition, Chicago/London 1995.
ZIMMERMANN 1927:
: J. Zimmermann: The Municipality as Builder, in: Construction and Industry. JAEAP, Vol. VI, No. 3–4, March-April 1927: 7–9.
ZIONISTEN-KONGRESS 1897:
: Stenographisches Protokoll der Verhandlungen des I. Zionisten-Kongresses in Basel 1901, Wien 1901.
ZIONISTEN-KONGRESS 1898:
: Stenographisches Protokoll der Verhandlungen des II. Zionisten-Kongresses in Basel, Wien 1898.
ZIONISTEN-KONGRESS 1901:
: Stenographisches Protokoll der Verhandlungen des V. Zionisten-Kongresses in Basel, Wien 1901.
ZIONISTEN-KONGRESS 1913:
: Stenographisches Protokoll der Verhandlungen des XI. Zionisten-Kongresses in Wien, Berlin/Leipzig 1913.

Abbildungsnachweis

Trotz sorgfältiger Nachforschungen konnten nicht alle Inhaber von Abbildungsrechten ermittelt werden. Personen und Institutionen, die möglicherweise nicht erreicht wurden und Rechte an den verwendeten Abbildungen beanspruchen, werden gebeten, sich nachträglich an die Autorin oder den Verlag zu wenden.

Albatross Aerial Photography Ltd., Israel: 17; BGU Plansammlung: 143; Government of Israel, Ministry of Foreign Affairs: 1–3; Government of Israel, Ministry of Defense: 64-65; Israel State Archives, Jerusalem: 70 (RG 125, Gimel Lamet 3837, Akte 7, Orig.Nr. 1011); Knesset Archiv, Jerusalem: 20, 24; National Photograph Collection, Jerusalem: 28 (Photo: Pridan Moshe), 29 (Photo: Saar Yaacov), 30 (Photo: Saar Yaacov), 33 (Photo: Eldan David) , 35 (Photo: Herman Chanania), 59 (Photo: Moshe Milner), 46 (Photo: Ohayon Avi), 104 und 108 (Photo: Saar Yaacov), 140 (Photo: Moshe Milner); Nikolaus Bernau, Berlin: 54–55, 60; Phil Misselwitz, Jerusalem: 62; Sammlung Al Mansfeld/ Michael Mansfeld, Haifa: 18–19, 34, 36-39; Sammlung Arieh Sharon/Yael Aloni, Tel Aviv: 4–5, 9, 12, 83, 110–115; Sammlung Avraham Yaski, Tel Aviv: 40–42, 121–122, 141, 151–153; Sammlung Eliezer Frenkel, Tel Aviv: 73, 78–80, 88, 91–95, 161; Sammlung Ehud Netzer, Jerusalem: 81–82; Sammlung Moshe Lofenfeld, Tel Aviv: 130–131; Sammlung Moshe Safdie, Boston: 74, 77, 89, 98–102; Sammlung Peter Bugod, Jerusalem: 84–85; Sammlung Ram Carmi, Tel Aviv: 132–136, 138, 159; Sammlung Shalom Gardi, Mevaseret Zion: 11, 71–72; Sammlung Wolfgang Voigt, Frankfurt/ Main: 21; Sammlung Yaacov Rechter, Tel Aviv: 32; Tower of David Museum, Jerusalem: 168 (Photo: Reuven Milon); Yad Vashem Archives, Department for Commemorations and Public Relations: 49–53, 56.

Aufnahmen der Verfasserin/Archiv der Verfasserin:
6–7, 16, 25, 31, 45, 47–48, 57–58, 60–61, 63, 66, 86–87, 90, 96–97, 103, 123–124, 126, 137, 139, 144–145, 148, 154–158, 160.

Weitere Quellen:
Architecture in Israel, No. 3, July-Sept. 1966: 120 (S. 30); Architecture in Israel, o. Nr., 1979: 146–147 (S. 47); Architecture in Israel, o. Nr., 1980: 150 (S. 21, 23); Ashbee 1921: 15 (o. S.); Ausst.-Kat. New Towns in Israel 1958: 10 (o.S.); Ausst.-Kat. Shrine of the Book 1998: 43 (o. S.); Baumeister, Nr. 1, Januar 1966: 44 (S. 6); Ben Gurion University, School of the Humanities 1975: 149 (o. S.); Ben Gurion University, Student Dormitories 1973: 142 (o.S.); Ben-Dov/Naor/Aner 1984: 75 (S. 180); Ben-Yehuda 1070: 163 (S. 55); Der Deutsche Architekt, Juli/August 1933: 68-69 (S. 104); Friedemann 1911: 162 (S. 451–452); General Plan of a City 1963: 118–119 (o. S.); Perrot / Chipiez 1887: 164 (o.S.); Gilbert 1987: 8, 13, 123 (S. 85, 101, 123); Hebrew University 1924: 165–167 (o. S.); Israël Construit 1964a: 125 (o.S.); JAEAI, Vol. XV, No. 3, Oct. 1957: 26–27 (S. 4–5); JAEAI, Vol. XXV, No. 5, Dec. 1967: 109 (S. 46); Kendall 1948: 14 (o.S.); Klagemauer 1975: 107 (S. 28); Levin 1978: 105–106 (S. 10, 23); Schoenberger 1973: 76 (Abb. 1.501); Stadt Beer Sheva 1975: 116–117 (o. S.); Tvai, No. 3, Spring 1967: 26–27 (S. 38, 40); Tvai, No. 10, Winter 1972: 51 (S. 51).

Personenregister und Register biblischer Gestalten

Abercrombie, Sir Patrick 80, 81
Abraham 92, 93, 277
Abramovitz, Max 126
Achiman, Yinon 246
Adam 86
Adorno, Theodor W. 181
Ahad Ha'Am ~ Asher Ginsberg 19
Aharonson, Shlomo 210
Alexander der Große 368
Alexandroni, Amnon 153, 154, 155, 304, 305, 306, 307, 308
Al-Khatib, Rouhi 110
Allenby, Edmund 103, 258
Amitai, Shimshon 341, 342, 344
Anderson, Benedict 24, 27
Anielewicz, Mordechai 181
Aranne, Zalman 336
Aronson, Shlomo 210, 221
Ashbee, Charles Robert 104, 105, 108
Assmann, Aleida 32
Assmann, Jan 28, 29
Auhagen, Hubert 77, 84, 271
Auster, Daniel 139
Averbuch, Genia 119
Avigad, Nahman 223

Balfour, Arthur J. 11
Bar-Dor, Yoel 225, 240, 243
Bar Kathros 223
Bar Kokhba, Shimon 89, 161, 162
Barsky, Joseph 372, 374
Bartos, Armand 141, 153, 157, 159, 160, 164
Bayer, Herbert 56
Begin, Menachem 48, 403
Behrens, Peter 119
Ben Gurion, David 11, 14, 15, 40, 46, 48, 49, 50, 51, 54, 63, 66, 70, 80, 85, 87, 89, 97, 114, 139, 165, 169, 196, 197, 204, 268, 269, 270, 272, 273, 277, 278, 284, 285, 291, 302, 330, 335, 353, 389, 390, 391, 392, 393
Ben Horin, Mordechay 120
Benor-Kalter, J. 88, 124
Ben-Sira, J. 302, 331
Bentov, Mordechai 49, 52, 238, 254
Benvenisti, Meron 38
Ben-Zvi, Yitzhak 135
Berler, Alexander 249
Bernadotte, Graf Folke 95
Bezalel 144

Bhabha, Homi 24
Bill, Max 227
Bixon, Nehamia 225, 240, 243, 332, 341, 342, 344
Bouillon, Gottfried von 94
Bonatz, Paul 119
Broshi, Magan 165
Brutzkus, Eliezer 43, 46, 53, 68, 399
Brutzkus, David Anatol 119, 204
Buber, Martin 18, 19, 374
Buckminster Fuller, Richard 227, 267
Bugod, Peter 221, 222, 224, 225

Carmi, Dov 53, 127, 304, 305, 307
Carmi-Melamed, Ada 141
Carmi, Ram 119,127, 141, 286, 193, 302, 303, 304, 305, 307, 312, 316, 320, 321, 322, 323, 324, 325, 326, 355, 357, 358
Chagall, Marc 132
Chaikin, Benjamin 383
Chipiez, Charles 376, 377, 378
Christaller, Walter 77, 78, 79
Cohen, Zvi 126
Cohn, Lotte 374
Costa, Lucio 227

David, König 92, 93, 94, 170, 197, 206, 368
Dayan, Moshe 203, 207
Dudai, Arie 53
Dumper, Michael 38
Düttmann, Werner 227
Dvir, Arye 205, 206

Eban, Abba 141, 152
Eder, Montague David 383
Einstein, Albert 383
Elhanani, Aba 38, 120, 131, 135, 313, 400
El-Hanani, Arieh 176, 180, 182, 184, 188, 279
Eshkol, Levi 87, 203, 204
Eyk, Aldo van 227

Feldstein 381
Fink, Bernie 177, 180
Flapan, Simcha 36
Foucault, Michel 24
Frenkel, Eliezer 207, 214, 216, 225, 229, 231, 232, 233, 234, 235, 238, 239
Friedemann, Adolf 373, 375, 397

Gad, Dora 132, 145, 147, 148, 150, 151
Gamerman, Giora 254, 316, 317, 318, 319, 322, 326
Gardi, Shalom 221

Geddes, Patrick 70, 73, 382, 383, 384, 385, 386
Geva, Hillel 223
Gil, Moshe 286, 341, 342, 344
Gil, Yaakov 346, 350, 351, 354
Gitai, Munio ~ Weinraub 40, 115, 116, 117, 172, 173, 174, 175, 176, 178
Glikson, Artur 53
Gordon, Aaron David 83, 84
Gottesman, Samuel 145, 162
Gropius, Walter 125, 290
Gur, Shlomo 126, 274
Gutbrod, Rolf 227

Hadrian, Kaiser 89
Halbwachs, Maurice 28
Halprin, Lawrence 227
Havron, Hanan 153, 154, 155
Harkabi, Yehoshafat 37
Harlap, Amiram 38
Harovi, Shmuel 378
Harris, Ephraim 349
Haschimshony, Aviva 204
Hashimshony, Zion 53, 204
Havkin, D. 304, 305, 307, 308, 309
Havkin, H. 304, 305
Hayeem, Abe 244
Hazony, Yoram 36
Herzl, Theodor 11, 17, 18, 20, 26, 73, 74, 139, 191, 195, 196, 197, 272, 395, 397
Hetsch, Friedrich Gustav 378
Hitler, Adolf 272
Hobsbawm, Eric J. 24, 27
Höger, Fritz 119, 194, 195
Holliday, Clifford 104
Holzmeister, Clemens 119
Howard, Ebenezer 70, 71, 72, 75, 79
Hroch, Miroslav 24

Idelson, Benjamin 332
Isaak 92, 278
Is Shalom, Mordechai 152

Jakob 187, 277
Jakobsen, Arne 227
Jesaja, Prophet 160, 161, 162, 164, 177, 278, 378
Johnson, Philip 152, 227
Joseph 196, 197
Joseph, Dov 279, 280, 376
Josephus, Flavius 125
Josua 202, 277

Kahana, Rabbi S. Z. 169, 170
Kahn, Louis I. 152, 227, 228, 231, 240, 241, 242, 244
Karavan, Dani 132, 133, 332, 333
Karsh, Efraim 36
Kauffmann, Richard 67, 73, 137, 141
Kempinski, Aharon 202
Kendall, Henry 104, 106, 258
Keynes, John Maynard 80
Khalidi, Rashid 36
Kiesler, Frederik 141, 153, 156, 157, 159, 160, 163, 164
Kitchener, Lord Horatio Herbert 256
Klarwein, Joseph 115, 119, 120, 121, 122, 123, 124, 125, 126, 127, 128, 129, 130, 141, 194, 195
Klein, Alexander 137
Koesler, Yaakov 336, 339, 340
Kohn, Moshe 245
Kollek, Teddy 145, 207, 214, 227, 244
Komforti, Bitosch 304, 305, 307
Krakauer, Leopold 137
Kroyankers, David 38
Kutcher, Arthur 210

Laor, Mordechai 259, 287
Lasdun, Denys 227
Le Corbusier 124, 137, 153, 267, 313, 325, 355
Lev, Max 119
Levy, Alexander 267
Lewin, Michael 328
Lichfield, Nathaniel 61, 82, 249
Lilien, Ephraim 376
Lischinsky, Josef 183, 186, 188, 189
Lofenfeld, Moshe 254, 286, 316, 317, 318, 319, 320, 322, 326, 355
Lothan - Moore - Toren 120
Lynch, Kevin 227

Mahrer, J. 300
Mandl, Saadia 214, 225
Mansfeld, Al 115, 116, 117, 141, 145, 147, 148, 150, 151, 152, 176
Mayer, Loen A. 126
Mayerovitch, Harry 227
McLean, William 104, 256
Mears, Frank 382, 385, 386, 387
Megged, Aharon 36
Meier, Richard 227
Meir, Golda ~ Meyerson 51
Mendelsohn, Erich 105, 135
Messias 25, 31, 52, 170, 244, 278
Metrikin, J. 137
Meyer, Hannes 53
Minissi, Franco 144

Mohammed, Prophet 210
Montefiore, Moses Sir 210
Morris, Benny 36
Moser, Jakob 368, 369, 374
Moses 30, 32, 93, 187, 188, 196, 278
Moysa, Golda 286
Mumford, Lewis 70, 152, 227, 228

Nachum, Zalkind 119
Nadler, Michael 153, 154, 155, 332, 341, 342, 344
Nadler, Shulamit 153, 154, 155, 286, 332, 341, 342, 344, 355
Nebenzahl, I. 238
Nebukadnezar, König 93, 170
Neidmann, Irena 286
Netzer, Ehud 211, 221, 223
Neufeld, Josef 53
Neutra, Richard 175
Niemeyer, Oskar 227
Niv, Amnon 286, 336, 339, 340, 346, 347, 348, 352, 353, 354, 355, 356
Niv-Krendel, Esther 221, 222, 224
Noguchi, Isamu 149, 150, 227
Nordau, Max 18, 19, 20, 85
Nuroch, Rabbi Mordechai 193

Oppenheimer, Franz 76

Palmon, J. E. 127
Palombo, David 132, 133, 134, 183, 185, 198
Parker, Barry 75
Pasha, Jamal 210
Pavel, Hanan 119
Perlstein, Yitzhak 53, 388
Perrot, Georges 376, 377, 378
Peters, Paulhans 227
Pevsner, Nicolas 221, 227
Picasso, Pablo 189
Piccinato, Luigi 227
Poelzig, Hans 119
Ponger, Uri 225
Posener, Julius 53, 227
Powsner, Shimon 127, 153, 154, 155
Prag, Yaacov 246
Prouvé, Jean 267

Rahel 187
Rapoport, Nathan 169, 177, 178, 181, 189
Ratner, Yonathan 105, 274, 396
Rau, Heinz 99, 101, 124, 141
Rechter, Yaakov 138

Rechter, Zeev 53, 137, 141
Reifer, Rafael 259, 337, 339, 340, 346, 347, 348, 352, 354, 356
Reines, Rabbi 362
Resnik, Bob 286
Resnik, David 221, 228
Reuven, Rubin 132
Rogoff 374
Rommel, Erwin 172
Roosevelt, Frankiln D. 80
Rothschild, Edmond Baron de 130, 210
Rothschild, James A. 119, 130
Rothschild, Lord Lionel Walter 11
Rose, Billy 145
Ruppin, Arthur 77, 375, 379
Ruskin, John 374

Safdie, Moshe 177, 211, 213, 225, 227, 229, 231, 232, 235, 236, 237, 238, 239, 245, 246
Said, Edward 374
Salomon, König 92, 94, 197
Salomon, Yaacov 240
Sandberg, Willem 150
Scharoun, Hans 227
Schatz, Bezalel 183, 185
Schatz, Boris 144, 183, 372, 374, 375
Scheinkin, M. 368
Schiller, Uriel ~ Otto Schiller 53, 119
Schoenberger, Joseph 210
Schwartz, Buky 177, 181, 189
Schweid, Joseph 204
Segal, Rafi 38
Segev, Tom 36
Sert, Jose Louis 227
Shaked, Shmuel 77, 393
Shalgi - Tamir- Refaeli 332
Shapira, Anita 36
Sharansky, Nathan 39
Sharef, Zeev 228
Sharon, Arieh 49, 50, 51, 52, 53, 54, 55, 56, 57, 65, 67, 68, 70, 71, 77, 81, 82, 83, 110, 137, 141, 200, 204, 249, 251, 258, 259, 264, 266, 282, 290, 291, 305, 316, 332, 394
Sharon, Eldar 141, 204
Shaviv, Michael 99, 101, 109, 141
Shenhavi, Mordechai 172, 173
Shershevsky, Joseph 287, 299, 331, 332
Shertok, Moshe ~ Moshe Sharett 14, 96, 279
Shlaim, Avi 36
Shtener, Mordechai 102
Sidenbladh, Göran 227
Smith, Anthony D. 27
Sitte, Camillo 330

Soskin, Selig 76
Sprinzak, Yosef 139
Sterling, James 227
Storr, Ronald 103, 105
Sukenik, Eliezer L. 162

Tamir, Yehuda 221, 316, 332
Taut, Bruno 330
Taylor, Graham R. 75
Tchetchik, M. 304, 305, 307, 316
Thon, Jacob 363
Tichnun, Co. Ltd. 304, 305, 307
Trumpeldor, Josef 87
Tuviyahu, David 259
Tzur, Dan 177

Unwin, Raymond 70, 75, 80
Ussischkin, Menachim 273, 364, 381

Ventura, Avraham 299
Vespasian, Kaiser 162
Vitruv 291

Warburg, Aby 28, 33
Warburg, Otto 20, 76, 365
Weinbrenner, Friedrich 378
Weizman, Eyal 38
Weizmann, Chaim 22, 85, 93, 94, 96, 97, 135, 139, 140, 381, 382, 383
Weltsch, R. 383
Whitelam, Keith W. 25, 27
Woodrow, Wilson 11
Wright, Frank Lloyd 75

Yaar, Ora 214, 217, 225
Yaar, Yaacov 214, 217, 225
Yadin, Yigael 162
Yahalom, Lipa 177
Yannai, Yaacov 205, 206
Yashar, Yizhak 336, 339, 340
Yaski, Avraham 141, 153, 154, 155, 286, 304, 305, 306, 307, 308, 310, 313, 316, 337, 339, 340, 341, 346, 349, 350, 351, 354, 355, 357
Yosef, Zvi Tal 286

Zadkines, Ossip 189
Zangwill, Israel 85
Zarhy, Moshe 332
Zerubavel, Yael 37
Zevi, Bruno 227, 228
Ziv, Gideon 388
Zolotov, Nachum 304, 305, 307, 308, 309

Ort- und Sachregister

Ägypten 13, 15, 26, 30, 31, 32, 33, 43, 93, 131, 193, 196, 203, 255, 256, 270, 273, 277, 278
Afula 67, 249, 250, 252
Akaba 274
Akademie für die Wissenschaft des Judentums 21
Akko 74, 207, 214, 249, 250
Al Arish 272
Alexandria 104
Algier 315
Alliance Israélite Universelle 20, 363, 367
Amerika 149
Amsterdam
   Stedelijk Museum 150
Ankara
   Mausoleum 131
Athen 125
   Akropolis 131
   Amerikanische Botschaft 125
Anglo-Jewish Association 20, 363
Arabische Liga 13, 52, 90, 95, 281
Arad 250, 251, 252, 254, 278, 294
Architektenring „Chug" (Ring) 53
Argentinien 18, 316
Ashdod 249, 250, 252, 253, 254
Ashkelon 249, 250, 305

Bad Berka
   Reichsehrenmal 194, **195**
Bagdad 315
Basel 11
Beer Sheva 43, 65, 66, 79, 82, 246, 247–329, **257**, **259**, **288**, **295**, **298**, **304**, **306**, **308**, **309**, **317**, **318**, **319**, **321**, **323**, **324**, 330, 331, 332, **333**, 334, **339**, **340**, **342**, **344**, **347**, **350**, **351**, **352**, **354**, **356**, **358**, 394, 395, 401, 405
   Ben-Gurion-Universität des Negev 262, 287, 329, 334, **339**, 335–359, 360, 365, 388–391, 394, 395, 399, 401, 405
   Ben-Gurion-Universität des Negev, Universitätsbibliothek „Zalman Aranne Central Library" 338, **340**, 341–345, **342**, **344**
   Ben-Gurion-Universität des Negev, Auditorium Maximum 338, 341
   Ben-Gurion-Universität des Negev, Fakultätenblöcke 338, **340**, 341, 346–359, **347**, **348**
   Ben-Gurion-Universität des Negev, Senats- und Verwaltungsgebäude 338
   Ben-Gurion-Universität des Negev, Studentenwohnheim 338
   Ben-Gurion-Universität, Zlotowski Student Dormitories **358**
   Ha'Darom 261
   Ha'Tzerim 261
   Konservatorium 332, 355
   Modellsiedlung Shikun Le'dogma 248, 262, 303, 303–315, **304**, **306**, **308**, **309**, 326, 349, 353, 355

Modellsiedlung Shikun Leʻdogma, Teppichbebauung ~ Shechunot Haʻ Shtiach 307, **308**, **309**, 310,
　　　311, 312
　　Modellsiedlung Shikun Leʻdogma, Quarter-Kilometer-Building **308**
　　Modellsiedlung Shikun Leʻdogma, Patio-Häuser 307
　　Nachbarschaftszentrum Merkaz Ha'Negev 248, 293, **298**, 303, 315, 316, 320–326, **321**, **323**, **324**
　　Negev-Monument der Palmach-Brigaden 332, **333**, 334, 335, 355, 359, 399
　　Quartier Aleph 262, **263**, 264, **265**, 266, 292, 293, **295**, 307
　　Quartier Beth **260**, 262, 264, 266
　　Quartier Daleth 262, 294, **298**, 307, 320
　　Quartier Gimel **260**, 262, 264, 266
　　Quartier Heh 262, 303, 305
　　Rathaus 332, 335
　　Schubladen- und Pyramiden-Häuser ~ Beit Diroth u. Beit Piramidoth 239, 254, 303, 315, 316, **317**,
　　　318, **319**
　　Soroka-Regionalkrankenhaus 262, 332, 337, 338, 355
　　Zentraler Markt 332
Beʻerot Yitzhak 276
Beit Alpha 202
Berlin 21, 43, 53, 68, 115, 119, 313
　　Altes Museum 131
　　Gartenstadt Staaken 76
　　Hansaviertel, Interbau 1957 313, 325
Bet Eshel 276
Bet Shean 249, 250
Bet Shemesh ~ Hartuv 98, 99, 250, 253
Beth 262, 264, 266, 294
Bezalel-Kunstgewerbeschule 144, 183, 374
　　Bezalel, Sammlung 378
Block des Glaubens ~ Gush Emunim 403
Bnei Akiva Organisation 231
Bulgarien 51

Canberra 228
Carmiel, 299
Cesarea 231
Chicago 68
China 149
Company for the Reconstruction and Development of the Jewish Quarter (CRDJQ) 39, 206, 207, 214,
　　216, 221, 238, 246

Damaskus 255
Darmstadt 73
Dessau
　　Bauhaus 53, 115
Deutschland 375
　　Bochum, Universität 357
　　Heidelberg, Universität 357
Deutsches Kolonialwirtschaftskomitee 20

Dimona 250, 255
District Commissions 47, 48
Dorot 276
Dresden
   Hellerau 76

Efrata 405
Eilat 250, 252, 253, 255, 270, 278, 305
Ein Hod 207, 231
Essen
   Margarethenhöhe 76
Etzel 48
Etzion-Block 403
Evreux-sur-Abresle
   Kloster Sainte-Maire-de-la-Tourette 255

Finnland 300
Frankreich 149

Galiläa ~ Galilee 15, 43, 63
Gat 276
Gaza-Streifen 43, 270, 402
Genezareth, See 43
Geographical Committee for the Negev 278
Geographical Names Commission 86
Gevar'am 276
Gevulot 276
Gewerkschaft ~ Histadrut 56, 65, 279
Gimel 262, 264, 266, 292
Givat Sha'ul ~ Deir Yassin 111
Givat Zeev 405
Golan-Höhen 43, 251, 403
   Keshet 403
Greenbelt, Maryland 80
Greendale, Wisconsin 80
Greenhill, Ohio 80
Großbritannien 369, 375
   British Museum 143
   University of East Anglia 357

Haganah 48
Haifa 43, 44, 46, 47, 62, 64, 67, 69, 70, 115, 137, 231, 248, 255, 313
   Carmel-Berg ~ Karmel 74, 190
   Hadar Ha'Carmel 303, 313
   Technion 67, 274, 305, 316, 335, 337, 355, 363, 366, 367, 396
   Universität 336, 355
Ha'mashbir ~ Ha'mashbir Ha'merkazi 46, 67, 279
Hamburg 119
Hampstead 75

Harlow 81
Hatfield 81
Ha'shomer Ha'tzair 172
Hazor 202, 250, 253
Hebrew Teachers' Association 362
Hebron 277, 403
   Kiryat Arba 403
Helsinki 131
   Reichstag 131
Hemel-Hempstead 81
Hibbat Zion 17, 271
Hilfsverein deutscher Juden 20, 363
Hovevei Zion 17

Irgun 48

Jaffa 44, 74, 104, 207, 214, 231, 238, 255, 258, 315, 368, 369, 373
   Mikve Israel 367
Jerusalem ~ Zion 35, 38, 43, 44, 46, 51, 62, 66, 67, 69, 70, 89, 90–264, **91**, **101**, **106**, **107**, **108**, **112**, **113**, **121**, **122**, **128**, **129**, **138**, **142**, **147**, **148**, **151**, **154**, **155**, **157**, **159**, **174**, **178**, **179**, **180**, **184**, **185**, **191**, **192**, **195**, **199**, 200, 201, 203, **205**, 212, 213, 222, 224, 230, 232, 233, 234, 235, 236, 237, 241, **242**, **243**, 248, 258, 280, 282, 315, 325, 329, 368, 379, 380, **385**, **386**, 393, 398, 399, 401, **404**
   Al-Aksa Moschee 102, **226**
   Archäologisches Museum ~ Rockefeller Museum 144, 152
   Beth-Ha'am & Beth-Ha'Maccabi Kulturzentrum 118
   Berg der Erinnerung ~ Har Ha'Zikaron 29, 166, 168, 176, 189–198, 200, 201
   Berg Zion ~ Mount Zion 102, 105, 170, 378, 381
   Bet Ha'Kerem 73
   East Talpiot 403
   Felsendom **208**, **209**, **226**, 244, 384, **386**, 387
   French Hill ~ Givat Shapira 403
   Frumin-Haus 118
   Gilo 403
   Givat Ram 111, 200
   Government House Hill 204, 228
   Grabeskirche 102, 244
   Hadassah Krankenhaus 105, 111
   Hebräische Universität ~ Givat Ram 104, 120, **142**, 150, 199, 335, 336, 337, 357, 360, 365, 380, 381–388, **385**, **386**, 395
   Hebräische Universität, Universitätscampus 136, 141, 145
   Herzl Berg ~ Har Herzl 111, 190, **191**, **192**, **195**, 198
   Herzl Berg, Ehrenfriedhof 190, **191**, **192**
   Herzl-Grab 120, 176, 194, **195**, 198
   Israel Museum **113**, 136, 141–152, **142**, **147**, **148**, **151**, 200
   Israel Museum, Archäologisches Museum Samuel Bronfman 145
   Israel Museum, Bezalel-Museum 144, 145, 152, 183
   Israel Museum, Billy-Rose-Kunstgarten 145, 149
   Israel Museum, Kinder- und Jugendmuseum 145

Israel Museum, Schrein des Buches ~ D. Samuel und Jeane H. Gottesman Zentrum für biblische Handschriften **113**, 136, 145, **147**, 153–166, **157**, **159**, 200, 202, 399
Israel Museum, Skulpturengarten **113**, 145, **147**, 149
Jüdisches Viertel 199–247, **208**, **209**, **216**, **218**, **219**, **220**, 401, 405
Jüdisches Viertel, Bronfman Amphitheater 231
Jüdisches Viertel, Burnt House 223, 225
Jüdisches Viertel, Cardo **222**, 223, **224**
Jüdisches Viertel, Deutsch-Platz ~ Batei Mahase Square **208**, 214, **215**, 238
Jüdisches Viertel, Deutsch-Platz, House of Shelter ~ Batei Mahase **208**, **209**, **215**, 231
Jüdisches Viertel, Deutsch-Platz, Haus Rothschild ~ Beit Rothschild **208**, 214, **215**, **216**, 231
Jüdisches Viertel, Haus des Schriftstellers ~ Beit Ha'Sofer 231
Jüdisches Viertel, Hedra Yeshiva 231
Jüdisches Viertel, Hosh Wohnkomplex 231
Jüdisches Viertel, Hurva Synagoge **208**, 228, 229, 231, 240–246, **241**, **242**, **243**
Jüdisches Viertel, Klagemauer ~ Western Wall ~ Wailing Wall ~ Ha'Kotel ~ Ha'Kotel Ha'Maariv 102, 165, 170, 203, 207, **208**, **209**, 210, 211, **212**, **213**, 231, **236**, 240, 244, 245, 246
Jüdisches Viertel, Kreuzritter-Kirche Hl. Maria 225
Jüdisches Viertel, Nea-Kirche 225
Jüdisches Viertel, Tiferet Israel Synagoge **208**, 229, 230
Jüdisches Viertel, Wohnhaus Siebenberg 225
Jüdisches Viertel, Yeshiva Ha'Kotel **208**, 225, **226**, 228, 229–239, **230**, 231, **232**, **233**, **234**, **235**
Jüdisches Viertel, Yeshiva Porat Yoseph **208**, 228, 229–239, **230**, **232**, **235**, **236**, **237**
Kidrontal 105
Kidrontal, Grabmal von Abschalom 375
Kidrontal, Grabmal von Bene Hesir 375
Kidrontal, Grabmal von Joschafat 375
Kidrontal, Grabmal von Zacharias 375
Kiryat Ha'Yovel 109
Kongresszentrum ~ Binyanei Ha'Umma **113**, 114, 115, 118, 136–166, **138**, 200, 269, 271, 392, 393
Kreuzkloster **142**, 145, 150, 156
Ma'alot Daphna 250, 403
Mamilla-Quartier 231
Militärfriedhof 111, 176, 190, **192**, 194, 198
Mishkenoth Sha'ananim 103
Mugrabhi-Viertel ~ Mograbi-Viertel 207, **208**, **209**, 210, **230**
Nationalmuseum 111
National- und Universitätsbibliothek 111, 141, 153, **154**, **155**, 156, **178**, 199, 305, 341, 383
Naveh Sha'anan 145, 150
Nebi Samwill 228
Neve Ya'akov 403
Oberster Gerichtshof **113**, 141
Oberster Rabbinischer Gerichtshof 231
Ölberg 102, 105, 204, **226**
Parlament ~ Knesset 111, **113**, 114–135, **121**, **122**, **128**, **129**, **133**, **134**, 141, **142**, 145, 150, 152, 165, 183, 198, 200, 392, 399
Ramat Eshkol 403
Ramot 403
Raum des Holocaust ~ Martef Ha'Shoa 170
Regierungsviertel ~ Kirya 111, 115, **116**, **117**, 118, 141

Regierungsviertel, Ministerien/Regierungsgebäude **142**
Regierungsviertel, Zeilenbauten der Ministerien 113
Rehavia 73, 135
Russian Compound 103
Skopus Berg 102, 105, 111, 190, 204, 336, 381, 382, 383, 387, 403
Staatsbank 141
St. Markus-Kloster 162
Talpiot 73
Tempel 31, 52, 102, 125, 130, 139, 162, 170, 187, 188, 197, 201, 202, 211, 225, *226*, 244, 245, 375, 376, **377**, 378, 379, 380, 381, 387, 397
Tempelberg ~ Berg Moriah ~ Haram esh-Sharif 92, 93, 102, 201, 203, 204, **208**, **209**, 210, 211, 221, **226**, 228, 237, 239, 245, 376, 381, 348
Yad Vashem 111, 166, 168, **171**, 172–189, **174**, **178**, **179**, **180**, **184**, **185**, 194, 198, 399
Yad Vashem, Allee der Gerechten der Völker 176
Yad Vashem, Denkmal des Warschauer Ghetto-Aufstandes 169, 177, **178**, **179**, 181, 182, 189
Yad Vashem, Gedenkhalle Ohel Yizkor 176, **180**, 181, 182, 183, **184**, *185*, 188, 189, 194
Yad Vashem, Halle der Namen 177, **179**
Yad Vashem, Kunstmuseum 177
Yad Vashem, Monument der jüdischen Soldaten, Partisanen und Ghettokämpfer 177, **180**
Yad Vashem, Museum für die 1,5 Millionen ermordeten Kinder 177
Yad Vashem, Säule des Heldentums 177, **179**, 181, 182, 189
Yad Vashem, Tal der zerstörten Gemeinden 177
Jerusalem Committee 227, 228
   Jerusalem Committee, Town Planing Subcommittee 227
Jerusalem Convention Centre Association 137
Jerusalem Foundation 227
Jewish Agency 50, 60, 64, 65, 102, 104, 118, 136, 137, 140, 145, 199, 270, 272, 365
Jewish Colonization Association 20
Jewish Medical Centre 199
Jewish Territorial Organisation 85
Jordanien 15, 201, 203, 270
Judäa ~ Juda 43, 277, 402, 403
Jüdischer Nationalfond ~ Keren Kayemeth le'Israel 20, 22, 46, 50, 64, 102, 137, 172, 196, 199, 271, 272, 276
Jüdischer Nationalrat ~ Nationalrat der Juden in Palästina ~ Vaad Leumi 11, 175, 365

Kanada 231
Kappeln 369
Karlsruher Synagoge 378
Karmiel 250, 251
Keren Hayesod ~ Foundation Fund 102, 199
Kfar Kedumim 403
Khartum 256
Kibbuz Tel-Amal ~ Nir-David 274
Kiew 182
Kiryat Gat 249, 250
Kiryat Malakhi 250
Kiryat Shimona 250
Konstantinopel 94, 255, 379

Kopenhagen
  Synagoge 378
Kreuztal **142**

Letchworth 73
Libanon 13, 63, 197
Local Commissions 48
Lod 249, 250
London 68, 75, 80, 81, 82, 276, 383
Luckenwalde 175

Ma'ale Adumin 405
Mahane Yisra'el 103
Marakesh 315
Masada 89, 162, 202
Mekka 94, 210
Medina 94, 255
Migdal ha'Emeq 250
Migdal Gad 249
Mitzpe Ramon 250, 255
Montreal 231, 238
Moskau 53
München 43, 73, 119

Nahal ~ Fighting Pioneer Youth 269
Nahalat Shiv'a 103
Nahariya 249
National Council 50
National Planning and Building Council 47
Nazareth Illit 250, 251
Negev 15, 35, 43, 44, 45, **59**, 63, 89, 95, 96, 123, 249, 251, 254, 258, 269–280, 286, 287, 313, 314, 329, 336
Netivot 250
New Earswick 75
New York 124, 126, 153, 231, 290
  Lever-Building 290
  Lincoln-Center 290
  Rockefeller Plaza 290
  Seagram-Building 290
Niederlande 97
Nir'am 276

Oberster Planungsrat ~ Supreme Planning Council 49, 50
Odessa 374
Ofakim 64, 250
Ofra 403
Or Aquiva 250
Österreich 26

Palästina-Amt 73, 76, 272, 363, 368
Palästina-Komission 20
Palestine Land Development Company Ltd. (PLDC) 20, 271, 272
Palmach ~ Palmach-Brigaden 48, 334
Paris 115, 149, 231
   Louvre 143
   Eiffelturm 331
Petersburg
   Königliche Akademie 374
Peel Commission 273
Physical Town and Country Planning Department 49, 53
Planning Authority 49, 50
Poissy
   Villa Savoie 153
Polen 51, 97, 181, 300
Port Fuad 256
Port Said 256
Posen 76
Preußische Ansiedlungskommission 20, 76
Pro-Jerusalem-Society ~ Lemaan Yerushalayim 102, 103

Qumran 162, 202

Ramle 249, 250
Rehovot 135
Revivim 276
Reichsarbeitsgemeinschaft für Raumforschung 78
Rom 94
Ruhama 276

Safed ~ Zefat 207, 249, 250
Samaria 43, 277, 402, 403
Schweden 300
Sde Boker 255, 269
Sederot 250
Settlement Naming Committee 86
Sharafat 228
Shiloh 403
Shlomi 250
Siedlungsgesellschaft P.I.C.A. 130
Silwan 204
Sinai 16, 26, 30, 43, 93, 251, 255, 272, 368
   Berg Horeb 16, 30, 93
Sodom ~ Sedom 255
Sowjetunion 97, 181
Stevenage 81
Stiftshütte 188
Suezkanal 256, 273

Sydney
  Oper, 331
Syrien 13, 15, 63, 203

Talpioth 70
Timna 255
Tel Aviv 43, 46, 51, 53, 54, 56, **59**, 62, 69, 70, 96, 97, 104, 120, 135, 137, 182, 248, 269, 272, 283, 305, 313, 331, **370**, **372**
  Achuzath Baith 73, 74, 368, 379
  Bar-Ilan Universität in Ramat Gan 182, 336
  Hebräisches Gymnasium ~ Herzlia-Gymnasium 74, 335, 360, 365, 365–380, **370**, **372**, 381, 382, 384, 387, 388, 395
  Ramat Aviv 303, 313
  Shalom Tower 388
  Tel Aviv-Universität 182, 336
  Tel Aviv-Universität, Zentrale Bibliothek 341
Tel Aviv-Yafo 44, 47, 67, 248, 254
Tel Hai 87, 89
Tiberias 70, 249, 250, 252, 258
Tnuva 46, 67, 279
Toronto
  Rathaus 331
Transjordanien 13

Uganda 18
Ungarn 51
Unité d'habitation 325

Vatikanstaat 228
Venedig
  Piazza San Marco 290
Verein für Cultur und Wissenschaft der Juden 21
Vereinte Nationen 90, 95, 96, 97, 99, 126, 135, 198, 203, 204, 207

Wakf 46, 210
Warschau 181
  Warschauer Ghetto-Denkmal 177, **178**, **179**
  Warschauer Ghetto 193
Washington 145, 228
  Lincoln-Memorial 196
Weizmann-Institut ~ Rehovot 182, 335
Welwyn-Garden-City 81
Westjordanland ~ Westbank 43, 201, 203, 251, 402
Wien 119, 153, 190

Yad Mordekhai 276
Yeruham 250

Zionistische Weltorganisation 20, 22, 41, 73, 272, 363, 364, 365
Zürich 119

Die Autorin

Anna Minta ist promovierte Kunst- und Architekturhistorikerin; sie war von 1999–2003 wissenschaftliche Angestellte am Kunsthistorischen Institut der Universität Kiel und arbeitet derzeit im Rahmen des DFG-Sonderforschungsbereiches »Institutionalität und Geschichtlichkeit« an der Technischen Universität Dresden an ihrem Habilitationsprojekt zur sakralen Architektur in den USA